Jehane Benoit

Encyclopédie illustrée de la cuisine au four à
MICRO-ONDES

AVEC SUGGESTIONS DE VINS

PAR ROBERT LAMARRE
ET JEAN-PIERRE BERNIER

ÉDITIONS HÉRITAGE
MONTRÉAL

Données de catalogage avant publication (Canada)

Benoît, Jehane, 1904-1987
    Encyclopédie illustrée de la cuisine au four à micro-ondes.

Publ. aussi en anglais sous le titre : The new revised illustrated ency-
clopedia of microwave cooking.
Comprend un index.
Bibliogr. : p.

ISBN : 2-7625-5974-X

1. Cuisine au four à micro-ondes. I. Titre

TX832.B46 1988   641.5'882   C88-096372-7

ÉDITION
Direction :
René Bonenfant
Assistante :
Ginette Guétat
Collaboration :
Hélène Bélanger

CONCEPTION GRAPHIQUE
Directrice artistique :
Christiane Litalien
Collaboration :
Marc Chapdelaine

PHOTOGRAPHIE
Direction :
Paul Casavant
Stylistes alimentaire
Lucie Casavant
Marie-Christine Payette
Collaboration :
André Joubert
Gaston Sylvain

CONSEILLERS POUR LES VINS
Robert Lamarre
Jean-Pierre Bernier

La vaisselle a été prêtée gracieusement par :
Eaton, centre-ville, Montréal
Birks', centre-ville, Montréal
Le Cache-Pot, 5047, rue St-Denis, Montréal
et Le Curio, Mail Montenach, Beloeil

Dépôts légaux : 4e trimestre 1988
Bibliothèque nationale du Québec
Bibliothèque nationale du Canada

ISBN : 2-7625-5974-X   Imprimé au Canada

Les Éditions Héritage Inc.
300, rue Arran
Saint-Lambert, Québec J4R 1K5
Tél. : (514) 875-0327

Table des matières

vins

Selon qu'il s'agit d'un vin de consommation courante ou d'un cru de meilleure qualité, la suggestion de nos spécialistes est ainsi identifiée :

 consommation courante

 occasion spéciale

À RETENIR

• En général, les recettes donneront 6 portions moyennes ou 4 grosses portions.

• Les temps de préparation, de cuisson et d'attente sont donnés à titre indicatif. Il faut se rappeler que plusieurs facteurs influencent les temps de cuisson et d'attente, nommément la température de départ de l'aliment, la densité et la quantité des aliments dans le four et même la forme de l'ustensile de cuisson.

• Les recettes de ce livre ont été testées pour la cuisson au four à micro-ondes de 650-700 watts. Les fours d'une puissance inférieure pourraient nécessiter un ajustement du temps de cuisson.

650-700W	500-600W	400-500W
15 secondes	18 secondes	21 secondes
30 secondes	36 secondes	42 secondes
45 secondes	54 secondes	1 minute
1 minute	1 min 10 s	1 min 25 s
2 minutes	2 min 30 s	2 min 45 s
3 minutes	3 min 30 s	4 minutes
4 minutes	4 min 45 s	5 min 30 s
5 minutes	6 minutes	7 minutes
6 minutes	7 min 15 s	8 min 25 s
7 minutes	8 min 25 s	9 min 45 s
8 minutes	9 min 30 s	11 minutes
9 minutes	10 min 45 s	12 min 30 s
10 minutes	12 minutes	14 minutes
15 minutes	18 minutes	20 minutes
20 minutes	24 minutes	27 minutes
25 minutes	30 minutes	34 minutes
30 minutes	36 minutes	41 minutes

Introduction aux mesures métriques

Millilitre (mL) : pour remplacer l'once fluide	250 mL est l'équivalent d'une tasse de 8 onces
Litre (L) : pour remplacer la pinte	15 mL est l'équivalent de 1 c. à soupe
Gramme (g) : pour remplacer l'once	5 mL est l'équivalent de 1 c. à thé
Kilogramme (kg) : pour remplacer la livre	1 kg est un peu plus de 2 livres
Degrés Celsius (°C) : pour remplacer les degrés Fahrenheit	500 g sont un peu plus de 1 livre
Centimètre (cm) : pour remplacer le pouce	100°C est le point d'ébullition de l'eau
	5 cm est environ 2 pouces

Équivalences des mesures les plus utilisées en cuisine

C. à thé

1/4 de c. à thé	1 mL
1/2 c. à thé	2 mL
1 c. à thé	5 mL
2 c. à thé	10 mL

C. à soupe

1 c. à soupe	15 mL
2 c. à soupe	30 mL
3 c. à soupe	50 mL
4 c. à soupe	60 mL
2 à 3 c. à soupe	30 à 50 mL
4 à 6 c. à soupe	60 à 90 mL

Tasse

1/4 de tasse	60 mL
1/3 de tasse	80 mL
1/2 tasse	125 mL
3/4 de tasse	190 mL
1 tasse	250 mL
1¼ tasse	315 mL
1⅓ tasse	330 mL
1½ tasse	375 mL
2 tasses	500 mL
3 tasses	750 mL
4 tasses	1 L
5 tasses	1,25 L
6 tasses	1,5 L

Températures

150° F	65° C
200° F	95° C
250° F	120° C
300° F	150° C
350° F	180° C
400° F	200° C
425° F	225° C
450° F	230° C
500° F	260° C

Équivalences des mesures françaises et des mesures canadiennes

Pour les personnes qui désirent utiliser un livre de recettes français, les données suivantes seront sans doute utiles.

CAFÉ, FARINE ET POUDRE

3 grammes	1 c. à thé
9 grammes	1 c. à soupe

JUS DE FRUITS, PURÉE

5 grammes	1 c. à thé
15 grammes	1 c. à soupe

POUR TOUS LES LIQUIDES

1/2 centilitre	1 c. à thé
1 centilitre	2 c. à thé
1½ centilitre	1 c. à soupe
1/2 décilitre	3 c. à soupe et 1 c. à thé
1 décilitre	6 c. à soupe et 2 c. à thé
2 décilitres	13 c. à soupe et 1 c. à thé
2½ décilitres	15 c. à soupe ou 1 tasse
3 décilitres	20 c. à soupe
4 décilitres	26 c. à soupe
4½ décilitres	30 c. à soupe ou 2 tasses
1 litre	4 tasses

MESURES LIQUIDES

1⅛ litre	1 pinte ou 40 onces
550 centimètres cubes	1 chopine
275 centimètres cubes	1 demiard
(1 décilitre = 100 centimètres cubes)	

MESURES SOLIDES

29 grammes	1 once
455 grammes	1 livre
1000 grammes (ou 1 kilogramme)	2⅕ livres

MESURES LINÉAIRES

2½ centimètres	1 pouce
30 centimètres	1 pied (12 pouces)
90 centimètres	1 verge (36 pouces)

A travers les âges, la préparation des aliments, leur cuisson, le service de la table, les heures disponibles pour accomplir ces tâches ont subi de multiples transformations. Quel chemin parcouru depuis le poêle à bois qui, en somme, faisait partie de la vie quotidienne, même dans les années 1915 et 1920! Et puis, tout changea: ce fut la cuisson au gaz, à l'électricité, qui amena de nouvelles casseroles, de nouvelles méthodes, une économie de temps, moins de nettoyage, et tout de même aussi des cuisinières blanches et élégantes.

Eh bien, voilà un autre grand pas, qui change et changera beaucoup de choses... les fours à micro-ondes. On achète un four, on le met dans la voiture; à la maison il est placé sur un comptoir, branché à une prise de courant, et le voilà prêt à opérer; il est facile pour tous de cuisiner leurs plats favoris, et pour le mari, et pour les enfants, et pour la maman.

Personnellement, j'ai d'abord connu le four à bois, et je n'ai jamais oublié les grandes tranches de pain maison grillées sur les ronds du poêle, dégustées avec du beurre frais battu, de la confiture maison et du café au lait non écrémé; un délice, oui, mais le pauvre foie en prenait un coup. Et puis, il y avait quelqu'un pour allumer le poêle à 5 heures du matin et retirer les cendres le soir, et une cuisinière qui séparait le lait, qui battait le beurre, et qui l'été passait des heures à faire de merveilleuses confitures. Alors vint le four à gaz avec son compteur à pièces de 0,25¢ — si on les oubliait le gaz s'éteignait! Mais la vie était tellement plus simple qu'avec le poêle à bois. Un jour on nous présenta la cuisinière électrique... c'était le miracle! Mais, en somme, on n'avait encore rien vu.

Aujourd'hui, la technologie moderne nous a apporté le confort, l'aisance de travail, la perfection de cuisson, la possibilité de conserver la vraie saveur d'un aliment, la diminution incroyable des heures de travail et la possibilité pour chaque membre de la famille de cuisiner son repas, ce qui donne une grande liberté, même à la maman qui travaille. Ce fut ma propre expérience: je cuisine plus que jamais, et pourtant je n'ai jamais passé si peu d'heures à la cuisine. Après treize ans d'expérience avec les fours à micro-ondes, je ne saurais m'en passer. J'ai appris qu'on ne savait pas ce qu'était la saveur parfaite d'un légume ou d'un poisson avant de cuisiner aux micro-ondes. Et je vous assure qu'il ne s'agit pas d'apprendre à faire toute une cuisine nouvelle, mais tout simplement d'adapter la vôtre au four à micro-ondes.

Comme on m'a dit souvent au fil des années: «Je n'aurais pas la patience de changer toutes mes recettes», je me suis décidée à écrire cette *Encyclopédie de la cuisine aux micro-ondes,* pour que vous vous rendiez compte de la facilité de cette méthode de cuisson une fois qu'on l'a comprise.

Que vous soyez une petite famille où chacun travaille à l'extérieur ou une grande famille qui consomme de plus importantes quantités d'aliments, vous tirerez profit de cette méthode de cuisson très facile à apprendre.

Importance de bien connaître son four

• Il y a plus d'un modèle de four à micro-ondes ; d'ailleurs certains fabricants en offrent plusieurs types. Il est donc très important de vous familiariser avec votre four et de bien connaître et comprendre toutes ses possiblités.

Que faut-il faire ?

• Une fois le four branché, y placer un bol d'eau, fermer la porte, et tout en lisant le manuel d'instructions, exécuter chaque opération recommandée.

Exemple : Cuire à «HIGH» 2 minutes.

• Cherchez le bouton «HIGH» et programmez ; regardez ensuite où est la touche «START», effleurez-la pour mettre votre four en marche. Vous aurez alors bien compris ce qu'il faut faire pour ce genre d'opération.

• Passez ainsi en revue tous les détails concernant le fonctionnement de votre four, et vous remarquerez bien vite comme il est facile de vous en servir, et surtout, vous comprendrez bien toutes les possibilités de votre four.

• Voici quelques données qu'il importe de bien comprendre pour tirer le meilleur profit de votre four.

Plateau rotatif

• Certains fours sont munis d'un plateau rotatif ou d'un petit éventail dans la partie supérieure du four ou d'un système rotatif dérobé (celui de votre modèle sera expliqué dans le manuel d'instructions), alors vous n'avez pas à retourner le plat ou les aliments.

• Si votre four n'a pas le plateau rotatif, ni l'éventail, ni le système rotatif dérobé, eh bien, il vous faudra retourner le plat de cuisson d'un quart de tour de temps en temps pour assurer une cuisson uniforme, car il arrive que les micro-ondes se concentrent davantage à un endroit qu'à un autre sur les aliments, surtout s'il y a des morceaux de gras dans la viande, et n'oublions pas que ces derniers ne sont pas toujours visibles. Ce qui arrive c'est que les parties grasses cuisent plus rapidement parce que le champ de réflexion n'est pas modifié.

Cuisson par «auto-senseur» (Sensor)

• Une autre merveille de la cuisine aux micro-ondes !
• Le four décide du temps de cuisson requis.
• Vous avez un légume, une viande, un ragoût, etc., à faire cuire et vous ignorez quel temps de cuisson allouer, soyez tranquille, car si votre four peut cuire par «auto-senseur», ce dispositif détermine automatiquement la durée nécessaire pour compléter la cuisson. Vous aurez sur la plaque du four une section désignée soit «Cook»,

soit «Insta-matic», ou autre. Le manuel de votre four vous en indiquera l'utilisation.

• Les cycles de cuisson par «auto-senseur» sont indiqués au tableau par les chiffres de 1 à 7 ou à 8, et à chaque chiffre correspond le genre d'aliment à faire cuire. Exemples : A7 Soft Vegetables (légumes tendres), soit choux de Bruxelles, zucchini ; A8 Hard Vegetables (légumes durs), soit carottes, etc.

• IL EST IMPORTANT DE NE PAS OUVRIR LA PORTE DU FOUR PENDANT LA PÉRIODE DE CUISSON. LE TRAVAIL SE FAIT EN DEUX TEMPS.

• Le chiffre choisi apparaît et demeure visible jusqu'au moment où la vapeur indique au registre placé à l'intérieur de la machine que le point de cuisson peut être déterminé.

• Un signal sonore «Beep» se fera entendre, et le temps de cuisson déterminé par le four s'affichera au registre.

• Il y a dans la cuisson par «auto-senseur» («Cook») deux points importants à observer. Quel que soit l'aliment, il faut toujours y ajouter un peu d'eau, de 1/4 à 1/3 de tasse (60 à 80 mL), selon la quantité à faire cuire, et s'assurer que le plat soit bien recouvert d'un papier plastique ou d'un couvercle qui adhérera au plat pendant la cuisson. Vous trouverez ce genre de plats sur nos marchés, de formes et de dimensions variées, dont le couvercle est impeccable pour la cuisson par «auto-senseur». Ce sont les plats Micro-Dur.

• Les innovations technologiques des fours à micro-ondes valent que nous les étudiions et que nous les utilisions, car elles nous facilitent sans cesse la tâche. Il est donc important de bien lire le manuel de votre four ; il vous indique et vous explique les différentes méthodes de cuisson et leur utilisation.

«High» ou intensité élevée

• Cela signifie un cycle ininterrompu à puissance maximale, quelle que soit la marque de votre four. Les recettes de cette encyclopédie furent préparées pour la cuisson au four à micro-ondes d'une puissance de 650-700 watts.

• Si la puissance de votre four est inférieure, il vous faut augmenter légèrement la durée de cuisson comme l'indique le tableau.

Laisser reposer

• Cette expression «laisser reposer... minutes, la cuisson terminée» se retrouve dans bien des recettes.

• Comme le procédé de cuisson aux micro-ondes consiste essentiellement en une vibration intense de molécules, la cuisson des aliments continue par conduction même une fois que l'énergie des micro-ondes est arrêtée. C'est aussi un peu ce qui se produit lorsque les aliments sont cuits pendant une durée x dans un four conventionnel et qu'ils sont laissés en attente. Dans le four à micro-ondes, la période d'attente permet aux molécules de se poser. C'est comme une balle qui rebondit et qui petit à petit vient à s'arrêter et à se poser.

• Lorsque dans une recette on lit: «laisser reposer x minutes, remuer et servir», c'est précisément ce qu'il faut faire.

Utilisation d'une claie («Elevate»)

• Ceci s'applique surtout à la cuisson des viandes. Il s'agit de placer le rôti ou le poulet, etc., sur une claie ou une soucoupe renversée, ce qui permet au jus de cuisson de s'écouler de la viande.

• Après la cuisson d'un rôti au four à micro-ondes, laisser la viande tiédir un moment sur la claie afin que l'air environnant la refroidisse uniformément.

• De même, lorsque vous avez fait cuire des muffins ou des petits gâteaux, laisser tiédir sur la claie au moins dix minutes, afin que l'air environnant les refroidisse uniformément.

Intensité variable

• Ceci décrit le choix des niveaux d'intensité vous permettant de préparer au four à micro-ondes certains aliments qui normalement seraient trop sensibles à une activité continue de micro-ondes. Il importe de bien comprendre ce processus: il s'agit effectivement d'un cycle «marche/arrêt» réglé pour l'émission de quantités diverses d'énergie de micro-ondes; cette action pulsative crée une activité de cuisson réduite, sans que vous ayez à vous en inquiéter. Si l'on suggère une cuisson à demi-intensité, sachez que c'est l'équivalent de «MEDIUM-LOW», ce qui est un mijotage continu.

• Les premiers fours à micro-ondes n'étaient munis que des cycles «COOK« et «DEFROST». Certaines personnes ont encore de ces fours, alors il leur faut se rappeler que le mijotage se fait au cycle «DEFROST»; il en va de même toutes les fois que l'on conseille la demi-intensité ou «MEDIUM». Pour toute autre raison, utiliser le cycle «COOK» et prolonger la durée de cuisson de quelques minutes.

Sonde thermométrique

• C'est un dispositif ressemblant à un thermomètre qui sert à mesurer la chaleur des aliments durant la cuisson aux micro-ondes. N'utiliser que la «sonde» conçue pour votre four. Elle est idéale pour la cuisson d'un rôti, si vous procédez en insérant la sonde dans la viande, et en la branchant au four, puis en choisissant le numéro correspondant à la cuisson désirée. Par exemple, pour un rôti

saignant ou bien cuit, se reporter au tableau du temps de cuisson du four et appuyer sur la touche recommandée dans le tableau; alors la cuisson et le degré de température requis pour faire cuire la viande à votre goût vous seront automatiquement indiqués à un moment donné. Vous n'avez jamais à vous préoccuper de la durée de cuisson, votre four s'en charge, et à la perfection. Préparer le rôti selon la recette de votre choix.

Note: Ne jamais utiliser de thermomètre à viande conventionnel dans un four à micro-ondes.

Comment cuisent les aliments aux micro-ondes

• Les micro-ondes représentent une forme d'énergie à haute fréquence semblable à celle utilisée pour la radio (AM, FM et CB). Les micro-ondes sont émises par un tube magnétron générateur de micro-ondes et mesurent de 4 à 6 pouces (10 à 15 cm), leur diamètre est d'environ 1/4 de pouce (6 mm). Dans le four, l'énergie des micro-ondes est **réfléchie, transmise et absorbée.**

Réflexion

• Les micro-ondes sont réfléchies par le métal, tout comme un ballon rebondit sur un mur. Voilà pourquoi l'intérieur du four est en métal recouvert d'époxy. La combinaison de pièces métalliques fixes (parois) et de pièces métalliques mobiles (plateau rotatif ou éventail) contribue à la bonne répartition des micro-ondes, pour une cuisson uniforme.

Transmission

• Les micro-ondes traversent certains matériaux, tels que le papier, le verre et le plastique, tout comme les rayons du soleil passent à travers la vitre. Du fait que ces substances n'absorbent ni ne réfléchissent les micro-ondes, ces dernières ne subissent aucune modification de parcours. C'est pourquoi ces matériaux conviennent parfaitement à la cuisson aux micro-ondes.

Absorption

• Les micro-ondes pénètrent les aliments d'environ 3/4 po à 1 1/2 po (2 cm à 4 cm) sur toute leur surface et sont absorbées. Lorsqu'elles entrent en contact avec l'humidité, le gras ou le sucre, elles provoquent la vibration des molécules de ces substances. Cette vibration qui se répète 2 450 000 000 fois par seconde entraîne la friction des molécules qui, à son tour, produit la chaleur nécessaire à la cuisson des aliments. (Pour comprendre facilement ce phénomène, frottez-vous les mains l'une contre l'autre.) Ensuite, la cuisson interne se poursuit par conduction vers le centre. La chaleur ainsi produite parvient jusqu'au centre de l'aliment.

• La cuisson continue par conduction durant la période d'attente, ce qui permet de conserver la chaleur de l'aliment cuit de 4 à 10 minutes, après la cuisson, mais également de cuire 3 à 4 plats avec un seul four, et de tout servir bien chaud.

Exemple: Si votre menu comporte un rôti, des pommes de terre et des petits pois, cuire le rôti d'abord. Pendant sa période d'attente, cuire les pommes de terre; elles resteront chaudes de 20 à 30 minutes si elles sont recouvertes d'un linge. Cuire ensuite le légume qui a la cuisson plus courte.

• Le dessert peut être cuit avant la viande, ou s'il doit être servi chaud, le cuire pendant le repas et le laisser en attente dans le four, puisqu'au son de la cloche le four s'éteint et qu'il n'y a aucun inconvénient à y laisser l'aliment jusqu'au moment de le servir.

Ustensiles de cuisson

• La cuisson aux micro-ondes permet de trouver de nouvelles possibilités pratiques et diverses à divers ustensiles. De nouveaux accessoires pour fours à micro-ondes ne cessent d'être lancés sur le marché, mais ne vous sentez pas obligé d'acheter un nouvel équipement. Vous serez surpris de la quantité d'ustensiles que vous pouvez utiliser dans un four à micro-ondes, et que la plupart du temps vous avez déjà dans votre cuisine.

Verre, céramique et porcelaine

• La plupart de ces ustensiles sont tout désignés. D'ailleurs, de nombreux fabricants identifient à présent les plats allant au four à micro-ondes. Tous les verres résistant à la chaleur, à moins qu'ils ne portent des décorations de métal, peuvent presque toujours être utilisés. Toutefois, soyez prudent si vous utilisez des verres délicats, car ils peuvent se fêler, non pas à cause des micro-ondes, mais de la chaleur que leur transmettent les aliments.

• Voici quelques-uns des ustensiles de cuisine à l'épreuve de la chaleur que je considère indispensables pour la cuisson aux micro-ondes. Il ne fait aucun doute que vous possédez plusieurs de ces articles:

1. tasse à mesurer en verre
2. ramequins
3. bols à mélanger
4. terrines
5. faitout
6. plats ovales allant au four, non métalliques
7. plats à gâteaux, ronds, carrés, longs, en verre, pyrex, plastique, Micro-Dur
8. assiettes à tarte en plastique, verre ou céramique
9. grands bols de 8 à 10 tasses (2 à 2,5 L) avec couvercles

Plat à griller (Corning)

• Le plat à griller est disponible en deux grandeurs : 8 sur 8 sur 2 pouces (21 sur 21 sur 5 cm) — 6 tasses (1,5 L) 9,5 sur 9,5 sur 2 pouces (24 sur 24 sur 5 cm) — 10 tasses (2,5 L)

• Une assiette à griller est aussi disponible : 8 sur 8 pouces (21 x 21 cm)

• Le dessous du plat à griller est enduit d'une couche diélectrique spéciale. Pour produire son effet, le plat à griller doit être préchauffé au four à micro-ondes à « HIGH », non couvert, durant 7 minutes au plus pour le petit plat et 9 minutes pour le plus grand ou pour l'assiette. IL NE FAUT PAS RETIRER LE PLAT DU FOUR LORSQU'IL A ÉTÉ PRÉCHAUFFÉ, MAIS SIMPLEMENT Y DÉPOSER L'ALIMENT PRÉPARÉ et presser sur le dessus avec une fourchette pour établir le contact avec le fond du plat. Si la recette demande de l'huile ou du beurre ou autre gras, l'ajouter après le préchauffage. Faire griller l'aliment de 5 à 7 minutes ou selon les données de la recette. Vous serez étonné du beau doré ainsi obtenu. Retourner l'aliment et le laisser reposer au four dans le plat le même temps que celui de la cuisson, sans chauffer, ce qui l'assécherait. Servir.

• Utiliser des mitaines pour sortir le plat du four.

• Le plat à griller est un accessoire très pratique à usages multiples ; pour faire dorer les biftecks, côtelettes, etc., faire frire à la chinoise, faire une omelette, faire réchauffer une pizza, faire griller un sandwich, et bien davantage.

• Ce plat ne sert pas uniquement à faire griller les aliments. Il peut être utilisé comme tous les ustensiles réguliers pour micro-ondes. Sans préchauffage, la base ne chauffe pas et le plat sert à faire cuire les légumes, les desserts, les poissons, les plats en casserole, etc. À cet usage, le couvercle sert davantage.

LE PLAT À GRILLER DOIT ÊTRE UTILISÉ EXCLUSIVEMENT DANS LE FOUR À MICRO-ONDES, NON PAS DANS LE FOUR CONVENTIONNEL (LES GRILLES DU FOUR POURRAIENT ÉGRATIGNER L'ENDUIT), NON PLUS QUE SUR LE DESSUS DE LA CUISINIÈRE, LA COUCHE DIÉLECTRIQUE POURRAIT ÊTRE ENDOMMAGÉE.

• La sonde thermométrique ne doit pas être utilisée avec le plat à griller.

Métal

• Étant donné que les récipients et ustensiles en métal réfléchissent les micro-ondes, leur contenu risque de ne pas cuire uniformément. De plus, il y aurait possibilité d'une amorce d'arc, telle une décharge d'électricité statique ou d'étincelles entre les surfaces métalliques et les parois du four pourraient être endommagées.

• ADVENANT LA FORMATION D'ÉTINCELLES, COUPER LE CONTACT ET CHANGER DE RÉCIPIENT.

• Nonobstant le fait que l'on ne puisse utiliser d'ustensiles en métal pour la cuisson par micro-ondes, l'emploi de certains métaux reste possible, à condition de les utiliser correctement.

Sacs de cuisson

• Les sacs de cuisson conçus pour faire bouillir ou surgeler des aliments, ou pour la cuisson conventionnelle peuvent être utilisés dans un four à micro-ondes.

• Percez six petites fentes au sommet du sac pour permettre à la vapeur de s'échapper.

• Lorsque vous utilisez des attaches métalliques pour les fermer, assurez-vous que leurs extrémités sont bien enroulées. Si elles ne le sont pas, elles pourront servir d'antennes et il y aura amorce d'étincelle. Le cas échéant, le sac risque de fondre. IL EST PRÉFÉRABLE D'UTILISER UNE FICELLE OU UNE ATTACHE EN PLASTIQUE POUR FERMER LE SAC.

• NE PAS FAIRE CUIRE D'ALIMENTS DANS DES SACS DE PAPIER BRUN OU BLANC.

Feuilles de polyéthylène

• Les feuilles de polyéthylène tels le «Saran Wrap» ou tout autre papier de matière plastique peuvent servir à couvrir les plats dans la plupart des recettes.

• Toutefois, une déformation de l'emballage peut survenir en cours de cuisson prolongée.

• Lorsque vous utilisez ce genre de matériau pour couvrir des aliments mijotés, repliez-en une partie afin de permettre à la vapeur de s'échapper.

• En enlevant vos couvercles de matière plastique, de même que tout autre couvercle de verre, prenez soin de les tenir à distance pour ne pas vous brûler avec la vapeur.

• Après la cuisson, relâchez le papier de plastique mais laissez le contenant couvert durant la période d'attente. Remarquez qu'il n'est pas toujours nécessaire de couvrir les aliments.

• Dans la cuisson par «auto-senseur», il faut mettre un pouce (2,5 cm) d'eau au fond du plat et le couvrir d'une feuille de polyéthylène.

• En faisant usage du plat en plastique «Micro-Dur», il n'est pas nécessaire d'utiliser une feuille de polyéthylène car ce plat possède un couvercle qui empêche la vapeur de s'échapper.

Papier

• Les **serviettes en papier**, les **essuie-tout**, les **assiettes**, les **gobelets**, le **papier ciré** et les **emballages pour congélateur** sont des ustensiles pratiques. Ils peuvent être utilisés pour de courtes périodes de cuisson d'aliments à faible teneur de graisse. Les contenants en carton recouverts d'une couche de polyester sont aussi très recommandés pour la cuisson micro-ondes.

Remarque : Le papier recyclé est à éviter, car il contient des impuretés qui risquent d'amorcer des étincelles et endommager le four.

Papier d'aluminium

• La feuille d'aluminium est d'utilisation sûre lorsque certains précautions sont prises. Étant donné que le métal réfléchit les micro-ondes, l'aluminium peut être avantageusement utilisé dans certains cas. En effet, utilisé en petite quantité, il permet de ralentir la cuisson de certaines parties d'aliment, par exemple les bouts des ailes et des cuisses de poulet, ainsi que les extrémités d'un rôti.

UTILISÉ POUR RALENTIR OU RÉFLÉCHIR LES MICRO-ONDES, IL ÉVITE LA SURCUISSON.

• Les bandes de papier d'aluminium couvrant les extrémités d'un rôti ou les bouts des ailes et des cuisses de poulet peuvent être retirées à la mi-cuisson.

Paille, osier et bois

• Les **paniers en paille ou en osier** peuvent être utilisés dans le four à micro-ondes pour réchauffer le pain. N'utilisez pas de grands ustensiles en bois, tels que bols à salade ou planche à découper, pour des périodes prolongées, car les micro-ondes assèchent le bois et le rendent cassant.

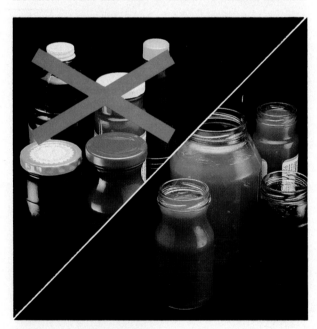

Bocaux et bouteilles

• Les bocaux et bouteilles sont pratiques pour réchauffer les aliments, à condition d'enlever les couvercles métalliques. Utilisez-les pour réchauffer les restes, les aliments pour bébés, etc. Il n'est pas recommandé d'effectuer la cuisson dans ces récipients qui ne sont pas à l'épreuve de la chaleur.

Remarque : Ne pas utiliser de bouteilles à goulot étroit pour réchauffer un liquide car elle pourrait se briser.

Comment s'assurer qu'un récipient va au four à micro-ondes

• Déposer une tasse à mesurer pleine d'eau dans le four ainsi que le récipient à vérifier.

• Chauffer pendant une minute à intensité élevée « HIGH ».

• Le récipient peut être utilisé dans le four à micro-ondes s'il reste relativement froid alors que l'eau est chaude.

• Si le récipient a chauffé, cela veut dire qu'il a absorbé les micro-ondes. Dans un tel cas, il ne doit pas être utilisé.

• Ce test ne s'applique pas aux contenants en plastique.

Plastique

• Les plats en plastique, les tasses et certains contenants allant au congélateur peuvent être utilisés dans un four à micro-ondes.

• Étant donné l'abondance de produits en plastique disponibles sur le marché, il est bon de les choisir judicieusement ; certains peuvent ramollir, se déformer ou se percer à cause de la chaleur dégagée par les aliments.

• Généralement, la mention « résiste au lave-vaisselle » indique que le récipient peut aussi aller dans un four à micro-ondes.

• Les plats en plastique ne doivent pas être utilisés pour une période de cuisson prolongée, ni avec des aliments à haute teneur de sucre ou de matières grasses.

Contenants doublés d'aluminium

• Qu'ils soient de carton ou de plastique, s'ils sont doublés d'aluminium, ces contenants ne doivent pas être utilisés dans le four à micro-ondes.

• Les cartons de lait, doublés d'aluminium, les contenants de concentré de jus de fruits surgelés ou les contenants de cuisson de certains mélanges à gâteau font partie des articles à éviter.

Attaches

• Les attaches métalliques recouvertes de papier ou de plastique ne doivent pas être utilisées dans un four à micro-ondes.

Thermomètre

• Des thermomètres spécialement conçus pour les fours à micro-ondes sont disponibles dans le commerce. N'UTILISEZ PAS DE THERMOMÈTRE CONVENTIONNEL dans un four à micro-ondes.

Emballages de plats surgelés

• Les emballages de plats cuisinés et surgelés donnent des résultats satisfaisants dans un four à micro-ondes, à condition qu'ils n'aient pas plus de 2 cm (3/4'') de profondeur.

• Dans les contenants de métal, la chaleur se transmet par le dessus; le contenant réfléchit l'énergie dirigée vers les côtés et le fond.

Brochettes en métal

• Les brochettes en métal peuvent être utilisées dans la mesure où le volume d'aliments est supérieur à celui du métal.

• Disposez soigneusement les brochettes pour éviter l'amorce d'étincelles entre elles, ou entre les brochettes et les parois du four.

• Les brochettes en bois sont de loin recommandées et sont généralement disponibles dans le commerce.

NE PAS UTILISER:

• d'ustensiles portant des garnitures ou des portions métalliques (ex.: décorations, vis, etc.)

• de plats dont le vernis est fendillé ou ébréché

• de tasses ou bols en céramique dont les anses sont collées

• de verrerie délicate (verre et porcelaine).

Caractéristique des aliments

• Les caractéristiques des aliments qui affectent la cuisson conventionnelle ont un effet accru lors de la cuisson aux micro-ondes.

La teneur en eau des aliments

1. La teneur en eau des aliments:
   plus elle est importante, plus la période de cuisson est rapide et courte.
   Exemple: les épinards;
   plus elle est réduite, plus la période de cuisson est lente et longue
   Exemple: les carottes.

2. La quantité de liquide ajoutée aux aliments:
   plus elle est grande, plus longue est la période de cuisson.

3. La densité de la denrée:
   poreuse, plus la cuisson est rapide.
   Exemple: tomates, épinards, champignons, etc.;
   plus dense, plus la cuisson est longue.
   Exemple: pois, lentilles, etc.

4. La température ambiante est la température idéale pour commencer la cuisson:
   température plus chaude (température ambiante), cuisson plus rapide;
   température plus froide (au sortir du réfrigérateur ou après décongélation), cuisson plus longue.

5. La structure des aliments:
   morceaux plus petits, cuisson plus rapide.
   Exemple: une petite pomme de terre;
   morceaux plus gros, cuisson plus lente.
   Exemple: une grosse pomme de terre.

6. On couvre souvent les aliments durant la cuisson pour éviter que leur humidité naturelle ne s'évapore.

7. La teneur en sucre détermine le degré de chaleur produit:
   plus il y a de sucre, plus intense est la chaleur et plus courte est la période de cuisson.
   Exemple: sirop, caramel, etc.

8. Plus les aliments sont gras, plus vite ils cuisent.

9. La disposition des aliments joue aussi un rôle:
   4 à 5 pommes de terre disposées en cercle cuisent plus vite que simplement mises dans le four.

Teneur en eau, addition d'eau, densité, épaisseur, structure, couvercles, teneur en sucre, teneur en gras, disposition des aliments, accessoires appropriés: voilà les mots-clés de la cuisson, sans oublier le temps de cuisson, le poids des aliments et la température de cuisson.

Dimensions et quantités

• Au four à micro-ondes, la cuisson est plus rapide qu'au gaz ou à l'électricité ; aussi la forme et le poids d'un aliment jouent-ils un rôle important dans le temps de cuisson.

Forme

• Les aliments de même épaisseur cuisent plus uniformément. Compensez les différences d'épaisseur des aliments en plaçant les parties minces au centre et les plus épaisses vers l'extérieur.

Os et matières grasses

• Les deux affectent la cuisson. Les os conduisent la chaleur et font cuire plus rapidement la viande avoisinante*. Les matières grasses absorbent plus rapidement les micro-ondes et risquent de provoquer une surcuisson des viandes.

Consultez le paragraphe : Papier d'aluminium.

Disposition des aliments

• Les aliments, tels les pommes de terre et les hors-d'oeuvre, cuiront plus uniformément si vous les placez à une distance égale les uns des autres. Disposez-les en cercle dans la mesure du possible.

• De même, lorsque vous disposez des aliments dans un plat de cuisson, éloignez-les du centre. Les aliments ne doivent pas être empilés les uns sur les autres.

Redisposition des aliments

• De par leur volume, il n'est pas toujours possible de remuer certains aliments pour redistribuer la chaleur qui parfois peut se concentrer à un seul point. Dans un tel cas, retournez l'aliment (dindes, rôtis, etc.) au moins une fois à mi-cuisson.

Température de départ

• Il est évident que les aliments laissés à la température de la pièce prennent moins de temps à cuire que ceux qui sortent du réfrigérateur ou du congélateur.

Mélange

• Habituellement, il est souvent nécessaire de remuer les aliments durant la cuisson. Les recettes indiquent la fréquence à laquelle il faut les remuer.

• Ainsi, à cause de la différence d'épaisseur de la poitrine et du dos d'une volaille, il est recommandé de la retourner une fois durant la cuisson pour en assurer l'uniformité.

Exemple : Ramenez les parties plus cuites vers le centre. Quelques aliments doivent être retournés dans le plat durant la cuisson.

Perçage

• Durant la cuisson par micro-ondes, il est toujours possible que de la vapeur produise une pression sous la peau, la pelure ou la membrane de certains aliments. Afin de pallier à ce phénomène et de laisser la vapeur s'échapper, il est recommandé ce qui suit avant de les mettre dans le four :

Oeufs — Percer la membrane du jaune et le blanc plusieurs fois à l'aide d'un cure-dent.

Huîtres et palourdes — Les huîtres et les palourdes doivent aussi être percées plusieurs fois à l'aide d'un cure-dent.

Pommes de terre — Tous les légumes placés entiers dans le four doivent être piqués plusieurs fois à l'aide d'une fourchette.

Hot dogs et saucisses — Là encore, la peau des saucisses doit être percée à l'aide d'une fourchette avant la cuisson.

Pommes — Enlever une lisière de pelure d'environ 1'' (2,5 cm) avant de mettre les pommes et les pommes de terre nouvelles au four.

Vérification de la cuisson

• La vérification de la cuisson des aliments par micro-ondes s'effectue de la même manière que dans un four conventionnel.

• Les gâteaux sont cuits lorsqu'un cure-dents en ressort sec ou si le gâteau se décolle des parois.

• La viande est cuite lorsqu'elle est tendre sous la fourchette et que les fibres s'en séparent.

• Le poulet est cuit lorsque le jus qui en sort est jaune et clair et que le pilon se déplace facilement.

• Le poisson est cuit lorsqu'il devient opaque et s'effrite facilement.

Attente

• La plupart des aliments continuent à cuire par conduction après l'arrêt de l'émission des micro-ondes. Pour les viandes, la température interne s'élève de 5°F à 15°F (3° à 6°C) si l'aliment est couvert pendant 10 à 20 minutes avant le service. La durée d'attente est plus courte pour les fricassées et les légumes mais elle est nécessaire pour compléter la cuisson au centre sans que l'extérieur soit trop cuit.

Réglage de l'intensité

• Certains fours à micro-ondes comportent plusieurs niveaux d'intensité : cuisson élevée, moyennement élevée, moyenne, moyennement faible, faible, décongélation, réchauffage et mise en contact différée/attente.

• La plupart des aliments peuvent être cuits à intensité élevée (intensité maximale). Toutefois, d'autres, le lait par exemple, gagnent à être cuits plus lentement à intensité réduite. Ces nombreux réglages ajoutent donc à la précision du four.

Tableau des niveaux d'intensité

Intensité		Puissance	Usage
«HIGH»	Élevée	100 % (700 W)	Bouillir l'eau Brunir la viande hachée Cuire fruits et légumes frais Cuire le poisson Cuire du poulet (jusqu'à 3 lb (1,5 kg)) Réchauffer des boissons ne contenant pas de lait Cuire des bonbons Préchauffage du plat à griller (accessoires)
«MEDIUM-HIGH»	Moyennement élevée	90 % (650 W)	Réchauffer les aliments surgelés (ne contenant ni oeuf ni fromage) Réchauffer les conserves Réchauffer les restes Réchauffer les purées pour bébé
«MEDIUM»	Moyenne	70 % (490 W)	Cuire les gâteaux Cuire les viandes Cuire les crustacés Préparer les aliments délicats (oeufs, etc.)
«MEDIUM-LOW»	Moyennement faible	50 % (360 W)	Cuire les crèmes Fondre le beurre et le chocolat Préparer le riz
«LOW»	Faible	27 % (200 W)	Cuire les viandes moins tendres Mijoter les ragoûts et les soupes Ramollir le beurre et le fromage
«REHEAT»	Réchauffage	10 % (70 W)	Conserver les aliments à la température de service Faire lever la pâte à pain Ramollir la crème glacée
«DEFROST»	Décongélation	35 % (245 W)	Toute décongélation (Consultez les tables de décongélation de votre four)
«START»	Mise en contact	0 % (0 W)	

IMPI — International Microwave Power Institute — est une institution internationale qui collige et dispense les données concernant les micro-ondes dans le monde entier pour les cuisines, les hôpitaux, etc.
IMPI a fixé les normes qui ont été adoptées pour la désignation des niveaux d'intensité des fours à micro-ondes — HIGH, MEDIUM-HIGH, MEDIUM, MEDIUM-LOW, LOW, REHEAT, DEFROST, START, et qui doivent être observées dans le monde entier.

Décongélation établie en fonction du poids de l'aliment

• Certains fours offrent le choix de décongélation établie en fonction du poids de l'aliment ou de la durée du processus. Vous pouvez programmer la décongélation établie en fonction du poids qui est très précise, en commençant par lire les instructions données dans le manuel de votre four.

• La décongélation établie en fonction du poids est basée sur le cycle automatique suivant: le cycle de décongélation pour viandes et volailles s'étend de 0,1 lb — environ 1 1/2 oz, jusqu'à 5,9 lb (42 g à 3 kg). Si vous effleurez les touches du poids et de la décongélation (Defrost), le système d'auto-programmation indiquera au registre le poids de 1 à 6 lb (0,5 kg à 3 kg), de toute pièce de viande ou de volaille généralement décongelée.

• Un rôti de boeuf, de porc, etc., avec os contient moins de viande qu'un rôti désossé du même poids. Par conséquent, pour la décongélation d'un rôti avec os pesant plus de 4 livres (1,8 kg), calculer une livre (453 g) en moins et 1/2 livre pour un rôti similaire, mais pesant moins de 4 livres (1,8 kg).

• Je tiens à répéter que si votre four est muni de l'auto-décongélation établie en fonction du poids, vous devez lire les instructions de votre manuel pour en bien comprendre l'utilisation.

Quelques notes sur la décongélation des viandes

• Faire décongeler dans l'emballage d'origine (et non dans un papier d'aluminium) en plaçant dans un plat pour empêcher le liquide de se répandre.

• Placer le gras des pièces de viande vers le bas sur une grille déposée dans un plat oblong, et ce, afin que la viande ne baigne pas dans son jus. Devenant chaud durant la décongélation, le jus risque d'amorcer la cuisson.

• Placer le sélecteur d'intensité à la position «Defrost» et faire chauffer pendant la durée indiquée dans le tableau qui suit.

• Retourner l'aliment à deux ou trois reprises pendant le cycle de décongélation.

• Avant de préparer l'aliment, le laisser reposer pendant un temps équivalent à la durée du cycle de décongélation.

• Rincer à l'eau froide pour enlever toute glace restante.

• En ce qui concerne la volaille, procéder de la même manière que la viande en plaçant la poitrine vers le bas.

• Il peut arriver parfois que l'intérieur d'un poulet ne soit pas entièrement décongelé, surtout si les abats n'ont pas été enlevés avant la congélation. Dans un tel cas, faire couler de l'eau froide dans la cavité.

Tableau de décongélation du boeuf

Pièce de boeuf	Coupe	Durée approximative (minutes par livre) sélecteur à «Defrost»	Temps d'attente (minutes par livre)
Rôti	Filet	5 à 6	5 à 6
	Paleron ou croupe	5 à 6	5 à 6
	Surlonge ou roulé	5 à 6	5 à 6
Bifteck	Surlonge désossée	6 à 7	6 à 7
	Flanc	4 à 5	4 à 5
Divers	Boeuf haché*	5 à 6	5 à 6
	Foie	5 à 6	5 à 6

Afin d'éviter que les surfaces du morceau de boeuf haché ne cuisent avant que le centre ne soit décongelé, retirer du four les parties décongelées après la première moitié du cycle de décongélation.

Quelques conseils sur le réchauffage des aliments au four à micro-ondes

• Comme la décongélation, la possibilité de réchauffer une grande variété d'aliments est une utilisation très appréciée du four à micro-ondes. C'est pour vous une économie de temps, d'argent et de nettoyage après cuisson. De plus, par ce mode de réchauffage, les aliments conservent toute leur fraîcheur et leur saveur. Les restes ont ce goût de «frais cuit», jamais obtenu auparavant quand on les réchauffait selon les méthodes conventionnelles. Certains aliments sont même plus savoureux lorsqu'ils sont réchauffés dans le four à micro-ondes car les saveurs ont eu le temps de se lier.

• Les plats et les sauces à spaghetti, les lasagnes, les pommes de terre en purée, les crèmes, les ragoûts, sont parmi les aliments dont la saveur s'améliore au réchauffage.

Pour réchauffer une assiettée

• Disposez les aliments dans une assiette qui va au four à micro-ondes, en plaçant les portions plus épaisses et plus grosses au bord de l'assiette. Ajoutez de la sauce ou du beurre au goût. Recouvrez l'assiette d'un papier ciré, réchauffez à «MEDIUM-HIGH» de 2 à 3 minutes, en vérifiant après 2 minutes.

Pour réchauffer par senseur

• La préparation de l'assiette est la même : la recouvrir en entier de papier plastique et effleurer la touche de mise en contact n° 1 du Senseur ou toute autre selon les instructions de votre manuel pour micro-ondes, à condition, bien entendu, que votre four à micro-ondes soit muni de la touche Senseur.

• Votre four détermine le temps de cuisson, vous n'avez pas à vous en préoccuper.

Les plats en casseroles

• Bien brasser et ajouter une petite quantité de liquide (eau, lait, consommé, sauce, etc.); généralement 1/4 de tasse (60 mL) suffit; recouvrir d'un couvercle en verre ou d'un papier plastique.

• Encore une fois, si votre four est muni d'un Senseur ou de la cuisson Insta-matic, effleurez la touche de contact n° 1 ou procédez comme l'indique votre manuel pour micro-ondes.

Temps nécessaire au réchauffage des aliments

• Couvrir et programmer à «MEDIUM-HIGH» pendant 2 à 6 minutes, en brassant à mi-temps.

Pâtisserie

• Pour 4 à 6 petits pains, biscuits, etc., déposez-les dans un plat de service allant au four à micro-ondes et couvrez-les avec un essuie-tout.

• Pour un seul petit pain, enveloppez-le dans un essuie-tout et placez-le dans le four pendant 15 à 30 secondes.

> **Petit conseil :** Vérifiez les pâtisseries pendant la cuisson. Certaines pâtisseries durcissent lorsqu'elles sont trop cuites.

Sandwiches

• Enveloppez les sandwiches dans un essuie-tout.

• Placez les canapés dans une assiette de carton et couvrez avec du papier ciré.

Assiettes d'aliments

• Disposez les aliments sur une assiette allant au four à micro-ondes en plaçant les parties épaisses vers l'extérieur. Ajoutez de la sauce ou du beurre, puis couvrez avec un papier ciré.

> **Petit conseil :** La purée de pommes de terre se réchauffe plus facilement lorsqu'elle est répartie également.

Fricassées

• Ajoutez un peu de liquide (eau, lait, jus de cuisson, sauce, etc.) et recouvrez.

• Si de la chapelure est utilisée, employez du papier ciré pour recouvrir.

• Remuez le plat ou mélangez à mi-cuisson.

Apprenez à connaître les coupes de boeuf

• Pour faire un rôti parfait, tendre, doré, juteux, quel que soit son mode de cuisson, il faut d'abord acheter la coupe parfaite pour le mode de cuisson choisi.

• Le boeuf, tout comme les autres viandes, a des coupes plus tendres et moins tendres. Si l'on désire faire un rôti braisé ou mijoté ou bouilli, il faut aussi choisir les coupes en fonction du mode de cuisson.

• Étudiez bien l'illustration qui suit pour reconnaître les coupes plus tendres et moins tendres.

Exemples : Un rôti dans la longe, soit l'aloyau ou la côte d'aloyau, pièce très fine et tendre, mais aussi plus coûteuse, fait un rôti de boeuf de première qualité.

La noix de ronde, la pointe de surlonge, qui est la coupe tendre de la cuisse, ainsi que les côtes croisées, la coupe tendre de l'épaule, font de très bons rôtis et leur prix de revient est plus économique.

Toutefois, les côtes croisées doivent avoir de 4 à 5 pouces (10 à 12 cm) d'épaisseur pour donner un rôti parfait. Si elles sont plus minces, il est préférable de les braiser ou de les bouillir.

Les coupes de boeuf

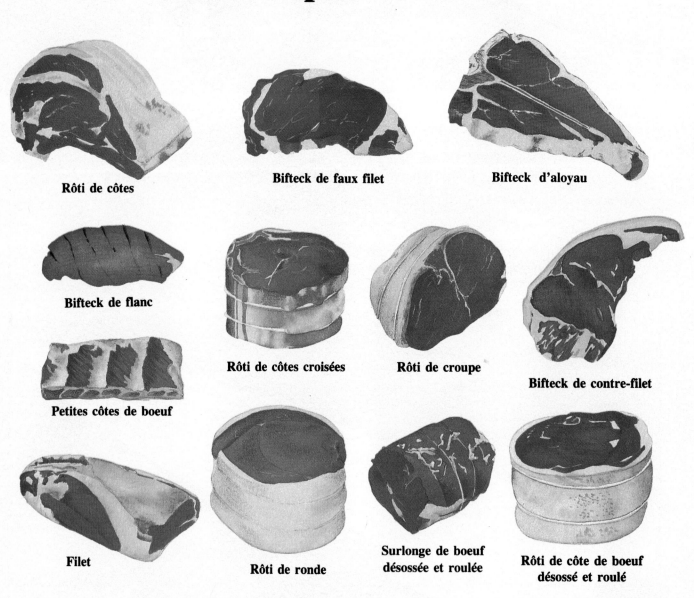

Rôti de côtes

Bifteck de faux filet

Bifteck d'aloyau

Bifteck de flanc

Rôti de côtes croisées

Rôti de croupe

Bifteck de contre-filet

Petites côtes de boeuf

Filet

Rôti de ronde

Surlonge de boeuf désossée et roulée

Rôti de côte de boeuf désossé et roulé

Coupe française du boeuf

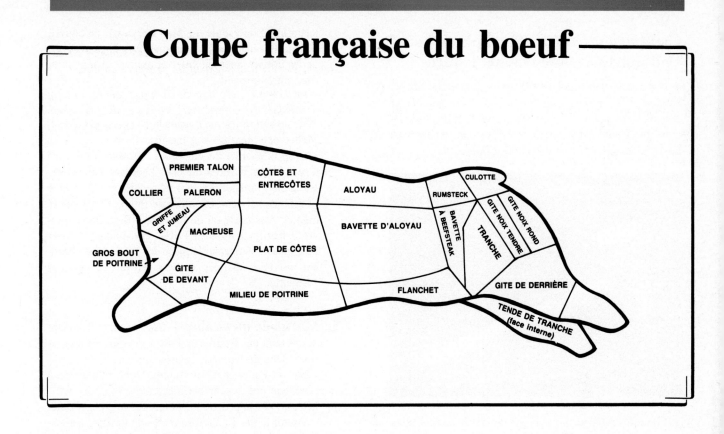

Les parties tendres du boeuf

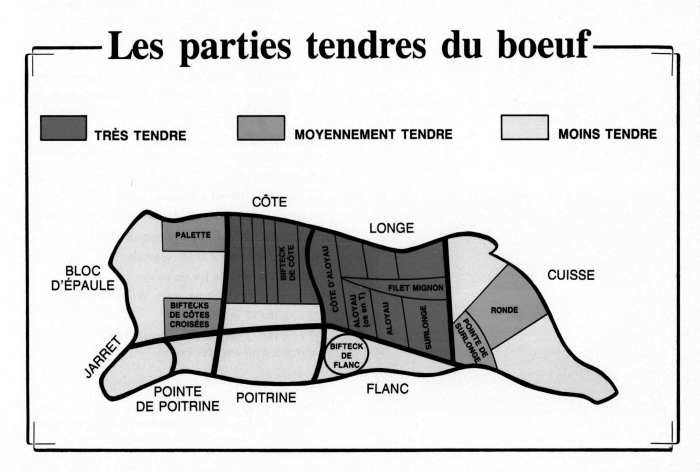

- TRÈS TENDRE
- MOYENNEMENT TENDRE
- MOINS TENDRE

Comment attendrir les coupes de boeuf et d'autres viandes moins tendres

• Il y a des coupes de viande, qu'il s'agisse de boeuf, de porc ou de veau, qui sont moins tendres et qui coûtent sensiblement moins cher. On peut les mariner de plusieurs manières, ce qui non seulement rend la viande tendre mais aussi lui donne des saveurs intéressantes.

1. Pour les biftecks ou les cubes de viande à ragoût, les battre avec un maillet de bois ou de métal, ce qui attendrit les fibres de la viande. Le boucher ne procède pas autrement pour les biftecks attendris qu'il vous vend, mais il en coûte moins cher de le faire vous-même. On trouve de très bons maillets à bout métallique dans les magasins spécialisés.

2. Pour une tranche mince de viande, la badigeonner d'un mélange d'huile végétale et de jus de citron frais. Pour un bifteck, 1 c. à soupe (15 mL) d'huile et autant de jus de citron suffisent. Couvrir et laisser mariner de 30 minutes à 12 heures, au réfrigérateur.

3. Ma méthode favorite pour attendrir les cubes de viande à ragoût est de les recouvrir de babeurre (buttermilk) ou de yaourt, de bien mélanger, de couvrir et de laisser mariner 12 heures au réfrigérateur. Avant de les utiliser, bien égoutter et essuyer chaque cube avec un essuie-tout.

4. Pour un rôti braisé, la marinade française est idéale. Mettre dans une tasse à mesurer de 4 tasses (1 L) 1 tasse (250 mL) de vin rouge, 2 tasses (500 mL) d'eau, 1 oignon pelé et tranché, 2 gousses d'ail pelées, 1 c. à thé (5 mL) d'épices à marinade ou 1/2 c. à thé (2 mL) de sarriette et autant de thym, 1 c. à thé (5 mL) de cassonade ou de mélasse, 10 grains de poivre. Chauffer 2 minutes à «HIGH». Laisser reposer 20 minutes. Verser sur la pièce de viande, bien l'enrober de ce mélange, couvrir et laisser mariner 24 heures.

5. **Marinade mexicaine** — Au Mexique, les viandes ne sont pas tendres et il est nécessaire de les mariner. Une de leurs meilleures marinades est la suivante; elle n'est pas économique mais elle donne à la viande une saveur parfaite :
Peler un avocat et écraser à la fourchette la chair verte, y ajouter le jus d'un citron ou d'une limette, 2 gousses d'ail finement hachées. Badigeonner les morceaux de viande de ce mélange, couvrir et laisser mariner au réfrigérateur de 12 à 24 heures.

6. **Marinade française** — Voici une marinade qui se conserve de 6 à 8 semaines, réfrigérée, dans un bocal de verre bien couvert. En Province, on utilise du jus de raisin frais, que j'ai remplacé avec succès par du jus de raisin sans sucre (Welch's).

Ingrédients :

2/3 de tasse (160 mL) d'oignon émincé

3/4 de tasse (200 mL) de dés de céleri avec feuilles

1/3 de tasse (80 mL) de vinaigre de cidre

1/2 tasse (125 mL) d'huile végétale

1 tasse (250 mL) de jus de raisin

1 c. à soupe (15 mL) de sauce Worcestershire

1/2 c. à thé (2 mL) de sel

1/2 c. à thé (2 mL) d'ail en poudre ou
3 gousses d'ail hachées fin

Préparation :

• Bien mélanger le tout, mettre dans un pot de verre, réfrigérer. Utiliser comme toute marinade : en verser sur la viande et laisser mariner 12 heures, couverte et réfrigérée.

Les méthodes de rôtissage dans les fours à micro-ondes

• Il y a plusieurs méthodes de rôtissage des viandes. Selon le type de four à micro-ondes que vous possédez vous pourrez en utiliser une seule ou plusieurs.

• Le manuel d'instructions de votre four vous indiquera les méthodes qui lui sont propres.

La cuisson des viandes aux micro-ondes

• C'est évidemment la méthode qu'utilise chaque four en question quelle qu'en soit la marque.

• La cuisson des viandes aux micro-ondes permet la préparation facile et rapide d'un grand nombre de viandes, qu'elles soient rôties, braisées ou bouillies.

1. Température avant la cuisson: il serait préférable que la viande soit à la température de la pièce. Si elle sort du réfrigérateur, augmentez le temps de cuisson.

2. Forme et grosseur du morceau.

3. Tendreté de la coupe et degré de cuisson désiré.

• Placez une grille à micro-ondes ou une soucoupe renversée ou un couvercle de verre sous le rôti, poser le gras vers le bas, pour éviter que le rôti baigne dans son jus. Retournez le rôti à moitié pendant la cuisson, ainsi que le plat. Posez une feuille de papier ciré sur le rôti. Quand le jus s'accumule dans le plat, retirez-le et mettez-le de côté pour faire la sauce. C'est là un point important parce que le jus absorbe l'énergie et empêche une cuisson parfaite de la viande. Si le rôti se renverse, calez-le avec un petit plat à crème renversée.

• Le papier d'aluminium peut être utilisé pour couvrir certaines parties d'un rôti au début de la cuisson ou à mi-cuisson. Les bouts des os d'un rôti de boeuf doivent être couverts de deux pouces (5 cm) de papier d'aluminium.

• Les bouts minces de rôtis désossés doivent aussi être couverts. S'ils sont couverts au début de la cuisson, retirez le papier d'aluminium à mi-cuisson.

Attention: La viande continue de cuire après qu'on l'a sortie du four. La recouvrir et la laisser reposer de 15 à 20 minutes.

La cuisson par convexion

• Tout comme une cuisinière électrique à convexion, le four à micro-ondes qui cuit par convexion donne d'excellents résultats grâce à la circulation constante d'air chaud et sec autour de l'aliment qui cuit. On ajuste la température tel que la recette le précise: 300°F, 350°F, 400°F (150°C, 180°C, 200°C).

• Profitez donc de ce mode de cuisson pour rôtir vos pièces de viande, elles seront dorées et cuites à votre goût. Si en plus votre four est muni d'un plateau rotatif automatique, la cuisson et le dorage se feront toujours de façon uniforme.

• De plus, la cuisson par convexion vous permet d'utiliser toutes vos recettes favorites, que vous cuisiez dans votre cuisinière électrique ou à gaz, sans rien changer aux coupes ni au temps de cuisson requis.

La cuisson par sonde thermométrique

• Lorsque la sonde est insérée dans un aliment, elle en contrôle la température interne.

• Dès que le degré de cuisson désiré est atteint, le four s'arrête automatiquement. De plus, la sonde peut servir à maintenir la température de l'aliment jusqu'à l'heure du service; il vous suffit d'indiquer à la fiche «Temperature Hold» le temps d'attente que vous désirez. J'utilise beaucoup cette méthode qui donne toujours des résultats parfaits puisque la sonde thermométrique mesure avec précision la température des aliments. Si je désire un rôti saignant ou médium ou bien cuit, je programme selon mes besoins, en effleurant la touche de contact qui indique mon choix. Aussitôt que l'élément atteint le degré de cuisson désiré, le contact est coupé automatiquement.

• Dans les recettes qui suivent vous trouverez des viandes cuites selon l'une ou l'autre de ces méthodes.

La sonde thermométrique

• Comment l'utiliser.

1. Insérer la sonde thermométrique d'au moins 1 pouce (2,5 cm) dans l'aliment et la brancher au four.

2. Insérer toujours la sonde à l'horizontale dans la viande.

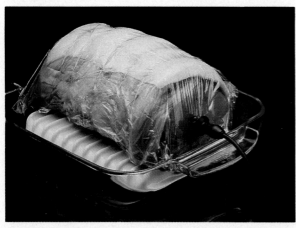

3. Si la viande est recouverte d'un papier plastique, perforez le papier en insérant la sonde au centre de l'aliment couvert, toujours à l'horizontale.

4. Ne jamais utiliser la sonde dans un aliment surgelé ou avec un plat à griller.

5. Débrancher la sonde avec des mitaines pour éviter toute brûlure.

6. Nettoyer la sonde avec un linge et un détergent doux si nécessaire. Ne jamais tremper la sonde dans l'eau ni la mettre dans un lave-vaisselle.

7. Ranger la sonde dans son contenant d'origine.

• NE JAMAIS UTILISER UN THERMOMÈTRE CONVENTIONNEL DANS UN FOUR À MICRO-ONDES. Toutefois, un tel thermomètre peut être utilisé pour vérifier la température interne lorsque l'aliment est retiré du four.

Petits trucs pour le rôtissage des viandes

• Nettoyer et éponger le rôti, puis le placer dans un plat de cuisson sur une grille à micro-ondes ou sur une soucoupe ou un couvercle renversé.

• Assaisonner selon le goût. NE PAS SALER sauf les viandes bouillies ou braisées.

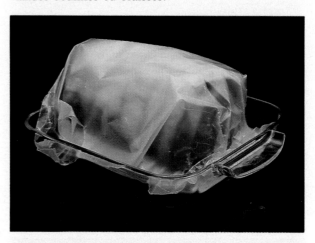

• Couvrir le plat de papier ciré afin de prévenir toute éclaboussure pendant la cuisson.

• Placer le sélecteur d'intensité à la position « HIGH » ou à la position précisée dans la recette.

• Afin d'éviter que les parties les moins charnues du rôti soient trop cuites, les couvrir de papier d'aluminium une fois la moitié de la durée de cuisson écoulée. Utiliser des cure-dents en bois pour faire tenir le papier en place.

• Vérifier la température interne de la viande à l'aide d'un thermomètre. NE PAS UTILISER UN THERMOMÈTRE CONVENTIONNEL À L'INTÉRIEUR DU FOUR À MICRO-ONDES PENDANT LA CUISSON.

• Avant de servir, laisser reposer pendant 10 à 15 minutes. Ce temps d'attente permet d'uniformiser la température interne de la viande. Notez que cette température augmentera de 5°F à 10°F (3° à 6°C).

Rôti de boeuf aux micro-ondes

• Quel que soit votre four à micro-ondes, il vous sera toujours possible de faire un beau rôti tendre et doré, cuit à votre goût, saignant, médium ou bien cuit, si vous suivez les indications suivantes.

• Avant de commencer le travail, étudiez bien le tableau de cuisson du boeuf au four à micro-ondes qui suit, en vous rappelant que ces temps de cuisson ne valent que pour la viande déjà à la température de la pièce ; si le morceau de viande sort du réfrigérateur ou a été décongelé sans période d'attente (voir décongélation des viandes), il faudra ajouter 2 minutes par livre (500 g).

• La viande sortie du réfrigérateur 1 à 2 heures avant la cuisson sera plus juteuse, plus dorée et plus tendre.

• Si la pièce de viande à rôtir est surgelée, suivre les indications données dans le manuel de votre four pour la décongélation. Toutefois, lorsque le rôti est décongelé, il est important de le laisser au moins une heure à la température de la cuisine avant de le faire rôtir.

Tableau de cuisson du boeuf au four à micro-ondes		
Degré de cuisson	**Temps de cuisson**	
	1re livre (500 g)	**Chaque livre (500 g) additionnelle**
Saignant 120°F (55°C)	8 minutes à «HIGH» *Exemple : Un rôti de 3 lb (1,5 kg) devra rôtir 8 minutes à «HIGH» et ensuite 16 minutes à «MEDIUM».*	8 minutes par livre (500 g) à «MEDIUM»
Médium 140°F (60°C)	9 minutes à «HIGH»	9 minutes par livre (500 g) à «MEDIUM»
Bien cuit 160°F (70°C)	9 minutes à «HIGH»	11 à 12 minutes par livre (500 g) à «MEDIUM»

Rôti de côte de boeuf avec os

Préparation : .... **5 min**
Cuisson : .... **de 40 à 56 min**
Attente : .... **10 min**

Petit conseil : Pour bien réussir cette pièce de boeuf, il faut avoir un plat à griller (Corning), et bien recouvrir le bout des os plats en dessous du rôti avec une bande de papier d'aluminium comme l'indique le manuel de votre four.

Ingrédients :

Un rôti de longe ou de côte d'aloyau non désossé de 4 à 6 lb (2 à 3 kg)

2 c. à thé (10 mL) de paprika

1 c. à thé (5 mL) de moutarde sèche

2 c. à soupe (30 mL) de beurre mou ou de margarine

1 oignon moyen coupé en quatre

vins

Beaujolais-Villages, Duboeuf
Moulin-à-vent, Château des Jacques

Préparation :

• Mettre en crème, le paprika, la moutarde et le beurre. Mettre une bande de papier aluminium de 2 po (5 cm) sur le bout des os.

• Préchauffer le plat à griller 7 minutes à «HIGH». Sans le retirer du four, y placer le rôti, la partie grasse touchant le fond du plat. Cuire à «HIGH» 8 minutes.

• Badigeonner les parties rouges de la viande avec le mélange en crème.

• Placer une grille pour micro-ondes ou une soucoupe renversée dans le fond d'un plat, y déposer le rôti, partie grasse sur le dessus. Saupoudrer d'un peu de paprika. NE PAS SALER.

• Placer les morceaux d'oignon dans le fond du plat. Cuire à «MEDIUM» 8 minutes par livre (500 g). Retirer le papier d'aluminium après les 8 premières minutes, et cuire à votre goût en vous reportant au tableau de cuisson du boeuf.

• Lorsque le rôti est cuit le mettre dans un plat et le laisser reposer 10 minutes recouvert, dans un endroit chaud.

• Préparer la même sauce que pour le rôti de côte roulé, ou toute autre de votre choix.

Rôti de boeuf

Cuisson par convexion

Préparation :	....	**20 min**
		saignant : 25 min
Cuisson :	....	**médium : 37 min**
		bien cuit : 50 min
Attente :	....	**5 à 7 min**

Cette méthode est la même que celle utilisée dans un four électrique. Les coupes de boeuf sont les mêmes que celles déjà mentionnées pour les autres modes de cuisson.

Voici la manière de procéder.

Petit conseil : Pour faire un rôti de boeuf selon la méthode par convexion, je recommande un rôti de faux-filet ou une côte de boeuf, ou une pièce plus économique : un rôti de côtes croisées ayant au moins 4 à 5 po (10 à 13 cm) d'épaisseur.

Ingrédients :

3 à 5 lb (1,5 à 2,5 kg) de rôti de boeuf

3 c. à soupe (50 mL) d'un gras de votre choix

1 c. à soupe (15 mL) de moutarde sèche

Préparation :

• Mettre en crème le gras et la moutarde sèche. Essuyer le rôti avec un essuie-tout. Beurrer les parties rouges de la pièce de viande avec le beurre-moutarde. Saupoudrer généreusement de paprika la partie grasse du dessus. Placer sur l'assiette du four la plaque anti-éclaboussures. Y mettre la grille à rissoler.

• Préchauffer le four à 350°F (180°C) pendant 15 minutes. Placer une assiette en dessous de la grille à rissoler.

• Placer le rôti sur la grille, et rôtir de 10 à 15 ou 20 minutes par livre à 350°F (180°C), selon que vous désirez un rôti saignant, médium ou bien cuit.

• Lorsque le rôti est cuit, faire la sauce de la même manière que pour les autres rôtis.

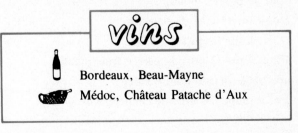

vins

Bordeaux, Beau-Mayne

Médoc, Château Patache d'Aux

Rôti de côte de boeuf roulé

Préparation :

• Mélanger dans un bol l'huile végétale ou le beurre fondu, le paprika, le thym, le poivre, l'ail et la chapelure. Badigeonner de ce mélange le dessus gras du rôti et ses côtés.

• Placer le rôti sur une grille pour micro-ondes ou sur une soucoupe renversée dans un plat de cuisson de 8 sur 12 po (20 sur 30 cm).

• Rôtir selon le temps de cuisson précisé au tableau de cuisson du boeuf.

• Lorsque le temps de cuisson est terminé, laisser reposer la viande de 10 à 15 minutes, recouverte, dans un endroit chaud.

• Pour faire la sauce, retirer le rôti et la grille du plat de cuisson ; ajouter au jus accumulé au fond du plat **1/4 de tasse (60 mL) d'un liquide de votre choix, thé froid ou madère ou sherry ou vin rouge, et 1 c. à thé (5 mL) de moutarde de Dijon.**

• Bien mélanger le tout, en écrasant les petites boules de caramel brun (osmazone de la viande) ; c'est ce qui donne couleur et saveur à un jus de viande.

• Chauffer 1 minute à «HIGH» au moment de servir.

Pour faire une sauce crémeuse

• Ajouter au gras **1 c. à soupe (15 mL) de farine.** Bien mélanger, cuire à «HIGH» 2 minutes, en brassant 1 fois.

• Ajouter **1/2 tasse (125 mL) d'un liquide de votre choix,** tel qu'indiqué ci-haut. Si votre choix se porte sur le madère ou le sherry, n'en utiliser que **1/4 de tasse (60 mL) plus 1/4 de tasse (60 mL) d'eau froide.**

• Bien brasser et cuire 3 minutes à «HIGH», en brassant une fois.

Petit conseil : Assurez-vous qu'il n'y ait pas de gros morceaux de gras à l'intérieur de la pièce de viande. Par contre, une couche de gras sur le dessus du rôti ne le rend que meilleur. CE RÔTI SE CUIT SANS SEL.

Ingrédients :

Un rôti de longe ou de côte d'aloyau
de 4 à 5 lb (2 à 2,5 kg), désossé et roulé

2 c. à soupe (30 mL) d'huile végétale
ou de beurre fondu

1 c. à thé (5 mL) de paprika

1/2 c. à thé (2 mL) de thym

1/2 c. à thé (2 mL) de poivre frais moulu

une petite gousse d'ail écrasée

2 c. à soupe (30 mL) de chapelure de pain
très fine

Crozes-Hermitage, Delas
Châteauneuf-du-Pape, Les Silex

Rôti de boeuf

Cuisson par sonde thermométrique

Préparation : . . . . **5 min**
Cuisson : . . . . **de 40 à 50 min**
Attente : . . . . **aucune**

Petit conseil : Si votre four est doté d'une sonde thermométrique, c'est la méthode simple et parfaite pour cuire un rôti, quelle qu'en soit la coupe : côtes croisées, noix de ronde ou côte de boeuf, avec ou sans os.
Voir comment procéder au paragraphe «La sonde thermométrique».
En suivant cette méthode, les résultats sont toujours parfaits. Le four décide du temps requis pour la cuisson que vous avez programmée et s'arrête de lui-même lorsque ce point est atteint.

vins

Crozes-Hermitage, Domaine des Entrefaux
Châteauneuf-du-Pape, Château La Gardine

Ingrédients :

Un rôti de votre choix de 4 à 6 lb (2 à 3 kg)
1/2 c. à thé (2 mL) de poivre moulu
1/2 c. à thé (2 mL) de paprika
1 c. à thé (5 mL) de moutarde sèche
1 gousse d'ail hachée fin
1 feuille de laurier, brisée en petits morceaux
1 c. à soupe (15 mL) d'huile végétale

Préparation :

• Mélanger le poivre, le paprika, la moutarde sèche, l'ail, le laurier et l'huile végétale. Badigeonner de ce mélange les parties rouges de la pièce de viande.

• Placer une grille sur le plateau en céramique du four, placer une assiette de pyrex ou de céramique sous la grille, y mettre la viande.

• Insérer la sonde dans la pièce de viande et la brancher au four.

• Effleurez la touche de contact et le numéro choisi selon que vous désirez un rôti saignant, à point ou bien cuit.

• Le four se met en marche et s'arrête seul lorsque la viande atteint le degré de cuisson désiré.

• Retirer le rôti du four, enlever la sonde et faire la sauce avec le jus accumulé dans le fond de l'assiette.

• Procéder de la même manière que pour le rôti de côte cuit au four à micro-ondes ou suivant les données d'une sauce de votre choix.

Rôti de boeuf 3 étoiles

Cuisson par convexion

Préparation : . . . . **5 min**	
Cuisson : . . . . **de 1 h à 1 h 40 min**	
Attente : . . . . **de 8 à 10 min**	

Préparation :

• Préparer le four en plaçant la plaque anti-éclaboussures dans le plateau de céramique du four ; sur la plaque, placer la grille à rissoler. Préchauffer le four à 375°F (190°C).

• Mélanger le beurre, la moutarde de Dijon, la moutarde sèche et la sauce Chili. Badigeonner de ce mélange les parties rouges de la viande. Mettre une assiette à tarte sous la grille. Rôtir à 375°F (190°C), 15 à 20 minutes par livre (500 g), selon que vous désirez un rôti saignant ou médium. Lorsqu'il est cuit, placer le rôti sur un plat chaud et le garder au chaud.

• Enlever le gras de la sauce qui flotte sur le dessus à l'aide d'une cuillère. Au jus brun qui reste, ajouter le vin de votre choix et le consommé, bien gratter l'assiette pour écraser les résidus bruns... Chauffer au four à micro-ondes à « HIGH » 5 minutes, en brassant deux fois pendant la cuisson.

Petit conseil : Ce superbe rôti est cuit par convexion. Si votre four à micro-ondes est aussi doté de la méthode dite de convexion, n'hésitez pas à faire ce rôti, si vous désirez une pièce de viande de qualité pour recevoir des amis ou célébrer une occasion spéciale en famille.

Ingrédients :

Une surlonge de boeuf de 4 à 5 lb (2 à 2,5 kg), désossée et roulée

3 c. à soupe (50 mL) de beurre mou

2 c. à soupe (30 mL) de moutarde de Dijon

1 c. à soupe (15 mL) de moutarde sèche

2 c. à soupe (30 mL) de sauce Chili

1/2 tasse (125 mL) de madère sec ou de sherry

1/2 tasse (125 mL) de consommé de boeuf

 Côtes du Rhône, Cellier des Dauphins, Carte Noire

 Cahors, Prince Probus, Clos Triguedina

Noix de ronde à la bordelaise

Préparation : de 8 à 10 min   (24 h à l'avance)

Cuisson : . . . . **1 h 20 min**

Attente : . . . . **10 min**

Petit conseil : La noix de ronde et la surlonge sont des pièces de boeuf plus économiques que la côte de boeuf. Cuites à la bordelaise, elles assurent une viande tendre et savoureuse. Servir avec pommes de terre purée ou nouilles fines garnies de la sauce de la viande.

Ingrédients :

3 à 4 lb (1,5 à 2 kg) de noix de ronde ou de surlonge de boeuf

1/3 de tasse (80 mL) d'huile d'olive ou végétale

1/2 tasse (125 mL) de vin rouge

1/2 tasse (125 mL) de bouillon de boeuf

1 tasse (250 mL) d'oignons tranchés mince

1/4 de tasse (60 mL) de persil frais émincé

2 feuilles de laurier

1 c. à thé (5 mL) de thym

1 c. à thé (5 mL) de sucre

1 c. à thé (5 mL) de sel

1/2 c. à thé (2 mL) de poivre en grains concassés

3 tranches de bacon

1 c. à soupe (15 mL) de vinaigre de vin ou de cidre

Bordeaux, Château l'Orée du Bois
Moulis, Château Maucaillou

Préparation :

• Mélanger dans un grand plat l'huile, le vin, le bouillon de boeuf, les oignons, le persil, le laurier, le thym, le sucre, le sel et le poivre. Rouler le morceau de viande dans ce mélange, couvrir et mariner 24 heures, réfrigéré. Retourner la pièce de viande 2 à 3 fois pendant cette période.

• Pour cuire, placer les tranches de bacon sur un papier blanc. Cuire à «HIGH» 2 minutes. Les placer au fond d'un plat creux, assez grand pour contenir le morceau de viande.

• Retirer la viande de la marinade. L'égoutter tout en réservant le jus. Mettre sur le bacon, les oignons et les herbes qui restent dans la passoire. Placer le morceau de viande sur le tout et ajouter 1 tasse (250 mL) de jus de la marinade. Couvrir et cuire 10 minutes à «HIGH», réduire la chaleur à «MEDIUM» et cuire 40 à 70 minutes ou jusqu'à ce que la viande soit tendre.

• Placer la viande lorsqu'elle est cuite sur un plat chaud. Ajouter à la sauce 1/4 de tasse (60 mL) du jus de la marinade qui reste et la cuillerée de vinaigre. Cuire 5 minutes à «HIGH». Servir dans une saucière.

Côte de boeuf au vin rouge

Préparation :	. . . .	**de 15 à 20 min**
Cuisson :	. . . .	**de 1 h à 1 h 15 min**
Attente :	. . . .	**aucune**

• Manière provençale de rôtir une côte de boeuf. Bien différente du rôti cuit selon les méthodes classiques.

Petit conseil : Recette par excellence pour servir la côte de boeuf froide, tranchée mince, pour un buffet.

Coteaux du Lyonnais, J. Pellerin
Brouilly, Château des Tours

Ingrédients :

3 1/2 à 4 lb (1,5 à 2 kg) de rôti de côte de boeuf, désossé et roulé

1/4 de tasse (60 mL) de farine

1 c. à thé (5 mL) de paprika

4 c. à soupe (60 mL) de beurre

1 tasse (250 mL) d'oignons en tranches

1/2 tasse (125 mL) de carottes râpées

1 gousse d'ail émincée

2 c. à soupe (30 mL) de cognac chaud

1 tasse (250 mL) de vin rouge sec

1 c. à thé (5 mL) de sel

1/2 c. à thé (2 mL) de poivre frais moulu

1 feuille de laurier

1/2 c. à thé (2 mL) de thym

Préparation :

• Bien essuyer le rôti avec un essuie-tout et rouler dans la farine et le paprika étendus sur un papier ciré, jusqu'à ce que la viande en soit recouverte.

• Préchauffer un plat à griller (Corning) ou un caquelon (Panasonic) 7 minutes à «HIGH». Mettre le beurre dans un plat chaud, sans retirer celui-ci du four. Aussitôt que le beurre est fondu, ce qui se fait par la chaleur du plat, y placer le rôti, la partie grasse touchant le fond. Cuire 2 minutes à «HIGH», retourner le rôti et cuire encore 2 minutes à «HIGH»; répéter l'opération pour les deux autres côtés.

• Retirer le rôti du plat. Au gras qui reste dans le plat, ajouter oignons, carottes et ail, bien brasser et cuire 2 minutes à «HIGH». Placer le rôti sur le mélange, la partie grasse sur le dessus. Chauffer le cognac 1 minute à «HIGH». Allumer et verser flambant sur le rôti.

• Chauffer le vin 40 secondes à «HIGH» dans une tasse à mesurer avec le reste des ingrédients. Verser autour du rôti. Couvrir.

• Cuire 15 minutes par livre (500 g) à «MEDIUM». Vérifier la cuisson et si nécessaire ajouter 15 minutes de cuisson.

• Retirer le rôti du plat. Bien brasser le jus tout en écrasant les légumes et le servir tel quel dans une saucière, ou le passer au robot culinaire pour le mettre en crème.

Rôti de côtes croisées, braisé à la bavaroise

Préparation :	**de 5 à 7 min**
Cuisson :	**1 h 30 min**
Attente :	**aucune**

• Ajouter le sel, le poivre et le sucre. Mélanger et ajouter les tomates, bien mélanger le tout autour de la viande.

• Couvrir avec couvercle de pyrex ou un papier de matière plastique bien ajusté sur le plat. Cuire 15 minutes par livre (500 g) à «MEDIUM».

• Retourner le rôti, brasser la sauce au fond du plat et laisser reposer, couvert, pendant 20 minutes.

• Mettre la viande sur un plat chaud et ajouter la farine à la sauce, bien mélanger. Ajouter le vin ou le vermouth blanc et la crème sure. Bien mélanger le tout et cuire à «MEDIUM» 1 à 2 minutes, ou jusqu'à ce que la sauce bouillonne légèrement. Bien brasser et verser sur la viande.

Petit conseil : Les oignons dorés au beurre et les tomates fraîches forment une sauce rosée onctueuse et fine. Comme pour toute viande braisée, la cuisson est plus lente et plus longue que pour un rôti. Accompagner de nouilles persillées et de petits pois.

Bordeaux supérieur, Château Parenchère
Coteaux d'Aix-en-Provence, Château Vignelaure

Ingrédients :

3 c. à soupe (50 mL) de beurre ou de margarine

2 oignons moyens, tranchés mince

un rôti de côtes croisées de 3 à 4 lb (1,5 à 2 kg)

1 1/2 c. à thé (7 mL) de sel

1/2 c. à thé (2 mL) de poivre

1/2 c. à thé (2 mL) de sucre

1/2 tasse (125 mL) de tomates fraîches tranchées

2 c. à soupe (30 mL) de farine

1/2 tasse (125 mL) de vin ou de vermouth blanc

1/2 tasse (125 mL) de crème sure (commerciale)

Préparation :

• Mettre le beurre dans un plat en verre ou en céramique de 8 sur 12 po (20 sur 30 cm). Chauffer à «HIGH» 3 minutes ou jusqu'à ce que le beurre soit doré.

• Ajouter les oignons, bien mélanger et cuire de 2 à 3 minutes à «HIGH» ou jusqu'à ce que les oignons brunissent ici et là.

• Placer la viande sur les oignons, cuire 1 minute à «HIGH», retourner la pièce de viande et cuire 4 minutes à «HIGH».

Côtes croisées maison

Préparation : . . . . **de 10 à 15 min**
Cuisson : . . . . . . **de 1 h 10 à 1 h 20 min**
Attente : . . . . **20 min**

Petit conseil : Il est plus économique d'acheter les côtes croisées avec les os attachés en dessous. Son poids peut osciller entre 4 et 5 lb (2 et 2,5 kg).

Pour en tirer le meilleur parti possible procéder ainsi :

enlever les cordes, les os se détacheront car ils ont été coupés par le boucher. Je les utilise pour faire des petites côtes de boeuf barbecue.

De la pièce de viande je retire une tranche épaisse d'à peu près 1 lb (500 g), que je passe au hachoir et que je transforme en pain de viande ou en boulettes de viande, ou je coupe 4 petites tranches minces que j'attendris avec le maillet à viande, pour en faire des biftecks minute.

Le morceau qui reste, je le cuis braisé, comme dans la recette qui suit. Si vous achetez séparément boeuf haché, biftecks minute et rôti de côtes croisées, il vous en coûtera plus cher.

vins

Bourgogne, Réserve de la chèvre noire
Bourgogne, Leroy D'Auvenay

• Voici comment procéder pour rôtir votre pièce de viande :

Ingrédients :

1 rôti de côtes croisées de 3 à 4 lb (1,5 à 2 kg)

2 c. à soupe (30 mL) de margarine

1 c. à thé (5 mL) de sel

1/2 c. à thé (2 mL) de poivre

1 petit citron non pelé, tranché mince

2 c. à thé (10 mL) de sucre

2 oignons tranchés mince

2 gousses d'ail émincées

1/4 de tasse (60 mL) de sauce Chili

1 tasse (250 mL) de thé chaud

1/2 c. à thé (2 mL) de basilic

1 c. à thé (5 mL) de sarriette

Préparation :

• Mettre la pièce de viande dans une casserole de céramique ou de verre de 8 tasses (2 L). Mélanger la margarine, le sel, le poivre et le sucre. Badigeonner de ce mélange la partie rouge de la viande. Recouvrir le tout avec les tranches de citron.

• Mélanger le reste des ingrédients et verser sur la viande. Bien couvrir du couvercle de la casserole ou d'un papier de matière plastique. Cuire 20 minutes à «HIGH».

• Retourner la viande, couvrir et cuire 30 minutes à «MEDIUM».

• Retourner et arroser la viande avec le jus accumulé. Couvrir et cuire à «MEDIUM» pendant 20 minutes.

• Vérifier la cuisson avec une fourchette. Si le rôti est tendre, recouvrir et laisser reposer 20 minutes avant de servir. Il sera encore bien chaud.

• Accompagner de nouilles ou de riz ou de pommes de terre en purée et d'un bol de fromage râpé.

Queue de boeuf fermière

Préparation : . . . . **de 10 à 15 min**

Cuisson : . . . . **de 40 à 60 min**
(+ 10 min pour la sauce)

Attente : . . . . **aucune**

vins

Côtes du Rhône,
Château du Trignon Cuvée Charles Roux

Gigondas, David & L. Foillard

• Plat de famille économique. À ma table c'est toujours un succès.

Petit conseil : Je sers ce plat, même à des amis, accompagné de pommes de terre bouillies, persillées. L'été, je remplace le persil par de la ciboulette fraîche. Facile à faire un jour d'avance ; facile à réchauffer : généralement 20 minutes à «MEDIUM», couvert.

Ingrédients :

1 queue de boeuf, coupée en petits morceaux

1 petit navet pelé et coupé en quatre

4 oignons moyens entiers et pelés

2 carottes moyennes pelées et entières

1 c. à thé (5 mL) de thym

1/2 c. à thé (2 mL) de moutarde sèche

1 c. à thé (5 mL) de gros sel ou de sel fin

1/2 c. à thé (2 mL) de grains de poivre noir

2 tasses (500 mL) d'eau chaude ou de jus de tomate

3 c. à soupe (50 mL) de farine

1/2 tasse (125 mL) d'eau froide

Préparation :

• Mettre dans un plat de céramique ou de verre ou de matière plastique de 6 tasses (1,5 L), et muni d'un bon couvercle, tous les ingrédients excepté la farine et l'eau froide. Couvrir. Cuire à «HIGH» 2 minutes ; bien brasser et cuire à «MEDIUM» 40 à 60 minutes en brassant 3 fois et en vérifiant la cuisson de la viande. À tendreté, arrêter la cuisson.

• Bien mélanger la farine et l'eau froide.

• Retirer les morceaux de viande, couper les carottes en 3. Ajouter le mélange de farine. Bien brasser, couvrir et cuire à «HIGH» 2 à 3 minutes ou jusqu'à l'obtention d'une sauce crémeuse ; brasser une fois pendant la cuisson.

• Remettre la viande dans la sauce. Chauffer 1 minute si nécessaire.

Stéfatho grec

Préparation : . . . . **25 min**
Cuisson : . . . . **de 1 h 20 à 1 h 25 min**
Attente : . . . . **aucune**

Petit conseil : Un repas complet dans un seul plat, boeuf ou agneau, aubergine et riz. En Grèce, c'est le plat familial. On peut le cuire un jour d'avance, le réfrigérer et le réchauffer couvert le lendemain en utilisant la « Touche 1 » de l'Auto-Senseur (Sensor) ou en le cuisant 10 à 15 minutes à « MEDIUM ».

Ingrédients :

2 lb (1 kg) de ronde de boeuf en carrés de 1 pouce (2,5 cm)

1/2 c. à thé (2 mL) de poivre

1 c. à thé (5 mL) de sel

1 c. à thé (5 mL) de sucre

1 c. à thé (5 mL) de cannelle

1/3 de tasse (80 mL) d'huile végétale

12 petits oignons blancs

2 tasses (500 mL) de bouillon de boeuf

1 boîte de 7¹/₂ onces (210 mL) de sauce tomate

1/4 de tasse (60 mL) d'huile végétale

1 aubergine moyenne pelée et coupée en dés

1 piment vert coupé en bâtonnets

1/2 tasse (125 mL) de riz à grain long

Bourgueil, Clos de la Henry
Haut-Médoc, Château du Haut-Moulin

Préparation :

• Mélanger dans une assiette le poivre, le sel, le sucre et la cannelle. Rouler les carrés de boeuf dans ce mélange.

• Chauffer l'huile dans un plat à griller (Corning) pendant 4 minutes à « HIGH ».

• Ajouter les carrés de viande à l'huile chaude. Brasser le tout quelques secondes et cuire à « MEDIUM-HIGH » pendant 4 minutes. Brasser et cuire encore 4 minutes à « MEDIUM-HIGH ».

• Retirer la viande dans un plat de 8 tasses (2 L).

• Ajouter le gras qui reste (il y en a très peu), et chauffer 1 minute à « HIGH ».

• Ajouter les oignons, cuire 2 minutes à « HIGH ».

• Ajouter 1/2 tasse (125 mL) du bouillon de boeuf et la sauce tomate. Bien mélanger le tout. Couvrir avec le couvercle de la casserole ou un papier de matière plastique.

• Cuire à « MEDIUM » pendant 1 heure en brassant bien après 30 minutes de cuisson.

• Chauffer 1/4 de tasse (60 mL) d'huile 5 minutes à « HIGH » dans le plat à griller (Corning).

• Ajouter l'aubergine, bien brasser. Cuire à « HIGH » 5 minutes.

• Ajouter le piment vert. Chauffer 1 minute à « HIGH ».

• Verser dans la casserole de viande quand sa cuisson s'achève, sans oublier d'y ajouter le riz et le reste du bouillon de boeuf. Bien remuer le tout. Couvrir et cuire 20 à 25 minutes à « MEDIUM-HIGH ». Brasser après 15 minutes de cuisson.

Le « pot en pot » de ma grand-mère

Préparation :	**8 min**
Cuisson :	**1 h 30 min**
Attente :	**aucune**

• C'est ma façon préférée de faire un rôti braisé. Un jour je l'ai fait au four à micro-ondes en l'adaptant bien entendu. Grand-mère le faisait dans un pot de terre cuite que j'ai remplacé par ma cocotte (Panasonic) de céramique bleue et blanche. À ma grande surprise, le rôti était encore meilleur ainsi que préparé à l'ancienne mode.

Ingrédients :

3 à 4 lb (1,5 à 2 kg) de ronde dans le petit os de la pointe de surlonge

2 c. à soupe (30 mL) de beurre mou

1/4 de c. à thé (1 mL) de poivre frais moulu

1 gros citron non pelé, coupé en dés

2 gros oignons tranchés mince

1 tasse (250 mL) de sauce Chili

1 c. à thé (5 mL) de basilic ou de sarriette

1/4 de tasse (60 mL) de vin rouge ou d'eau

Préparation :

• Placer la viande dans le plat de cuisson. Badigeonner le dessus de beurre mou, saler et poivrer. Mélanger le citron et les oignons et placer sur la viande. Mélanger le reste des ingrédients et verser sur le tout.

• Couvrir et cuire à «MEDIUM» 1 heure 30 minutes ou jusqu'à ce que la viande soit tendre. Pour servir, trancher mince et recouvrir avec la sauce bien mélangée ou passée au tamis. Servir avec une purée de pommes de terre et des carottes.

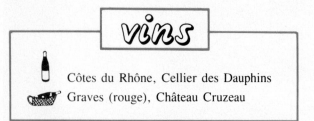

Côtes du Rhône, Cellier des Dauphins
Graves (rouge), Château Cruzeau

Casserole de boeuf à la génoise

Préparation :	**de 5 à 10 min**
Cuisson :	**20 min**
Attente :	**10 min**

Petit conseil : Je fais souvent cette casserole lorsque je transforme en boeuf haché 1 lb (500 g) de ma pièce de viande. Il est important d'utiliser des nouilles fines.

Ingrédients :

1 lb (500 g) de boeuf haché

1½ tasse (400 mL) de nouilles fines, en bouts d'un pouce (2,5 cm)

1 oignon haché fin

1 tasse (250 mL) de céleri taillé en petits dés

2 tasses (500 mL) de jus de tomate

1 c. à thé (5 mL) de sucre

1 c. à thé (5 mL) de sarriette ou de thym

1/2 c. à thé (2 mL) de sel et autant de poivre

Préparation :

• Mettre le boeuf haché dans un plat de cuisson de 4 tasses (1 L), parsemer sur la viande les nouilles, l'oignon et le céleri.

• Mélanger le jus de tomate et le reste des ingrédients. Verser sur la viande.

• Couvrir et cuire 10 minutes à «HIGH».

• Bien remuer le tout et cuire encore 10 minutes à «MEDIUM».

• Brasser, couvrir et laisser reposer 10 minutes.

• Servir avec un bol de fromage râpé.

Côtes du Ventoux, Delas
Beaujolais-Villages, Château des Loges

Boeuf bouilli
gros sel

Préparation : . . . . **10 min**

Cuisson : . . . . . . **de 1 h 30 à 1 h 40 min**

Attente : . . . . **aucune**

Petit conseil : Vieille recette du Québec, plat printanier par excellence, léger, plein de couleur. La vinaigrette persillée lui donne sa verdure. Excellent servi chaud, tout aussi bon servi froid, tranché mince. Mais attention, le morceau de viande doit refroidir dans son bouillon réfrigéré, puis être remis à la température de la pièce une heure avant de le servir. Ajouter au bouillon qui reste les légumes non utilisés taillés en petits dés, et du riz au goût, et vous aurez une excellente soupe aux légumes.

vins

Coteaux du Lyonnais, J. Pellerin

Côtes du Rhône, Domaine de la Meynarde

Ingrédients :

8 tasses (2 L) d'eau chaude

4 à 6 carottes moyennes, pelées et coupées en deux

2 à 3 panais pelés et coupés en deux

1 gros oignon coupé en quatre

1/2 c. à thé (2 mL) de thym

4 clous de girofle

2 feuilles de laurier

1 c. à thé (5 mL) de gros sel

1/4 de c. à thé (1 mL) de poivre frais moulu

4 lb (2 kg) de boeuf à bouillir de votre choix

1 lb (500 g) de haricots ou de petits pois frais

6 à 8 pommes de terre pelées

Préparation :

• Mettre tous les ingrédients dans un plat de 10 à 12 tasses (2,5 à 3 L) muni d'un bon couvercle. Couvrir et cuire 20 minutes à «HIGH».

• Brasser, retourner le morceau de viande, couvrir et cuire 20 minutes à «HIGH».

• Retourner le morceau de viande et mijoter 30 minutes à «MEDIUM».

• Retourner encore une fois le morceau de viande et cuire de 20 à 30 minutes à «MEDIUM» ou jusqu'à ce que la viande soit tendre.

La vinaigrette persillée :

• Mettre dans un bol **1/2 c. à thé (2 mL) de sel, 1/4 de c. à thé (1 mL) de poivre et autant de sucre, 1 c. à thé (5 mL) de moutarde de Dijon, 3 c. à soupe (50 mL) de vinaigre de vin ou de cidre.**

• Bien brasser le tout et ajouter **1/3 de tasse (80 mL) d'huile d'arachide.**

• Bien brasser et ajouter **1/4 de tasse (60 mL) de persil** et autant de ciboulette ou d'oignons verts, hachés fin.

• Bien mélanger le tout, ce qui donne une sauce vinaigrette assez épaisse.

• Servir dans une jolie saucière ; chacun en met à son gré sur la viande et les légumes chauds ou froids.

Boeuf bouilli, sauce aux prunes

Préparation : . . . . **de 15 à 20 min**
Cuisson : . . . .**de 1 h 53 à 2 h 05 min**
Attente : . . . .**aucune**

• À la fin de l'été, quand nous trouvons les petites prunes bleues Damson sur le marché, je m'empresse de faire ce plat, que je sers avec de petites nouilles fines bien persillées. Aussi bon froid que chaud.

Ingrédients :

3 lb (1,5 kg) de boeuf à bouillir

2 tasses (500 mL) d'eau chaude

1 lb (500 g) d'os de boeuf à moelle

6 carottes pelées et coupées en quatre

4 petits navets blancs pelés et tranchés

3 oignons moyens, chacun piqué de 2 clous de girofle

3 poireaux coupés en bouts d'un pouce (2,5 cm)

12 grains de poivre

1 c. à soupe (15 mL) de gros sel

1 c. à thé (5 mL) de thym

3 feuilles de laurier

8 à 10 branches de persil (facultatif)

1 gros oignon blanc haché

2 c. à soupe (30 mL) de beurre

1 lb (500 g) de prunes bleues dénoyautées

1 tasse (250 mL) de vin rouge

1 c. à soupe (15 mL) de sucre

1/4 de c. à thé (1 mL) de poivre

Préparation :

• Placer la viande et les os à moelle dans un plat de 12 tasses (3 L).

• Ajouter l'eau chaude. Couvrir, amener à ébullition à «HIGH» 15 minutes.

• Ajouter les carottes, les navets blancs, les oignons, les poireaux, les grains de poivre, le gros sel, le laurier, le thym et le persil. Bien brasser autour de la viande.

• Couvrir et cuire à «MEDIUM-HIGH» 1 heure, brasser et cuire 45 minutes à «MEDIUM».

• Suivant la coupe de viande utilisée, la cuisson peut pren-

dre 20 minutes de plus ou de moins. Il est donc bon de vérifier avec une fourchette 25 minutes après la cuisson à «MEDIUM».

• Fondre le beurre 2 minutes à «HIGH» dans un plat de 4 tasses (1 L).

• Ajouter l'oignon haché et 1/3 de tasse (80 mL) de vin rouge, cuire 3 minutes à «HIGH», en brassant 2 fois.

• Saupoudrer de sucre et de poivre, bien mélanger.

• Ajouter les prunes et le reste du vin, bien brasser, couvrir et cuire 8 à 10 minutes à «MEDIUM-HIGH», ou jusqu'à ce que les prunes soient tendres. Bien brasser.

• Servir tranché mince avec la sauce aux prunes versée dans une saucière.

 Côtes du Ventoux, Pasquier-Desvignes

Coteaux des Baux-en-Provence, VDQS, Terres Blanches

Hamburgers

Préparation : . . . . **15 min**
Cuisson : . . . . **5 min** (pour 4 à 5 pâtés)
Attente : . . . . **4 min**

Les pâtés de viande se cuisent tendres et juteux dans le four à micro-ondes, si vous avez un plat à griller (Corning). Sans le plat à griller, cuire selon la méthode qui suit.

Petit conseil : On peut améliorer l'apparence des viandes ou volailles en les badigeonnant d'un mélange ou d'une préparation à base de sauce Worcestershire ou de soja avant la cuisson.

Ingrédients :

1 lb (500 g) de boeuf haché

1 c. à thé (5 mL) de sel

1/4 de c. à thé (1 mL) de poivre

1/2 c. à thé (2 mL) de thym

3 oignons verts hachés fin

3 c. à soupe (50 mL) de flocons de pommes de terre instantanées ou de mie de pain

3 c. à soupe (50 mL) d'eau, de vin, de jus de pommes ou de bière

paprika

Préparation :

• Dans un bol, mélanger parfaitement tous les ingrédients du bout des doigts, excepté le paprika.

• Diviser en 4 ou 5 pâtés d'égale grosseur. Saupoudrer un côté de paprika.

• Préchauffer un plat à griller (Corning) de 8 sur 8 po (20 sur 20 cm) 7 minutes à «HIGH». Sans le retirer du four, y placer les pâtés côté paprika en s'assurant qu'ils touchent le fond du plat.

• Faire cuire 4 minutes à «HIGH».

• Retourner les pâtés et laisser reposer 4 minutes dans le plat recouvert d'un papier ciré. Servir.

La cuisson des pâtés sans le plat à griller

• Mélanger les ingrédients de la même façon. Remplacer le paprika par la sauce «Kitchen Bouquet».

• Placer les pâtés dans un plat de 8 sur 8 po (20 sur 20 cm), si possible, sur une petite grille.

• Faire cuire 4 minutes à «HIGH», les retourner et compléter la cuisson pendant 4 minutes à «MEDIUM-HIGH».

🍾 Corbières, AOC

🧺 Domaine de Gourgazaud, vin de pays d'Oc

Comment varier la saveur des pâtés de viande

Ajouter l'un des ingrédients suivants à votre mélange de viande ou varier les viandes utilisées.

Varier les viandes

1. Remplacer la livre (500 g) de boeuf haché par 1/2 lb (250 g) de veau et 1/2 lb (250 g) de porc.

2. Mélanger 1/2 de lb (250 g) de boeuf haché avec une égale quantité de porc haché.

3. Mélanger 1/3 de lb (160 g) de boeuf, de veau et de porc hachés.

Ajouter au mélange de viande de votre choix ou simplement à la viande de boeuf haché, préparée selon la recette pour hamburgers, l'un des ingrédients suivants, ce qui donnera au pâté une saveur différente :

1. 1 c. à soupe (15 mL) de sauce A-1.

2. 1 c. à soupe (15 mL) de sauce Worcestershire.

3. 2 c. à soupe (30 mL) d'oignon grillé.

4. 4 oignons verts frais hachés, le vert et le blanc.

5. 1/2 c. à thé (2 mL) d'ail en poudre ou 2 gousses écrasées.

6. 1 c. à soupe (15 mL) de sauce Chili ou de ketchup.

7. 2 c. à thé (10 mL) de moutarde de Dijon.

8. 1 c. à thé (5 mL) de poudre de cari.

9. 1 c. à thé (5 mL) de cumin et le zeste de 1 citron.

10. 2 c. à soupe (30 mL) de jus de citron pour remplacer l'eau et 1/4 de c. à thé (1 mL) de thym.

11. 2 c. à soupe (30 mL) de vin rouge et 1 c. à thé (5 mL) d'origan.

12. 1 c. à thé (5 mL) de basilic, 1 c. à thé (5 mL) de coriandre en poudre ou en grains, 1 gousse d'ail hachée fin.

Comment garnir les pâtés après les avoir cuits.

1. Placer sur chacun 1 tranche de fromage de votre choix. Chauffer à «HIGH» 40 secondes.

2. Saupoudrer 1/2 c. à thé (2 mL) de Parmesan râpé sur le dessus de chaque boulette, chauffer à «MEDIUM-HIGH» 20 secondes.

3. Mettre 1 c. à thé (5 mL) de crème sure sur chaque pâté, saupoudrer de paprika et servir.

4. Saupoudrer chaque pâté de 1 c. à thé (5 mL) ou de 1 c. à soupe (15 mL) de mélange sec pour soupe à l'oignon. Chauffer 20 secondes à «HIGH».

5. Mettre sur chaque pâté 1/2 c. à thé (2 mL) de beurre mélangé avec 1/2 c. à thé (2 mL) de ciboulette fraîche.

Bifteck aux piments verts à la chinoise

Préparation : . . . . **10 min**
Cuisson : . . . . **de 12 à 13 min**
Attente : . . . .**aucune**

Petit conseil : Cette recette permet de nourrir 4 à 5 personnes avec 1 livre (500 g) de bifteck. J'utilise le bifteck coupé d'une seule pièce des côtes croisées, tel qu'indiqué pour les biftecks minute, ou 1 lb (500 g) de bifteck de ronde. Servir avec du riz bouilli.

Ingrédients :

1 lb (500 g) de bifteck d'un seul morceau ou tranché mince

3 c. à soupe (50 mL) d'huile à salade

1 gousse d'ail, hachée fin

1 oignon, haché

2 piments verts, tranchés en languettes

1/2 c. à thé (2 mL) de sel

1/4 de c. à thé (1 mL) de poivre

1 c. à soupe (15 mL) de gingembre frais râpé

1 c. à soupe (15 mL) de fécule de maïs

1 tasse (250 mL) de consommé de votre choix

1 c. à soupe (15 mL) de sauce de soja

1 c. à thé (5 mL) de sucre

Préparation :

• Trancher le bifteck sur le biais en petites tranches aussi minces que possible.

• Chauffer l'huile à salade dans un plat à griller (Corning) 2 minutes à «HIGH». Ajouter l'ail et chauffer 40 secondes à «HIGH».

• Ajouter la viande, bien remuer dans l'huile chaude. Cuire 2 minutes à «HIGH».

• Placer la viande autour du plat. Au milieu, mettre l'oignon, le piment vert, le sel, le poivre et le gingembre, remuer le tout sans déplacer la viande.

• Couvrir d'un papier ciré et cuire 5 minutes à «MEDIUM-HIGH».

• Mélanger la fécule, le consommé, la sauce de soja et le sucre. Verser sur le tout après les 5 minutes de cuisson. Bien mélanger viande et légumes. Cuire à «MEDIUM-HIGH» de 2 à 3 minutes en brassant après 2 minutes de cuisson.

• Le tout est prêt lorsque la sauce est transparente. Bien mélanger et servir.

Bergerac, Château Michel de Montaigne
Madiran, AOC, Château Peyros

Bifteck grillé, sauce madère

Préparation : . . . .**de 7 à 10 min**	
Cuisson : saignant : . . . .**de 3 à 4 min**	
médium : . . . .**de 6 à 8 min**	
Attente : . . . .**de 3 à 4 min**	

Préparation :

• Enlever quelques morceaux de gras sur les bords du bifteck. Saupoudrer un côté du bifteck de paprika.

• Préchauffer un plat à griller (Corning) de 8 sur 8 po (20 sur 20 cm) à «HIGH» 7 minutes.

• Lorsqu'il est chaud, y placer le bifteck, le côté paprika touchant le fond, sans retirer le plat du four.

• Presser sur le dessus du bifteck du bout des doigts pour obtenir un parfait contact avec le plat.

• Jeter les petits morceaux de gras autour du bifteck. Griller à «HIGH» de 3 à 4 minutes selon qu'on le désire plus ou moins cuit.

• Retourner le bifteck, couvrir avec du papier ciré et laisser reposer de 3 à 4 minutes. Le bifteck ne cuit que d'un côté. Mettre sur une assiette chaude.

• Préparer une sauce de votre choix et la verser chaude sur le bifteck. Saler et poivrer au goût.

Petit conseil : Pour obtenir un bon bifteck à la saveur d'une grillade dans un four à micro-ondes, il est important d'avoir un plat à griller en céramique (Corning).

Un bifteck sans os et d'à peu près 1 ou 2 po (2,5 à 5 cm) d'épaisseur est toujours parfait.

Les meilleures coupes sont la côte de boeuf, le faux-filet, la côte d'aloyau, le filet, le contre-filet ou un bifteck de surlonge si vous désirez un grand bifteck. Si possible, utilisez le bifteck à la température de la pièce.

Ingrédients :

Un bifteck de son choix
quelques petits morceaux de gras
paprika
sel et poivre

 Beaujolais-Villages, Château du Thyl
St-Joseph, Grand Pompée, Jaboulet Aîné

Petites côtes de boeuf, sauce barbecue

Préparation : . . . . . . 5 min. (24 h à l'avance)

Cuisson : . . . . **de 50 à 60 min**

Attente : . . . . **aucune**

Petit conseil : Voilà une manière de cuire les côtes de boeuf détachées de la côte croisée. On peut aussi les acheter sans le rôti, toutes prêtes à utiliser. Les petites côtes de porc se préparent de la même manière.

Servir avec riz nature ; pour un repas plus élégant garnir de champignons grillés.

Ingrédients :

2 à 3 lb (1 à 1,5 kg) de petites côtes de boeuf

1/2 tasse (125 mL) de ketchup ou de sauce Chili

1 tasse (250 mL) d'eau

1 c. à soupe (15 mL) de sucre

1 c. à soupe (15 mL) de moutarde préparée

1 c. à thé (5 mL) de sel

20 grains de poivre

1 c. à thé (5 mL) de sarriette

4 gousses d'ail coupées en deux

2 gros oignons tranchés mince

le jus et le zeste d'une orange

3 c. à soupe (50 mL) de sauce de soja

Préparation :

• Mettre les côtes de boeuf dans un bol.

• Mélanger le reste des ingrédients.

• Verser sur les côtes de boeuf et bien brasser jusqu'à l'obtention d'un parfait mélange ; couvrir et réfrigérer 24 heures, brasser 2 à 3 fois pendant ce temps de marinage.

• Pour cuire, mettre viande et marinade dans une casserole de 8 à 10 tasses (4 à 5 L).

• Couvrir, cuire à «HIGH» 20 minutes, bien brasser et cuire à «MEDIUM» de 30 à 40 minutes ou jusqu'à ce que la viande soit tendre.

• Brasser 2 fois pendant la période de cuisson à «MEDIUM».

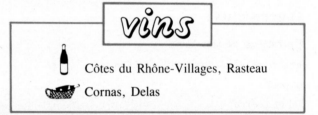

Côtes du Rhône-Villages, Rasteau

Cornas, Delas

Bifteck grillé aux champignons

Préparation :	**8 min**
Cuisson :	**5 min**
Attente :	**3 min**

Ingrédients :

Un bifteck de votre choix

1 c. à thé (5 mL) de beurre

1/2 c. à thé (2 mL) d'estragon

1 gousse d'ail coupée en deux

1 à 2 tasses (250 à 500 mL) de champignons tranchés mince

sel et poivre au goût

Préparation :

• Griller au four à micro-ondes un bifteck de votre choix, suivant la recette du bifteck grillé à la sauce madère.

• Lorsque le bifteck a reposé 3 minutes, le placer sur un plat chaud.

• Au jus de cuisson, ajouter le beurre, l'estragon et l'ail, puis faire cuire 1 minute à «HIGH». Bien remuer.

• Ajouter les champignons. Bien mélanger le tout. Saler et poivrer, puis compléter la cuisson à «HIGH» pendant 3 minutes. Verser autour du bifteck.

> **Petit truc :** Pour les grillades. Faire cuire partiellement le poulet, les côtelettes, etc. Assaisonner et compléter la cuisson sur le gril barbecue.

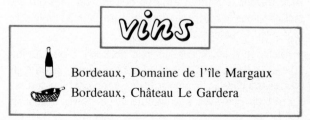

Bordeaux, Domaine de l'île Margaux
Bordeaux, Château Le Gardera

Petites timbales de boeuf haché

Préparation :	**de 8 à 10 min**
Cuisson :	**5 min**
Attente :	**5 min**

> **Petit conseil :** Une timbale est un petit plat de verre (pyrex) ou de terre cuite ou de céramique. Les pâtés de boeuf haché cuits de cette façon sont élégants et faciles à préparer.

Ingrédients :

1 lb (500 g) de boeuf haché plutôt maigre

1/2 tasse (125 mL) de crème légère

1 oeuf légèrement battu

1/2 tasse (125 mL) de gruau à cuisson rapide

2 c. à soupe (30 mL) de céleri haché fin

4 oignons verts hachés fin

4 biscuits soda écrasés

1/2 c. à thé (2 mL) de sel

1/4 de c. à thé (1 mL) de poivre

1/2 c. à thé (2 mL) de thym ou d'estragon

Préparation :

• Mettre tous les ingrédients dans un bol. Mélanger le tout avec le bout des doigts. Répartir également dans 6 à 8 moules beurrés de 6 oz chacun (170 g). Disposer les moules en cercle dans l'assiette du four.

• Couvrir le tout de papier ciré ou chacun des moules de papier de plastique. Cuire 5 minutes à «HIGH».

• Laisser reposer 5 minutes. Démouler dans un plat chaud ou individuellement sur des assiettes chaudes et recouvrir avec une sauce aux champignons pour timbales.

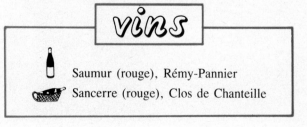

Saumur (rouge), Rémy-Pannier
Sancerre (rouge), Clos de Chanteille

Pain de boeuf au bacon

Préparation : . . . . **15 min**
Cuisson : . . . . **de 12 à 15 min**
Attente : . . . . **aucune**

• Un savoureux pain de viande, à mon avis l'un des meilleurs. Également bon chaud ou froid, cuit à la perfection au four à micro-ondes.

Préparation :

Ingrédients :

1 lb (500 g) de boeuf haché de votre choix

1 tasse (125 mL) de biscuits soda écrasés

1 oignon moyen émincé

2 oeufs battus

1/4 de tasse (60 mL) de crème légère ou riche

1 c. à thé (5 mL) de sel

1/4 de c. à thé (1 mL) de poivre et autant de muscade

1/2 c. à thé (2 mL) de thym
et autant de quatre-épices

6 à 8 tranches de bacon

 Pinot noir de Savoie
Côtes du Rhône-Villages, Vacqueyras

• Mettre tous les ingrédients dans un bol, sauf le bacon. Bien mélanger et former en une grosse saucisse.

• Étendre les tranches de bacon les unes à côté des autres sur une feuille de papier ciré.

• Placer la viande au milieu des tranches de bacon. À l'aide du papier ciré, ramener les extrémités des tranches de bacon sur la viande. Répéter l'opération de l'autre côté. Bien former le tout en un gros boudin rond, ce qui est facile si vous le roulez quelque peu sur la table en le serrant avec le papier ciré.

• Placer le rouleau dans un plat de 8 sur 8 po (20 sur 20 cm), cuire à «HIGH» de 11 à 12 minutes, jusqu'à ce que les tranches de bacon sur le dessus soient bien dorées. Retirer du plat avec une spatule large. Sevir chaud ou froid.

Boulettes de viande au fromage « cottage »

Préparation :	**5 min**
Cuisson :	**6 min**
Attente :	**5 min**

• Le beurre fondu ajouté à la viande fait de cette recette un plat de gourmet.

Ingrédients :

1 lb (500 g) de boeuf haché, maigre

1/2 tasse (125 mL) de fromage « cottage »

1 oeuf légèrement battu

3 c. à soupe (50 mL) de beurre fondu

1 c. à thé (5 mL) de sel

3 oignons verts hachés fin

1/2 c. à thé (2 mL) de thym

Préparation :

• Bien mélanger le tout sans trop écraser la viande. Former en 4 gros pâtés ou 6 moyens.

• Préchauffer un plat à griller (Corning) pendant 4 minutes.

• Saupoudrer les pâtés de paprika.

• Placer les pâtés dans le plat chaud sans le sortir du four, côté paprika touchant le fond du plat.

• Appuyer sur le dessus de chaque pâté pour obtenir un parfait contact.

• Cuire 6 minutes à « HIGH », retourner les pâtés et laisser reposer (sans cuisson) 5 minutes dans le four. La chaleur interne des pâtés finit la cuisson. Servir.

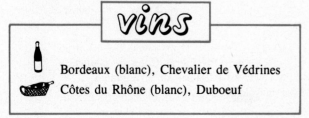

Bordeaux (blanc), Chevalier de Védrines
Côtes du Rhône (blanc), Duboeuf

Pain de viande de ménage

Préparation :	**15 min**
Cuisson :	**20 min**
Attente :	**aucune**

Petit conseil : Vite préparé, bien aromatisé, aussi bon froid que chaud, ce pain de viande se conserve une semaine réfrigéré, bien couvert ; il fait de plus d'excellents sandwiches avec des feuilles de laitue et quelques petits dés de céleri.

Ingrédients :

1/3 de tasse (80 mL) de chapelure fine

1 tasse (250 mL) de lait

1 1/2 lb (750 g) de boeuf haché

2 oeufs, bien battus

1 c. à thé (5 mL) de sel

1/4 de c. à thé (1 mL) de poivre

1 c. à thé (5 mL) de sauge ou de sarriette

Garniture :

1 c. à soupe (15 mL) de cassonade

1/4 de tasse (60 mL) de ketchup

1/4 de c. à thé (1 mL) de muscade

1 c. à thé (5 mL) de moutarde sèche

Préparation :

• Bien mélanger les 7 premiers ingrédients dans un moule à pain de pyrex ou de terre cuite.

• Mélanger les ingrédients de la garniture, étendre sur le dessus de la viande. Couvrir avec du papier ciré.

• Cuire 20 minutes à « MEDIUM-HIGH ». Servir chaud ou froid.

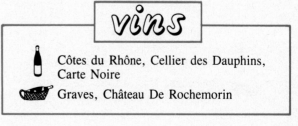

Côtes du Rhône, Cellier des Dauphins, Carte Noire
Graves, Château De Rochemorin

Pain de viande de Monique

Préparation : . . . . **15 min**
Cuisson : . . . . **20 min**
Attente : . . . . **aucune**

Ce pain de viande vite fait était une des recettes favorites de ma fille Monique. Elle le servait entouré de coudes de macaroni mélangés avec du beurre, du persil frais et de la ciboulette.

Ingrédients :

2 lb (1 kg) de boeuf haché ou d'un mélange de porc, de veau et de boeuf

1 boîte de 10 oz (284 mL) de soupe aux légumes

1 oeuf

1/2 c. à thé (2 mL) de sel

1/4 de c. à thé (1 mL) de poivre

1/2 c. à thé (2 mL) de poudre d'ail

2 c. à soupe (30 mL) de fromage cheddar râpé

Préparation :

- Placer tous les ingrédients dans un bol. Bien mélanger.
- Mettre dans un moule à pain de 9 sur 5 po (23 cm sur 13 cm).
- Couvrir d'un papier plastique.
- Cuire 20 minutes à «MEDIUM-HIGH».
- Servir chaud ou froid. Je le préfère froid.

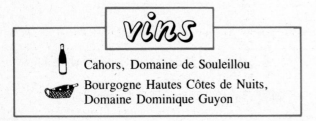

Cahors, Domaine de Souleillou
Bourgogne Hautes Côtes de Nuits, Domaine Dominique Guyon

Pain de viande florentin

Préparation : . . . . **20 min**
Cuisson : . . . . **20 min**
Attente : . . . . **10 min**

Petit conseil : Souvent le veau haché remplace le boeuf, car à Florence il est plus facile d'acheter du veau. L'une ou l'autre viande donne d'excellents résultats.

Ingrédients :

1 1/2 lb (750 g) de boeuf haché

1 oeuf

1/2 tasse (125 mL) de chapelure fine

1/2 tasse (125 mL) de champignons frais tranchés mince

1 oignon haché fin

1/2 tasse (125 mL) de tomates fraîches, non pelées, coupées en dés

1 c. à soupe (15 mL) de cassonade

2 c. à soupe (30 mL) de crème ou de lait

le zeste d'un citron

1 c. à thé (5 mL) de jus de citron

1 c. à thé (5 mL) de basilic

1/2 c. à thé (2 mL) de sel et autant de poivre

Préparation :

- Mélanger tous les ingrédients dans un bol. Placer dans un moule à pain de verre. Saupoudrer généreusement de paprika. Cuire 20 minutes à «MEDIUM-HIGH».
- Laisser reposer 10 minutes avant de servir.

Premières Côtes de Bordeaux, Château du Trignon
Saint-Émilion, Roc de Lussac

• Le veau est souvent nommé par les chefs le «caméléon» de la cuisine. Sa viande s'accommode de tous les aromates: thym, estragon, romarin, sauge, orange et citron, tomate et vin blanc, pour n'en nommer que quelques-uns.

• De toutes les nations, ce sont les Italiens qui mangent le plus de veau.

• Il y a deux sortes de veau: le veau de lait et le veau d'herbe. Le veau de lait est «l'ultra», il fut nourri du lait de sa mère; sa chair est blanc rosé, son gras blanc ivoire. Il est de plus en plus difficile à trouver et son prix est élevé.

• Le veau d'herbe, nourri de lait en poudre et dans de bons pâturages est plus rouge, sa viande est moins fine et il coûte moins cher.

Quelques points importants à se rappeler

• Éviter de congeler le veau, surtout le veau de lait, car il perd beaucoup de sa saveur et de son humidité.

• Ne pas conserver plus d'un ou deux jours avant de cuire le veau haché et les escalopes.

• Comme pour les autres viandes, le veau doit être mis à la température de la pièce avant d'être rôti aux micro-ondes.

• Pour un rôti parfait, aux micro-ondes, il faut éviter de trop le cuire. Il ne doit pas rôtir bien doré comme l'agneau et le boeuf, ce qui l'assèche. Il doit être légèrement doré et arrosé 2 à 3 fois pendant la cuisson.

• Il est important de placer les escalopes de veau entre deux papiers cirés avant de les battre avec le maillet à viande, ce qui empêche l'humidité de s'échapper de la viande.

• Les côtelettes de veau seront plus tendres et dorées si elles sont roulées dans de la farine additionnée de paprika et d'une herbe aromatique de votre choix, ensuite dorées dans l'huile bien chaude, de préférence au beurre, surtout lorsqu'il est possible d'utiliser de l'huile d'olive. Pour ce procédé, il faut utiliser un plat à griller pour micro-ondes.

• Le veau est bien cuit lorsqu'il atteint 170°F (96°C).

• Pour obtenir un rôti de veau parfait cuit aux micro-ondes, choisir un rôti de 3 lb (1,5 kg).

• L'ail, l'estragon ou le thym sont les arômes parfaits pour le rôti de veau. Toutes les sauces aux champignons, la sauce madère et la sauce tomate sont parfaites pour le veau.

Les coupes de veau

• **Le rôti de longe** se divise en deux parties: le rôti de côtes et le rôti de longe.

• **Le rôti de longe** est la partie charnue de la longe complète qui contient l'os en T et le filet. Son prix est assez élevé parce qu'on le vend habituellement tranché en côtelettes sous le nom de côtelettes de longe. Elles contiennent le filet. Une très belle pièce de viande rôtie aux micro-ondes. Mais on doit la faire désosser et rouler.

• **Le rôti de côtes** est la partie la moins charnue de la longe complète qui contient les côtes, mais n'a pas de filet. Elle est un peu moins chère. Il est préférable de la faire désosser et rouler. C'est ma coupe préférée pour braiser.

• **Le rôti d'épaule** se vend désossé et roulé ou en côtelettes d'épaule. On l'utilise pour faire cuire des biftecks mijotés; coupé en dés, on en fait des ragoûts; roulé et attaché, on le braise ou on le rôtit par convexion.

• **Le haut et le bas de cuisseau ou la ronde de veau**
— Le haut est plus tendre que le bas. On peut le rôtir ou le braiser. Le bas fait un bon rôti mijoté.
— Un bifteck de veau et des escalopes de veau sont excellents taillés dans la partie centrale du cuisseau.

• **Les côtelettes de côtes** sont coupées en forme triangulaire et contiennent l'os des côtes.

• **Le jarret de veau** est une de mes pièces préférées pour braiser. Le cuire en ragoût ou le mijoter à «MEDIUM» ou au Senseur.

• **La poitrine** est le morceau voisin de l'épaule. Désossée et hachée, c'est à mon avis la meilleure viande de veau haché.

Les coupes du veau

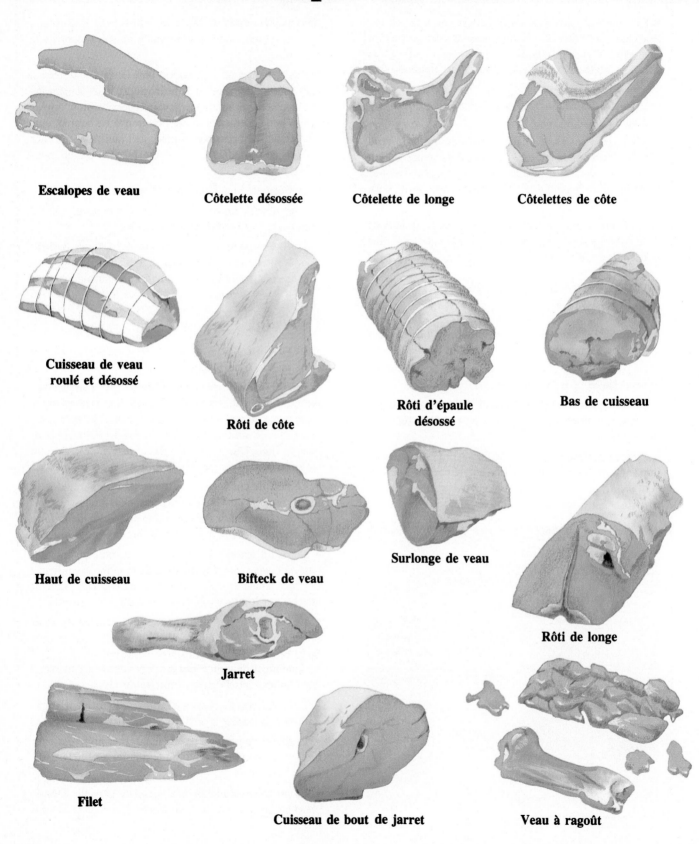

Escalopes de veau

Côtelette désossée

Côtelette de longe

Côtelettes de côte

Cuisseau de veau roulé et désossé

Rôti de côte

Rôti d'épaule désossé

Bas de cuisseau

Haut de cuisseau

Bifteck de veau

Surlonge de veau

Rôti de longe

Jarret

Filet

Cuisseau de bout de jarret

Veau à ragoût

Schéma des coupes du veau

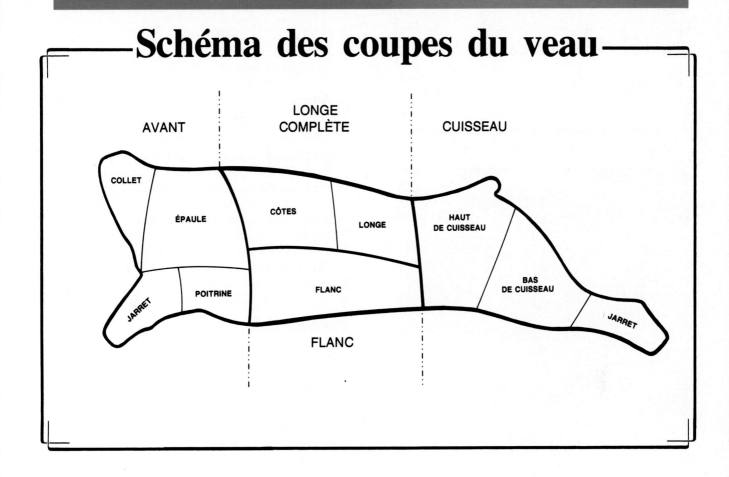

Coupe française du veau

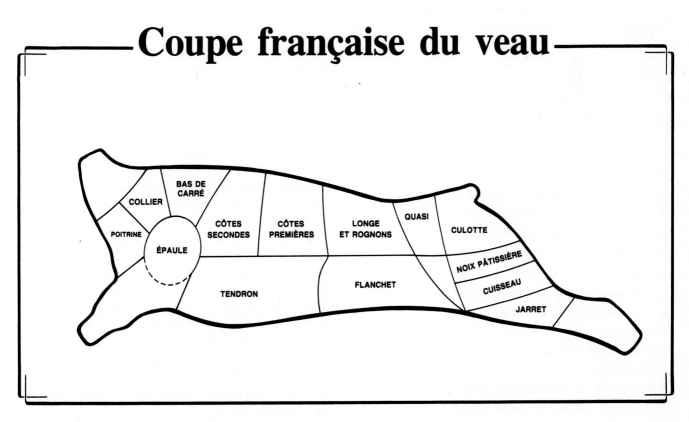

Rôti de veau Slovina

Cuisson par sonde thermométrique («Probe» ou «Comb»)

Bordeaux Supérieur, Château Grand Verdus
Margaux, Château Notton

Ingrédients :

4 tranches de bacon, coupées en bâtonnets

**3 à 4 lb (1,5 à 2 kg) de longe ou
de gigot désossé et roulé**

1 c. à thé (5 mL) de sel

1/2 c. à thé (2 mL) de poivre

1 c. à thé (5 mL) de marjolaine ou de sarriette

1/4 de c. à thé (1 mL) de thym

3 c. à soupe (50 mL) de beurre mou

1 tasse (250 mL) d'oignons coupés en dés

1/2 tasse (125 mL) de carottes râpées

1/4 de tasse (60 mL) de céleri tranché mince

1/4 de tasse (60 mL) de crème de table

2 c. à thé (10 mL) de farine

**1/2 tasse (125 mL) de consommé de boeuf ou
de vin blanc**

1/2 lb (250 g) de champignons tranchés mince

3 c. à soupe (50 mL) de persil émincé

Préparation : . . . .**30 min**
Cuisson : le mets . . . .**de 27 à 36 min**
           la sauce . . . .**7 min**
Attente : . . . .**aucune**

Petit conseil : Une manière polonaise de préparer le rôti de veau. Les légumes sont utilisés pour faire une sauce crémeuse avec le jus de la viande. Quelles que soient les indications données dans le manuel de votre four, sachez que je cuis ce rôti à «BEEF MEDIUM» ; d'ailleurs la cuisson du veau n'est généralement pas expliquée quoiqu'il cuise très bien dans le four à micro-ondes, quelle que soit la méthode suivie.

Préparation :

• Mettre les morceaux de bacon dans un petit plat, recouvrir d'eau chaude. Cuire au four à micro-ondes 3 minutes à «HIGH». Égoutter.

• Faire 6 à 8 incisions dans la viande avec un couteau pointu. Farcir chaque incision avec un peu de bacon.

• Mélanger le sel, le poivre, la marjolaine ou la sarriette et le thym avec le beurre en crème, en mettre un petit morceau dans les incisions de la viande et étendre sur le rôti.

• Mettre dans un plat de verre de 8 sur 13 (20 sur 33 cm), ajouter les légumes et la crème, bien mélanger tout autour du rôti.

• Insérer la sonde thermométrique dans le côté de la pièce de la viande, insérer l'autre partie dans le haut du four, placer sur la grille basse du four, programmer à «COMB» ou «PROBE», et à «BEEF MEDIUM RARE». Mettre le four en marche, la sonde détermine le temps de cuisson et s'arrête automatiquement.

• Lorsque le rôti est cuit, enlever la sonde avec des mitaines, car elle est très chaude, et placer le rôti sur un plat et le garder au chaud.

• Verser le jus et les légumes au fond du plat dans un robot culinaire ou un mixer. Mettre en crème.

• Dans le plat de cuisson, mélanger la farine avec les résidus dans le plat. Ajouter le consommé de boeuf ou le vin blanc, bien mélanger, ajouter les champignons tranchés et le persil. Bien brasser et cuire 4 minutes à «HIGH», en brassant à la mi-cuisson.

• Ajouter les légumes broyés, bien mélanger et cuire 3 minutes à «HIGH».

• Servir à part dans une saucière ou verser tout autour de la viande.

Rôti de cuisseau à la française

Cuisson par convexion

Préparation :.........................**10 min**
Cuisson :........**de 1 h 40 à 2 h 05 min**
Attente : ....**aucune**

Petit conseil : Le haut du cuisseau est plus tendre que le bas, mais attention, le haut est plus difficile à dépecer que le bas. Il y a deux points importants à considérer dans le rôtissage du veau : sa très faible proportion de gras et l'abondance de tissus musculaires. Pour cette raison le veau rôti doit être cuit lentement. Cuit à point, il sera rouge brun à l'extérieur et blanc gris à l'intérieur, et le jus coulera facilement dans le plat de service.

Ingrédients :

1 cuisseau de veau de 4 à 5 lb (2 à 2,5 kg)

2 à 3 gousses d'ail pelées et coupées en deux

1 c. à thé (5 mL) de sel

1/2 c. à thé (2 mL) de poivre

1 c. à thé (5 mL) de thym ou d'estragon

2 c. à soupe (30 mL) de beurre

3 c. à soupe (50 mL) de margarine

le zeste d'un demi-citron

2 c. à thé (10 mL) de moutarde sèche

1 à 2 oignons pelés et tranchés mince

Préparation :

• Faire des incisions dans le cuisseau, y insérer les moitiés de gousses d'ail.

• Mélanger tous les autres ingrédients sauf les oignons et en badigeonner la viande.

• Préchauffer le four à 350ºF (180ºC).

• Placer le rôti sur une grille avec une assiette à tarte en dessous, dans le plateau en céramique du four. (Consulter le manuel de votre four, pour la cuisson par convexion).

• Rôtir 25 minutes par livre (500 g). Arroser 2 fois pendant la cuisson avec le jus accumulé dans l'assiette ou avec **1/4 de tasse (50 mL) de cognac.**

Variante : Peler **6 pommes de terre moyennes** et **6 oignons moyens.** Badigeonner chacun de **sauce «Kitchen Bouquet»** et mettre sur la grille tout autour du rôti en même temps que celui-ci. Tout le dîner cuit en même temps, à la perfection.

 Arbois (blanc), Domaine de Grange-Grillard
Graves (blanc), Château La Louvière

Rôti de veau
au romarin

Préparation : ....10 min
Cuisson : .... de 45 à 55 min
Attente : ....20 min

Petit conseil : Rôti tendre et juteux, légèrement rosé au milieu, tel qu'il doit être.
Pour varier, on peut ajouter au jus de la viande, au moment de servir, une sauce aux champignons.

Ingrédients :

1 c. à soupe (15 mL) d'huile d'olive ou de beurre fondu

1 c. à thé (5 mL) de paprika

1 c. à thé (5 mL) de sauce «Kitchen Bouquet»

1/2 c. à thé (2 mL) de cassonade

1/4 de c. à thé (1 mL) de poivre

1/2 c. à thé (2 mL) de sel

1 gousse d'ail, hachée fin

1 c. à thé (5 mL) de romarin

un rôti de veau de côtes ou d'épaule, désossé et roulé de 3 à 4 lb (1,5 à 2 kg)

Préparation :

• Mélanger l'huile d'olive ou le beurre fondu avec le paprika, la «Kitchen Bouquet» et la cassonade.

• Écraser ensemble dans une assiette le sel, le poivre, l'ail et le romarin.

• Faire des incisions dans la pièce de viande, ici et là, avec la pointe d'un couteau. Remplir chacune avec le mélange.

• Badigeonner le rôti avec le mélange d'huile.

• Mettre le rôti de préférence dans un plat de céramique de 8 sur 8 po (20 sur 20 cm) ou dans un plat de pyrex de mêmes dimensions. Recouvrir le tout de papier ciré.

• Rôtir 5 minutes à «HIGH», retourner le rôti et l'arroser avec le jus.

• Continuer de rôtir à «MEDIUM-HIGH», 10 minutes par livre (500 g) (sans compter les 15 premières minutes).

• Retourner encore une fois le rôti à la mi-cuisson de «MEDIUM-HIGH», bien l'arroser et continuer la cuisson.

• Lorsqu'il est cuit, placer le rôti sur un plat chaud, recouvrir la viande de papier d'aluminium et laisser reposer dans un endroit chaud pendant 20 minutes. Si vous avez un thermomètre à viande, l'insérer dans la viande à travers le papier. Après quelques minutes, il devra enregistrer entre 160°F et 170°F (82°C et 87°C).

• Pour faire une «sauce-jus», simplement ajouter au jus du plat de cuisson **1/2 tasse (125 mL) d'un liquide de votre choix : porto, madère, bouillon de poulet, thé froid ou vin rouge.** Bien brasser et chauffer 2 minutes à «HIGH».

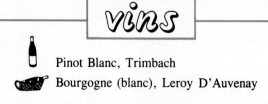

vins

Pinot Blanc, Trimbach

Bourgogne (blanc), Leroy D'Auvenay

Veau braisé au citron

Préparation :	**20 min**
Cuisson :	**55 min**
Attente :	**20 min**

Petit conseil : Cette pièce de veau braisée est pour moi « le printemps à Paris ». Elle est simple à faire, je l'ai depuis longtemps adaptée au four à micro-ondes. À Paris, on la sert avec des pommes de terre coupées en petits carrés et dorées au beurre, ensuite remuées avec beaucoup de persil et de ciboulette hachés fin et une simple salade de cresson.

Ingrédients :

2 c. à soupe (30 mL) d'huile d'olive ou végétale

un morceau d'épaule roulé de 3 lb (1,5 kg)

paprika

1 c. à thé (5 mL) de sel

1/4 de c. à thé (1 mL) de macis

1/2 c. à thé (2 mL) de poivre frais moulu

1/2 c. à thé (2 mL) d'estragon

1 citron non pelé et tranché mince

1 grosse tomate coupée en petits dés

1/2 c. à thé (2 mL) de sucre

Préparation :

• Chauffer un plat à griller pendant 7 minutes, y verser l'huile et chauffer 2 minutes à « HIGH ».

• Bien essuyer la viande avec un essuie-tout.

• Placer dans l'huile chaude sans retirer le plat du four, la partie ayant du gras touchant le fond du plat.

• Faire dorer 5 minutes à « HIGH ». Retirer le rôti du plat, placer dans un plat de verre de 8 sur 13 po (20 sur 33 cm), la partie grasse dorée sur le dessus. Saupoudrer de paprika, puis de sel, de poivre, de macis et d'estragon.

• Recouvrir le dessus du rôti des tranches de citron. Placer les dés de tomate autour du rôti, saupoudrer de sucre.

• Bien couvrir avec un papier plastique. Cuire 20 minutes à « HIGH ».

• Bouger le plat pour déplacer le jus au fond du plat, mais ne pas découvrir la viande. Remettre au four à micro-ondes et cuire 35 minutes à « MEDIUM ». Laisser reposer 20 minutes dans un endroit chaud avant de servir.

• Retirer les tranches de citron. Mettre le jus du rôti dans un bol, y ajouter **2 c. à soupe (30 mL) de crème ou de madère**. Bien mélanger et chauffer 2 minutes à « HIGH ».

 Touraine (blanc), Château de l'Aulée
Pouilly-Fumé, Guy Saget

Veau dans le chaudron

Préparation :	....	**20 min**
Cuisson :	....	**de 40 à 50 min**
Attente :	....	**aucune**

• Une vieille recette du Québec que j'aime beaucoup. Un jour je me suis demandé ce que la recette adaptée au four à micro-ondes pourrait donner. À ma grande surprise, elle y gagnait en perfection.

Ingrédients :

3 c. à soupe (50 mL) d'huile végétale ou de gras de bacon

2 gousses d'ail coupées en deux

3 à 4 lb (1,5 à 2 kg) d'épaule ou de cuisseau de veau désossé et roulé

1 c. à soupe (15 mL) de sauce «Kitchen Bouquet»

1 c. à thé (5 mL) de sel

1/4 de c. à thé (1 mL) de poivre

1/2 c. à thé (2 mL) de thym

1/4 de c. à thé (1 mL) de sarriette

1 feuille de laurier

6 pommes de terre moyennes pelées

6 oignons moyens pelés et entiers

Préparation :

• Chauffer l'huile ou le gras de bacon 5 minutes à «HIGH», dans une casserole de céramique de 8 tasses (2 L).

• Faire des incisions dans la viande et y insérer l'ail.

• Badigeonner le morceau de veau avec la sauce «Kitchen Bouquet».

• Placer la viande dans le gras chaud.

• Cuire 8 minutes à «HIGH».

• Retourner la pièce de viande.

• Saupoudrer le dessus de sel, de poivre, de thym, de sarriette et de laurier.

• Placer autour les pommes de terre et les oignons.

• Couvrir et cuire 40 à 50 minutes à «MEDIUM» ou jusqu'à ce que la viande soit tendre.

• L'épaule est un peu plus longue à cuire que le cuisseau.

Petit conseil : Il n'y a pas de liquide à ajouter à cette recette.

La viande cuite de cette manière donne assez de jus pour faire sa propre sauce. Il arrive parfois que certains morceaux de veau dégagent plus d'humidité que d'autres.

S'il y a trop de jus à la fin de la cuisson, simplement transférer le rôti sur un plat chaud, entouré des pommes de terre et des oignons. Garder au chaud. Remettre la casserole au four à micro-ondes, sans la couvrir. Bouillir le jus de 3 à 6 minutes à «HIGH» ou jusqu'à consistance légèrement crémeuse. Servir dans une saucière.

 Bordeaux (blanc), Château Lascombes
Sancerre, Domaine La Moussière

Fricassée de veau aux boulettes de pâte

Les boulettes de pâte cuites au four à micro-ondes sont légères et vite cuites.

Ingrédients :

1/3 de tasse (80 mL) de farine

1 c. à thé (5 mL) de sel

1/4 de c. à thé (1 mL) de poivre

2 lb (1 kg) d'épaule de veau, en cubes

3 c. à soupe (50 mL) d'huile végétale ou de beurre

1 tasse (250 mL) de céleri en dés

6 petites carottes entières

ou

1 tasse (250 mL) de carottes tranchées minces

2¹/₂ tasses (625 mL) d'eau chaude ou de bouillon de poulet

Les boulettes :

1¹/₂ tasse (400 mL) de farine

1 c. à thé (5 mL) de persil émincé

1/2 c. à thé (2 mL) de sarriette

2 c. à thé (10 mL) de poudre à pâte

1/2 c. à thé (2 mL) de sel

2/3 de tasse (160 mL) de lait

1 oeuf

2 c. à soupe (30 mL) d'huile végétale

Préparation :

• Mélanger la farine, le sel et le poivre. Rouler les cubes de viande dans ce mélange. Chauffer 3 minutes à «HIGH» dans un plat de 8 tasses (2 L).

• Chauffer l'huile végétale ou le beurre. Verser les cubes de viande dans le gras chaud, cuire 2 minutes à «HIGH», bien brasser, cuire 2 minutes à «HIGH».

• Ajouter le céleri et les carottes. Bien brasser, ajouter l'eau ou le bouillon de poulet. Couvrir et cuire 40 minutes à «MEDIUM», ou jusqu'à ce que la viande soit tendre. Brasser 2 fois pendant la cuisson.

Préparation :	30 min
Cuisson :	40 min
Attente :	aucune

Préparer les boulettes comme suit :

• Mettre dans un bol la farine, le persil, la sarriette, la poudre à pâte et le sel.

• Dans un autre bol mettre ensemble le lait, l'oeuf et l'huile. Ne mélanger le tout qu'au moment d'ajouter au jus de cuisson du veau.

• Retirer les morceaux de viande du jus, garder dans un endroit chaud.

• Mélanger les deux bols d'ingrédients juste ce qu'il faut ; trop brassées, les boulettes sont moins légères.

• Verser ensuite à la cuillère dans le bouillon tout autour du plat et au milieu.

• Couvrir et cuire 6 minutes à «HIGH». Les boulettes sont cuites lorsque leur surface devient mate.

• Mettre autour du veau et verser la sauce sur le tout.

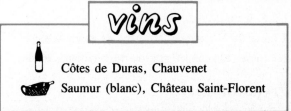

vins

Côtes de Duras, Chauvenet

Saumur (blanc), Château Saint-Florent

Escalopes de veau aux tomates

Préparation : . . . . **10 min**
Cuisson : . . . . **15 min**
Attente : . . . . **aucune**

Petit conseil : Je prépare cette recette soit avec des escalopes de veau, taillées dans la partie centrale du cuisseau (voir note sur les coupes), soit avec des côtelettes de veau d'un pouce d'épaisseur (2,5 cm). Servir avec nouilles mélangées d'oignons frits ou persillées, ou avec pommes de terre en purée.

 Saumur (rouge), Rémy-Pannier
Saumur-Champigny, Prince Alexandre

Ingrédients :

1/4 de tasse (60 mL) d'huile végétale

1 gousse d'ail hachée fin

4 à 6 petites escalopes de veau ou autant de côtelettes

1/2 c. à thé (2 mL) de paprika

2 oignons moyens tranchés mince

2 c. à soupe (30 mL) de farine

1/2 c. à thé (2 mL) de sel

1/4 de c. à thé (1 mL) de poivre

1/2 c. à thé (2 mL) de basilic

1 boîte de 7¹/₂ onces (213 mL) de sauce tomate

1/2 tasse (125 mL) d'eau ou de vermouth blanc

Préparation :

• Préchauffer un plat à griller (Corning) 7 minutes à «HIGH».

• Ajouter l'huile, chauffer 2 minutes à «HIGH».

• Frotter un côté des escalopes de veau avec le paprika. Placer dans l'huile chaude, le côté paprika touchant le fond (ne pas retirer le plat du four), tapoter chaque pièce de viande du bout des doigts (pour un parfait contact avec le plat). Cuire à «HIGH» 3 minutes.

• Retourner, ajouter l'ail et les oignons, cuire 1 minute à «HIGH», retirer les côtelettes ou escalopes du plat, ajouter au gras la farine, le sel, le poivre, le basilic et bien brasser.

• Ajouter la sauce tomate, l'eau ou le vermouth blanc, bien mélanger le tout. Cuire à «HIGH» 4 minutes, bien brasser.

• Ajouter le veau, partie dorée sur le dessus ; bien vous assurer que le dessous des escalopes baigne dans la sauce. Cuire 3 minutes à «MEDIUM» et servir.

Côtelettes de veau panées

Préparation : . . . 15 min + 30 min d'attente
Cuisson : . . . . 6 min
Attente : . . . . 10 min

Petit conseil : Préparées de cette manière, vos côtelettes seront dorées et croustillantes. Je les retire du réfrigérateur 1 heure avant de les cuire.

Je les pane et les laisse en attente sur un papier absorbant pendant 30 minutes. Je préfère les désosser, mais on peut les cuire aussi avec leur os.

Ingrédients :

**4 à 6 côtelettes de longe de veau
d'un pouce (2,5 cm) d'épaisseur**

3 c. à soupe (50 mL) de farine

1 c. à thé (5 mL) de paprika

1 oeuf battu

2 c. à soupe (30 mL) de lait

2/3 de tasse (160 mL) de chapelure fine

1/2 c. à thé (2 mL) de romarin ou d'estragon

2 c. à soupe (30 mL) de beurre

Muscadet de Sèvre-et-Maine, La Sablette
Muscadet de Sèvre-et-Maine, Grand Mouton

Préparation :

• Mélanger la farine et le paprika dans une assiette.

• Rouler chaque côtelette dans ce mélange, pour bien les enrober.

• Battre l'oeuf et le lait dans une grande assiette.

• Dans une autre assiette, mélanger le romarin ou l'estragon et la chapelure.

• Rouler chaque côtelette dans le mélange de lait et ensuite dans la chapelure avec les herbes.

• Laisser reposer au moins 30 minutes.

• Chauffer le plat à griller 7 minutes à «HIGH».

• Ajouter le beurre qui brunit très vite.

• Mettre une côtelette à la fois dans le plat, pressant bien sur chaque côtelette afin d'assurer un parfait contact avec le beurre chaud. Faire ce travail sans retirer le plat du four à micro-ondes. Cuire 3 minutes à «HIGH» et 3 minutes à «MEDIUM».

• Retourner les côtelettes et laisser reposer 10 minutes à la chaleur du four, sans cuisson.

• Servir avec une sauce de votre choix.

Veau printanier

• Un morceau d'épaule de veau mijoté jusqu'à parfaite cuisson, dans une sauce blanche légère. Ce plat fait partie du répertoire d'antan du Québec.

Ingrédients :

2 c. à soupe (30 mL) de gras de veau ou de beurre

2 lb (1 kg) d'épaule de veau coupée en petits morceaux

1 c. à thé (5 mL) de paprika

3 c. à soupe (50 mL) de beurre

3 c. à soupe (50 mL) de farine

3 tasses (750 mL) de lait

1/2 c. à thé (2 mL) de thym

1 feuille de laurier

1/4 de c. à thé (1 mL) de marjolaine

1/2 lb (250 g) de champignons tranchés mince

10 à 12 petits oignons blancs pelés et entiers

2 carottes taillées en tranches minces

1 tasse (250 mL) de petits pois frais ou surgelés

Préparation : ....30 min
Cuisson : ....de 45 à 50 min
Attente : .... aucune

Préparation :

• Chauffer les 2 c. à soupe (30 mL) de gras ou de beurre pendant 3 minutes à «HIGH», dans une casserole de céramique de 6 tasses (1,5 L).

• Le beurre doit être doré ; si nécessaire ajouter 1 minute de cuisson.

• Saupoudrer de paprika les cubes de viande, placer dans le beurre doré, brasser et cuire 5 minutes à «HIGH».

• Faire la sauce blanche dans une mesure de 4 tasses (1 L).

• Mettre le beurre dans la tasse, chauffer 2 minutes à «HIGH», ajouter la farine et bien mélanger le tout.

• Ajouter le lait, mélanger, cuire 2 minutes à «HIGH», brasser, cuire 2 autres minutes à «HIGH», brasser, et continuer ainsi jusqu'à l'obtention d'une sauce blanche légère.

• Saler et poivrer au goût et ajouter le thym, le laurier et la marjolaine. Bien mélanger.

• Verser sur les cubes de viande, mélanger, couvrir et cuire 8 minutes à «HIGH».

• Ajouter les champignons, oignons, carottes et petits pois.* Bien mélanger le tout.

• Couvrir et cuire 35 à 40 minutes à «MEDIUM».

• Servir avec riz persillé ou petites nouilles et un plat de fromage râpé que chacun utilise à son goût.

Les petits pois surgelés sont tout aussi bons que les pois frais lorsqu'ils sont apprêtés de cette manière.

Petit truc : Pour ramollir le fromage à la crème, la tartinade au fromage ou le beurre, régler l'intensité à «LOW» et placer dans le four un paquet de fromage de 3 onces ou 1/4 de livre de beurre pendant 1/2 à 1 minute.

 Mâcon-Villages, Laforêt, Drouhin

Mâcon-Viré, Caves coopératives de Viré

Jarret de veau osso buco

Préparation : . . . . 20 min
Cuisson : . . . . 1 h 10 min
Attente : . . . . 10 min

• Méthode italienne pour cuire les jarrets de veau, gage de saveur, facile à préparer et économique.

> **Petit conseil :** Servir avec un plat de riz à grain long persillé.

Ingrédients :

5 à 6 morceaux de jarret de veau de 2 po (5 cm) chacun

1/2 tasse (125 mL) de farine grillée

1/3 de tasse (80 mL) d'huile végétale ou d'olive

2 oignons moyens hachés fin

1/2 tasse (125 mL) de céleri coupé en dés

1/2 tasse (125 mL) de champignons tranchés frais ou en conserve

3 c. à soupe (50 mL) de persil émincé

1 grosse carotte râpée

2 gousses d'ail hachées fin

1 c. à thé (5 mL) d'origan ou de basilic

1/2 tasse (125 mL) de vin ou de vermouth blanc

1 boîte de 19 onces (540 mL) de tomates

le zeste d'un citron

1 tasse (250 mL) de bouillon de poulet

1/2 c. à thé (2 mL) de sucre

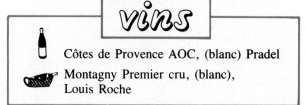

Côtes de Provence AOC, (blanc) Pradel

Montagny Premier cru, (blanc), Louis Roche

Préparation :

• Rouler chaque morceau de jarret dans la farine grillée.

• Chauffer l'huile dans un caquelon de céramique de 8 tasses (2 L) 5 minutes à «HIGH».

• Y placer les morceaux de viande, les uns à côté des autres, sans couvrir ; faire dorer 5 minutes à «HIGH».

• Retourner les morceaux de viande.

• Ajouter le reste des ingrédients. Couvrir et cuire 1 heure à «MEDIUM», en retournant les morceaux de viande deux fois pendant la cuisson.

• Quand ils sont cuits, retirer les morceaux de viande du caquelon et les garder au chaud.

• Continuer de cuire la sauce de 8 à 10 minutes à «HIGH» ou jusqu'à ce qu'elle devienne bien onctueuse.

• Napper de sauce les morceaux de viande.

Cervelle de veau au beurre noir

Préparation : ....15 min
Cuisson : ......4 min + 5 min pour le beurre
Attente : ....2 min

• Plat très facile à préparer au four à micro-ondes, reconnu comme plat favori des gourmets amateurs. Quelques belles câpres marinées au vinaigre constituent la seule garniture requise.

Ingrédients :

3 à 4 belles cervelles de veau

3 tasses (750 mL) d'eau froide

3 c. à soupe (50 mL) de vinaigre de votre choix

2 feuilles de laurier

2 gousses d'ail entières

1 c. à thé (5 mL) de sel

10 grains de poivre noir

2 tasses (500 mL) d'eau chaude

3 c. à soupe (50 mL) de beurre

1 c. à soupe (15 mL) de persil émincé

1 c. à thé (5 mL) de câpres dans le vinaigre

Préparation :

• Tremper les cervelles 1 heure dans l'eau froide et le vinaigre.

• Égoutter et enlever les veines rouges et les petites taches noires sur le dessus des cervelles (très facile à faire).

• Mettre dans un plat propre avec le laurier, l'ail, le sel, les grains de poivre et l'eau chaude.

• Couvrir et cuire 4 minutes à «HIGH».

• Laisser reposer dans l'eau de cuisson 2 minutes, égoutter et placer sur un plat chaud.

• Mettre le beurre dans un plat de céramique. Chauffer à «HIGH» de 3 à 5 minutes ou jusqu'à ce que le beurre soit d'un beau brun foncé. Il est important de surveiller ce temps de cuisson de près, car chaque marque de beurre réagit différemment à la chaleur.

• Ajouter le persil et les câpres.

• Verser bien chaud sur les cervelles et servir.

Pinot Blanc, Lucien Albrecht
Tokay d'Alsace, Pierre Sparr

Pain de veau rosé

Préparation :	**20 min**
Cuisson :	**de 20 à 22 min**
Attente :	**10 min**

Petit conseil : Si votre four est muni d'un « Auto-Senseur » (Sensor) ou d'un « Insta-Matic », programmer votre four tel que l'indique votre manuel. Le four décidera du temps de cuisson. Pour la cuisson selon cette méthode, il est important de recouvrir le moule d'un papier de matière plastique.

Ingrédients :

1¹/₂ lb (750 g) de veau haché

1 oeuf légèrement battu

1/2 tasse (125 mL) de pain sec écrasé

1/3 de tasse (80 mL) de sauce Chili

1/2 tasse (125 mL) d'oignon haché fin

2 gousses d'ail, hachées fin

1 c. à thé (5 mL) de thym ou d'estragon

le zeste d'un citron

1/2 c. à thé (2 mL) de sel

1/4 de c. à thé (1 mL) de poivre

1/4 de c. à thé (1 mL) de muscade ou de macis

Préparation :

• Mélanger tous les ingrédients, excepté la muscade ou le macis, dans un bol ; bien malaxer.

• Tasser dans un moule de 8 sur 4 po (20 sur 10 cm). Saupoudrer de muscade ou de macis. Recouvrir de papier ciré. Cuire à « MEDIUM-HIGH » de 20 à 22 minutes.

• Laisser reposer 10 minutes avant de servir, ou refroidir bien couvert et réfrigérer 12 heures avant de servir.

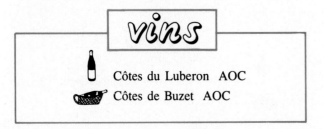

Côtes du Luberon AOC
Côtes de Buzet AOC

Foie de veau à la vénitienne

Préparation :	**10 min**
Cuisson :	**7 min**
Attente :	**aucune**

• Je n'ai pas encore rencontré une personne qui n'aime pas le foie de veau. Repas parfait, accompagné de pommes de terre en purée et d'une salade d'endives ou de salade Boston bien croustillante.

Ingrédients :

1 lb (500 g) de foie de veau

3 c. à soupe (50 mL) de beurre

2 tasses (500 mL) d'oignons tranchés mince

1 c. à thé (5 mL) de sel

1/4 de c. à thé (1 mL) de poivre

2 c. à soupe (30 mL) de vin blanc ou de madère ou de jus de citron

1 c. à soupe (15 mL) de persil émincé

Préparation :

• Trancher le foie de veau aussi mince que possible et ensuite, tailler chaque tranche en petits bâtonnets.

• Préchauffer un plat à griller (Corning) 7 minutes, y fondre le beurre sans sortir le plat du four.

• Ajouter les oignons, bien mélanger et cuire à « HIGH » 3 minutes. Saler, poivrer.

• Ajouter les bâtonnets de foie de veau, brasser, cuire 2 minutes à « HIGH », bien brasser et cuire 2 autres minutes à « HIGH ».

• Ajouter le vin blanc ou le madère ou le jus de citron ainsi que le persil et cuire 1 minute à « HIGH ».

• Bien brasser et servir.

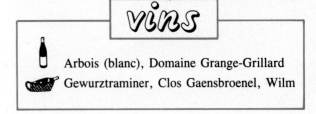

Arbois (blanc), Domaine Grange-Grillard
Gewurztraminer, Clos Gaensbroenel, Wilm

Pâté de foie gras maison

Cuisson par convexion

Préparation : . . . . **15 min**
Cuisson : . . . . **1 h 20 min**
Attente : . . . . **24 h**

Ingrédients :

1 lb (500 g) de foie de veau ou de boeuf ou d'agneau ou d'un mélange des deux

1/2 lb (250 g) de porc haché

1 enveloppe de soupe à l'oignon (mélange sec)

2 oeufs

1¹/₂ tasse (375 mL) de crème de table

1 c. à thé (5 mL) de poivre

2 c. à thé (10 mL) de sel

1 tasse (250 mL) de farine

4 à 5 feuilles de laurier

4 tranches de bacon (facultatif)

Préparation :

• Hacher fin le foie de veau, de boeuf ou d'agneau et le porc, soit au hache-viande, soit 40 secondes au robot culinaire.

• Ajouter le reste des ingrédients, excepté les tranches de bacon.

• Bien mélanger le tout pour obtenir un mélange en crème.

• Tapisser le fond d'un moule à pain de verre (pyrex) avec 2 tranches de bacon.

• Remplir le moule avec le mélange du foie. Recouvrir avec les deux autres tranches de bacon.

• Préchauffer le four par convexion à 350°F (180°C).

• Mettre le plat sur la grille basse. Cuire 1 heure et 20 minutes ou jusqu'à ce que le dessus soit bien doré.

• Refroidir, couvrir et réfrigérer 24 heures avant de servir.

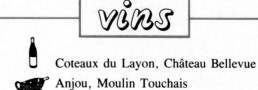

Coteaux du Layon, Château Bellevue
Anjou, Moulin Touchais

• Tout comme pour le boeuf, il est important de bien connaître les coupes d'agneau. En plus, il faut savoir quelle cuisson appliquer aux différentes pièces pour obtenir de parfaits résultats.

• Couleur et texture en disent beaucoup. Le gras d'un jeune agneau de qualité est ferme, lisse, tendre, d'un blanc légèrement rosé. La chair est ferme au toucher, c'est-à-dire jamais molle ou dure. Les os sont poreux et rosés.

• Le poids d'un gigot est presque toujours une bonne indication de sa qualité. «Parfait», il pèsera de 4 à 5 lb (2 à 2,5 kg). Déjà à 7 lb (3,5 kg), il est trop gras et la saveur de sa chair ne sera pas aussi délicate ni sa chair aussi tendre.

Les coupes

• La carcasse est coupée en deux portions égales en travers du dos. Le quartier avant donne l'extrémité du cou, le quartier arrière, le gigot.

Morceaux du quartier avant

• **Le cou,** coupé juste avant l'épaule, généralement de 1 pouce (2,5 cm). Sa chair tendre et savoureuse fait d'excellentes casseroles, soupes, etc.

• **L'épaule** est la partie des pattes de devant de l'agneau (les pattes de derrière donnent le gigot). On coupe l'épaule en biftecks à os rond et à os long. On la désosse ; elle est roulée pour en faire un rôti ou laissée entière, sans os, et marinée, ce qui donne aussi un rôti ; coupée en cubes on en fait de délicieux ragoûts, ou on la passe au hachoir pour obtenir de l'agneau haché.

• **Les jarrets d'épaule** sont les deux pattes de devant de l'agneau. On les mijote ou on en fait d'excellentes casseroles.

Morceaux du quartier arrière

• Du quartier arrière, on obtient les carrés d'agneau et les côtelettes de longe. Ce sont les deux pièces les plus appréciées.

• **La longe entière** comprend les côtelettes de longe et de côtes de longe d'une seule pièce, ce qui donne de 12 à 14 côtes. C'est une pièce de choix.

• **Le gigot** peut être coupé en deux, ce qui donne le rôti du jarret arrière, généralement plus petit que celui du haut du gigot ; l'un et l'autre sont aussi tendres. La partie du haut est plus riche en viande et son coût de revient est donc plus élevé.

La cuisson du gigot

• L'agneau est une viande rouge, tout comme le boeuf. On doit donc la cuire saignante ou à point (médium) ; toutefois, la viande d'agneau bien cuite n'est jamais aussi bonne, ni aussi tendre. Pour une cuisson parfaite, vérifier la cuisson avec un thermomètre à viande.

• NE PAS LAISSER LE THERMOMÈTRE DANS LA PIÈCE DE VIANDE PENDANT LA CUISSON. Vérifier la température et retirer le thermomètre.

• 145°F (63°C) au thermomètre donne un rôti saignant.

• 155°F (68°C) au thermomètre donne un rôti à point.

On peut rôtir les pièces d'agneau :

• Aux micro-ondes

• Avec la sonde thermométrique

• Par convexion

• Par Auto-Senseur (Sensor)

• En établissant la durée et l'intensité de la cuisson en fonction de leur poids.

• Évidemment, certains fours sont dotés de plusieurs de ces méthodes de cuisson, d'autres n'en ont qu'une ou deux.

• Voilà qui souligne une fois de plus l'importance de bien lire le manuel de son four avant de l'utiliser, de manière à bien connaître toutes ses possibilités.

Les coupes de l'agneau

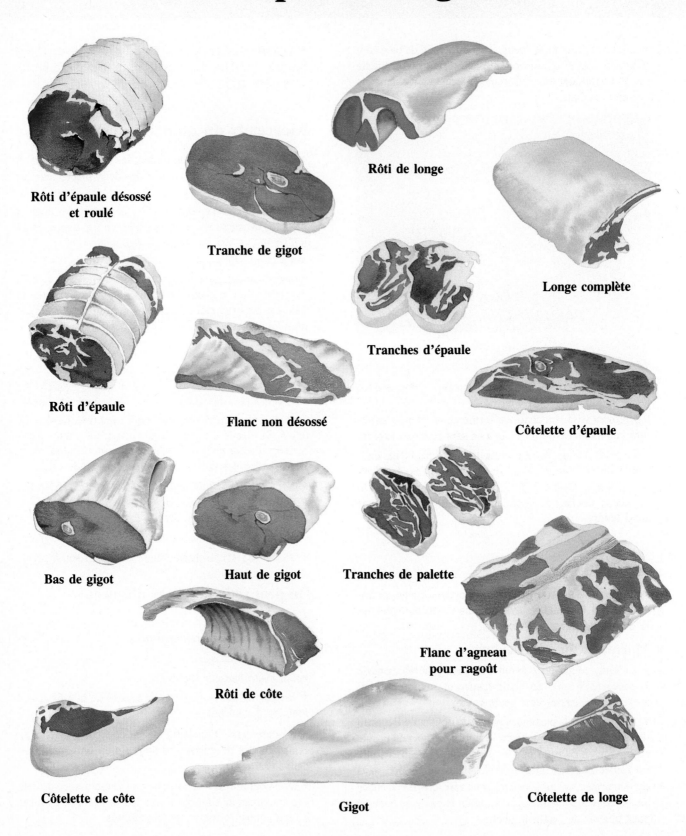

Rôti d'épaule désossé et roulé

Tranche de gigot

Rôti de longe

Longe complète

Rôti d'épaule

Flanc non désossé

Tranches d'épaule

Côtelette d'épaule

Bas de gigot

Haut de gigot

Tranches de palette

Flanc d'agneau pour ragoût

Rôti de côte

Côtelette de côte

Gigot

Côtelette de longe

Schéma des coupes de l'agneau

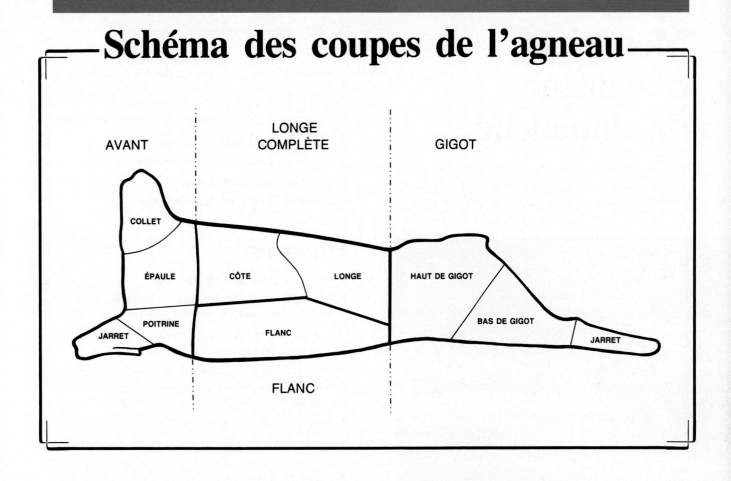

Coupe française de l'agneau

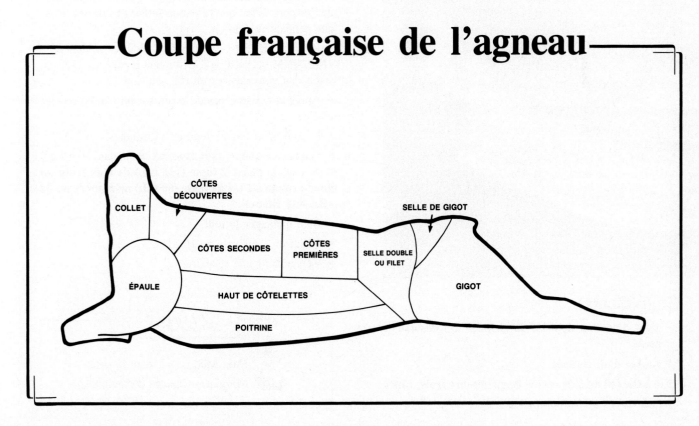

Mon gigot d'agneau du dimanche

• Ma mère servait souvent un rôti d'agneau, qui faisait le bonheur de tous à table. Notre préféré était celui qu'elle présentait comme «son gigot d'agneau du dimanche». Je l'ai adapté à la cuisson aux micro-ondes avec succès.

Ingrédients :

1 gigot d'agneau de 4 à 5 lb (2 à 2,5 kg) désossé et roulé

1 gousse d'ail écrasée

2 c. à thé (10 mL) de racine de gingembre frais, râpée

1 c. à thé (5 mL) de paprika

<table>
<tr><td>Préparation : . . 10 min + 4 à 5 h à mariner</td></tr>
<tr><td>Cuisson : . . . . de 42 à 60 min</td></tr>
<tr><td>Attente : . . . . 15 min</td></tr>
</table>

1/4 de c. à thé (1 mL) de poivre

1 c. à soupe (15 mL) d'huile végétale

le jus et le zeste d'un citron

1/2 tasse (125 mL) de chapelure fine

Préparation :

• Mettre le gigot dans un plat.

• Mélanger le reste des ingrédients, moins la chapelure, jusqu'à l'obtention d'une pâte claire. Verser sur le gigot.

• Couvrir d'un papier ciré et mariner de 4 à 5 heures, à la température de la pièce.

• Pour rôtir le gigot, une fois le temps de marinage écoulé, le placer sur une grille pour micro-ondes, dans un plat de verre de 12 sur 8 po (30 sur 20 cm.).

• Saupoudrer la face grasse du rôti de chapelure fine.

• Verser tout autour le jus de la marinade qui reste dans le plat.

• Recouvrir d'une bande de papier d'aluminium le bout de l'os pour éviter que la viande autour de l'os ne s'assèche pendant la cuisson.

• Rôtir à «HIGH» 10 minutes, réduire la chaleur à «MEDIUM» et rôtir de 8 à 10 minutes par livre (500 g), selon que vous désirez un rôti saignant ou à point.

• Après la cuisson, placer le rôti sur un plat de service chaud.

• Recouvrir et laisser reposer 15 minutes.

• Pendant ce temps, faire la sauce en ajoutant au jus qui reste dans le plat **1/2 tasse (125 mL) de café froid ou de vin rouge ou 1/4 de tasse (60 mL) de madère ou de «Brandy Blanc».**

• Bien mélanger le tout.

• Chauffer 3 minutes à «HIGH».

• Verser dans une saucière.

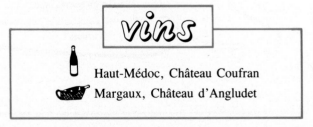

vins

Haut-Médoc, Château Coufran
Margaux, Château d'Angludet

Gigot d'agneau au romarin

Cuisson par convexion

Préparation : . . . . 10 min
Cuisson : . . . . de 20 à 60 min
Attente : . . . . 15 min

Petit conseil : Le romarin et le basilic sont sans contredit les deux herbes qui donnent le plus de saveur à une pièce d'agneau rôtie. En Italie, on combine le romarin et l'ail.

Ingrédients :

1 gigot d'agneau de 4 à 5 lb (2 à 2,5 kg)

1 c. à thé (5 mL) de poivre frais moulu

1 c. à thé (5 mL) de gingembre frais râpé

2 c. à thé (10 mL) de romarin

1 c. à thé (5 mL) de basilic

1 c. à soupe (15 mL) d'huile végétale

1/4 de tasse (60 mL) de chapelure fine

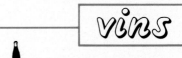

Saint-Nicolas-de-Bourgueil, P.Jamet et Fils
Bandol AOC, Pradel

Préparation :

• Préchauffer la partie convexion de votre four à micro-ondes à 375°F (190°C) (voir la manière de procéder dans le manuel de votre four).

• Mettre la plaque anti-éclaboussures dans l'assiette du four, y placer la grille basse, placer une assiette à tarte sous la grille.

• Mélanger tous les ingrédients, en badigeonner le dessus du rôti, placer sur une grille.

• Rôtir 5 minutes par livre pour un rôti saignant et 15 minutes par livre si vous le désirez médium.

• Laisser reposer 15 minutes dans un endroit chaud, avant de servir.

• Au jus dans l'assiette, ajouter **1/3 de tasse (80 mL) de vin rouge ou de consommé de poulet.**

• Bien gratter l'assiette et écraser les petits morceaux caramélisés. Chauffer 1 minute à «HIGH».

• Verser dans une saucière.

Gigot d'agneau glacé à l'anglaise

Cuisson par sonde thermométrique («Comb» ou «Probe»)

Petit conseil : L'épaule d'agneau désossée et roulée peut être préparée et cuite de la même manière que ce gigot. Pour la cuisson avec la sonde thermométrique («Comb» ou «Probe») il suffit de préparer la viande, d'insérer la sonde dans la viande et dans le haut du four. Indiquer la cuisson désirée, soit «MEDIUM RARE» pour le gigot et «MEDIUM» pour l'épaule ; le four détermine le temps de cuisson et s'arrête de lui-même une fois le rôti cuit selon les indications programmées.

Préparation :	**15 min**
Cuisson :	**de 45 à 60 min**
Attente :	**aucune**

Ingrédients :

**1 demi-gigot ou un gigot entier *ou*
1 épaule désossée et roulée**

le zeste râpé d'une orange

le jus de 2 oranges

le jus d'un citron

1/4 de tasse (60 mL) de beurre mou

1/4 de tasse (60 mL) de menthe fraîche hachée fin

1 c. à thé (5 mL) de paprika

1/4 de c. à thé (1 mL) de poivre

Préparation :

• Placer la pièce de viande dans un plat de verre de 9 sur 13 pouces (22,5 cm sur 32,5 cm).

• Mélanger le reste des ingrédients. Verser sur la pièce de viande.

• Envelopper le bout du gigot avec un morceau de papier d'aluminium.

• Insérer la sonde thermométrique (Comb ou Probe) dans le côté du rôti (lire les directives données dans le manuel de votre four), insérer l'autre bout dans la prise du four. Indiquer la cuisson désirée.

• Arroser la viande deux fois pendant la période de cuisson.

Note : Placer le rôti prêt à cuire sur la grille basse incluse dans les accessoires de votre four.

Pour faire la sauce

• Retirer le rôti cuit sur un plat chaud.

• Au jus accumulé dans le plat, ajouter **1/3 de tasse (80 mL) de thé froid**

• Bien brasser, tout en écrasant les petits morceaux caramélisés, ce qui donne couleur et saveur à la sauce. Chauffer 2 minutes à «HIGH».

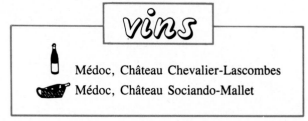

vins

Médoc, Château Chevalier-Lascombes
Médoc, Château Sociando-Mallet

Gigot madère à la portugaise

Préparation : . . . . **10 min**
Cuisson : . . . . **de 38 à 48 min**
Attente : . . . . **15 min**

Petit conseil : La combinaison de madère, d'ail et de zeste de citron donne une saveur très spéciale au gigot. Accompagner d'un riz à grain long bouilli avec carottes râpées, petits pois et oignons verts coupés en dés.

Pinot noir, Louis Roche
Bourgogne, Nuits Saint-Georges, Clos de la Maréchale, Faiveley

Ingrédients :

1/4 de tasse (60 mL) de madère ou de sherry sec

1 c. à soupe (15 mL) de paprika

2 c. à soupe (30 mL) de sauce «Kitchen Bouquet»

2 c. à soupe (30 mL) d'huile végétale

2 gousses d'ail émincées

le zeste d'un citron

1 gigot d'agneau de 3 à 4 lb (1,5 à 2 kg) désossé et roulé ou

1 épaule d'agneau de 3 à 4 lb (1,5 à 2 kg) roulée

Préparation :

• Mélanger les 6 premiers ingrédients dans une tasse à mesurer en verre. Chauffer 2 minutes à «MEDIUM-HIGH».

• Placer le rôti sur une grille pour micro-ondes, mettre dans un plat de verre de 12 sur 8 po (30 sur 20 cm).

• Badigeonner le rôti de tous les côtés avec le mélange chaud. Cuire à «HIGH» 8 minutes, bien arroser la viande avec le jus, au fond du plat.

• Rôtir 10 minutes par livre (500 g) à «MEDIUM-HIGH».

• La cuisson terminée, placer sur un plat chaud, couvrir et laisser reposer 15 minutes.

Pour faire la sauce

• Ajouter au jus dans le fond du plat **1/3 de tasse (80 mL) de consommé ou de crème ou de café.** Bien mélanger. Chauffer 1 minute à «HIGH» au moment de servir.

Gigot d'agneau poché au cari

Petit conseil : Doré et parfumé, servi chaud. Trancher mince et servir à la température ambiante. Un excellent plat de viande froide pour un buffet, accompagné d'un chutney aux fruits de votre choix, et d'une salade de riz aromatisée au cari.

Préparation :	30 min
Cuisson :	de 60 à 70 min
Attente :	15 min

Ingrédients :

1/2 ou 1 gigot désossé et roulé

1 gousse d'ail coupée en quatre

1 c. à soupe (15 mL) de romarin

1 c. à thé (5 mL) de sel

1/2 c. à thé (2 mL) de poivre

1 c. à soupe (15 mL) de poudre de cari

6 carottes moyennes entières

6 branches de céleri coupées en cubes

8 à 10 pommes de terre moyennes

10 petits oignons blancs

1/2 tasse (125 mL) d'eau

1/2 tasse (125 mL) de cidre ou
   de jus de pomme

Préparation :

• Faire 4 à 5 incisions dans la viande. Mettre dans chacune un morceau d'ail et une pincée de romarin.

• Mélanger le sel, le poivre et le cari. En saupoudrer le dessus du rôti.

• Placer la viande au milieu d'un plat de verre ou de céramique avec couvercle si possible.

• Entourer la pièce de viande avec les légumes.

• Verser l'eau et le cidre ou le jus de pomme sur les légumes.

• Couvrir avec un papier ciré ou de plastique ou le couvercle du plat.

• Cuire à «HIGH» 20 minutes, retourner la viande. Couvrir et cuire 10 minutes par livre à «MEDIUM».

• Laisser reposer 15 minutes, avant de découvrir.

• Placer les légumes autour du rôti et le jus dans une saucière.

Tokay d'Alsace, Hugel
Gewurztraminer, Trimbach

Épaule d'agneau pochée et glacée

Préparation : . . 10 min + 4 à 5 h à mariner
Cuisson : . . . . 65 min
Attente : . . . . 20 min

Petit conseil : Le glaçage à la gelée de menthe ou de cassis donne une saveur spéciale à cette pièce de viande. On peut aussi la servir sans la glacer.

Préparation :

- Mettre en crème le beurre ou la margarine, l'ail, le thym, la farine, le sel, le poivre et le zeste de citron.
- Badigeonner la pièce de viande de ce mélange. Mettre dans un plat de verre de 8 sur 12 po (20 sur 30 cm). Couvrir avec un papier ciré et réfrigérer de 4 à 5 heures.
- Laisser sur le comptoir de la cuisine pendant une heure, après la réfrigération.
- Ne pas enlever le liquide qui peut s'accumuler au fond du plat. Bien recouvrir avec un papier de plastique. Cuire à «HIGH» 15 minutes, réduire l'intensité à «MEDIUM» et cuire 50 minutes. Retourner la pièce de viande et laisser reposer 20 minutes dans le jus.

Pour glacer :

- Retirer la viande du plat de cuisson.
- Ajouter au jus de la casserole le jus de citron et la gelée de menthe ou de cassis. Bien brasser.
- Ne pas couvrir, cuire à «HIGH» de 2 à 4 minutes ou jusqu'à ce que le jus épaississe ; brasser 2 fois pendant la cuisson.
- Verser sur la pièce de viande et l'arroser de ce jus 7 à 8 fois.
- Si nécessaire, réchauffer le rôti 3 minutes à «MEDIUM».
- Servir chaud avec un riz bouilli garni de petits pois.

Ingrédients :

Une épaule d'agneau roulée de 2 à 3 lb (1 à 1,5 kg)

1/4 de tasse (60 mL) de beurre ou de margarine

2 gousses d'ail, hachées fin

1 c. à thé (5 mL) de thym

1 c. à soupe (15 mL) de farine

1 c. à thé (5 mL) de sel

1/4 de c. à thé (1 mL) de poivre

le zeste d'un citron

1 c. à soupe (15 mL) de jus de citron

1/2 tasse (125 mL) de gelée de menthe ou de cassis

Bordeaux, Château Patache d'Aux
Saint-Émilion, Château Saint-Georges

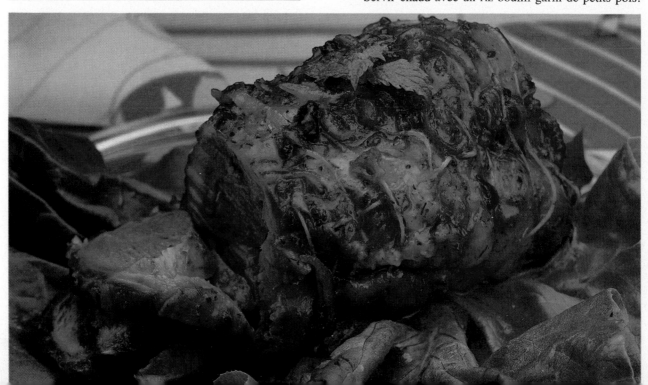

Épaule d'agneau des Îles

Cuisson aux micro-ondes ou par convexion

Préparation à l'avance : . . . . .24 h
Cuisson : convexion : . . . . .1 h 15
micro-ondes : . . . . .1 h 00
Attente : . . . .**15 min**

Préparation :

- Mettre dans un grand bol l'ail, l'eau bouillante, le miel et la sauce de soja.
- Ajouter la pièce de viande, la rouler dans le mélange, couvrir et réfrigérer 24 heures avant de cuire.
- Retirer la viande de la marinade. Placer dans un plat de verre de 8 sur 13 po (20 sur 33 cm).
- Ajouter 1/2 tasse (125 mL) de la marinade. Cuire selon l'une des deux méthodes qui suivent :

Par convexion :

- Préchauffer le four à 350ºF (180ºC) et rôtir 25 minutes par livre (500 g).

OU

Pour la cuisson aux micro-ondes :

- Placer la viande dans le même plat avec la demi-tasse de marinade.
- Couvrir de papier de plastique. Cuire à «HIGH» 15 minutes. Retourner le rôti et l'arroser avec le jus.
- Couvrir et cuire 15 minutes par livre (500 g) à «MEDIUM».
- Laisser reposer 15 minutes avant de servir.

Manière de faire la sauce :

- Que l'épaule soit cuite par convexion ou aux micro-ondes, la manière de faire la sauce est la même.
- Après avoir retiré le rôti du plat, ajouter le jus d'orange au jus du plat. On peut aussi, au gré, ajouter **1/3 de tasse (80 mL) de saké (vin blanc japonais).** Bien brasser.
- Au moment de servir, chauffer 2 minutes à «HIGH».
- Servir dans une saucière.

* La sauce de soja japonaise a un arôme plus délicat que la sauce chinoise, bien que l'on puisse utiliser l'une ou l'autre.

> **Petit conseil :** Un des repas favoris de ma famille, que je sers avec un riz frit au cari et du chou-fleur persillé.

Ingrédients :

Une épaule d'agneau de 3 lb (1,5 kg), désossée et roulée

4 gousses d'ail hachées fin

1/2 tasse (125 mL) d'eau bouillante

1/3 de tasse (80 mL) de miel

1/2 tasse (125 mL) de sauce de soja*

le jus d'une orange

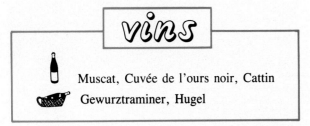

vins

Muscat, Cuvée de l'ours noir, Cattin
Gewurztraminer, Hugel

Côtelettes d'agneau maison

Préparation : . . . . **7 min**
Cuisson : . . . . **6 min**
Attente : . . . . **10 min**

• Avec un plat à griller on peut faire de belles côtelettes, bien dorées au four à micro-ondes. Personnellement, je les trouve parfaites au goût et plus faciles à digérer, à cause du gras qui peut être éliminé.

Préparation :

• Préchauffer le plat à griller 7 minutes à «HIGH.

• Mélanger le sucre, le paprika, le romarin ou le basilic. Frotter chaque côtelette de ce mélange.

• Mettre les petits morceaux de gras dans le plat chaud, sans le sortir du four. Les étendre avec une fourchette et ensuite les placer au milieu du plat.

• Placer chaque côtelette dans le plat, en pressant bien sur chacune du bout des doigts.

• Faire dorer à «HIGH» 6 minutes.

• Retourner les côtelettes et laisser reposer dans le plat, sans cuire, pendant 10 minutes (la chaleur interne finit la cuisson).

• Servir.

Ingrédients :

4 côtelettes d'agneau

1/2 c. à thé (2 mL) de sucre

1/2 c. à thé (2 mL) de paprika

1/2 c. à thé (2 mL) de romarin ou de basilic

1 c. à soupe (15 mL) de gras retiré des côtelettes

Crozes-Hermitage, Delas
Gigondas, Meffre

Petites boulettes d'agneau

Préparation :	**5 min**
Cuisson :	**8 min**
Attente :	**aucune**

Petit conseil : Diviser le mélange en petites boulettes pour les servir chaudes comme amuse-gueule ou diviser le même mélange en quatre pâtés pour servir comme pâtés de viande.

Ingrédients :

1 lb (500 g) d'agneau haché

1/4 de tasse (60 mL) de sauce de soja*

1 gousse d'ail hachée fin

1 c. à soupe (15 mL) d'huile végétale

1/3 de tasse (80 mL) de sauce aux prunes orientale

Préparation :

• Bien mélanger dans un bol l'agneau haché, la sauce de soja et l'ail. Former en petites boulettes ou en quatre pâtés, selon la manière que vous désirez les servir.

• Chauffer l'huile végétale 3 minutes à «HIGH», dans un plat de céramique. Saupoudrer les boulettes ou les pâtés de paprika. Verser ou placer dans l'huile chaude. Cuire les boulettes à «HIGH» 5 minutes en brassant 2 fois. Cuire les pâtés 3 minutes à «HIGH», retourner et cuire 2 minutes à «HIGH».

• Ajouter aux boulettes la sauce aux prunes, brasser le plat pour bien les remuer et les enrober de sauce.

• Chauffer à «HIGH» 2 minutes, brasser et servir.

• Pour les pâtés, les badigeonner de sauce aux prunes, arroser avec un peu du jus accumulé au fond de la casserole. Couvrir d'un papier ciré et cuire à «MEDIUM» 3 minutes. Servir.

* La sauce de soja japonaise a un arôme plus délicat que la sauce chinoise, mais on peut utiliser l'une ou l'autre.

Puisseguin-Saint-Émilion, Château Lafleur du Roy

Coteaux d'Aix-en-Provence, Château Vignelaure

Pain de viande à l'agneau

Préparation :	**15 min**
Cuisson :	**20 min**
Attente :	**20 min**

Petit conseil : On peut servir ce pâté chaud, mais il est particulièrement bon froid. Lorsqu'il est cuit, le recouvrir d'un papier ciré et mettre un poids sur le papier. J'ai une brique que je garde pour ce genre de travail. Placer la brique ou un objet lourd sur le papier ciré et laisser refroidir, réfrigérer jusqu'au moment de servir.

Ingrédients :

1¹/₂ lb (750 g) d'agneau haché

1¹/₂ tasse (375 mL) de riz cuit

1/2 tasse (125 mL) de jus de tomate

2 oeufs légèrement battus

2 gousses d'ail émincées

1 c. à thé (5 mL) de sel

1/2 c. à thé (2 mL) de sucre

1 petit oignon haché fin

2 c. à soupe (30 mL) de sauce Chili

4 tranches de bacon

Préparation :

• Mélanger tous les ingrédients, excepté le bacon. Mettre dans un moule à pain de 8 sur 4 sur 2¹/₂ po (20 sur 10 sur 6,25 cm). Bien tasser.

• Placer les tranches de bacon sur le dessus.

• Cuire à «HIGH» 10 minutes. Cuire encore 10 minutes à «MEDIUM». Laisser reposer 20 minutes.

• Recouvrir de papier ciré et mettre une pesée sur le dessus. Réfrigérer lorsqu'il a refroidi.

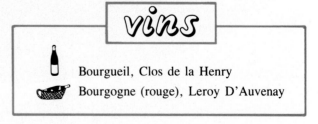

Bourgueil, Clos de la Henry

Bourgogne (rouge), Leroy D'Auvenay

Foie d'agneau rôti

Cuisson par convexion

Préparation : . . . . **10 min**
Cuisson : . . . . **de 30 à 40 min**
Attente : . . . . **10 min**

Petit conseil : Un foie d'agneau d'une à deux livres (500 g à 1 kg) rôti entier est très bon chaud ou froid. Tranché mince, le servir chaud avec sa sauce ; le servir froid avec une sauce aux canneberges ou encore chaud avec un chutney de votre choix.

Servi chaud

Servi froid

Ingrédients :

3 c. à soupe (50 mL) de beurre

1 gros oignon tranché mince

1 petit piment vert en languettes

2 c. à soupe (30 mL) de sauce Chili

1 c. à soupe (15 mL) de sauce A-1

1/4 de c. à thé (1 mL) de thym

1¹/₂ à 2 lb (750 g à 1 kg) de foie d'agneau, entier

1/3 de tasse (80 mL) de porto ou de café froid

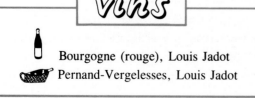

Bourgogne (rouge), Louis Jadot
Pernand-Vergelesses, Louis Jadot

Préparation :

• Préchauffer la partie convexion de votre four à 350°F (180°C).

• Fondre le beurre 3 minutes dans un plat de céramique de 8 sur 8 pouces (20 sur 20 cm) ou dans une petite lèche-frite de métal, de mêmes dimensions, pendant 2 minutes, dans le four préchauffé.

• Ou fondre le beurre 2 minutes à «HIGH», dans un plat de céramique.

• Ajouter les oignons, bien brasser et cuire 4 minutes à «HIGH» ; les oignons seront légèrement dorés ici et là. Bien brasser, ajouter le piment vert, brasser et cuire 1 minute à «HIGH».

• Mettre la grille basse dans le four préchauffé à 350°F (180°C).

• Aux oignons et au piment vert, ajouter le reste des ingrédients. Placer le foie au milieu et arroser avec les légumes et le jus.

• Rôtir de 30 à 40 minutes dans le four préchauffé.

• Laisser reposer 10 minutes. Arroser de 7 à 8 fois pendant ce temps.

• Trancher mince et servir avec la sauce.

Casserole d'agneau à l'écossaise

Préparation :	. . . .	**15 min**
Cuisson :	. . . .	**de 40 à 50 min**
Attente :	. . . .	**10 min**

Petit conseil : On peut faire ce plat avec des morceaux de cou, de pattes ou de bifteck d'épaule, coupés en cubes ou en petites tranches minces.

Ingrédients :

2 c. à soupe (30 mL) de beurre ou de gras de bacon

2 oignons pelés et tranchés mince

2 lb (1 kg) de cubes de viande d'agneau, au choix

1 c. à thé (5 mL) de sel

1/4 de c. à thé (1 mL) de poivre

1/4 de c. à thé (1 mL) de quatre-épices

1 boîte de 19 onces (540 mL) de tomates

2 c. à thé (10 mL) de sucre

2 tasses (500 mL) de cubes de pain

1/4 de c. à thé (1 mL) de graines d'aneth

1/2 c. à thé (1 mL) de sel

1 c. à soupe (15 mL) de beurre

Préparation :

• Chauffer le beurre ou le gras de bacon 4 minutes à «HIGH».

• Ajouter les oignons, bien brasser et cuire 3 minutes à «HIGH».

• Bien brasser et ajouter la viande d'agneau de votre choix. Brasser le tout. Cuire 3 minutes à «HIGH».

• Mélanger le sel, le poivre et le quatre-épices. En saupoudrer la viande. Bien brasser.

• Mélanger le sucre et les tomates. Verser sur la viande.

• Mélanger les cubes de pain avec la demi-cuillerée de sel et les graines d'aneth. En saupoudrer le mélange.

• Recouvrir le tout de dés de beurre. Couvrir d'un couvercle ou d'un papier de plastique. Cuire 10 minutes à «HIGH».

• Découvrir le plat et cuire à «MEDIUM» 20 à 25 minutes ou jusqu'à ce que la viande soit tendre.

• Vérifier la cuisson avec la pointe d'un couteau.

• Laisser reposer 10 minutes dans un endroit chaud avant de servir.

Côtes du Rhône villages, Vacqueyras

Crozes-Hermitage,
Comte de Thalabert, Jaboulet

Casserole campagnarde

Préparation :.........................20 min
Cuisson :...............................15 min
Attente :.............................. aucune

• Tout le repas dans un seul plat !

Ingrédients :

1 lb (500 g) d'agneau haché

1/2 c. à thé (2 mL) de basilic

1/4 de c. à thé (1 mL) de poivre

1/2 c. à thé (2 mL) de sel

4 tranches de bacon

4 petites pommes de terre cuites

4 petites tomates fraîches

1 tasse (250 mL) de maïs en grains

2 c. à soupe (30 mL) de fromage râpé

Préparation :

• Mélanger l'agneau, le basilic, le sel et le poivre. Former quatre pâtés. Rouler une tranche de bacon autour de chaque pâté, retenir avec un cure-dent. Saupoudrer un côté de paprika.

• Cuire les pommes de terre 6 minutes à «HIGH». Retirer du four et placer sur un papier absorbant.

• Évider les tomates et saupoudrer l'intérieur de chacune de sel, de poivre et d'une pincée de sucre.

• Diviser le maïs en parts égales dans chaque tomate.

• Préchauffer un plat à griller (Corning) 7 minutes à «HIGH».

• Placer les pâtés de viande, le côté paprika dans le plat chaud, sans sortir le plat du four. Presser sur chaque pâté, pour obtenir un contact parfait entre la viande et le plat. Cuire 4 minutes à «HIGH».

• Retourner les pâtés, placer autour d'eux les pommes de terre cuites et les tomates farcies.

• Couvrir le plat avec un papier ciré, cuire à «MEDIUM-HIGH» de 4 à 5 minutes. Servir.

Petit conseil : On peut utiliser le maïs en grains en conserve, bien égoutté, ou cuire du maïs congelé avant de cuire les pâtés : à peu près une tasse (250 mL) de maïs, cuit couvert, sans eau, 4 minutes à «HIGH». Égoutter et utiliser.

vins

Côtes du Rhône, Château Bois de la Garde
Côtes du Rhône, Charles Roux, Le Sablet

Jarrets d'épaule à la bière

Préparation : ....**10 min**
Cuisson : ....**de 45 à 65 min**
Attente : ....**aucune**

Petit conseil : Il n'est pas facile de trouver les petits jarrets d'épaule d'agneau de 1 à 2 lb (500 g à 1 kg) chacun. Demandez-les d'avance à votre boucher ; ce sont des pièces de viande économiques, tendres et faciles à cuire.

Ingrédients :

2 gousses d'ail coupées en trois

2 à 3 jarrets d'épaule

3 c. à soupe (50 mL) de gras de bacon

3 c. à soupe (50 mL) de farine

1/2 c. à thé (2 mL) de sel

1/4 de c. à thé (1 mL) de poivre

1 c. à thé (5 mL) de sarriette

1/4 de tasse (60 mL) de bière de votre choix

1 c. à thé (5 mL) de sucre

2 feuilles de laurier

le jus et le zeste d'un citron

vins

Bordeaux, Château l'Orée du Bois
Médoc, Château La Clare

Préparation :

• Faire des incisions dans la viande et placer dans chacune une pointe d'ail.

• Mélanger la farine, le sel, le poivre, la sarriette. Rouler les jarrets dans ce mélange, de manière à bien les enrober.

• Chauffer un plat à griller (Corning) 7 minutes à «HIGH». Ajouter le gras de bacon, sans retirer le plat du four, y placer les jarrets enfarinés, les uns à côtés des autres. Faire dorer 5 minutes à «HIGH».

• Retourner chaque morceau de viande.

• Ajouter la bière, le sucre, les feuilles de laurier, le jus et le zeste de citron. Couvrir et cuire 10 minutes à «HIGH».

• Placer les jarrets dans un autre plat, verser la sauce tout autour. Couvrir et cuire 30 à 40 minutes à «MEDIUM». À mi-cuisson, arroser la viande avec le jus de cuisson.

• Il est quelquefois nécessaire d'ajouter 10 à 12 minutes de cuisson, si la viande est moins tendre.

• Pour servir, ajouter **1/4 de tasse (60 mL) d'eau ou de thé froid** au jus de la sauce. Bien brasser et chauffer 2 minutes à «HIGH» au moment de servir.

Petit truc : le beurre à l'ail : Faire fondre aux micro-ondes 1 tasse (250 mL) de beurre ou de margarine avec 3 gousses d'ail pelées et coupées en deux, 3 minutes à «MEDIUM-HIGH». Laisser reposer 18 minutes, retirer l'ail. Verser le beurre dans un bocal de verre. Couvrir et réfrigérer. Il se conserve durant des mois. Ne prendre que la quantité nécessaire pour beurrer du pain ou assaisonner un bifteck ou du poulet.

• Le porc est non seulement la viande la moins coûteuse, il offre de plus une infinité de possibilités : on cuisine le porc frais, fumé, en rôti, côtelettes, biftecks, etc. Sa chair douce s'accommode bien de la saveur de la sauge, des grains d'anis, de fenouil en grains ou frais, de baies de genièvre, de thym, de marjolaine, d'ail, d'oignon, de pommes, etc. Le choix est grand.

Les coupes de porc

• **Le rôti de porc** se divise en deux. Le bout du filet, partie plus charnue de la longe, contient la plus grande partie du filet et un peu d'os ; cette partie est aussi la moins charnue lorsque le filet est retiré pour être vendu séparément.

• C'est de cette coupe qu'on obtient les côtelettes dans le filet.

• La deuxième partie est le milieu de longe, aussi charnue que le bout du filet. Elle contient des os des côtes, l'os en T, et très peu ou pas de filet.

• On l'achète en rôti ou en côtelettes.

• **Le rôti de longe, bout des côtes** — Cette coupe contient des côtes, une partie de l'omoplate mais sans filet. On la trouve soit coupée en rôti soit en côtelettes.

• **Le filet** est une pièce de choix, assez difficile à trouver. Le filet de porc est long, effilé, maigre et très tendre ; entier, on le rôtit, coupé en tranches d'un pouce (2,5 cm) qu'on aplatit avec un maillet à viande pour en faire des grillades tendres et savoureuses.

• **Le rôti d'épaule** — Coupe plus économique, on la trouve fraîche entière ou coupée en carrés pour ragoût, ou fumée pour obtenir le jambon picnic.

• **Les côtelettes d'épaule «picnic»** — Morceaux tranchés de l'épaule, faciles à reconnaître par le petit os rond sur la gauche vers le haut. Ces côtelettes sont plus tendres et font de bons biftecks de porc.

Côtelettes de porc — Les différentes coupes dans les côtes

• La côtelette de porc est toujours la favorite de bien des familles, d'autant plus que son prix est souvent très avantageux. Comment acheter une côtelette de porc ? Il faut rechercher une viande ferme, une chair fine, de couleur rose pâle, et pourvue d'une bonne bordure de gras. Les os doivent être poreux et rosés.

• Il y a différentes coupes dans les côtelettes. Il est donc important de les reconnaître, car pour chacune le prix et le mode de cuisson varient.

• Tout comme pour le boeuf, les côtelettes sont coupées dans la longe ainsi que dans les côtes de longe.

• Les côtes de dos (spareribs) sont cuites au four ou sur le barbecue, ou aux micro-ondes dans une sauce aigre-douce.

Comment tirer le meilleur parti d'une longe de porc

Un rôti de 4 lb (2 kg) de longe de porc avec os

• Pour en tirer le meilleur parti, voici comment procéder :

a) Désosser la longe, utiliser les os pour apprêter les boulettes bavaroises à la choucroute ;

b) Tailler deux côtelettes et hacher la viande pour la sauce à spaghetti ;

c) Rouler et ficeler ce qui reste du rôti, le faire cuire par convexion à 165°F (78°C), avec des pommes de terre au four.

Ajouter 1 lb (500 g) de filet de porc ; en faisant frire à la chinoise, il donnera de 4 à 6 portions.

Les coupes de porc

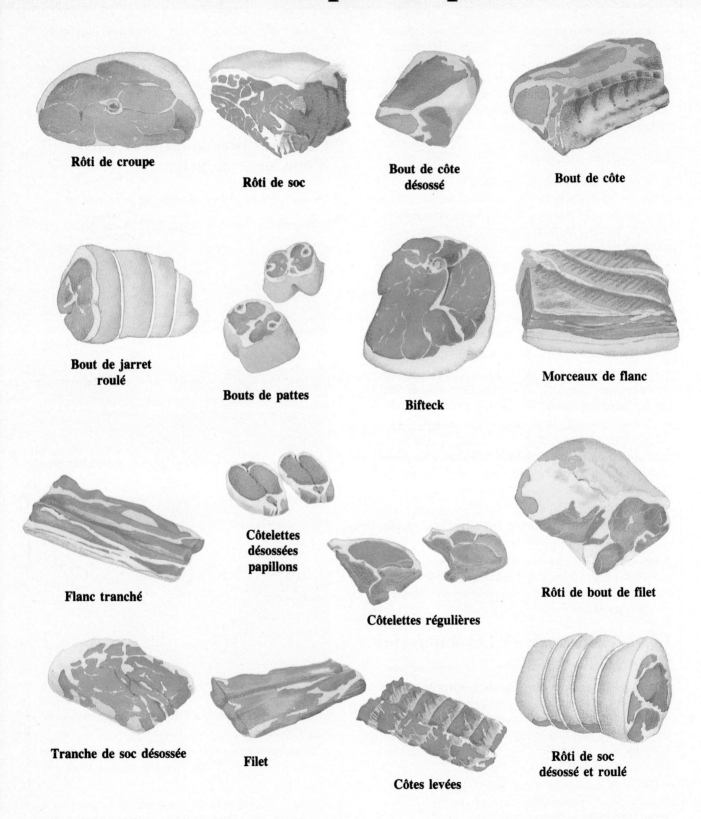

Rôti de croupe

Rôti de soc

Bout de côte désossé

Bout de côte

Bout de jarret roulé

Bouts de pattes

Bifteck

Morceaux de flanc

Flanc tranché

Côtelettes désossées papillons

Côtelettes régulières

Rôti de bout de filet

Tranche de soc désossée

Filet

Côtes levées

Rôti de soc désossé et roulé

Schéma des coupes du porc

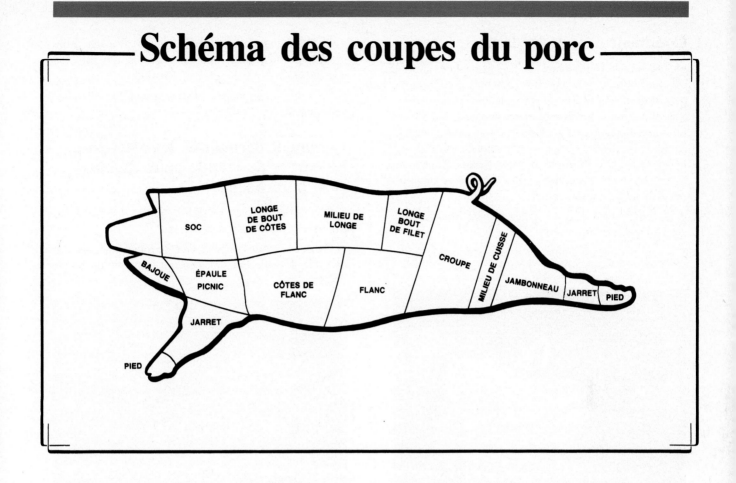

Coupe française du porc

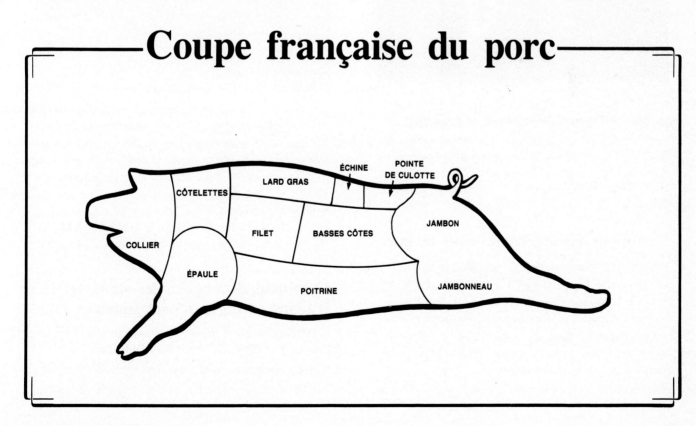

Comment décongeler le porc

• Suis-je de la vieille école? Je ne sais, mais je préfère dégeler les rôtis, pendant 10 à 12 heures non développés, dans un endroit frais, ou pendant 24 heures au réfrigérateur. Ensuite je laisse ma pièce de viande 1 à 2 heures à la température de la cuisine… la viande se détend, les fibres s'attendrissent, l'excès d'humidité s'évapore, le rôti ou les côtelettes sont toujours parfaits. Toutefois, si vous le devez ou le désirez, utilisez votre four à micro-ondes pour décongeler le porc.

• Bien décongelé, le porc est légèrement froid au toucher et son gras est brillant.

• Les rôtis roulés sont plus longs à dégeler que les rôtis avec os.

• Il est important de retourner les rôtis désossés et roulés deux fois pendant la période de décongélation.

• Si la pièce de viande est de forme irrégulière où des bouts d'os sont visibles, il faut recouvrir le bout des os d'une bande de papier d'aluminium, ce qui empêche la viande près des os de s'assécher, et par le fait même de durcir.

Comment décongeler les rôtis de porc

• Compter à peu près 10 à 12 minutes par livre (20 à 25 minutes par kg) à «DEFROST» pour la décongélation.

• Placer le rôti enveloppé dans l'assiette du four à micro-ondes, décongeler pendant la moitié du temps requis.

• Développer la pièce de viande. Vérifier si certains points de la pièce sont plus chauds, et les recouvrir d'un morceau de papier d'aluminium.

• Retourner le rôti sur une grille à micro-ondes, finir la décongélation suivant le temps indiqué ci-dessus.

• J'aime toujours piquer le milieu du rôti avec une petite broche de métal pour m'assurer que le rôti est bien décongelé.

• Couvrir avec un linge et laisser reposer 20 à 30 minutes avant de rôtir.

Comment décongeler les côtelettes, les carrés de viande pour ragoûts et le porc haché :

• Décongeler au cycle de décongélation, 4 à 8 minutes par livre (10 à 20 minutes par kg).

• Placer la viande congelée dans le four à micro-ondes au cycle de décongélation pendant la moitié du temps requis.

• Développer et briser la viande en morceaux.

• Laisser finir la décongélation pendant 1 heure à la chaleur ambiante, ou placer dans une assiette et remettre au four à micro-ondes 1 à 2 minutes au cycle de décongélation.

• Il est alors facile de briser les boulettes qui pourraient rester; la viande doit être rosée, le gras bien blanc, car s'il est transparent cela signifie qu'il commençait à cuire.

Comment décongeler les saucisses fraîches et les saucisses fumées :

• Décongeler 3 à 4 minutes par livre (6 à 10 minutes par kg) à «DEFROST» sans les développer.

• Après une minute de décongélation, retourner le paquet.

• Le tout est décongelé lorsqu'il est possible de séparer les saucisses.

Quelques notes sur la cuisson du porc aux micro-ondes

• Tout comme pour le boeuf, il faut d'abord acheter la bonne pièce de porc, ensuite c'est la cuisson qui assure la valeur et la tendreté.

• Dans le four à micro-ondes, comme pour tout autre mode de cuisson, le poids, la forme de la pièce de viande et la tendreté de la coupe jouent un rôle important.

• Le rôti ou les côtelettes seront plus tendres et plus dorés, lorsqu'ils auront reposé à la température de la pièce pendant une ou deux heures avant la cuisson.

Tableau de cuisson du porc aux micro-ondes*

Partie de la viande	Poids	Durée de cuisson	Température de cuisson
La longe **Longe non désossée**	3 à 5 lb (1,5 à 2,5 kg)	13 à 15 min/lb (27 à 30 min/kg)	«MEDIUM»
Longe désossée	3 à 5 lb (1,5 à 2,5 kg)	13 à 15 min/lb (27 à 30 min/kg)	«MEDIUM»
L'épaule **Soc**	3 à 5 lb (1,5 à 2,5 kg)	16 à 18 min/lb (40 min/kg)	«MEDIUM»
Épaule désossée		16 à 18 min/lb (40 min/kg)	«MEDIUM»
Le gigot non fumé *Ne rôtir qu'une moitié à la fois* *(ou la partie du manche* *ou le haut du gigot)*	2,5 à 3 lb (1 à 1,5 kg)	16 à 18 min/lb (40 min/kg)	«MEDIUM»

* Il est préférable de cuire les rôtis de porc, désossés et roulés, au four à micro-ondes pour une cuisson parfaite ; ils cuisent cependant bien avec leurs os.

Longe de porc à la Kentish

Cuisson par sonde thermométrique («Comb» ou «Probe»)

> **Petit conseil :** Vieille recette anglaise, que je cuis au four à micro-ondes, suivant la méthode de rôtissage par «sonde thermométrique» (voir le manuel de votre four pour la manière d'utiliser «la sonde», si vous en avez une). J'appuie sur la touche C.5 comme l'indique le manuel de mon four pour la cuisson du porc et le four se charge du temps de cuisson.

Ingrédients :

1/2 tasse (125 mL) de sherry

1/4 de tasse (60 mL) de cassonade

le zeste d'une orange

1/3 de tasse (80 mL) de jus d'orange

1 c. à thé (5 mL) de raifort préparé

1 c. à thé (5 mL) de moutarde préparée

une longe de porc de 4 lb (2 kg)

Préparation : . . . .**7 min**
Cuisson : le mets : . . . .**1 h 30 min**
         la sauce : . . . .**1 min 30 sec**
Attente : . . . .**aucune**

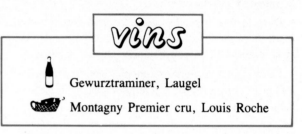

vins

Gewurztraminer, Laugel

Montagny Premier cru, Louis Roche

Préparation :

● Mettre les 6 premiers ingrédients dans une tasse à mesurer de 4 tasses (1 L). Chauffer 3 minutes à «HIGH».

● Mettre le rôti dans un plat de verre ou de céramique de 9 sur 12 po (23 sur 33 cm), les os touchant le fond du plat.

● Verser le mélange chaud sur le tout.

● Placer une grille dans le plateau en céramique du four, mettre une assiette en dessous.

● Insérer la sonde thermométrique dans le rôti et brancher au four.

● Effleurer la touche «PORK», mettre le four en marche. Le four décide du temps de cuisson.

● Lorsqu'elle est cuite, retirer la pièce de viande du plat, ajouter **1/3 de tasse (80 mL) d'eau froide** au jus, bien brasser. Chauffer à «HIGH», 1 minute 30 secondes.

Longe de porc à la moutarde, désossée et roulée

Préparation : . . . . **15 min**

Cuisson : . . . **14 min + 13 min par lb**

Attente : . . . . **10 min**

Mâcon, Bichot

Côte de Nuits-Villages, Pierre Ponel

Petit conseil : Un rôti de 3 à 4 lb (1,5 à 2 kg) désossé et roulé est la pièce parfaite pour un rôtissage au four à micro-ondes. On est assuré d'un rôti bien doré et parfaitement cuit. Lorsque c'est possible, laisser la pièce de viande à la température de la pièce pendant une heure avant de la cuire.

Ingrédients :

1 rôti de longe de 3 à 4 lb (1,5 à 2 kg), désossé et roulé

2 c. à soupe (30 mL) d'huile végétale

1/2 tasse (125 mL) de chapelure fine

2 c. à soupe (30 mL) de moutarde forte

1/4 de c. à thé (1 mL) de poivre

1 c. à thé (5 mL) de paprika

2 gousses d'ail hachées fin

9 clous de girofle entiers

Préparation :

• Bien essuyer le rôti avec un essuie-tout.

• Chauffer l'huile végétale 4 minutes à «HIGH» dans un plat de verre de 8 sur 8 po (20 sur 20 cm).

• Mélanger le reste des ingrédients, excepté les clous de girofle entiers. Badigeonner d'une partie du mélange seulement les parties de la viande exemptes de gras. Placer la partie grasse du rôti dans le gras chaud. Cuire 10 minutes à «HIGH».

• Retourner le rôti, le gras sur le dessus, en le plaçant sur une grille à micro-ondes. Piquer les clous de girofle sur le gras. Mettre le reste de la chapelure sur le gras. Rôtir à «MEDIUM» 13 minutes par livre (27 minutes par kg).

• Déposer le rôti sur un plat. Recouvrir avec un papier ciré et laisser reposer 10 minutes avant de servir.

• Saler et dépecer.

Longe de porc maison

Cuisson par convexion

> **Petit conseil :** Rôtie par convexion, la longe de porc est dorée et savoureuse. Également bonne chaude ou froide. On peut la rôtir avec les os ou désossée et roulée.

Préparation :	**10 min**
Cuisson :	**18 min par lb**
Attente :	**15 min**

Ingrédients :

3 lb (1,5 kg) de longe de porc, désossée et roulée

1 tasse (250 mL) de chapelure fine

2 c. à thé (10 mL) de paprika

1 c. à thé (5 mL) de sarriette

1 c. à thé (5 mL) de sel

1/4 de c. à thé (1 mL) de poudre d'ail

2 c. à soupe (30 mL) de margarine fondue

1 blanc d'oeuf légèrement battu

1 c. à soupe (15 mL) d'eau froide

Préparation :

• Mélanger la chapelure, le paprika, la sarriette, le sel, la poudre d'ail et le poivre. Ajouter la margarine fondue. Dans un autre plat, mélanger le blanc d'oeuf et l'eau froide.

• Placer la grille anti-éclaboussures dans le plateau en céramique.

• Y mettre la grille à rissoler et, entre les deux, placer une assiette à tarte. Ou suivre les indications données dans le manuel de votre four pour placer les grilles.

• Préchauffer le four à 375°F (190°C) pendant 15 minutes.

• Rouler le rôti dans le blanc d'oeuf et ensuite dans le mélange de chapelure

• Lorsque le four est chaud, placer le rôti sur la grille et rôtir à 375°F (190°C) 18 minutes par livre (36 minutes par kg).

• Lorsqu'il est cuit, placer le rôti sur un plat chaud, recouvrir et laisser reposer 15 minutes.

Sauce

• Au jus accumulé dans l'assiette, ajouter **1/2 tasse (125 mL) de jus de pomme, de cidre, de thé froid ou de vin blanc.**

• Bien mélanger tout en grattant le fond de l'assiette. Ajouter **1 c. à thé (5 mL) de fécule de maïs ou de farine.**

• Bien mélanger et faire cuire au four à micro-ondes 2 minutes à «HIGH». Remuer et servir.

vins

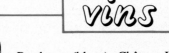

Bordeaux (blanc), Château La Cour Pavillon

Touraine (blanc), Château de l'Aulée

Longe de porc à la normande

Préparation : . . . . **20 min**

Cuisson : . . . . **1 h**

Attente : . . . . **le temps de faire la sauce**

Petit conseil : Un mélange de légumes cuits avec le rôti, ensuite passés au robot culinaire, remplace la farine pour épaissir la sauce. Le mélange du gras et du jus d'orange parfume le tout avec finesse.

Ingrédients :

3 lb (1,5 kg) de longe de porc désossée

2 c. à soupe (30 mL) de beurre

2 oignons moyens coupés en dés

3 carottes moyennes pelées et coupées en dés

1 poireau lavé et tranché

1 petit panais pelé et tranché mince

1 gousse d'ail émincée

1 c. à thé (5 mL) de thym

2 c. à thé (10 mL) de sel

1/2 c. à thé (2 mL) de poivre

1/4 de tasse (60 mL) de porto

le jus et le zeste râpé de 2 oranges

1 orange pelée et tranchée mince

Préparation :

• Fondre le beurre 3 minutes à «HIGH» dans une casserole de 6 tasses (3 L). Placer le rôti dans la casserole, le côté gras touchant le fond. Chauffer 5 minutes à «HIGH».

• Retirer le rôti du plat, placer les légumes émincés dans le plat de viande, bien brasser, cuire 5 minutes à «HIGH», en brassant une fois pendant la cuisson.

• Ajouter le thym, le sel, le poivre, brasser le tout.

• Placer la viande sur le mélange, les os touchant le fond.

• Ajouter le porto, le jus et le zeste râpé des oranges. Couvrir et cuire 30 minutes à «MEDIUM». Vérifier la cuisson, si nécessaire ajouter 10 minutes de cuisson à «MEDIUM».

• La cuisson terminée, placer le rôti sur un plat de service chaud, verser le mélange des légumes dans un robot culinaire ou un mixer et battre en crème.

• Ajouter **1/4 de tasse (60 mL) de thé ou d'eau** et les minces tranches d'orange. Couvrir et cuire 3 minutes à «HIGH», en remuant une fois à mi-cuisson. En verser quelques cuillerées sur le rôti.

• Servir le reste de la sauce dans une saucière.

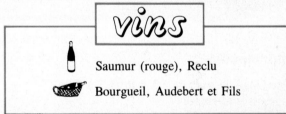

vins

Saumur (rouge), Reclu

Bourgueil, Audebert et Fils

Longe de porc désossée rôtie

Cuisson par sonde thermométrique («Probe»)

Préparation : . . . . **5 min**

Cuisson : . . . . . . **par sonde thermométrique**

Attente : . . . . **15 min**

Ingrédients :

Une longe de porc de 3 à 4 lb (1,5 à 2 kg) désossée et roulée

3 c. à soupe (50 mL) de gras de bacon ou de margarine

1 c. à thé (5 mL) de moutarde sèche

1 gousse d'ail émincée

1/4 de c. à thé (1 mL) de poivre noir

1 c. à thé (5 mL) de sarriette ou de sauge

6 pommes de terre

1 c. à thé (5 mL) de gros sel

Petit conseil : Ce rôti cuit par convexion avec la sonde thermométrique. Comme les directives de cuisson varient légèrement selon les différents fours, il est conseillé de lire les directives de votre manuel. Il est facile d'adapter ces directives étant donné que la préparation de la pièce de viande ne change pas.

 Vin de pays d'Oc, Domaine de Gourgazaud

Madiran, Château Peyros

Préparation :

• Mettre en crème le gras de bacon ou la margarine, la moutarde, l'ail, le poivre noir, la sarriette ou la sauge. En badigeonner le dessus du rôti.

• Mettre une grille dans le plateau en céramique du four et placer une assiette à tarte sous la grille.

• Poser le rôti sur la grille, insérer la sonde thermométrique «Probe» dans la viande, presser sur la touche C5. Le four décide de la durée de la cuisson. Si votre four est muni d'une sonde thermométrique, consulter les directives données dans votre manuel.

• Laisser reposer 15 minutes, couvert.

• Frotter les pommes de terre avec un peu de gras, et les enrober de gros sel. Les disposer autour du rôti.

Rôti de porc
à la choucroute

Préparation : . . . . **10 min**
Cuisson : . . . . **1 h 15 min**
Attente : . . . . **20 min**

Petit conseil : Un des plats favoris des Alsaciens. Utiliser la coupe qui vous plaît. Pour ma part, je préfère la côte de porc non désossée. Ce plat se réchauffe très bien. Souvent je cuis la veille, et le lendemain je n'ai qu'à le réchauffer à « REHEAT » ou 10 à 20 minutes à « MEDIUM ». Voilà pourquoi j'aime utiliser une cocotte de céramique pour faire ce plat.

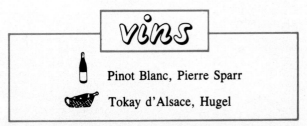

Pinot Blanc, Pierre Sparr

Tokay d'Alsace, Hugel

Ingrédients :

Un rôti de porc de 3 à 4 lb (1,5 à 2 kg)

un pot de choucroute au vin de 32 oz (90 mL)

2 oignons coupés en quatre

1 gousse d'ail hachée fin

1 c. à thé (5 mL) de sel

10 baies de genièvre (facultatif)

12 grains de poivre

6 pommes de terre moyennes pelées

1/2 tasse (125 mL) de vin blanc ou d'eau

Préparation :

• Mettre le rôti de porc dans un plat de céramique avec couvercle.

• Mélanger la choucroute avec les ingrédients qui restent, moins les pommes de terre. Placer le tout autour du rôti.

• Ajouter le vin blanc ou l'eau.

• Enterrer les pommes de terre dans la choucroute.

• Bien couvrir et cuire 1 heure et 15 minutes à « MEDIUM ».

• Laisser reposer 20 minutes avant de servir.

Rôti de porc fines herbes

Cuisson par convexion

Préparation : . . . . **10 min**
Cuisson : . . . . **1 h 30 min**
Attente : . . . . **20 min**

Petit conseil : Votre four peut être pourvu de ce mode de cuisson sous un autre nom, par exemple «INSTA-MATIC». Voilà qui souligne une fois de plus l'importance de vous familiariser avec le manuel de votre four.

Ingrédients :

Un rôti de longe de porc de 3 à 4 lb
(1,5 à 2 kg), désossé

2 c. à soupe (30 mL) de farine

3 c. à soupe (50 mL) d'huile végétale

1 c. à thé (5 mL) de paprika

1/4 de c. à thé (1 mL) de thym
et autant d'origan

1/2 c. à thé (2 mL) de graines de fenouil ou d'anis

1/4 de c. à thé (1 mL) de poivre noir

1/2 c. à thé (2 mL) de sel

Préparation :

• Mélanger la farine aux autres ingrédients, ce qui vous donnera une pâte légère.

• En badigeonner le dessus et les côtés du rôti.

• Mettre la plaque anti-éclaboussures dans le fond de votre four, recouvrir avec la grille basse.

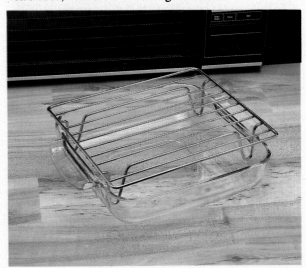

• Placer sous la grille une assiette à tarte (ou suivre les données du manuel de votre four).

• Rôtir à 350°F (180°C) 1 heure et 30 minutes.

• Retirer le rôti du four, mettre sur un plat chaud. Couvrir et laisser reposer 20 minutes.

• Enlever la grille.

• Ajouter au jus accumulé dans l'assiette **1/3 de tasse (80 mL) de café ou de thé froid ou de vin rouge**.

• Bien mélanger en écrasant les parties brunes qui donnent saveur et couleur à la sauce.

• Chauffer 2 minutes à «HIGH» et servir avec le rôti.

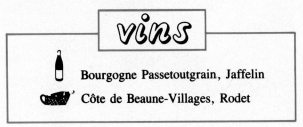

vins

Bourgogne Passetoutgrain, Jaffelin

Côte de Beaune-Villages, Rodet

Rôti de porc boulangère

Préparation : . . . . **10 min**
Cuisson : . . . . **1 h**
Attente : . . . . **15 min**

• Le dîner dans un seul plat. Le rôti cuit entouré de pommes de terre et d'oignons, le tout doré et bien parfumé à la sauge et à la marjolaine. Sans les pommes de terre et les oignons autour du rôti, vous aurez un rôti de porc cuit aux micro-ondes. Garnir d'une sauce de votre choix.

Ingrédients :

3 à 4 lb (1,5 à 2 kg) de rôti de porc,
   désossé et roulé

1 c. à thé (5 mL) de paprika

1 c. à soupe (15 mL) d'huile végétale

3 c. à soupe (50 mL) de chapelure fine

1 c. à thé (5 mL) de sauge

2 c. à soupe (30 mL) de beurre

4 pommes de terre moyennes

4 oignons moyens

1 feuille de laurier

1/2 c. à thé (2 mL) de marjolaine

1 c. à thé (5 mL) de sel

1/2 c. à thé (2 mL) de poivre frais moulu

Préparation :

• Mélanger le paprika, l'huile végétale, la chapelure et la sauge. Rouler le rôti dans ce mélange.

• Préchauffer un plat à griller (Corning) 7 minutes à «HIGH». Y mettre le rôti, le côté gras en dessous, sans toutefois retirer le plat du four. Faire dorer 6 minutes à «HIGH».

• Retourner le rôti et faire cuire 25 minutes à «MEDIUM». Retirer le rôti du plat.

• Faire fondre le beurre dans le plat, 1 minute à «HIGH». Ajouter les pommes de terre et les oignons, pelés et tranchés mince.

• Ajouter le laurier, la marjolaine, le sel et le poivre. Bien mélanger le tout et placer en cercle dans le plat.

• Placer le rôti au milieu. Rôtir, non couvert, à «MEDIUM-HIGH» 30 minutes.

• Laisser reposer 15 minutes avant de servir.

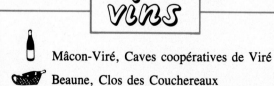

vins

Mâcon-Viré, Caves coopératives de Viré

Beaune, Clos des Couchereaux

Épaule de porc rôtie dans un sac

Préparation : . . . . **15 min**

Cuisson : . . . . **1 h 15 min**

Attente : . . . . **20 min**

Petit conseil : C'est en réalité un rôti braisé. Faute de sac à cuisson, on peut mettre la viande dans un plat de cuisson assez profond. Recouvrir le plat d'un papier de plastique et cuire tel qu'indiqué dans la recette qui suit. Servir avec du maïs en grains congelé ou en conserve et des pommes de terre en purée.

Ingrédients :

1 c. à thé (5 mL) de romarin ou de sauge

1/2 c. à thé (2 mL) de sel

1/4 de c. à thé (1 mL) de poivre

une épaule de porc de 4 lb (2 kg), sans os

2 oignons moyens coupés en quatre

1 carotte pelée et coupée en trois

3 branches de persil frais

1 poireau, coupé en trois

1/2 tasse (125 mL) de vermouth blanc ou de consommé de poulet

1 c. à soupe (15 mL) de fécule de maïs

1/2 tasse (125 mL) d'eau froide

Préparation :

• Mélanger le romarin ou la sauge, le sel et le poivre. En frotter les parties rouges de la viande.

• Mettre dans un sac de cuisson en papier de plastique.

• Ajouter oignons, carottes, persil, poireau et le vermouth blanc ou le consommé.

• Attacher le sac avec une ficelle, sans trop serrer.

• Faire 2 à 3 incisions dans le haut du sac avec la pointe d'un couteau.

• Placer dans un plat de verre de 9 sur 13 po (23 sur 33 cm).

• Cuire à «HIGH» 15 minutes.

• En vous servant d'un linge, déplacez le sac, de manière à ce que le jus bouge ici et là à l'intérieur du sac. Cuire 15 minutes par livre, à «MEDIUM».

• Laisser reposer le rôti dans son sac pendant 20 minutes.

• Couper un coin du sac avec des ciseaux et faire couler le jus dans le plat de cuisson ; déposer le rôti sur un plat, sans le retirer du sac. Garder dans un endroit chaud.

• Au jus versé dans le plat de cuisson, ajouter la fécule de maïs délayée dans l'eau froide. Bien mélanger et cuire 1 minute à «HIGH», brasser et cuire encore une minute, si nécessaire, pour obtenir une sauce légère et transparente.

• Mettre le rôti et les légumes dans un plat de service et servir chaud avec la sauce chaude.

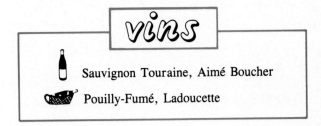

vins

Sauvignon Touraine, Aimé Boucher

Pouilly-Fumé, Ladoucette

Rôti de porc à l'espagnole

Préparation :	15 min
Cuisson :	1 h 05 min
Attente :	20 min

Petit conseil : Rôti de porc glacé à l'orange à la mi-cuisson. J'aime cuire un demi-gigot dans la partie du haut. Superbe froid, c'est tout comme un jambon fumé glacé. Très beau morceau pour un buffet.

Ingrédients :

Un demi-gigot de porc frais de 3 à 4 lb
   (1,5 à 2 kg)

1/2 c. à thé (2 mL) de gingembre moulu *ou*
   1 c. à soupe (15 mL) de racine de gingembre
   frais, râpée

1 c. à thé (5 mL) de paprika

Glace :

1/2 tasse (125 mL) de marmelade

3/4 de tasse (200 mL) de jus d'orange

le zeste râpé d'une orange

2 c. à soupe (30 mL) de fécule de maïs

1/2 c. à thé (2 mL) de sel

1/2 c. à thé (2 mL) de gingembre en poudre

1 tasse (250 mL) de raisins frais
   coupés en deux

1/3 de tasse (80 mL) de liqueur à l'orange
   ou de cognac, de votre choix

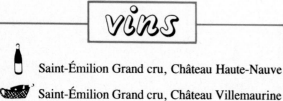

vins

Saint-Émilion Grand cru, Château Haute-Nauve

Saint-Émilion Grand cru, Château Villemaurine

Préparation :

• Mélanger le gingembre moulu ou frais râpé et le paprika. Frotter le dessus du rôti avec ce mélange.

• Placer le rôti sur une grille à micro-ondes, dans un plat de verre pour micro-ondes. Cuire à «MEDIUM» 30 minutes.

• Mélanger les ingrédients de la glace dans une tasse à mesurer de 4 tasses (1L). Retirer le rôti du four, ainsi que la grille.

• Verser le mélange du glaçage dans le plat de cuisson. Cuire 5 minutes à «HIGH», en brassant 2 fois pendant la cuisson.

• Remettre le rôti dans le plat, arroser avec la glace pendant 1 ou 2 minutes. Couvrir avec un papier de plastique. Cuire encore 30 minutes à «MEDIUM», ou jusqu'à ce qu'un thermomètre indique 165°F (75°C).

• Après 15 à 20 minutes de repos, si le rôti est couvert d'un papier ciré, la chaleur montera à 170°F (80°C).

• Arroser le rôti 4 à 5 fois avec la glace.

• Servir avec du riz persillé ou une casserole d'orge.

Côtelettes de porc

Préparation :	. . . . **5 min**
Cuisson :	. . . . **15 min**
Attente :	. . . . **3 min**

Petit conseil : Si les côtelettes ont plus de 1 po (2,5 cm) d'épaisseur, ajouter 3 minutes à la cuisson «MEDIUM-HIGH».

Saumur (rouge), Caves Saint-Vincent

Bourgogne, Réserve de la chèvre noire

Ingrédients :

4 côtelettes de porc de longe ou de côte de 1 po (2,5 cm) d'épaisseur

1 c. à soupe (15 mL) d'huile végétale

1 c. à thé (5 mL) de paprika

1 c. à thé (5 mL) de sarriette ou de sauge

1/2 c. à thé (2 mL) de sel

1/4 de c. à thé (1 mL) de poivre

1/2 c. à thé (2 mL) de sucre

Préparation :

• Préchauffer le plat à griller (Corning) de 8 sur 8 po (20 sur 20 cm) 7 minutes à «HIGH».

• Mélanger le reste des ingrédients.

• Tremper un côté de la côtelette dans ce mélange. Le faire adhérer à la viande en tapotant du bout des doigts.

• Mettre les côtelettes dans le plat à griller, chaud, sans le sortir du four, le côté aromatisé touchant le fond. Faire dorer 4 minutes à «HIGH».

• Retourner les côtelettes et compléter la cuisson 3 minutes à «MEDIUM-HIGH».

• Laisser reposer 3 minutes et servir.

Côtelettes de porc à la chinoise

Préparation : . . . . **15 min**
Cuisson : . . . . **25 min**
Attente : . . . . **aucune**

Petit conseil : Ce plat inspiré de la cuisine chinoise est très bon. Utiliser des côtelettes de porc tranchées très mince, que l'on trouve souvent à prix d'aubaine. En retirer les os et trancher les côtelettes en languettes.

Ingrédients :

1 lb (500 g) de côtelettes minces ou d'épaule de porc

2 c. à soupe (30 mL) d'huile végétale

1 gousse d'ail émincée

1 c. à thé (5 mL) de sel

1/4 de c. à thé (1 mL) de poivre

1 boîte d'ananas en morceaux de 10 oz (248 mL)

1/2 tasse (125 mL) de sauce barbecue ou de sauce aux prunes

1 c. à soupe (15 mL) de fécule de maïs

2 c. à soupe (30 mL) de sauce de soja

1 piment vert, coupé en languettes

Préparation :

• Tailler la viande sur le biais en petites tranches minces.

• Faire chauffer l'huile végétale 3 minutes à «HIGH» dans un plat de céramique de 8 sur 8 po (20 sur 20 cm).

• Verser la viande dans l'huile chaude.

• Bien mélanger et faire cuire 2 minutes à «HIGH».

• Saler et poivrer.

• Ajouter le jus égoutté de la boîte d'ananas, l'ail et la sauce barbecue ou la sauce aux prunes à la chinoise. Bien mélanger.

• Couvrir et faire cuire 15 minutes à «MEDIUM-HIGH».

• Délayer la fécule de maïs avec la sauce de soja. Ajouter à la viande ainsi que le piment vert et les ananas. Bien remuer et faire cuire 5 minutes à «MEDIUM-HIGH».

• Remuer à mi-cuisson.

• Servir avec du riz bouilli.

 Muscadet de Sèvre-et-Maine, Château Villarnoult

 Muscadet de Sèvre-et-Maine, Château du Cleray

Côtelettes de porc à la normande

Préparation : . . . . **15 min**

Cuisson : . . . . **de 35 à 40 min**

Attente : . . . . **le temps de faire la sauce**

Petit conseil : En Normandie, on utilise du cidre très alcoolisé que je remplace par du cognac. Servir avec du riz sauvage ou des pommes de terre en purée.

Ingrédients :

6 côtes de porc, 1 po (2,5 cm) d'épaisseur

1/4 de tasse (60 mL) de farine

1 c. à thé (5 mL) de sel

1/4 de c. à thé (1 mL) de poivre

1/2 c. à thé (2 mL) de paprika

2 c. à soupe (30 mL) de beurre

8 à 12 pruneaux dénoyautés

1 tasse (250 mL) de porto

2 c. à soupe (30 mL) de cognac

2 c. à soupe (30 mL) de crème à fouetter

Préparation :

• Mélanger farine, sel, poivre et thym dans une grande assiette. Y rouler les côtelettes pour bien les enfariner, saupoudrer chacune de paprika. Fondre le beurre dans un plat de céramique de 8 sur 8 po (20 sur 20 cm) 3 minutes à « HIGH ». Ajouter les côtelettes.

• Cuire 4 minutes à « MEDIUM-HIGH », retourner. Recouvrir le plat d'un papier de plastique, cuire les côtelettes 20 minutes à « MEDIUM ». Vérifier la cuisson, si nécessaire cuire encore 5 minutes.

• Pendant ce temps, tremper les pruneaux dénoyautés 15 minutes dans l'eau chaude. Bien égoutter.

• Ajouter le porto aux pruneaux et chauffer le tout 4 minutes à « HIGH ».

• Retirer les côtelettes cuites du plat de cuisson, garder au chaud et ajouter le cognac au jus. Chauffer 1 minute à « HIGH ».

• Ajouter le jus des pruneaux et la crème. Bien mélanger, chauffer 3 minutes à « HIGH ».

• Ajouter les pruneaux. Chauffer 2 minutes à « HIGH ».

• Servir dans une saucière ou placer les pruneaux autour des côtelettes et verser le jus dans une saucière.

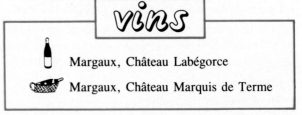

Margaux, Château Labégorce

Margaux, Château Marquis de Terme

Côtelettes d'épaule avec choucroute

Préparation :	. . . .	**10 min**
Cuisson :	. . . .	**40 min**
Attente :	. . . .	**10 min**

• J'aime bien de temps en temps manger un bon plat de choucroute. J'ai appris à apprécier ce mets pendant un séjour à Strasbourg où l'on fait d'excellents plats de choucroute. La recette ci-après en est une de famille, simple à faire. La première fois que je la fis cuire aux micro-ondes, ce fut par curiosité, mais à ma surprise, elle n'avait jamais été aussi bonne.

vins

Pinot Blanc, Cuvée de l'Ours noir, Cattin
Riesling, Trimbach

Ingrédients :

4 tranches de bacon *et*
  4 côtes de porc à os rond, si possible *ou*
  6 côtes de porc à os rond

1¹/₂ lb de choucroute *ou*
  1 pot de 32 onces (900 mL) de choucroute au vin

1 gros oignon, coupé en dés

1 c. à thé (5 mL) de poivre

1/2 c. à thé (2 mL) de baies de genièvre

1/2 c. à thé (2 mL) de graines d'anis

1/2 c. à thé (2 mL) de gros sel

**1/3 de tasse (80 mL) d'eau ou de bière ou
  de vin blanc**

4 à 6 pommes de terre moyennes

Préparation :

• Mettre la moitié de la choucroute dans une cocotte de céramique de 8 tasses (2 L).

• Sur ce lit, placer le bacon et les côtelettes ou simplement des côtelettes.

• Parsemer la viande d'oignon.

• Mélanger le poivre, les baies de genièvre, l'anis et le sel. En saupoudrer la moitié sur la viande.

• Recouvrir avec le reste de la choucroute.

• Placer les pommes de terre dans la choucroute.

• Saupoudrer le reste des assaisonnements sur le tout.

• Ajouter le liquide de votre choix.

• Couvrir. Cuire 40 minutes à «MEDIUM-HIGH».

• Laisser reposer 10 minutes dans le four ou dans un endroit chaud et servir.

Risotto de porc cuit

Préparation :	. . . . **5 min**
Cuisson :	. . . . **20 min**
Attente :	. . . . **aucune**

• Quelques minutes de cuisson et vous avez sans effort un plat vite fait pour 4 personnes, avec 1 à 2 tasses (250 à 500 mL) de porc déjà cuit.

Ingrédients :

1 à 2 tasses (250 à 500 mL) de porc cuit, tranché mince ou coupé en petits dés

1/3 de tasse (80 mL) de sauce Chili

1/4 de c. à thé (1 mL) de sel

1 c. à thé (5 mL) de graines de céleri

1/4 de c. à thé (1 mL) de muscade

3 c. à soupe (50 mL) de vinaigre de cidre ou de vin

1 feuille de laurier

1 tasse (250 mL) d'eau

1/2 tasse (125 mL) de riz à grain long

Préparation :

• Mettre le porc cuit dans une casserole de verre de votre choix.

• Mélanger le reste des ingrédients, verser sur la viande.

• Couvrir et cuire 20 minutes à « MEDIUM-HIGH » en brassant une fois pendant la cuisson.

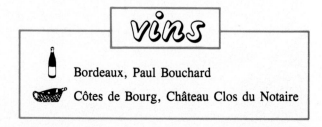

Bordeaux, Paul Bouchard

Côtes de Bourg, Château Clos du Notaire

Filet de porc frit à la chinoise

Préparation : . . . . **10 min**

Cuisson : . . . . **de 8 à 11 min**

Attente : . . . . **aucune**

Ingrédients :

1/4 de tasse (60 mL) de graines de sésame grillées

un petit filet de porc

1 c. à soupe (15 mL) d'eau

1/4 de tasse (60 mL) d'huile végétale

1 ou 2 gousses d'ail émincées

2 c. à soupe (30 mL) de racine de gingembre émincée

Préparation :

• Étaler les graines de sésame dans un plat de 8 sur 8 po (20 sur 20 cm) en verre ou en céramique.

• Faire griller 3 à 5 minutes à «HIGH», en brassant souvent.

• Les retirer aussitôt dorées, les déposer dans un petit bol et les mettre de côté.

• Mettre le filet entier dans un plat.

• Mélanger le reste des ingrédients et verser sur le filet.

• Couvrir, faire cuire 5 à 8 minutes à «HIGH».

• Arroser le porc. Couvrir et faire cuire 3 minutes à «HIGH».

• Remuer, servir tranché mince et saupoudré de graines de sésame.

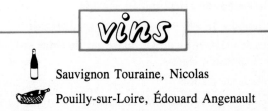

vins

Sauvignon Touraine, Nicolas

Pouilly-sur-Loire, Édouard Angenault

Jambon poché
à l'alsacienne

Préparation :	15 min
Cuisson :	43 min
Attente :	20 min

• Qu'on le serve chaud ou froid, il y a peu de manières de préparer un jambon poché qui soit plus savoureux et plus tendre que celui que donne cette méthode.

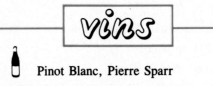

vins

Pinot Blanc, Pierre Sparr

Riesling, Réserve personnelle, Hugel

Ingrédients :

1/4 de tasse (60 mL) de beurre ou
de margarine

2 carottes moyennes pelées et tranchées mince

2 poireaux lavés et tranchés mince

1 gros oignon tranché mince

2 branches de céleri taillées en dés

1 jambon de 3 à 5 lb (1,5 à 2,5 kg), précuit

2 tasses (500 mL) de vin blanc ou de cidre sec
ou de bière légère

4 clous de girofle

4 c. à soupe (60 mL) de cassonade

3 c. à soupe (50 mL) de fécule de maïs

2 c. à soupe (30 mL) de rhum ou de cognac

Préparation :

• Dans une casserole de céramique de 8 tasses (4 L), fondre le beurre 3 minutes à «HIGH».

• Ajouter carottes, poireaux, oignons et céleri. Bien mélanger.

• Cuire 5 minutes à «HIGH».

• Brasser et placer le jambon sur ce lit de légumes.

• Ajouter le reste des ingrédients, excepté la fécule de maïs, le rhum ou le cognac.

• Rouler le jambon dans le mélange, couvrir et cuire 30 minutes à «MEDIUM».

• Retourner le jambon à mi-cuisson.

• Laisser reposer 20 minutes sans découvrir.

• Retirer le jambon du plat.

• Passer le jus au tamis, le mettre dans le plat de cuisson.

• Mélanger la fécule avec le rhum ou le cognac. Ajouter et mélanger au jus de cuisson.

• Bien brasser, cuire 4 à 5 minutes à «MEDIUM-HIGH», en brassant deux fois pendant la cuisson. La sauce cuite sera crémeuse, légère et transparente.

• Verser dans une saucière et réchauffer le temps requis au moment de servir.

Petit conseil : Une autre manière de servir le jambon froid : le placer dans un grand plat, le recouvrir de sauce cuite et l'arroser à plusieurs reprises pendant 15 à 20 minutes, ce qui glacera le jambon.

Jambon bouilli

• L'une des vieilles recettes du répertoire culinaire québécois. Par curiosité, j'ai un jour essayé de l'adapter à la cuisine aux micro-ondes. Ce fut un tel succès que nous avons, ma famille et moi, décidé qu'à l'avenir le jambon bouilli serait toujours cuit de cette manière.

Ingrédients :

Une épaule d'à peu près 4 lb (2 kg) *ou*
   un demi-jambon de 4 à 6 lb (2 à 3 kg)

1 feuille de laurier

10 grains de poivre entiers

6 grains de quatre-épices entiers

2 gros oignons coupés en quatre

2 carottes tranchées

1 paquet de feuilles de céleri

1 c. à soupe (15 mL) de moutarde sèche

1/2 tasse (125 mL) de mélasse

eau bouillante

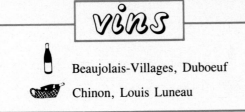

Beaujolais-Villages, Duboeuf

Chinon, Louis Luneau

Préparation :	15 min
Cuisson :	de 40 à 60 min
Attente :	servi chaud : 30 min
	servi froid : de 9 à 11 h

Préparation :

Petit conseil : Il est important de choisir un plat où l'on peut mettre assez d'eau pour que la pièce de jambon soit complètement immergée ou presque. Enlever l'enveloppe de glycine et le filet autour du jambon, s'il y a lieu.

• Placer le jambon dans le plat, ajouter le reste des ingrédients.

• Verser de l'eau bouillante sur le tout de manière à ce que le jambon soit presque recouvert.

• Couvrir d'un couvercle, si votre plat en a un, ou d'une feuille de plastique.

• Pour ce qui est de la durée de cuisson, il est important de connaître le poids de la pièce de viande. Faire cuire 10 minutes par livre (500 g) à «HIGH».

• La cuisson terminée, enlever la couenne du jambon et le retourner afin que la partie du dessus soit placée sous l'eau.

• Laisser refroidir de 4 à 5 heures dans l'eau de cuisson.

• Le retirer de l'eau, le déposer sur un plat, le recouvrir d'un bol ou d'une feuille de plastique et le réfrigérer de 5 à 6 heures, si vous désirez le servir froid.

• Pour le servir chaud, laisser le jambon reposer 30 minutes dans son eau de cuisson, le mettre sur un plat et le servir.

Tranche de jambon glacée à l'orange

Préparation : . . . . **8 min**
Cuisson : . . . . **20 min**
Attente : . . . . **5 min**

Petit conseil : Un des plats de jambon que je préfère. Vite fait et très appétissant lorsqu'on le prépare avec une tranche de jambon de 2 po (5 cm) d'épaisseur. Excellent comme plat chaud ou froid pour un buffet.

Ingrédients :

1/2 tasse (125 mL) de cassonade

1 c. à soupe (15 mL) de fécule de maïs

1/4 de c. à thé (1 mL) de poudre de cari

1/2 tasse (125 mL) de jus d'orange frais

le zeste de 2 oranges

une tranche de jambon de 1 à 2 po (2,5 à 5 cm) d'épaisseur

6 clous de girofle

Préparation :

• Mettre dans un plat en verre de 12 sur 9 po (30 sur 23 cm) la cassonade, la fécule de maïs et la poudre de cari.

• Mélanger et ajouter le zeste et le jus d'orange. Bien mélanger.

• Mettre la tranche de jambon sur ce mélange, la retourner deux ou trois fois, de manière à ce que toutes les parties soient recouvertes du mélange.

• Piquer les clous de girofle ici et là dans le gras du jambon. Faire cuire 10 minutes, non couvert, à «MEDIUM».

• Remuer et arroser le jambon à mi-cuisson. Couvrir et compléter la cuisson pendant 10 minutes à «MEDIUM».

• Laisser reposer 5 minutes, sans découvrir.

• Mettre le jambon sur un plat, bien remuer la sauce et l'utiliser pour glacer le dessus de la tranche de jambon.

• Très alléchant entouré de sauce aux canneberges.

 Bordeaux (blanc), Château Archambeau

 Bordeaux (blanc), Château Tanesse

Demi-jambon glacé au miel

Préparation : . . . . **15 min**
Cuisson : . . . . **52 min**
Attente : . . . . **aucune**

Petit conseil : Ce plat est parfait lorsqu'on utilise un jambon qui n'est pas précuit. Lisez attentivement l'étiquette pour bien suivre les indications. On peut aussi se servir d'un demi-jambon dans le gigot ou d'une petite épaule entière.

Ingrédients :

4 à 5 lb (2 à 2,5 kg) d'épaule ou de gigot de jambon

1/2 tasse (125 mL) de cassonade

un bâton de cannelle

6 clous de girofle

10 grains de poivre

6 grains entiers de quatre-épices

1 petit oignon pelé et coupé en quatre

Préparation :

• Retirer le jambon de l'emballage.

• Le mettre dans un sac à cuisson en plastique et y ajouter tous les ingrédients. Attacher avec une ficelle mouillée ou une bande découpée du sac.

• Ne pas trop serrer le jambon dans le sac.

• Faire une incision avec la pointe d'un couteau dans le haut du sac.

• Placer dans un plat de cuisson en verre de 12 sur 7 po (30 sur 18 cm). Faire cuire 10 minutes à «HIGH».

• Continuer la cuisson pendant 35 minutes à «MEDIUM».

• Retourner le sac à mi-cuisson.

• Quand le jambon est cuit, le retirer du sac et le placer sur le plat de service.

• Enlever la couenne s'il y a lieu.

• Napper le jambon de la «glace» qui suit :

La glace

1/2 tasse (125 mL) de miel

1 c. à soupe (15 mL) de vinaigre de cidre

1 c. à thé (5 mL) de fécule de maïs

le zeste d'une orange

le jus d'une demi-orange

Préparation :

• Mettre tous les ingrédients dans une tasse à mesurer de 4 tasses (1 L). Faire cuire 2 minutes à «HIGH».

• Bien remuer et napper le jambon. Arroser 5 à 6 fois. Mettre au four à micro-ondes de 4 à 5 minutes à «MEDIUM», arroser le jambon 3 fois pendant la cuisson avec la sauce.

• Retirer du four et continuer d'arroser 5 à 6 fois.

• Servir chaud ou froid.

vins

Graves, Château de Cruzeau

Canon-Fronsac, Château de la Rivière

Pain de jambon

Cuisson par convexion

> **Petit conseil :** Je le sers froid, tranché très mince, avec une salade de concombres et d'oignons blancs marinés 2 heures dans une vinaigrette de mon choix.

Préparation : . . . . **10 min**

Cuisson : . . . . **de 30 à 40 min**

Attente : . . . . . . **le temps de refroidissement**

Ingrédients :

1¹/₂ lb (750 g) de jambon cru ou cuit haché

1/4 de lb (125 g) de porc haché

3 oeufs légèrement battus

1/2 tasse (125 mL) de crème de céleri, non diluée

1/2 c. à thé (2 mL) de marjolaine ou de cari

1/2 c. à thé (2 mL) de moutarde sèche

1 tasse (250 mL) de chapelure fine

Préparation :

• Mélanger le tout, suivant l'ordre des ingrédients.

• Bien tasser dans un moule à pain de 9 sur 5 po (22,5 sur 13 cm).

• Placer la grille à rissoler sur le plat en céramique.

• Préchauffer le four à 350°F (180°C) pendant 15 minutes.

• Mettre le pain de viande sur la grille.

• Faire cuire de 30 à 40 minutes ou jusqu'à ce que le pain soit d'un beau doré.

 Muscadet du Val de Loire, Domaine du Fief Guérin

Saumur (blanc), Château de Saint-Florent

Boulettes bavaroises à la choucroute

Préparation : . . . . 15 min
Cuisson : . . . . 40 min
Attente : . . . . aucune

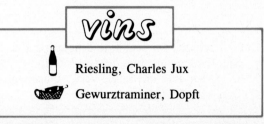

vins

Riesling, Charles Jux
Gewurztraminer, Dopft

Ingrédients :

1 grosse boîte de choucroute de votre choix

2 oignons moyens hachés

les os du rôti*

2 gousses d'ail émincées

1 c. à thé (5 mL) de sel

1 c. à thé (5 mL) de graines d'aneth

1¹/₂ tasse (375 mL) d'eau ou de vin blanc

Préparation :

• Disposer en rangs alternés la choucroute, les oignons l'ail et les os dans un caquelon. Saupoudrer chaque rang de sel et de graines d'aneth mélangés.

• Verser l'eau sur le tout. Recouvrir du couvercle perforé et du couvercle de verre.

• Faire cuire de 30 à 35 minutes à «HIGH».

• Dans l'intervalle, préparer les boulettes.

• Mélanger dans un bol :

1¹/₂ tasse (375 mL) de farine tout usage

1 c. à thé (5 mL) de persil haché

1 c. à thé (5 mL) de sarriette d'été

2 c. à thé (10 mL) de poudre à pâte

1/2 c. à thé (2 mL) de sel

• Mélanger dans un second bol :

2/3 de tasse (160 mL) de lait

1 oeuf

2 c. à soupe (30 mL) d'huile végétale

• Mélanger les deux seulement au moment de la cuisson.

La cuisson :

Retirer la viande du plat. Mélanger les boulettes. Les disposer à la cuiller sur la choucroute. Couvrir et faire cuire de 5 à 6 minutes à «HIGH».

Vous pouvez demander au boucher de vous remettre les os retirés du rôti de longe de porc de 4 lb (2 kg), ou les remplacer par 2 lb (1 kg) de côtes levées de porc.

Crêpe aux saucisses et maïs

Cuisson par convexion

Préparation : . . . . **8 min**

Cuisson : . . . . **1 h**

Attente : . . . . **aucune**

Petit conseil : On peut faire cette crêpe avec une demi-livre ou une livre (250 ou 500 g) de saucisses. Servir avec une salade verte. Vous aurez un repas complet facile à faire.

 Muscadet de Sèvre-et-Maine, Marcel Martin

 Sancerre, La Bourgeoise

Ingrédients :

1 lb (500 g) de saucisses de votre choix

1 boîte de 12 oz (341 mL) de maïs en grains entiers

2 oeufs légèrement battus

4 oignons verts ou 1 petit oignon, hachés

2/3 de tasse (160 mL) de biscuits soda écrasés

3 c. à soupe (50 mL) de marjolaine

1/4 de c. à thé (1 mL) de poivre

1 c. à thé (5 mL) de sel

Préparation :

• Placer les saucisses dans un plat, recouvrir d'eau chaude. Cuire 10 minutes à «HIGH». Bien égoutter et placer dans une assiette à tarte de 9 po (22,5 cm), assez profonde.

• Égoutter le maïs, en réservant l'eau, verser le maïs sur les saucisses.

• À l'eau réservée ajouter assez de **lait pour obtenir 1¹/₂ tasse (375 mL)** de liquide, ajouter le reste des ingrédients, bien mélanger. Verser sur les saucisses.

• Cuire au four préchauffé par convexion à 350°F (180°C) de 35 à 45 minutes ou jusqu'à ce que la crêpe soit bien gonflée et dorée.

Saucisses, oeufs au miroir et pommes de terre dorées

Petit conseil : Excellent lunch, nourrissant et vite préparé. Cette recette peut aussi être préparée avec des oeufs brouillés.

Ingrédients :

2 pommes de terre moyennes*

1/2 lb (250 g) de saucisses

4 oeufs

sel et poivre

1 c. à soupe (15 mL) de beurre

oignons verts ou persil émincé

* Des pommes de terre déjà cuites peuvent être utilisées.

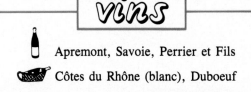

vins

Apremont, Savoie, Perrier et Fils

Côtes du Rhône (blanc), Duboeuf

Préparation :	10 min
Cuisson :	20 min
Attente :	aucune

Préparation :

• Laver les pommes de terre. Faire une ou deux incisions dans chacune avec la pointe d'un couteau.

• Placer sur une grille à micro-ondes. Faire cuire 5 à 6 minutes à « HIGH ». Laisser refroidir.

• Saupoudrer les saucisses de paprika. Mettre dans un plat de cuisson en céramique de 8 sur 8 po (20 sur 20 cm). Faire cuire 5 à 6 minutes à « HIGH ».

• Retourner les saucisses à mi-cuisson. Les saucisses cuites seront dorées ici et là.

• Mettre sur un plat de service chaud. Garder dans un endroit chaud.

• Peler les pommes de terre, les couper en dés, les saupoudrer de paprika et d'oignons verts. Mélanger et déposer dans le gras de cuisson des saucisses. Bien mélanger et disposer en forme de couronne autour du plat.

• Faire cuire 5 minutes à « HIGH ». Bien remuer et ajouter aux saucisses.

• Faire fondre le beurre 1 minute à « HIGH » dans le milieu du plat de cuisson.

• Y casser les oeufs. Piquer chaque jaune et chaque blanc avec la pointe d'un couteau.

• Couvrir le plat avec un papier de plastique ou un papier ciré. Faire cuire à « MEDIUM » 1 minute par oeuf ou un peu plus si désiré.

• Servir avec les saucisses et les pommes de terre.

Saucisses grillées

Préparation :	. . . .	**5 min**
Cuisson :	. . . .	**11 min**
Attente :	. . . .	**aucune**

• Une fois que vous aurez goûté aux saucisses de porc cuites au four à micro-ondes, vous ne voudrez plus les faire cuire au poêlon.

Ingrédients :

1/2 lb (250 g) de saucisses de porc

paprika et sel d'ail

une pincée de sarriette, au goût

Préparation :

• Préchauffer le plat à griller (Corning) de 8 sur 8 po (20 sur 20 cm) 7 minutes à «HIGH».

• Saupoudrer les saucisses de paprika et de sel d'ail. Mettre dans le plat chaud, sans le retirer du four. Faire griller 2 minutes à «HIGH».

• Tout en tenant les deux poignées, remuer le plat pour retourner les saucisses.

• Faire cuire encore 2 minutes à «HIGH». Servir.

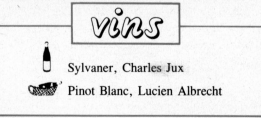

Sylvaner, Charles Jux

Pinot Blanc, Lucien Albrecht

Saucisses Yorkshire

Cuisson par convexion

Préparation :	. . . .	**10 min**
Cuisson :	. . . .	**30 min**
Attente :	. . . .	**aucune**

Petit conseil : Des saucisses bien dorées dans une crêpe qui se démoule très bien... un plat parfait pour le «brunch» ou un repas léger. Il faut les cuire par convexion.

Ingrédients :

6 à 8 saucisses de porc

3 oeufs légèrement battus

1 tasse (250 mL) de lait

1/2 tasse (125 mL) de farine

1/2 c. à thé (2 mL) de sel

1/4 de c. à thé (1 mL) de sarriette ou de cari

paprika

Préparation :

• Mettre les saucisses dans un plat. Les recouvrir d'eau chaude (celle du robinet suffit). Faire cuire 5 minutes à «HIGH». Bien égoutter.

• Mélanger les oeufs, le lait, la farine, le sel et la sarriette ou le cari, jusqu'à l'obtention d'une belle pâte homogène.

• Mettre les saucisses dans une assiette à tarte de 9 po (22,5 cm). Recouvrir avec la pâte. Saupoudrer légèrement de paprika. Placer sur une grille à rissoler.

• Cuire à 425°F (220°C) pendant 20 à 25 minutes ou jusqu'à ce que la crêpe soit bien gonflée et les saucisses bien dorées.

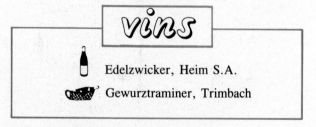

Edelzwicker, Heim S.A.

Gewurztraminer, Trimbach

• Le nombre des ingrédients, cuits ou crus, qui peuvent servir à la confection d'une sauce savoureuse est sans limite.

• Lorsque vous aurez appris à bien faire les sauces classiques les mieux connues et que vous connaîtrez à fond les ingrédients de base qui les composent, vous n'aurez plus qu'à donner libre cours à votre imagination.

• La sauce parfaite rehausse l'apparence et aussi la saveur du mets qu'elle accompagne.

• Les herbes, les essences, les épices et le sel ne modifient pas la recette de base, non plus qu'ils n'en changent la texture.

• Vous pouvez aussi, à votre guise, donner à la sauce une consistance plus ou moins épaisse.

• Si les sauces ne vous ont jamais beaucoup attiré à cause du temps qu'exige leur préparation, vous changerez bientôt d'avis avec un four à micro-ondes. Vous verrez que les difficultés et les précautions ainsi que le temps requis pour faire une sauce, pour éviter les grumeaux, la sauce qui colle et la nécessité bien souvent de brasser sans arrêt, sont grandement réduits.

• Vous pourrez même faire certaines sauces d'avance, les réfrigérer ou les laisser à la température de la pièce, pour n'avoir qu'à les réchauffer au moment de servir.

• Vous apprendrez aussi très vite à adapter vos sauces préférées à la cuisson aux micro-ondes.

• **Ce qui est important c'est de bien brasser une sauce, même deux ou trois fois durant la cuisson et d'user de votre jugement pour le temps de cuisson.**

• À titre d'exemple, si la recette d'une sauce blanche demande 5 minutes de cuisson à «HIGH», et que le lait, le beurre et la farine sont bien froids, ou si le beurre est mou et le lait à la température de la pièce, alors le temps de cuisson pourra varier de 1 ou 2 minutes; si vous préférez aller moins vite, faites la sauce à «MEDIUM», ce qui prendra sûrement 2 à 4 minutes de plus que pour la sauce cuite à «HIGH».

• **Ne craignez pas d'ouvrir la porte du four pour vérifier la cuisson, car il y a la chaleur résiduelle qui reste dans les ingrédients pendant que vous les brassez.**

• Les sauces sont importantes en cuisine puisqu'elles permettent de garnir, d'étirer ou de lier les ingrédients, ainsi que d'y ajouter un arôme particulier.

Un rôti parfait doit avoir une sauce parfaite

Comment faire une sauce parfaite:

1. Une sauce crémeuse, par l'addition de farine.

2. Une sauce claire, par l'addition d'un liquide froid au fumet dans la casserole.

3. Une sauce à saveur raffinée, par l'addition d'une boîte de consommé non dilué, ce qui fait une meilleure sauce et lui donne une couleur plus accentuée.

• Une bonne sauce à la farine est de couleur appétissante.

• Ajouter la farine au fumet, bien brasser, cuire 2 minutes à «HIGH», et brasser de nouveau.

• Les proportions parfaites pour une sauce à la farine sont de **2 c. à soupe (30 mL) de gras pour 2 c. à soupe (30 mL) de farine**. Si plus de 2 c. à soupe (30 mL) de gras sont utilisées, la sauce se sépare et devient grasse. Utiliser **1/2 tasse (125 mL) de liquide pour chaque cuillerée à soupe de farine**.

• Le liquide utilisé pour faire une sauce claire est ce qui fait toute la différence. Aucune règle n'exige l'utilisation de l'eau froide. Un reste de thé ou de café, du jus de tomate, du lait, de la crème, du vin, etc., donnera à la sauce une saveur et une couleur distinctes.

Notes sur les sauces et leurs variantes

La farine ou un autre féculent mêlé à un liquide froid

• Le liquide froid utilisé peut être de l'eau, du lait, du vin, des jus de légumes ou de fruits, du consommé, et le féculent, une farine quelconque telle que la farine de blé ou de pommes de terre, la fécule de maïs ou le tapioca fin.

• La texture de la sauce varie légèrement selon le liquide et le féculent utilisés.

Mode de préparation :

• Le mode de préparation est toujours le même quel que soit le liquide, qui doit être froid, auquel le féculent est ajouté ; puis il faut brasser pour obtenir un mélange lisse ou une pâte légère, et verser dans la sauce ou l'eau ou le bouillon bouillant.

• Battre sans arrêt avec un fouet métallique jusqu'à parfait mélange.

• Pour une texture lisse, crémeuse, sans goût de féculent, cuire à «MEDIUM-HIGH» 1 à 3 minutes, en brassant pour bien mélanger après chaque minute de cuisson jusqu'à l'obtention de la consistance désirée.

• Pour remplacer **2 c. à thé (10 mL) de farine de blé,** utiliser **1 c. à thé (5 mL) de fécule de maïs, 1²/₃ de c. à thé (8 mL) de farine de riz ou encore 2/3 de c. à thé (3 mL) de farine de pommes de terre ou d'arrow-root.**

Comment faire une sauce veloutée

• On appelle «fumet» le liquide accumulé dans l'assiette

sous le rôti ; il y en a en moyenne de 3/4 à 1 tasse (200 à 250 mL).

Pour faire la sauce veloutée

• Retirer **3 c. à soupe (50 mL) du gras accumulé dans l'assiette** et mettre dans un plat, ajouter **2 c. à soupe (30 mL) de farine,** brasser, cuire à «MEDIUM-HIGH» 1 minute, en brassant deux fois durant la cuisson.

• Verser le reste du fumet accumulé dans l'assiette dans une tasse à mesurer, y ajouter une quantité suffisante de **consommé de poulet ou de boeuf, ou de crème, ou de vin blanc léger, pour avoir 1 à 1¹/₂ tasse (250 à 375 mL) de liquide ;** chacun de ces liquides donne une saveur et une texture particulières à la sauce.

• Bien remuer, ajouter le **féculent mélangé aux 3 c. à soupe (50 mL) de gras.** Mélanger et cuire à «HIGH» 2 à 3 minutes.

• Brasser une ou deux fois, de préférence avec un fouet, pour obtenir une texture crémeuse. Saler et poivrer au goût.

Sauce brune de base

Préparation : . . . . **15 min**
Cuisson : . . . . **12 min**
Attente : . . . . **aucune**

Ingrédients :

1/2 tasse (125 mL) de céleri haché

1/2 tasse (125 mL) de carottes hachées

1/2 tasse (125 mL) d'oignons hachés

1/4 de c. à thé (1 mL) de thym séché

1 feuille de laurier

1/4 de c. à thé (1 mL) de marjolaine, de sarriette ou d'estragon séché

3 c. à soupe (50 mL) de gras du rôti

4 c. à soupe (60 mL) de farine

2 tasses (500 mL) de bouillon de boeuf *ou* **le fumet accumulé sous le rôti plus eau,** *ou* **vin blanc ou rouge (blanc avec la viande blanche, rouge avec la viande rouge) pour obtenir 2 tasses (500 mL) de liquide**

Préparation :

• Pour commencer, préparer les légumes, puis ajouter les herbes.

• Retirer du fumet 3 c. à soupe (50 mL) de gras, brasser les légumes et les herbes dans le gras avec une cuillère de bois, ajouter 2 c. à soupe (30 mL) d'eau. Cuire à «HIGH» 3 minutes, en brassant une fois durant la cuisson.

• Saupoudrer de farine les légumes ramollis et brasser pour bien mélanger. Cuire à «HIGH» 3 à 4 minutes, jusqu'à ce que de petites taches brunes apparaissent ici et là.

• Ajouter 1 c. à thé (5 mL) de «Kitchen Bouquet» ou 1/2 c. à thé (2 mL) de mélasse.

• Ajouter le liquide de votre choix, bien mélanger le tout, assaisonner au goût, remettre au four et cuire 5 minutes à «MEDIUM-HIGH», en brassant une ou deux fois durant la cuisson.

Variantes de la sauce brune de base

Sauce Robert

- Pour rôti de porc, ou pour réchauffer du boeuf ou des légumes à racines.
- Au lieu des trois légumes et des herbes de la sauce brune de base, utiliser seulement **4 oignons hachés**.
- Aromatiser avec **1/4 de c. à thé (1 mL) de thym séché** et le **zeste râpé de 1 citron**.
- Remplacer 1/2 tasse (125 mL) du liquide par **1/2 tasse (125 mL) de vin blanc**.
- Pour finir, aromatiser la sauce avec **1 c. à thé (5 mL) de moutarde de Dijon**.

Sauce piquante

- Pour le veau rôti, les plats de porc et toutes les côtelettes.
- Au lieu des légumes de la sauce brune de base, utiliser seulement **des oignons comme pour la sauce Robert**.
- Aromatiser avec **1 feuille de laurier et 1/4 de c. à thé (1 mL) de sel**.
- Remplacer 1/4 de tasse (60 mL) du liquide par **1/4 de tasse (60 mL) de vinaigre de cidre**, et ajouter **1 c. à thé (5 mL) de sucre**.
- Lorsque la sauce est cuite, y ajouter **4 c. à soupe (60 mL) de petits cornichons tranchés**.

Sauce espagnole

- Ajouter **2 gousses d'ail émincées** et une généreuse quantité de poivre frais moulu aux légumes de la sauce brune de base.
- Lorsque les légumes sont ramollis et transparents, y ajouter **2 c. à soupe (30 mL) de purée de tomates**.
- Achever la sauce suivant la méthode de base.

Sauce madère

- Pour toutes les viandes rôties et le jambon bouilli.
- Ajouter **1/4 de tasse (60 mL) de madère sec** aux 2 tasses (500 mL) de liquide de la sauce brune de base, ou substituer **1/2 tasse (125 mL) de madère** à 1/2 tasse (125 mL) du liquide.

Sauce diable

Préparation :	**8 min**
Cuisson :	**10 min**
Attente :	**aucune**

Ingrédients :

4 oignons verts émincés

1 c. à soupe (15 mL) de beurre

1 tasse (250 mL) de vin blanc *ou*
2/3 de tasse (160 mL) de vermouth français

Poivre frais moulu

2 tasses (500 mL) de sauce brune de base

Préparation :

• Mettre le beurre et les oignons verts dans un plat de cuisson, cuire 2 minutes à «HIGH».

• Bien mélanger, ajouter le vin ou le vermouth, cuire 3 minutes à «HIGH».

• Brasser et cuire 2 minutes de plus à «HIGH», ou jusqu'à ce que le vin soit presque réduit.

• Ajouter la sauce brune de base et cuire 2 minutes à «MEDIUM», bien brasser et servir.

Sauce chasseur

Préparation :	**12 min**
Cuisson :	**17 min**
Attente :	**aucune**

Petit conseil : Pour servir avec veau, viande hachée, pain de viande, etc.

Ingrédients :

4 oignons verts émincés

2 c. à soupe (30 mL) de beurre

1 tasse (250 mL) de tomates fraîches ou de tomates en boîte bien égouttées

1 petite gousse d'ail

1/4 de c. à thé (1 mL) de sel

1/2 c. à thé (2 mL) de basilic

1/2 c. à thé (2 mL) de sucre

1/2 tasse (125 mL) de vin blanc

1 tasse (250 mL) de sauce brune de base

1/4 lb (125 g) de champignons tranchés mince

2 c. à soupe (30 mL) de beurre

Préparation :

• Mettre les oignons verts et le beurre dans un plat, cuire 3 minutes à «HIGH», en brassant une fois.

• Peler ou égoutter les tomates et les couper en dés ; ajouter aux oignons verts ainsi que l'ail, le basilic, le sucre et le sel.

• Couvrir et cuire 5 minutes à «MEDIUM».

• Ajouter le vin et la sauce brune de base.

• Bien brasser et cuire 5 minutes à «MEDIUM».

• Dans un autre plat, faire fondre les 2 c. à soupe (30 mL) de beurre pendant 1 minute à «HIGH».

• Ajouter les champignons, bien mélanger et cuire 2 minutes à «HIGH». Bien brasser.

• Ajouter à la sauce brune.

• Vérifier l'assaisonnement.

• Si nécessaire, chauffer 1 minute à «HIGH».

Sauce brune du chef

Préparation : . . . . 10 min
Cuisson : . . . . 7 min
Attente : . . . . aucune

Ingrédients :

1/2 c. à thé (2 mL) de sucre

1 petit oignon haché

3 c. à soupe (50 mL) de beurre

2 c. à soupe (30 mL) de farine

1 boîte de bouillon de boeuf de 10 oz (284 mL), non dilué

1/8 de c. à thé (0,5 mL) de thym

1 feuille de laurier

1/4 de tasse (60 mL) de lait

1/2 tasse (125 mL) de lait écrémé en poudre

1/4 de tasse (60 mL) d'eau

2 c. à thé (10 mL) de purée de tomates

Préparation :

• Mettre le sucre et l'oignon dans un bol de 4 tasses (1 L). Cuire à découvert 2 minutes à «HIGH» ou jusqu'à ce que le sucre ait partiellement bruni.

• Ajouter le beurre. Cuire à découvert 1 minute à «HIGH». Bien mélanger.

• Ajouter la farine, mélanger, ajouter le bouillon de boeuf, le thym, le laurier et le 1/4 de tasse (60 mL) de lait. Brasser soigneusement et cuire à découvert 1 minute à «HIGH».

• Ajouter le lait en poudre, l'eau et la purée de tomates. Bien mélanger de nouveau. Cuire à découvert 2 à 3 minutes à «HIGH», en brassant une fois à mi-cuisson.

• La sauce doit être crémeuse.

Sauce brune simplifiée

Préparation : . . . . **8 min**
Cuisson : . . . . **13 min**
Attente : . . . . **aucune**

Petit conseil : Si vous aimez beaucoup les sauces, faites cette sauce facile à préparer. Elle se conserve au réfrigérateur de 8 à 10 jours.

Ingrédients :

1/4 de tasse (60 mL) d'oignon émincé

1/2 c. à thé (2 mL) de sucre

2 c. à soupe (30 mL) de beurre

2 c. à soupe (30 mL) de farine

2 tasses (500 mL) de consommé de boeuf en boîte*

1/8 de c. à thé (0,5 mL) de poivre

1/4 de c. à thé (1 mL) de thym

1 feuille de laurier

2 c. à thé (10 mL) de purée de tomates

Préparation :

• Cuire l'oignon et le sucre dans le beurre à «HIGH» pendant 2 minutes.

• Bien remuer et cuire une minute de plus, si nécessaire, pour que l'oignon commence à dorer ici et là.

• Ajouter la farine, bien remuer.

• Ajouter le consommé, le poivre, le thym, la feuille de laurier et la purée de tomates.

• Cuire à «MEDIUM-HIGH» 10 minutes, en brassant trois fois durant la cuisson.

* *Ajouter assez d'eau au consommé pour obtenir 2 tasses (500 mL) de liquide.*

Sauce Robert à la sauce brune simplifiée

Préparation :	**7 min**
Cuisson :	**10 min**
Attente :	**aucune**

Ingrédients :

1 c. à soupe (15 mL) de beurre

1 c. à soupe (15 mL) d'huile végétale

1 oignon émincé

1 tasse (250 mL) de vin blanc

1 recette de sauce brune simplifiée

3 à 4 c. à thé (15 à 20 mL) de moutarde de Dijon

3 c. à soupe (50 mL) de beurre mou

3 c. à soupe (50 mL) de persil émincé

Préparation :

• Mettre le beurre, l'huile végétale et l'oignon dans un plat à cuisson, bien mélanger, ajouter le vin, remuer et faire cuire à «HIGH» 5 à 8 minutes, en brassant trois fois durant la cuisson. Le vin doit réduire sans que l'oignon ne s'assèche.

• Chauffer la sauce brune 1 minute à «HIGH». Y ajouter la réduction du vin.

• Mélanger la moutarde, le beurre mou et le persil émincé, ajouter à la sauce et remuer pour bien mélanger. Chauffer 1 minute à «HIGH», bien remuer et servir.

Sauce rapide au madère ou au porto

Préparation :	**3 min**
Cuisson :	**5 min**
Attente :	**aucune**

• Délicieuse sauce de la cuisine anglaise classique.

Ingrédients :

1/4 de tasse (60 mL) de madère ou de porto

1 recette de sauce brune simplifiée

2 c. à soupe (30 mL) de beurre

Préparation :

• Ajouter le madère ou le porto à la sauce brune simplifiée, cuire 5 minutes à «MEDIUM-HIGH», en remuant trois fois durant la cuisson.

• Retirer du four.

• Ajouter le beurre, brasser jusqu'à ce que le beurre ait fondu.

Dorure maison pour le boeuf

Préparation : . . . . 1 min
Cuisson : . . . . 30 s
Attente : . . . . aucune

Ingrédients :

2 c. à soupe (30 mL) de madère ou
    de whisky ou de thé froid

ou

1 c. à thé (5 mL) de purée de tomates *et*
3 c. à thé (15 mL) d'eau

ou

4 c. à soupe (60 mL) de consommé en boîte
    non dilué

Préparation :

• Chauffer l'aromate de votre choix 30 secondes à
« HIGH ».

• Utiliser pour badigeonner la viande avant et pendant
la cuisson.

Dorure maison pour le porc

Préparation : . . . . 1 min
Cuisson : . . . . 30 s
Attente : . . . . aucune

Ingrédients :

le zeste et le jus d'une demi-orange

ou

1/4 de tasse (60 mL) de jus d'atocas mélangé
    à 1 c. à thé (5 mL) de fécule de maïs

ou

3 c. à soupe (50 mL) d'eau *et*
2 c. à thé (10 mL) de café instantané

Préparation :

• Chauffer l'aromate de votre choix 30 secondes à
« HIGH ».

• Utiliser pour badigeonner la viande avant et pendant
la cuisson.

Préparation :	. . . .	1 min
Cuisson :	. . . .	30 s
Attente :	. . . .	aucune

Dorure maison pour le veau

Ingrédients :

3 c. à soupe (50 mL) de vin blanc ou de sherry sec

ou

1 c. à soupe (15 mL) de sauce de soja (marque japonaise de préférence)

ou

2 c. à soupe (30 mL) de sauce Teriyaki (en bouteille)

ou

2 c. à thé (10 mL) de sauce Worcestershire

ou

2 c. à soupe (30 mL) de crème sure

Préparation :

- Ajouter 1 c. à thé (5 mL) de paprika à l'aromate de votre choix.
- Chauffer 30 secondes à «HIGH».
- Bien mélanger et en badigeonner la viande avant et pendant la cuisson.

Préparation :	. . . .	1 min
Cuisson :	. . . .	30 s
Attente :	. . . .	aucune

Dorure maison pour l'agneau

Ingrédients :

2 à 3 c. à soupe (30 à 50 mL) de madère

ou

1 c. à soupe (15 mL) de sauce à la menthe (pas de gelée)

ou

2 c. à thé (10 mL) de café instantané *et*

3 c. à soupe (50 mL) d'eau

ou

le jus et le zeste d'un demi-citron *et*

1/2 c. à thé (2 mL) de gingembre frais râpé

Préparation :

- Chauffer l'aromate de votre choix 30 secondes à «HIGH».
- Utiliser pour badigeonner la viande avant et pendant la cuisson.

Dorure pour arroser les viandes

Préparation :	**5 min**
Cuisson :	**1 min**
Attente :	**aucune**

Petit conseil : On badigeonne les viandes de ce mélange pour les aromatiser et les faire dorer lorsqu'on les cuit au four à micro-ondes. Cette dorure peut servir pour toutes les viandes, volailles incluses.

Ingrédients :

1 c. à soupe (15 mL) d'huile végétale ou de margarine ou de beurre doux et fondu (1 minute à «HIGH»)

1 c. à thé (5 mL) de paprika

1 c. à thé (5 mL) de «Kitchen Bouquet»

1/4 de c. à thé (1 mL) de thym, estragon, basilic, marjolaine, cumin ou cari

Préparation :

• Mélanger tous les ingrédients et en badigeonner les viandes avant de les cuire.

Sauce pour arroser les rôtis

Préparation :	**5 min**
Cuisson :	**aucune**
Attente :	**aucune**

Petit conseil : Utiliser pour badigeonner les rôtis, quels qu'ils soient, le bifteck grillé aux micro-ondes, le poulet, le canard ou l'agneau. Un ou deux arrosages pendant la cuisson suffisent pour donner une saveur très intéressante à la viande.

Ingrédients :

1 gousse d'ail coupée en deux

1/2 tasse (125 mL) de jus de citron frais ou d'huile végétale

2 c. à thé (10 mL) de marjolaine ou de basilic

1/2 c. à thé (2 mL) de poivre frais moulu

1 c. à thé (5 mL) de sel

1/3 de tasse (80 mL) de sauce Worcestershire

Préparation :

• Mettre les ingrédients dans un bocal de verre

• Bien fermer, agiter fortement et réfrigérer.

• Se conserve 1 mois.

• Bien agiter avant d'utiliser.

Sauce marinade pour attendrir la viande

Préparation : . . . . **10 min**
Cuisson : . . . . **aucune**
Attente : . . . . **aucune**

Petit conseil : Les parties moins tendres des viandes, telles que l'épaule, la poitrine, le talon de ronde, le boeuf à ragoût, deviendront tendres si elles sont marinées dans ce mélange.

Ingrédients :

2/3 de tasse (160 mL) d'oignon haché fin

3/4 de tasse (200 mL) de feuilles de céleri émincées

1/3 de tasse (80 mL) de vinaigre de cidre

1/2 tasse (125 mL) d'huile végétale

1 tasse (250 mL) de jus de raisin

1 c. à soupe (15 mL) de sauce piquante

1/2 c. à thé (2 mL) de sel

1/8 de c. à thé (,05 mL) d'ail en poudre

Préparation :

• Bien mélanger le tout.

• Verser sur la pièce de viande de manière à ce que la viande soit recouverte.

• Réfrigérer de 12 à 24 heures.

• Pour rôtir, bien égoutter la pièce de viande de la marinade.

• Rôtir suivant les indications de la recette choisie.

• Arroser le rôti deux à trois fois durant la cuisson avec la marinade.

Petit truc : Ajouter du miel au jus d'orange ou de citron pour en faire une boisson ou pour glacer le jambon ou les cuisses de poulet, et passer aux micro-ondes. Délicieux !

Véritable hollandaise

Préparation :	**5 min**
Cuisson :	**2 min**
Attente :	**aucune**

• Une sauce délicieuse qui se fait sans problème !

Ingrédients :

**1/3 à 1/2 tasse (80 à 125 mL) de beurre
    doux ou salé**

2 jaunes d'oeufs

le jus d'un petit citron

Préparation :

• Mettre le beurre dans une petite casserole ou une mesure de 2 tasses (500 mL). Chauffer 1 minute à «MEDIUM-HIGH».

• Ajouter les jaunes d'oeufs et le jus de citron. Bien battre avec un fouet. Cuire 20 secondes à «MEDIUM-HIGH», bien battre et si nécessaire cuire encore 20 secondes à «MEDIUM-HIGH», pour obtenir une consistance crémeuse.

• Battre, saler au goût et servir.

Sauce hollandaise au robot culinaire

Préparation : . . . . 5 min
Cuisson : . . . . 3 min
Attente : . . . . aucune

Petit conseil : Préparée de cette façon, la hollandaise se conserve de 2 à 3 jours, réfrigérée, bien couverte. On l'utilise sur un steak garni d'avocat ou pour napper de minces tranches de veau. De plus, elle est facile à réchauffer, de 30 secondes à une minute à « MEDIUM » ; bien brasser après 30 secondes et chauffer encore 20 à 30 secondes si nécessaire.

Ingrédients :

1/2 tasse (125 mL) de beurre froid

2 c. à soupe (30 mL) de jus de citron ou de limette

1/2 c. à thé (2 mL) de moutarde de Dijon

1/8 de c. à thé (0,5 mL) de poivre

2 jaunes d'oeufs à la température de la pièce

Préparation :

• Placer le beurre coupé en dés dans le bol du robot culinaire, sans le couteau de métal. Placer le bol dans le four à micro-ondes et chauffer à « HIGH » de 30 secondes à 1 minute ; le beurre ne doit pas fondre, simplement ramollir.

• Mettre le bol sur l'appareil, y placer le couteau métallique, ajouter le jus de citron ou de limette, la moutarde et le poivre. Couvrir et mettre l'appareil en marche pendant 2 secondes ou jusqu'à ce que le mélange soit en crème.

• Sans arrêter l'appareil, ajouter les jaunes d'oeufs par le tube, 1 à la fois, en mélangeant 30 secondes après l'addition de chaque jaune d'oeuf.

• Découvrir, enlever le couteau de métal et cuire à « MEDIUM », à peu près 1 minute. Brasser et ajouter 20 secondes de cuisson, si nécessaire.

• Servir ou réfrigérer dans un contenant bien couvert.

• Long à expliquer, mais très facile à faire.

Variantes de la sauce hollandaise

Sauce mousseline

- Ajouter à la sauce hollandaise de votre choix **2 blancs d'oeufs** battus en neige.
- Pour garder la sauce bien mousseuse, n'incorporer les blancs en neige qu'au moment de servir.

Sauce moutarde de luxe

- Remplacer le jus de citron de la hollandaise de votre choix par **2 c. à soupe (30 mL) d'eau froide et 1 c. à soupe (15 mL) de moutarde de Dijon,** bien mélanger.

Sauce maltaise

- Remplacer le jus de citron de la hollandaise de votre choix par **4 c. à soupe (60 mL) de jus d'orange et le zeste râpé d'une orange.**

Sauce hollandaise Chantilly

Ingrédients :

1 recette de sauce hollandaise
1/2 tasse (125 mL) de crème à fouetter

Préparation :

- Faire une sauce hollandaise de votre choix.
- Au moment de servir, fouetter la crème et l'incorporer à la sauce.
- Cette sauce se sert tiède, car la réchauffer la ferait tomber ou tourner.

Ma sauce aux tomates préférée

Préparation : . . . . **8 min**
Cuisson : . . . . **11 min**
Attente : . . . . **aucune**

Petit conseil : Servir pour accompagner le veau ou le porc, ou avec de minces tranches de viande, recouvertes de la sauce et réchauffées pour le service.

Ingrédients :

3 tranches de bacon coupées en dés

1 gros oignon émincé

1 c. à soupe (15 mL) de farine

4 grosses tomates

1/8 de c. à thé (0,5 mL) de muscade râpée

1/2 c. à thé (2 mL) de thym

1/2 c. à thé (2 mL) de sel

1/2 tasse (125 mL) de purée de tomates

1 c. à thé (5 mL) de sucre

Préparation :

• Mettre le bacon dans un bol de 4 tasses (1 L) et couvrir de papier ciré. Faire cuire 2 minutes à «HIGH».

• Retirer les dés de bacon du plat.

• Ajouter l'oignon au gras, cuire 4 minutes à «HIGH», en brassant à mi-cuisson.

• Ajouter la farine et bien mélanger, incorporer le reste des ingrédients. Bien mélanger. Couvrir et cuire 5 minutes à «HIGH», en remuant deux fois durant la cuisson.

• Vérifier l'assaisonnement.

• Ajouter le bacon, bien brasser.

• Cette sauce se conserve une semaine, réfrigérée dans un bocal de verre.

• Pour la réchauffer, la mettre dans un bol et chauffer de 2 à 3 minutes à «HIGH».

129

Sauce aux pommes

Préparation :	**12 min**
Cuisson :	**6 min**
Attente :	**aucune**

Petit conseil : Délicieuse servie avec le porc ou le jambon.

Ingrédients :

4 à 5 pommes en quartiers
4 c. à soupe (60 mL) d'eau
2 c. à soupe (30 mL) de beurre

Préparation :

• Peler les pommes, les couper en quartiers et les mettre dans un plat à cuisson, y ajouter l'eau. Couvrir et cuire à «HIGH» 5 minutes.

• Retirer du four, passer les pommes au tamis ou les mettre en purée dans un robot culinaire.

• Remettre au four 1 minute à «HIGH».

• Ajouter le beurre, bien brasser jusqu'à ce que le beurre ait complètement fondu. Ne pas sucrer.

Pour épaissir la sauce

• Au gras de la casserole ou de l'assiette, ajouter **2 c. à soupe (30 mL) de farine.**

• Avant d'ajouter le liquide, bien délayer.

• Ajouter au choix
**de l'eau froide, du thé froid,
du porto, de la vodka,
du vermouth blanc ou du vin rouge.**

• Remuer et gratter le fond de la casserole. Cuire 2 minutes à «HIGH».

• Brasser jusqu'à consistance crémeuse.

Sauce aux raisins pour jambon

Préparation : . . . . 5 min
Cuisson : . . . . 5 min
Attente : . . . . aucune

Petit conseil : Délicieuse servie avec jambon bouilli ou braisé. Se conserve 3 à 4 jours, cuite et réfrigérée.

Ingrédients :

1/2 tasse (125 mL) de cassonade

2 c. à soupe (30 mL) de fécule de maïs

1 c. à thé (5 mL) de moutarde sèche

2 c. à soupe (30 mL) de vinaigre de cidre

2 c. à soupe (30 mL) de jus de citron

le zeste d'un demi-citron

1¹/₂ tasse (375 mL) d'eau

1/3 de tasse (80 mL) de raisins sans pépins

1 c. à soupe (15 mL) de beurre

Préparation :

• Bien mélanger les ingrédients dans une mesure de 4 tasses (1 L). Cuire à découvert 3 à 4 minutes à «HIGH», en brassant 2 fois pendant la cuisson.

• Si nécessaire, continuer de cuire 1 minute à la fois jusqu'à l'obtention d'une sauce légère et crémeuse.

Sauce aurore

Préparation : . . . . 10 min
Cuisson : . . . . 10 min
Attente : . . . . aucune

Petit conseil : Idéale, pour accompagner le veau.

Ingrédients :

3 c. à soupe (50 mL) de beurre

3 c. à soupe (50 mL) de farine

2 tasses (500 mL) de lait ou de bouillon
   de poulet

1/2 tasse (125 mL) de crème à fouetter

sel et poivre au goût

3 c. à soupe (50 mL) de purée de tomates

1 c. à thé (5 mL) de basilic

3 c. à soupe (50 mL) de persil émincé

1 c. à soupe (15 mL) de beurre mou

Préparation :

● Fondre le beurre 1 minute à «HIGH».

● Ajouter la farine et bien mélanger.

● Ajouter le lait ou le bouillon de poulet, bien brasser.
Cuire 4 minutes à «HIGH», bien brasser.

● Lorsque la sauce est bien lisse et crémeuse, ajouter graduellement la crème, en brassant sans arrêt. Saler et poivrer au goût.

● Ajouter la purée de tomates, le basilic et le persil ; bien
mélanger. Cuire 2 minutes à «HIGH». Bien brasser ; si
nécessaire cuire encore 2 minutes à «HIGH», ou jusqu'à
l'obtention d'une sauce crémeuse.

● Ajouter la cuillerée de beurre mou, brasser jusqu'à ce
que le beurre ait fondu.

● Ne pas réchauffer la sauce après avoir ajouté la cuillerée de beurre.

Beurre
aux herbes

Préparation : . . . . **10 min**
Cuisson : . . . . **aucune**
Attente : . . . . **aucune**

Ingrédients :

1 tasse (250 mL) de beurre non salé

1 c. à thé (5 mL) d'aneth

1/2 c. à thé (2 mL) d'estragon

1/2 c. à thé (2 mL) de sarriette

1/4 de tasse (60 mL) de persil haché

4 oignons verts, hachés fin (le blanc et le vert)

1 c. à thé (5 mL) de coriandre en poudre
(facultatif)

1 c. à thé (5 mL) de sel

1/4 de c. à thé (1 mL) de poivre frais moulu

la râpure d'un demi-citron

Petit conseil : Si vous désirez utiliser un beurre salé, réduisez la quantité de sel de la recette à 1/4 de c. à thé (1 mL).

Petit conseil : Préparer ce beurre qui se conserve un mois au réfrigérateur ou 12 mois au congélateur. Mettre le beurre en petites boulettes, les placer dans une boîte bien fermée si vous désirez les réfrigérer. Pour les congeler, laisser refroidir les boulettes pendant une heure, puis les étendre sur une plaque à biscuits et les congeler, ce qui peut prendre de 3 à 4 heures. Les mettre dans un sac à congélation. Pour les servir, il n'y a qu'à mettre 1 boulette sur chaque portion.

Préparation :

● Mettre le tout en crème, refroidir une heure au réfrigérateur.

● Former en boulettes et réfrigérer ou congeler, au choix.

Beurre d'oignon pour bifteck

Préparation : . . . . **10 min**
Cuisson : . . . . **aucune**
Attente : . . . . **aucune**

Petit conseil : J'ai toujours de ce beurre d'oignon dans mon réfrigérateur. J'en mets sur mes biftecks cuits aux micro-ondes, sur les pâtés de viande hachée, sur les saucisses ou sur le poulet. La chaleur de la viande fait fondre le beurre.

Ingrédients :

4 c. à soupe (60 mL) d'oignon râpé

4 c. à soupe (60 mL) de persil émincé

4 c. à soupe (60 mL) de beurre mou

1 c. à thé (5 mL) de sauce «A1» ou de chutney

1/2 c. à thé (2 mL) de sel

1/4 de c. à thé (1 mL) de moutarde sèche

1/2 c. à thé (2 mL) de poivre frais moulu

Préparation :

• Bien mélanger le tout.

• Mettre dans un récipient ou former en boulettes ; placer sur une plaque à biscuits et congeler sans couvrir, à peu près 1 heure.

• Lorsqu'elles ont bien durci, les placer dans une boîte de plastique en glissant une feuille de papier ciré entre les rangs.

• Conserver au réfrigérateur ou au congélateur.

• Même congelé, le beurre fond sur la viande chaude.

Sauce verte

Préparation : . . . . **12 min**
Cuisson : . . . . **aucune**
Attente : . . . . **aucune**

Petit conseil : Sauce classique et délicieuse pour servir avec toutes les viandes bouillies. On la sert froide sur la viande chaude ; en somme, c'est une sorte de vinaigrette. On peut la conserver de 4 à 6 semaines, dans un bocal de verre bien fermé, au réfrigérateur. Pour servir, laisser l'huile se réchauffer de 3 à 4 heures à la température de la pièce.

Ingrédients :

1 oignon, pelé et râpé *ou*
6 oignons verts émincés

3 c. à soupe (50 mL) de persil haché fin

1 c. à soupe (15 mL) de câpres dans le vinaigre

1 gousse d'ail écrasée

1 c. à soupe (15 mL) de chapelure fine

4 à 5 c. à soupe (60 à 75 mL) d'huile à salade

le jus et la râpure d'un citron

sel et poivre au goût

Préparation :

● Mettre dans un bol l'oignon râpé ou les oignons verts, le persil, les câpres, la gousse d'ail et la chapelure.

● Bien mélanger.

● Ajouter l'huile, le jus et la râpure de citron, en brassant sans arrêt.

● Saler et poivrer au goût.

Comment réduire une sauce sans farine

● On réduit une sauce pour lui donner une saveur plus concentrée et pour l'épaissir.

● Faire bouillir la sauce à «HIGH» une minute à la fois, en remuant bien chaque fois, jusqu'à l'obtention de la consistance désirée.

Sauce béarnaise

Préparation : . . . . **8 min**
Cuisson : . . . . **4 min**
Attente : . . . . **aucune**

Petit conseil : Une béarnaise est une hollandaise assaisonnée d'estragon et de vinaigre de vin blanc. C'est la sauce parfaite pour accompagner le bifteck grillé.

Ingrédients :

3 c. à soupe (50 mL) de vinaigre de vin blanc ou de cidre

1 oignon vert haché

1 c. à thé (5 mL) d'estragon

4 grains de poivre moulus

1/3 de tasse (80 mL) de beurre

2 jaunes d'oeufs battus

Préparation :

• Mettre le vinaigre, l'oignon et l'estragon dans une mesure de 2 tasses (500 mL).

• Chauffer à découvert 2 minutes à «HIGH».

• Passer au tamis en pressant sur l'oignon et mettre dans un joli bol allant au four à micro-ondes.

• Ajouter le poivre moulu et le beurre.

• Faire fondre 1 minute à «HIGH».

• Ajouter les jaunes d'oeufs battus.

• Cuire à découvert 30 secondes à «HIGH», battre et cuire encore 20 secondes, ou jusqu'à l'obtention d'une sauce légère.

Sauce à la crème sure

Préparation : . . . . **5 min**
Cuisson : . . . . **3 min**
Attente : . . . . **aucune**

Petit conseil : Crémeuse, savoureuse et facile à préparer, cette sauce accompagne parfaitement le veau, les volailles et les légumes.

Ingrédients :

1 tasse (250 mL) de crème sure

1/2 c. à thé (2 mL) de sel

1/2 c. à thé (2 mL) de cari

1/8 de c. à thé (,05 mL) de poivre

1 c. à soupe (15 mL) de jus de citron

le zeste de 1 citron

Préparation :

• Mélanger tous les ingrédients dans une mesure de 2 tasses (500 mL).

• Cuire sans couvrir 2 minutes à «MEDIUM», en remuant 2 fois durant la cuisson.

• Si nécessaire, cuire une minute de plus.

Sauce sans féculent

• Au choix, ajouter au fumet dans la casserole ou l'assiette

1/4 de tasse (60 mL) de thé froid,
d'eau froide, de porto,
de vodka, de vermouth blanc,
de vin rouge ou de madère sec ;

• Remuer avec une cuillère de bois en grattant le fond de la casserole.

• Cuire 1 minute à «HIGH» et servir.

Sauce ravigote

Préparation : . . . . **10 min**
Cuisson : . . . . **7 min**
Attente : . . . . **aucune**

Petit conseil : On peut servir cette sauce avec le boeuf rôti ou bouilli, les côtes de porc ou pour réchauffer un reste de viande.

Ingrédients :

4 oignons verts, hachés (le vert et le blanc)

3 c. à soupe (50 mL) de vinaigre de vin

1/3 de tasse (80 mL) de persil haché fin

1 c. à soupe (15 mL) d'estragon

1¼ tasse (300 mL) de bouillon, au choix

1 c. à soupe (15 mL) de beurre

1 c. à soupe (15 mL) de farine

1 jaune d'oeuf

sel et poivre au goût

Préparation :

• Mettre dans une tasse à mesurer les oignons verts et le vinaigre de vin.

• Cuire 2 à 3 minutes à «HIGH» ou jusqu'à ce qu'il ne reste plus qu'une cuillerée de vinaigre.

• Passer au tamis et verser le jus dans le bouillon.

• Ajouter le persil et l'estragon.

• Mettre le beurre et la farine dans un bol.

• Cuire 1 minute à «HIGH», bien brasser et continuer la cuisson 1 minute à la fois, en brassant à chaque minute jusqu'à ce que la farine soit dorée.

• Verser dans le bouillon, ajouter le jaune d'oeuf battu, bien mélanger et cuire 2 minutes à « HIGH », en brassant après 1 minute de cuisson.

• Vérifier l'assaisonnement, saler et poivrer la sauce à votre goût.

• La ravigote est une sauce légèrement épaissie.

• On peut en faire une sauce poivrade en remplaçant le poivre moulu par **4 grains de poivre noir** concassés et **1 c. à soupe (15 mL) de cognac ou de vin blanc.**

Sauce au vermouth blanc

Préparation : . . . . **12 min**
Cuisson : . . . . **9 min**
Attente : . . . . **aucune**

Petit conseil : Une de mes sauces favorites, vite faite, relevant bien rognons et cervelle, parfaite pour réchauffer de minces tranches de rôti de boeuf ou de veau.

Ingrédients :

2 c. à soupe (30 mL) d'huile végétale

1 oignon moyen haché fin

1 échalote française hachée fin

1 c. à soupe (15 mL) de farine

2 c. à thé (10 mL) de purée de tomates

1/3 de tasse (80 mL) de vermouth blanc sec

1 tasse (250 mL) de bouillon de boeuf

1 c. à soupe (15 mL) de jus de citron

1/4 de c. à thé (1 mL) de sucre

sel et poivre au goût

Préparation :

- Chauffer l'huile végétale dans une mesure de 4 tasses (1 L) pendant 1 minute à «HIGH».

- Ajouter l'oignon et l'échalote, bien mélanger et cuire 2 minutes à «HIGH». Brasser dans ce mélange la farine et la purée de tomates.

- Bien mélanger, ajouter le vermouth et le bouillon de boeuf. Battre avec un fouet métallique.

- Cuire 4 minutes à «MEDIUM-HIGH» en brassant à mi-cuisson.

- Ajouter le jus de citron et le sucre, bien battre et cuire 2 minutes à «HIGH».

- Saler et poivrer au goût. Servir.

- Cette sauce se réchauffe très bien à «MEDIUM-HIGH».

Sauce aux champignons au vin blanc

Préparation : . . . . **11 min**
Cuisson : . . . . **5 min**
Attente : . . . . **aucune**

Petit conseil : Servir avec veau ou porc. Excellente pour arroser un reste de viande coupée en dés ou en tranches minces et il n'y a plus qu'à couvrir et passer 2 minutes à «HIGH» au moment de servir. Accompagner d'un riz pilaf.

Ingrédients :

1 c. à soupe (15 mL) de beurre

1 tasse (250 mL) comble de champignons tranchés mince

2 échalotes françaises ou 4 oignons verts

1 c. à soupe (15 mL) de fécule de maïs

1/2 tasse (125 mL) de vin blanc sec *ou* le jus d'un demi-citron

1 c. à soupe (15 mL) de crème

sel et poivre au goût

Préparation :

• Fondre le beurre dans une mesure de 4 tasses (1 L) 1 minute à «HIGH».

• Ajouter les champignons lavés et tranchés mince.

• Nettoyer les échalotes ou les oignons verts et les hacher finement.

• Ajouter aux champignons en même temps que la fécule de maïs, bien mélanger le tout.

• Cuire 2 minutes à «HIGH». Brasser.

• Ajouter le vin blanc ou le jus de citron, la crème, le sel et le poivre au goût, et cuire encore 2 minutes à «HIGH», en brassant à mi-cuisson.

• Cette sauce se réchauffe bien : 2 minutes à «MEDIUM» suffisent.

Sauce aux champignons pour timbales

Préparation : . . . . 10 min
Cuisson : . . . . 7 min
Attente : . . . . aucune

Petit conseil : La couleur de cette sauce «à tout faire» de même que sa saveur varient suivant que vous utilisez du madère ou de la sauce de soja. Les deux donnent de bons résultats.

Ingrédients :

3 c. à soupe (50 mL) de beurre ou
  de margarine

2 c. à soupe (30 mL) de farine

1 c. à thé (5 mL) de sauce de soja *ou*
  1 c. à soupe (15 mL) de madère sec

1/4 de c. à thé (1 mL) de sel

3/4 de tasse (200 mL) de crème légère ou
  de lait

1 boîte de 4 oz (112 g) de champignons hachés
  et non égouttés

1/4 de c. à thé (1 mL) d'estragon ou de cari

Préparation :

• Mettre le beurre dans un plat de 4 tasses (1 L).

• Chauffer 1 minute à «HIGH».

• Ajouter la farine, la sauce de soja ou le madère au beurre fondu pour obtenir une pâte lisse.

• Verser la crème ou le lait et remuer.

• Ajouter le sel, les champignons, l'estragon ou le cari. Cuire à découvert 2 minutes à «HIGH». Bien remuer.

• Cuire encore 4 minutes. Bien remuer de nouveau.

• À ce moment-là, la sauce doit être épaisse et crémeuse.

• Si elle refroidit avant d'être servie, la remuer et la réchauffer 1 minute à découvert à «HIGH».

Sauce vaucluse

Préparation : . . . . **10 min**
Cuisson : . . . . **6 min**
Attente : . . . . **aucune**

Ingrédients :

2 c. à soupe (30 mL) de beurre

2 c. à soupe (30 mL) de farine

1¹/₂ tasse (375 mL) de crème

sel et poivre au goût

2 jaunes d'oeufs battus

1 recette de sauce hollandaise

Préparation :

- Faire fondre le beurre 1 minute à «HIGH».

- Ajouter la farine et bien mélanger.

- Ajouter la crème, bien brasser. Cuire 3 à 4 minutes à «HIGH», en brassant quelques fois durant la cuisson, jusqu'à ce que la sauce soit crémeuse.

- Ajouter alors les jaunes d'oeufs battus en brassant sans arrêt, et la sauce hollandaise de votre choix, en continuant de battre pour obtenir une sauce lisse et crémeuse.

- Pour réchauffer, chauffer la sauce 1 minute à «HIGH», bien brasser, et si nécessaire, cuire 30 secondes de plus à «MEDIUM-HIGH». Bien brasser et servir.

Sauce barbecue

Préparation : . . . . **10 min**
Cuisson : . . . . **5 min**
Attente : . . . . **aucune**

Petit conseil : Cette sauce se garde dix jours au réfrigérateur ou deux mois au congélateur.

Ingrédients :

3 c. à soupe (50 mL) d'huile végétale ou d'huile d'olive

1 enveloppe de soupe à l'oignon

1/2 tasse (125 mL) de céleri en cubes

3/4 de tasse (200 mL) de sauce Chili ou de ketchup

1/4 de tasse (60 mL) de jus de tomates, de vin rouge ou d'eau

1/4 de c. à thé (1 mL) de graines de céleri

1/4 de tasse (60 mL) de vinaigre de cidre

1/4 de tasse (60 mL) de cassonade

1 c. à soupe (15 mL) de moutarde de Dijon

le zeste d'une orange ou d'un citron

Préparation :

• Mettre l'huile et le mélange de soupe à l'oignon dans un bol de 6 tasses (1,5 L). Bien mélanger et cuire à «HIGH» 1 minute.

• Ajouter le reste des ingrédients et bien remuer. Cuire 4 minutes à «HIGH». Bien mélanger.

• Refroidir avant de réfrigérer ou de congeler.

Comment beurrer une sauce

• Pour achever une sauce selon la méthode du chef, il suffit d'y ajouter un bon morceau de beurre dès la cuisson terminée et de la brasser jusqu'à ce que le beurre ait fondu.

• La chaleur de la sauce cuite fait fondre le beurre ; il n'est pas nécessaire de la remettre au four.

• C'est ce qui s'appelle «beurrer une sauce».

Ma sauce barbecue

Préparation :	10 min
Cuisson :	13 min
Attente :	aucune

Petit conseil : Au cours des années, j'ai fait de nombreuses sauces barbecue. Celle-ci demeure ma préférée. Elle peut être utilisée avec le porc, le boeuf, l'agneau ou la volaille. Quand elle a refroidi, la mettre dans un bocal de verre, la couvrir et la réfrigérer.

1/2 tasse (125 mL) de sirop de maïs

1/2 tasse (125 mL) d'eau froide

1/4 de tasse (60 mL) de rhum ou
de liqueur d'orange

Ingrédients :

1/2 tasse (125 mL) de cassonade foncée

1 c. à soupe (15 mL) de fécule de maïs

1 c. à thé (5 mL) de poudre de cari ou de Chili

1 boîte de 7½ oz (213 mL) de sauce tomate

1/2 tasse (125 mL) de vinaigre de cidre ou
de vin

1/2 tasse (125 mL) de sauce Chili ou
de ketchup

Préparation :

• Dans une grande tasse à mesurer mettre la cassonade, la fécule de maïs, la poudre de cari ou de Chili. Remuer pour mélanger.

• Ajouter la sauce tomate, le vinaigre, la sauce Chili ou le ketchup, le sirop de maïs et l'eau froide. Remuer pour mélanger. Faire cuire, à découvert, 10 minutes à «HIGH».

• Remuer, ajouter le rhum ou la liqueur d'orange. Faire cuire 3 minutes à «MEDIUM». Remuer.

• Verser dans un bocal de verre, couvrir et utiliser, ou réfrigérer.

Le poisson occupe une des premières places parmi les éléments nutrififs essentiels à un régime bien équilibré; nous devrions donc en faire cuire et en manger le plus souvent possible. Les diététiciens recommandent d'en manger jusqu'à quatre fois par semaine. Ils invoquent maintes raisons à l'appui. Le poisson est avant tout de faible teneur en *cholestérol,* le grand coupable de nos jours. Parmi les éléments d'excellente source protéinique, il est un des plus digestibles. Si nous le comparons aux viandes rouges, dont nous sommes friands, le poisson ne contient que le tiers environ des calories par portion, et au lieu de substances grasses saturées, il contient des substances grasses polyinsaturées. Relativement faible en sodium, le poisson est une excellente source de fer, d'iode et d'autres minéraux salutaires, de même que des vitamines A et D. Le poisson est de basse teneur fibreuse, c'est pourquoi je le sers avec des légumes et des céréales telles que le riz, l'orge, etc.

J'ai toujours aimé le poisson, depuis ma tendre enfance, parce que ma mère, pour qui cuisiner n'était pas le plus grand des plaisirs, a toujours su faire cuire le poisson à la perfection.

Dans l'adaptation de la cuisson du poisson aux techniques du four à micro-ondes, j'ai utilisé plusieurs de mes recettes. En plus d'être un grand succès, elles surpassaient en saveur et en texture celles que j'avais toujours dégustées avec plaisir. Ce n'est pas parce que je les avais fait cuire moi-même, mais parce que la cuisson aux micro-ondes maintient au meilleur la saveur des aliments.

Je me suis demandé pourquoi il en était ainsi. Le poisson contient de 60 à 80 pour cent d'eau, et pour obtenir un poisson tendre et savoureux, les jus doivent être retenus à la cuisson.

Existe-t-il une autre méthode de cuisson qui puisse rivaliser avec le four à micro-ondes dans ce domaine? La technologie moderne apporte le confort, la facilité de travail, la perfection dans la cuisson, la possibilité de retenir toute la saveur des aliments, la réduction inestimable des heures d'ouvrage et la facilité pour chacun des membres de la famille, jusqu'au plus jeune, de faire cuire son propre repas au besoin. La mère de famille qui travaille à l'extérieur acquiert une liberté jusqu'alors insoupçonnée. À tout cela s'ajoute la qualité de texture, de couleur et de saveur de tous les aliments cuits au four à micro-ondes.

On m'a souvent dit: «Je n'aurais jamais la patience de changer toutes mes recettes.». La cuisson au four à micro-ondes n'exige pas l'apprentissage d'une nouvelle méthode de cuisson, mais simplement l'adaptation de vos recettes à la cuisine aux micro-ondes, et avec le poissón, rien n'est plus facile. Il faut d'abord vous assurer que vous connaissez le type de poisson que vous allez faire cuire, soit gras comme le saumon, délicat comme la sole, épais comme l'aiglefin, etc., frais ou congelé, entier ou en filets minces ou épais. Cela vous aidera à déterminer la durée de la cuisson.

N'oubliez pas que la chair du poisson a une composition identique à celle de la viande, mais que celle du poisson contient peu de matière grasse par rapport à la viande. Le gras étant mauvais conducteur de chaleur, il s'ensuit que la chaleur pénètre beaucoup plus rapidement dans le poisson que dans la viande.

La durée de la cuisson est le point important. Même lorsque je dis: Faites cuire 5 minutes à «HIGH», vous devez vérifier après 3 minutes. Pourquoi? C'est que l'épaisseur et le degré d'humidité varient selon l'espèce de poisson, ce qui peut modifier le temps de cuisson d'une minute ou plus ou moins.

Il est facile de savoir si le poisson est cuit, parce que les protéines s'affermissent et se coagulent dans la sauce comme le blanc d'oeuf. Une autre bonne règle est de faire cuire le poisson 5 minutes par pouce (2,5 cm) d'épaisseur. Vous prenez un filet ou une darne de poisson entre deux doigts pour en vérifier l'épaisseur, et vous le faites cuire en conséquence.

Il faut éviter de saler le poisson avant la cuisson, car le sel extrait les sucs et diminue la saveur plutôt que de la relever. Il faut saler après la cuisson.*

Donc, encore une fois, sachez bien quel type de poisson vous ferez cuire, soit gras comme le saumon, délicat comme la sole de Douvres, épais comme l'aiglefin, etc., et bien que le contenu protéique soit identique à celui de la viande, le poisson contient peu de matière grasse, comme je l'ai déjà mentionné.

* *Certaines recettes demandent du sel soit à cause d'une sauce ou de certains légumes qui l'accompagnent.*

Coupes du poisson

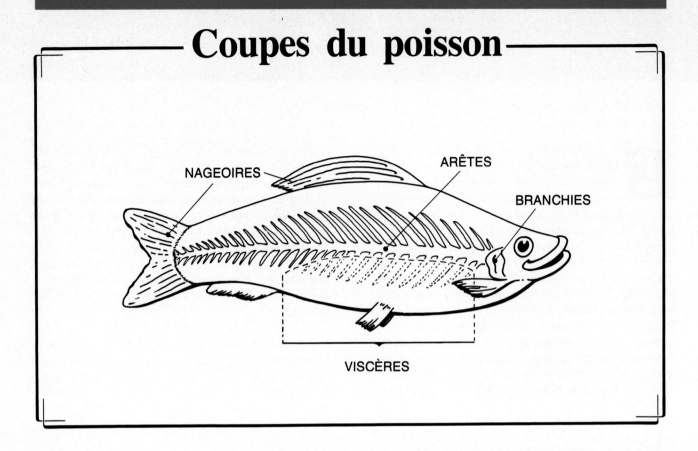

NAGEOIRES

ARÊTES

BRANCHIES

VISCÈRES

Avant de le faire cuire, vous pouvez enlever
les nageoires, les écailles et la tête.

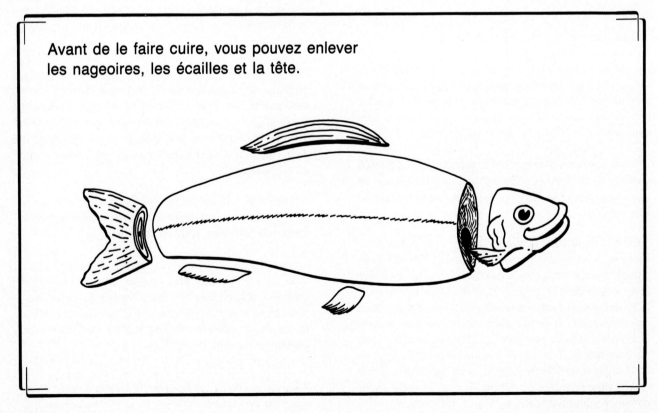

Les darnes ou steaks

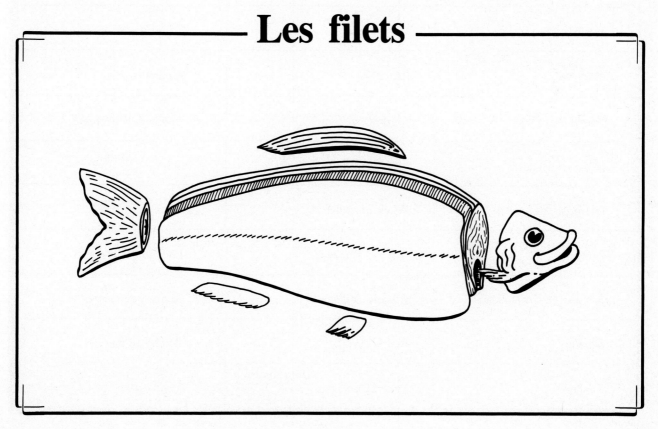

Les filets

Nouvelle terminologie des poissons

Noms français normalisés	Noms anglais usuels	Appellations souvent utilisées
Baudroie	Monk Fish	Lotte
Églefin ou aiglefin	Haddock	Haddeck
Flétan du Groenland	Groenland Turbot	Turbot
Goberge	Boston Bluefish ou Pollock	Colin, merlan
Hareng	Herring	Sardine
Limande à queue jaune	Yellowtail Sole ou Flounder	
Lotte	Burbot	Loche
Marigane noire	Black Crappie	Crapet Calicot
Merlu argenté	Silver Hake	Colin, merluche
Merluche	Red Hake	Merlan, merlu
Omble chevalier	Arctic Char	Omble de l'Arctique
Plie canadienne	American Plaice	Sole
Plie grise (Carrelet)	Witch Flounder	Sole
Poulamon	Atlantic Tomcod	Poisson des chenaux
Saumon de l'Atlantique	Atlantic Salmon	Saumon de Gaspé
Sébaste	Red Fish	Perche de mer
Touladi	Lake Trout	Truite grise

Savoir acheter

• Il est de plus en plus facile de se procurer du poisson : la qualité et la variété se retrouvent de plus en plus chez divers fournisseurs. Toutefois, comme c'est le cas pour tous les autres aliments, il faut savoir acheter.

• On trouve toute l'année du poisson congelé, fumé, en boîte ou salé. Dans le cas du poisson frais, il est évident qu'il vaut mieux l'acheter en saison. Il est alors à son meilleur.

• Dans sa brochure *L'art de cuire le poisson,* le Centre alimentaire du Service des pêches et de la mer (Gouvernement du Canada) fait les recommandations suivantes :

Poisson frais, entier ou habillé — Recherchez du poisson

• à l'odeur douce et caractéristique de l'espèce,

• aux yeux pleins et brillants,

• aux ouïes rouge vif,

• à la peau luisante,

• aux écailles bien adhérentes,

• au corps ferme ou rigide et

• à la chair ferme et élastique, qui ne retient pas l'empreinte des doigts lorsqu'on le manipule.

Filets et darnes de poisson frais — Recherchez des filets et des darnes

• à l'odeur douce et caractéristique de l'espèce,

• à la chair ferme et élastique, qui ne se sépare pas facilement des arêtes et

• qui paraissent fraîchement coupés.

Poisson congelé entier, en filets ou en darnes — Recherchez du poisson

• en paquets solidement congelés,

• enveloppé de papier à l'épreuve de la vapeur et de l'humidité, ou enrobé de givre,

• dans des emballages serrés, ne renfermant que peu ou pas d'air entre le poisson et l'enveloppe,

• à chair ferme et luisante, sans indice de dessèchement,

• sans coloration ni flétrissure,

• sans taches blanches ou brûlures de congélation et

• sans cristaux de givre ou de glace à l'intérieur du paquet.

Instructions générales

• Laver le poisson avant de commencer la recette.

• Disposer le poisson en une seule couche ; ne pas dépasser les bords du plat.

• Chaque filet peut être roulé, ce qui convient de préférence aux filets minces.

• Cela s'applique à la cuisson du poisson quelle qu'elle soit.

Cuisson par la durée

• Couvrir le plat d'une feuille de plastique ou d'un couvercle.

• Faire cuire selon l'intensité et le temps minimum recommandés au tableau.

Cuisson par auto-senseur ou «COMB» (Combinaison)

• Couvrir le plat d'une feuille de plastique.

• Utiliser le programme «Auto-senseur COOK A8» ou selon les instructions du manuel de votre four.*

• POUR TOUS LES PLATS DE POISSON, LAISSER REPOSER 5 MINUTES APRÈS LA CUISSON.

• Vérifier la cuisson avant de la prolonger.

• Lorsqu'ils sont cuits, les poissons deviennent opaques et s'effritent facilement sous la fourchette.

• Si la cuisson n'est pas suffisante, remettre au four et faire cuire 30 à 60 secondes de plus.

* *Bien étudier le manuel de votre four pour comprendre clairement les données du tableau de la page 152.*

Petit truc : Avant de faire cuire un poisson entier ou un morceau de poisson épais, le rincer à l'eau salée très froide. Utiliser 1/4 de tasse (60 mL) de gros sel par 6 à 8 tasses (1,5 à 2 L) d'eau froide. Le laisser tremper quelques minutes et le retirer de l'eau. L'assécher avec une serviette de papier.

Méthode de décongélation du poisson dans un four à micro-ondes au cycle décongélation

• Faire une incision sur le dessus du paquet avec la pointe d'un couteau.

• Ouvrir chaque extrémité de l'emballage.

• Placer le paquet sur une assiette renversée recouverte d'une serviette de papier absorbant, ce qui permet plus de circulation d'air chaud autour du poisson et contribue à une meilleure décongélation. Régler le four au cycle décongélation et procéder comme suit:

• Faire décongeler 2 minutes 15 secondes, laisser reposer 3 minutes (il n'est pas nécessaire de le sortir du four).

• Retourner, puis faire décongeler une autre minute et laisser reposer 2 minutes.

• Retourner et compléter la décongélation durant 2 minutes.

• Retirer le poisson de l'emballage. Il se peut qu'à ce moment-là il soit encore un peu gelé au centre, ce qui n'empêche pas de couper le poisson en quatre morceaux égaux ou de le diviser en filets, pour ensuite le faire cuire selon son désir.

Décongélation établie en fonction du poids de l'aliment

• Certains fours offrent le choix de décongélation établie en fonction du poids de l'aliment ou de la durée du processus.

• Vous pouvez programmer la décongélation établie en fonction du poids qui est très précise, en commençant par lire les instructions données dans le manuel de votre four.

• La décongélation établie en fonction du poids est basée sur le cycle automatique suivant: le cycle de décongélation pour viandes, volailles et poissons s'étend de 0,1 lb — environ 1 1/2 oz, jusqu'à 5,9 lb (42 g à 3 kg). Si vous effleurez les touches du poids et de la décongélation (Defrost), le système d'auto-programmation indiquera au registre le poids, de 1 à 6 lb (0,5 à 3 kg) de toute pièce de viande, volaille ou de poisson généralement décongelée.

• Je tiens à répéter que si votre four est muni de l'auto-décongélation établie en fonction du poids, vous devez lire les instructions de votre manuel pour en bien comprendre l'utilisation.

Une autre méthode de décongélation du poisson

• Si vous n'avez pas la touche «DEFROST» ou «DEFROST BY WEIGHT» sur votre four, voici comment procéder:

• Mettre le paquet surgelé (sauf s'il est enveloppé de papier aluminium, il faut alors le développer) sur une double épaisseur de serviettes de papier sur le plateau du four.

• Programmer le four à «DEFROST» ou «MEDIUM», et tourner le paquet une fois pendant la décongélation.

• Généralement, une livre (500 g) de filets de poisson se décongèle suffisamment en 3 minutes pour que les filets puissent être séparés sous l'eau froide.

• Le poisson décongelé doit être cuit sans tarder.

Méthode de décongélation des bâtonnets de poisson

• Si votre four a le cycle «DEFROST-COOK», consultez le manuel d'instructions.

• Si vous voulez décongeler vos bâtonnets de poisson dans le four à micro-ondes, voici ma façon préférée de procéder et de les servir.

Ingrédients:

1 lb (500 g) de bâtonnets de poisson surgelés

le zeste râpé d'un demi-citron (facultatif)

1 c. à soupe (15 mL) d'aneth frais émincé (facultatif)

Préparation:

• Placer une grille dans le fond d'un plat de verre, de plastique ou de céramique de 12 pouces sur 8 pouces (30 sur 20 cm).

• Placer les bâtonnets de poisson sur la grille, les uns à côté des autres, en laissant un peu d'espace entre chacun.

• Ne pas recouvrir.

• Faire cuire 2 minutes à «HIGH».

• Faire faire un quart de tour au plat, s'il n'y a pas de plateau rotatif dans le four.

• Faire cuire à «HIGH» 2 minutes.

• Retirer du four et laisser reposer pendant 5 minutes, puis faire cuire de nouveau 1 minute à «HIGH».

• Les bâtonnets de poisson seront bien décongelés et très savoureux.

• Les servir avec la sauce de votre choix ou parsemer le poisson de zeste de citron et d'aneth.

Sauces d'arrosage pour le poisson

> **Petit conseil:** Le poisson, contrairement, à la viande, est plus savoureux et moins sec s'il est arrosé au moins une fois durant la cuisson.

• S'il y a de la sauce autour du poisson, l'utiliser; sinon, voici quelques suggestions, à votre choix:

2 c. à soupe (30 mL) d'eau chaude *et*

2 c. à soupe (30 mL) de beurre

ou

2 c. à soupe (30 mL) d'eau chaude *et*

4 c. à soupe (60 mL) de vin blanc

ou

1/4 de tasse (60 mL) d'eau chaude *et*

le jus d'un demi-citron

ou

1/3 de tasse (80 mL) de jus de tomate chaud

ou

3 c. à soupe (50 mL) de crème sure ou de crème à fouetter.

• Bien entendu, chacun de ces ingrédients donnera une saveur distincte de même qu'une texture différente au poisson.

Cuisson des poissons

Poisson	Quantité	Sélecteur d'instensité	Durée de cuisson approx. (en min)
Tous les filets de poisson	1 livre (500 g)	«HIGH»	4 à 6
Steaks de poisson	4 (6 onces chacun)	«HIGH»	6 à 8
Poisson entier (farci ou non)	1$^{1}/_{2}$ à 1$^{3}/_{4}$ livre (750 g)	«HIGH»	9 à 11

Préparation et cuisson des poissons au cycle FREEZE-COOK

Poisson	Cycle auto-senseur FREEZE-COOK	Durée de cuisson approx. (en min)	Instructions spéciales
Steaks de poisson 1 livre (500 g)	«FROZ-COOK A8»	20 à 21	Surgelés individuellement. Ajouter 1/4 de tasse (60 mL) d'eau par livre (500 g).
Filets de poisson 1 livre (500 g)	«FROZ-COOK A8»	18 à 19	Surgelés individuellement. Disposer en une couche.
Poisson entier 1 livre (500 g)	«FROZ-COOK A6»	20 à 21	Disposer en une seule couche. Ajouter 1/4 de tasse (60 mL) d'eau par livre (500 g).

Poisson poché à l'eau

Préparation : . . . . **1 min**
Cuisson : . . . . **de 13 à 19 min**
Attente : . . . .**5 min**

Petit conseil : Voici la méthode à utiliser pour la cuisson de petits poissons entiers ou de tranches de gros poissons.

Préparation :

• Assaisonner chaque tranche de poisson de quelques gouttes de jus de citron et d'une pincée de poivre.
• Placer les tranches de poisson les unes à côté des autres telles qu'elles étaient avant de les couper ; envelopper le tout dans un linge (tout linge blanc peut servir).
• Verser dans un plat de 4 tasses (1 L) en plastique ou en pyrex, avec couvercle,

2 tasses (500 mL) d'eau tiède ou froide.

• Faire chauffer 10 minutes à «HIGH».
• Découvrir, déposer le poisson enveloppé dans l'eau chaude.
• Faire cuire 3 minutes par livre (500 g) à «HIGH».
• NE PAS FAIRE CUIRE PLUS DE 3 LIVRES (1,5 KG) À LA FOIS.
• Laisser reposer 5 minutes dans l'eau.
• Retirer et réfrigérer, ou servir avec la sauce de votre choix.

Poisson poché au lait

Préparation : . . . . **8 min**
Cuisson : . . . . **de 6 à 15 min**
Attente : . . . .**aucune**

Préparation :

• Couper le poisson de votre choix en portions individuelles.
• Le recouvrir d'eau froide, y ajouter

1 c. à soupe (15 mL) de gros sel .

• Et le laisser tremper 5 minutes. Égoutter.
• Verser dans un plat de 6 tasses (1,5 L),

2 tasses (500 mL) de lait .

• Couvrir et faire chauffer 2 minutes à «HIGH».
• Mettre le poisson dans le lait bouillant, couvrir et faire cuire à «HIGH» 4 minutes par livre (500 g).
• NE PAS FAIRE CUIRE PLUS DE 3 LIVRES (1,5 KG) À LA FOIS.

Petit conseil : Si vous désirez utiliser le lait, retirer le poisson avec une écumoire. Mettre en crème **2 c. à soupe (30 mL) de beurre** avec **2 c. à soupe (30 mL) de farine.** Ajouter au lait chaud. Bien remuer. Faire cuire 2 minutes à découvert. Bien remuer ; si la sauce n'est pas assez épaisse, la faire cuire une minute de plus ou au besoin.

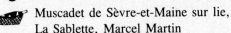

Côtes de Duras (blanc), Chauvenet
Muscadet de Sèvre-et-Maine sur lie, La Sablette, Marcel Martin

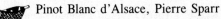

Riesling d'Alsace, Jean Hugel
Pinot Blanc d'Alsace, Pierre Sparr

Poisson poché au court-bouillon

Préparation :	7 min
Cuisson :	15 min
Attente :	15 min

Ingrédients :

6 tasses (1,5 L) d'eau

1 c. à soupe (15 mL) de gros sel

1/2 tasse (125 mL) de vinaigre de cidre

1 grosse carotte tranchée

quelques tiges de persil, frais ou séché

1 feuille de laurier

1/4 de c. à soupe (3,75 mL) de thym

1/2 c. à soupe (7,5 mL) de grains de poivre

2 oignons coupés en quatre

Préparation :

• Mettre les ingrédients dans un plat de 8 tasses (2L).

• Faire cuire à «HIGH» 15 minutes.

• Laisser reposer 15 minutes.

• Passer au tamis, en réservant le liquide qui est remis dans le plat de cuisson.

• Ajouter le poisson et faire cuire à «HIGH», en programmant la durée selon le poids et l'espèce de poisson.

Petit conseil : Le vinaigre peut être remplacé par une égale quantité de jus de citron ou un petit citron non pelé, tranché.

Muscadet La Sablette, Marcel Martin
Graves (blanc), Château Archambeau

Manière de pocher les filets minces

Préparation :	2 min
Cuisson :	3 min
Attente :	5 min

Préparation :

• Cette méthode est utilisée pour faire pocher de minces filets, tels que filets de sole ou d'autres poissons du même genre.

• Mettre les filets les uns à côté des autres dans un plat de verre beurré.

• Verser dessus

1/4 de tasse (60 mL) de crème, de lait, d'eau ou de vin blanc

• Chaque liquide donnera une saveur différente.

• Saupoudrer les filets de **poivre et de muscade.**

• Couvrir le plat d'une feuille de plastique.

• Faire cuire 3 minutes à «HIGH».

• Laisser reposer 5 minutes, saler le poisson et le servir avec votre sauce préférée.

Manière de pocher un poisson pour le servir froid

Préparation : . . . . **5 min**
Cuisson : . . . . **2 min par lb**
Attente : . . . . **de 6 à 12 h**

Petit conseil : Il y a plusieurs manières de pocher différents poissons. La recette qui suit en est une de base. Également utilisée comme bouillon aromatique, pour réfrigérer le poisson que l'on désire servir froid.

• Aromatiser de la même manière que pour pocher du poisson frais.

Ingrédients :

4 à 5 grains de poivre

1 c. à thé (5 mL) de gros sel

1 feuille de laurier

1/4 de c. à thé (1 mL) de thym

2 tranches de citron non pelées (facultatif)

Préparation :

• Amener à ébullition
1/2 tasse (125 mL) d'eau par livre (500 g) de poisson.

• Verser sur le poisson.

• Couvrir le plat d'une feuille de plastique et pocher 2 minutes par livre (500 g) à «HIGH».

• Faire une ou deux incisions dans la feuille de plastique et laisser refroidir le poisson dans son eau de cuisson.

• Ensuite, toujours sans découvrir, mettre au réfrigérateur pendant 6 à 12 heures.

• Pour le servir, enlever la peau s'il y a lieu, tel que pour le saumon.

• Mettre le poisson sur un joli plat et le napper d'une mayonnaise à la gélatine.

Fumet de poisson

Préparation : . . . . **10 min**
Cuisson : . . . . **20 min**
Attente : . . . . **15 min**

Petit conseil : Le fumet est utilisé pour pocher le poisson, mais surtout comme liquide pour un aspic ou encore comme garniture pour glacer un poisson poché. Il sert également à faire une sauce veloutée ou sabayon pour accompagner le poisson. J'en garde dans mon congélateur en contenants de 2 tasses (500 mL).

Ingrédients :

2 lb (1 kg) de têtes, arêtes et parures de poissons*

1 gros oignon, tranché

1 poireau, tranché (facultatif)

1 branche de céleri, en dés

2 c. à soupe (30 mL) de feuilles de céleri

1 feuille de laurier

1/2 c. à thé (2 mL) de thym

10 grains de poivre

6 tasses (1,5 L) d'eau

1 c. à thé (5 mL) de gros sel

2 tasses (500 mL) de vin blanc

Préparation :

• Mettre dans une casserole de 12 tasses (3 L), les têtes et parures de poisson, l'oignon, le poireau, le céleri et ses feuilles, la feuille de laurier, le thym, les grains de poivre, l'eau et le sel. Couvrir.

• Faire cuire 10 minutes à «MEDIUM-HIGH». À l'aide d'une écumoire, enlever l'écume qui s'accumule à la surface.

• Ajouter le vin.

• Faire cuire à «MEDIUM-HIGH» 10 minutes.

• Laisser reposer 15 minutes.

• Couler dans une passoire doublée d'un linge ; vous aurez alors un liquide clair.

* Il est facile d'obtenir des parures de poisson d'une poissonnerie.

155

Petits poissons cuits au four à micro-ondes

Préparation : . . . . **2 à 3 h**
Cuisson : . . . . **4 min par lb**
Attente : . . . .**aucune**

Petit conseil : Par cette méthode, vous obtenez un poisson croustillant à l'extérieur et poché à l'intérieur.

Ingrédients :

2 tasses (500 mL) de lait

1/2 c. à thé (2 mL) de sel et autant de moutarde sèche

1 feuille de laurier

1/2 c. à thé (2 mL) de thym

Préparation :

• Mélanger les ingrédients dans un moule à gâteau de 8 po (20 cm).

• Tailler le poisson en portions individuelles.

• Les retourner dans le mélange et les laisser mariner de 2 à 3 heures à la température ambiante.

• Retirer le poisson du lait et le passer dans de la chapelure fine pour bien l'enrober.

• Beurrer un plat assez grand pour contenir le poisson et y placer les morceaux les uns à côté des autres.

• Arroser le poisson enrobé avec un mélange de **3 à 4 c. à soupe (50 à 60 mL) de beurre fondu et autant de jus de citron**, à l'aide d'une grande cuillère pour en verser sur chaque morceau.

• Faire cuire à «HIGH» 4 minutes par livre (500 g). Servir aussitôt prêt.

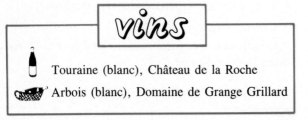

Touraine (blanc), Château de la Roche

Arbois (blanc), Domaine de Grange Grillard

Filets de poisson farcis

Préparation : . . . . **10 min**
Cuisson : . . . . **12 min**
Attente : . . . . **aucune**

- Beurrer copieusement un plat en céramique ou en verre de 8 sur 8 po (20 sur 20 cm).

- Disposer les filets au fond du plat, les uns à côté des autres. Recouvrir de la farce suivante :

La farce :

- C'est une recette de base qui se prête à de multiples variantes, au goût.

- Beurrer deux tranches de pain des deux côtés. Au choix, la croûte peut être enlevée. Tailler le pain en dés.

- Y ajouter

1 oeuf légèrement battu

2 petits cornichons en dés

1/2 c. à thé (2 mL) de paprika

1/4 de c. à thé (1 mL) de thym

4 c. à soupe (60 mL) de lait

sel et poivre au goût

- Bien mélanger et étaler sur les filets.

- Recouvrir d'une couche de filets.

- Faire fondre 1 minute à « HIGH »

3 c. à soupe (50 mL) de margarine ou de beurre par livre (500 g) de poisson

- Y ajouter

1 c. à thé (5 mL) de moutarde de Dijon

1/4 de c. à thé (1 mL) de poudre de cari

et le zeste râpé d'un demi-citron

- Bien mélanger et verser le mélange également sur le tout.

- Faire cuire 12 minutes à « MEDIUM-HIGH ».

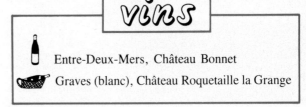

Entre-Deux-Mers, Château Bonnet

Graves (blanc), Château Roquetaille la Grange

Poisson étuvé à l'orientale

Préparation : . . . . **3 min**
Cuisson : . . . .**3 min ou plus**
Attente : . . . . **10 min**

Petit conseil : Tous les poissons peuvent être cuits à l'étuvée ; ils sont également bons servis chauds ou froids. Cette méthode est recommandée pour les régimes d'amaigrissement ou faibles en matières grasses.

Préparation :

• Utiliser un plat de 8 sur 10 po (20 sur 25 cm) en céramique ou en verre, avec couvercle hermétique.

• Choisir une grille pouvant accommoder 2 morceaux de poisson au moins, bien que de deux à six morceaux puissent être étuvés à la fois.

• Verser $1^1/_2$ à 2 po (5 cm) d'eau chaude au fond du plat, ou juste ce qu'il faut pour atteindre la grille

• Disposer les morceaux de poisson sur une assiette ou un petit plat, parsemer

de dés de beurre

• et arroser de

quelques gouttes de jus de citron ou de lime frais

• Placer l'assiette sur la grille.

• Couvrir et étuver 3 minutes à «HIGH» pour un filet ou un steak.

• Ajouter une minute de cuisson pour chaque morceau de poisson additionnel.

• Retirer du four aussitôt la cuisson terminée. Laisser reposer 10 minutes sans découvrir et servir.

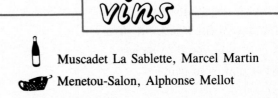

vins

Muscadet La Sablette, Marcel Martin

Menetou-Salon, Alphonse Mellot

Poisson à la japonaise

Préparation : . . . . **12 min**
Cuisson : . . . . **de 12 à 14 min**
Attente : . . . . **aucune**

• Les graines de sésame rôties et le gingembre frais donnent une saveur délicate et intéressante à tout filet de poisson ou éperlan poché à l'orientale.

Ingrédients :

2 à 3 c. à soupe (30 à 50 mL) de graines de sésame

1 c. à thé (5 mL) d'huile végétale

1/4 de tasse (60 mL) de saké ou d'eau ou
   de vin blanc léger

1 c. à thé (5 mL) de racine de gingembre frais râpée

1/2 c. à thé (2 mL) de sel

2 lb (1 kg) de poisson de votre choix

Sauce :

3 c. à thé (15 mL) d'huile végétale

1/4 de tasse (60 mL) de sauce de soja
   (Kikkoman si possible)

1/4 de c. à thé (1 mL) de poivre fraîchement moulu

les graines de sésame rôties

1/2 tasse (125 mL) d'oignon vert émincé

Préparation :

• Dans un petit bol de verre, placer les graines de sésame et 1 c. à thé (5 mL) d'huile végétale.

• Faire dorer 1 à 2 minutes à « HIGH », en brassant 3 fois.

• Lorsque les graines de sésame sont dorées, les mettre de côté.

• Dans un plat assez grand pour contenir tous les ingrédients, verser le saké, l'eau ou le vin blanc, la racine de gingembre et le sel.

• Couvrir et faire cuire 5 minutes à « MEDIUM » afin de faire ressortir la saveur délicate du gingembre.

• Ajouter le poisson au liquide chaud en l'arrosant 3 à 4 fois.

• Couvrir et faire cuire 5 à 7 minutes à « MEDIUM-HIGH » selon le type de poisson utilisé.

• Vérifier la cuisson à l'aide d'une fourchette. Si le poisson se défait, c'est qu'il est cuit.

• Laisser reposer couvert pendant que vous préparez la sauce.

La sauce :

• Dans un bol, mélanger l'huile végétale, la sauce de soja, le poivre et les graines de sésame.

• Faire chauffer 40 secondes à « HIGH ».

• Verser sur le poisson cuit et saupoudrer le tout de l'oignon vert émincé, et servir.

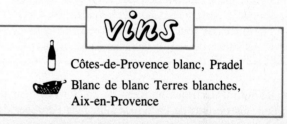

Côtes-de-Provence blanc, Pradel

Blanc de blanc Terres blanches,
Aix-en-Provence

Les filets de poisson cuits au four à micro-ondes (convexion)

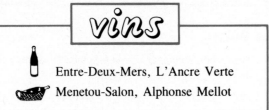
vins

Entre-Deux-Mers, L'Ancre Verte
Menetou-Salon, Alphonse Mellot

Préparation :	**5 min**
Cuisson :	**3 min**
Attente :	**aucune**

Petit conseil : Le poisson cuit selon cette méthode sera d'un beau doré, tendre et humide. Une excellente méthode pour la cuisson de steaks de saumon, d'épais filets de morue, de flétan ou de turbot frais.

• Badigeonner chaque morceau de poisson, de beurre, d'huile ou de gras de bacon ramolli, puis l'enrober de chapelure.

• Disposer les morceaux de poisson les uns à côté des autres sur un plat de verre ou de céramique qui résiste à la chaleur.

• Ne pas dépasser les bords du plat.

• Mettre la grille basse sur le plateau rotatif de votre four, si votre four en est muni.

• Préchauffer le four à micro-ondes-convexion à 450°F (230°C) (consulter le manuel de votre four à cet effet).

• Lorsque le four a fini de chauffer, disposer le plat de poisson sur la grille dans le four.

• Remettre le four à 450°F (230°C) et faire cuire 3 minutes pour chaque 3 morceaux de poisson.

• La durée de cuisson varie légèrement selon le type de poisson. Vérifier la cuisson avant de retirer le poisson du four.

• Accompagner d'une sauce de votre choix.

Filets de poisson bonne femme

Préparation : . . . . 15 min
Cuisson : . . . . 17 min
Attente : . . . . aucune

• Les filets de poisson de votre choix, frais ou surgelés, peuvent être apprêtés selon ce classique de la cuisine française.

Ingrédients :

1 à 2 lb (500 g à 1 kg) de filets de poisson au choix

1 c. à thé (5 mL) de sel

1/4 de c. à thé (1 mL) de poivre

3 c. à soupe (50 mL) de beurre

2 gousses d'ail, finement hachées

1 oignon moyen, taillé fin

3 oignons verts, hachés

1/2 lb (250 g) de champignons frais,
    coupés en quatre

1/2 tasse (125 mL) de cidre ou de vin blanc sec

1/4 de tasse (60 mL) de crème à fouetter

Bordeaux (blanc), Chevalier Vedrines
Graves (blanc), Château Magence

Préparation :

• Éponger les filets avec un papier absorbant.

• Saupoudrer de poivre et de 1/4 de c. à thé (1 mL) de sel.

• Préchauffer un plat à griller (Corning) 5 minutes.

• Ajouter les ingrédients suivants dans le plat chaud sans le retirer du four : beurre, ail, oignon, oignons verts et la moitié des champignons. Bien mélanger.

• Ajouter le reste du sel, remuer, et faire cuire 2 minutes à «HIGH». Bien mélanger.

• Disposer les filets roulés ou entiers sur les légumes. Saupoudrer du reste des champignons.

• Arroser le tout du cidre ou du vin blanc.

• Recouvrir le plat de papier ciré et faire cuire 4 à 5 minutes à «HIGH».

• Laisser reposer 3 minutes.

• Disposer le poisson avec soin, à l'aide d'une cuiller perforée, sur un plat chaud.

• Également avec la cuiller, retirer les champignons en les égouttant et les saupoudrer sur le poisson et autour.

• Faire cuire la sauce de 5 à 7 minutes à «HIGH», ou jusqu'à ce qu'elle réduise de moitié.

• Fouetter la crème et l'incorporer à la sauce chaude en battant avec un fouet.

• Verser sur le poisson et servir.

Filets de poisson pochés au beurre

Préparation : . . . . **de 30 min à 2 h**
Cuisson : . . . . **9 min**
Attente : . . . . .aucune

Petit conseil : De préparation facile et rapide. Délicieux avec des filets de sole ; l'aiglefin et la morue sont également bons, seule la durée de cuisson varie. La sauce est si simple à préparer : un mélange d'aneth ou de persil avec jus de citron ou de lime. Que ce soit de l'aneth ou du persil frais, la saveur est distincte.

Ingrédients :

2 lb (1 kg) de filets de poisson au choix

1/3 de tasse (80 mL) de beurre

sel et poivre

le zeste râpé d'un citron

1 c. à soupe (15 mL) d'aneth frais, haché *ou*
1/4 de tasse (60 mL) de persil frais, émincé

Préparation :

• Mettre le poisson dans un plat et recouvrir d'eau très froide, y ajouter 2 c. à soupe (30 mL) de gros sel.

• Laisser reposer de 30 minutes à 2 heures.

• Ce traitement empêche le poisson de se dessécher durant la cuisson et en accentue la saveur.

• Retirer le poisson de l'eau et bien l'éponger avec une serviette de papier.

• Préchauffer un plat à griller (Corning) 6 minutes à « HIGH ».

• Beurrer un côté de chaque filet.

• Sans retirer le plat du four, y disposer le poisson, le côté beurré au fond du plat.

• Faire cuire 2 ou 3 minutes à « MEDIUM-HIGH ».

• Disposer le poisson sur un plat chaud, saupoudrer de sel et de poivre, de jus de citron, d'aneth ou de persil, et au goût, l'arroser de beurre fondu.

vins

Muscadet de Sèvre-et-Maine, Moc-Baril
Riesling, Jean Hugel

Filets ou tranches de poisson au beurre

Préparation : . . . . 8 min
Cuisson : . . . . 12 min
Attente : . . . . 10 min

Petit conseil : Vous obtiendrez de beaux filets (ou tranches de poisson) bien dorés aux micro-ondes, à l'aide d'un plat à griller (Corning).

Ingrédients :

- **1 lb (500 g) de filets ou darnes de poisson**
- **1 blanc d'oeuf**
- **2 c. à soupe (30 mL) d'eau froide ou de jus de citron**
- **1 tasse (250 mL) de chapelure fine**
- **1 c. à thé (5 mL) de paprika**
- **2 c. à soupe (30 mL) de beurre, margarine ou huile végétale**

Préparation :

- Couper les filets en portions individuelles.
- Mettre dans un petit bol le blanc d'oeuf légèrement battu et l'eau froide ou le jus de citron.
- Mettre la chapelure et le paprika sur une feuille de papier ciré.
- Faire fondre le beurre ou la margarine 1 minute à « HIGH ».
- Passer chaque morceau de poisson dans le mélange de blanc d'oeuf, puis dans la chapelure.
- Mettre les morceaux de poisson sur une feuille de papier ciré et verser un peu du gras choisi seulement sur un côté.
- Préchauffer le plat à griller 5 minutes à « HIGH », puis, sans retirer le plat du four, y mettre les morceaux de poisson, le côté beurré touchant le fond. Presser chaque morceau avec une fourchette.
- Faire cuire 5 à 6 minutes à « MEDIUM ».
- Retourner chaque morceau avec une spatule.
- Laisser reposer 10 minutes dans le four ou en dehors, le plat recouvert d'un linge.
- Le dessus sera doré et croustillant et le tout bien cuit.

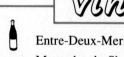

Entre-Deux-Mers, Château Bonnet

Muscadet de Sèvre-et-Maine, Clos de la Sablette, M. Martin

Filets de poisson à la chinoise

Préparation : . . . . **7 min**
Cuisson : . . . . **de 5 à 6 min**
Attente : . . . . **5 min**

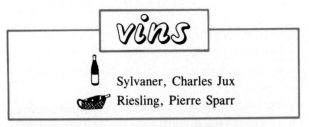

Sylvaner, Charles Jux
Riesling, Pierre Sparr

Petit truc : Pour enlever toute odeur de cuisson du four, mélanger dans un petit bol en verre le jus et le zeste d'un citron avec un peu d'eau. Chauffer aux micro-ondes 5 minutes à «HIGH», puis essuyer l'intérieur du four avec un linge humide.

Ingrédients :

2 c. à soupe (30 mL) de sauce soja

le zeste râpé d'un citron

1 c. à soupe (15 mL) de jus de citron

1 c. à soupe (15 mL) de ketchup

1 gousse d'ail émincée

1 c. à soupe (15 mL) de racine de gingembre fraîche, râpée

1 lb (500 g) de filets de poisson de votre choix, frais ou décongelés

Préparation :

• Mélanger la sauce soja, le jus et le zeste de citron, le ketchup, l'ail et le gingembre dans un plat en verre de 8 sur 8 po (20 sur 20 cm).

• Découper le poisson en portions et les disposer dans le plat en les roulant dans la sauce. Couvrir de papier ciré.

• Faire cuire 5 à 6 minutes à «HIGH», ou jusqu'à ce que la chair se défasse facilement.

• Laisser reposer 5 minutes sans découvrir.

• Servir le poisson arrosé de la sauce du plat.

Filets
à l'anglaise

Préparation : . . . . **5 min**
Cuisson : . . . . **de 4 à 6 min**
Attente : . . . . **5 min**

Petit conseil : C'est une recette très simple, mais délicieuse. Le poisson peut être frais ou surgelé ou décongelé.

Ingrédients :

1 lb (500 g) de filets de votre choix

1 citron, jus et zeste

3 c. à soupe (50 mL) de beurre fondu ou
de margarine

1/2 c. à thé (2 mL) de paprika

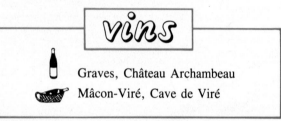

Graves, Château Archambeau

Mâcon-Viré, Cave de Viré

Préparation :

• Découper les filets en portions.

• Passer chaque morceau dans le jus de citron additionné du zeste.

• Placer les morceaux de poisson dans un plat de verre de 8 sur 8 po (20 sur 20 cm) ou une assiette à tarte en verre de 9 po (23 cm).

• Badigeonner avec un pinceau chaque filet du corps gras fondu. Saupoudrer de paprika.

• Couvrir le plat de papier ciré et faire cuire à «HIGH» 4 à 6 minutes, selon le poisson utilisé.

• Ne pas retourner.

• Laisser reposer 5 minutes et servir avec le beurre du plat de cuisson.

• Saler et poivrer.

Filets de poisson meunière

Préparation : . . . . 8 min
Cuisson : . . . . 13 min
Attente : . . . . 6 min

La méthode classique de la cuisine française pour faire dorer les filets de poisson, et croyez-moi, on peut très bien réussir un filet de poisson bien doré au four à micro-ondes.

> **Petit conseil :** Il importe de savoir que le poisson, qui contient de 60 à 80 % d'eau et à peu près 18 % de matières albuminoïdes, doit cuire tout comme les oeufs dans un minimum de temps ; ce qui conserve le jus naturel d'un poisson à saveur délicate.
>
> Utiliser de l'huile d'olive ou végétale de préférence au beurre qui brûle facilement et confère un goût délicieux au poisson.

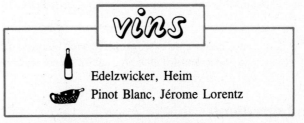

vins

Edelzwicker, Heim
Pinot Blanc, Jérome Lorentz

Ingrédients :

1 blanc d'oeuf

2 c. à soupe (30 mL) d'eau froide

2 c. à soupe (30 mL) de farine

1 c. à soupe (15 mL) de fécule de maïs

sel et poivre au goût

1 lb (500 g) de minces filets ou steaks de poisson

2 c. à soupe (30 mL) d'huile végétale

2 c. à soupe (30 mL) de beurre

1 c. à thé (5 mL) de câpres ou de petits cornichons taillés en dés

Préparation :

• Mélanger le blanc d'oeuf et l'eau dans une assiette creuse.

• Mélanger sur un papier ciré, la farine, la fécule, le sel et le poivre.

• Rouler chaque morceau de poisson dans le mélange du blanc d'oeuf et ensuite dans celui de la farine.

• Préchauffer un plat à griller (Corning) 6 minutes à «HIGH».

• Ajouter l'huile sans retirer le plat du four, y placer les morceaux de poisson les uns à côté des autres.

• Ensuite, bien presser avec une fourchette sur chaque morceau, afin d'établir un parfait contact entre le plat et le poisson.

• Faire dorer 6 minutes à «HIGH», retourner le poisson avec soin et le laisser reposer 6 minutes dans le four, sans chaleur.

• Mettre dans un plat de cuisson le beurre et les câpres ou petits cornichons.

• Faire chauffer 1 minute à «HIGH». Verser sur le poisson. Servir sur une assiette chaude, la partie dorée sur le dessus.

Sauce veloutée

Préparation : . . . . **2 min**
Cuisson : . . . . **de 8 à 9 min**
Attente : . . . . **aucune**

• Une sauce blanche de base, préparée avec bouillon de poisson, jus de palourdes en boîte, lait ou crème légère, qui se prête à maintes variantes.

Ingrédients :

2 c. à soupe (30 mL) de beurre

2 c. à soupe (30 mL) de farine

1 tasse (250 mL) de bouillon de poisson ou de lait

sel et poivre

Préparation :

• Mettre le beurre et la farine dans une tasse à mesurer de 4 tasses (1 L). Bien remuer.

• Faire cuire 4 minutes à «HIGH», remuer après 2 minutes.

• Vous verrez ici et là de petits points bruns dans le mélange; il doit en être ainsi.

• Ajouter le bouillon de poisson ou le jus de cuisson d'un poisson poché ou le lait. Saler et poivrer.

• Faire cuire 4 à 5 minutes à «HIGH», en remuant une fois.

• La veloutée a la consistance d'une sauce blanche légère.

Sauce Aurore

Préparation : . . . . **5 min**
Cuisson : . . . . **de 4 à 5 min**
Attente : . . . . **aucune**

Variante de la sauce veloutée

Petit conseil : Excellente pour accompagner le saumon, la morue ou le flétan.

Ingrédients :

1 tasse (250 mL) de sauce veloutée

1/2 tasse (125 mL) de sauce tomate*

1/2 tasse (125 mL) de crème légère

2 jaunes d'oeufs, légèrement battus

Préparation :

• Mélanger les ingrédients dans une tasse à mesurer de 4 tasses (1 L).

• Remuer jusqu'à parfait mélange.

• Faire cuire à «MEDIUM» de 4 à 5 minutes ou jusqu'à ce que le tout soit crémeux, en brassant une fois.

• La sauce doit être légère et crémeuse.

* Utiliser une petite boîte (11 oz - 213 mL) de sauce tomate, selon la quantité indiquée dans la recette.

Marinade pour poisson

Préparation à l'avance : . . . . **de 6 à 12 h**
Cuisson : . . . . **aucune**
Attente : . . . .**aucune**

Petit conseil : La saveur du poisson frais ou surgelé (morceaux de saumon ou de morue, etc.) est souvent rehaussée si le poisson est mariné avant la cuisson. Je recommande également de faire mariner le poisson pour le servir froid.

1/4 de tasse (60 mL) d'huile d'olive ou végétale

1/2 c. à thé (2 mL) d'aneth, et autant d'estragon et de sucre

Préparation :

• Bien mélanger le tout, verser sur un morceau de poisson de 3 à 4 livres (1,5 à 2 kg).

• Couvrir et réfrigérer de 6 à 12 heures.

• Pour la cuisson, retirer le poisson de la marinade, l'étancher avec une serviette de papier, et le faire cuire selon la recette choisie.

Ingrédients :

1/4 de tasse (60 mL) de jus de citron frais

1/4 de tasse (60 mL) de jus de lime frais (facultatif)

Hollandaise au robot culinaire ou au mélangeur

Préparation :	5 min
Cuisson :	3 min
Attente :	aucune

• Elle se prépare avec grande facilité au four à micro-ondes et au robot culinaire, ou au mélangeur.

Ingrédients :

3/4 de tasse (190 mL) de beurre, taillé en carrés

2 jaunes d'oeufs

1 c. à soupe (15 mL) de jus de citron frais

sel, poivre au goût

Préparation :

• Mettre le beurre dans une tasse à mesurer de 2 tasses (500 mL).

• Faire cuire 3 minutes à «HIGH».

• Mettre les jaunes d'oeufs et le jus de citron dans le mélangeur ou robot culinaire, couvrir et mettre en marche, y verser le beurre lentement. Lorsqu'il a tout été ajouté, arrêter le moteur.

• Assaisonner au goût.

Hollandaise Dijon

• Absolument délicieuse, servie sur du saumon chaud ou froid ou de la morue pochée.

• La sauce se sert chaude ou froide.

• Remplacer le jus de citron de la hollandaise par **2 c. à soupe (30 mL) d'eau froide** mélangée à **1 c. à soupe comble (15 mL) de moutarde de Dijon.**

Mayonnaise au cresson

Préparation :	10 min
Cuisson :	aucune
Attente :	aucune

Une sauce sans cuisson, préparée au robot culinaire. D'un beau vert foncé, elle est très appétissante.

Ingrédients :

1 paquet de cresson, les tiges et les feuilles*

1/4 de tasse (60 mL) d'aneth, frais
   de préférence

4 oignons verts, hachés grossièrement

1 c. à soupe (15 mL) de jus de citron frais

1 tasse (250 mL) de mayonnaise non sucrée

Préparation :

• Mettre tous les ingrédients dans le robot culinaire, couvrir et battre pour obtenir un mélange crémeux d'un beau vert.

• Réfrigérer jusqu'au moment de servir.

• Vérifier l'assaisonnement.

Environ 2 à 3 tasses (500 à 750 mL) combles.

Hollandaise à la moutarde au mélangeur

Préparation :	**7 min**
Cuisson :	**2 min**
Attente :	**aucune**

• Une minute suffit pour mélanger les ingrédients et vous avez une super-hollandaise pour servir avec le poisson.

Ingrédients :

4 jaunes d'oeufs

2 c. à soupe (30 mL) de jus de citron frais

1 tasse (250 mL) de beurre

4 c. à thé (20 mL) d'eau chaude

1/2 c. à thé (2 mL) de sel

1 c. à soupe (15 mL) de moutarde de Dijon

Préparation :

• Passer les jaunes d'oeufs et le jus de citron au mélangeur, couvert, 10 secondes.

• Faire fondre le beurre 2 minutes à «HIGH».

• Ajouter l'eau chaude graduellement aux jaunes d'oeufs, tout en mélangeant à vitesse moyenne, ajouter ensuite le beurre chaud lentement en un filet continu. Arrêter l'appareil.

• Ajouter le sel et la moutarde. Battre 20 secondes.

• Verser dans un plat chaud et servir.

Petit truc : Un reste de ketchup à convertir en sauce. Retirer le bouchon de métal de la bouteille, ajouter une cuillerée ou deux d'un reste de vin rouge, de la crème, du jus d'orange ou du madère et un petit carré de beurre. Passer 2 à 3 minutes à «MEDIUM», suivant la quantité. Verser dans une saucière ou ajouter à une sauce brune ou à spaghetti, ou servir sur du riz.

Fausse hollandaise

Préparation : . . . . **6 min**
Cuisson : . . . . **5 min**
Attente : . . . . **aucune**

Petit conseil : Elle n'est pas aussi riche que la véritable hollandaise. Excellente pour accompagner la morue, le flétan ou tout autre poisson blanc. J'aime enrober le poisson cuit de ciboulette ou de persil émincé avant de le napper de la fausse hollandaise.

Préparation :

- Faire fondre le beurre 1 minute à «HIGH» dans une tasse à mesurer de 4 tasses (1 L).
- Ajouter la farine, bien mélanger.
- Ajouter le sel et le lait.
- Remuer et faire cuire 3 minutes à «HIGH», en remuant une fois après 2 minutes de cuisson.
- Lorsque la sauce est crémeuse, y ajouter les jaunes d'oeufs en brassant, et battre pour bien mélanger.
- Ajouter le jus et le zeste de citron.
- Bien mélanger, faire cuire 1 minute à «HIGH».
- Battre et faire cuire encore 30 secondes.
- Ajouter la margarine ou le beurre, sel et poivre au goût.
- Remuer jusqu'à ce que le beurre soit fondu. Servir.

Ingrédients :

2 c. à soupe (30 mL) de beurre

2 c. à soupe (30 mL) de farine

1/2 c. à thé (2 mL) de sel

1 tasse (250 mL) de lait

2 jaunes d'oeufs, légèrement battus

2 c. à soupe (30 mL) de jus de citron frais

le zeste râpé d'un demi-citron

2 c. à soupe (30 mL) de margarine ou de beurre

Sauce Bercy

Préparation : . . . . 7 min
Cuisson : . . . . 5 min
Attente : . . . . aucune

Petit conseil : Si, après la cuisson d'un poisson, il reste une tasse de liquide au fond du plat, et que vous désirez servir une sauce élégante, je vous recommande la sauce Bercy.

Ingrédients :

2 c. à soupe (30 mL) de beurre

4 oignons verts, hachés fin

2 c. à soupe (30 mL) de margarine ou de beurre

2 c. à soupe (30 mL) de farine

1/2 c. à thé (2 mL) de sel

1 tasse (250 mL) du liquide de cuisson du poisson

2 c. à soupe (30 mL) de persil frais, émincé

Préparation :

• Mettre dans un plat les 2 premières c. à soupe (30 mL) de beurre et les oignons verts.

• Faire cuire 2 minutes à «HIGH».

• Dans une tasse à mesurer de 4 tasses (1 L), remuer ensemble la margarine ou le beurre et la farine, ajouter le sel et le liquide de cuisson du poisson.

• Faire cuire 1 minute à «HIGH».

• Remuer le tout, ajouter le premier mélange et faire cuire 2 minutes à «MEDIUM-HIGH».

• Bien remuer, le tout doit être lisse et crémeux.

• Ajouter le persil, bien remuer.

• Verser sur le poisson ou servir à part.

Sauce à l'oignon et à la sauge

Préparation : . . . . **8 min**
Cuisson : . . . . **8 min**
Attente : . . . . **aucune**

Petit conseil : Je prépare cette sauce en été, lorsqu'il y a de la sauge fraîche dans le jardin et au marché. Cette sauce est bonne pour tous les poissons, sauf la sole.

Ingrédients :

1 c. à soupe (15 mL) de beurre

1 gros oignon émincé

sel et poivre au goût

1/2 c. à thé (2 mL) de sauge séchée *ou*
   1 c. à thé (5 mL) de sauge fraîche émincée

1/2 tasse (125 mL) de crème légère

1/4 de tasse (60 mL) d'eau

2 c. à soupe (30 mL) de chapelure

Préparation :

- Faire fondre le beurre dans un bol, 1 minute à «HIGH».

- Ajouter l'oignon, bien brasser et faire cuire à «MEDIUM-HIGH» 3 minutes, en brassant une fois.

- Saler et poivrer au goût.

- Ajouter la sauge.

- Bien mélanger et ajouter la crème, l'eau et la chapelure.

- Bien brasser.

- Faire cuire 5 minutes à «MEDIUM», en brassant une fois durant la cuisson.

- La sauce doit être épaisse et crémeuse.

- Assaisonner au goût.

Sauce au cari des Îles

Préparation : . . . . 12 min
Cuisson : . . . . 18 min
Attente : . . . . 30 min

Petit conseil : Une sauce qui excite la curiosité ; le cari lui donne sa saveur et la noix de coco, sa texture. Si cela est possible, utiliser la noix de coco, fraîche râpée, et 1/2 tasse (125 mL) de lait de coco pour remplacer 1/2 tasse (125 mL) de lait de la recette. Excellente sur tout poisson poché ou grillé.

Ingrédients :

1/2 tasse (125 mL) de noix de coco râpée, fraîche ou séchée

1 tasse (250 mL) de lait ou de lait de coco

4 c. à soupe (60 mL) de beurre

2 oignons, hachés fin

1 pomme pelée, le coeur enlevé

2 petites tomates pelées, les graines enlevées

1 c. à soupe (15 mL) de poudre de cari

1 tasse (250 mL) de vin blanc

Préparation :

• Mettre la noix et le lait dans un bol.

• Laisser tremper 30 minutes.

• Faire fondre le beurre 3 minutes à « HIGH », dans un bol.

• Y ajouter les oignons, remuer et faire cuire 4 minutes à « HIGH ».

• Remuer, ajouter les pommes, les tomates, la poudre de cari et le sel au goût. Bien remuer.

• Faire cuire 5 minutes à « MEDIUM-HIGH ».

• Remuer, ajouter la noix de coco, le lait et le vin blanc.

• Mélanger et faire cuire 3 minutes à « HIGH ».

• Passer au hachoir ou au robot culinaire.

• Vérifier l'assaisonnement.

• Réchauffer 3 minutes à « HIGH ». Servir.

Sauce orientale

Préparation :	7 min
Cuisson :	9 min
Attente :	aucune

Petit conseil: Une sauce intéressante et distincte, facile à préparer. La servir sur tout poisson poché ou étuvé de votre choix. De préférence, utiliser le saké tel que le demande la recette ; s'il n'est pas disponible, le remplacer par du vermouth blanc sec.

Ingrédients :

2 c. à soupe (30 mL) de fécule de maïs

1/4 de tasse (60 mL) de saké ou de vermouth blanc

1 tasse (250 mL) de jus d'ananas ou de pomme

2 c. à soupe (30 mL) de sauce de soja

1 c. à soupe (15 mL) de cassonade foncée

1/4 de tasse (60 mL) de vinaigre de cidre

1 c. à soupe (15 mL) de gingembre frais râpé

Préparation :

• Délayer la fécule de maïs dans 1/4 de tasse (60 mL) de jus d'ananas ou de pomme.

• Mettre dans une grande tasse le saké ou le vermouth blanc, le reste du jus d'ananas ou de pomme, la sauce de soja, la cassonade et le vinaigre de cidre et faire cuire 5 minutes à «HIGH». Bien remuer.

• Ajouter la fécule de maïs délayée et le gingembre râpé.

• Faire cuire 4 minutes à «HIGH».

• Bien remuer jusqu'à ce que la sauce soit crémeuse et transparente.

• Vérifier l'assaisonnement, ajouter du sel, au goût.

• La verser sur le poisson.

Sauce verte

Préparation :	10 min
Cuisson :	aucune
Attente :	aucune

Petit conseil: Avec l'aide d'un robot culinaire ou d'un mélangeur, cette sauce se prépare en quelques minutes. Sinon, les ingrédients doivent être hachés très finement. C'est une sauce sans cuisson, tout aussi savoureuse avec le poisson cuit, chaud ou froid.

Ingrédients :

1/2 tasse (125 mL) de queues d'oignons verts ou de ciboulette

1/2 tasse (125 mL) de persil

1/2 tasse (125 mL) de feuilles d'épinards fraîches, crues

2 c. à soupe (30 mL) de jus de citron frais

1 tasse (250 mL) de mayonnaise

Préparation :

• Hacher grossièrement les oignons verts ou la ciboulette, le persil et les épinards.

• Mettre le tout dans le robot culinaire ou le mélangeur, ajouter le jus de citron et mettre en marche jusqu'à ce que le tout soit en petits morceaux.

• Ajouter la mayonnaise. Bien remuer.

• Conserver au réfrigérateur, bien couvert.

Filets de sole
à l'italienne

Préparation : . . . . **8 min**
Cuisson : filets frais : . . . . **6 min**
        filets surgelés : . . **de 12 à 14 min**
Attente : .5 min

Petit conseil : Les filets de sole frais ou surgelés peuvent être utilisés pour ce plat. Décongeler le poisson avant la cuisson. Accompagner d'épinards en crème mélangés avec des petites nouilles en forme de coquilles.

Ingrédients :

1 lb (500 g) de filets de sole frais ou surgelés

1 tasse (250 mL) de crème sure

1/2 tasse (125 mL) d'oignons verts hachés

1/2 c. à thé (2 mL) de sel

1/4 de c. à thé (1 mL) de poivre

1 c. à thé (5 mL) de basilic émincé

1/2 tasse (125 mL) de fromage parmesan ou cheddar fort, râpé

paprika

Préparation :

• Placer les filets frais ou décongelés dans un plat de cuisson de 8 sur 12 po (20 sur 30 cm) beurré copieusement.

• Mélanger le reste des ingrédients et les étaler également sur le poisson. Saupoudrer le tout de paprika.

• Recouvrir d'une feuille de plastique.

• Faire cuire 12 à 14 minutes à «MEDIUM» pour des filets surgelés, 6 minutes pour des filets frais.

• Laisser reposer 5 minutes avant de servir.

 Côtes du Rhône (blanc),
Cellier des Dauphins

Mâcon-Villages, Laforêt, Drouhin

Sole «Embassy»

Préparation : . . . . 12 min
Cuisson : . . . . 7 min
Attente : . . . . 3 min

Petit conseil : Voici une super-spécialité du printemps en Angleterre, lorsque les asperges et la sole de Douvres sont au meilleur. Servez-la avec de fines nouilles au beurre persillées.

Ingrédients :

1 lb (500 g) d'asperges fraîches

sel et poivre au goût

zeste râpé d'un demi-citron

1 lb (500 g) de filets de sole

3 c. à soupe (50 mL) de beurre

2 c. à soupe (30 mL) de jus de citron

2 oignons verts, émincés

1 c. à thé (5 mL) de moutarde de Dijon

Préparation :

• Nettoyer les asperges et les couper en bouts de 3 po (7,5 cm).

• Les mettre dans un plat, y ajouter 1/4 de tasse (60 mL) d'eau et une pincée de sucre.

• Couvrir et faire cuire 5 minutes à «HIGH», les égoutter.

• Ajouter le sel, le poivre et le zeste de citron et mélanger.

• Disposer également les asperges sur chaque filet.

• Les rouler et les fixer avec un pic de bois ou une ficelle légère.

• Placer les roulés de poisson les uns à côté des autres dans un plat de cuisson bien beurré.

• Faire fondre les 3 c. à soupe (50 mL) de beurre 1 minute à «HIGH».

• Ajouter les oignons verts, le jus de citron et la moutarde de Dijon, Faire chauffer 40 secondes à «HIGH».

• Verser le mélange sur le poisson.

• Recouvrir de papier ciré ou d'un couvercle. Faire cuire 6 minutes à «MEDIUM-HIGH».

• Laisser reposer 3 minutes et servir.

 Muscadet de Sèvre-et-Maine, Domaine Beau-Site

 Sancerre, La Bourgeoise

Sole Dugléré

• Voici encore une des grandes recettes de la cuisine française. Chaque année, dès que j'ai les premières tomates de mon jardin, je me régale d'une Dugléré.

Préparation : . . . . **15 min**
Cuisson : . . . . **12 min**
Attente : . . . . **aucune**

Ingrédients :

1 lb (500 g) de filets de sole

2 tomates pelées et taillées en dés

1 c. à thé (5 mL) de sucre

1 oignon moyen, taillé en dés

1 gousse d'ail, finement hachée

1 c. à soupe (15 mL) de persil haché

1/2 tasse (125 mL) de vin ou de vermouth blanc

1 c. à soupe (15 mL) de beurre

2 c. à soupe (30 mL) de farine

sel et poivre

 Saumur (blanc), Albert Besombes
Sauvignon Saint-Bris, Henri Laroche

Préparation :

• Mettre dans un plat de verre ou de céramique les tomates, le sucre, l'oignon et l'ail. Bien mélanger le tout.

• Faire chauffer 2 minutes à «HIGH».

• Remuer et ajouter le persil.

• Disposer les filet de sole sur le mélange. Saler et poivrer.

• Recouvrir le plat de papier ciré ou d'une feuille de plastique.

• Faire cuire 6 minutes à «HIGH». Laisser reposer 4 minutes.

• Retirer les filets sur un plat chaud.

• Mélanger le beurre et la farine et ajouter aux tomates en remuant. Bien mélanger.

• Ajouter le vin ou le vermouth. Faire cuire 4 minutes à «HIGH», et remuer après 2 minutes de cuisson.

• Lorsque la sauce est crémeuse et très chaude, la verser sur le poisson et servir.

Sole amandine

• Un des plus populaire de tous les plats de poisson de la cuisine classique française. La technique micro-ondes en rend la préparation facile et rapide.

Préparation :	**10 min**
Cuisson :	**10 min**
Attente :	**aucune**

Ingrédients :

1 à 1½ lb (500 à 750 g) de filets de sole

2 c. à soupe (30 mL) de beurre

1 c. à soupe (15 mL) de fécule de maïs

le jus et le zeste d'un citron

poivre et paprika

La garniture :

2 c. à soupe (30 mL) de beurre

3 c. à soupe (50 mL) d'amandes
  tranchées mince

> **Petit conseil :** Le poisson est cuit lorsqu'il devient opaque et s'effrite facilement.

 Bordeaux (blanc), Château Lascombes
Sancerre, Château de Sancerre

Préparation :

• Mettre les 2 c. à soupe (30 mL) de beurre dans un plat de verre ou de céramique de 12 sur 8 po (30 sur 20 cm), le faire fondre 1 minute à «HIGH».

• Ajouter la fécule de maïs, mélanger.

• Ajouter le jus et le zeste de citron. Bien mélanger.

• Tremper chaque filet dans le mélange, et le rouler.

• Disposer les rouleaux, les uns à côté des autres dans le plat de cuisson.

• Saupoudrer de poivre et de paprika.

• Recouvrir le plat de papier ciré ou d'un couvercle. Faire cuire 6 minutes à «HIGH».

• Laisser reposer 3 minutes. Saler au goût.

• Mettre le beurre et les amandes dans un petit bol.

• Faire dorer 2 minutes à «HIGH». Remuer.

• Si les amandes ne sont pas suffisamment dorées, les faire cuire encore 30 secondes et remuer.

• Ce procédé peut être répété une troisième fois, mais il faut remuer souvent car les amandes ont tendance à brunir rapidement. Elles devraient être d'un beau doré.

• Les verser sur le poisson chaud et servir.

Sole Bercy

• Par sa simplicité, cette recette vient en tête de ma liste de préférences. Les combinaisons possibles d'ingrédients confèrent à chaque variante un cachet particulier.

Préparation :	**10 min**
Cuisson :	**15 min**
Attente :	**aucune**

Petit conseil : Le filet de sole peut être remplacé par un steak de flétan ou d'aiglefin. Dans les deux cas, la durée de cuisson sera de 3 minutes de plus que pour le filet de sole.

Ingrédients :

6 oignons verts ou 4 échalotes françaises*

1/4 de tasse (60 mL) d'aneth ou de persil frais, émincé

1/4 de tasse (60 mL) de vin blanc ou de vermouth blanc sec

1/4 de tasse (60 mL) de fumet de poisson ou de jus de palourdes

1¹/₂ à 2 lb (750 g à 1 kg) de filets de sole

le jus d'un demi-citron

3 c. à soupe (50 mL) de beurre doux ou salé, fondu

1 c. à thé (5 mL) de fécule de maïs

* Les échalotes françaises ont plus de saveur que les oignons verts, mais elles sont parfois difficiles à obtenir et coûtent plus cher. À vous de choisir.

Préparation :

• Saupoudrer les oignons verts ou les échalotes, finement hachés, l'aneth ou le persil, au-dessus d'un plat de 8 sur 12 po (20 sur 30 cm) en verre ou en céramique, beurré copieusement.

• Y verser le vin blanc ou le vermouth, le fumet de poisson ou le jus de palourdes.

• Poivrer légèrement l'intérieur de chaque filet, le rouler et le déposer sur les ingrédients dans le plat de cuisson.

• Arroser du jus de citron et du beurre fondu.

• Couvrir le plat d'un papier ciré. Faire cuire à «HIGH» 6 minutes par livre (500 g) de poisson, en arrosant une fois durant la cuisson.

• Disposer le poisson sur un plat chaud et le garder au chaud.

• Ajouter 1 c. à thé (5 mL) de fécule de maïs au liquide dans le plat. Remuer pour bien mélanger, saler et poivrer au goût.

• Faire cuire à «HIGH» 2 à 3 minutes ou jusqu'à ce que le mélange soit crémeux. Le verser sur le poisson.

• Au goût, l'entourer de petites pommes de terre bouillies égouttées et l'enrober de persil finement haché.

vins

Muscadet du Val de Loire, Domaine du Fief Guérin

Pouilly-Fumé, Guy Saget

Sole au vin blanc

Préparation : . . . . 7 min
Cuisson : . . . . 15 min
Attente : . . . . aucune

Petit conseil : On utilise en France le Chablis blanc sec pour la préparation de ce plat, que l'on appelle généralement Sole Chablis. Cependant, tout autre vin blanc peut servir.

Ingrédients :

1 lb (500 g) de filets de sole fraîche

3 c. à soupe (50 mL) de beurre

4 oignons verts, émincés

1 tasse (250 mL) de vin blanc sec

4 c. à soupe (60 mL) de farine

3/4 de tasse (180 mL) de crème

le jus d'un demi-citron

sel et poivre

Préparation :

• Étendre chaque filet sur un essuie-tout et l'éponger.

• Faire fondre dans un plat de cuisson oblong 1 c. à soupe (15 mL) du beurre, 1 minute à «HIGH».

• Ajouter les oignons verts et remuer, faire cuire 1 minute à «HIGH», puis les retirer du plat de cuisson et mettre les filets roulés dans le plat.

• Étendre les oignons ramollis sur le dessus.

• Verser le vin sur les filets, recouvrir le plat de papier ciré ou d'un couvercle. Faire cuire 5 minutes à «MEDIUM-HIGH».

• Laisser reposer 10 minutes, puis déposer les filets sur un plateau chaud avec une cuillère trouée.

• Mettre le plat de cuisson au four à micro-ondes, faire cuire à découvert 5 minutes à «HIGH».

• Mélanger le beurre qui reste avec la farine.

• Ajouter la crème et le jus de citron. Ne pas mélanger, simplement verser le tout dans le reste du vin de cuisson de poisson.

• Bien remuer et faire cuire 3 minutes à «HIGH» en remuant une fois durant la cuisson.

• Lorsque la sauce est lisse et crémeuse, saler et poivrer au goût.

• Faire cuire 30 secondes de plus, verser sur le poisson.

Côtes de Duras, Chauvenet

Graves, Château Archambeau

Filets de sole «en cocotte»

Préparation : . . . . **10 min**
Cuisson : . . . . **de 6 à 8 min**
Attente : . . . . **aucune**

Petit conseil : Un plat élégant pour le déjeuner ou comme entrée au dîner. Il peut être préparé dans ces jolies coupes à oeufs anglaises avec couvercle ou dans des ramequins de faïence.

Ingrédients :

6 petits filets de sole fraîche

3 c. à soupe (50 mL) de beurre

le jus d'un citron

1/4 de c. à thé (1 mL) de cari

1 c. à thé (5 mL) de brandy ou de scotch

1/4 de tasse (60 mL) de champignons frais, finement émincés

sel et poivre

ciboulette ou persil, émincé, pour la garniture

Petit truc : Lorsque vous utilisez une feuille de plastique pour couvrir un plat, évitez de sceller complètement pour que la vapeur puisse s'échapper.

Préparation :

• Rouler les filets en portions individuelles.

• Mettre chaque portion dans une coupe anglaise ou dans un ramequin.

• Faire fondre le beurre 1 minute à «HIGH», ajouter le jus de citron, le cari, le scotch ou le brandy, les champignons. Bien mélanger.

• Répartir également dans les coupes de poisson.

• Recouvrir d'une feuille de plastique ou du couvercle.

• Disposer en cercle dans le four à micro-ondes et faire cuire de 6 à 8 minutes à «HIGH», ou jusqu'à ce que le poisson soit tendre.

• Le cresson fait une jolie garniture, de même que le persil ou la ciboulette.

vins

Entre-Deux-Mers, Lafleur du Roy
Pinot Blanc, Pierre Sparr

Filets de sole farcis aux crevettes

Préparation : . . . . **15 min**
Cuisson : . . . . **13 min**
Attente : . . . . **aucune**

Petit conseil : La sole peut être remplacée par un steak de poisson blanc de votre choix ou des filets d'aiglefin. La sole cuit plus vite que tout autre poisson ; lorsqu'on utilise un autre type de poisson, il faut alors vérifier la cuisson toutes les 2 minutes.

Côtes de Duras, Chauvenet
Côtes de Provence, Pradel

Ingrédients :

6 filets de sole

1/4 de tasse (60 mL) de beurre

1/2 tasse (125 mL) de mie de pain frais

1/2 c. à thé (2 mL) de paprika (facultatif)

La farce

1 c. à soupe (15 mL) de beurre

2 c. à soupe (30 mL) de farine

1/2 tasse (125 mL) de lait ou de crème

1 tasse (250 mL) de crevettes décortiquées et taillées en dés

1/2 tasse (125 mL) de champignons tranchés

Préparation :

• Préparer la farce en faisant fondre le beurre 1 minute à «HIGH», y incorporer la farine ; ajouter le lait ou la crème, sel et poivre au goût. Bien remuer.

• Faire cuire 2 minutes à «HIGH».

• Remuer pour obtenir un mélange crémeux.

• Ajouter les champignons et les crevettes. Vérifier l'assaisonnement.

• Faire cuire 1 minute à «HIGH», bien remuer.

• Étendre la moitié des filets dans un plat ; verser le mélange des crevettes sur le dessus.

• Recouvrir du reste des filets.

• Mélanger la mie de pain avec le beurre fondu et le paprika, et étendre sur les filets.

• Faire cuire 10 minutes à «HIGH».

• Garnir au goût de petits bouquets de cresson avant de servir.

Sole à la parisienne

Préparation : . . . . **14 min**
Cuisson : . . . . **12 min**
Attente : . . . .**aucune**

• La combinaison du vin blanc, des champignons et des tomates donne une sauce crémeuse qui cuit en même temps que le poisson.

Ingrédients :

1 lb (500 g) de filets de sole

poivre frais moulu et sel au goût

1/4 de tasse (60 ml) de persil finement émincé

**1 tasse (250 mL) de tomates pelées,
 finement hachées**

1/2 c. à thé (2 mL) de sucre

1 tasse (250 mL) de champignons tranchés

**1/4 de tasse (60 mL) de vin blanc sec ou
 de vermouth blanc**

1/2 tasse (125 mL) de crème légère ou riche

**3 c. à soupe (50 mL) de fécule de maïs ou
 de farine**

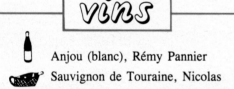

Anjou (blanc), Rémy Pannier
Sauvignon de Touraine, Nicolas

Préparation :

• Saler et poivrer chaque filet et le saupoudrer de persil frais.

• Rouler les filets et les placer dans un plat de cuisson de 8 sur 12 pouces (20 sur 30 cm) en verre ou en céramique.

• Peler les tomates et en extraire les graines.

• Hacher les tomates et en recouvrir le poisson.

• Saupoudrer le sucre sur le dessus.

• Étaler les champignons également sur les tomates.

• Mélanger le vin, la crème et la fécule de maïs ou la farine, et verser le tout sur le poisson.

• Recouvrir d'une feuille de plastique ou d'un couvercle.

• Faire cuire à «MEDIUM-HIGH», 9 minutes, selon l'épaisseur des filets.

• Retirer le poisson sur un plat chaud.

• Bien remuer la sauce, faire cuire 2 minutes à «HIGH» et brasser. La sauce devrait être crémeuse. (Il arrive qu'il soit nécessaire de faire cuire de 30 secondes à 1 minute de plus, selon la teneur en eau du poisson).

• Verser la sauce crémeuse et chaude sur le poisson. Servir.

Le saumon

Saumon poché

• J'aime servir le saumon poché chaud, avec une sauce aux oeufs ; ou froid, avec une sauce au concombre à la crème sure.

Préparation : . . . . **10 min**
Cuisson : . . . . **20 min**
Attente : . . . . **de 6 à 12 h**

Ingrédients :

8 tasses (2 L) d'eau

le jus d'un citron

2 carottes, pelées et tranchées

12 grains de poivre

1 c. à soupe (15 mL) de gros sel

6 à 10 tiges de persil *ou*
  1 c. à soupe (15 mL) de persil séché

1 feuille de laurier

3 à 4 lb (1,5 à 2 kg) de saumon frais,
  d'un seul morceau

Vouvray, Chapin-Landais
Mâcon-Lugny-Genièvre, Latour

Préparation :

• Choisir un plat pouvant contenir le saumon.

• Y mettre tous les ingrédients, sauf le saumon.

• Couvrir et faire cuire 15 minutes à «HIGH».

• Envelopper le saumon dans un chiffon «J» mouillé ; le coudre pour le maintenir en place, le placer dans l'eau bouillante, arroser le poisson avec une louche 4 ou 5 fois.

• Couvrir le plat et faire cuire à «MEDIUM-HIGH» 5 minutes par livre (500 g).

• Laisser reposer 10 minutes.

• Retirer le poisson de l'eau à l'aide de deux fourchettes. Disposer sur une assiette.

• Pour le servir chaud, le développer et le disposer sur un plat.

• Recouvrir le poisson de persil ou d'aneth finement haché et de beurre fondu, au goût — ou utiliser une sauce de votre choix.

• Pour le servir froid, ne pas le développer, et le réfrigérer de 6 à 12 heures.

• Retirer le chiffon et garnir le poisson au goût.

• Le servir avec un bol de sauce froide de votre choix.

Saumon poché
à la française

Préparation à l'avance : . . . . . . .de 6 à 8 h
Cuisson : . . . . .de 8 à 12 min
Attente : . . . . .10 min

Petit conseil : En France, il est d'usage d'utiliser un steak de saumon pour ce plat. Lorsque le saumon n'est pas disponible, je le remplace par de la morue ou du flétan frais. On le sert froid avec la sauce verte classique.

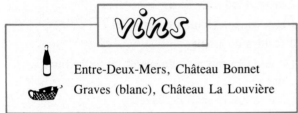

Entre-Deux-Mers, Château Bonnet
Graves (blanc), Château La Louvière

Ingrédients :

1 c. à soupe (15 mL) d'huile d'olive ou végétale

4 à 6 steaks de saumon de votre choix

le zeste râpé d'un demi-citron

le jus d'un citron

6 grains de poivre, écrasés

1 c. à table (15 mL) de gros sel

1 oignon moyen, pelé et coupé en 4

Préparation :

• Étendre l'huile dans le fond d'un plat carré de 12 po (30 cm).

• Disposer les steaks de poisson les uns à côté des autres, sans les superposer.

• Ajouter le jus et le zeste de citron.

• Saupoudrer des grains de poivre, ajouter l'oignon et juste assez d'eau pour couvrir le poisson.

• Saupoudrer le gros sel dans l'eau, autour du poisson.

• Couvrir et faire pocher à «HIGH» 2 minutes par morceau de poisson. Laisser reposer 10 minutes.

• Découvrir et laisser le poisson refroidir dans son eau.

• Retirer alors les morceaux de poisson à l'aide d'une cuillère perforée et enlever la peau, au besoin.

• Disposer sur un plateau de service.

• Napper tout le dessus du poisson de sauce verte française.

• Ce plat peut être réfrigéré de 6 à 8 heures.

Saumon poché à l'anglaise

• Le plat par excellence pour un buffet froid.

Préparation à l'avance : . . . . . **de 10 à 12 h**

Cuisson : . . . . **de 30 à 35 min**

Attente : . . . . **10 min**

Ingrédients :

Un morceau de saumon de 3 à 4 lb (1,5 à 2 kg), taillé au centre

2 tasses (500 mL) de lait

2 tasses (500 mL) d'eau

1 c. à soupe (15 mL) de gros sel

2 feuilles de laurier

1/4 de tasse (60 mL) de persil, grossièrement haché

1/2 c. à thé (2 mL) de basilic

1/4 de c. à thé (1 mL) de graines d'aneth

1 tasse (250 mL) de mayonnaise

1 citron pelé tranché mince

2 oeufs durs

2 carottes, finement râpées

Préparation :

• Envelopper et coudre le morceau de saumon dans un chiffon «J» (voir saumon poché).

• Mettre dans un bol de 8 tasses (2 L), le lait, l'eau, le sel, les feuilles de laurier, le persil haché, le basilic et l'aneth.

• Couvrir et faire cuire 15 minutes à «HIGH».

• Ajouter le saumon, verser du liquide chaud sur le dessus.

• Couvrir et faire cuire à «MEDIUM-HIGH» 5 minutes par livre (500 g). Laisser reposer 10 minutes.

• Laisser tiédir 1 heure à la température de la pièce.

• NE PAS LE DÉVELOPPER, le réfrigérer jusqu'au lendemain.

• Pour le servir, développer le saumon, enlever la peau, le disposer sur un joli plat.

• Napper le poisson entier de mayonnaise.

• Disposer les tranches de citron en rang sur le dessus, se chevauchant.

• Râper les oeufs durs et en saupoudrer le poisson.

• Entourer d'une couronne de carottes râpées.

• Présenter sur un lit de feuilles de laitue croustillante.

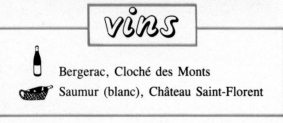

Bergerac, Cloché des Monts

Saumur (blanc), Château Saint-Florent

Saumon poché à la hollandaise

Cuisson par convexion

> **Petit conseil:** Une excellente recette pour la cuisson d'un morceau épais de saumon frais, servi froid accompagné d'une hollandaise à la moutarde française. L'idéal pour un buffet ou une réception intime au jardin. Le faire cuire dans la section convexion de votre four à micro-ondes.

Ingrédients:

Un morceau de saumon de 2 lb (1 kg),
   taillé au centre
1/3 de tasse (80 mL) de beurre fondu
1/3 de tasse (80 mL) de vermouth sec ou
   de jus de citron frais
sel et poivre
3 tiges de basilic frais *ou*
   1 c. à thé (5 mL) de basilic séché

Préparation:

• Placer le morceau de saumon sur une grille dans une assiette à tarte de 9 po (23 cm).

• Faire fondre le beurre 1 minute à «HIGH» et le verser autour du poisson.

• Verser tout autour le vermouth ou le jus de citron.

• Saler et poivrer au goût. Saupoudrer de basilic.

• Faire cuire au four à 350°F (180°C), 30 minutes ou 10 minutes par pouce (2,5 cm) d'épaisseur.

• La cuisson terminée, retirer le poisson du four, couvrir le plat d'une feuille de plastique.

• Laisser refroidir et réfrigérer au moins 12 heures.

• Le jus forme une gelée tout autour du poisson et sert d'accompagnement.

• Préparer une hollandaise à la moutarde que chacun utilise à son gré.

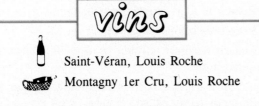

Saint-Véran, Louis Roche
Montagny 1er Cru, Louis Roche

Préparation à l'avance :	12 h
Cuisson :	30 min
Attente :	aucune

> **Petit truc: Miel au citron:** Une délicieuse garniture pour petits pains chauds ou pain grillé de votre choix. Ajouter le jus et le zeste râpé de 1 citron à 1 tasse (250 mL) de miel. Mettre dans un pot ou un petit bol et passer aux micro-ondes 1 minute à «HIGH». Remuer quelques secondes. Laisser reposer à la température de la pièce (préparer la veille pour le petit déjeuner du lendemain). Ce miel se conserve au réfrigérateur de 4 à 6 semaines.

Saumon épicé de la Nouvelle-Écosse

Préparation à l'avance : . . . . **2 jours**
Cuisson : . . . . **de 32 à 44 min**
Attente : . . . . **30 min**

Petit conseil : Au début du printemps je préfère le saumon frais de Gaspé, et plus tard celui de la Nouvelle-Écosse. Cuit dans le court-bouillon, il peut être conservé 2 à 3 jours au réfrigérateur. Servir froid avec des pommes de terre bouillies, chaudes (cuites au four à micro-ondes naturellement), roulées dans le persil frais, et un petit bol de mayonnaise mélangée avec une quantité égale de moutarde de Dijon ou de raifort.

Ingrédients :

1/2 tasse (125 mL) de vinaigre de cidre

2 tasses (500 mL) d'eau

3 c. à soupe (50 mL) de gros sel

2 c. à soupe (30 mL) de miel

2 c. à soupe (30 mL) de grains de poivre

2 bâtons de cannelle

1 poignée d'aneth frais (si possible) *ou*
    2 c. à soupe (30 mL) d'aneth séché

**2 à 4 livres (1 à 2 kg) de saumon frais
    en un seul morceau**

Préparation :

• Dans un bol de céramique ou de plastique assez grand pour contenir le morceau de saumon, placer tous les ingrédients à l'exception du saumon.

• Amener à ébullition à «HIGH» pendant 10 minutes.

• Puis laisser mijoter couvert à «MEDIUM» pendant 10 minutes.

• Placer le morceau de saumon dans le court-bouillon pendant qu'il est encore chaud.

• Couvrir et cuire à «MEDIUM» 6 minutes par livre (500 g), en retournant le poisson après 6 minutes de cuisson.

• Retirer du four. Arroser le poisson.

• Retirer les bâtons de cannelle.

• Couvrir et laisser refroidir pendant 30 minutes avant de réfrigérer.

• Laisser mariner le poisson dans son jus 2 jours avant de le servir tel qu'indiqué ci-haut.

Arbois (blanc), Domaine de Grange Grillard
Gewurztraminer, Cuvée Martine Albrecht, L. Albrecht

Saumon au cari de ma mère

Préparation : . . . . **30 min**
Cuisson : . . . . **40 min**
Attente : . . . . **aucune**

• Au printemps, chaque fois que ma mère pouvait obtenir un beau morceau de saumon frais, elle le préparait de la façon suivante.

vins

Muscat d'Alsace, Pierre Sparr
Gewurztraminer, Clos Gaensbroenel, Willm

Ingrédients :

2¹/₂ tasses (625 mL) de vin blanc, d'eau ou moitié-moitié

2 c. à thé (10 mL) de sel

2 feuilles de laurier

1 tasse (250 mL) de riz à grain long

2 c. à soupe (30 mL) de beurre

1 c. à thé (5 mL) de poudre de cari

2 lb (1 kg) de saumon frais

3 c. à soupe (50 mL) de beurre

3 c. à soupe (50 mL) de farine

1 tasse (250 mL) de lait

1/2 tasse (125 mL) de crème légère

3 jaunes d'oeufs légèrement battus

sel et poivre au goût

Préparation :

• Dans un plat de 12 tasses (3 L), verser le vin blanc ou l'eau ou la combinaison des deux.

• Couvrir et amener à ébullition en cuisant 4 minutes à «HIGH».

• Ajouter le sel, les feuilles de laurier et le riz. Bien brasser.

• Couvrir et faire cuire à «MEDIUM-HIGH», 15 à 18 minutes.

• Retirer du four, brasser et laisser reposer 10 minutes, couvert.

• Faire fondre les 2 c. à soupe (30 mL) de beurre à «HIGH» pendant 2 minutes.

• Ajouter la poudre de cari et brasser jusqu'à ce que le tout soit bien mélangé.

• Laisser le poisson en un morceau ou le découper en 4 steaks épais.

• Rouler chaque morceau ou le morceau de poisson dans le beurre au cari chaud.

• Couvrir et faire cuire à «MEDIUM-HIGH», 6 à 8 minutes ou jusqu'à ce que le poisson soit tendre. Garder au chaud.

• Dans un bol ou une tasse à mesurer, faire fondre les 3 c. à soupe (50 mL) de beurre, 1 minute à «HIGH».

• Ajouter la farine, bien brasser.

• Ajouter le lait et la crème, faire cuire à «HIGH» 4 à 5 minutes en brassant deux fois.

• Battre les jaunes d'oeufs, y mélanger 1/2 tasse (125 mL) de la sauce chaude, puis ajouter le reste de la sauce chaude. Battre à l'aide d'un fouet.

• Faire cuire 2 minutes à «MEDIUM» en brassant une fois. Saler et poivrer au goût.

• Faire un nid du riz cuit sur un plat chaud.

• Retirer le poisson du plat de cuisson à l'aide d'une cuillère perforée et le placer au milieu du riz cuit.

• Verser la sauce chaude sur le tout.

• S'il y a lieu, faire réchauffer 2 minutes à «MEDIUM» et servir.

Saumon moulé à l'écossaise

Préparation à l'avance : **quelques heures**
Cuisson : . . . . **1 min**
Attente : . . . .**aucune**

• Un plat délicieux et attrayant apprêté avec du saumon frais poché ou un reste.

Ingrédients :

2 à 3 tasses (500 à 750 mL) de saumon poché

1 enveloppe de gélatine non aromatisée

1/4 de tasse (60 mL) de scotch, de vin blanc ou d'eau

2 c. à thé (10 mL) de mayonnaise préparée

1 c. à thé (5 mL) de poudre de cari

câpres

quartiers de citron

laitue déchiquetée ou cresson

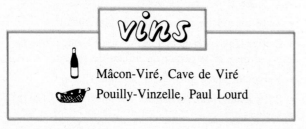

Mâcon-Viré, Cave de Viré
Pouilly-Vinzelle, Paul Lourd

Préparation :

• Enlever la peau et les arêtes du poisson, et mesurer 2 à 3 tasses (500 à 750 mL) de saumon.

• Huiler un joli moule de votre choix et y entasser le saumon. Couvrir et réfrigérer quelques heures.

• Saupoudrer la gélatine sur le liquide choisi.

• Passer aux micro-ondes 1 minute à «MEDIUM».

• Dans l'intervalle, verser la mayonnaise et la poudre de cari dans un bol. Y ajouter la gélatine en battant.

• Réfrigérer 10 minutes, ou jusqu'à ce que le mélange commence à prendre.

• Démouler le poisson sur un plat de service, napper copieusement de la mayonnaise en gelée. Parsemer le dessus de câpres.

• Disposer des quartiers de citron autour, les appuyant sur le poisson.

• Entourer d'une épaisse couche de laitue déchiquetée ou de cresson.

• Réfrigérer jusqu'au moment de servir.

Saumon mariné scandinave

Préparation à l'avance : . . . . quelques heures

Cuisson : . . . . de 20 à 25 min

Attente : . . . . aucune

Roussette de Savoie
Sylvaner, Jean Hugel

> **Petit conseil :** Dans les pays scandinaves où le saumon abonde, en saison, le poisson est cuit dans une marinade et se conserve très bien réfrigéré et couvert, de 2 à 3 semaines. Retourner le poisson dans la marinade une fois par semaine.

Ingrédients :

1/3 de tasse (80 mL) de vinaigre de cidre ou de vin blanc

2 tasses (500 mL) de n'importe quel vin blanc

1 gros oignon, tranché mince

2 c. à soupe (30 mL) de gros sel

1 carotte, pelée et tranchée mince

3 clous de girofle entiers

1 c. à soupe (15 mL) d'aneth séché ou de graines d'aneth *ou*
6 à 10 tiges d'aneth frais

1 c. à thé (5 mL) de grains de poivre

3 à 4 lb (1,5 à 2 kg) de saumon frais, entier ou tranché

Préparation :

• Mettre tous les ingrédients, sauf le saumon, dans un plat assez grand pour contenir le poisson entier.

• Couvrir et faire cuire 6 minutes à «HIGH».

• Ajouter le poisson, le retourner dans le liquide.

• Couvrir et faire cuire à «MEDIUM» 5 minutes par livre (500 g).

• Le poisson est cuit à «MEDIUM» parce qu'il ne doit pas bouillir.

• Le laisser refroidir 20 minutes, puis le réfrigérer dans un court-bouillon, bien couvert.

• En Norvège, où j'ai appris cette méthode de cuisson du saumon, on le sert froid dans un plat de verre, recouvert d'une partie de la marinade.

• Un plat de pommes de terre nouvelles bouillies, un petit bol d'aneth émincé et une bouteille de moutarde scandinave (le genre Dijon peut la remplacer lorsqu'il est difficile de trouver le type scandinave) accompagnent le saumon.

• À son meilleur avec un verre d'aquavit.

Pain de saumon Vancouver

Préparation :	**12 min**
Cuisson :	**de 6 à 9 min**
Attente :	**5 min**

Petit conseil : Servir chaud avec une sauce blanche aux fines herbes ou aux petits pois, ou servir froid avec une mayonnaise garnie de petits cubes de cornichons, de persil et d'oignons verts, hachés fin.

Ingrédients :

1 boîte de 15¹/₂ oz (439 g) de saumon

1 oeuf légèrement battu

1 tasse (250 mL) de mie de pain frais

1/4 de tasse (60 mL) de crème 35 % ou de crème sure

2 c. à soupe (30 mL) de feuilles de céleri, émincées

1/2 c. à thé (2 mL) de poudre de cari

1 petit oignon râpé

1 c. à thé (5 mL) de sel

1/4 de c. à thé (1 mL) de poivre

le zeste et le jus d'un demi-citron

Préparation :

- Verser dans un bol le contenu de la boîte de saumon, écraser les os avec une fourchette, émietter le poisson.

- Ne pas l'égoutter et mélanger le tout avec la fourchette.

- Ajouter le reste des ingrédients.

- Bien mélanger et mettre dans un moule à pain de 9 sur 5 pouces (23 × 13 cm).

- Couvrir d'un papier ciré. Faire cuire à «HIGH» 6 à 9 minutes.

- La cuisson terminée, laisser reposer 5 minutes. Démouler et servir.

Mâcon (blanc), Chabanais

Gewurztraminer, Cave vinicole d'Obernal

Le meilleur des saumons bouillis

Préparation : . . . . **9 min**
Cuisson : . . . . **de 30 à 35 min**
Attente : . . . .**20 min**

• Je préfère le saumon frais bouilli ou cuit à la vapeur, car il conserve sa saveur délicate. La recette suivante est l'une de mes favorites depuis des années. Mais depuis que je l'ai adaptée à la cuisine aux micro-ondes, je ne pourrai jamais retourner à l'ancienne méthode.

Ingrédients :

4 tasses (1 L) d'eau chaude

2 feuilles de laurier

1 c. à soupe (15 mL) de gros sel

1 c. à thé (5 mL) de paprika

1 c. à soupe (15 mL) d'épices à marinades*

1/2 gros citron, émincé

**1 morceau de saumon frais de 3 à 4 livres
  (1,5 à 2 kg)**

* Il s'agit d'épices à marinades commerciales vendues dans les chaînes d'alimentation au comptoir des herbes et épices.

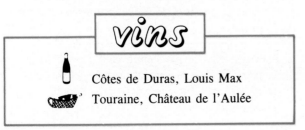

Côtes de Duras, Louis Max
Touraine, Château de l'Aulée

Préparation :

• Placer tous les ingrédients à l'exception du saumon dans une grande casserole de 12 tasses (3 L).

• Couvrir et faire cuire 15 minutes à « HIGH ».

• Entre-temps, emballer le saumon dans un coton à fromage ou un morceau de coton. Coudre le tout afin que le morceau de poisson soit bien enveloppé.

• Lorsque le bouillon est chaud, y déposer le saumon.

• Couvrir et faire cuire à « HIGH » 5 minutes par livre.

• Retirer du four, laisser reposer couvert 20 minutes.

• Lorsque prêt à servir, déballer le poisson, le placer sur un plat de service, enlever la peau et l'arête centrale.

• Pour servir froid, laisser le saumon dans l'eau de cuisson et le laisser refroidir pendant 1 heure à la température de la pièce, puis réfrigérer. Le saumon se conservera parfaitement pendant 3 jours.

• Pour servir, déballer, enlever la peau et les arêtes.

• Lorsque vous servez le poisson chaud, accompagnez-le d'une sauce aux oeufs Hollandaise ou Bercy.

• Si vous le servez froid, garnir avec une mayonnaise de votre choix ou une mayonnaise au cresson.

Petit conseil : Il est à noter que le saumon est à son meilleur au printemps.

Saumon froid superbe

vins

Muscadet de Sèvre-et-Maine, Château du Cleray

Pouilly-Fumé, Guy Saget

Préparation à l'avance : . . . . .12 h

Cuisson : .20 min

Attente : .20 min

Petit conseil : C'est une spécialité norvégienne. Le poisson est cuit dans une feuille de parchemin. Traditionnellement, on le sert avec une salade de concombres et des pommes de terre vapeur.

Ingrédients :

Un morceau de saumon de 2 lb (1 kg)

1/3 de tasse (80 mL) de beurre fondu

jus d'un demi-citron

1/3 de tasse (80 mL) de vodka ou
de vermouth blanc

sel et poivre au goût

quelques tiges d'aneth frais

Préparation :

• Prendre une feuille de parchemin assez grande pour envelopper le poisson.

• Placer le papier dans un plat de verre de 8 sur 8 po (20 sur 20 cm). Déposer le poisson sur le papier.

• Frotter le poisson avec le beurre fondu.

• Relever le papier de façon à former une sorte de sac.

• Ajouter le jus de citron, la vodka ou le vermouth, le sel et le poivre.

• Si l'aneth est frais, placer 2 ou 3 têtes fleuries sur le poisson.

• Fermer le sac en repliant les deux extrémités de papier ensemble.

• Faire cuire 20 minutes à «MEDIUM-HIGH». Laisser reposer 20 minutes.

• Ne pas développer le poisson.

• Lorsque refroidi, réfrigérer pendant 12 heures. Le jus formera une gelée.

• Servir sur un lit de feuilles de laitue.

• Entourer de persil et de tranches minces de citron et de concombre.

Petit conseil : Le parchemin peut être difficile à trouver. Si c'est le cas, utiliser 2 épaisseurs de papier ciré, qui, on le sait déjà, est à l'épreuve des micro-ondes.

Saumon darvish

• J'ignore d'où provient le nom de ce simple plat familial. Peu importe, c'est un plat économique pour servir de 4 à 6 personnes avec une boîte de saumon.

Préparation :	**8 min**
Cuisson :	**15 min**
Attente :	**aucune**

Ingrédients :

1 boîte de 15½ oz (439 g) de saumon

2 tasses (500 mL) de lait

3 c. à soupe (50 mL) de fécule de maïs

3 c. à soupe (50 mL) de beurre

sel et poivre

3 oignons verts, finement émincés

1 pleine tasse (250 mL) de biscuits soda, écrasés fin

3 c. à soupe (50 mL) de beurre

Préparation :

• Renverser une boîte de saumon sur un plat et le défaire avec une fourchette. Le diviser en 2 portions.

• Mettre les 3 c. à soupe (50 mL) de beurre dans un plat, faire fondre 2 minutes à «HIGH». Retirer du four, y remuer la fécule de maïs. Bien mélanger.

• Ajouter le lait et les oignons verts, le sel et le poivre, bien remuer.

• Faire cuire 4 minutes à «HIGH», bien remuer.

• La sauce doit être crémeuse. S'il y a lieu, la faire cuire 1 ou 2 minutes de plus.

• Beurrer une casserole en verre de 8 ou 9 po (20 ou 23 cm), y placer une portion de saumon et recouvrir d'une tasse (250 mL) de la sauce.

• Saupoudrer de la moitié des biscuits soda.

• Parsemer de 1 c. à soupe (15 mL) de dés de beurre.

• Répéter les couches.

• Parsemer le reste du beurre sur le dessus.

• Saupoudrer copieusement de paprika.

• Couvrir de papier ciré ou d'un couvercle.

• Faire cuire 8 à 10 minutes à «MEDIUM-HIGH».

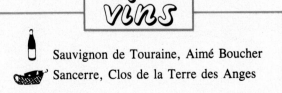

Sauvignon de Touraine, Aimé Boucher
Sancerre, Clos de la Terre des Anges

Mousse de saumon

Préparation :	**20 min**
Cuisson :	**aucune**
Attente :	**de 12 à 14 h**

Petit conseil : À défaut de saumon frais, vous pouvez préparer cette mousse avec du saumon en boîte. Délicate et légère, la mousse de saumon est idéale pour une journée chaude ou pour un buffet.

Ingrédients :

1 enveloppe de gélatine sans saveur

2 c. à soupe (30 mL) de jus de citron frais

le zeste d'un demi-citron

2 échalotes françaises ou 4 oignons verts

1/2 tasse (125 mL) d'eau bouillante ou
de vin blanc ou de saké

1/2 tasse (125 mL) de mayonnaise

1 c. à thé (5 mL) d'estragon *ou*
1 c. à soupe (15 mL) d'aneth frais émincé

1 boîte de 15¹/₂ oz (439 mL) de saumon rose ou Sockeye

1 tasse (250 mL) de crème à fouetter

Préparation :

- Dans le robot ou mélangeur, placer la gélatine le jus et le zeste de citron, les échalotes ou les oignons verts, et l'eau bouillante ou le vin ou le saké.

- Mélanger le tout à grande vitesse jusqu'à ce que les oignons soient émincés.

- Ajouter la mayonnaise, l'estragon ou l'aneth frais et le saumon non égoutté (si vous utilisez du saumon en boîte).

- Couvrir et mélanger une autre minute à grande vitesse.

- Fouetter la crème, l'ajouter en trois fois, au mélange dans le robot culinaire et mélanger 20 secondes à chaque fois.

- Assaisonner au goût avec sel et poivre.

- Rincer un moule de 4 tasses (1 L) à l'eau froide, y verser la mousse, couvrir et réfrigérer de 12 à 14 heures.

- Pour démouler, tremper le moule dans de l'eau chaude pendant 2 secondes, et le renverser sur un plat de service.

- On peut garnir la mousse en l'entourant d'oeufs farcis.

vins

Bordeaux (blanc), Château Lascombes
Graves (blanc), Château Coutet, Lichine

Petit truc : Pour faire bouillir l'eau dans le micro-ondes, la faire chauffer 8 minutes à «HIGH».

Délices du pêcheur

Préparation : . . . . **10 min**
Cuisson : . . . . **3 min par lb**
Attente : . . . . **aucune**

• Si vous-même ou l'homme de la maison aimez la pêche, et que vous pouvez prendre de belles petites truites de ruisseau, voici ma façon préférée de les faire cuire.

Ingrédients :

Truites fraîches

Oignon vert

Beurre fondu

Poivre fraîchement moulu

Paprika

Préparation :

• Laver les truites nettoyées sous l'eau froide.

• Les essuyer avec du papier essuie-tout.

• Placer un oignon vert coupé en deux dans le poisson, refermer la truite à l'aide de cure-dents.

• Placer les poissons dans un plat les uns à côté des autres en alternant les têtes et les queues.

• Envelopper les têtes et les queues individuellement dans d'étroites bandes de papier d'aluminium, pour éviter qu'elles sèchent.

• Faire fondre un peu de beurre auquel vous ajoutez du poivre et du paprika. NE PAS SALER.

• Badigeonner chaque poisson des deux côtés avec ce beurre.

• Couvrir (étant donné que la truite fraîche doit pocher et non frire pour être à son meilleur).

• Il est important de prendre des poissons de grosseur presque égale variant de 1 1/2 livre à 2 livres (750 g à 1 kg). S'il y a trop de différence dans le poids des poissons, certains seront trop cuits alors que d'autres ne le seront pas assez.

• Compter 3 minutes, par livre (500 g) à « MEDIUM ».

• Vérifier la cuisson après 10 minutes, et développer les têtes et les queues.

• Placer les poissons dans un plat de service.

• Au jus qui est dans le plat de cuisson, ajouter du beurre fondu, au goût.

Bergerac (blanc), Cloché des Monts
Muscadet de Sèvre-et-Maine, Clos de la Sablette, M. Martin

Petit truc : Pour réchauffer les aliments, les disposer sur une assiette en plaçant les parties épaisses et plus denses vers l'extérieur. Déposer les légumes et autres aliments qui cuisent rapidement au centre.

Truite en ramequin

Préparation à l'avance : . . . . .6 h
Cuisson : .8 min
Attente : . . . . .aucune

Petit conseil : Est-il possible de visiter l'Angleterre au printemps sans manger de cette délicieuse truite en ramequin ? Elle peut être préparée avec de la truite fraîche ou surgelée. Un délicieux amuse-gueule, ou pour déguster au bord de la piscine.

Ingrédients :

2 à 3 petites truites, fraîches ou surgelées

1/4 de tasse (60 mL) de farine tout usage

1 c. à soupe (15 mL) de beurre

2 c. à soupe (30 mL) d'huile végétale

1/2 c. à thé (2 mL) de poudre de cari

sel et poivre au goût

1 ou 2 c. à soupe (15 ou 30 mL) de beurre

le zeste râpé d'un citron

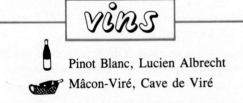

vins

Pinot Blanc, Lucien Albrecht
Mâcon-Viré, Cave de Viré

Préparation :

• Enrober chaque truite de farine.

• Faire fondre le beurre dans une assiette à tarte de 9 po (23 cm) en verre ou en céramique, 1 minute à « HIGH ». Ajouter l'huile, y brasser la poudre de cari et faire chauffer 1 minute à « HIGH ».

• Rouler la truite dans ce mélange. Faire cuire 5 minutes à « HIGH », retourner le poisson et laisser reposer 5 minutes.

• Laisser refroidir jusqu'à ce que le poisson puisse être manipulé, puis soulever la chair avec soin pour enlever les arêtes et le déposer dans un plat.

• Diviser la truite en petits morceaux avec une fourchette et les répartir dans des ramequins.

• Ajouter au beurre qui reste dans l'assiette 1 ou 2 c. à soupe (15 à 30 mL) de beurre et le zeste râpé d'un citron.

• Faire chauffer 40 secondes à « HIGH ».

• Verser le beurre dans chaque ramequin de poisson.

• Couvrir et réfrigérer au moins 6 heures avant de servir.

• Une excellente présentation accompagnée de pain croûté que chacun garnit de truite à son goût.

Truite vénitienne

Préparation :	**15 min**
Cuisson :	**16 min**
Attente :	**aucune**

Préparation :

• Nettoyer les truites.

• Les mettre les unes à côté des autres dans un plat de verre de 8 sur 12 po (20 sur 30 cm), ajouter le vin ou le fumet de poisson, le jus de citron et l'eau, sel et poivre au goût.

• Recouvrir d'un papier ciré ou d'un couvercle. Faire cuire à «MEDIUM-HIGH» 10 à 12 minutes.

• Lorsque le poisson est cuit entier, le retourner à l'aide de deux fourchettes après 3 minutes de cuisson.

• Dans l'intervalle, peler le concombre et le tailler en dés.

• Laver et hacher les épinards.

• Si des herbes fraîches sont utilisées, les hacher et les mesurer ensuite.

• Faire fondre la c. à soupe (15 mL) de beurre dans un plat 1 minute à «HIGH».

• Retirer du feu, ajouter la farine, bien mélanger. Mettre de côté.

• Disposer le poisson sur un plat à l'aide d'une cuiller perforée. Le garder au chaud.

• Verser le jus de cuisson du poisson dans le mélange de farine, y incorporer les jaunes d'oeufs en battant, ajouter le concombre et les épinards. Bien mélanger.

• Ajouter les échalotes ou les oignons verts et faire cuire 2 minutes à «HIGH», en remuant une fois.

• Retirer du four, ajouter le reste du beurre, un petit morceau à la fois, en battant bien après chaque addition.

• Faire cuire une minute de plus à «MEDIUM-HIGH», et verser sur le poisson.

Ingrédients :

4 truites moyennes ou 6 petites

1/2 tasse (125 mL) de vin blanc ou de fumet de poisson

1 c. à soupe (15 mL) de jus de citron frais

1/4 de tasse (60 mL) d'eau

1 petit concombre, pelé et taillé en dés

1 tasse (250 mL) d'épinards hachés, bien tassés

1 c. à thé (5 mL) d'estragon ou de cerfeuil

1 c. à soupe (15 mL) de beurre

1½ c. à soupe (23 mL) de farine

2 jaunes d'oeufs

1/4 de tasse (60 mL) de beurre

2 échalotes françaises ou 6 oignons verts, hachés

Petit conseil : La combinaison concombre, épinards et estragon donne à cette truite une saveur distincte et intéressante. L'été, je substitue une égale quantité de cerfeuil à l'estragon.

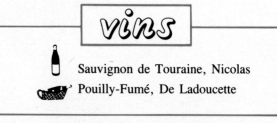

Sauvignon de Touraine, Nicolas

Pouilly-Fumé, De Ladoucette

Truite grillée

Préparation : . . . . **10 min**
Cuisson : . . . . **21 min**
Attente : . . . . **aucune**

Petit conseil : Cette recette s'applique à n'importe quelle sorte de petit poisson. En Belgique, où cette recette a été créée, on utilise le merlan. Pour bien réussir cette recette, il faut utiliser un plat à griller.

Côtes de Provence (blanc), Pradel
Saint-Véran, Georges Duboeuf

Ingrédients :

4 à 6 petites truites ou merlans

3 c. à table (50 mL) de lait

1/4 de tasse (60 mL) de farine

1 tasse (250 mL) de chapelure fine

3 c. à table (50 mL) de beurre

1 petit oignon finement haché

1 échalote française ou 3 oignons verts, pelés et hachés

1/4 de tasse (60 mL) de vin blanc

1 c. à table (15 mL) de vinaigre de cidre

Préparation :

• Laver les poissons à l'eau froide. Éponger avec une serviette de papier.

• Verser le lait dans un plat.

• Rouler d'abord le poisson dans le lait, puis dans la farine et la chapelure.

• Préchauffer un plat à rôtir à « HIGH », pendant 7 minutes.

• Sans retirer le plat du four, ajouter le beurre. Il brunira très vite.

• Placer rapidement les poissons dans le plat, les uns à côté des autres.

• Presser légèrement sur chaque poisson afin d'assurer un contact parfait entre le plat et le poisson. Faire cuire 4 minutes à « HIGH ».

• Retourner les poissons à l'aide d'une spatule. Laisser reposer 5 minutes sans aucune chaleur.

• Puis, faire cuire 2 minutes à « MEDIUM ». Retirer le poisson sur un plat chaud.

• Ajouter l'oignon, l'échalote ou les oignons verts. Remuer. Faire cuire 2 minutes à « HIGH ».

• Ajouter le vin blanc et le vinaigre. Bien brasser. Faire cuire 1 minute à « HIGH ».

• Verser sur le poisson.

• Servir avec des pommes de terre vapeur.

Truite de ruisseau farcie

Préparation : . . . . 20 min
Cuisson : . . . . 20 min
Attente : . . . . aucune

• De la truite pêchée dans l'eau de source sous le premier soleil du printemps, quel délice ! Si vous n'avez pas de truite, n'importe quel petit poisson peut être apprêté de cette façon.

Ingrédients :

1/4 de tasse (60 mL) de beurre

4 à 6 oignons verts, émincés

1 à 2 tasses (250 à 500 mL) de champignons frais émincés

1 c. à soupe (15 mL) d'aneth séché ou frais

1 c. à soupe (15 mL) de moutarde de Dijon

1/4 de c. à thé (1 mL) de poivre

1 c. à thé (5 mL) de sel

2 c. à soupe (30 mL) de sherry sec

6 truites fraîches de 1/2 livre (250 g) chacune

2 c. à soupe (30 mL) de beurre

3 c. à soupe (50 mL) de farine

1/2 tasse (125 mL) de crème

1/2 tasse (125 mL) de vin blanc ou de vermouth blanc

2 c. à soupe (30 mL) de beurre

1/4 de c. à thé (1 mL) de sucre

Préparation :

• Dans un plat, mélanger 1/4 de tasse de beurre, l'oignon vert, les champignons, l'aneth, le poivre, la moutarde de Dijon, le sel et le sherry.

• Couvrir et faire cuire 5 minutes à «MEDIUM-HIGH» en brassant une fois.

• Dans un autre plat, faire fondre 2 c. à soupe (30 mL) de beurre, 1 minute à «HIGH».

• Ajouter la farine et la crème, bien brasser et faire cuire 3 à 4 minutes à «HIGH» en brassant après 2 minutes de cuisson.

• Lorsque le mélange est épais et crémeux, l'ajouter au mélange de champignons.

• Nettoyer les poissons et farcir chacun des champignons.

• Fermer les poissons à l'aide de cure-dents et les placer dans un plat les uns à côté des autres.

• Dans un petit plat, faire chauffer le vin blanc ou le vermouth, le beurre et le sucre 2 minutes à «HIGH». Verser ce mélange sur le poisson.

• Couvrir le poisson et faire cuire à «MEDIUM-HIGH» 8 à 9 minutes, ou jusqu'à ce que le poisson s'effrite.

• Servir avec des tranches de citron.

Pinot Blanc, Jérome Lorentz
Bourgogne (blanc), Leroy d'Auvenay

Méthode de préparation d'une truite farcie

1. Écailler la truite à l'aide d'un couteau tenu légèrement incliné.

2. Enlever les nageoires après l'avoir éviscérée.

3. Enlever les arêtes en passant la pointe du couteau entre la chair et les arêtes.

4. Voici une façon de ficeler la truite farcie pour la cuire au four.

Truite pochée, sauce aux palourdes

Préparation à l'avance : . . . . quelques heures

Cuisson : . . . . de 6 à 12 min

Attente : . . . . aucune

Petit conseil : Lorsque votre mari vous rapporte d'une pêche fructueuse des truites ou tout autre petit poisson, voici une bonne manière de les préparer, car vous pourrez les conserver au réfrigérateur de 3 à 5 jours.

vins

 Côtes de Provence (rosé), Château Ste-Roseline

 Tavel, Cuvée Moussu Frédéric

Ingrédients :

2 c. à soupe (30 mL) d'huile végétale

1 à 3 lb (500 g à 1,5 kg) de truite fraîche entière ou filetée

1 c. à thé (5 mL) de sel

1 c. à soupe (15 mL) de persil et autant de sauge

le jus d'un citron

1 boîte de 5 oz (142 g) de petites palourdes

1/4 de c. à thé (1 mL) de thym

12 olives farcies, tranchées, comme garniture

Préparation :

• Verser l'huile dans un plat de pyrex ou de céramique de 8 sur 12 po (20 sur 30 cm), et y disposer le poisson entier ou fileté en une seule couche.

• Saupoudrer de sel, persil et sauge. Arroser le tout de jus de citron.

• Égoutter les palourdes et verser le jus sur le poisson. Saupoudrer du thym.

• Couvrir le plat d'un couvercle ou d'un papier ciré et faire cuire 6 à 12 minutes à «MEDIUM-HIGH», selon que vous avez de minces filets ou un poisson entier.

• Laisser refroidir, égoutter avec soin sans déplacer le poisson.

• Réfrigérer séparément le poisson et le bouillon.

• Au moment de servir, mélanger les palourdes réservées et les olives tranchées.

• Y ajouter juste assez de bouillon pour obtenir une sauce légère et la verser sur le poisson.

Petit conseil : Excellent servi avec du riz à grain long, cuit dans le reste du liquide du poisson.

Aiglefin poché à l'islandaise

Préparation : . . . . **8 min**
Cuisson : . . . . **20 min**
Attente : . . . . **aucune**

Petit conseil : La caractéristique de ce mets, c'est qu'il est recouvert de persil et d'aneth. En hiver, lorsque l'aneth frais est difficile à obtenir, le remplacer par 1/2 c. à thé (2 mL) de graines d'aneth.

vins

Anjou (blanc), Rémy Pannier
Muscadet de Sèvre-et-Maine, Carte d'Or, Sauvion & fils

Ingrédients :

1¹/₂ à 2 lb (750 g à 1 kg) de filets d'aiglefin ou autres poissons frais ou surgelés

4 tasses (1 L) d'eau bouillante

3 oignons moyens

1 feuille de laurier

1 c. à soupe (15 mL) d'aneth frais *ou* 1/2 c. à thé (2 mL) de graines d'aneth

1/4 de c. à thé (1 mL) de thym et autant de grains de poivre

2 c. à soupe (30 mL) de beurre

1 c. à soupe (15 mL) de farine

2 c. à soupe (30 mL) de chapelure fine

1/4 de tasse (60 mL) de persil finement haché (facultatif)

Préparation :

• Décongeler le poisson, s'il y a lieu.

• Couper le poisson décongelé ou frais en portions individuelles.

• Le mettre dans un plat assez grand pour contenir les morceaux de poisson les uns à côté des autres.

• Mettre l'eau bouillante, les oignons, la feuille de laurier, l'aneth, le thym, les grains de poivre et 1 c. à soupe (15 mL) de beurre dans un bol. Cuire 10 minutes à «HIGH».

• Verser sur le poisson, couvrir de papier ciré. Faire cuire à «HIGH» 6 minutes par livre (500 g), plus ou moins, selon le type de poisson utilisé.

• Vérifier la cuisson après 4 minutes avec la pointe d'un couteau et faire cuire 1, 2 ou 3 minutes de plus.

• Cette vérification s'impose car vous avez un choix de poissons dont certains cuisent plus vite que d'autres.

• Lorsque le poisson est cuit, le garder au chaud.

• Faire fondre le reste du beurre dans un autre plat 1 minute à «HIGH», le mélanger avec la farine, la chapelure et 1 tasse (250 mL) du bouillon de poisson coulé.

• Bien mélanger et faire cuire 3 minutes à «HIGH».

• Remuer et, s'il y a lieu, faire cuire une ou deux minutes de plus jusqu'à l'obtention d'une crème légère.

• Verser sur le poisson et saupoudrer de persil.

Petit conseil : Le reste du bouillon de poisson peut être coulé, congelé et utilisé comme liquide dans toute sauce de poisson ou pour la cuisson du poisson.

Aiglefin poché au beurre

Préparation à l'avance : . . . . . **de 1 à 2 h**
Cuisson : . . . . **de 10 à 13 min**
Attente : . . . . **aucune**

Petit conseil : Facile et rapide à préparer. De la morue fraîche peut très bien remplacer l'aiglefin. Ne vous laissez pas tromper par la simplicité de la sauce. Elle est relevée et possède beaucoup de goût.

Ingrédients :

1¹/₂ à 2 lb (750 g à 1 kg) de filets de poisson

1/3 de tasse (80 mL) de beurre

sel et poivre au goût

le zeste de 1 citron

le jus d'un demi-citron

2 c. à soupe (30 mL) d'aneth frais ou séché

1 c. à soupe (15 mL) de persil frais, émincé

Préparation :

• Placer le poisson dans un bol.

• Recouvrir d'eau froide et ajouter 3 c. à soupe (50 mL) de gros sel.

• Laisser tremper de 1 à 2 heures.

• Ce traitement empêche le poisson de dessécher pendant la cuisson.

• Retirer de l'eau et éponger avec une serviette en papier.

• Faire fondre le beurre 1 minute à «HIGH», dans un plat de 8 sur 8 po (20 sur 20 cm).

• Placer les filets, coupés en portions individuelles, roulés ou entiers, dans le plat.

• Couvrir d'un papier de plastique ou d'un couvercle.

• Faire cuire 6 minutes par livre (500 g) à «HIGH». Laisser reposer 3 minutes.

• Ensuite, retirer du plat avec une spatule ou une cuiller perforée.

• Déposer sur un plat chaud. Saler et poivrer au goût.

• Ajouter au jus contenu dans le plat, le zeste et le jus de citron, l'aneth et le persil. Faire cuire 1 minute à «HIGH».

• Verser sur le poisson. Accompagner de pommes de terre bouillies.

vins

Bergerac (blanc), Cloché des Monts

Sauvignon de Touraine, Aimé Boucher

Aiglefin à la royale

Préparation :	....	**7 min**
Cuisson :	....	**15 min**
Attente :	....	**aucune**

- L'expression «à la royale» signifie que le poisson est cuit dans un morceau de parchemin ou dans un sac de cuisson transparent.

Ingrédients :

4 filets moyens d'aiglefin

2 c. à soupe (30 mL) de beurre fondu

4 c. à soupe (60 mL) de farine

1 c. à thé (5 mL) de sel

1/2 c. à thé (2 mL) de poivre

1/2 c. à thé (2 mL) de paprika

1/2 tasse (125 mL) de fromage doux râpé

1/2 tasse (125 mL) de lait ou de crème

Préparation :

- Couper les filets en portions individuelles.
- Badigeonner chaque morceau de beurre fondu.
- Mélanger la farine, le sel, le poivre et le paprika.
- Rouler chaque morceau de poisson dans ce mélange, puis rouler les morceaux de poisson dans le fromage râpé.
- Déposer un sac de plastique sur une surface plate ou dans le fond d'un plat de verre de 12 sur 8 pouces (30 cm sur 20 cm).
- Placer les filets de poisson dans le sac, les uns à côté des autres, et ajouter graduellement le lait.
- Fermer le sac sans le serrer et faire deux petites incisions sur le dessus du sac à l'aide de la pointe d'un couteau.
- Placer le poisson au four et faire cuire à «HIGH» pendant 15 minutes.
- Lorsque le poisson est cuit, retirer les filets du sac et les déposer sur un plat de service. Saupoudrer le tout de persil émincé.
- En été, je saupoudre le poisson de ciboulette fraîche émincée et je verse sur le poisson la sauce qui reste dans le sac.

Muscadet de Sèvre-et-Maine, Château de la Villarnoult

Saint-Véran, Louis Latour

Casserole d'aiglefin à l'américaine

Préparation : . . . . **7 min**
Cuisson : . . . . **de 8 à 10 min**
Attente : . . . . **aucune**

Petit conseil : La morue fraîche ou surgelée peut remplacer l'aiglefin.

Ingrédients :

1 lb (500 g) de filets d'aiglefin

1/4 de c. à thé (1 mL) de sel et autant de poivre

une pincée de muscade

1 petite boîte de crème de champignons, non diluée

1/4 de tasse (60 mL) de crème

1/4 de tasse (60 mL) de lait ou de vin blanc

1/2 c. à thé (2 mL) d'estragon ou de thym

1 tasse (250 mL) de fromage suisse ou cheddar râpé

Préparation :

• Couper les filets en portions individuelles.

• Les mettre dans un plat de 8 sur 8 po (20 sur 20 cm), les uns à côté des autres, entiers ou roulés, les parties les plus épaisses touchant les bords du plat.

• Mélanger le sel, le poivre et la muscade. Saupoudrer sur le poisson.

• Mélanger la crème de champignons, la crème, le vin ou le lait et l'estragon ou le thym. Étendre sur le poisson.

• Saupoudrer le fromage râpé sur le tout. Faire cuire à «MEDIUM» 8 à 10 minutes.

Mâcon-Loché, Château de Loché
Mâcon-Villages, Château des Bois, Moreau

Aiglefin fumé

Préparation : . . . . **5 min**
Cuisson : . . . . **8 min**
Attente : . . . . **aucune**

• L'aiglefin fumé ou «finnan haddock» est une des spécialités écossaises de renommée universelle. Il est possible dans tout le Canada de se procurer du bon aiglefin fumé. La recette suivante donne la façon écossaise authentique de l'apprêter, et j'ose dire la meilleure façon.

Ingrédients :

1 lb (500 g) d'aiglefin fumé

2 c. à soupe (30 mL) de beurre

1/4 de c. à thé (1 mL) de poivre

1 c. à soupe (15 mL) de fécule de maïs

1 tasse (250 mL) de lait ou de crème légère

Préparation :

• Enlever la peau du poisson, s'il y a lieu, et le couper en portions individuelles ou en bouchées.

• Faire fondre le beurre dans une assiette à tarte de 9 po (23 cm) 2 minutes à «HIGH».

• Ajouter le poisson, le saupoudrer de poivre, couvrir et faire cuire 3 minutes à «MEDIUM-HIGH».

• Délayer la fécule de maïs dans le lait ou la crème. Verser sur le poisson.

• Faire mijoter 5 minutes à «MEDIUM-LOW». Remuer et servir aussitôt prêt.

• Des pommes de terre bouillies pelées et du persil finement haché sont la garniture traditionnelle de ce plat.

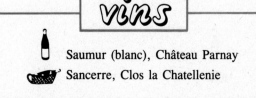

Saumur (blanc), Château Parnay
Sancerre, Clos la Chatellenie

Cossetarde de poisson

Préparation : . . . . **10 min**
Cuisson : . . . . **de 4 à 7 min**
Attente : . . . . **aucune**

• Une manière scandinave de servir des filets d'aiglefin ou des filets de plie.

Ingrédients :

4 filets d'aiglefin ou de plie
1 c. à thé (5 mL) de jus de citron
Sel et poivre au goût
2 c. à soupe (30 mL) d'aneth frais, haché
1 oeuf
1/2 tasse (125 mL) de lait

Préparation :

• Arroser légèrement chaque filet de jus de citron. Saler et poivrer au goût.

• Rouler les filets en les retenant au besoin avec un pic de bois, saupoudrer d'aneth.

• Les placer dans une assiette à tarte de 9 po (23 cm) ou un petit plat à quiche.

• Battre ensemble l'oeuf et le lait et verser sur le poisson.

• Couvrir et faire cuire 4 à 7 minutes à «MEDIUM». ou jusqu'à ce que la crème soit prise.

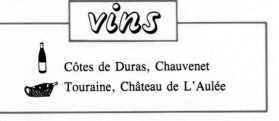

Côtes de Duras, Chauvenet
Touraine, Château de L'Aulée

Aiglefin à la grecque

Préparation : . . . . **8 min**
Cuisson : . . . . **10 min**
Attente : . . . . **5 min**

Ingrédients :

1 boîte de 19 oz (540 mL) de tomates
   non égouttées
1/2 tasse (125 mL) de biscuits soda émiettés
1 c. à thé (5 mL) de sucre
1/4 de c. à thé (1 mL) de basilic
1/2 c. à thé (2 mL) de sel
1 lb (500 g) d'aiglefin surgelé
3 oignons verts, haché fin
1/4 de tasse (60 mL) de persil haché
1/4 de tasse (60 mL) d'huile végétale
2 c. à soupe (30 mL) de farine
1 c. à soupe (15 mL) de paprika

Préparation :

• Garnir un plat de verre de 8 po sur 8 po (20 sur 20 cm) avec les tomates et les biscuits soda.

• Saupoudrer du sucre, du basilic et du sel. Mélanger à la fourchette.

• Poser le bloc de poisson congelé sur les tomates.

• Mélanger le reste des ingrédients et verser sur le poisson.

• Couvrir de papier ciré. Faire cuire à «HIGH», de 8 à 10 minutes, jusqu'à ce que le poisson soit bien cuit au centre.

• Laisser reposer 5 minutes. Servir.

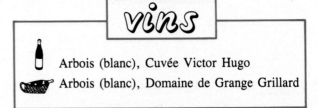

Arbois (blanc), Cuvée Victor Hugo
Arbois (blanc), Domaine de Grange Grillard

Spaghetti d'aiglefin fumé à l'anglaise

• Une authentique recette de famille anglaise et une modification appréciée de la sauce spaghetti habituelle. La saveur fumée de l'aiglefin lui confère une saveur bien distincte.

Ingrédients :

1 lb (500 g) d'aiglefin fumé

1/4 de c. à thé (1 mL) de sarriette d'été

1 c. à soupe (15 mL) d'huile végétale

1 c. à thé (5 mL) de sel

8 oz (225 g) de spaghetti fin

4 tranches de bacon

1 gros oignon, tranché mince

3 c. à soupe (50 mL) de beurre

3 c. à soupe (50 mL) de farine

2 tasses (500 mL) de lait

sel et poivre

3/4 de tasse (190 mL) de fromage râpé

1/4 de c. à thé (1 mL) de muscade

1 tasse (250 mL) de cubes de pain grillé

Préparation :

• Faire chauffer 2 tasses (500 mL) d'eau 10 minutes à «HIGH», jusqu'à ébullition.

• Mettre le poisson dans un plat à cuisson aux micro-ondes, juste assez grand pour le contenir.

Préparation : . . . . 15 min
Cuisson : . . . . de 41 à 44 min
Attente : . . . . 2 min

• Verser l'eau sur le poisson, ajouter la sarriette. Couvrir et faire cuire 10 minutes à «MEDIUM».

• Retirer le poisson de l'eau, le laisser refroidir et le défaire.

• Amener 2 tasses (500 mL) d'eau à ébullition 5 minutes à «HIGH» dans un bol de 6 tasses (1,5 L).

• Ajouter 1 c. à soupe (15 mL) d'huile végétale, 1 c. à thé (5 mL) de sel, et le spaghetti.

• Bien mélanger et faire cuire de 13 à 15 minutes à «MEDIUM». Remuer à mi-cuisson.

• Le spaghetti cuit aux micro-ondes est simplement égoutté, mais non rincé.

• Tailler le bacon en dés, le mettre dans un plat et le faire cuire 2 minutes à «HIGH».

• Ajouter l'oignon, remuer et faire cuire 2 minutes à «HIGH». Ajouter le tout au spaghetti avec le poisson défait. Remuer avec une fourchette.

• Faire une sauce blanche dans une tasse à mesurer de 4 tasses (1 L), en faisant fondre le beurre 1 minute à «HIGH». Ajouter la farine.

• Lorsque le tout est bien mélangé, ajouter le lait, remuer et faire cuire 2 minutes à «HIGH».

• Bien remuer et faire cuire encore 2 à 3 minutes, ou jusqu'à consistance crémeuse.

• Assaisonner au goût, ajouter la muscade et le fromage râpé en brassant.

• Mettre le mélange du poisson et du spaghetti dans un bol.

• Verser la sauce au fromage sur le tout.

• Recouvrir des cubes de pain grillé mélangés avec 1 c. à thé (5 mL) de paprika.

• Au moment de servir, couvrir et réchauffer à «SENSOR 1» ou «COMBINATION 1» si votre four est muni de ces dispositifs. Le four décide du temps de cuisson.

• Ou réchauffer de 3 à 5 minutes à «MEDIUM».

• Laisser reposer 2 minutes.

Arbois (blanc), Domaine de Grange Grillard
Pouilly-Fumé, Guy Saget

Pouding d'aiglefin fumé

Préparation : . . . . **12 min**

Cuisson : . . . . **25 min**

Attente : . . . . **aucune**

Petit conseil : C'est un pouding léger qui se sert très bien avec une salade verte à l'huile et au vinaigre.

Ingrédients :

1 lb (500 g) d'aiglefin fumé

2 tranches de bacon, en dés

1 c. à soupe (15 mL) de beurre

2 tasses (500 mL) de purée de pommes de terre de votre choix

poivre au goût

le jus et le zeste râpé d'un demi-citron

1 petit oignon, émincé

1/2 c. à thé (2 mL) de sel de céleri

1/4 de tasse (60 mL) de persil émincé

1/2 c. à thé (2 mL) de sarriette d'été

3 c. à soupe (50 mL) de beurre

3 oeufs

paprika

vins

Entre-Deux-Mers, Château Bonnet

Muscadet de Sèvre-et-Maine, Domaine Beau-Site

Préparation :

• Mettre le poisson dans une assiette à tarte de 9 po (23 cm).

• Saupoudrer du bacon et ajouter juste assez d'eau pour couvrir le fond du plat. Couvrir et faire cuire 10 minutes à «MEDIUM».

• Disposer le poisson sur un plat chaud et badigeonner le dessus de la c. à soupe (15 mL) de beurre. Laisser refroidir.

• Lorsque le poisson est refroidi, le défaire et l'ajouter aux pommes de terre.

• Ajouter le poivre, le jus et le zeste de citron, l'oignon, le sel de céleri, le persil et la sarriette. Battre pour bien mélanger.

• Faire fondre les 3 c. à soupe (50 mL) de beurre 1 minute à «HIGH» et ajouter au mélange du poisson.

• Séparer les oeufs, battre les jaunes d'oeufs légèrement. Les ajouter au mélange du poisson en remuant.

• Battre les blancs d'oeufs et les incorporer au mélange.

• Beurrer un plat de cuisson de 4 tasses (1 L) et y verser le mélange.

• Saupoudrer généreusement le dessus de paprika.

• Faire cuire de 12 à 14 minutes à «MEDIUM». Servir aussitôt prêt.

Aiglefin printanier

Préparation : . . . . **10 min**
Cuisson : . . . . **10 min**
Attente : . . . . **5 min**

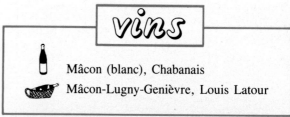

Mâcon (blanc), Chabanais
Mâcon-Lugny-Genièvre, Louis Latour

• Souvent servi en Écosse au petit déjeuner tardif du dimanche, avec un panier de biscuits ou de «scones» chauds, et une tasse de thé très chaud et très fort.

Ingrédients :

1¹/₂ lb (750 g) de steaks ou filets d'aiglefin

4 c. à soupe (60 mL) d'huile de votre choix

3 gousses d'ail

1 feuille de laurier

1 c. à soupe (15 mL) de farine

1/4 de tasse (60 mL) de persil émincé

1/2 tasse (125 mL) de fumet de poisson ou d'eau

1 à 2 tasses (250 à 500 mL) de petits pois surgelés

sel et poivre

3 à 4 oeufs

Préparation :

• Éponger les steaks ou filets avec un papier absorbant.

• Faire chauffer l'huile 3 minutes à «HIGH» dans un plat en céramique de 8 sur 8 po (20 sur 20 cm).

• Ajouter l'ail, la feuille de laurier, la farine et le persil. Bien remuer, ajouter le fumet de poisson ou l'eau, bien remuer.

• Ajouter le poisson et les petits pois. Couvrir d'un papier ciré. Faire cuire 5 minutes à «HIGH».

• Brasser les pois et le jus. Laisser reposer de 4 à 5 minutes.

• Retirer le poisson sur un plat chaud à l'aide d'une cuiller perforée.

• Casser les oeufs dans le jus. Percer le jaune avec la pointe d'un petit couteau.

• Couvrir de papier ciré et faire cuire à «MEDIUM», en calculant de 1 à 2 minutes par oeuf.

• Aussitôt les oeufs cuits, servir une portion de poisson, un oeuf, et un peu de sauce.

Petit truc : Pour réchauffer 4 à 6 petits pains, déposez-les dans un plat de service allant au four à micro-ondes et couvrez-les avec un essuie-tout. Réchauffez pendant 30 secondes.

Casserole d'aiglefin surgelé

Préparation :	**10 min**
Cuisson :	**15 min**
Attente :	**aucune**

Petit conseil : Un poisson garni d'une sauce tomate crémeuse et facile à apprêter. L'accompagner de riz ou de purée de pommes de terre.

Ingrédients :

1 boîte de 16 oz (450 g) de filets d'aiglefin non cuits

sel et poivre

1 c. à thé (5 mL) de basilic *ou*
  1/4 de c. à thé (1 mL) de poudre de cari

1 boîte de 19 oz (540 mL) de tomates

2 c. à soupe (30 mL) de farine

1 oignon, émincé

2 branches de céleri, finement hachées

1 c. à soupe (15 mL) de beurre

1 oeuf, légèrement battu

1/4 de tasse (60 mL) de crème

1 c. à thé (5 mL) de sauce Worcestershire

Préparation :

• Assaisonner les filets décongelés de sel et poivre au goût.

• Les disposer les uns à côté des autres dans un plat de 9 sur 12 po (22,5 sur 30 cm) en verre ou en céramique.

• Mélanger le basilic ou le cari, les tomates, la farine, l'oignon, le céleri.

• Faire fondre le beurre 1 minute à «HIGH». L'ajouter au mélange et verser le tout sur le poisson.

• Recouvrir le plat d'un couvercle ou d'un papier ciré, et faire cuire 10 minutes à «MEDIUM-HIGH».

• Arroser le poisson et, s'il y a lieu, le faire cuire 1 ou 2 minutes de plus à «MEDIUM-HIGH».

• Retirer le poisson de la sauce sur un plat chaud.

• Battre l'oeuf et la crème ensemble.

• Ajouter la sauce Worcestershire et battre en l'ajoutant à la sauce aux tomates.

• Faire cuire 2 minutes à «MEDIUM», en remuant après 1 minute.

• Verser sur le poisson. Servir.

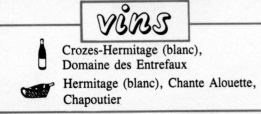

vins

Crozes-Hermitage (blanc),
Domaine des Entrefaux

Hermitage (blanc), Chante Alouette,
Chapoutier

Morue pochée aux fines herbes

Préparation : . . . . **10 min**
Cuisson : . . . . **10 min**
Attente : . . . . **aucune**

Petit conseil : Quoi qu'on en pense, la morue fraîche est délicieuse, et elle l'est doublement lorsque pochée au four à micro-ondes. La morue surgelée peut aussi être utilisée, mais il est important de la décongeler avant de la faire cuire.

Ingrédients :

2 lb (1 kg) de morue fraîche en steaks ou filets

1¼ de tasse (310 mL) d'eau ou de lait

1 oignon moyen émincé

1 feuille de laurier

3 rondelles de citron avec la pelure

1 c. à thé (5 mL) de sel

4 grains de poivre

2 c. à soupe (30 mL) de beurre

2 c. à soupe (30 mL) de farine

1 c. à soupe (15 mL) de jus de citron

1/4 de tasse (60 mL) de persil frais *ou*
  2 c. à soupe (30 mL) d'aneth frais

Préparation :

• Placer les filets en une seule couche dans un plat de verre de 12 sur 8 po (30 sur 20 cm).

• Verser le liquide sur le poisson.

• Recouvrir avec les tranches d'oignon et de citron, la feuille de laurier, le sel et les grains de poivre. Faire cuire sans couvrir, 3 minutes à «HIGH».

• Pencher le plat et, à l'aide d'une cuiller, arroser le poisson avec son jus. Faire cuire 4 minutes à «HIGH».

• Couvrir et laisser reposer 3 minutes.
Retirer le poisson sur une plat, avec une cuiller perforée.

• Mélanger le beurre et la farine, ajouter au jus du poisson, bien mélanger. Ajouter le jus de citron, le persil ou l'aneth. Bien mélanger.

• Faire cuire 2 minutes à «HIGH». Brasser.

• La sauce doit être légère et crémeuse; si nécessaire, faire cuire une autre minute.

• Verser sur le poisson.

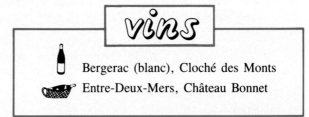

Bergerac (blanc), Cloché des Monts
Entre-Deux-Mers, Château Bonnet

Morue pochée, sauce aux oeufs

Préparation: . . . . **20 min**
Cuisson: . . . . **18 min**
Attente: . . . . **10 min**

Petit conseil: Un déjeuner très intéressant, très Nouvelle-Angleterre au printemps. Un mets délicieux, accompagné de petites pommes de terre nouvelles bouillies et de petis pois; les deux se cuisent aisément au four à micro-ondes.

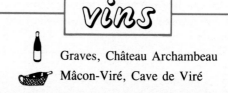

vins

Graves, Château Archambeau
Mâcon-Viré, Cave de Viré

Ingrédients:

2 lb (1 kg) de steaks ou filets de morue, fraîche ou surgelée

1 1/2 tasse (375 mL) d'eau bouillante salée

1 c. à thé (5 mL) de thym

1 oignon moyen, tranché mince

1 feuille de laurier

4 tiges de persil

1 branche de céleri, coupée en quatre

La sauce:

1/4 de tasse (60 mL) de beurre ou de margarine

3 c. à soupe (50 mL) de farine

l'eau de cuisson du poisson, coulée

1/4 de c. à thé (1 mL) de sel

2 à 3 oeufs durs, tranchés

1/4 de tasse (60 mL) de crème légère ou riche

1/4 de tasse (60 mL) de persil émincé

Préparation:

• Mettre les steaks ou filets de morue dans un plat en verre ou en céramique.

• Ajouter assez d'eau bouillante juste pour ne pas couvrir le poisson.

• Y ajouter le thym, l'oignon, la feuille de laurier, le persil et le céleri.

• Couvrir et faire cuire 10 minutes à «HIGH». Laisser reposer 10 minutes.

• Pour la sauce, faire fondre le beurre ou la margarine dans une tasse à mesurer de 4 tasses (1 L), 1 minute à «HIGH».

• Ajouter la farine, bien mélanger et ajouter le jus de cuisson du poisson et le sel. Bien mélanger.

• Faire cuire 4 minutes à «MEDIUM-HIGH».

• Bien mélanger, ajouter la crème et le persil et faire cuire 3 minutes à «MEDIUM».

• Bien remuer, ajouter les oeufs. Saler et poivrer au goût. Bien égoutter le poisson, le disposer sur un plat chaud et l'arroser de la sauce.

Morue pochée à la scandinave

Préparation : . . . . **10 min**
Cuisson : . . . . **9 min**
Attente : . . . . **de 5 à 8 min**

Petit conseil : Les petits filets ou steaks de morue sont les plus faciles à pocher. Mais la même recette peut être utilisée pour pocher des petits filets de saumon.

Ingrédients :

1 tasse (250 mL) d'eau chaude

le jus d'un citron

1 petit oignon, tranché mince

1 branche de céleri, coupée en dés

2 gousses d'ail, écrasées

1 feuille de laurier

1/4 de c. à thé (1 mL) de thym

4 clous de girofle entier

1 c. à thé (5 mL) de sel

1/4 de c. à thé (1 mL) de grains de poivre

4 à 6 steaks ou filets de morue de 6 oz (175 g) chacun

Préparation :

• Mettre dans un plat de verre tous les ingrédients, sauf le poisson.

• Couvrir et faire cuire à «HIGH» 6 minutes pour amener à ébullition.

• Bien brasser, y placer les morceaux de poisson les uns à côté des autres. Couvrir et pocher à «HIGH», 2 minutes.

• Retourner chaque morceau avec soin, couvrir et pocher à «HIGH», 1 minute.

• Laisser reposer 5 à 8 minutes avant de servir.

• Accompagner de beurre fondu avec un peu de jus de citron et de persil haché, ou avec une sauce blanche persillée.

Entre-Deux-Mers, L'Ancre Verte

Menetou-Salon, Alphonse Mellot

Petit truc : Pour faire fondre le beurre ou autre corps gras : mettre le beurre ou le corps gras dans une mesure de 1 tasse (250 mL). Faire chauffer aux micro-ondes, à découvert, de 30 secondes à 2 minutes à «HIGH», selon la quantité et la température initiale du corps gras.

Morue aux légumes, à l'acadienne

Préparation : . . . . 35 min
Cuisson : . . . . 10 min
Attente : . . . . 3 min

• Un repas estival dans un seul plat. Le poisson, les tomates, le piment vert et les pommes de terre en font un mets savoureux, attrayant et économique.

Ingrédients :

2 lb (1 kg) environ de steaks de morue fraîche

le zeste râpé d'un citron

1/4 de c. à thé (1 mL) de poivre

1 c. à thé (5 mL) de sel

1/4 de c. à thé (1 mL) de thym

le jus d'un demi-citron

1 oignon, tranché mince

2 tomates, pelées et tranchées

1 piment vert, taillé en languettes

3 c. à soupe (50 mL) de persil émincé

3 pommes de terre, pelées et tranchées très mince

2 c. à soupe (30 mL) de beurre ou de margarine

Préparation :

• Mélanger le zeste de citron, le sel, le poivre et le thym, et en frotter toute la surface du poisson.

• Mettre dans un plat de 7 sur 11 po (18 sur 28 cm) en verre ou autre matière pour four à micro-ondes.

• Saupoudrer de jus de citron. Laisser reposer 20 minutes. Retirer le poisson du plat.

• Disposer la moitié des oignons, tomates, pommes de terre et piment vert dans le plat.

• Recouvrir du poisson et ajouter le reste des légumes.

• Faire fondre le beurre ou la margarine 1 minute à «HIGH». Ajouter le persil.

• Verser sur la garniture de légumes.

• Couvrir de papier ciré. Faire cuire de 8 à 10 minutes à «HIGH», en arrosant une fois avec le jus de cuisson après 3 minutes.

• Laisser reposer 3 minutes et servir.

Muscadet de Sèvre-et-Maine, Rémy Pannier
Sancerre, Domaine La Moussière, Alphonse Mellot

Morue gratinée au céleri

Préparation à l'avance : . . . . 1 h

Cuisson : . . . . 13 min

Attente : . . . . 5 min

- C'est aussi une excellente recette pour le vivaneau (red snapper). L'aneth et la graine de céleri, en plus de la garniture de céleri braisé, en font une présentation attrayante et pleine de saveur.

Ingrédients :

1/2 c. à thé (2 mL) de graines d'aneth

1/4 de c. à thé (1 mL) de graines de céleri

1/4 de c. à thé (1 mL) de poivre

1/2 c. à thé (2 mL) de sel

1 1/2 lb (750 g) de filets de morue ou de vivaneau

2 c. à soupe (30 mL) de beurre

paprika, au goût

Céleri braisé :

1 c. à soupe (15 mL) de beurre

4 branches de céleri, tranchées

1 c. à soupe (15 mL) d'eau

1 épaisse tranche de citron, non pelée

3 c. à soupe (50 mL) de persil haché

sel et poivre au goût

Préparation :

- Mélanger l'aneth et les graines de céleri avec le sel et le poivre. En saupoudrer le poisson.
- Le réfrigérer couvert durant 1 heure.
- Disposer les filets de poisson dans un plat beurré de 8 sur 12 po (20 sur 30 cm), les uns à côté des autres, le côté garni sur le dessus.
- Faire fondre le beurre 1 minute à «HIGH», verser sur le poisson. Saupoudrer le tout de paprika.
- Pour préparer le céleri : faire fondre le beurre 1 minute à «HIGH».
- Ajouter le céleri, l'eau et la tranche de citron.
- Couvrir et faire cuire 3 minutes à «HIGH». Bien remuer.
- Laisser reposer 5 minutes.
- Ajouter le persil en brassant, saler et poivrer au goût.
- Disposer autour du poisson.
- Couvrir et faire cuire 6 à 8 minutes à «HIGH», selon l'épaisseur des filets.
- Accompagner de riz ou de nouilles persillées.

vins

Saumur (blanc), Château Saint-Florent

Arbois (blanc), Domaine de Grange Grillard

Casserole de morue à la hongroise

Préparation : . . . . **10 min**
Cuisson : . . . . **25 min**
Attente : . . . . **aucune**

• Combinaison intéressante et inusitée de poisson, de crème sure et de pommes de terre.

Ingrédients :

3 pommes de terre moyennes

1 lb (500 g) de steaks de morue ou de flétan

sel et poivre au goût

1¹/₂ tasse (375 mL) d'oignon tranché mince

4 à 6 tranches de bacon

le jus et le zeste d'un citron

2/3 de tasse (160 mL) de crème sure

1/4 de tasse (60 mL) de crème sure

1/2 c. à thé (2 mL) de paprika

Préparation :

• Nettoyer les pommes de terre, faire 2 à 3 incisions dans la pelure à l'aide de la pointe d'un couteau. Placer les pommes de terre en cercle sur une grille de four à micro-ondes. Faire cuire 8 à 9 minutes à «HIGH».

• Vérifier la cuisson avec la pointe d'un couteau. S'il y a lieu, faire cuire 1 ou 2 minutes de plus.

• Lorsqu'elles ont refroidi, peler les pommes de terre, les couper en tranches et les placer dans le fond d'un plat de cuisson de 8 pouces sur 8 pouces (20 sur 20 cm), bien beurré. Saler et poivrer au goût.

• Placer les oignons dans un autre plat sans gras, faire cuire à «HIGH» 3 minutes, en brassant après 2 minutes de cuisson. Retirer du four.

• Placer le bacon sur 2 épaisseurs de papier essuie-tout, faire cuire 3 à 4 minutes à «HIGH» ou jusqu'à ce qu'il soit croustillant. Certaines sortes de bacon ne demandent que 2 minutes de cuisson.

• Placer les steaks de poisson sur les pommes de terre.

• Verser le jus de citron et le zeste.

• Saupoudrer avec les oignons, puis avec le bacon émietté.

• Recouvrir le tout de 2/3 de tasse (160 mL) de crème sure. Saler et poivrer au goût.

• Couvrir et faire cuire à «HIGH» environ 8 minutes ou jusqu'à ce que le poisson soit tendre.

• Mélanger le reste de crème sure avec le paprika.

• Étendre sur le poisson, couvrir et faire cuire 1 autre minute à «HIGH».

vins

Pinot Blanc, Lucien Albrecht
Gewurztraminer, Trimbach

Morue vent de printemps

Préparation : . . . . **10 min**
Cuisson : . . . . **de 19 à 21 min**
Attente : . . . . **aucune**

Préparation :

- Casser l'extrémité verte de chaque asperge.
- Elle se brisera à l'endroit où commence la partie tendre de l'asperge.
- Laver les asperges et les placer dans un plat. Ajouter l'eau froide et une pincée de sucre.
- Couvrir et faire cuire à «HIGH» 5 à 7 minutes, ou jusqu'à ce que les asperges soient tendres.
- Vérifier la cuisson avec la pointe d'un couteau.
- Enlever les asperges de leur jus de cuisson et conserver ce jus.
- Conserver les asperges au chaud.
- Placer le beurre ou l'huile, l'ail, le persil et l'estragon dans un plat à cuisson.
- Faire cuire à «HIGH» 3 minutes en brassant une fois.
- Placer le poisson sur le tout, ajouter le jus et le zeste de citron, et le jus de cuisson des asperges. Saler et poivrer au goût. Couvrir
- Faire cuire à «MEDIUM-HIGH» 6 minutes.
- Placer les asperges sur le poisson, couvrir et faire cuire à «MEDIUM» 2 minutes.
- Placer le poisson et les asperges dans un plat de service chaud.
- Ajouter la crème au jus qui se trouve dans le plat de cuisson, faire cuire 3 minutes à «HIGH», bien brasser et verser sur le poisson.

- Une combinaison étonnante d'asperges et de morue. Cependant, les deux saveurs se mélangent agréablement.

Ingrédients :

1 lb (500 g) d'asperges fraîches

1/4 de tasse (60 mL) d'eau froide

3 c. à soupe (50 mL) de beurre non salé ou
   d'huile d'olive

2 gousses d'ail moyennes, émincées

1/4 de tasse (60 mL) de persil frais émincé

1/2 c. à thé (2 mL) d'estragon

2 lb (1 kg) de morue fraîche coupée en 6 filets

le zeste et le jus d'un demi-citron

3 c. à soupe (50 mL) de crème épaisse

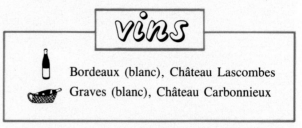

vins

Bordeaux (blanc), Château Lascombes
Graves (blanc), Château Carbonnieux

Petit truc : Vous pouvez également faire cuire à l'aide du «sensor» si votre four en possède un. Le four décidera de la durée de cuisson.

Kedgeree

• Un ancien petit déjeuner ou léger déjeuner anglais, mais toujours populaire. Une façon intéressante d'apprêter un reste de saumon poché ou du saumon en boîte.

Préparation : . . . . **20 min**
Cuisson : . . . . **de 25 à 30 min**
Attente : . . . . **15 min**

Ingrédients :

1/4 de tasse (60 mL) de beurre ou de margarine

1/2 tasse (125 mL) d'oignon, haché fin

1 gousse d'ail, hachée fin

2 branches de céleri, coupées en dés

1/4 de tasse (60 mL) de feuilles de céleri, émincées

1 pomme sure, pelée et hachée, le coeur enlevé

1 à 2 c. à soupe (15 à 30 mL) de poudre de cari

1 tasse (250 mL) de riz à grain long

2 tasse (500 mL) de bouillon de poulet ou d'eau

1 c. à thé (5 mL) de sel

1 lb (500 g) de morue, d'aiglefin ou de saumon, cuit

2/3 de tasse (160 mL) de lait ou de crème

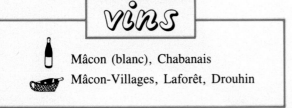

Mâcon (blanc), Chabanais
Mâcon-Villages, Laforêt, Drouhin

Préparation :

• Mettre le beurre dans un plat de 8 tasses (2 L) et le faire fondre 2 minutes à «HIGH».

• Ajouter l'oignon, l'ail, le céleri et ses feuilles et la pomme. Bien remuer.

• Faire cuire 5 minutes à «HIGH».

• Ajouter la poudre de cari. Bien remuer.

• Ajouter le riz cuit, le bouillon de poulet ou l'eau, le sel et le lait ou la crème. Bien remuer.

• Couvrir. Faire cuire 20 minutes à «MEDIUM-HIGH», en remuant après 10 minutes.

• Laisser reposer 15 minutes et ajouter le poisson de votre choix, en remuant. Servir.

• Lorsque préparé d'avance ne pas réfrigérer, réchauffer 5 minutes à «MEDIUM», couvert, ou faire usage de «COMB I» à «REHEAT»; le four décide alors du temps de réchauffage.

Petit truc : Il faut bien couvrir le plat d'une feuille de plastique lorsque «COMB» est utilisé.

Le flétan

Flétan
à l'orange

Préparation : . . . . 8 min
Cuisson : . . . . de 10 à 12 min
Attente : . . . . 5 min

Petit conseil : Délicieux, servi chaud ou froid. On trouve facilement du flétan surgelé en toutes saisons ou presque. Je vous recommande ce plat pour vos repas d'invités ou lorsque les minutes sont comptées. J'ai toujours quelques boîtes de flétan surgelé dans mon congélateur.

Ingrédients :

2 lb (1 kg) de flétan frais ou surgelé

le zeste râpé d'une orange

le jus d'une orange

4 c. à soupe (60 mL) de beurre

1 c. à thé (5 mL) de jus de citron

sel et poivre

1/8 de c. à thé (,05 mL) de muscade

1/4 de tasse (60 mL) de persil émincé

Préparation :

• Faire décongeler le poisson, s'il y a lieu, 1 heure avant la cuisson.

• Lorsque le poisson est décongelé, l'enrouler dans une serviette de papier pour enlever toute humidité.

• Pour le poisson frais, simplement l'éponger quelques minutes, dans une serviette de papier.

• Mettre le poisson en une seule couche dans un grand plat beurré copieusement.

• Mélanger le reste des ingrédients, sauf le persil, et verser sur le poisson.

• Faire cuire 10 à 12 minutes à «HIGH», ou jusqu'à ce que le poisson se défasse avec la fourchette.

• Laisser reposer 5 minutes et disposer sur un plat chaud.

• L'arroser de toute sauce qui reste au fond du plat.

• Saupoudrer du persil émincé et servir.

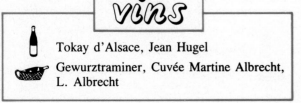

Tokay d'Alsace, Jean Hugel

Gewurztraminer, Cuvée Martine Albrecht, L. Albrecht

Flétan à la grecque

Préparation: . . . . 15 min
Cuisson: . . . . 15 min
Attente: . . . . .5 min

Petit conseil: En Grèce, chaque portion de poisson est enrobée d'une feuille de vigne. Si j'ai de ces feuilles embouteillées, telles que vendues dans les boutiques grecques, je les utilise. Des feuilles de laitue Boston peuvent les remplacer.

Ingrédients:

2 lb (1 kg) de filets ou steaks de flétan

1 laitue Boston

1/4 de tasse (60 mL) de persil émincé

1 feuille de laurier, brisée en morceaux

1 petit oignon, coupé en deux

1/4 de tasse (60 mL) d'huile d'olive ou végétale

1/2 tasse (125 mL) de vin ou
   de vermouth blanc

1 c. à thé (5 mL) de sel

1/4 de c. à thé (1 mL) de graines de cumin

1 cube de bouillon de poulet

1 tasse (250 mL) de sauce aux câpres

Préparation:

• Disposer une couche de feuilles de laitue au fond d'un plat en verre de 8 sur 12 po (20 sur 30 cm).

• Couvrir de la moitié du persil, de la feuille de laurier et des dés d'oignon.

• Saupoudrer du reste du persil.

• Disposer le flétan sur ce lit d'herbe.

• Mélanger l'huile, le vin ou le vermouth, le sel et les graines de cumin. Verser sur le poisson.

• Briser le cube de bouillon en morceaux et les disperser sur le poisson.

• Recouvrir tout le poisson de feuilles de laitue.

• Faire cuire 10 minutes à «HIGH» et 5 minutes à «LOW». Laisser reposer 5 minutes.

• Disposer le poisson sur un plat et l'arroser de la sauce aux câpres.

• L'accompagner de riz mélangé avec du beurre et du persil haché.

 Roussette de Savoie

Arbois (blanc), Domaine de Grange Grillard

Flétan à la russe

Préparation : . . . . **6 min**
Cuisson : . . . . **de 6 à 9 min**
Attente : . . . .**2 min**

Petit conseil : Utiliser du poisson frais ou surgelé. Ce dernier doit être décongelé avant de le préparer pour la cuisson. La préparation peut se faire quelques heures d'avance ; le plat est alors réfrigéré et cuit au moment de servir.

 Gewurztraminer, Cave vinicole d'Obernal
Riesling, Réserve personnelle, Jean Hugel

Ingrédients :

4 à 6 portions individuelle de flétan

1/2 c. à thé (2 mL) de sel et autant de sucre

1/2 c. à thé (2 mL) de paprika

1 oignon moyen

6 tranches minces de citron non pelé

1 c. à soupe (15 mL) de beurre

2 c. à soupe (30 mL) de sauce Chili

Préparation :

• Placer les portions de poisson dans un plat rond de 8 pouces (20 cm).

• Mélanger le sel, le sucre et le paprika. Saupoudrer sur le poisson.

• Peler l'oignon et le trancher mince. Étendre les rondelles sur le poisson.

• Recouvrir avec les tranches de citron.

• Faire chauffer à «HIGH» 40 secondes, le beurre et la sauce Chili. Verser sur le poisson.

• Couvrir le plat d'un papier ciré.

• Faire cuire à «HIGH» 5 minutes ou à «MEDIUM», 8 minutes.

• Laisser reposer 2 minutes avant de servir.

Petit truc : Les aliments individuels, tels que pommes de terre et hors-d'oeuvre, cuiront plus uniformément si vous les placez à une distance égale les uns des autres. Disposez-les en cercle dans la mesure du possible.

Ragoût de flétan

• Nous pensons rarement à faire du ragoût de poisson. Cependant, lorsqu'il est bien préparé, le ragoût de poisson constitue un plat maigre très économique et ayant beaucoup de goût.

Ingrédients :

2 c. à soupe (30 mL) de beurre

1 gros oignon, haché finement

2 gousses d'ail, hachées finement

1 petit piment vert, haché en dés

1 tomate, pelée et hachée

1 tasse (250 mL) de pommes de terre pelées et émincées

1/2 tasse (125 mL) d'eau ou de jus de palourdes

1 c. à thé (5 mL) de sel

1/2 c. à thé (2 mL) de poivre

1 c. à thé (5 mL) d'aneth ou de marjolaine

4 à 6 filets de flétan ou de morue

Préparation :	**12 min**
Cuisson :	**13 min**
Attente :	**3 min**

Préparation :

• Faire fondre le beurre 1 minute à «HIGH», ajouter l'oignon, l'ail, le piment vert. Bien brasser.

• Faire cuire 2 minutes à «HIGH».

• Brasser et ajouter le reste des ingrédients à l'exception du poisson.

• Bien brasser, faire cuire 5 minutes à «MEDIUM-HIGH».

• Découper les filets en portions individuelles, les placer dans le mélange chaud, saler et poivrer légèrement.

• Couvrir et faire cuire à «HIGH» 5 minutes.

• Laisser reposer 3 minutes et servir avec du pain croûté chaud.

 Muscadet de Sèvre-et-Maine, Château du Cleray

 Pouilly-Fumé, Les Loges, G. Saget

Roulades de flétan poché

Préparation : . . . . **10 min**
Cuisson : . . . . **18 min**
Attente : . . . . **aucune**

Petit conseil : Servi sur un nid de riz au citron, c'est un plat léger et délicieux. Il ne manque qu'une salade verte et un fruit pour compléter le tout.

Ingrédients :

1½ lb (750 g) de filets de flétan ou de sole

3 c. à soupe (50 mL) de beurre

1/2 tasse (125 mL) de bouillon de poulet ou de vin blanc

1 petite gousse d'ail émincée

1/2 c. à thé (2 mL) d'estragon ou de basilic

1 c. à thé (5 mL) de moutarde de Dijon

1 tasse (250 mL) de tomates fraîches, émincées

1/2 c. à thé (2 mL) de sucre

1/2 tasse (125 mL) de crème riche

1/2 c. à thé (2 mL) de paprika

Préparation :

• Éponger chaque filet à l'aide d'un papier essuie-tout.

• Couper en deux dans le sens de la longueur et rouler chaque morceau.

• Faire fondre le beurre dans un plat rond de 9 pouces (22 cm), 1 minute à «HIGH».

• Ajouter le bouillon de poulet ou le vin blanc, l'ail, l'estragon ou le basilic, la moutarde de Dijon, les tomates et le sucre.

• Couvrir et faire cuire à «HIGH» 5 minutes. Bien brasser.

• Placer les roulades de poisson les unes à côté des autres dans le plat et les arroser avec la sauce.

• Faire cuire à «MEDIUM-HIGH» 8 minutes, en arrosant avec le jus après 4 minutes de cuisson.

• À l'aide d'une cuillère perforée, retirer le poisson et le déposer dans un plat chaud. Recouvrir.

• Ajouter la crème et le paprika à la sauce qui reste dans le plat de cuisson.

• Bien brasser, faire cuire à «HIGH» 4 minutes en brassant une fois.

• Verser sur le poisson et servir.

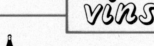

Riesling, Trimbach

Gewurztraminer, Cuvée Jubilaire, Laugel

D'autres savoureux poissons

Brochet à la crème sure

Préparation : . . . . 10 min
Cuisson : . . . . 8 min
Attente : . . . . 5 min

Petit conseil : Lorsque j'ai l'occasion d'acheter un brochet de 2 à 3 livres (1 à 1,5 kg) et que j'ai de l'aneth frais au jardin, plus un bon morceau de cheddar, râpé au moment de l'utiliser, je n'ai besoin d'aucune autre recette pour mon brochet. Un petit bar blanc peut remplacer le brochet.

Ingrédients :

1 brochet de 2 lb (1 kg) nettoyé mais non coupé

1 c. à thé (5 mL) de sel

1/2 c. à thé (2 mL) de poivre frais moulu

1 tasse (250 mL) de crème sure

1/2 tasse (125 mL) de fromage cheddar,
    frais râpé

1/4 de tasse (60 mL) d'aneth frais, émincé

paprika

Préparation :

• Faire 4 à 5 incisions peu profondes de chaque côté du poisson et assaisonner l'intérieur de sel et de poivre.

• Faire une pâte avec la crème sure, le fromage râpé et l'aneth.

• Napper le dessus et les côtés du poisson de ce mélange.

• Saupoudrer généreusement de paprika.

• Mettre le poisson dans un plat bien beurré assez long pour le contenir. Ne pas couvrir.

• Faire cuire de 6 à 8 minutes à «MEDIUM-HIGH».

• La durée de cuisson varie légèrement selon la taille du poisson.

• Pour vérifier la cuisson, soulever un peu de la chair avec une fourchette ; si elle se défait, le poisson est cuit.

• Le laisser alors reposer 5 minutes, couvert.

• Au goût, saupoudrer d'aneth sur le dessus.

 vins

 Pinot Blanc, Cuvée de l'Ours Noir, Théo Cattin

Riesling, Domaine Schlumberger

Filets de carrelet de la Louisiane

Préparation : . . . . **9 min**
Cuisson : . . . . **9 min**
Attente : . . . .**aucune**

Petit conseil : Lorsque j'ai des petites truites fraîches, je les apprête de la même façon. Les filets de sole peuvent aussi être utilisés et le saumon en boîte peut remplacer le crabe.

Préparation :

- Couper le poisson en 6 portions, l'éponger avec des serviettes de papier.

- Le disposer dans un plat de 7 sur 11 po (18 sur 28 cm) en verre.

- Mettre le beurre ou la margarine dans un plat, ajouter les oignons verts, le persil et l'oignon émincé.

- Faire cuire 2 minutes à « HIGH ». Bien remuer et faire cuire encore 2 minutes à « MEDIUM-HIGH ».

- Ajouter la chair de crabe (utiliser le jus du crabe en boîte) et remuer.

- Ajouter le reste des ingrédients. Brasser le tout.

- Étaler ce mélange sur les filets dans le plat de cuisson. Recouvrir de papier ciré.

- Faire cuire à « HIGH » 5 minutes, ou jusqu'à ce que le poisson se défasse facilement avec une fourchette.

- Garnir de persil et de tranches de lime ou de citron.

Ingrédients :

1¹/₂ lb (750 g) de filets de carrelet

1 c. à soupe (15 mL) de beurre ou de margarine

3 c. à soupe (50 mL) d'oignons verts, émincés

3 c. à soupe (50 mL) de persil émincé

1 oignon moyen, émincé

1/2 lb (250 g) de chair de crabe fraîche *ou*
  1 boîte de 8 oz (250 g) de chair de crabe

1/4 de tasse (60 mL) de biscuits soda écrasés

1/4 de c. à thé (1 mL) de poudre de cari

1/2 c. à thé (2 mL) de poivre et de sel

1 blanc d'oeuf, légèrement battu

2 c. à soupe (30 mL) de crème ou de lait

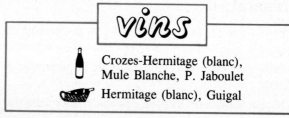

Crozes-Hermitage (blanc), Mule Blanche, P. Jaboulet

Hermitage (blanc), Guigal

Filets de carrelet au vin blanc

Préparation : . . . . 10 min
Cuisson : . . . . 9 min
Attente : . . . . .aucune

vins

Tokay d'Alsace, Coopérative de Hunawir
Pinot Blanc, Trimbach

• L'accord du thym et du vin blanc est toujours parfait avec tout poisson blanc.

Ingrédients :

1¹/₂ à 2 lb (750 g à 1 kg) de filets de carrelet

2 c. à soupe (30 mL) de beurre

1 boîte de 10 oz (284 mL) de champignons tranchés, égouttés

4 oignons verts, émincés

sel et poivre

1 feuille de laurier

1/4 de c. à thé (1 mL) de thym

1/2 tasse (125 mL) de chapelure

1/2 c. à thé (2 mL) de paprika

2 c. à soupe (30 mL) de beurre, fondu 1 minute à «HIGH»

1 tasse (250 mL) de vin blanc

Préparation :

• Mettre le poisson dans un plat de cuisson en filets roulés ou disposés les uns à côté des autres.

• Faire fondre les 2 premières cuillerées à soupe (30 mL) de beurre 1 minute à «HIGH». Verser sur le poisson.

• Mélanger les champignons, les oignons verts, le sel et le poivre, la feuille de laurier et le thym. Saupoudrer sur le poisson.

• Mélanger la chapelure, le beurre fondu et le paprika, en saupoudrer le poisson.

• Verser le vin blanc tout autour, et non pas sur le poisson.

• Faire cuire de 6 à 8 minutes à «HIGH», en arrosant avec le jus de cuisson après 5 minutes de cuisson.

Rouget Guadeloupe

Préparation : . . . . **12 min**
Cuisson : . . . . **10 min**
Attente : . . . . **aucune**

• C'est le premier plat qui me fut servi à la Guadeloupe. Et depuis, je l'ai préparé maintes fois. La lime, les champignons frais et le persil y jouent un rôle important. Les filets de plie ainsi apprêtés sont tout aussi délicieux.

Ingrédients :

2 lb (1 kg) de filets de rouget (red snapper)

**1/4 de tasse (60 mL) de beurre ou
de margarine**

1/2 lb (250 g) de champignons frais, tranchés

4 oignons verts, hachés

1/4 de tasse (60 mL) de persil frais, émincé

**le jus d'une lime *ou*
2 c. à soupe (30 mL) de jus de citron**

1 gousse d'ail, écrasée ou finement hachée

1/2 c. à thé (2 mL) de sel

1/4 de c. à thé (1 mL) de poivre frais moulu

Préparation :

• Éponger le poisson dans une serviette de papier et le disposer dans un plat de 8 sur 8 po (20 sur 20 cm) en verre ou en céramique.

• Faire fondre le beurre ou la margarine dans un bol, 1 minute à «HIGH».

• Ajouter les champignons, les oignons verts, le persil, le jus de lime ou de citron, l'ail, le sel et le poivre. Bien mélanger.

• Faire cuire 2 minutes à «HIGH».

• Bien mélanger, verser sur le poisson en le recouvrant uniformément. Recouvrir de papier ciré.

• Faire cuire à «MEDIUM» de 6 à 7 minutes ou jusqu'à ce que le poisson se défasse facilement.

• Servir avec des quartiers de lime ou de citron que chacun utilise à son gré.

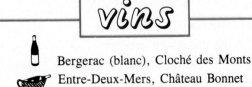

vins

Bergerac (blanc), Cloché des Monts
Entre-Deux-Mers, Château Bonnet

Casserole au thon et au macaroni

Préparation : . . . . 8 min
Cuisson : . . . . 18 min
Attente : . . . . 5 min

Bordeaux (blanc),
Saint-Jovian, Blanc de Blancs

Bordeaux (blanc), Château Tanesse

Ingrédients :

2 tasses (500 mL) de macaroni en coudes

1 c. à thé (5 mL) de sel

4 tasses (1 L) d'eau bouillante

1 boîte de 6,5 oz (181 g) de thon émietté

1 petit oignon, haché fin

2 c. à soupe (30 mL) de persil haché

1/2 c. à thé (2 mL) de poudre de cari

1 boîte de 10 oz (284 mL) de crème de poulet

1/2 tasse (125 mL) de chapelure au beurre

Préparation :

• Verser le macaroni dans une casserole de 8 tasses (2 L). Saler et arroser d'eau bouillante.

• Faire cuire à découvert de 6 à 8 minutes à «MEDIUM-HIGH».

• Laisser reposer 5 minutes. Égoutter dans une passoire.

• Mettre tous les ingrédients, sauf la chapelure, dans la cocotte et bien mélanger.

• Ajouter le macaroni. Bien mélanger.

• Saupoudrer de chapelure et de dés de beurre.

• Faire cuire à découvert de 6 à 8 minutes à «MEDIUM-HIGH».

• Laisser reposer 5 minutes et servir.

• Pour varier, il suffit de changer de soupe.

Petit truc : Les aliments bien répartis dans un plat peu profond se réchauffent plus rapidement que dans un plat étroit et profond.

Casserole de poisson créole

Préparation : . . . . **12 min**
Cuisson : . . . . **17 min**
Attente : . . . . **aucune**

Petit conseil : Utiliser pour ce savoureux repas en un seul plat un reste de poisson, ou du poisson frais ou surgelé poché.

 Saumur (blanc), Château Saint-Florent
Graves (blanc), Château Magence

Ingrédients :

1 à 1¹/₂ lb (500 à 750 g) de poisson cuit, défait en morceaux

3 c. à soupe (50 mL) de beurre

3 c. à soupe (50 mL) de farine

2 tasses (500 mL) de lait

1/4 de c. à thé (1 mL) de moutarde sèche

sel et poivre

1 c. à thé (5 mL) de sauge ou de sarriette

1 boîte de 10 oz (284 mL) de grains de maïs

2 oeufs, jaunes et blancs séparés

1/2 tasse (125 mL) de fromage cheddar râpé

3 c. à soupe (50 mL) de mie de pain frais

1/2 c. à thé (2 mL) de paprika

Préparation :

• Faire fondre le beurre dans une grande tasse à mesurer, 1 minute à «HIGH».

• Ajouter la farine, mélanger et ajouter le lait. Faire cuire 3 minutes à «HIGH».

• Bien remuer et faire cuire encore 2 minutes à «HIGH» pour obtenir une sauce crémeuse.

• Ajouter la moutarde, le sel et le poivre au goût, la sauge ou la sarriette et le maïs.

• Remuer, et faire cuire 1 minute de plus à «HIGH».

• Ajouter les jaunes d'oeufs et 1/4 de tasse (60 mL) du fromage râpé. Bien mélanger.

• Battre les blancs d'oeufs ferme et les incorporer à la sauce.

• Beurrer un plat de cuisson de 8 sur 8 po (20 sur 20 cm) en verre ou en céramique, ou une assiette à tarte profonde.

• Y disposer en rangs alternés le poisson et la sauce, en terminant avec la sauce.

• Mélanger le reste du fromage avec la mie de pain et saupoudrer sur la sauce.

• Pour finir, saupoudrer le dessus de paprika. Recouvrir de papier ciré.

• Faire cuire 10 minutes à «MEDIUM-HIGH».

Petit conseil : Cette casserole peut être préparée tôt le matin, pour être cuite 10 minutes à «MEDIUM-HIGH» au moment de servir.

Les fruits de mer

Instructions générales

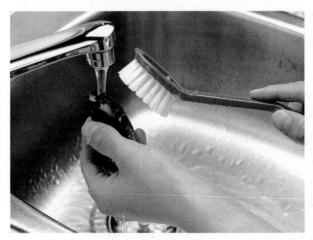

• Laver les fruits de mer,

• et les crustacés avant de commencer la recette.

• Couper les poils des moules.

• Les crevettes et les pétoncles doivent toujours être disposés en une couche individuelle pour la cuisson.

> **Petit conseil :** Les huîtres et les palourdes doivent être percées plusieurs fois à l'aide d'un cure-dent.

Cuisson par la durée

• Couvrir le plat d'une feuille de plastique ou d'un couvercle.

• Faire cuire selon l'intensité et le temps minimum recommandés au tableau.

• Remuer ou disposer à nouveau les crevettes et les pétoncles à mi-cuisson.

Cuisson par auto-senseur ou «COMB» (Combinaison)

• Couvrir le plat d'une feuille de plastique.

• Utiliser le programme «Auto-senseur COOK A8» ou selon les instructions du manuel de votre four.*

• Pour les crevettes ou les pétoncles, lorsque la durée s'affiche au registre, les remuer.

• POUR TOUS LES PLATS DE FRUITS DE MER OU DE CRUSTACÉS, LAISSER REPOSER 5 MINUTES APRÈS LA CUISSON.

• Vérifier la cuisson avant de la prolonger.

• Lorsqu'ils sont cuits, les fruits de mer et crustacés deviennent opaques.

• Si la cuisson n'est pas suffisante, remettre au four et faire cuire 30 à 60 secondes de plus.

* Bien étudier le manuel de votre four pour comprendre clairement les données du tableau de la page suivante.

241

Cuisson des fruits de mer et crustacés

Fruits de mer ou crustacés	Quantité	Sélecteur d'intensité	Durée de cuisson approx. (en min)
Pétoncles	1 livre (500 g)	«MEDIUM»	$6^1/_2$ à $8^1/_2$
Crevettes moyennes (décortiquées et lavées)	1 livre (500 g)	«MEDIUM»	$4^1/_2$ à $6^1/_2$
Homard*	3/4 à $1^1/_4$ livre (340 à 570 g)	«HIGH»	5 à 8**
Queues de homards*	1 livre (500 g)	«HIGH»	8 à 10**

* Recouvrir partiellement d'eau chaude. Ajouter 1/2 c. à thé (2 mL) de sel.

** Vérifier la cuisson. En général, elle est complétée lorsque la carapace est rouge vif.

Préparation et cuisson des fruits de mer et crustacés au cycle FREEZE-COOK

Fruits de mer et crustacés	Cycle auto-senseur FREEZE-COOK	Durée de cuisson approx. (en min)	Instructions spéciales
Queues de homards surgelées 8 oz (250 g) ch.	«FROZ-COOK A8»	15 à 19	
Pétoncles 1 livre (500 g)	«FROZ-COOK A8»	21 à 22	Disposer en une seule couche.
Crevettes	«FROZ-COOK A6»	22	Disposer en une seule couche.

Homards bouillis

Préparation : . . . . **5 min**
Cuisson : . . . . **5 min**
Attente : . . . .**5 min**

• Des homards à l'étuvée, du beurre chaud, du pain croustillant et un bon petit vin blanc bien frais. Que peut-on demander de mieux ?

Ingrédients :

2 homards vivants d'environ 1¹/₂ lb (750 g) chacun

3 tasses (750 mL) d'eau bouillante

2 feuilles de laurier

3 tranches de citron avec leur écorce

Préparation :

• On cuit les homards l'un après l'autre.

• Placer le premier dans un plat en verre de 12 sur 8 po (30 sur 20 cm) et verser l'eau bouillante dessus.

• Ajouter le laurier et le citron.

• Couvrir et faire cuire à «HIGH» 5 minutes, en tournant le homard 2 fois.

• Le retirer de l'eau.

• Faire cuire le second homard de la même façon. Il est inutile de changer l'eau.

• Pour servir, fendre les homards sur la longueur.

• Retirer l'estomac et la veine intestinale, briser les pinces.

• Présenter sur un plat réchauffé, accompagné d'une coupe de beurre fondu chaud.

Gros Plant du Pays Nantais, Rémy Pannier
Entre-Deux-Mers, Château La Clave

Homard à la Newburg

Préparation : . . . . **5 min**
Cuisson : . . . . **8 min**
Attente : . . . .**aucune**

Petit conseil : Cette préparation peut être utilisée pour garnir des vol-au-vent ou du pain croûté grillé et beurré, ou présentée simplement sur un lit de riz persillé. Si les queues sont surgelées, il faut les décongeler et les laisser reposer pendant la préparation de la sauce.

 Graves (blanc), Château Rochemorin
Sancerre, Château de Sancerre

Préparation :

- Faire fondre le beurre 1 minute à «HIGH» dans une cocotte de 6 tasses (1,5 L).

- Ajouter la farine, bien mélanger.

- Ajouter la crème et faire cuire de 3 à 4 minutes à «HIGH» ou jusqu'à consistance épaisse et crémeuse, en remuant 2 fois.

- Ajouter graduellement l'oeuf, en battant au fouet pour bien l'incorporer.

- Ajouter le sel et le sherry, puis le homard, bien égoutté et défait en morceaux, ou la chair des queues de homard.

- Faire chauffer cette sauce à découvert 3 minutes, à «HIGH». Vérifier l'assaisonnement et servir.

Ingrédients :

1/4 de tasse (60 mL) de beurre

3 c. à soupe (50 mL) de farine

2 tasses (500 mL) de crème légère

1 oeuf battu

1 c. à thé (5 mL) de sel

2 c. à soupe (30 mL) de sherry sec

2 boîtes de homard *ou* 1 paquet de 10 oz (280 g) de homard surgelé, *ou* de queues de homard, au choix

Manière de faire cuire les queues de homard

Préparation : . . . . **7 min**
Cuisson : . . . . **6 min**
Attente : . . . .**5 min**

Petit conseil : Il est plus économique d'acheter des queues de homard au lieu de homards entiers, car il n'y a presque pas de chair une fois qu'on a enlevé les parties qu'on ne mange pas. Les queues de homard sont très faciles à cuire dans le four à micro-ondes.

Ingrédients :

2 queues de homard d'environ 8 oz (environ 250 g) chacune

1/4 de tasse (60 mL) de beurre salé ou non salé

2 c. à soupe (30 mL) de brandy, de liqueur d'orange ou de jus de citron

Préparation :

• Couper chaque queue dans le sens de la longueur à l'aide de ciseaux de cuisine.

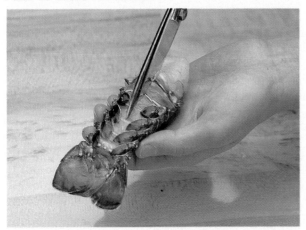

• Badigeonner la chair de beurre fondu.

• Placer les queues de homard dans un plat peu profond, une à côté de l'autre.

• On peut ajouter une bonne pincée de poudre de cari ou d'estragon au brandy ou au jus de citron, mais pas à la liqueur d'orange ; en badigeonner uniformément les queues de homard.

• Couvrir et faire cuire à «HIGH» 4 à 6 minutes, selon leur grosseur.

• Elles seront d'un rouge vif lorsque cuites.

Beurre clarifié :

• Placer **1/2 tasse (125 mL) de beurre salé ou non salé** dans une tasse, ne pas couvrir, faire cuire 2 minutes, à «HIGH».

• Laisser refroidir, puis enlever à l'aide d'une cuillère perforée le gras monté à la surface.

• Le dépôt laiteux reste au fond de la tasse.

• Conserver le beurre clarifié au réfrigérateur jusqu'à ce que vous soyez prêt à l'utiliser.

• Il ne faut que 20 à 40 secondes à «HIGH» pour réchauffer le beurre.

• Au goût, on peut ajouter environ **1 c. à thé (5 mL) de liqueur d'orange ou de scotch ou de jus de citron ou de limette** au beurre, avant de le faire réchauffer.

Petit conseil : Je ne jette jamais le sédiment de beurre. Je l'utilise pour faire une soupe, une sauce ou du «mincemeat».

Queues de homard au beurre

> **Petit conseil :** La cuisine la plus simple est souvent la meilleure. On y ajoute un cachet sophistiqué en servant comme sauce du chutney importé, additionné de quelques cuillerées de brandy.

Préparation : . . . . 10 min
Cuisson : . . . . 3 min
Attente : . . . . 5 min

Ingrédients :

3 c. à soupe (50 mL) de beurre

2 c. à thé (10 mL) de jus de citron ou de lime

1 paquet de 10 oz (280 g) de queues de homard surgelées

Préparation :

• Déballer les queues et les placer dans un moule à gâteaux de 8 po (20 cm) ou dans une assiette à tarte de 9 po (23 cm).

• Faire chauffer sans couvrir pendant 2 minutes 30 secondes à «HIGH».

• Laisser reposer 5 à 10 minutes environ, sans découvrir, pour bien décongeler.

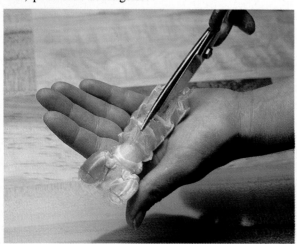

• Ouvrir la carapace avec des ciseaux de cuisine en coupant la partie de dessous dans le sens de la longueur.

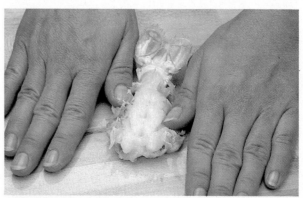

• Presser dessus pour les maintenir bien à plat.

• Placer les queues côte à côte dans un plat allant au four, la chair vers le haut.

• Faire fondre le beurre 1 minute à «HIGH» dans un petit plat ou dans une tasse à mesurer, puis y ajouter le jus de citron. Remuer pour mélanger.

• Badigeonner généreusement les queues de homard de cette préparation.

• Couvrir et faire cuire 2 minutes à «HIGH», ou juste assez pour que la chair perde sa transparence et devienne rose.

Bordeaux (blanc), Château des Tuileries
Graves (blanc), Château Lagarde

248

Les crevettes

Crevettes vollarta

Petit conseil : Ce plat simple et élégant se prépare avec des crevettes non cuites. Choisir des crevettes moyennes. Très jolies, servies sur coquille.

vins

Côtes de Provence (blanc), Pradel
Côtes de Provence (rosé), Château Sainte-Roseline

Ingrédients :

1¹/₂ lb (750 g) de crevettes fraîches, moyennes
le jus de 1 ou 2 limes fraîches
2 c. à thé (10 mL) de gros sel
2 à 3 c. à soupe (30 à 50 mL) d'huile végétale

Préparation :

• Couper les crevettes fraîches en deux sur la longueur en tranchant à travers la carapace et la queue.

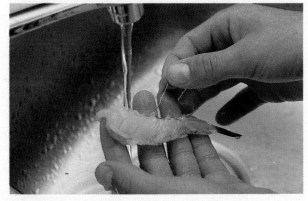

• Passer à l'eau pour enlever la veine noire.

Préparation à l'avance : . . . . **quelques heures**
Cuisson : . . . .**8 min**
Attente : . . . .**5 min**

• Éponger les crevettes avec du papier absorbant, les disposer sur une assiette à tarte et arroser généreusement du jus de lime le côté coupé de la crevette. Saler.

• Laisser reposer quelques heures au réfrigérateur.

• Au moment de servir, faire chauffer l'huile végétale dans une assiette à tarte de céramique, 2 minutes à «HIGH».

• Placer environ la moitié des crevettes dans l'huile chaude et faire cuire jusqu'à ce que les carapaces soient roses, 3 minutes à «HIGH».

• Faire cuire le reste des crevettes de la même manière.

• Servir très chaudes, entourées de quartiers de lime fraîche.

Crevettes marinière

Préparation :	**8 min**
Cuisson :	**9 min**
Attente :	aucune

• C'est un plat très populaire à Paris au printemps. Il se prépare avec des crevettes fraîches ou surgelées.

Entre-Deux-Mers, La Fleur du Roy
Menetou-Salon, Alphonse Mellot

Ingrédients :

1 paquet de 10 oz (280 g) de crevettes surgelées, décortiquées et crues

1/4 de tasse (60 mL) d'eau très chaude

2 c. à thé (10 mL) de jus de citron

1/4 de c. à thé (1 mL) de sel

1/4 de c. à thé (1 mL) de thym ou de basilic

1/3 de tasse (80 mL) de vin blanc sec ou de vermouth

1/2 c. à thé (2 mL) de sucre

2 c. à soupe (30 mL) d'huile

1 gousse d'ail émincée

1 tomate moyenne, pelée et hachée

2 oignons verts hachés fin

Préparation :

• Verser les crevettes décongelées dans une cocotte en verre de 8 tasses (2 L). Laisser reposer 2 minutes.

• Séparer les crevettes, puis les placer dans une cocotte de 4 tasses (1 L).

• Mélanger le jus de citron, le sel, le thym ou le basilic, le vin ou le vermouth et le sucre à l'eau chaude, et verser sur les crevettes.

• Faire cuire sans couvrir à «HIGH», pendant 4 minutes. Laisser reposer 1 minute.

• Égoutter et mettre de côté.

• Verser l'huile dans la cocotte de 4 tasses (1 L) et faire chauffer 1 minute à «HIGH».

• Ajouter l'ail, la tomate et l'oignon vert.

• Faire cuire, couvert de papier ciré, durant 2 minutes à «HIGH».

• Ajouter les crevettes et faire chauffer 2 minutes à «HIGH».

• Servir avec du riz persillé.

Crevettes à la provençale

Préparation : . . . . **15 min**
Cuisson : . . . . **13 min**
Attente : . . . .**5 min**

- Une des bonnes recettes de Provence!

vins

Sauvignon de Touraine, Aimé Boucher
Pouilly-Fumé, De Ladoucette

Ingrédients :

1 lb (500 g) de crevettes fraîches

1/2 tasse (125 mL) d'eau

1/2 tasse (125 mL) de petits champignons,
coupés en quatre

6 grains de poivre

2 tomates moyennes, coupées en dés

La sauce :

2 échalotes françaises ou 6 oignons verts,
hachés

1/2 tasse (125 mL) de vin blanc ou
de vermouth blanc

1 feuille de laurier

1/4 de c. à thé (1 mL) de thym

1 c. à thé (5 mL) de basilic

2 c. à soupe (30 mL) de beurre

2 c. à soupe (30 mL) de farine

1 gousse d'ail, écrasée ou hachée fin

1 c. à thé (5 mL) de purée de tomate

1/2 tasse (125 mL) d'eau, de fumet de poisson
ou de jus de palourdes

Préparation :

- Préparer d'abord la sauce.

- Mettre les échalotes ou oignons verts, le vin blanc ou
le vermouth, la feuille de laurier, le thym et le basilic
dans un plat.

- Faire cuire à découvert 3 minutes à «HIGH».

- Mélanger le beurre et la farine, les ajouter à la sauce
au vin, remuer.

- Faire cuire 2 à 3 minutes à «HIGH», en remuant une
fois.

- Ajouter l'ail, la purée de tomate et le liquide de votre
choix.

- Bien mélanger et faire cuire 4 minutes à «MEDIUM-
HIGH», en remuant une fois.

- Mettre les crevettes nettoyées dans un plat, y ajouter
l'eau, les champignons, les tomates et le poivre.

- Faire cuire 3 minutes à «MEDIUM-HIGH», en
remuant une fois. Retirer les grains de poivre.

- Verser la sauce sur les crevettes et servir.

Petit conseil : Pour ajouter une note d'élégance, placer les crevettes sur un réchaud de table et offrir
la sauce séparément.

Crevettes chaudes au beurre de lime

Préparation : . . . . **7 min**
Cuisson : . . . . **6 min**
Attente : . . . .**5 min**

Petit conseil : Comme il n'est pas toujours facile de se procurer de la lime, on peut la remplacer par du citron. Une façon rapide et facile de servir les crevettes fraîches. Elles sont meilleures lorsque servies chaudes.

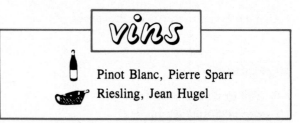

Pinot Blanc, Pierre Sparr
Riesling, Jean Hugel

Ingrédients :

1 bouteille de 6 onces (170 mL) de bière légère

1/4 de c. à thé (1 mL) de poudre de cari

1/2 c. à thé (2 mL) de paprika

1/2 c. à thé (2 mL) de graines d'aneth

1 gros oignon émincé

1 lb (500 g) de crevettes de grosseur moyenne

du beurre clarifié ou fondu au goût

le zeste et le jus d'un citron

Petit truc : Pour sécher le zeste de citron ou d'orange, placer dans un bol en verre et faire sécher à «HIGH» de 1/2 à 1 minute. Remuer une fois.

Préparation :

• Dans un grand bol, verser la bière, la poudre de cari, le paprika, les graines d'aneth et l'oignon.

• Amener à ébullition à «HIGH», pendant 4 minutes. Bien brasser.

• Ajouter les crevettes. Bien brasser, couvrir et faire cuire à «HIGH» 2 minutes.

• Laisser reposer couvertes 5 minutes.

• À l'aide d'une cuillère perforée, placer sur un plat chaud.

• Ajouter le zeste et le jus de lime au beurre clarifié ou fondu et servir avec les crevettes.

• Décortiquer et tremper chaque crevette chaude dans le beurre de lime.

• Servir avec un riz au citron ou du pain croûté chaud.

Crevettes Victoria

• Un plat créé pour la reine Victoria à l'occasion de son cinquantième anniversaire de naissance. De préparation rapide et aisée, il est délicieux.

Ingrédients :

1 lb (500 g) de crevettes moyennes ou
  1 lb (500 g) de pétoncles frais

6 oignons verts, hachés fin

1/4 de tasse (60 mL) de beurre

1 c. à thé (5 mL) de poudre de cari

1/2 lb (250 g) de champignons frais, tranchés mince

2 c. à table (30 mL) de farine

1/4 de tasse (60 mL) de sherry sec

1¼ de tasse (315 mL) de crème sure

sel et poivre au goût

Préparation :

• Décortiquer les crevettes vertes et leur donner la forme de papillons, en coupant à l'intérieur de la courbe mais sans détacher.

• Lorsque des pétoncles sont utilisés, les couper en deux sur l'épaisseur.

• Mettre dans un plat rond de 8 po (20 cm) le beurre et les oignons verts.

• Faire cuire 1 minute à «HIGH».

• Ajouter la poudre de cari, remuer pour bien mélanger, ajouter les champignons.

• Faire cuire 3 minutes à «HIGH».

• Y incorporer la farine en brassant, ajouter le sherry et remuer.

• Faire cuire 2 minutes à «MEDIUM-HIGH».

• Bien brasser et mettre de côté jusqu'au moment de servir, car cette partie du travail peut se faire une à deux heures d'avance. Ne pas réfrigérer.

• Pour faire réchauffer, faire cuire 2 minutes à «MEDIUM-HIGH», bien remuer, ajouter la crème sure et les crevettes, remuer pour mélanger et faire chauffer 3 à 4 minutes à «MEDIUM», jusqu'à ce que le tout soit chaud.

• Servir sur lit de riz à grain long, auquel on a incorporé beaucoup de persil haché.

Préparation : . . . . 45 min
Cuisson : . . . . 12 min
Attente : . . . . .aucune

Petit conseil : Des pétoncles ou des huîtres fraîches peuvent remplacer les crevettes.

vins

Mâcon-Viré, Cave de Viré
Montagny, 1er cru, Louis Roche

Crevettes orientales

Petit conseil : Comme les crevettes sont devenues un plat de choix en raison de leur prix, je vous recommande d'utiliser les crevettes vertes (non cuites), qui sont plus tendres et plus savoureuses. Servir avec un riz pilaf.

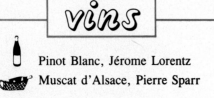

vins

Pinot Blanc, Jérome Lorentz
Muscat d'Alsace, Pierre Sparr

Ingrédients :

1 lb (500 g) de crevettes, grosses ou moyennes

3 c. à soupe (50 mL) de sauce chili

1 c. à thé (5 mL) de sucre

2 c. à thé (10 mL) de fécule de maïs

1/2 c. à thé (2 mL) de sel

1 c. à soupe (15 mL) d'huile végétale

2 c. à soupe (30 mL) de racine de gingembre frais, râpé

1 gousse d'ail écrasée

1 petit piment vert, taillé en languettes (facultatif)

1 c. à soupe (15 mL) de sauce soja et autant de sherry

Préparation :

• Couper les crevettes en papillons :

1. Enlever la carapace en coupant tout le long du ventre avec des ciseaux, puis tirer sur le tout.

Préparation : . . . . **40 min**
Cuisson : . . . . **6 min**
Attente : . . . . **aucune**

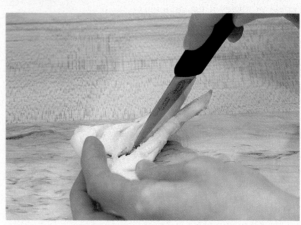

2. Faire une incision sur le ventre, tout le long de la crevette, sans toutefois la détacher en morceaux.

3. L'aplatir avec les mains, ce qui lui donne une forme ressemblant à celle d'un papillon.

• Mélanger la sauce chili, le sucre, la fécule de maïs et le sel.

• Dans un plat rond de 8 po (20 cm), mettre l'huile, le gingembre râpé et l'ail.

• Couvrir avec un papier ciré, faire chauffer à « HIGH », 2 minutes.

• Retirer l'ail du plat, ajouter le piment vert et le mélange de sauce chili, bien mélanger.

• Couvrir et faire cuire à « HIGH », 2 minutes, en brassant à mi-cuisson.

• Ajouter les crevettes, bien mélanger, couvrir et faire cuire à « HIGH » 2 minutes en brassant une fois à mi-cuisson.

• Ajouter la sauce soja et le sherry. Bien brasser et servir.

Casserole de fruits de mer

Préparation : . . . . **10 min**
Cuisson : . . . . **10 min**
Attente : . . . .**aucune**

Petit conseil : Un des bons plats de la cuisine niçoise, prêt à servir en 9 minutes. Un élégant dîner d'amis, prédécé d'un bouillon de poulet ou d'une crème de champignons. Comme légumes d'accompagnement : riz au beurre et petits pois.

Ingrédients :

2 c. à soupe (30 mL) de beurre

1 c. à soupe (15 mL) d'huile d'olive

une pincée de safran *ou*
  1/2 c. à thé (2 mL) de poudre de cari

1 c. à thé (5 mL) de paprika

1 oignon moyen, haché fin

2 gousses d'ail, hachées fin

2 tomates, pelées et coupées en quartiers

1/2 c. à thé (2 mL) de sucre

1 piment vert, coupé en languettes

1/2 lb (250 g) de crevettes moyennes,
  non cuites

1/2 à 3/4 lb (250 à 350 g) de pétoncles

1/4 de tasse (60 mL) de vin blanc, de vermouth
  blanc ou de fumet de poisson

Préparation :

• Mettre dans un plat de 8 sur 8 po (20 sur 20 cm), le beurre et l'huile d'olive.

• Faire cuire à «HIGH», 3 minutes.

• Ajouter le safran ou la poudre de cari, le paprika, l'oignon et l'ail. Brasser le tout.

• Faire cuire à «HIGH», 1 minute.

• Ajouter les tomates, le sucre et le piment vert.

• Faire cuire 1 minute à «HIGH». Bien mélanger.

• Décortiquer les crevettes et tailler chaque pétoncle en 2 ou 3 petites rondelles minces.

• Ajouter au mélange des tomates. Bien brasser.

• Ajouter le vin blanc ou le vermouth, ou le fumet de poisson.

• Couvrir le plat d'un papier ciré. Faire cuire à «HIGH», 5 minutes.

• Bien brasser et servir.

 Pinot Blanc, Cuvée de l'Ours Noir, Théo Cattin

 Riesling, Trimbach

Fruits de mer de la soirée du hockey

Préparation : . . . . **12 min**
Cuisson : . . . . **24 min**
Attente : . . . .**aucune**

Petit conseil : Un autre ragoût de poisson épatant servi dans un bol à soupe, avec un panier de gros biscuits chauds beurrés.

 Tokay d'Alsace, Jean Hugel

Muscat d'Alsace, Pierre Sparr

Ingrédients :

1/4 de tasse (60 mL) de beurre ou de margarine

2 pommes de terre moyennes, coupées en dés

1/2 tasse (125 mL) de carottes coupées en dés
  ou émincées

1 gros oignon coupé en dés

1/4 de tasse (60 mL) d'eau

1 lb (500 g) d'aiglefin frais ou congelé

2 boîtes de 5 oz (142 g) de palourdes

1 lb (500 g) de pétoncles coupés en deux

1 lb (500 g) de petites crevettes (facultatif)

1 tasse (250 mL) de crème légère

le jus des palourdes

1/2 c. à thé (2 mL) de poudre de cari
  (facultatif)

sel et poivre au goût

Préparation :

• Dans un bol de 8 tasses (2 L), faire fondre le beurre ou la margarine à «HIGH» pendant 1 minute.

• Ajouter les pommes de terre, les carottes et l'oignon.

• Bien brasser, ajouter l'eau, recouvrir et faire cuire 10 minutes à «MEDIUM-HIGH».

• Brasser une fois après 5 minutes de cuisson.

• Couper l'aiglefin en petites portions individuelles, ajouter aux légumes de même que les palourdes et leur jus.

• Faire cuire à «MEDIUM» 6 minutes.

• Ajouter le reste des ingrédients. Bien brasser.

• Lorsque prêt à servir, couvrir et faire cuire 8 minutes à «MEDIUM».

Les pétoncles

Coquilles Saint-Jacques

Préparation : . . . . 10 min
Cuisson : . . . . de 10 à 12 min
Attente : . . . . 5 min

En Europe, on appelle les pétoncles « Coquilles Saint-Jacques » alors qu'au Canada, ce terme désigne le mets.

Petit conseil : Un excellent plat de pétoncles, servis sur coquille, ou sur un lit de riz, et saupoudrés de persil frais, haché.

Ingrédients :

1 lb (500 g) de pétoncles frais

2 c. à soupe (30 mL) de beurre

1/4 de tasse (60 mL) d'oignons verts, hachés

2 c. à soupe (30 mL) de farine

3/4 de tasse (190 mL) de vin rouge ou blanc

1/4 de tasse (60 mL) de crème riche

1 petite tomate pelée et hachée, dont les graines ont été enlevées

1/4 de c. à thé (1 mL) de sucre

sel et poivre au goût

2 c. à soupe (30 mL) de persil finement haché

Préparation :

• Si vous avez de gros pétoncles, coupez-les en deux sur l'épaisseur. Laissez les petits entiers.

• Dans un plat de verre ou de plastique, allant au four à micro-ondes, de 8 sur 8 po (20 sur 20 cm), faire fondre le beurre, 2 minutes à « HIGH ».

• Éponger les pétoncles avec une serviette de papier.

• Les ajouter au beurre.

• Mettre au four à micro-ondes, 2 minutes à « HIGH ». Bien brasser.

• Retirer les pétoncles du plat à l'aide d'une cuiller perforée, couvrir et laisser reposer.

• Ajouter les oignons au beurre qui reste dans le plat. Bien brasser et faire cuire 2 minutes à « HIGH ».

• Ajouter la farine, brasser jusqu'à ce que le tout soit bien mélangé.

• Ajouter le vin et la crème. Bien mélanger.

• Ajouter la tomate hachée et le sucre. Saler et poivrer au goût.

• Faire cuire 3 à 4 minutes à « HIGH », brasser 2 fois et faire cuire jusqu'à ce que la sauce soit crémeuse.

• Goûter et compléter l'assaisonnement au besoin.

• Ajouter les pétoncles. Couvrir et laisser reposer jusqu'au moment de servir.

• Pour servir, remplir les coquilles et saupoudrer de persil. Placer les coquilles dans le four, sur une serviette de papier. Faire réchauffer en comptant 1/2 minute par coquille.

• Ou placer sur un lit de riz et saupoudrer de persil. Couvrir et faire réchauffer 3 minutes à « MEDIUM-HIGH ».

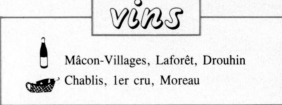

vins

Mâcon-Villages, Laforêt, Drouhin

Chablis, 1er cru, Moreau

Délice londonien

- Un jour que je me promenais dans les rues de Londres, mon regard se posa sur un magnifique étalage de poissons. M'approchant, je le regardais avec admiration lorsque le marchand vint me trouver et m'invita à entrer pour voir comment il faisait cuire les pétoncles. Formidable !

Ingrédients :

1 lb (500 g) de pétoncles frais
6 à 10 tranches de bacon
chutney
lime fraîche, coupée en quatre (facultatif)

Préparation :

- Éponger les pétoncles dans une serviette de papier, et les disposer les uns à côté des autres dans le fond d'un plat peu profond ; y ajouter une grille basse ajourée allant au four à micro-ondes au-dessus des pétoncles.

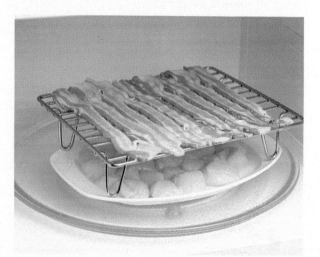

Préparation :	5 min
Cuisson :	de 9 à 12 min
Attente :	5 min

- Disposer les tranches de bacon sur la grille, les unes à côté des autres.

- Faire cuire à «MEDIUM-HIGH» de 6 à 8 minutes ou jusqu'à ce que le bacon soit croustillant.

- Le retirer et le garder au chaud.

- Enlever la grille. Remuer les pétoncles.

- Les faire cuire de 3 à 4 minutes à «MEDIUM-HIGH».

- Égoutter le gras et ajouter au bacon émietté.

- Saupoudrer de persil haché.

- Servir avec pain grillé, de fines nouilles persillées, du riz au beurre ou du chutney et de la lime.

Entre-Deux-Mers, Château La Clave
Bordeaux (blanc), Rayne Sec

Soupe aux pétoncles

Préparation : . . . . **8 min**
Cuisson : . . . . **15 min**
Attente : . . . .**aucune**

• Un genre de soupe au lait, spécialité du Cape Cod aux États-Unis. Goût fin et subtil.

Ingrédients :

2 tasses (500 g) de pétoncles, non cuits

le jus de 1/2 citron

1 tasse (250 mL) d'eau bouillante

2 c. à soupe (30 mL) de beurre

2 c. à thé (10 mL) de sel

1 c. à thé (5 mL) de paprika

4 tasses (1 L) de lait

Préparation :

• Couper les pétoncles en petites tranches minces et les mettre dans un grand bol.

• Ajouter le jus de citron.

• Bien mélanger et laisser reposer 20 minutes.

• Ajouter l'eau bouillante. Faire cuire à «HIGH», 5 minutes.

• Ajouter le reste des ingrédients et faire cuire à «HIGH», 10 minutes.

• Servir avec une mince tranche de lime dans chaque assiette.

Manière d'ouvrir les huîtres et les palourdes

- Bien des gens trouvent qu'il est difficile d'ouvrir des huîtres ou des palourdes.
- Le four à micro-ondes le fait pour vous, sans aucune difficulté.

- Pour ouvrir : placer quatre ou six huîtres ou palourdes en cercle sur deux feuilles de papier essuie-tout dans le four à micro-ondes.
- Faire cuire à «HIGH» 10 à 15 secondes.
- Si les huîtres sont très froides ou grosses, cela peut prendre 16 à 17 secondes.

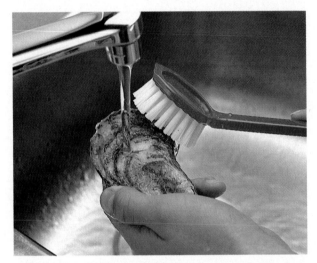

- Rincer les écailles rapidement sous l'eau froide, huître par huître, car elles ne doivent pas tremper dans l'eau.

- Retirer du four lorsque vous voyez une mince fente à l'endroit où elles devraient s'ouvrir.

- Lorsqu'elles sont rincées, placer les huîtres ou palourdes sur quelques feuilles de papier journal, recouvertes de papier essuie-tout. (Le papier journal absorbe l'excédent d'eau).

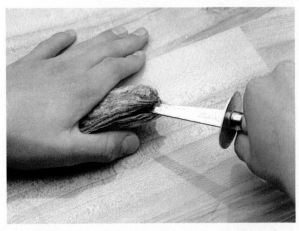

- Il est alors très facile de les ouvrir à l'aide d'un couteau à huîtres.

265

Chaudrée de palourdes de la Nouvelle-Écosse

Préparation : . . . . **10 min**
Cuisson : . . . . **de 22 à 24 min**
Attente : . . . . **aucune**

Touraine, Château de l'Aulée

Muscadet de Sèvre-et-Maine, Carte d'Or, Sauvion & Fils

Petit conseil : Un véritable délice des provinces de l'Est du Canada. Lorsqu'il est bien apprêté, c'est un plat très intéressant. Servir avec des biscuits chauds ou du pain d'avoine maison. On sert la chaudrée de palourdes dans un bol à soupe, même si ce n'est pas une soupe.

Préparation :

• Placer les tranches de bacon entre deux essuie-tout blancs et les faire cuire 2 minutes à «HIGH». Les mettre de côté.

• Faire fondre le beurre ou la margarine dans un bol de 8 tasses (2 L), y ajouter l'oignon et faire cuire 10 minutes à «HIGH» en brassant 2 fois.

• Ajouter les pommes de terre et l'eau.

• Couvrir et faire cuire à «HIGH» 4 à 6 minutes, ou jusqu'à ce que les pommes de terre soient cuites.

• Ajouter les palourdes et leur liquide ainsi que la crème. Saler et poivrer au goût. Bien brasser.

• Faire cuire à «HIGH» 6 à 8 minutes, ou jusqu'à ce que le tout soit chaud.

• Garnir chaque plat avec les petits morceaux de bacon.

Ingrédients :

4 tranches de bacon coupées en petits morceaux

1 c. à soupe (15 mL) de beurre ou de margarine

1 gros oignon émincé

1 tasse (250 mL) de pommes de terre pelées et émincées

2 tasses (500 mL) d'eau chaude

20 oz (570 mL) de palourdes fraîches ou en boîte avec leur jus

2 tasses (500 mL) de crème légère

sel et poivre au goût

Chowder aux palourdes

Préparation :	**12 min**
Cuisson :	**25 min**
Attente :	**aucune**

• Deux petites boîtes de palourdes, quelques pommes de terre, un oignon, et grâce aux micro-ondes vous aurez une soupe nourrissante et élégante.

Ingrédients :

6 tranches de bacon, en dés

1 oignon moyen, émincé

3 tasses (750 mL) de pommes de terre, en dés

2 boîtes de 7 oz (198 g) de petites palourdes

1 tasse (250 mL) d'eau

2 à 3 tasses (500 à 750 mL) de lait

Préparation :

• Dans un plat de 12 tasses (3 L) mettre les dés de bacon et l'oignon émincé.

• Faire cuire 3 à 4 minutes à «HIGH». Bien brasser.

• Ajouter les pommes de terre, le jus égoutté des palourdes et l'eau.

• Faire cuire 15 minutes à «HIGH».

• Bien mélanger à toutes les 5 minutes.

• Ajouter les palourdes, le lait, sel et poivre au goût et faire cuire 5 minutes à «HIGH».

• Servir avec biscuits soda beurrés, placés sur une feuille de papier absorbant et chauffés 1 minute à «HIGH».

Chowder aux palourdes et aux tomates

Préparation :	**10 min**
Cuisson :	**18 min**
Attente :	**aucune**

• En Italie, c'est la «zuppa»; en France, la bouillabaisse, et il en va ainsi pour chaque pays qui a sa spécialité de soupe au poisson et mollusques. Le mot «chowder» vient de «chaudière chaude», comme l'appelaient les colons québécois. Le chowder est commun à toute l'Amérique du Nord.

Ingrédients :

2 tranches de bacon, coupées en dés

1 gros oignon, haché fin

2 branches de céleri, en dés

1 pomme de terre moyenne, pelée et en dés

3 c. à soupe (50 mL) de farine

1 boîte de 19 oz (540 mL) de jus de tomate

1 bouteille de 8 oz (250 mL) de jus de palourde

1 boîte de 7¹/₂ oz (220 mL) de palourdes émincées

1 tasse (250 mL) d'eau bouillante

1/4 de c. à thé (1 mL) de thym

sel et poivre au goût

Préparation :

• Mettre le bacon dans un bol de 6 tasses (1,5 L).

• Faire cuire 2 minutes à «HIGH».

• Retirer les morceaux de bacon avec une écumoire.

• Au gras, ajouter l'oignon, le céleri et la pomme de terre, faire cuire 2 minutes à «HIGH».

• Bien brasser, ajouter la farine, bien mélanger.

• Ajouter le jus de tomate, le jus de palourde, le jus des palourdes bien égouttées (ne pas mettre les palourdes), et l'eau bouillante.

• Faire cuire à «HIGH» 10 minutes, en brassant bien à mi-cuisson.

• La cuisson terminée, ajouter les palourdes, le thym, le sel et le poivre.

• Faire cuire 4 minutes à «HIGH».

Soupe
aux huîtres

Préparation : . . . . **7 min**
Cuisson : . . . . **16 min**
Attente : . . . . **aucune**

• Une soupe aux huîtres parfaite en 16 minutes. La recette de ma grand-mère que j'ai adaptée au four à micro-ondes.

Ingrédients :

1/4 de tasse (60 mL) de beurre

1 carotte moyenne, râpée

1/2 tasse (125 mL) de céleri, en petits dés

1 poireau tranché (le blanc seulement)

3 tasses (750 mL) de lait ou moitié lait, moitié crème

sel et poivre au goût

2 tasses (500 mL) d'huîtres fraîches avec leur jus

Préparation :

• Faire fondre le beurre 1 minute à «HIGH» dans un grand bol.

• Ajouter la carotte, le céleri et le poireau, bien mélanger.

• Faire cuire 3 minutes à «HIGH», brasser.

• Ajouter le lait, le sel et le poivre.

• Faire cuire 10 minutes à «MEDIUM-HIGH», brasser, ajouter les huîtres.

• Vérifier l'assaisonnement et faire cuire 3 minutes à «HIGH».

Le crabe

Quiche au crabe

Préparation : . . . . 10 min
Cuisson : . . . . 10 min
Attente : .5 min

• Cette succulente quiche sans croûte me fut servie pour la première fois à Covey Cove, en Nouvelle-Écosse. Elle s'apprête avec du crabe ou du homard frais ou en boîte. Elle était accompagnée d'une salade de choux avec filets de piment doux verts et rouges, beaucoup de persil et une vinaigrette.

Roussette de Savoie
Chablis, Bichot

Ingrédients :

1 tasse (250 mL) de champignons frais, tranchés mince

2 c. à soupe (30 mL) de jus de citron frais ou de brandy

1 tasse (250 mL) de crabe ou de homard en boîte

1 tasse (250 mL) de fromage cheddar ou de gruyère râpé

2 oeufs

1 c. à thé (5 mL) de poudre de cari ou d'estragon

1 c. à soupe (15 mL) de farine

1/2 c. à thé (2 mL) de sel

1 tasse (250 mL) de crème légère

Préparation :

• Beurrer copieusement une assiette à tarte de 8 po (20 cm). Y étaler les champignons dans le fond.

• Défaire le homard ou la chair de crabe, retirer les os, remuer avec le brandy ou le jus de citron. Étendre sur les champignons.

• Recouvrir du fromage râpé.

• Bien mélanger les oeufs, la poudre de cari ou l'estragon, la farine, le sel et la crème. Battre pour bien mélanger.

• Verser sur le crabe et les champignons.

• Au moment de servir, faire cuire 10 minutes à «MEDIUM-HIGH». Laisser reposer 5 minutes.

• Si le mélange n'est pas suffisamment pris, faire chauffer à «MEDIUM» 2 à 3 minutes de plus.

• Servir chaude ou froide.

Bisque de crabe

Préparation : . . . . **5 min**
Cuisson : . . . . **10 min**
Attente : . . . . **aucune**

Ingrédients :

2 boîtes de 10 oz (284 mL) de crème de champignons

1 tasse (250 mL) de crème légère

1/2 tasse (125 mL) de lait

1/2 petit oignon, haché fin

1 boîte de 7^1/$_2$ oz (220 mL) de crabe et son jus

jus et zeste d'un petit citron

2 c. à soupe (30 mL) de noix de Grenoble, hachées

Préparation :

• Mettre le tout dans un bol de verre à cuisson, avec couvercle.

• Faire cuire 10 minutes à «HIGH», en brassant 2 fois pendant la cuisson.

271

Riz au citron

Préparation : . . . . **7 min**
Cuisson : . . . . **17 min**
Attente : . . . . **15 min**

Petit conseil : Le riz et le poisson forment toujours un duo très apprécié. Vous pouvez, si vous le désirez, préparer le riz au citron à l'avance, le faire dans un plat allant au four à micro-ondes et le faire réchauffer 5 minutes à «MEDIUM-HIGH», couvert, juste avant de servir.

Petit conseil : Les huîtres et les palourdes doivent être percées plusieurs fois à l'aide d'un cure-dents.

Ingrédients :

1 tasse (250 mL) de riz à grain court

1 1/2 tasse (375 mL) d'eau

1/2 c. à thé (2 mL) de sel

1/2 tasse (125 mL) de jus de citron

le zeste d'un citron

3 c. à soupe (50 mL) de beurre

2 à 3 c. à soupe (30 mL à 50 mL) de persil émincé

Préparation :

• Dans une casserole de 8 tasses (2 L), verser l'eau, le sel et le jus de citron.

• Amener à ébullition à «HIGH» pendant 5 minutes.

• Ajouter le riz, bien brasser, couvrir et faire cuire 10 minutes à «MEDIUM-HIGH».

• Bien brasser, laisser reposer couvert, pendant 15 minutes.

• Couper le zeste de citron en lamelles.

• Placer le beurre dans un plat, ajouter les lamelles de citron, le jus et le persil.

• Faire cuire 2 minutes à «HIGH».

• Ajouter ce mélange au riz, en brassant avec une fourchette.

• Faire réchauffer 1 minute à «HIGH» si nécessaire.

• Sel et poivre au goût.

Petit truc : Pour faire sécher les herbes fraîches, placer quelques tiges ou 1/2 tasse de feuilles entre des feuilles de papier essuie-tout. Faire sécher de 2 à 3 minutes à «HIGH», jusqu'à ce que le tout s'égrène. La durée de séchage peut varier selon les herbes.

Les légumes

« **T**u aimeras les légumes, si tu sais leur prodiguer le soin attentif et tendre dont ils ont le plus besoin», me disait un jour ma grand-mère. J'avais huit ans, et ce jour-là j'avais refusé de manger du navet. Après le repas elle me fit peler un navet me montrant comment le faire cuire à la perfection, puis elle en fit une belle purée lisse et dorée qu'elle saupoudrait de ciboulette et de persil frais émincés. En y goûtant, je compris que la saveur et la texture crémeuse justifiaient le soin apporté à sa préparation.

Toute ma vie j'ai toujours tenté de faire cuire les légumes le mieux possible. J'ai très vite constaté qu'ils étaient sensibles à un soin attentif et qu'ils s'alliaient agréablement aux herbes fraîches, aux épices, et même aux fruits et aux jus.

Puis, le four à micro-ondes est entré dans ma vie, ce grand magicien de la cuisson rapide et parfaite des légumes, soit croquants, soit tendres, et toujours pleins de saveur et de couleur.

Les micro-ondes et les légumes

• La cuisson peut s'effectuer par micro-ondes, ou par «auto-senseur» si votre four possède cette caractéristique qui détermine la durée de cuisson et s'arrête automatiquement lorsqu'elle est achevée.

• Il y a des fours à micro-ondes qui ont aussi la méthode de décongélation-cuisson («Defrost-Cook») ou la décongélation au poids, où une fois de plus le four à micro-ondes accomplit un travail parfait.

• Si la cuisson prolongée des méthodes conventionnelles supprime beaucoup de la valeur nutritive des légumes, vous pouvez imaginer les résultats du réchauffage!

• Ces deux points sont pris en considération dans la cuisson ou le réchauffage des légumes au four à micro-ondes. Ils conservent leur couleur vive et appétissante de même que leur texture.

La composition des légumes

• Le mot légume s'applique à bon nombres de plantes dont nous utilisons certaines parties pour la consommation, telles que :

• **Les tubercules:** excroissances arrondies de la racine, tels que les topinambours et les pommes de terre;

• **les racines:** telles que les carottes et les navets;

• **les bulbes:** tels que les oignons;

• **les tiges:** qui sont des plantes entières portant des feuilles au sommet, telles que le céleri;

• **les feuilles:** telles que les épinards et autres légumes verts;

• **les fleurs:** telles que les choux-fleurs;

• **les fruits:** tels que les aubergines et les tomates;

• **les cosses:** telles que les haricots jaunes et verts, les petits pois.

• À toute fin pratique, cette classification peut se résumer à deux principales catégories: les légumes à racines et les légumes verts.

Les légumes à racines

• Comprennent les tubéreux et les racines.

• Leur teneur en eau est élevée et ils emmagasinent des éléments nutritifs sous forme d'amidon.

• Ils sont aussi généralement une excellente source de sels minéraux.

• Leur teneur en protéines et en matières grasses est presque nulle.

• La matière constitutive de leurs fibres est un tissu ligneux, la cellulose, qui en certains cas doit être ramollie afin que le contenu digestible puisse en être extrait. Plus ces légumes vieillissent, plus la cellulose durcit.

• C'est pourquoi les navets, betteraves et carottes d'hiver exigent une cuisson plus longue que les nouveaux légumes au printemps.

• Certaines racines se mangent crues; par exemple, les carottes et les radis.

• Les bulbes, tels que les oignons déshydratés sont parfois classés comme légumes à racines. De même que les racines et les tubercules, ils se conservent durant l'hiver.

• Cependant, les oignons frais, tels que les oignons verts et les poireaux sont périssables comme les autres légumes verts.

Les légumes verts

• Comprennent les autres groupes.

• Même les légumes blancs, rouges ou violets, comme les choux-fleurs, tomates, aubergines, etc., ont des feuilles vertes à la base ou à la tige.

• Et de même que pour les légumes à racines, la cellulose s'affermit en vieillissant.

• Naturellement, la saveur des légumes verts jeunes et frais est plus délicate que celle des plus vieux.

• Jeunes ou vieux, ils ne contiennent que très peu de féculent, et nullement de matières grasses ou de protéines, mais les sels minéraux y sont bien représentés et contribuent à la grande importance des légumes verts dans l'alimentation.

• Les légumes verts, contrairement aux racines, sont très périssables et doivent être consommés au plus tard 3 ou 4 jours après l'achat.

Règle générale sur la conservation des légumes

• Pour tous les légumes, «plus ils sont frais, meilleurs ils sont».

• Utilisez-les le plus tôt possible après l'achat, mais dans l'intervalle certains doivent être préservés de la perte d'humidité par la réfrigération, tandis que d'autres doivent être conservés dans un endroit frais en dehors du réfrigérateur.

• La température ambiante et une circulation d'air maximale sont de rigueur pour d'autres.

• C'est en apprenant les exigences des différents légumes que vous saurez leur prodiguer les meilleurs soins avant la cuisson.

La conservation des légumes

Les légumes périssables

• Les asperges, le maïs, les concombres, les oignons verts, les piments doux, les radis, les tomates et toutes les laitues sont les plus périssables.

• Il faut les conserver dans un sac de matière plastique dans le bac à légumes de votre réfrigérateur, en plaçant un essuie-tout au fond du sac pour absorber l'humidité.

Les légumes semi-périssables

• Les haricots jaunes et verts, le brocoli, les choux de Bruxelles, le chou, le chou-fleur, le céleri et les pois en cosses.

• Les nettoyer, sans les laver, les mettre dans un sac de matière plastique ou un contenant couvert, et les conserver sur une tablette du réfrigérateur.

• Les pois doivent être conservés en cosses, sinon ils sèchent.

Les légumes de longue conservation

• Les aubergines, les citrouilles, les courges, les betteraves, les carottes, les oignons, les panais, les pommes de terre et les navets.

• Ce sont les légumes qui se conservent le plus longtemps sans perte de qualité.

• Les oignons se conservent bien à la température ambiante pourvu que l'air circule tout autour.

• Les mettre dans un filet ou dans un panier en broche et les tenir à l'écart de l'humidité.

• Les courges, les citrouilles, les navets et les betteraves d'hiver peuvent être conservés dans un endroit frais et sec.

Le langage micro-ondes pour les légumes

• Pour atteindre la perfection dans la cuisson des légumes par micro-ondes, il est essentiel de connaître ce qui suit.

La forme des légumes

• Égalité de forme.

• Exemple : ne pas faire cuire aux micro-ondes une grosse pomme de terre et deux ou trois petites pommes de terre.

• Il faut assurer l'uniformité d'épaisseur des tranches de légumes, etc.

Utilisation d'une claie — «Elevating»

• En plaçant les légumes tels que courges, artichauts, etc., sur une claie (il en existe plusieurs types sur le marché), la cuisson sera plus uniforme.

Perçage

• Certains légumes, tels que pommes de terre, courges, tomates entières, etc., que l'on fait cuire dans leur pelure, doivent être piqués avec la pointe d'un couteau pour les empêcher d'éclater lorsque la vapeur s'y accumule durant la cuisson.

Disposition

• Les petits morceaux doivent être placés au milieu du plat, les morceaux plus gros autour, car la cuisson est plus rapide sur les bords qu'au milieu du plat.

• Les pommes de terre enveloppées, les épis de maïs enveloppés, les artichauts, doivent être placés autour du plat, si possible, et être d'égale grosseur.

• Les asperges qui ont de longues pointes doivent être placées les unes à côté des autres en alternant la tête et la queue.

Couvercle

• Les couvercles en pyrex, les plats en plastique dont le couvercle assure l'étanchéité (Micro-Dur), et les feuilles de matière plastique retiendront la chaleur et l'humidité nécessaire à la cuisson des légumes frais qui ne sont pas cuits dans leur pelure naturelle.

• Une courge ou une pomme de terre non pelée cuira dans sa pelure, mais les légumes pelés et tranchés doivent être couverts.

Préparation de base des légumes frais, surgelés et en conserve

Les légumes frais

• Lorsqu'une recette mentionne le poids des légumes, il s'agit du poids avant de les peler, de les apprêter, etc.

• Il faut toujours percer la pelure des légumes qui doivent cuire entiers ou non pelés, tels que pommes de terre, courges, aubergines, etc. Cela permet à la vapeur de s'échapper et empêche les légumes d'éclater.

• Disposer les légumes en cercle sur le plateau du four, sur une claie ou dans un plat.

• Ajouter, en règle générale, 2 à 3 c. à soupe (30 à 50 mL) d'eau par livre (500 g) de légumes.

• Le sel ou le sucre ou les deux, lorsque utilisés séparément ou conjointement, doivent être placés *sous* les légumes car autrement ils les tachent, et il arrive même que la cuisson en soit retardée.

Les légumes surgelés

• Disposer les légumes surgelés (paquet de 10 onces (300 g)) sur une assiette à tarte et percer le dessus du paquet.

• Si les légumes sont dans un sac, percer le dessus du sac.

• Si le paquet est enveloppé de papier d'aluminium, retirer ce papier ou tout entourage de métal.

• Lorsque les légumes surgelés proviennent d'un sac (petits pois, maïs, etc.), les faire chauffer dans une casserole couverte, en remuant une fois à mi-cuisson.

• Aucun liquide n'est ajouté.

Les légumes en conserve

• Simplement verser les légumes et le jus dans un plat et faire chauffer, couverts.

• Le contenu d'une boîte de 10 onces (284 mL) se réchauffera en 1^{1}/$_{2}$ à 2 minutes.

• La boîte de 19 onces (540 mL), en 2^{1}/$_{2}$ à 3 minutes.

• Programmer à «MEDIUM-HIGH» dans les deux cas.

La cuisson des légumes surgelés

• Vider le contenu dans un plat, *le côté glacé sur le dessus,* d'une seule pièce, ou s'il s'agit de morceaux (comme les petits pois), les étaler sur une assiette.

• Couvrir. Faire cuire 3 à 5 minutes selon les légumes à «HIGH» ou à «DEFROST-COOK».*.

• La cuisson terminée, retirer du four, laisser reposer 5 minutes, couverts, assaisonner et servir.

* Si votre four a le «DEFROST-COOK», les légumes seront décongelées et cuits selon la programmation (consulter le manuel de votre four).

La chaleur résiduelle

• Avec tous les légumes frais ou surgelés cuits aux micro-ondes, il faut allouer du temps pour la cuisson résiduelle, et généralement un délai de 5 minutes environ s'écoule, entre le moment où se termine la cuisson et celui où la famille est servie.

• La chaleur résiduelle des micro-ondes signifie que la chaleur intense accumulée dans les légumes durant la cuisson ne s'arrête pas immédiatement dès qu'ils sont retirés du four à micro-ondes; elle se poursuit, et voilà pourquoi il ne faut pas les faire trop cuire.

La cuisson des légumes par «auto-senseur»

La plupart des recettes de ce livre peuvent être cuites par «auto-senseur».

1. Pour obtenir de bons résultats de cuisson par «auto-senseur», les aliments doivent être cuits dans des contenants recouverts soit d'une feuille de matière plastique ou d'un couvercle bien ajusté. Si un couvercle n'est pas étanche, ou si la feuille de matière plastique n'adhère pas parfaitement à l'ustensile de cuisson ou a été percée, la vapeur s'échappera trop tôt et l'aliment ne cuira pas à fond. Utiliser soit le couvercle, soit la feuille de matière plastique, non pas les deux.

2. Généralement, le verre qui va au four, tel que le pyrex, la céramique (Corning), d'autres ustensiles de verre résistant à la chaleur, et les plats en plastique avec couvercle (Micro-Dur), sont excellents pour la cuisson par «auto-senseur».

3. Couvrir le plat sans couvercle d'une feuille de matière plastique. Pour couvrir un ustensile plus grand, utiliser deux feuilles repliées l'une sur l'autre au centre. Appuyer fermement sur le pli du centre pour qu'il soit étanche. Le papier doit dépasser le contour de l'ustensile de deux à trois pouces (5 à 5,7 cm) et adhérer parfaitement aux parois et autour du fond de l'ustensile.

4. Les sacs d'entreposage et de cuisson en matière plastique ne conviennent pas à la cuisson par «auto-senseur».

5. Si la feuille de matière plastique ou le couvercle est retiré durant le temps de cuisson programmé, la cuisson ne sera pas achevée. Le temps de cuisson qui reste dépend de la vapeur retenue pour l'achever. Ne pas retirer le papier avant que le four ne s'arrête. Alors, relever un coin du papier, puis recouvrir et laisser reposer quelques minutes ou jusqu'au moment de servir.

Le blanchiment des légumes pour la congélation

• Le blanchiment des légumes est essentiel avant la congélation.

• Autrement, les enzymes naturels des légumes changeront les sucres de la plante en féculents durant la période de congélation.

• Ces légumes auront alors une saveur moins sucrée et plus amidonnée qui donnera un goût de maturité avancée.

• Le blanchiment des légumes au four à micro-ondes, en plus d'économiser du temps, est un procédé rapide et facile qui permet d'obtenir un produit fini parfait.

• Pour l'uniformité de blanchiment et de congélation, s'assurer que les légumes sont coupés en morceaux d'égale grosseur.

• Mettre dans un plat de cuisson aux micro-ondes juste assez de légumes pour remplir un contenant.

• Lorsque des herbes, du sel ou du sucre sont ajoutés, les placer au fond du plat, car l'assaisonnement ou l'arôme mis sur le dessus a tendance à déshydrater ou à décolorer les légumes.

• Verser 1/2 tasse (125 mL) d'eau *bouillante* sur 2 tasses (500 g) de légumes préparés. Couvrir d'un papier ciré ou d'une soucoupe.

• Faire cuire aux micro-ondes 2 à 3 minutes, en remuant une fois, selon le genre de légumes: tiges de brocoli (dures) 3 minutes, petits pois (mous) 2 minutes.

• Lorsque le blanchiment est complété, verser les légumes dans une passoire, les rincer 2 secondes à l'eau froide courante.

• Les bien égoutter, empaqueter, étiqueter et congeler.

• Employer un plat pour cuisson aux micro-ondes de 6 à 8 tasses (1,5 à 2 L).

• Ne pas ajouter d'eau.

• Faire cuire à «HIGH».

• Les temps de cuisson sont valables pour les paquets standard vendus dans le commerce.

Laisser les légumes reposer 2 à 3 minutes après la cuisson. Remuer avant de servir.

Tableau de base pour la cuisson de légumes congelés		
Légume	**Quantité***	**Temps (min)**
Asperges	300 g	6
Brocoli, défait en bouquets	300 g	8
Brocoli haché	300 g	5
Carottes	300 g	5
Choux de Bruxelles	300 g	9-10
Chou-fleur	300 g	5-6
Coeurs d'artichauts	300 g	6
Courge	300 g	5-6
Épinards	300 g	5
Maïs en grains	300 g	4
Haricots jaunes coupés	300 g	6-7
Macédoine de légumes	300 g	5-6
Petits pois	350 g	5-6

* Certains des légumes surgelés sont vendus en sacs de 500 g et de 1 kg. Retirer la quantité désirée et faire cuire conformément au tableau ci-dessus.

La manière de sécher les herbes au four à micro-ondes

Depuis des années, je fais sécher les herbes de mon jardin au four à micro-ondes. Elles conservent très bien leur saveur et leur couleur.

Pour toutes les herbes fraîches

• L'estragon, le basilic, la marjolaine, la sarriette, la sauge, le thym, la menthe, etc. se conservent en parfait état. Séparer les feuilles de la tige. Étendre sur une feuille d'essuie-tout. Couvrir d'une autre feuille de papier et passer aux micro-ondes environ 1 minute à «HIGH». Lorsque les feuilles sont sèches, les verser dans un bol et les laisser refroidir. Les mettre dans des bocaux et couvrir. Vous pourrez les conserver une année entière. Elles ne perdent rien de leur fraîcheur.

• Les herbes varient quant à la texture, à l'épaisseur et à l'humidité qu'elles renferment; c'est pourquoi il est difficile de donner un temps précis qui puisse s'appliquer à toutes les herbes. Après quelques essais, vous comprendrez bien le procédé.

L'artichaut

- L'artichaut doit être d'un beau vert brillant avec des feuilles épaisses. Si toutefois les feuilles supérieures sont tachées de noir, c'est qu'elles ont été atteintes par la gelée, affectant ainsi leur apparence, même après cuisson. Cela n'empêche pas l'artichaut d'être comestible, car la gelée ne touche généralement que les feuilles du dessus qui peuvent être enlevées.

- Rechercher les têtes fermes et pas trop légères, dont les feuilles sont compactes. Lorsque les pétales s'entrouvrent, c'est que l'artichaut est moins frais.

Artichauts nature

La préparation

• Enlever d'abord la tige des artichauts, couper la portion foncée de la tige et la peler, la mettre de côté pour la cuisson.

• Puis, couper la pointe de chaque feuille pour en retirer le bout pointu et piquant.

• Si les feuilles à la base de l'artichaut sont coriaces ou noires et ligneuses, les couper avec des ciseaux.

• Mettre le artichauts dans un bol, recouverts d'eau froide, et les laisser tremper 10 minutes.

• Les égoutter en les secouant pour en retirer l'excédent d'eau.

La cuisson

• Envelopper chaque artichaut dans une feuille de matière plastique (il cuit à la vapeur).

• Les diposer en cercle sur le plat du four.

• Je compte 5 minutes à «HIGH» pour le premier et j'ajoute 2 minutes pour chacun des artichauts supplémentaires.

• Les faire cuire un par un ou pas plus de cinq à la fois.

Comment manger un artichaut

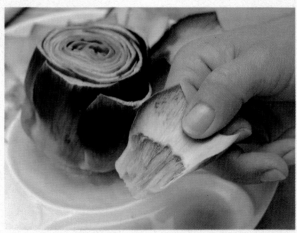

1. Détacher la feuille.

2. Tremper la feuille dans la vinaigrette.

3. Tirer l'intérieur de la feuille en la glissant entre les dents. Jeter la feuille.

4. Enlever le foin du coeur, avant de tremper le coeur dans la vinaigrette et de le manger.

Artichauts à la grecque

Préparation : . . . . **16 min**
Cuisson : . . . . **25 min**
Attente : . . . . **aucune**

• La culture des artichauts commença dans les régions centrales et occidentales de la Méditerranée, pour ensuite se répandre universellement.

• La méthode de cuisson grecque est très particulière et très savoureuse.

Ingrédients :

4 artichauts moyens

1 tasse (250 mL) d'eau

10 graines de cardamome

2 gousses d'ail pelées

le zeste râpé d'un citron

le jus d'un citron

1/4 de c. à thé (1 mL) de thym

1/4 de c. à thé (1 mL) de sel

1/4 de tasse (60 mL) de persil émincé

une bonne pincée de poivre

1/3 de tasse (80 mL) d'huile d'olive

Préparation :

• Préparer les artichauts tel qu'indiqué pour les artichauts nature.

• Les disposer les uns à côté des autres, le bout de la queue vers le bas, dans un plat pour cuisson aux micro-ondes.

• Ils peuvent aussi être coupés en deux et disposés dans le plat, le côté pointu vers le milieu, le côté plus large vers les bords.

• Bien mélanger le reste des ingrédients et les verser sur les moitiés d'artichauts.

• Si les artichauts sont entiers, les recouvrir du mélange à l'aide d'une cuiller afin qu'une partie de la sauce se répande entre les feuilles.

• Recouvrir le plat de son couvercle ou d'une feuille de matière plastique. Faire cuire 10 minutes à « HIGH ».

• Soulever un coin de la feuille, remuer les artichauts dans le plat, faire cuire 10 minutes de plus à « MEDIUM-HIGH ». Retirer du four à micro-ondes.

• Laisser reposer 5 minutes. Découvrir et arroser du jus de cuisson.

• Mettre les artichauts sur un plat de service.

• Faire cuire la sauce, à découvert, 3 à 5 minutes à « HIGH » ou jusqu'à léger épaississement.

• Verser sur les artichauts.

• Les servir chauds, de préférence.

• Ils sont aussi savoureux servis à la température ambiante.

• Ne pas les réfrigérer.

Artichauts
à la barigoule

Préparation :	. . . .	**18 min**
Cuisson :	. . . .	**de 24 à 25 min**
Attente :	. . . .	**15 min**

Petit conseil : Ils se conservent de 3 à 4 jours, couverts, au réfrigérateur. Ils sont également délicieux servis chauds ou froids.

Ingrédients :

4 artichauts moyens

5 tasses (1,25 L) d'eau froide

3 c. à soupe (50 mL) de vinaigre blanc

3 c. à soupe (50 mL) de beurre

1 c. à soupe (15 mL) d'huile végétale

2 oignons hachés fin

1/2 c. à thé (2 mL) de thym

1 feuille de laurier

3 c. à soupe (50 mL) de vinaigre de cidre

1/4 de tasse (60 mL) de vermouth sec

sel et poivre au goût

Préparation :

• Préparer les artichauts tel qu'indiqué pour les artichauts nature.

• Les mettre dans un plat pour cuisson aux micro-ondes, recouvrir d'eau froide, ajouter les 3 premières c. à soupe (50 mL) de vinaigre et laisser reposer jusqu'au moment de la cuisson, au moins 30 minutes.

• Mettre le beurre et l'huile dans un plat de cuisson de 10 sur 6 pouces (25 sur 15 cm).

• Ajouter les oignons.

• Faire cuire sans couvrir de 4 à 5 minutes à «MEDIUM», en remuant une fois durant la cuisson.

• Retirer du four. Incorporer le thym, la feuille de laurier, le vinaigre et le vermouth.

• Disposer les artichauts, coupés en deux, autour du plat, en laissant le centre libre. Couvrir de papier ciré.

• Faire cuire 20 minutes à «MEDIUM», en retournant les artichauts dans la sauce toutes les 5 minutes.

• Retirer du four, laisser reposer couverts 15 minutes.

• Disposer les artichauts joliment dans un plat et les arroser de la sauce, couvrir et laisser refroidir à la température de la pièce.

• On peut les servir tièdes ou refroidis.

• S'ils sont réfrigérés, les sortir une heure avant le service.

L'asperge

- Une plante de la famille du muguet. Très appréciée, elle a une élégance, un style, un «je ne sais quoi» d'unique. L'asperge fait son apparition dès le premier souffle du printemps et les premières asperges sont considérées comme les plus tendres.

- On alloue de $1^{1}/_{2}$ à 2 livres (750 g à 1 kg) pour 4 portions.

La conservation

- Envelopper les bouts coupés dans des essuie-tout mouillés, les placer dans un sac de matière plastique et les mettre au réfrigérateur.

- Elles ne doivent être conservées qu'une journée ou deux tout au plus.

Asperges nature

Préparation : . . . . 3 min
Cuisson : . . . . de 6 à 7 min
Attente : . . . . 2 min

• J'ai l'impression que les asperges, de même que la rhubarbe et le rouge-gorge, sont les véritables signes avant-
coureurs du printemps.

• Elles arrivent tout doucement en avril et durent jusqu'au
début de juillet.

• Profitez-en à leur meilleur.

Ingrédients :

1 lb (500 g) d'asperges fraîches

2 c. à soupe (30 mL) de beurre

1/4 de c. à thé (1 mL) de sel

le zeste râpé d'un quart de citron

Préparation :

• Casser la portion dure du bout de la tige, tenant
l'asperge des deux mains et la pliant doucement pour
déterminer où se termine la portion dure.

• Même si vous désirez les avoir toutes d'égale longueur,
pour l'apparence, il faut commencer par casser les bouts,
puis les couper également avec un couteau.

• Rincer les asperges coupées à l'eau froide courante.

• Il faut les rincer très bien, car le sable s'accumule souvent sous les petites écailles.

• Ne pas les laisser tremper dans l'eau.

• Ne pas les assécher après les avoir lavées.

• Disposer les asperges dans un plat long en matière plastique Micro-Dur ou en verre, en alternant les têtes et les
tiges dans le plat, ou dans une assiette à tarte en verre
avec les têtes au centre et les tiges vers l'extérieur.

• N'ajouter ni sel ni eau.

• Recouvrir d'un couvercle ou d'une feuille de papier
ciré.

• Faire cuire aux micro-ondes de 6 à 7 minutes à
«HIGH», selon la grosseur.

• Laisser reposer 2 minutes, couvertes.

• Mettre dans un petit plat le beurre, le sel et le zeste
de citron.

• Faire fondre 1 minute à «HIGH». Verser sur les asperges et servir.

• Pour servir les asperges comme entrée ou pour le déjeuner, les préparer et les faire cuire selon la règle pour les
asperges nature, puis les laisser refroidir à la température ambiante.

• Les arroser d'une vinaigrette et les saupoudrer d'oeufs
cuits dur râpés, de câpres et d'un soupçon de muscade.

Petit conseil : Pour faire cuire 2 livres (1 kg)
d'asperges, utiliser un plat plus grand et faire cuire
de 10 à 12 minutes à «HIGH».

Asperges Teriyaki

Préparation :	. . . .	**7 min**
Cuisson :	. . . .	**10 min**
Attente :	. . . .	**10 min**

vins

Muscadet du Val de Loire,
Domaine du Fief Guérin

' Arbois (blanc), Domaine de Grange Grillard

• Des asperges fraîches ou surgelées, du céleri croquant, des amandes, des châtaignes d'eau sont combinés pour faire ce plat inusité.

Ingrédients :

2 c. à soupe (30 mL) de beurre

2 c. à soupe (30 mL) d'amandes tranchées

1 lb (500 g) d'asperges fraîches *ou*
   1 paquet de 10 oz (300 g) d'asperges surgelées

1/2 tasse (125 mL) de céleri, tranché
   en diagonale

1 boîte de 5 oz (142 g) de châtaignes d'eau
   tranchées (facultatif)

1 c. à soupe (15 mL) de sauce de soja*

* Si possible, je recommande l'emploi de la sauce de soja japonaise Kikkoman.

Préparation :

• Mettre le beurre et les amandes dans une casserole de 4 tasses (1 L).

• Faire cuire à découvert à «HIGH» de 2 à 3 minutes ou jusqu'à ce que les amandes soient dorées, les remuant de temps à autre durant la cuisson.

• Retirer les amandes avec une cuillère perforée, les mettre de côté.

• Au beurre qui reste dans le plat, ajouter les asperges fraîches ou surgelées, le côté glacé sur le dessus pour les asperges surgelées, le céleri et les châtaignes d'eau bien égouttés.

• Faire cuire couvert à «HIGH» 7 à 8 minutes, en remuant deux fois après la mi-cuisson.

• Ajouter en brassant la sauce de soja et les amandes.

• Couvrir, laisser reposer 10 minutes.

Asperges à l'italienne

• Un plat de déjeuner favori du répertoire de la cuisine italienne classique. Lorsque j'ai adapté cette recette à la cuisson aux micro-ondes, j'ai constaté que le vert brillant et la délicieuse saveur du plat cuisiné étaient encore plus prononcés que selon la cuisson conventionnelle.

Ingrédients :

2 lb (1 kg) d'asperges fraîches

1/4 de tasse (60 mL) d'eau

1/4 de tasse (60 mL) de beurre

1 boîte de 7¹/₂ oz (213 mL) de sauce tomate

1/4 de c. à thé (1 mL) de sucre

1/2 c. à thé (2 mL) de basilic

1 tasse (250 mL) de fromage suisse râpé

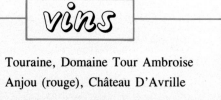

vins

Touraine, Domaine Tour Ambroise

Anjou (rouge), Château D'Avrille

Préparation :	**12 min**
Cuisson :	**8 min**
Attente :	**aucune**

Préparation :

• Préparer les asperges tel qu'indiqué pour les asperges nature.

• Placer les bouts de tiges coupés dans un plat avec l'eau et le beurre.

• Couvrir et faire cuire 4 minutes à «HIGH».

• Laisser reposer 15 minutes.

• Égoutter, en réservant l'eau.

• Mettre les asperges dans un plat de cuisson de 10 x 6 pouces (25 x 15 cm) en disposant les têtes au centre du plat et les tiges dures sur les bords du plat.

• Saupoudrer de sucre et de basilic.

• Verser l'eau réservée sur les asperges, ajouter la sauce tomate.

• Saupoudrer le tout du fromage râpé.

• Couvrir le plat de son couvercle ou de papier ciré. Faire cuire 4 minutes à «HIGH».

• C'est un plat attrayant servi avec des coquilles de pâte cuites, beurrées et saupoudrées de persil frais finement haché.

Asperges amandine

Préparation :	. . . .	**5 min**
Cuisson :	. . . .	**10 min**
Attente :	. . . .	**aucune**

Petit conseil : Elles sont parfaites à servir avec poulet ou veau rôti, ou comme entrée.

Ingrédients :

1 lb (500 g) d'asperges fraîches

sel et poivre au goût

1/4 de tasse (60 mL) d'amandes blanchies,
  en filets

3 c. à soupe (50 mL) de beurre

Préparation :

• Préparer les asperges et les faire cuire aux micro-ondes, tel qu'indiqué pour les asperges nature.

• Ajouter sel et poivre au goût après la cuisson.

• Mettre les amandes et le beurre dans un petit plat.

• Faire cuire aux micro-ondes de 2 à 3 minutes, en remuant deux fois.

• Lorsqu'elles sont dorées, les verser sur les asperges cuites.

Asperges à la hollandaise

Préparation :	. . . .	**10 min**
Cuisson :	. . . .	**de 7 à 8 min**
Attente :	. . . .	**aucune**

Petit conseil : Un délicieux déjeuner printanier servi avec un morceau de fromage suisse et de pain croûté chaud.

Ingrédients :

1 lb (500 g) d'asperges fraîches

3 à 4 oeufs cuits dur

sel et poivre au goût

une pincée de muscade

un bol de beurre fondu

Préparation :

• Préparer les asperges et les faire cuire tel qu'indiqué pour les asperges nature.

• Pour les servir, mettre une portion sur chaque assiette réchauffée.

• Couper les oeufs en quatre et les disposer joliment autour des asperges.

• Mélanger le sel, le poivre et la muscade.

• En saupoudrer au goût sur les asperges.

• Passer le bol de beurre fondu pour que chacun se serve à son goût.

Quiche aux asperges, sans pâte

Préparation :	11 min
Cuisson :	de 20 à 25 min
Attente :	aucune

Ingrédients :

1 c. à soupe (15 mL) de beurre

1 gros oignon pelé et tranché mince

1 lb (500 g) d'asperges coupées en bouts d'un pouce (2,5 cm)

1/2 tasse (125 mL) de fromage cheddar râpé

4 oeufs

1/2 c. à thé (2 mL) d'estragon séché

1 c. à soupe (15 mL) de beurre fondu

1/2 tasse (125 mL) de chapelure de pain de blé entier

Préparation :

• Faire fondre le beurre dans une assiette à tarte en céramique de 9 pouces (23 cm), 1 minute à « HIGH ».

• Ajouter l'oignon, bien remuer, faire cuire 2 minutes à « HIGH ».

• Laisser tomber les asperges coupées sur les oignons.

• Remuer ensemble, recouvrir l'assiette d'un couvercle ou d'un papier ciré, faire cuire 4 minutes à « HIGH ».

• Saupoudrer le fromage râpé sur le tout.

• Battre les oeufs, ajouter l'estragon et verser sur les asperges.

• Faire fondre le beurre 1 minute à « HIGH », ajouter la chapelure. Verser sur les oeufs.

• Mettre l'assiette à tarte sur une claie, faire cuire à « MEDIUM-HIGH » de 12 à 15 minutes jusqu'à ce que la quiche soit gonflée et cuite.

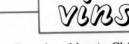

Touraine (blanc), Château de l'Aulée

Mâcon-Lugny-Genièvre, Mâcon-Villages, Latour

L'aubergine

- L'aubergine est aussi attrayante qu'elle est délicieuse. Elle appartient à la famille des tomates et à celle des pommes de terre. Il semble qu'elle soit originaire de la Chine et de l'Inde. Sa forme et sa couleur peuvent varier. Celle que nous connaissons le mieux est l'aubergine ovale de couleur violette. Elle est de cuisson facile et, aux micro-ondes, sa saveur est parfaite.

- Choisir une aubergine ferme, assez lourde pour sa grosseur, dont la peau est lisse et brillante sans taches de rouille.

- Elle se conserve de 5 à 6 jours en parfait état placée dans un sac de matière plastique non fermé, dans le bac à légumes du réfrigérateur.

- 1 livre (500 g) équivaut à 1 grosse aubergine ou 3 tasses (750 mL) d'aubergine cuite, pour servir 4 portions.

- Bien qu'elle soit disponible presque toute l'année, on la trouve en abondance de juillet à septembre.

Aubergine nature

Cuisson de base

• Lorsque l'aubergine est jeune et très fraîche, il n'est pas nécessaire de l'éplucher.

• Si la recette le demande, il faut l'éplucher.

• L'aubergine s'oxyde très rapidement, il faut donc attendre au moment de la cuisson pour l'éplucher et la trancher ou la couper en dés, ou bien la frotter avec du jus de citron frais.

• Mettre l'aubergine dans un plat pour cuisson aux micro-ondes.

• Ajouter 1 c. à soupe (15 mL) d'eau.

• Couvrir et faire cuire 4 minutes à «HIGH».

Manière de faire dégorger l'aubergine

• Certaines recettes demandent de faire dégorger l'aubergine avant la cuisson, afin de lui faire rendre son excès d'eau naturelle.

Voici la façon de procéder :

• Trancher ou couper en dés l'aubergine pelée ou non pelée, selon la recette choisie.

• Lorsque l'aubergine est tranchée, disposer les tranches les unes à côté des autres dans une assiette et les saupoudrer de sel ; lorsque coupée en dés, ajouter le sel et remuer dans un bol. 1 c. à soupe (15 mL) de sel suffit pour une aubergine.

• Laisser reposer 20 à 30 minutes à la température de la pièce.

• Rincer rapidement à l'eau froide courante et éponger le mieux possible avec des essuie-tout.

• Apprêter alors selon la recette choisie.

Aubergine en crème

Préparation :	**10 min**
Cuisson :	**8 min**
Attente :	**aucune**

• Un plat simple, rapide, attrayant et si bon !

Ingrédients :

1 grosse aubergine

3 c. à soupe (50 mL) de beurre

1 tasse (250 mL) de crème sure

4 à 6 oignons verts hachés fin

sel et poivre au goût

le zeste râpé d'un demi-citron

Préparation :

• Peler, couper en dés et faire dégorger l'aubergine tel qu'indiqué pour l'aubergine nature.

• Lorsque prête, la rincer à l'eau froide courante, l'éponger avec des essuie-tout.

• Faire fondre le beurre dans un plat pour cuisson aux micro-ondes de 6 tasses (1,5 L), 1 minute à «HIGH».

• Ajouter les dés d'aubergine au beurre fondu, remuer pour bien mélanger.

• Couvrir et faire cuire 5 minutes à «HIGH».

• Remuer et ajouter la crème sure, les oignons verts et le zeste de citron râpé.

• Remuer pour bien mélanger.

• Faire cuire 3 minutes à «MEDIUM-HIGH».

• Servir chaud ou froid.

Aubergine
au fromage

Préparation : . . . . **15 min**
Cuisson : . . . . **13 min**
Attente : . . . . **de 3 à 4 min**

• Une amie italienne, qui vit en Ontario, a adapté cette recette du sud de l'Italie à la cuisine canadienne. Elle emploie le cheddar fort. Celui de l'Ontario est le meilleur.

Ingrédients :

2¹/₂ tasses (625 mL) d'aubergine pelée et coupée en dés

1 c. à soupe (15 mL) d'eau ou de vin blanc

15 à 18 biscuits soda, émiettés

1/2 tasse (125 mL) de fromage cheddar fort, râpé

1/4 de tasse (60 mL) de céleri haché fin

1 c. à thé (5 mL) de basilic

1 c. à soupe (15 mL) de beurre fondu

1/2 c. à thé (2 mL) de sucre et autant de sel

1/4 de c. à thé (1 mL) de poivre

1/2 tasse (125 mL) de crème

1 c. à soupe (15 mL) de fécule de maïs

Préparation :

• Mettre l'aubergine dans un plat pour cuisson aux micro-ondes.

• Ajouter l'eau ou le vin blanc.

• Couvrir et faire cuire 4 minutes à «HIGH».

• Bien égoutter et mettre de côté.

• Mélanger le reste des ingrédients.

• Ajouter à l'aubergine. Remuer pour bien mélanger.

• Couvrir et faire cuire à «HIGH» 8 à 9 minutes.

• Laisser reposer 3 à 4 minutes, remuer et servir.

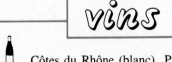

Côtes du Rhône (blanc), Prieuré St-Julien
Mâcon-Villages, Laforêt, Drouhin

Aubergine à l'italienne

• L'aubergine est l'un des légumes de très forte consommation en Italie. La cuisson varie dans chaque partie du pays.

• La recette suivante est une préférée du nord de l'Italie.

Ingrédients :

2 c. à soupe (30 mL) d'huile d'olive

1 tasse (250 mL) d'oignons finement hachés

1 boîte de 28 oz (796 mL) de tomates

1/2 c. à thé (2 mL) de thym et autant de basilic

1 grosse gousse d'ail finement hachée

1 c. à soupe (15 mL) de sucre

1/4 de c. à thé (1 mL) de sel

1 grosse aubergine ou 2 moyennes

6 à 7 tranches de fromage doux canadien ou de gruyère

Préparation :	. . . .	**12 min**
Cuisson :	. . . .	**25 min**
Attente :	. . . .	.**5 min**

Préparation :

• Mettre l'huile et les oignons dans un plat de 4 tasses (1 L), remuer jusqu'à ce que les oignons soient bien enrobés d'huile, couvrir et faire cuire à «HIGH» 4 minutes.

• Égoutter les tomates, réservant le liquide.

• Hacher les tomates, si nécessaire, ajouter aux oignons et remuer pour bien mélanger.

• Ajouter le thym, le basilic, l'ail, le sucre et le sel.

• Remuer et faire cuire à «HIGH» 8 à 9 minutes, ou jusqu'à ce que le tout soit crémeux.

• Peler et trancher l'aubergine, couper chaque tranche en deux.

• Saupoudrer légèrement de sel et placer sur des essuie-tout pendant 20 minutes. Passer à l'eau froide, éponger, brosser chaque tranche des deux côtés avec la même huile que celle qui a servi à fondre les oignons.

• Dans un plat de 12 sur 9 pouces (30 sur 22,5 cm), étendre un rang d'aubergine.

• Recouvrir de la moitié de la sauce aux tomates et de la moitié du fromage.

• Ajouter le reste de l'aubergine, couvrir du reste de la sauce aux tomates et du fromage.

• Mesurer 1/4 de tasse (60 mL) du jus retiré des tomates et verser sur le tout.

• Ne pas couvrir.

• Faire cuire à «HIGH» de 10 à 12 minutes. Laisser reposer 5 minutes et servir.

• J'aime servir ce plat à l'italienne avec un plat de petites pâtes brassées avec de l'huile d'olive ou du beurre et de la ciboulette ou du persil haché.

Corbières, Château de Douzens
Côtes du Roussillon, Les Fenouillèdes

Petit truc : Pour du café toujours frais. Réfrigérer le café non utilisé et le faire réchauffer dans une grande tasse à «HIGH» de 1½ à 2 minutes.

Casserole d'aubergine

Préparation :	10 min
Cuisson :	6 min
Attente :	1 min

Petit conseil : Pour faire de cette casserole un repas sans viande, la servir avec des nouilles ou du riz persillé, cuit dans le consommé de poulet. Elle est aussi délicieuse avec le poulet rôti, pour remplacer les pommes de terre.

Ingrédients :

1 aubergine moyenne ou 2 petites

2 c. à soupe (30 mL) de farine

1/2 tasse (125 mL) de chapelure fine

1 c. à thé (5 mL) de sucre

1/2 c. à thé (2 mL) de basilic

1 c. à thé (5 mL) de sel

1/4 de c. à thé (1 mL) de poivre

3 c. à soupe (50 mL) de margarine ou de beurre fondu

1 tasse (250 mL) de sauce tomate aux champignons

Préparation :

• Peler l'aubergine et la trancher mince.

• Mélanger la farine, la chapelure, le sucre, le basilic, le sel et le poivre.

• Tremper chaque tranche d'aubergine dans un peu de lait, puis la rouler dans le mélange de chapelure.

• Disposer en couches dans un plat ovale ou dans un **plat Corning** de 10 pouces (25 cm).

• Étendre sur chaque tranche la margarine ou le beurre fondu.

• Verser la sauce tomate autour du plat sans en mettre au centre. Couvrir.

• Faire cuire 6 minutes à «HIGH».

• Laisser reposer 1 minute et servir.

 Minervois, Château de la Rèze

Vin de Pays d'Oc, Domaine de Gourgazaud

Tranches d'aubergine au four à convexion

Préparation :	. . . .	**8 min**
Cuisson :	. . . .	**20 min**
Attente :	. . . .	**aucune**

• Voici une excellente recette rapide et facile, si votre four à micro-ondes comporte le système convexion.

Ingrédients :

1 aubergine moyenne pelée, tranchée 1/2 po (1,25 cm) d'épaisseur

1/2 tasse (125 mL) de mayonnaise (non sucrée)

1/2 c. à thé (2 mL) de basilic ou de thym

2 oignons verts hachés fin

1 tasse (250 mL) de chapelure fine de biscuits soda

1/2 tasse (125 mL) de cheddar râpé

Préparation :

• Mettre les tranches d'aubergine dans une grande assiette.

• Saupoudrer chaque tranche copieusement de sel.

• Laisser reposer 20 minutes, puis éponger chaque tranche pour l'assécher.

• Mélanger la mayonnaise et les oignons verts, le basilic ou le thym.

• Étendre ce mélange sur les deux côtés des tranches.

• Mélanger dans une grande assiette le fromage râpé et la chapelure, y passer chaque tranche.

• Les disposer sur une plaque à biscuits ou dans deux assiettes à tarte.

• Mettre sur la grille dans la partie convexion du four à micro-ondes.

• Faire cuire 20 minutes à 375°F (190°C). Servir aussitôt prêt.

La ratatouille

Préparation : . . . . 20 min
Cuisson : . . . . 16 min
Attente : . . . . 10 min

Petit conseil : L'accompagnement par excellence à servir avec toutes les viandes, chaudes ou froides. Il ne faut pas visiter le sud de la France sans y manger de la ratatouille.

Ingrédients :

1/4 de tasse (60 mL) d'huile d'olive ou végétale

2 gousses d'ail hachées fin

2 oignons moyens tranchés mince

2 aubergines moyennes taillées en bâtonnets

6 zucchini moyens non pelés, tranchés mince

2 piments verts, en dés

2 c. à thé (10 mL) de sel

1 c. à thé (5 mL) de thym

1 c. à thé (5 mL) de sucre

1/2 c. à thé (2 mL) de basilic

Préparation :

• Verser l'huile dans un plat de 8 tasses (2 L). Chauffer 2 minutes à «HIGH».

• Ajouter l'ail et les oignons, bien remuer, faire cuire 3 minutes à «HIGH». Remuer.

• Ajouter les aubergines, les zucchini, les piments verts, bien remuer.

• Faire cuire 3 minutes à «HIGH».

• Ajouter le reste des ingrédients, remuer pour bien mélanger.

• Couvrir et faire cuire à «MEDIUM» 8 à 9 minutes. Laisser reposer 10 minutes. Remuer.

• Servir chaude ou verser dans un plat en céramique, couvrir lorsque refroidie et réfrigérer.

Petit conseil : La ratatouille se conserve de 8 à 10 jours et peut être servie froide comme une marinade. Je préfère la sortir du réfrigérateur une heure ou plus avant de la servir.

Un supplément

• Si vous aimez la pizza et que vous faites votre propre pâte ou que vous l'achetez cuite mais non garnie, voici comment préparer une «pizza ratatouille», très populaire dans le sud de la France.

Préparation :

• Préparer la ratatouille selon la recette précitée. Refroidir.

• En étendre une couche épaisse sur la pâte à pizza.

• Recouvrir d'une tasse (250 mL) de fromage gruyère râpé ou saupoudrer copieusement de fromage parmesan. Servir.

• Pour la servir chaude, la mettre sur le plateau de votre four à micro-ondes.

• Réchauffer 3 minutes à «MEDIUM», juste au moment de servir.

Caviar d'aubergine

Préparation : . . . . **10 min**

Cuisson : . . . . **de 26 à 33 min**

Attente : . . . . **15 min**

Petit conseil : Une trempette presque universelle-ment renommée, elle est facile à préparer et tou-jours populaire. J'aime l'accompagner de grosses croustilles chaudes de pommes de terre ou de maïs.

Ingrédients :

1 grosse aubergine non pelée

1/2 tasse (125 mL) d'huile d'olive ou
    autre à votre choix

1 oignon moyen haché fin

1 piment vert haché fin

1 grosse gousse d'ail hachée fin

1/2 c. à thé (2 mL) de sel

1/4 de c. à thé (1 mL) de poivre

2 c. à soupe (30 mL) de vin ou
    de vermouth blanc *ou*
    1 c. à soupe (15 mL) de vinaigre de vin

Préparation :

• Laver l'aubergine, l'éponger, la mettre sur une grille pour cuisson aux micro-ondes.

• Faire cuire entre 15 et 20 minutes à «MEDIUM-HIGH».

• Laisser reposer 15 minutes, puis peler et couper en petits dés.

• Mettre l'huile dans un plat, ajouter l'oignon, le piment vert et l'ail. Remuer pour bien mélanger.

• Faire cuire à «HIGH» 6 ou 7 minutes, en remuant après 4 minutes de cuisson.

• Ajouter le reste des ingrédients et l'aubergine. Remuer pour bien mélanger.

• Faire cuire à «HIGH» 5 ou 6 minutes ou jusqu'à léger épaississement. Bien remuer.

• Verser dans un joli bol, refroidir, couvrir et réfrigérer jusqu'au moment d'utiliser comme trempette avec tout légume ou des bâtonnets de fromage doux, à votre choix.

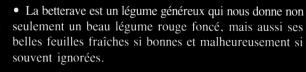

La betterave

• La betterave est un légume généreux qui nous donne non seulement un beau légume rouge foncé, mais aussi ses belles feuilles fraîches si bonnes et malheureusement si souvent ignorées.

L'achat

• Choisir des betteraves d'égale grosseur avec des feuilles fraîches. L'uniformité est importante, car de grosses betteraves et de petites betteraves demandent à être cuites en deux lots, si elles doivent être consommées simplement cuites et au beurre.

Betteraves nature

La cuisson

- Dans la cuisson conventionnelle, il faut laisser la racine et environ 2 pouces (5 cm) de tige.

- Pour la cuisson aux micro-ondes, les tiges et les racines peuvent être coupées au ras de la betterave.

- Brosser les betteraves, les laver à l'eau courante, et elles sont prêtes pour la cuisson.

- Mettre 6 à 8 betteraves d'égale grosseur dans un bol de 8 tasses (2 L).

- Recouvrir d'eau froide pour en avoir au moins 2 pouces (5 cm) au-dessus des betteraves.

- Couvrir et faire cuire 20 minutes à «HIGH», remuer, vérifier la cuisson avec la pointe d'un petit couteau.

- Les petites betteraves ou celles qui proviennent directement du jardin devraient alors être cuites, mais les betteraves d'hiver prennent généralement 20 minutes de plus à «HIGH». Vérifier de nouveau.

- Égoutter les betteraves aussitôt cuites, les mettre dans un bol d'eau froide et enlever la pelure en les roulant dans vos deux mains, en pressant un peu si nécessaire.

Betteraves Harvard

Préparation :	**5 min**
Cuisson :	**de 24 à 44 min**
Attente :	**aucune**

Petit conseil : Une recette favorite en Amérique du Nord, avec des betteraves fraîchement cuites. Elles peuvent toutefois être cuites aux micro-ondes le matin et réchauffées, couvertes, 3 minutes à «MEDIUM-HIGH» au moment de servir.

Ingrédients :

3 à 4 tasses (750 mL à 1 L) de betteraves cuites, tranchées

4 c. à thé (20 mL) de fécule de maïs

1/3 de tasse (80 mL) de sucre

1/3 de tasse (80 mL) de vinaigre de cidre

1/3 de tasse (80 mL) d'eau

3 c. à soupe (50 mL) de beurre

sel et poivre au goût

Préparation :

- Faire cuire 6 à 8 betteraves moyennes, tel qu'indiqué pour les betteraves nature.

- Lorsque cuites et tranchées, les mettre dans un plat de cuisson.

- Mélanger dans un bol la fécule de maïs et le sucre.

- Ajouter le reste des ingrédients, bien mélanger et faire cuire 3 minutes à «MEDIUM-HIGH» ou jusqu'à ce que le mélange soit crémeux et transparent.

- Verser sur les betteraves. Remuer pour bien mélanger le tout.

- Faire cuire 1 minute à «HIGH» au moment de servir.

Betteraves Harvard →

Jeunes betteraves à la crème sure

Préparation : . . . . **8 min**
Cuisson : . . . . **5 min**
Attente : . . . .**aucune**

• Une amie polonaise m'a enseigné cette recette, et je la fais maintenant chaque fois que je fais rôtir un gros poulet.

Ingrédients :

6 à 9 betteraves moyennes, cuites

3 c. à soupe (50 mL) de beurre

2 c. à soupe (30 mL) de jus de citron

sel et poivre au goût

1/4 de c. à thé (1 mL) de muscade

1 c. à soupe (15 mL) de miel

4 oignons verts, finement hachés

1/2 à 3/4 de tasse (125 à 190 mL) de crème sure

Préparation :

• Peler et râper les betteraves cuites.

• Les mettre dans un plat de 4 tasses (1 L), ajouter le reste des ingrédients.

• Remuer pour bien mélanger.

• Au moment de servir, couvrir et faire cuire 5 minutes à «MEDIUM», en remuant après 3 minutes de cuisson.

Betteraves
à l'orange

Préparation : . . . . 6 min
Cuisson : . . . . 4 min
Attente : . . . . .5 min

Petit conseil : Peler et râper des betteraves crues est quelque peu salissant pour les mains, mais la recette se fait rapidement et le résultat en vaut bien la peine. Se laver les mains avec du citron pour les nettoyer.

Ingrédients :

4 betteraves moyennes

1/4 de tasse (60 mL) de jus d'orange frais

le zeste râpé d'une demi-orange

1 c. à soupe (15 mL) de beurre

sel et poivre au goût

Préparation :

• Peler et râper les betteraves crues.

• Les mettre dans un plat de cuisson à micro-ondes de 4 tasses (1 L).

• Ajouter le reste des ingrédients, couvrir et faire cuire 4 minutes à «HIGH». Mélanger.

• Laisser reposer 5 minutes et servir.

Variante

• Ajouter **1 tasse (250 mL) de raisins verts entiers** aux betteraves râpées.

• Faire cuire le même temps que ci-dessus.

• Parfait accompagnement du rôti de porc et du canard.

Petit truc : Pour ramollir ou attendrir les pruneaux, les mettre dans un bocal ou dans un bol, les recouvrant à peine de thé ou de café ou d'une partie d'eau et d'une partie de jus d'orange. Au goût, ajouter de l'anis étoilé, ou un petit bâton de cannelle, ou 2 clous de girofle, ou le zeste d'une orange ou d'un citron. Chauffer aux micro-ondes à découvert 8 minutes à «MEDIUM». Laisser reposer 10 minutes. Enlever les noyaux et servir les pruneaux sur les céréales chaudes. Ils se conservent de 4 à 5 semaines, réfrigérés et couverts, dans leur liquide.

Les betteraves de grand-mère

Préparation : . . . . 9 min
Cuisson : . . . . 7 min
Attente : . . . . 5 min

Petit conseil : Une autre façon de faire cuire des betteraves crues râpées. Le plat tout choisi pour servir avec du gibier, de la saucisse ou du foie. Avec un robot culinaire, le râpage des betteraves, de la pomme et des oignons se fait rapidement et aisément.

Ingrédients :

4 betteraves moyennes

1 grosse pomme

2 oignons moyens

3 c. à soupe (50 mL) de beurre

3 c. à soupe (50 mL) d'eau

1/4 de c. à thé (1 mL) de quatre-épices

Préparation :

• Peler et râper les betteraves crues, la pomme et les oignons.

• Ajouter le beurre, l'eau et le quatre-épices.

• Mettre dans un plat de cuisson à micro-ondes avec couvercle.

• Faire cuire 5 minutes à «HIGH».

• Remuer, saler et poivrer au goût et faire cuire 2 minutes de plus à «HIGH».

• Laisser reposer 5 minutes. Remuer et servir.

Betteraves marinées

Préparation : . . . . **5 min**
Cuisson : . . . . **de 20 à 40 min**
Attente : . . . . **le temps de mariner**

• La plupart d'entre nous aimons avoir en réserve un bocal ou deux de betteraves marinées. Rien n'est plus facile à faire.

Préparation :

• Faire cuire les betteraves tel qu'indiqué pour les betteraves nature.

• Mettre les petites betteraves dans un bocal.

• Trancher les plus grosses et les mettre dans un autre bocal.

• Les arroser toutes de **vinaigre blanc** de qualité, les recouvrant complètement.

• Saupoudrer le dessus de chaque bocal **de 1 c. à thé (5 mL) ou de 1 c. à soupe (15 mL) de sucre,** selon votre préférence pour des betteraves plus ou moins sucrées.

Variantes

• Mettre **une tête d'aneth frais** sur le côté du bocal, après avoir ajouté **le vinaigre,** ou remplacer l'aneth par une **grosse gousse d'ail pelée et coupée en deux, ou par 4 clous ronds de quatre-épices.**

• Couvrir le bocal et conserver dans un endroit frais.

• Il n'est pas nécessaire de les réfrigérer avant que les bocaux ne soient ouverts.

• Vous assurer que les betteraves sont bien recouvertes de vinaigre.

Petit truc : Pour préparer les croûtons ou la chapelure, placer 2 tasses de cubes de pain dans un plat en verre peu profond. Régler l'intensité à «HIGH» pendant 3 à 4 minutes. Remuer occasionnellement.

Les feuilles de betteraves

Préparation :	**3 min**
Cuisson :	**3 min**
Attente :	**aucune**

Petit conseil : Lorsque vous achetez des betteraves, choisissez-les avec de belles feuilles vertes bien fraîches qui sont délicieuses cuites ou utilisées crues en salade.

Ingrédients :

Les feuilles de 5 à 8 betteraves

1 c. à soupe (15 mL) de beurre

le zeste râpé d'une lime ou d'un citron

1/2 c. à thé (2 mL) de sucre

sel et poivre au goût

Préparation :

• Enlever les tiges dures des feuilles de betteraves.

• Laver les feuilles à l'eau froide courante.

• Faire fondre le beurre au four à micro-ondes 30 secondes à «HIGH».

• Ajouter le zeste râpé et le sucre.

• Mélanger, ajouter les feuilles, bien remuer, couvrir et faire cuire 3 minutes à «HIGH».

• Bien remuer, saler et poivrer au goût.

Variante

• Saupoudrer d'une pincée de muscade.

Feuilles de betteraves en crème

• Procéder tel que ci-dessus pour la cuisson et ajouter **1 c. à thé (5 mL) de fécule de maïs** en ajoutant les feuilles de betteraves. Bien mélanger.

• Ajouter **1 c. à soupe (15 mL) de crème**. Remuer de nouveau.

• Couvrir et faire cuire 3 minutes à «HIGH». Saler et poivrer au goût, remuer pour que le tout soit bien mélangé et crémeux.

Une suggestion

• J'aime ajouter mes feuilles de betteraves à **1 livre (500 g) d'épinards** et les faire cuire ensemble 4 minutes à «HIGH», en procédant comme pour les feuilles de betteraves en crème.

Le brocoli

• Le brocoli est une plante de la famille du chou. À l'achat, rechercher le brocoli dont la tête est lourde et remplie de bourgeons compacts et fermés. Éviter le brocoli dont les bourgeons s'ouvrent ou jaunissent.

Brocoli nature

- Il faut d'abord enlever les feuilles sur le dessus.
- On peut séparer les têtes et les tiges pour la cuisson.

La cuisson

- Il est facile de faire cuire le brocoli à la perfection aux micro-ondes.
- Le succès dépend de la disposition du légume.
- Couper les têtes près de la tige, les placer au centre d'un plat pour micro-ondes (Micro-Dur) long, peler les tiges, les trancher en diagonale et les mettre aux deux extrémités du plat.
- Si votre four à micro-ondes a le cycle «auto-senseur», il cuira le brocoli à la perfection.
- Consulter le manuel de votre four pour les instructions.

Ou placer les têtes au centre du plat et les tiges coupées autour du plat.

Ou préparer et faire cuire une bonne quantité de brocoli, servir les têtes à un repas et les tiges entières ou tranchées une autre fois.

Ou faire cuire les tiges entières, lavées et pelées, en faisant des incisions ici et là avec la pointe d'un couteau.

- Elles cuiront d'un beau vert foncé et seront très tendres.
- Si les têtes et les tiges de brocoli sont hachées pour être cuites ensemble, les bien mélanger, ajouter **1/4 de tasse (60 mL) d'eau et 1/2 c. à thé (2 mL) de sucre,** couvrir et faire cuire à «HIGH» 7 à 9 minutes selon la quantité.
- Remuer deux fois durant la période de cuisson et vérifier la cuisson avec la pointe d'un couteau.

Petit truc : Pour faire dorer les amandes ou autres noix, étendre dans une assiette 1 tasse (250 mL) d'amandes blanchies, entières, taillées en filets ou en deux, ou toute autre sorte de noix, chauffer aux micro-ondes 2 ou 3 minutes à «MEDIUM-HIGH», en remuant à chaque minute pour qu'elles dorent uniformément. Les laisser reposer 2 minutes, car elles continuent à dorer. Remuer. Il est commode d'en avoir à la main pour saupoudrer sur le poisson, les légumes ou les desserts.

Brocoli Californie

Préparation : . . . . **4 min**
Cuisson : . . . . **de 9 à 13 min**
Attente : . . . . **aucune**

• Il y a une grande affinité entre le brocoli frais et le jus d'orange frais. Il semble toutefois qu'on le prépare rarement de cette façon.

Ingrédients :

1 lb (500 g) de brocoli

2 c. à soupe (30 mL) de beurre ou de margarine

2 c. à soupe (30 mL) de farine

1 tasse (250 mL) de jus d'orange *frais*

une pincée de sel

Préparation :

• Préparer le brocoli tel qu'indiqué pour le brocoli nature.

• Le mettre dans un plat à cuisson pour micro-ondes, l'arroser de 3 c. à soupe (50 mL) du jus d'orange frais, couvrir et faire cuire de 6 à 9 minutes à «HIGH».

• Le temps varie selon la façon dont le brocoli est coupé.

• Faire fondre le beurre ou la margarine dans un bol 1 minute à «HIGH».

• Y brasser la farine, mélanger, ajouter le jus d'orange, bien remuer.

• Faire cuire à «HIGH» 3 à 4 minutes, en remuant une fois, pour un mélange crémeux et transparent.

• Saler et brasser.

• Égoutter le brocoli et recouvrir de la sauce.

Brocoli Italiano

Préparation : . . . .**6 min**
Cuisson : . . . .**de 8 à 11 min**
Attente : . . . .**3 min**

Petit conseil : Ce plat m'a été servi pour la première fois à Florence. Il est attrayant et savoureux. Il est aussi facile à apprêter si vous préparez les ingrédients de la sauce pendant la cuisson du brocoli pour la faire cuire durant la période d'attente. La méthode florentine de servir ce brocoli est de l'accompagner de fines nouilles bouillies et d'un bol de fromage râpé de votre choix.

Bordeaux (blanc), Château Lascombes
Pinot Blanc, Trimbach

Ingrédients :

1 lb (500 g) de brocoli frais

1/4 de tasse (60 mL) d'eau

2 c. à soupe (30 mL) de beurre

4 oignons verts émincés

1 piment vert, en dés

le zeste râpé d'un citron

2 c. à soupe (30 mL) de jus de citron

1/2 c. à thé (2 mL) de basilic

sel et poivre au goût

Préparation :

• Préparer le brocoli pour répondre à vos exigences, tel qu'indiqué pour le brocoli nature.

• Le mettre dans un plat à cuisson pour micro-ondes. Ajouter l'eau.

• Faire cuire, couvert, 6 à 8 minutes à «HIGH» ou jusqu'à ce qu'il soit croquant mais tendre. Vérifier la cuisson.

• Le retirer du four à micro-ondes, le laisser reposer 3 minutes couvert.

Pour faire la sauce

• Faire fondre le beurre dans une tasse à mesurer, 30 secondes à «HIGH».

• Ajouter les oignons verts, remuer pour bien les enrober de beurre.

• Faire cuire 1 minute à «HIGH», ajouter le reste des ingrédients, remuer pour mélanger.

• Verser sur le brocoli. Vérifier l'assaisonnement.

• Faire chauffer 1 ou 2 minutes à «HIGH», servir.

Brocoli à la chinoise

Préparation : . . . . **8 min**
Cuisson : . . . . **10 min**
Attente : . . . . **aucune**

Petit conseil : La méthode orientale de cuisson des légumes semble s'attirer de plus en plus d'adeptes. Le brocoli dans cette recette peut facilement être remplacé par un autre légume vert. C'est un exemple de plus à l'appui de cette façon de faire cuire les légumes pour leur conserver leur belle couleur verte et leur délicate saveur.

Ingrédients :

1 lb (500 g) de brocoli

3 c. à soupe (50 mL) d'huile végétale

1 petit oignon, en dés

2 c. à soupe (30 mL) de sauce de soja ou Teriyaki

1/2 c. à thé (2 mL) de sucre

1/2 tasse (125 mL) de consommé de poulet

2 c. à thé (10 mL) de fécule de maïs

Préparation :

• Couper les tiges de brocoli en diagonale par de longues coupures et briser les têtes en petits bouquets.

• Dans un plat à cuisson pour micro-ondes de 8 sur 12 pouces (20 sur 30 cm), faire chauffer l'huile végétale 30 secondes à «HIGH», ajouter l'oignon et faire cuire, couvert, 3 à 4 minutes à «HIGH».

• Ajouter le brocoli, remuer pour bien enrober d'huile et d'oignon.

• Faire cuire 4 minutes à «HIGH», en remuant deux fois.

• Mélanger le reste des ingrédients, les ajouter au brocoli, remuer.

• Faire cuire 2 minutes à «MEDIUM-HIGH», bien mélanger.

• La sauce sera crémeuse et quelque peu transparente.

• Sinon, faire cuire encore 1 minute à «HIGH». Vérifier l'assaisonnement. Servir.

La carotte

• Un autre très vieux légume à racine. Il était cultivé en Chine dès l'an 1200. Il est reconnu pour sa teneur en vitamine A.

• Rechercher les carottes à surface lisse, car il y a moins de perte lorsqu'on les pèle ou les gratte. Éviter les carottes molles, et lorsqu'elles sont vendues dans des sacs, s'assurer qu'elles sont d'égale longueur et de même grosseur.

Carottes nature

Petit conseil : Un sac d'environ une livre (500 g) de carottes de 7 à 8 pouces (17,5 à 20 cm) donnera environ 2 tasses de carottes pelées et tranchées et permettra de servir de 4 à 5 portions.

La préparation

• Les petites carottes entières, fraîches du jardin ou achetées dans des sacs de matière plastique comme on les vend maintenant, sont délicieuses.

• Brosser les jeunes carottes ou celles cueillies au jardin avec une brosse rigide, sous l'eau froide courante. Il n'est pas nécessaire de les peler. Les carottes fraîches du jardin cuiront plus vite que celles qui sont achetées.

• Les carottes plus grosses, ou plus vieilles ou d'hiver, doivent être pelées avec un couteau-éplucheur et mises à tremper 10 minutes à l'eau froide avant la cuisson, car les carottes d'hiver sont plus fibreuses et ont tendance à s'assécher et à durcir à la cuisson.

La cuisson des carottes longues ou courtes

• Les peler avec un couteau-éplucheur, et les mettre dans un plat d'eau froide au fur et à mesure qu'elles sont pelées. Les laisser reposer 10 minutes.

• Utiliser un plat en long, si disponible. Mettre la moitié des carottes avec la grosse extrémité à un bout du plat et l'autre moitié avec l'extrémité mince à l'autre bout du plat.

• Ajouter **1/4 de tasse (60 mL) de liquide, eau ou consommé, ou vin blanc, ou lait, ou crème, ou jus de tomate ou de pomme, ou jus d'orange frais.**

• Saupoudrer **1/2 c. à thé (2 mL) de sucre** sur le tout. Couvrir avec le couvercle du plat ou une feuille de matière plastique.

• Faire cuire aux micro-ondes 1 livre (500 g) 7 à 9 minutes à «HIGH», selon la grosseur des carottes et la saison. Je recommande de vérifier la cuisson des carottes après cinq minutes avec la pointe d'un couteau (le passant à travers le papier plastique s'il est utilisé pour couvrir) et de les remuer.

• Si disponible, je saupoudre une herbe fraîche hachée sur les carottes préparées, soit **4 à 5 feuilles de basilic frais, haché fin, ou des grains d'aneth au goût, ou une tête d'aneth** placée sur le dessus des carottes, **ou de la menthe fraîche hachée avec une pincée de zeste de citron frais râpé, ou 1/2 c. à thé (2 mL) de miel à la place du sucre, ou 1/4 de tasse (60 mL) de persil frais haché.**

• J'aime parfois remplacer l'eau par du **jus de pomme ou du jus d'orange frais, ou encore du jus de canneberge.**

311

C.C.O.

• C'est le nom par lequel ma famille désigne ce plat, un favori. Il signifie «carottes, céleri, oignon». Nous avions l'habitude de le préparer sur la cuisinière, mais depuis que nous utilisons le four à micro-ondes, sa popularité s'est accrue.

Ingrédients :

5 carottes moyennes, tranchées mince

1 c. à soupe (15 mL) de beurre

1 tasse (250 mL) de céleri, en dés

1 gros oignon haché

1/2 c. à thé (2 mL) de sucre

le zeste râpé d'un demi-citron

Préparation : . . . . **9 min**

Cuisson : . . . . **de 6 à 8 min**

Attente : . . . . **aucune**

Préparation :

• Préparer les carottes tel qu'indiqué pour les carottes nature.

• Les couvrir d'eau froide, les laisser reposer 15 minutes, les égoutter.

• Mettre le beurre dans un plat de 6 tasses (1,5 L), le faire fondre 1 minute à «HIGH».

• Ajouter les carottes, bien remuer et ajouter le reste des ingrédients.

• Remuer, couvrir et faire cuire 6 à 8 minutes à «HIGH», en remuant après 4 minutes de cuisson.

• Aucun liquide n'est requis dans cette recette, d'où l'importance de faire tremper les carottes avant d'ajouter les autres ingrédients.

Carottes Devonshire

Préparation : . . . . **8 min**
Cuisson : . . . . **de 10 à 12 min**
Attente : . . . . **aucune**

Petit conseil : Une recette du répertoire anglais à servir avec l'agneau rôti ou le canard.

Ingrédients :

6 à 8 longues carottes pelées et tranchées mince

1 c. à thé (5 mL) de sucre

1/2 tasse (125 mL) d'eau ou de consommé de poulet

2 c. à soupe (30 mL) de beurre

1 c. à thé (5 mL) de fécule de maïs

sel et poivre au goût

le jus et le zeste râpé d'un demi-citron

2 c. à soupe (30 mL) de feuilles de menthe fraîche, hachées fin

Préparation :

• Mettre les carottes, le sucre, l'eau ou le consommé dans un plat.

• Recouvrir du couvercle ou d'un papier de matière plastique.

• Faire cuire 6 à 8 minutes à «HIGH», en remuant deux fois durant la cuisson, après 3 minutes et 5 minutes de cuisson.

• Égoutter les carottes cuites en réservant le liquide. Mettre de côté.

• Faire fondre le beurre 1 minute à «HIGH».

• Y délayer la fécule de maïs, saler et poivrer au goût, ajouter l'eau ou le consommé de poulet égoutté des carottes.

• Remuer pour bien mélanger.

• Ajouter le jus et le zeste râpé de citron et la menthe hachée, mélanger.

• Faire cuire 2 minutes à «HIGH», remuer, ajouter les carottes, remuer et faire cuire 2 minutes à «MEDIUM-HIGH». Servir.

Carottes glacées

Préparation : . . . . **9 min**
Cuisson : . . . . **de 12 à 14 min**
Attente : . . . .**aucune**

Petit conseil : Voici la façon française de glacer les carottes, un plat élégant à servir avec un bol de nouilles vertes beurrées et des foies de volaille sautés. Les grosses carottes d'hiver peuvent être utilisées.

Préparation :

- Peler les carottes et les trancher mince.
- Faire fondre le beurre dans un plat de 4 tasses (1 L) 1 minute à «HIGH».
- Ajouter les carottes et l'eau, bien mélanger, couvrir.
- Faire cuire 7 minutes à «HIGH».
- Remuer et ajouter le reste des ingrédients.
- Remuer pour bien mélanger.
- Faire cuire, sans couvrir, 5 à 7 minutes à «MEDIUM», en remuant 2 ou 3 fois durant la cuisson. Servir

Ingrédients :

1 lb (500 g) de grosses carottes

3 c. à soupe (50 mL) de beurre

1/3 de tasse (80 mL) d'eau

1/4 de tasse (60 mL) de cassonade pâle

2 c. à soupe (30 mL) de moutarde de Dijon

2 c. à soupe (30 mL) de persil émincé

3 oignons verts hachés fin

 Anjou (blanc), Rémy Pannier
Coteaux-du-Layon, Château Bellevue

Bâtonnets de carottes glacés

Préparation : . . . . **7 min**
Cuisson : . . . . **de 11 à 12 min**
Attente : . . . . **aucune**

Petit conseil : Des carottes légèrement sucrées, brillantes et tendres. Les servir avec le bifteck ou pour accompagner un rôti de veau ou de boeuf.

Ingrédients :

6 à 8 jeunes carottes, en bâtonnets
1/4 de tasse (60 mL) d'eau
1/2 c. à thé (2 mL) de cassonade
3 c. à soupe (50 mL) de beurre
1 c. à thé (5 mL) de cassonade
1/2 c. à thé (2 mL) de sel

Préparation :

• Peler les carottes et les couper en bâtonnets.

• Les mettre dans un plat de 4 tasses (1 L).

• Ajouter l'eau et la demi-cuillerée à thé (2 mL) de cassonade.

• Remuer, couvrir et faire cuire 7 à 8 minutes à «HIGH».

• Bien remuer après 5 minutes de cuisson.

• Ajouter le reste des ingrédients.

• Bien mélanger et faire cuire 4 minutes à «HIGH». Remuer et servir.

Carottes glacées au sirop d'érable

Préparation : . . . . **10 min**
Cuisson : . . . . **de 12 à 13 min**
Attente : . . . . **aucune**

Petit conseil : Lorsqu'au printemps le sirop bout dans la cabane à sucre et que les nouvelles carottes ne sont guère en abondance sur le marché, ces carottes glacées sont le choix par excellence.

Ingrédients :

6 à 8 carottes moyennes
1/2 tasse (125 mL) de jus d'orange frais
le zeste râpé d'une orange
3 c. à soupe (50 mL) de sirop d'érable
une pincée de macis ou de muscade
3 c. à soupe (50 mL) de beurre

Préparation :

• Peler les carottes, les couper en bâtonnets.

• Verser le jus d'orange dans un plat de cuisson pour micro-ondes de 4 tasses (1 L) et le faire chauffer 1 minute à «HIGH».

• Ajouter les carottes et le zeste d'orange, remuer pour enrober les carottes de jus d'orange.

• Couvrir et faire cuire 8 à 9 minutes à «HIGH».

• Remuer de nouveau, ajouter le reste des ingrédients.

• Faire cuire sans couvrir 3 minutes à «HIGH», en remuant après les 2 premières minutes de cuisson.

• Vérifier alors la cuisson, car certaines carottes pourraient être glacées et tendres après 2 minutes.

Petit truc : Pour réchauffer le miel ou le sirop de maïs ou d'érable, enlever le couvercle de la bouteille, passer aux micro-ondes, à découvert, 30 à 45 secondes à «HIGH», pour une bouteille de 13 oz (370 mL) ou jusqu'à ce que le liquide bouillonne.

Carottes à l'orientale

Préparation :	. . . . 12 min
Cuisson :	. . . . de 13 à 14 min
Attente :	. . . . aucune

Petit conseil : La racine de gingembre frais et les amandes grillées ajoutent une touche d'élégance à ce plat. Le servir avec le poulet rôti ou les petites côtes de porc grillées.

Ingrédients :

1/4 de tasse (60 mL) de beurre

9 à 10 carottes moyennes, tranchées mince

1/4 de tasse (60 mL) d'amandes, en filets

1 c. à soupe (15 mL) de beurre

1/4 de tasse (60 mL) de crème légère

1 c. à soupe (15 mL) de cassonade

1 c. à soupe (15 mL) comble de racine de gingembre, râpée

1/4 de c. à thé (1 mL) de sel

Préparation :

• Faire fondre le quart de tasse (60 mL) de beurre dans un plat de cuisson pour micro-ondes de 6 tasses (1,5 L), 2 minutes à «HIGH».

• Ajouter les carottes. Remuer pour les bien beurrer.

• Couvrir le plat avec le couvercle ou un papier ciré.

• Faire cuire 8 minutes à «HIGH». Remuer, mettre de côté, couvert.

• Mettre les amandes dans un bol avec la c. à soupe (15 mL) de beurre.

• Faire cuire 1 minute à «HIGH», remuer et faire cuire à «HIGH» 1 ou 2 minutes jusqu'à ce que les amandes soient dorées.

• Les ajouter aux carottes cuites.

• Remuer et ajouter le reste des ingrédients.

• Remuer pour bien mélanger le tout.

• Cela peut être fait d'avance, mais ne doit pas être réfrigéré.

• Au moment de servir, remuer et faire réchauffer 3 minutes à «HIGH».

Le céleri

• Il semble que le céleri soit plutôt considéré comme un légume qui se mange cru. Vous serez peut-être étonné des nombreuses façons dont il se prête à la cuisson. Cuit ou cru, le pied de céleri tout entier peut servir ; les feuilles finement hachées rehaussent la saveur d'une soupe, d'un ragoût, d'une salade de laitue ou de viande. Essayez quelques-unes des recettes suivantes et apprenez à le faire cuire.

Céleri nature

- Le céleri frais se consomme presque entièrement; il demande peu de cuisson.

- Voici ma façon de procéder pour le conserver frais de 2 à 3 semaines au réfrigérateur, dans un sac de matière plastique.

- Un pied de céleri d'un vert uniforme a plus de saveur et se conserve mieux que le céleri blanc.

- Mettre tout le pied de céleri dans un sac de matière plastique après avoir enlevé un pouce (22,5 cm) des feuilles supérieures et toute branche défraîchie. Ne pas couper la partie inférieure de la racine qui aide à le conserver frais.

- Je place parfois le pied de céleri sur une planche et j'en coupe les feuilles supérieures que je place dans un contenant de plastique. Bien couvertes, elles se conservent au réfrigérateur jusqu'à deux semaines.

- Les utiliser comme des herbes fraîches dans une salade, ou les ajouter à une soupe, un ragoût, une purée de pommes de terre, une farce, etc.

- Puis, pour avoir des dés de céleri, je prends la tête entière, dont je rince à l'eau courante une longueur d'un pouce (2,5 cm) ou plus, selon les exigences; je la secoue fortement et je hache la quantité de céleri demandée dans la recette.

- Je remets le pied de céleri dans le sac au réfrigérateur. C'est ainsi que tout le céleri est utilisé à son meilleur.

La cuisson

- Enlever du pied de céleri les branches requises, les couper en morceaux de 1 ou 2 pouces (2,5 ou 5 cm) ou en bâtonnets ou en dés, à votre gré. Se rappeler que pour la cuisson les grosses branches sont meilleures que le coeur, qui a plus de saveur lorsque consommé cru.

- Mettre le céleri préparé dans un plat de cuisson pour micro-ondes avec **1 c. à thé (5 mL) d'eau pour 2 à 4 tasses (500 mL à 1 L) de bâtonnets ou de dés de céleri.**

- Saupoudrer le tout **d'une demi-cuillérée à thé (2 mL) de sucre.**

- Couvrir et faire cuire de 4 à 8 minutes à «HIGH». Égoutter et apprêter selon la recette.

- Si votre four est muni du dispositif «auto-senseur» avec le cycle de cuisson pour les légumes, utilisez-le. C'est presque de la magie. Vous effleurez la touche du «senseur» pour le cycle «HARD VEGETABLES» (légumes durs), et le tour est joué: le four à micro-ondes fait le travail de cuisson à la perfection. Au timbre sonore, le céleri est cuit.

- Pour le manger cru, il n'y a qu'à couper les branches requises, les laver et les tailler en petits bouts ou en bâtonnets.

> **Petit conseil:** Le liquide de la cuisson qui reste peut être ajouté à une soupe ou à une sauce blanche; il a beaucoup de saveur.

Céleri mijoté à la française

Préparation : . . . . **6 min**
Cuisson : . . . . **15 min**
Attente : . . . . **aucune**

Petit conseil : Ce céleri cuit est délicieux servi avec le poulet rôti. Un plat facile à faire et qui se réchauffe très bien sans que sa qualité n'en souffre.

Ingrédients :

5 à 6 branches de céleri, en dés

lait

1/2 tasse (125 mL) d'eau de cuisson de pommes de terre*

2 c. à soupe (30 mL) de beurre

sel et poivre au goût

1/4 de tasse (60 mL) de fromage râpé (facultatif)

* L'eau de cuisson de pommes de terre donne une saveur particulière au céleri, mais n'est pas indispensable. À défaut, utiliser de l'eau courante.

Préparation :

- Mettre le céleri préparé dans un bol, le recouvrir de lait. Laisser reposer 40 minutes.
- Ce qui précède peut être omis, mais la texture et la saveur seront moins délicates.
- Égoutter le céleri du lait après 40 minutes.
- Ce lait peut servir pour une sauce blanche ou être ajouté à une soupe. Il se conserve 3 à 4 jours couvert au réfrigérateur.
- Verser l'eau des pommes de terre sur le céleri, ajouter le beurre.
- Couvrir et faire cuire 15 minutes à «HIGH».
- Saler et poivrer au goût. Servir.

Céleri chaud croquant

Préparation :	**8 min**
Cuisson :	**4 min**
Attente :	**aucune**

Petit conseil : Une très vieille recette anglaise. Il faut surtout éviter de le faire trop cuire ; le secret est précisément de le garder croustillant.

Ingrédients :

6 à 8 branches de céleri

1/4 de tasse (60 mL) de consommé au choix

2 c. à soupe (30 mL) d'huile végétale

1 c. à thé (5 mL) de câpres, bien égouttées

1/4 de c. à thé (1 mL) d'estragon

sel et poivre au goût

1 c. à thé (5 mL) de vinaigre de vin ou de malt

Préparation :

• Couper le céleri en diagonale, en petites tranches.

• Le mettre dans un plat de cuisson pour micro-ondes, y ajouter le consommé, bien remuer.

• Couvrir et faire cuire 3 minutes à «HIGH».

• Le céleri doit demeurer croustillant

• Égoutter, remettre le céleri dans le plat, y ajouter l'huile, les câpres, l'estragon, le sel et le poivre au goût.

• Couvrir et faire cuire 1 minute à «HIGH».

• Verser dans un plat de service, ajouter le vinaigre de vin ou de malt. Remuer.

• Servir tiède ou froid, mais ne pas réfrigérer.

Céleri diablé

Préparation : . . . . **10 min**
Cuisson : . . . . **de 5 à 7 min**
Attente : . . . . **aucune**

Petit conseil : Une de mes cuissons préférées pour le céleri. Il importe d'utiliser une moutarde forte, telle que la Keen, la Dijon, ou autre.

Ingrédients :

4 tasses (1 L) de céleri, en dés

1/2 c. à thé (2 mL) de sucre

3 c. à soupe (50 mL) d'eau froide

2 c. à soupe (30 mL) de beurre

1 c. à thé (5 mL) de moutarde forte française ou anglaise

sel au goût

une pincée de muscade

Préparation :

- Préparer le céleri tel qu'indiqué pour le céleri nature.

- Le mettre dans un plat, ajouter le sucre et l'eau froide.

- Faire cuire à «HIGH» 4 à 6 minutes, selon que les dés sont petits ou gros, ou faire cuire à l'auto-senseur au cycle des légumes durs.

- Lorsque cuit, bien l'égoutter.

- Faire fondre le beurre 1 minute à «HIGH».

- Ajouter le reste des ingrédients au beurre fondu, remuer pour bien mélanger, ajouter le céleri cuit.

- Bien remuer. Faire cuire 1 minute à «HIGH». Servir.

Vert sur vert

Préparation : . . . . **7 min**
Cuisson : . . . . **5 min**
Attente : . . . . **aucune**

Petit conseil : Une méthode de cuisson du céleri du sud des États-Unis. Il est servi avec le poulet rôti. De préparation facile et rapide, je le sers souvent sur des nouilles bouillies et accompagné de fromage râpé.

Ingrédients :

1 cube de bouillon de boeuf

1/4 de tasse (60 mL) d'eau

4 branches de céleri, tranchées en diagonale

une pincée de thym et autant de sucre

2 c. à soupe (30 mL) de beurre

2 tasses (500 mL) de petits pois surgelés

1/4 de c. à thé (1 mL) de sel

Préparation :

- Mettre dans un plat de 4 tasses (1 L) le cube de bouillon et l'eau.

- Faire cuire à «HIGH» 1 minute et 10 secondes.

- Bien remuer, ajouter le céleri, le thym, le sucre, le beurre et les petits pois.

- Bien remuer et couvrir, faire cuire 3 minutes à «HIGH».

- Remuer et faire cuire encore 1 minute. Saler au goût et servir.

Le céleri-rave

• Le céleri-rave tient son nom de sa saveur de céleri. C'est un légume à racine comme la carotte ou le navet, mais il est rond, de couleur crème, avec une pelure rugueuse. Il peut aussi être consommé cru en salade, haché comme le chou. Il est à son meilleur d'octobre à décembre.

Céleri-rave nature

L'achat

• Il faut choisir des racines rondes, fermes et dures, de la grosseur d'un navet moyen.

• Le céleri-rave d'un poids de 1 à 1½ livre (500 à 750 g) est le meilleur et peut donner quatre bonnes portions ou cinq portions moyennes.

La conservation

• Comme c'est un légume à racine, il peut être conservé de 3 à 4 semaines, simplement placé dans le bac à légumes du réfrigérateur.

• Il n'est pas nécessaire de le mettre dans un sac.

La préparation pour la cuisson

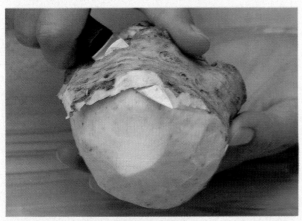

• Au moment de le faire cuire, peler la racine en enlevant une pelure un peu plus épaisse que pour une carotte.

• Selon la recette, le couper en tranches, en bâtonnets petits ou gros.

• Il peut aussi être coupé en quatre ou cuit entier (voir la recette).

• Il a tendance à s'oxyder après l'épluchage, alors il ne faut le peler qu'au moment de la cuisson.

• Si une moitié seulement doit servir, la couper avant de la trancher, frotter la surface coupée avec une tranche de citron, la mettre dans un sac de matière plastique, la conserver au réfrigérateur et l'utiliser dans un délai de 6 à 10 jours.

• Le céleri-rave — vous le constaterez dans les recettes ci-après — se prête de plusieurs façons à la cuisson.

• Il donne aussi une fine saveur lorsqu'il est ajouté (en dés) à une soupe.

Céleri-rave cuit entier

Préparation :	**2 min**
Cuisson :	**de 8 à 10 min**
Attente :	**10 min**

Petit conseil : Une façon merveilleuse de faire cuire un céleri-rave entier aux micro-ondes, prêt à mettre en purée ou en dés, pour le servir avec une hollandaise ou simplement arrosé de beurre fondu avec le jus d'un demi-citron.

Ingrédients :

1 céleri-rave moyen
1/2 c. à thé (2 mL) de sel et autant de sucre

Préparation :

• Peler le céleri-rave, mélanger le sel et le sucre dans une assiette, y rouler le céleri-rave, l'envelopper dans une feuille de matière plastique.*

• Le mettre sur une grille pour cuisson aux micro-ondes. Faire cuire à «HIGH» de 8 à 10 minutes, selon la grosseur du céleri-rave.

• Vérifier la cuisson avec la pointe d'un couteau passée à travers la feuille.

• Laisser reposer 10 minutes avant de développer.

• Pour le servir, le développer et le rouler dans du beurre ramolli ou fondu et l'enrober de persil ou de ciboulette hachés ; ou le piler avec du beurre pour le mettre en crème ; ou encore le tailler en dés et l'ajouter à un ragoût.

* Ne pas trop serrer la feuille de matière plastique.

Céleri-rave entier aux fines herbes

Préparation : . . . . **7 min**

Cuisson : . . . . **de 15 à 20 min**

Attente : . . . . **10 min**

Petit conseil : Ce n'est qu'au four à micro-ondes que j'ai réussi à faire cuire le céleri-rave entier ou en moitié, et scellé. Rien de meilleur pour accompagner le rôti d'agneau ou de boeuf.

Préparation :

- Peler le céleri-rave.

- Mettre le beurre en crème avec le reste des ingrédients, et recouvrir le céleri-rave du mélange de fines herbes.

- L'envelopper d'un papier de matière plastique**.

- Le mettre sur une grille pour cuisson aux micro-ondes.

- Placer la grille sur le plateau rotatif du four, s'il y en a un ; sinon, la mettre dans une assiette à tarte ou un plat de cuisson qui doit être retourné trois fois durant la cuisson.

- Faire cuire à « HIGH » de 15 à 20 minutes, en vérifiant la cuisson avec la pointe d'un couteau après 15 minutes.

- La durée de cuisson peut varier de quelques minutes, plus ou moins, selon la grosseur du céleri-rave.

- Laisser reposer 10 minutes avant de développer.

- Au moment de servir, le développer, disposer sur un plat et saler au goût.

** Ne pas trop serrer la feuille de matière plastique.

Ingrédients :

un céleri-rave moyen*

2 c. à soupe (30 mL) de beurre

1 c. à soupe (15 mL) de persil frais

1 c. à soupe (15 mL) de basilic frais ou séché

1 c. à thé (5 mL) de sucre

le zeste râpé d'un demi-citron

* Quelle que soit sa grosseur, le céleri-rave s'apprête de cette façon. Le temps de cuisson peut être augmenté ou diminué.

Purée de céleri-rave

Préparation : . . . . 10 min
Cuisson : . . . . 8 min
Attente : . . . . aucune

Petit conseil : En France, on sert souvent un petit poulet rôti sur une purée de céleri-rave. C'est aussi une délicieuse façon de servir la caille ou la perdrix.

Ingrédients :

2 céleris-raves moyens

1/2 tasse (125 mL) de lait

1/2 c. à thé (2 mL) de sel et autant de sucre

1/2 tasse (125 mL) de persil haché

2 c. à soupe (30 mL) de beurre

sel et poivre au goût

Préparation :

• Peler et trancher les céleris-raves, tel qu'indiqué dans la préparation pour la cuisson du céleri-rave nature.

• Mettre dans un plat avec le lait, le sel et le sucre.

• Faire cuire 8 minutes à «HIGH».

• Égoutter, en réservant le lait, passer au robot culinaire ou au mélangeur, ou piler à la main.

• Ajouter le persil, le beurre, le sel et le poivre au goût, et un peu de lait, si nécessaire.

• Mettre dans un plat à légumes, couvrir.

• Réchauffer 2 minutes à «HIGH».

Céleri-rave pilé

Préparation : . . . . **8 min**
Cuisson : . . . .**10 min**
Attente : . . . . **5 min**

Petit conseil : Servez-le comme une purée de pommes de terre. Un plat léger et délicat.

Ingrédients :

1 céleri-rave pelé et tranché

2 pommes de terre moyennes pelées
   et tranchées

1/4 de tasse (60 mL) de consommé au choix

2 c. à soupe (30 mL) de beurre

1/2 c. à thé (2 mL) de sel

1/2 c. à thé (2 mL) de sarriette

poivre au goût

Préparation :

• Peler le céleri-rave tel qu'indiqué dans la préparation pour la cuisson du céleri-rave nature.

• Le couper en deux et le trancher.

• Le mettre dans un plat de cuisson pour micro-ondes, ajouter les pommes de terre et le consommé.

• Remuer, couvrir et faire cuire 10 minutes à «HIGH».

• Vérifier la cuisson avec la pointe d'un couteau.

• Laisser reposer 5 minutes après la cuisson.

• Égoutter en réservant le consommé, et piler.

• Ajouter le reste des ingrédients, battre pour mettre en crème, ajouter un peu de consommé s'il y a lieu.

• Mettre dans un plat de service, couvrir et, si nécessaire, réchauffer 2 minutes à «MEDIUM» avant de servir.

Céleri-rave à la bolonaise

Préparation : . . . . **8 min**
Cuisson : . . . . **de 10 à 12 min**
Attente : . . . . **aucune**

Petit conseil : À Bologne, en Italie, on fait cuire le céleri-rave au four en rangs alternés avec du fromage suisse. C'est, selon moi, l'une des cuissons les plus intéressantes pour servir le céleri-rave avec le poulet rôti ou toute autre volaille.

Ingrédients :

1 céleri-rave

2 à 3 tranches de citron

2 c. à soupe (30 mL) d'eau

1/2 tasse (125 mL) de fromage suisse râpé

2 c. à soupe (30 mL) de beurre mou

sel et poivre au goût

Préparation :

• Peler et trancher le céleri-rave tel qu'indiqué dans la préparation pour la cuisson du céleri-rave nature.

• Frotter chaque tranche avec le citron, les mettre dans un plat.

• Ajouter l'eau, couvrir et faire cuire à «HIGH» 6 à 8 minutes ou jusqu'à ce qu'elles soient tendres. Égoutter.

• Mettre un rang de céleri-rave cuit dans un plat de service.

• Frotter ici et là avec la moitié du beurre ramolli, sel et poivre au goût, saupoudrer de la moitié du fromage râpé.

• Recouvrir du reste du céleri-rave et du fromage, saler et poivrer.

• Mettre de côté, couvert, à la température de la pièce, jusqu'au moment de servir.

• Pour réchauffer, mettre le plat 4 minutes à «MEDIUM-HIGH» au moment de servir.

Petit truc : On peut améliorer l'apparence des viandes ou volailles en les badigeonnant d'un mélange ou d'une préparation à base de sauce «Worcestershire» ou de soja avant la cuisson.

Céleri-rave à la dijonnaise

Petit conseil : Une salade de céleri-rave que l'on sert avec le bifteck grillé ou de minces tranches froides de rôti de boeuf ou de veau. C'est délicieux.

Ingrédients :

1 céleri-rave

3 c. à soupe (50 mL) d'huile d'olive ou végétale

2 c. à soupe (30 mL) de moutarde de Dijon

1 c. à soupe (15 mL) de vinaigre de vin ou de cidre

1/4 de c. à thé (1 mL) de sel

poivre au goût

Préparation :

• Peler et trancher le céleri-rave tel qu'indiqué dans la préparation pour la cuisson du céleri-rave nature.

• Le mettre dans un plat avec 2 c. à soupe (30 mL) d'eau.

• Couvrir et faire cuire à «HIGH» 5 à 7 minutes.

• Comme il doit être servi froid en salade, il doit être un peu croquant.

• Égoutter et laisser à découvert durant la préparation de la vinaigrette.

• Mélanger le reste des ingrédients, verser sur le céleri-rave refroidi. Remuer délicatement.

• Servir dans un bol ou entourer de minces tranches froides de rôti de boeuf ou de veau.

Petit conseil : À la fin de l'été, j'ajoute de la ciboulette à la vinaigrette.

Les champignons

- Au contraire d'il y a quelques années, les champignons cultivés détiennent maintenant une place importante en cuisine, quelle qu'en soit la préparation, ajoutés à une sauce ou sautés pour accompagner le bifteck ou les côtelettes, ou simplement frits entiers ou tranchés et servis sur pain grillé.

Champignons nature

L'achat

• À l'achat de champignons frais, il faut choisir ceux dont le dessous de la tête est dense et serré, l'indice de champignons jeunes qui se conservent plus longtemps, car la terre du sol de culture n'a pas eu le temps de pénétrer à l'intérieur des champignons.

• Les champignons sont souvent vendus dans des petites boîtes bien fermées où il est difficile de vérifier le contenu, mais il importe de regarder de près pour vous assurer de leur fraîcheur.

• Il faut rechercher les champignons à queues courtes, car les queues pèsent plus que les têtes et ne servent que très peu. Les belles têtes blanches et rondes constituent la portion savoureuse des champignons.

La conservation

• Les champignons se conservent au réfrigérateur de 4 à 6 jours. Faire 4 à 5 incisions dans l'enveloppe de matière plastique avec la pointe d'un couteau.

• Lorsque la boîte est ouverte pour y prendre seulement quelques champignons, mettre la boîte avec le reste des champignons dans un sac de matière plastique.

• Conserver au réfrigérateur sur une tablette, et non pas dans le bac à légumes.

La préparation pour la cuisson

• Les champignons peuvent être lavés, mais cela doit se faire très rapidement. Les placer ensuite sur un essuie-tout et les rouler pour les assécher.

• La meilleure façon de les nettoyer est à l'aide d'une petite brosse à champignons ou de toute autre petite brosse douce.

• Les nettoyer avant d'enlever les queues.

• Il est important de procéder tel qu'indiqué, car ils sont poreux et peuvent absorber beaucoup d'eau.

• Si la recette demande des champignons frits, ne pas les laver, simplement les nettoyer à l'aide d'une brosse ou d'un linge.

• Si la recette demande des champignons tranchés ou hachés, les nettoyer mais ne les couper qu'au moment de les utiliser.

La cuisson

• Toujours faire fondre ou chauffer la matière grasse requise pour la cuisson, y ajouter ensuite les champignons entiers, tranchés ou coupés en deux, selon la recette.

• Faire cuire à découvert, à «HIGH» conformément au temps requis par la recette. Servir aussitôt prêts.

> **Petit truc :** Rappelez-vous qu'il est toujours facile de prolonger la cuisson d'un aliment. Par contre, il n'y a pas grand remède à apporter à des aliments trop cuits.

Mes meilleurs champignons en crème

Préparation : . . . . 7 min
Cuisson : . . . . 6 min
Attente : . . . . aucune

• C'est Irène, mon amie polonaise, qui m'a enseigné la manière d'apprêter ces champignons en crème, tout à fait inusités et combien délicieux.

Ingrédients :

1 oignon moyen haché fin

1/2 lb (250 g) de champignons frais tranchés

1/4 de tasse (60 mL) d'eau froide

2 c. à soupe (30 mL) de beurre

2 c. à soupe (30 mL) de farine

1/2 tasse (125 mL) de crème sure

sel et poivre au goût

Préparation :

• Si vous possédez un plat à griller Corning*, le faire chauffer 6 minutes à «HIGH».

• Ajouter l'oignon haché au plat chaud sans le retirer du four. Faire cuire 1 minute à «HIGH».

• Retirer le plat du four, remuer l'oignon légèrement bruni en grattant, ajouter les champignons.

• Bien remuer tout en grattant le brun au fond du plat.

• Ajouter l'eau, mélanger de nouveau et faire cuire 3 minutes à «HIGH».

• Égoutter les champignons, conserver le jus de cuisson.

• Mettre le beurre dans un autre plat. Faire fondre 2 minutes à «HIGH».

• Ajouter la farine, bien mélanger, ajouter l'eau de cuisson des champignons, remuer le tout.

• Ajouter la crème sure, le sel et le poivre au goût.

• Au moment de servir, faire cuire à «HIGH» 2 ou 3 minutes, en remuant une fois.

À défaut d'un plat à griller, utiliser un plat Corning de céramique de 8 pouces (20 cm), le préchauffer 3 minutes à «HIGH». L'oignon sera moins doré mais quand même savoureux.

Les champignons étuvés de Leyde

Préparation :	12 min
Cuisson :	15 min
Attente :	aucune

Petit conseil : Leyde, en Hollande, est la ville natale de Rembrandt. Les champignons étuvés sont une spécialité de cette ville intéressante. L'addition de quelques champignons sauvages donne une saveur distincte à ce plat, bien que ces derniers ne soient pas indispensables.

Ingrédients :

1 lb (500 g) de champignons frais

2 champignons séchés (facultatif)*

1 tasse (250 mL) de crème sure

1 c. à soupe (15 mL) de persil haché

6 oignons verts hachés fin

1 c. à soupe (15 mL) de beurre

1/4 de c. à thé (1 mL) de sel et autant de poivre

1 c. à soupe (15 mL) de jus de citron frais

2 c. à soupe (30 mL) de fromage gouda ou gruyère râpé

paprika au goût

Préparation :

• Beurrer copieusement un plat de cuisson aux micro-ondes de 8 sur 8 pouces (20 sur 20 cm).

• Couper les queues des champignons, essuyer les têtes avec un essuie-tout, les placer les unes à côté des autres dans le plat beurré.

• Peu importe si elles empiètent l'une sur l'autre ici et là.

• Pour ajouter les champignons séchés, les briser en morceaux et les saupoudrer sur les champignons frais.

• Bien mélanger le reste des ingrédients, sauf le fromage.

• Étaler sur les champignons, recouvrir du fromage râpé. Saupoudrer de paprika.

• Faire cuire 15 minutes à «MEDIUM-HIGH», seulement au moment de servir.

* On en trouve diverses sortes dans les boutiques d'alimentation spécialisées. Ils s'achètent en petite quantité, en morceaux ou entiers.

 Pinot Blanc, Lucien Albrecht

Saumur (blanc), Château Saint-Florent

Champignons à la finlandaise

Préparation :	. . . .	10 min
Cuisson :	. . . .	de 13 à 17 min
Attente :	. . . .	3 min

Petit conseil : Une autre création de mon amie fin-landaise, Marta. À servir comme légume, ou comme sauce sur le poisson poché de votre choix.

Ingrédients :

1 c. à soupe (15 mL) de beurre

1/4 de tasse (60 mL) de chapelure fine

1/2 lb (250 g) de champignons frais tranchés mince

1 c. à soupe (15 mL) de jus de citron frais

1/4 de c. à thé (1 mL) d'aneth séché *ou*
  2 c. à thé (10 mL) d'aneth frais haché fin

4 oignons verts hachés fin

2 c. à soupe (30 mL) de beurre

3 c. à soupe (50 mL) de farine

1 tasse (250 mL) de crème à fouetter

2 jaunes d'oeufs légèrement battus

sel et poivre au goût

Préparation :

• Faire fondre le beurre 1 minute à «HIGH». Ajouter la chapelure.

• Faire griller à «HIGH» 3 à 5 minutes, en remuant à chaque minute jusqu'à ce qu'elle soit bien dorée. Mettre de côté.

• Mélanger les champignons frais tranchés, le jus de citron, l'aneth, les oignons verts et les 2 c. à soupe (30 mL) de beurre.

• Couvrir, faire cuire 4 minutes à «HIGH».

• Ajouter la farine aux champignons cuits en remuant, ajouter la crème graduellement en brassant jusqu'à par-fait mélange.

• Ajouter 1 jaune d'oeuf à la fois et battre pour bien mélanger.

• Faire cuire 6 à 8 minutes à «MEDIUM-HIGH», en remuant à toutes les 2 minutes jusqu'à ce que la sauce soit crémeuse et épaissie. Saler et poivrer.

• Verser dans un plat chaud et recouvrir de la chapelure dorée.

• Laisser reposer 3 minutes dans un endroit chaud avant de servir.

Champignons et petits pois

Préparation :	**8 min**
Cuisson :	**8 min**
Attente :	**aucune**

• L'hiver, j'utilise les petits pois surgelés. Ils sont savoureux et très bons lorsque cuits au four à micro-ondes.

Ingrédients :

2 c. à soupe (30 mL) de beurre

3 oignons verts hachés fin

2 tasses (500 mL) de champignons frais tranchés mince

2 tasses (500 mL) de petits pois surgelés

1 c. à thé (5 mL) de sucre

1/4 de c. à thé (1 mL) de basilic

sel et poivre au goût

Préparation :

• Mettre le beurre et les oignons verts dans un plat de cuisson aux micro-ondes de 4 tasses (1 L).

• Faire cuire 2 minutes à «HIGH».

• Ajouter le reste des ingrédients, sauf le sel et le poivre.

• Remuer et faire cuire 6 minutes à «HIGH».

• Bien remuer. Saler et poivrer au goût.

Pour la cuisson par «auto-senseur».

• Si votre four à micro-ondes est muni de «l'auto-senseur, programmer à «VEGETABLE SOFT».

• L'avertisseur sonore se fera entendre une fois la cuisson achevée.

• Lorsque la cuisson doit s'effectuer au «senseur», faire fondre le beurre 1 minute à «HIGH».

• Ajouter tous les ingrédients et recouvrir d'une feuille de matière plastique, avant la cuisson.

Champignons sur pain grillé

Préparation : . . . . 10 min
Cuisson : . . . . de 12 à 15 min
Attente : . . . . aucune

Petit conseil : Un plat facile et vite fait. À servir comme entrée ou comme canapé avec un bon verre de porto ou comme repas léger accompagné d'une salade.

Ingrédients :

6 tranches de bacon

1 oignon moyen haché fin

1/2 lb (250 g) de champignons frais tranchés mince

1/4 de c. à thé (1 mL) d'estragon séché

sel et poivre au goût

pain grillé beurré

Préparation :

• Mettre le bacon dans un plat de cuisson aux micro-ondes de 8 sur 8 pouces (20 sur 20 cm).

• Faire cuire à «HIGH» 6 à 8 minutes.

• Disposer le bacon sur des essuie-tout, le laisser refroidir et l'émietter.

• Ajouter l'oignon haché à 2 c. à soupe (30 mL) du gras de bacon.

• Mettre de côté le reste du gras.

• Faire cuire à «HIGH» 4 à 5 minutes, en remuant une fois.

• Lorsque l'oignon a ramolli, y ajouter les champignons tranchés, bien remuer, ajouter l'estragon, remuer.

• Faire cuire 2 minutes à «HIGH».

• Ajouter le bacon émietté, remuer et faire cuire 1 minute à «MEDIUM-HIGH».

• Tailler les tranches de pain grillé beurré en moitiés ou en quarts, recouvrir de champignons et servir.

Petit conseil : Ces champignons peuvent être préparés de 3 à 4 heures d'avance, conservés à la température de la pièce et réchauffés 1 minute à «MEDIUM» avant de servir.

 Côtes de Frontonnais

 Bergerac, Château Michel de Montaigne

Champignons déshydratés

- Mettre 6 à 8 champignons déshydratés dans un bol.

- Recouvrir d'une tasse (250 mL) d'eau bouillante.

- Mettre un poids sur les champignons pour les empêcher de monter à la surface.

- Les faire tremper 40 minutes. Égoutter l'eau, les essorer dans un essuie-tout.

- Si vous désirez utiliser les champignons déshydratés pour remplacer les champignons frais d'une recette, les préparer tel qu'indiqué ci-dessous.

- Lorsqu'ils sont utilisés pour remplacer des champignons frais, n'utiliser que la moitié de la quantité requise de champignons secs, car ils ont une saveur beaucoup plus prononcée que celle des champignons frais et il en faut moins.

- Si la recette demande 1 tasse (250 mL) de champignons frais, n'utiliser qu'une demi-tasse (125 mL) de champignons déshydratés.

- Enlever la partie dure de la queue et trancher les champignons en bâtonnets d'un quart de pouce (,65 cm).

- Vous pouvez au goût conserver l'eau de trempage des champignons et l'utiliser comme une partie du liquide dans une sauce, à votre gré.

Le chou

• Le chou est l'un des plus vieux légumes et tous les pays du monde le consomment. Il a aussi l'avantage d'être une source excellente de vitamine C.

• Je me suis souvent demandé si c'est du fait de nos coutumes ancestrales, mais lorsqu'on mentionne les betteraves ce sont les betteraves marinées, et le navet est presque toujours en purée; quant au chou, c'est la salade de chou. Et pourtant, les façons de servir le chou abondent. C'est un légume qui ne coûte pas cher et il est disponible tout l'hiver.

• Un avantage de plus, c'est le fait que les façons de l'apprêter sont illimitées car partout dans le monde, on mange du chou, vert, rouge ou frisé.

• Si vous désirez connaître la saveur et la couleur véritables du chou, qui se perdent souvent lorsqu'il est trop cuit ou bouilli, faites-le cuire aux micro-ondes, vous en serez ravi.

Chou nature

L'achat

- Il faut choisir un chou ferme et lourd.

- Si les feuilles en surface sont fanées et jaunies, ou si elles ont été enlevées pour lui donner une apparence de fraîcheur, cela semble indiquer qu'il a de l'âge.

La cuisson du chou entier

- Il faut choisir un chou moyen. Enlever les quelques premières feuilles.

- Le faire tremper 20 minutes dans un bol d'eau froide, le coeur vers le bas. Le bien égoutter.

- L'envelopper d'une feuille de matière plastique, le mettre dans un plat.

- Le chou moyen cuira en 15 à 18 minutes à «HIGH».

- Vérifier la cuisson avec la pointe d'un couteau après 12 minutes.

La cuisson du chou en quartiers

- Couper le chou en quartiers égaux.

- Les mettre dans un plat de cuisson aux micro-ondes de votre choix.

- Ajouter **2 c. à soupe (30 mL) d'eau, 1/4 de c. à thé (1 mL) de sucre.** Couvrir.

- Un chou de 1¹/₂ à 2 livres (750 g à 1 kg) coupé en quartiers cuira en 8 à 9 minutes à «HIGH».

- Pour assurer une cuisson uniforme, les quartiers de chou doivent être remués à toutes les 3 minutes de cuisson. Simplement les remuer avec une cuiller.

La cuisson aux micro-ondes du chou tranché mince ou en petits quartiers

- Un point important à observer dans la cuisson du chou tranché mince ou en petits quartiers, c'est de veiller à ce qu'il y ait assez de surface absorbante pour dégager suffisamment d'humidité durant le procédé de cuisson. Bien couvrir.

- La cuisson de quatre tasses (1 L) de chou haché devrait s'effectuer en 5 à 7 minutes à «HIGH», couvert.

Chou 1900

Préparation :	**10 min**
Cuisson :	**de 12 à 14 min**
Attente :	**aucune**

Petit conseil : On y réfère souvent sous ce nom, mais malgré mes recherches je n'ai pu en découvrir le pourquoi. Un préféré du Vieux Québec, il est un de mes favoris. Je substitue souvent le bacon au lard salé, car il est plus facile à obtenir.

Ingrédients :

1/2 tasse (125 mL) de dés de lard salé ou de bacon

un petit ou moyen chou coupé en quartiers

4 pommes, pelées et tranchées

1 c. à soupe (15 mL) de jus de citron frais ou de vinaigre de cidre

2 c. à soupe (30 mL) de cassonade

2 à 4 clous de girofle entiers

Préparation :

• Mettre les dés de lard ou de bacon dans un plat de cuisson aux micro-ondes.

• Faire cuire 3 minutes à «HIGH», en remuant une fois.

• Ajouter le reste des ingrédients. Remuer pour bien mélanger.

• Couvrir, faire cuire 4 minutes à «HIGH».

• Remuer de nouveau jusqu'à ce que le tout soit bien mélangé.

• Faire cuire 5 à 7 minutes à «MEDIUM». Remuer et servir.

Chou de Marta

Préparation :	**15 min**
Cuisson :	**de 6 à 8 min**
Attente :	**aucune**

• Marta, mon amie finlandaise, est très bonne cuisinière. J'ai adapté sa recette de chou à la cuisson aux micro-ondes. Ce fut un succès.

Ingrédients :

3 c. à soupe (50 mL) de beurre

6 à 8 tasses (1,5 à 2 L) de chou râpé

1 oignon tranché mince

3 c. à soupe (50 mL) de vinaigre de vin ou de cidre

1 c. à thé (5 mL) de graines de céleri, de carvi ou d'aneth

sel et poivre au goût

3 tomates fraîches

2 c. à soupe (30 mL) de sucre

Préparation :

• Faire fondre le beurre 2 minutes à «HIGH» dans une casserole de 8 tasses (2 L).

• Ajouter le chou, l'oignon et le vinaigre, remuer pour bien mélanger le tout.

• Ajouter les graines de céleri, de carvi ou d'aneth, le sel et le poivre au goût. Mélanger de nouveau.

• Recouvrir des tomates non pelées, en dés.

• Saupoudrer les tomates du sucre.

• Couvrir et faire cuire 6 à 8 minutes à «HIGH». Bien mélanger et servir.

Chou belge
à la crème

Préparation : . . . . **15 min**
Cuisson : . . . . **10 min**
Attente : . . . .**aucune**

Petit conseil : Chou haché cuit dans la crème sans féculent. Pour le servir tel qu'en Belgique, mettre le chou au milieu d'un plat chaud, l'entourer de petites pommes de terre cuites aux micro-ondes et l'accompagner de minces tranches de jambon et de moutarde.

Préparation :

• Mettre dans un plat de 6 tasses (1,5 L) la crème, le beurre, le persil, l'oignon et les clous.

• Faire cuire 4 minutes à «HIGH».

• Ajouter le chou, sel et poivre.

• Remuer pour bien mélanger.

• Couvrir et faire cuire 5 à 6 minutes à «HIGH». Bien mélanger.

• Vérifier la cuisson car, selon la façon dont le chou est haché, la durée de cuisson peut varier de une ou deux minutes.

• Bien remuer avant de servir.

Ingrédients :

1/2 tasse (125 mL) de crème de votre choix

1 c. à soupe (15 mL) de beurre

1 c. à soupe (15 mL) de persil émincé

1 oignon moyen haché fin

2 clous de girofle

5 tasses (1,25 L) de chou haché fin

sel et poivre au goût

Chou tyrolien

Préparation : . . . . **15 min**
Cuisson : . . . . **20 min**
Attente : . . . . **aucune**

Petit conseil : Un petit ou moyen chou, cuit entier et recouvert d'une sauce blanche crémeuse. Le servir accompagné de pommes de terre au four à micro-ondes pour un déjeuner végétarien.

Ingrédients :

1 chou moyen

2 c. à soupe (30 mL) de beurre

1/2 c. à thé (2 mL) de sel

1/2 c. à thé (2 mL) de sucre

1 c. à soupe (15 mL) d'aneth frais, haché *ou*
1 c. à thé (5 mL) d'aneth séché *ou*
le zeste râpé d'un citron ou d'une lime

Préparation :

• Enlever les feuilles de dessus du chou.

• Enlever le coeur dur sous le chou à l'aide d'un couteau pointu.

• Mettre le reste des ingrédients en crème, écarter les feuilles supérieures ici et là et beurrer l'intérieur des feuilles de ce mélange.

• Replacer ces feuilles (ce sont les 6 ou 9 premières feuilles) en pressant avec les mains.

• Envelopper le chou dans une feuille de matière plastique assez grande pour le recouvrir complètement.

• Le placer sur une claie. Le faire cuire 20 minutes à «HIGH».

• Le développer seulement au moment de servir. Il se conservera chaud de 15 à 20 minutes.

Pour le servir

• Placer le chou développé au milieu d'un plat, l'entourer de pommes de terre cuites au four, recouvrir le chou d'une tasse (250 mL) de sauce blanche ou de sauce Morney, qui peut être cuite durant la période d'attente du chou.

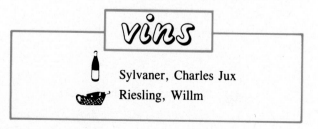

Sylvaner, Charles Jux
Riesling, Willm

Chou bavarois

Préparation : . . . . **15 min**
Cuisson : . . . . **de 8 à 10 min**
Attente : . . . . **aucune**

• Les baies de genièvre de cette recette sont le petit fruit du genévrier. C'est une petite baie ronde violette ou noire. On l'utilise dans la fabrication du gin, ce qui vous donne une idée de sa saveur, qui est douce et agréable. Il est facile de retirer les baies lorsque le chou est cuit, elles sont très visibles.

Préparation :

• Utiliser un grand plat de cuisson aux micro-ondes. J'ai un Micro-Dur de 12 tasses (3 L) en plastique.

• Un plat en pyrex avec couvercle peut aussi servir.

• Faire fondre le beurre dans le plat 2 minutes à «HIGH».

• Y ajouter le chou et les pommes et remuer pour les bien enrober de beurre fondu.

• Ajouter les baies de genièvre, délayer la fécule de maïs dans le vin blanc ou le consommé, l'ajouter au chou, bien mélanger.

• Couvrir, faire cuire 8 minutes à «HIGH», remuer.

• Si nécessaire, faire cuire 1 ou 2 minutes de plus. Saler et poivrer au goût et servir.

Ingrédients :

2 c. à soupe (30 mL) de beurre

5 à 6 tasses (1,25 à 1,5 L) de chou haché

2 pommes (coeur enlevé) pelées et tranchées

6 baies de genièvre (facultatif)

1/2 tasse (125 mL) de vin blanc ou de consommé

3 c. à soupe (50 mL) de fécule de maïs

sel et poivre au goût

vins

Edelzwicker, Heim
Pinot Blanc, Jérome Lorentz

Chou rouge aigre-doux

Préparation : . . . . **10 min**
Cuisson : . . . . **de 4 à 6 min**
Attente : . . . . **aucune**

Petit conseil : En Hollande et en Allemagne, on le sert chaud avec le rôti de porc ou le jambon cuit au four.

Préparation :

- Mettre dans un plat de 6 tasses (1,5 L) tous les ingrédients, sauf le beurre. Remuer pour bien mélanger.
- Couvrir et faire cuire 4 à 5 minutes à «HIGH».
- Bien mélanger, vérifier l'assaisonnement.
- Si nécessaire, faire cuire une minute de plus.
- Ajouter le beurre, remuer pour le bien mélanger avec le chou.
- Faire cuire 1 minute à «HIGH». Remuer et servir.

Ingrédients :

4 à 5 tasses (1 à 1,25 L) de chou rouge, haché fin

2 tasses (500 mL) de pommes non pelées, tranchées mince

3 c. à soupe (50 mL) de vinaigre de cidre ou de vin

1/4 de tasse (60 mL) d'eau

1/3 de tasse (80 mL) de cassonade

6 clous de girofle

1 c. à thé (5 mL) de sel

3 c. à soupe (50 mL) de beurre

Petit truc : Pour ramollir le sucre brun durci, le placer sur un plat en verre avec une tranche de pain frais ou un quartier de pomme. Couvrir et faire réchauffer à «HIGH» de 1/2 à 1 minute, (1 tasse).

Le chou-fleur

• Le chou-fleur est une plante de la famille du chou, dont le nom latin est «caulis floris» que j'ai appris il y a très longtemps, alors que j'étais étudiante. Durant de longues années, je refusais de manger le chou-fleur parce qu'il était presque toujours servi trop cuit et d'une couleur brunâtre. Maintenant qu'il peut être cuit à la perfection au four à micro-ondes, blanc, tendre, à saveur délicate et sans odeur forte, il est devenu un des mes légumes préférés.

• Dans la vieille Espagne, il était connu sous le nom de «chou syrien», qui est un nom très ancien.

Chou-fleur nature

Le meilleur temps pour l'acheter

• La saison de pointe est de septembre à la fin de novembre. Il est aussi disponible plus tard à certains moments, mais la qualité et la saveur ne sont plus à leur meilleur et le prix est plus élevé.

L'achat

• Il faut choisir des têtes fermes, compactes et blanches.

• Vérifier les feuilles près de la tête. Elles doivent être d'un vert prononcé, fraîches et croquantes.

• Ne pas acheter un chou-fleur dont les feuilles sont jaunies : c'est un signe certain qu'il est trop avancé.

La conservation

• Ne pas laver le chou-fleur avant de le mettre au réfrigérateur.

• Enlever les grosses feuilles vertes, s'il est trop gros, et le mettre dans un sac de matière plastique, attacher le sac sans serrer.

• Il se conservera en excellent état jusqu'à une semaine sans perdre sa fraîcheur.

La préparation du chou-fleur entier

• Couper les feuilles vertes et faire un trou dans le coeur sous le chou-fleur.

• Le mettre dans un bol, le couvrir d'eau froide, en ajoutant 1 c. à soupe (15 mL) de gros sel et 2 tranches de citron (facultatif).

• Laisser reposer 10 minutes. Je fais cela lorsque je suis prête à le faire cuire.

• Si le temps presse, simplement le passer 2 minutes à l'eau froide courante.

La préparation pour la cuisson du chou-fleur en bouquets

• Pour le faire cuire en bouquets, défaire la tête en bouquets aussi égaux que possible.

• Il est parfois nécessaire de couper un gros bouquet en deux.

• Le faire tremper dans l'eau tiède salée et l'égoutter, procéder ensuite comme pour le chou-fleur entier.

La cuisson du chou-fleur entier

• Lorsque je présente à table un beau chou-fleur blanc, cuit entier, tous sont surpris et enchantés de sa parfaite saveur. Il est très facile à préparer et les restes se réchauffent sans perte de saveur.

Ingrédients :

1 chou-fleur moyen

3 c. à soupe (50 mL) de beurre

1 c. à soupe (15 mL) de persil finement haché

sel et poivre au goût

Préparation :

• Nettoyer et préparer le chou-fleur entier tel qu'indiqué ci-haut. Saupoudrer d'une pincée de sucre.

• L'envelopper dans une feuille de matière plastique, en ramenant les bouts sous le chou-fleur.

• Le mettre sur une claie pour micro-ondes, la tête sur le dessus.

• Faire cuire 15 minutes à «HIGH». Laisser reposer 10 minutes.

• Vérifier la cuisson avec la pointe d'un couteau. Si nécessaire, faire cuire 3 minutes de plus à «HIGH».

• Développer, disposer sur un plat de service. Saler et poivrer au goût.

• Faire fondre le beurre 1 minute à «HIGH», ajouter le persil et verser sur le chou-fleur.

Chou-fleur de la Nouvelle-Angleterre

Préparation :	15 min
Cuisson :	17 min
Attente :	aucune

Petit conseil : Une casserole intéressante de chou-fleur et d'oeufs, idéale pour un léger repas. La servir accompagnée de muffins anglais grillés.

Ingrédients :

1 chou-fleur moyen

1/4 de tasse (60 mL) d'eau

3 c. à soupe (50 mL) de beurre

2 c. à soupe (30 mL) de farine

1 tasse (250 mL) de lait

1/2 tasse (125 mL) de crème légère ou de yaourt nature

sel et poivre au goût

3 oignons verts finement hachés

1/2 c. à thé (2 mL) de basilic ou d'origan

3 à 4 oeufs cuits dur tranchés mince

1/2 tasse (125 mL) de chapelure de biscuits soda

1/4 de tasse (60 mL) de persil frais émincé

Préparation :

• Diviser le chou-fleur en bouquets tel qu'indiqué pour le chou-fleur nature et faire cuire aux micro-ondes à «HIGH» 8 ou 9 minutes avec 1/4 de tasse (60 mL) d'eau.

• Pour faire la sauce, faire fondre le beurre dans un bol 1 minute à «HIGH».

• Ajouter la farine, bien mélanger, ajouter le lait et la crème ou le yaourt, sel et poivre.

• Remuer pour bien mélanger, ajouter les oignons verts, le basilic ou l'origan. Bien remuer.

• Faire cuire 3 minutes à «HIGH», remuer et faire cuire 2 minutes à «HIGH» ou jusqu'à ce que la sauce soit crémeuse.

• Faire cuire les oeufs durs sur la cuisinière, les trancher, les ajouter à la sauce.

• Ajouter le chou-fleur non égoutté à la sauce. Remuer délicatement.

• Mettre dans un plat de cuisson aux micro-ondes, saupoudrer de chapelure et de persil émincé, couvrir.

• Faire réchauffer 3 minutes à «MEDIUM» et servir.

Bordeaux (blanc), La Cour Pavillon

Muscadet de Sèvre-et-Maine, La Sablette, Marcel Martin

Chou-fleur
à l'italienne

Préparation: . . . . **10 min**
Cuisson: . . . . **12 min**
Attente: . . . . **de 10 à 15 min**

Petit conseil: Une de mes recettes de chou-fleur préférées. Servi chaud, tiède ou froid, il est également bon. Les tomates fraîches ne doivent pas être remplacées par des tomates en boîte, car la saveur et la texture y perdraient.

Ingrédients:

1 chou-fleur moyen

3 c. à soupe (50 mL) d'huile d'olive ou végétale, au choix

1 oignon moyen haché fin

1 gousse d'ail hachée fin

3 c. à soupe (50 mL) de persil frais émincé

1 c. à thé (5 mL) de basilic ou d'origan émincé

sel et poivre au goût

2 à 3 tomates moyennes, en dés

1 tranche de pain

2 c. à soupe (30 mL) de beurre ou margarine

Préparation:

• Préparer le chou-fleur tel qu'indiqué pour le chou-fleur nature, coupé en bouquets.

• Faire chauffer l'huile dans un plat de 4 tasses (1 L) 2 minutes à «HIGH».

• Ajouter l'oignon et l'ail, bien remuer.

• Faire cuire 2 minutes à «HIGH», en remuant après 1 minute.

• Ajouter le chou-fleur et tous les autres ingrédients.

• Faire fondre le beurre ou la margarine 1 minute à «HIGH».

• Ajouter les cubes de pain, bien mélanger. Cuire 2 minutes à «HIGH».

• Remuer et cuire 1 minute de plus à «HIGH».

• Saupoudrer le dessus du chou-fleur.

• Bien remuer, faire cuire 10 minutes à «HIGH».

• Bien remuer, laisser reposer 10 à 15 minutes sans découvrir.

• Servir tiède ou froid, mais non réfrigéré.

Tarte au chou-fleur

Préparation : ....10 min
Cuisson : ....de 13 à 14 min
Attente : ....aucune

Petit conseil : Un dîner léger de la campagne anglaise. Cette tarte sans croûte est aussi servie avec le rôti de boeuf ou le canard rôti.

Ingrédients :

1 chou-fleur moyen

2 c. à soupe (30 mL) de lait ou d'eau

1/2 tasse (125 mL) de fromage râpé

1/4 de tasse (60 mL) de persil haché fin

3 c. à soupe (50 mL) de beurre

2 c. à soupe (30 mL) de lait

sel et poivre au goût

1 oignon moyen pelé et tranché mince

3 tomates pelées et tranchées

1 c. à thé (5 mL) de sarriette ou d'estragon

4 à 5 pommes de terres cuites et pilées

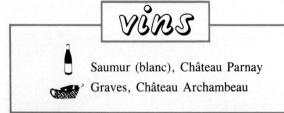

vins

Saumur (blanc), Château Parnay
Graves, Château Archambeau

Préparation :

• Diviser le chou-fleur en bouquets, tel qu'indiqué pour le chou-fleur nature.

• Le mettre dans un plat avec le lait ou l'eau. Couvrir et faire cuire 8 à 9 minutes à «HIGH».

• Laisser reposer 5 à 10 minutes, ne pas égoutter l'eau ou le lait.

• Ajouter le fromage râpé, le persil, le beurre et les 2 c. à soupe (30 mL) de lait.

• Battre le tout en crème au robot culinaire ou au malaxeur.

• Assaisonner au goût et mettre dans un joli plat ou dans une assiette à tarte de 9 pouces (23 cm), recouvrir des tranches de tomates et d'oignon.

• Saler et poivrer légèrement.

• Saupoudrer de la sarriette ou de l'estragon.

• Faire cuire les pommes de terre et les mettre en purée.

• Les disposer sur le dessus du chou-fleur, saupoudrer de paprika.

• Au moment de servir, couvrir le plat d'un couvercle ou d'une feuille de matière plastique, faire cuire 5 minutes à «MEDIUM-HIGH» et servir.

Chou-fleur à l'indonésienne

Préparation : . . . . **10 min**
Cuisson : . . . . **4 min**
Attente : . . . . **5 min**

Petit conseil : C'est en quelque sorte un chou-fleur au cari, où la saveur du gingembre frais imprègne tout le plat. Un déjeuner élégant et léger, servi sur un nid de riz auquel on mélange une poignée de noix au choix au moment de servir.

Ingrédients :

4 c. à soupe (60 mL) d'huile végétale

2 c. à thé (10 mL) de racine de gingembre frais, râpée

1/2 c. à thé (2 mL) de curcuma

2 c. à thé (10 mL) de coriandre moulue

1 ou 2 gousses d'ail, finement hachées

1 chou-fleur moyen

1/4 de tasse (60 mL) d'eau

1/4 de c. à thé (1 mL) de sucre

Préparation :

• Mélanger l'huile végétale, le gingembre râpé, le curcuma, la coriandre et l'ail. Mettre de côté.

• Couper le chou-fleur en bouquets, tel qu'indiqué pour le chou-fleur nature.

• Le mettre dans un plat de céramique (Corning) ou tout autre plat qui va au four à micro-ondes.

• Ajouter l'eau, le sucre et le mélange épicé, couvrir et faire cuire 2 minutes à «HIGH».

• Vérifier la cuisson et, si nécessaire, faire cuire 2 minutes de plus.

• Laisser reposer 5 minutes et servir.

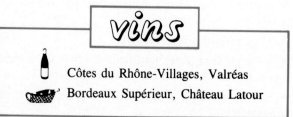

vins

Côtes du Rhône-Villages, Valréas
Bordeaux Supérieur, Château Latour

Chou-fleur vinaigrette

Préparation : . . . . **10 min**
Cuisson : . . . . **de 6 à 8 min**
Attente : . . . . **aucune**

Petit conseil: Une salade de chou-fleur parfaite. Tiède ou froide, elle constitue un déjeuner intéressant, accompagnée d'une assiette de minces tranches, chaudes ou froides, de poulet poché.

Ingrédients :

1 chou-fleur moyen

3 oignons verts hachés fin (le vert et le blanc)

3 c. à soupe (50 mL) d'huile d'olive ou végétale

1 c. à soupe (15 mL) de jus de citron frais

1/2 c. à thé (2 mL) de moutarde préparée

1/4 de c. à thé (1 mL) de sel

une pincée de poivre

Préparation :

• Préparer le chou-fleur et le couper en bouquets, tel qu'indiqué pour le chou-fleur nature.

• Le mettre dans un plat de cuisson aux micro-ondes, ajouter 3 c. à soupe (50 mL) d'eau, couvrir et faire cuire 6 à 8 minutes à «HIGH».

• Toucher de la pointe d'un couteau après 6 minutes, pour vérifier la cuisson.

• Égoutter l'eau. Mettre le chou-fleur dans un joli bol à salade.

• Saupoudrer des oignons verts.

• Mélanger le reste des ingrédients et verser sur le chou-fleur. Remuer seulement au moment de servir.

• Servir tiède ou à la température de la pièce. Ne pas réfrigérer.

Les choux de Bruxelles

• Les choux de Bruxelles sont de la famille du chou. Au lieu d'un gros chou, ce sont de petits choux miniatures sur une forte tige. De même que toutes les plantes de la famille du chou, ils sont de la récolte d'automne ; c'est donc en septembre et en octobre qu'ils sont à leur meilleur. Ils sont cependant disponibles sur nos marchés durant presque toute l'année, en provenance de divers pays.

Choux de Bruxelles nature

L'achat des choux de Bruxelles

• Ils sont généralement retirés de la tige pour être vendus en contenants de 2 tasses (500 mL).

• Il est important de choisir des choux de Bruxelles aussi fermes que possibles, d'égale grosseur (soit petits, soit gros).

• La cuisson en est plus facile lorsqu'ils sont à peu près égaux.

• La grosseur est une question de goût personnel.

• À l'occasion, en automne, ils peuvent être achetés sur la tige.

• Ils sont très attrayants et j'aime en faire un centre de table pour une occasion spéciale.

La préparation pour la cuisson

• Les bien laver dans un bol d'eau froide.

• Les laisser égoutter dans une passoire 10 à 15 minutes.

• Enlever les feuilles du dessus et celles qui sont flétries.

La cuisson

• Ce qui suit s'applique à la cuisson d'une livre (500 g) de choux de Bruxelles.

• Premièrement, s'il y a beaucoup de tout petits choux, les mettre de côté, car la cuisson des plus gros sera plus longue et les petits cuiront trop. Il faut alors les faire cuire séparément.

• Mettre les choux de Bruxelles dans un plat de cuisson à micro-ondes avec 1/4 de tasse (60 mL) d'eau et 1/4 de c. à thé (1 mL) de sucre.

• Couvrir, faire cuire 6 à 8 minutes à «HIGH»; la durée de cuisson dépend de la grosseur des choux. Il faut donc en vérifier la cuisson avec une fourchette après 6 minutes.

• Laisser reposer, couverts, 3 à 5 minutes.

• Pour en faire cuire une livre (500 g) par «auto-senseur»*, les mettre dans un plat de cuisson à micro-ondes et recouvrir d'une feuille de matière plastique, à moins d'utiliser un plat Micro-Dur avec son couvercle.

Consulter le manuel de votre four pour les instructions sur la cuisson par «auto-senseur».

Choux de Bruxelles au beurre doré

Préparation : . . . . **10 min**
Cuisson : . . . . **de 6 à 8 min**
Attente : . . . . **de 3 à 5 min**

Petit conseil : Le beurre doré avec zeste de citron, versé sur les choux de Bruxelles cuits, est un favori de la cuisine française.

Ingrédients :

1/2 c. à thé (2 mL) de sucre

1 lb (500 g) de choux de Bruxelles

2 c. à soupe (30 mL) de beurre

le zeste râpé d'un citron

sel et poivre au goût

Préparation :

• Pour faire cuire les choux de Bruxelles aux micro-ondes, mettre le sucre dans le fond d'un plat, puis procéder tel qu'indiqué pour les choux de Bruxelles nature.

• Les égoutter.

• Mettre le beurre et le zeste de citron dans un plat, chauffer 2 minutes à «HIGH», remuer.

• Lorsque le beurre est d'un beau doré, le verser sur les choux de Bruxelles, remuer, saler et poivrer au goût. Servir.

353

Choux de Bruxelles à la finlandaise

Préparation : . . . . **5 min**
Cuisson : . . . . **de 5 à 7 min**
Attente : . . . . **5 min**

• De préparation facile et rapide, avec une délicate saveur de citron.

Ingrédients :

1 lb (500 g) de choux de Bruxelles

4 c. à soupe (60 mL) d'eau

1 c. à thé (5 mL) de beurre

le jus et le zeste râpé d'un demi-citron

1/4 de c. à thé (1 mL) de sucre

sel et poivre au goût

Préparation :

• Préparer les choux de Bruxelles tel qu'indiqué pour les choux de Bruxelles nature.

• Mettre dans un plat, l'eau, le beurre, le jus et le zeste râpé de citron et le sucre. Remuer.

• Faire cuire 1 minute à «HIGH».

• Ajouter les choux de Bruxelles, bien mélanger, couvrir et faire cuire à «HIGH» 4 à 6 minutes, selon la grosseur des choux.

• Bien mélanger, saler et poivrer, couvrir et laisser reposer 5 minutes avant de servir.

Choux de Bruxelles au cari

Préparation : . . . . **10 min**
Cuisson : . . . . **de 11 à 13 min**
Attente : . . . . **aucune**

• Les choux de Bruxelles se prêtent très bien à la saveur épicée du cari.

Ingrédients :

2 c. à soupe (30 mL) de beurre

1/2 à 1 c. à thé (2 à 5 mL) de poudre de cari

2 c. à soupe (30 mL) de farine

1 tasse (250 mL) de lait ou de consommé
   de poulet

1 pomme pelée et râpée

1 lb (500 g) de choux de Bruxelles

Préparation :

• Faire fondre le beurre dans un bol 1 minute à «HIGH».

• Ajouter la poudre de cari et la farine, remuer pour bien mélanger.

• Ajouter le lait ou le consommé de poulet, remuer, faire cuire 3 minutes à «HIGH».

• Remuer, ajouter la pomme râpée et faire cuire 1 minute de plus à «HIGH» ou jusqu'à ce que la sauce soit crémeuse.

• Faire cuire les choux de Bruxelles tel qu'indiqué pour les choux de Bruxelles nature. Les égoutter.

• Ajouter la sauce au cari, remuer. Faire cuire 1 minute à «HIGH».

Au moment de servir, saler au goût.

Choux de Bruxelles à l'orientale

Petit conseil : Voici un excellent repas léger, si vous y ajoutez une pomme de terre au four et un morceau de fromage.

Préparation :	**10 min**
Cuisson :	**11 min**
Attente :	**aucune**

Ingrédients :

1 c. à soupe (15 mL) de beurre

6 oignons verts hachés fin

1 lb (500 g) de choux de Bruxelles

3 c. à soupe (50 mL) d'eau

2 c. à thé (10 mL) de vinaigre de vin ou de cidre

1 c. à thé (5 mL) de sucre

sel et poivre au goût

Préparation :

• Faire fondre le beurre 1 minute à «HIGH» dans un plat de cuisson.

• Y ajouter les oignons verts, remuer, faire cuire 1 minute à «HIGH».

• Bien mélanger, ajouter les choux de Bruxelles préparés tel qu'indiqué pour les choux de Bruxelles nature.

• Ajouter l'eau. Remuer.

• Couvrir et faire cuire 6 minutes à «HIGH».

• La cuisson terminée, retirer les choux de Bruxelles de l'eau.

• Ajouter le vinaigre de vin ou de cidre et le sucre à l'eau, bien mélanger.

• Faire cuire 4 minutes à «HIGH» ou jusqu'à ce que le liquide soit presque entièrement évaporé.

• Saler et poivrer les choux de Bruxelles au goût.

• Ajouter le mélange du vinaigre, remuer doucement, faire cuire 1 minute à «HIGH» et servir.

• Pour un repas léger, j'ajoute parfois 1/2 litre (250 g) de bacon, grillé 5 minutes à «HIGH», que je place autour des choux de Bruxelles.

• Servir avec du pain croûté chaud ou des muffins anglais grillés.

• Un agréable repas léger.

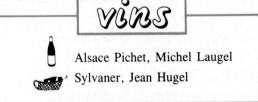

vins

Alsace Pichet, Michel Laugel
Sylvaner, Jean Hugel

• Il y a la courge d'été et la courge d'hiver (pâtisson, girau-mont turban, cou droit, torticolis, zucchini, et bien d'autres). Au marché, si vous désirez connaître les différentes variétés de courges, demandez qu'on vous les montre et apprenez leur nom. La courge est un légume économique qui, en général, se conserve très bien.

• La courge cuite aux micro-ondes est excellente. Vous ne connaîtrez bien la saveur d'une courge que lorsqu'elle aura été cuite au four à micro-ondes. Il faut aussi se rappeler que les courges au four à micro-ondes se cuisent presque toujours de la même manière.

Courges entières nature

La conservation

• La courge d'été peut être conservée au réfrigérateur tout au plus 10 jours.

• La courge d'hiver a l'avantage de conserver sa saveur et sa texture en parfait état jusqu'à quatre mois, pourvu qu'elle soit dans un endroit sombre et frais; même lorsqu'une pointe est coupée et enlevée du tout, elle peut être conservée.

• Ce qui reste doit être enveloppé dans une feuille de matière plastique et gardé dans un endroit frais.

• La courge de 2¹/₂ à 3 livres (1,25 à 1,5 kg) est la meilleure quant à la saveur et à la texture. La courge de poids supérieur est aqueuse et moins savoureuse.

• La préparation et la cuisson aux micro-ondes de toutes les espèces de courges est si facile, et les résultats quant à la saveur, la texture et la couleur sont si parfaits, que vous pouvez les apprécier à leur meilleur presque sans travail.

• Laver la courge entière quelle qu'elle soit.

• Faire 4 à 5 incisions à travers la pelure avec la pointe d'un couteau tranchant.

• La mettre dans le four à micro-ondes sur une claie ou sur une soucoupe renversée.

• Faire cuire à «HIGH» de 6 à 10 minutes, selon la grosseur de la courge.

• La retirer du four avec une serviette, car elle est très chaude.

• La laisser reposer de 10 à 15 minutes.

• La couper alors en deux et enlever les graines et les membranes. Une cuillère facilite le travail.

• Il y a ensuite deux façons de procéder.

• Ajouter de la cassonade ou du sirop d'érable ou de la mélasse et du beurre au goût, piler le tout ensemble dans la courge même, recouvrir chaque moitié d'une feuille de papier ciré, ou bien mettre la purée dans un plat en long et couvrir.

• Au moment de servir, réchauffer 5 à 6 minutes à «HIGH».

Courge maison

Cuisson par convexion ou aux micro-ondes

Préparation : . . . . **10 min**
Cuisson : micro-ondes : . . . . **22 min**
        convexion : . . . . **de 35 à 40 min**
Attente : . . . . **aucune**

Petit conseil : J'aime servir cette courge avec de minces tranches de jambon chaud ou avec une tranche de jambon glacé à l'orange. Utiliser la courge de votre choix.

Ingrédients :

1 courge de votre choix en purée, soit 3 à 4 tasses (750 mL à 1 L)

1/4 de tasse (60 mL) de beurre ou de margarine

1 c. à thé (5 mL) de sel

1/4 de c. à thé (1 mL) de poivre

6 oignons verts hachés fin

1 c. à thé (5 mL) de sarriette

1/2 c. à thé (2 mL) d'aneth

1/4 de tasse (60 mL) de crème ou de lait

3 oeufs bien battus

1/4 de tasse (60 mL) de chapelure de biscuits soda beurrée

Préparation :

- Faire cuire et mettre en purée la courge de votre choix, tel qu'indiqué pour la courge nature.

- Ajouter à la purée le beurre ou la margarine et battre jusqu'à ce qu'il soit fondu, ajouter le sel, le poivre et les oignons. Bien mélanger.

- Ajouter le reste des ingrédients, sauf la chapelure de biscuits soda.

- Remuer pour bien mélanger. Mettre dans un plat.

- Recouvrir de la chapelure beurrée.

Pour faire cuire par convexion

- Mettre la casserole sur la grille dans la partie convexion du four à micro-ondes préchauffée à 400°F (200°C).

- Faire cuire 35 à 40 minutes ou jusqu'à ce qu'un couteau inséré au centre en ressorte propre.

Pour faire cuire aux micro-ondes

- Mettre la casserole sur une claie.

- Faire cuire, couverte, 10 minutes à « HIGH ».

- Faire cuire 12 minutes à « MEDIUM ».

- Au goût, saupoudrer le dessus de paprika.

Le zucchini
(La courgette)

L'achat

• Il faut choisir le zucchini jeune et tendre, de 4 à 8 pouces (10 à 20 cm) de long, à pelure lisse et d'un vert pâle.

Petit conseil : Le zucchini est disponible presque toute l'année. Il est non seulement le préféré de la famille des courges, mais il se prête aussi à plusieurs variantes, car il peut être utilisé comme légume chaud, dans les salades, les casseroles, et même les gâteaux !

La conservation

• Le zucchini est facile à conserver, mais il vaut mieux qu'il soit réfrigéré dans le bac à légumes.

• Lorsqu'ils sont en trop grande abondance, soit dans votre jardin ou au marché, ils peuvent être congelés. C'est facile.

• Voici comment :

• laver les zucchini, enlever une tranche à chaque extrémité, les couper en morceaux ou les passer au hachoir ou au robot culinaire, y compris la pelure.

• Les mettre dans des sacs de matière plastique, une tasse à la fois ou plus, à votre gré, les étiqueter et les congeler.

• Au moment de l'utilisation, verser le contenu du sac dans une passoire.

• Mettre dans un bol et laisser décongeler, puis vous en servir pour faire une tarte, un gâteau, comme légume ou dans la soupe, à votre choix.

Zucchini Saint-Raphaël

Préparation : . . . . .10 min
Cuisson : . . . . .de 6 à 9 min
Attente : . . . . .aucune

• Les zucchini sont très populaires dans le sud de la France. C'est à Saint-Raphaël que ce plat me fut servi, pour accompagner un succulent poulet rôti à la broche dans le foyer. Le chef eut la gentillesse de m'offrir sa recette, que j'ai adaptée à la cuisson aux micro-ondes. La couleur et la saveur en sont encore meilleures.

Ingrédients :

4 zucchini moyens*

4 c. à soupe (60 mL) de beurre

6 oignons verts, en dés

1 c. à thé (5 mL) d'estragon

1/4 de tasse (60 mL) de crème

sel et poivre au goût

* De 7 à 8 pouces (17,5 à 20 cm) chacun et environ 3 livres (1,5 kg) en tout.

Préparation :

• Laver les zucchini à l'eau froide courante.

• Enlever les deux extrémités de chacun.

• Trancher les zucchini.

• Faire fondre le beurre dans une casserole de 4 tasses (1 L) 2 minutes à «HIGH».

• Ajouter les oignons verts, l'estragon et les zucchini. Remuer pour les enrober de beurre.

• Faire cuire à découvert de 4 à 6 minutes à «HIGH», en remuant une fois.

• Lorsque cuits, les égoutter, ajouter la crème, le sel et le poivre au goût, bien remuer.

• Au moment de servir, faire chauffer 2 à 3 minutes à «HIGH».

• La sauce est claire, mais si vous trouvez qu'il y a trop de liquide (cela dépend des zucchini), coulez le tout.

Petit conseil : Dans le sud de la France, on les sert sur une tranche de pain grillé qui absorbe le liquide et qui est délicieuse à manger après les zucchini.

Zucchini à l'orange

Préparation : . . . .**10 min**
Cuisson : . . . .**de 11 à 14 min**
Attente : . . . .**aucune**

Petit conseil : De préparation rapide et facile, ils accompagnent très bien la dinde rôtie et sont délicieux avec le jambon.

Ingrédients :

3 à 4 zucchini moyens

1/2 tasse (125 mL) d'eau

1¹/₂ c. à thé (7 mL) de sel

1/3 de tasse (80 mL) de cassonade

2 c. à soupe (30 mL) de fécule de maïs

le zeste et le jus d'une orange

2 c. à thé (10 mL) de beurre

Préparation :

• Laver les zucchini, couper un pouce (2,5 cm) à chaque extrémité, et les diviser en deux sur le long.

• Les disposer dans une assiette à tarte, les uns à côté des autres, se chevauchant légèrement. Ajouter l'eau.

• Faire cuire à «HIGH» 5 à 6 minutes. Bien égoutter.

• Mettre le reste des ingrédients dans un bol, bien mélanger, faire cuire 2 minutes à «HIGH», remuer pour obtenir un mélange lisse et crémeux.

• Une minute supplémentaire de cuisson peut être nécessaire à «HIGH».

• Au moment de servir, faire chauffer à «MEDIUM» de 3 à 5 minutes ou jusqu'à ce que le tout soit très chaud.

Zucchini à la mexicaine

Préparation : . . . . **20 min**
Cuisson : . . . . **de 16 à 20 min**
Attente : . . . . **aucune**

• Lorsque j'ai des zucchini en abondance dans mon jardin, ou que le marché en regorge, voici une façon rapide et facile de les apprêter.

Ingrédients :

3 gros ou 6 petits zucchini

1 c. à soupe (15 mL) de beurre

1 petite gousse d'ail hachée fin

1 tasse comble (250 mL)
   de fromage cheddar râpé

1 c. à thé (5 mL) d'origan ou de basilic

6 à 7 biscuits soda écrasés

Préparation :

• Laver les zucchini, faire 5 à 6 incisions dans chacun.

• Les mettre sur une assiette à tarte renversée.

• Faire cuire 6 à 8 minutes à «HIGH». Laisser refroidir 10 minutes.

• Les trancher en deux, retirer les fibres et les graines.

• Piler la pulpe dans le zucchini.

• Faire fondre le beurre 1 minute à «HIGH». Ajouter l'ail.

• Faire cuire 40 secondes à «HIGH».

• Ajouter aux zucchini en purée avec le reste des ingrédients.

• Piler le tout ensemble pour bien mélanger.

• Vérifier l'assaisonnement.

• Servir dans un bol ou diviser également dans chaque zucchini.

• Laisser reposer sur le comptoir de la cuisine, jusqu'au moment de servir, mais ne pas réfrigérer.

• Au moment de servir, saupoudrer le dessus de paprika.

• Faire cuire 8 à 10 minutes à «MEDIUM-HIGH». Servir.

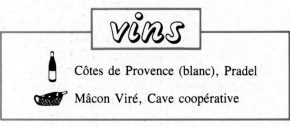

vins

Côtes de Provence (blanc), Pradel

Mâcon Viré, Cave coopérative

Casserole d'hiver

Préparation : . . . . **15 min**
Cuisson : . . . . **25 min**
Attente : . . . . **aucune**

Petit conseil : Une spécialité italienne. Une casserole agréable à servir comme repas léger, avec un bol de riz ou de nouilles bouillies.

Ingrédients :

1/4 de tasse (60 mL) d'huile végétale ou de beurre

une boîte de tomates de 19 oz (540 mL)

4 à 5 tasses (1 à 1,25 L) de zucchini, non pelés et taillés en dés

1 piment vert, en dés

1 tasse (250 mL) de petits pois surgelés

1 tasse (250 mL) de grains de maïs surgelés (facultatif)

1 tasse (250 mL) de pommes de terre, en petits dés

2 oignons moyens tranchés mince

1 c. à thé (5 mL) de sarriette et autant d'aneth

1½ c. à thé (7 mL) de sel

1/4 de c. à thé (1 mL) de poivre

Préparation :

• Faire chauffer l'huile végétale dans un bol de 6 tasses (1,5 L), 3 minutes à «HIGH».

• Mettre tous les ingrédients dans l'huile chaude.

• Remuer pour bien mélanger. Ne pas couvrir.

• Faire cuire 15 minutes à «HIGH».

• Bien remuer et faire cuire 10 minutes à «MEDIUM-HIGH».

• Lorsque servis avec riz ou nouilles, retirer les légumes avec une cuillère perforée.

• Servir le jus à part dans une saucière.

• Chacun se sert à son goût.

Côtes du Luberon, VDQS
Côtes du Ventoux, Val Muzol, Delas

Petit truc : Pour rafraîchir les croustilles ou les biscuits soda, placer dans une assiette les croustilles ou les biscuits soda qui ont ramolli, les passer aux micro-ondes de 45 secondes à 1 minute à «MEDIUM-HIGH». Laisser reposer 1 minute. Ils sont délicieux chauds avec un bol de soupe.

Casserole de zucchini

Préparation : . . . . .10 min
Cuisson : . . . . .de 14 à 18 min
Attente : .aucune

> **Petit conseil :** Un mélange intéressant de légumes et de boeuf, porc ou agneau haché, ou même d'un reste de rôti haché, à votre choix. Un plat économique, facile à apprêter.

Ingrédients :

2 c. à soupe (30 mL) d'huile végétale ou de margarine

1 gros oignon haché fin

1/2 à 1 lb (250 à 500 g) de viande hachée

1 petit piment rouge ou vert, en dés

1 c. à thé (5 mL) de sarriette ou de sauge

2 tasses (500 g) de tomates pelées et en dés *ou* 2 tasses (500 g) de tomates entières en boîte, égouttées

1 c. à thé (5 mL) de sucre

4 à 5 tasses (1 à 1,25 L) de zucchini tranchés

Préparation :

• Mettre l'huile végétale ou la margarine dans un plat de 6 tasses (1,5 L) et faire cuire 1 minute à «HIGH».

• Ajouter l'oignon, bien remuer et faire cuire 2 minutes à «HIGH», bien remuer, ajouter la viande et bien mélanger.

• Faire cuire la *viande hachée non cuite,* 4 minutes à «HIGH»; la *viande hachée cuite,* 2 minutes à «HIGH».

• Bien remuer, ajouter le reste des ingrédients. Remuer pour bien mélanger.

• Couvrir et faire cuire à «HIGH» 10 à 12 minutes, en remuant une fois.

Variante

• Remplacer la viande par **2 tasses (500 mL) de fromage cottage.** Faire cuire comme pour la *viande hachée non cuite.*

 Côtes du Rhône, Château du Bois de La Garde

 Saumur (rouge), Rémy Pannier

Les endives

• Elles sont souvent appelées endives belges, car les endives en provenance de Belgique sont reconnues dans le monde entier comme les meilleures.

• Les endives coûtent généralement cher, car leur culture requiert beaucoup de travail et de soin. Au printemps, les endives locales sont disponibles : en hiver, elles sont plutôt importées d'Europe et des États-Unis. Et j'affirme sans hésitation qu'elles valent bien ce qu'elles coûtent.

Endives braisées

Préparation : . . . . **5 min**
Cuisson : . . . . **6 min**
Attente : . . . . **aucune**

Petit conseil : Bien que les endives se consomment plutôt en salade, elles sont un délice lorsque braisées.

Ingrédients :

4 têtes d'endives

2 c. à soupe (30 mL) de beurre

1/2 c. à thé (2 mL) de sucre

2 tranches non pelées de citron

sel et poivre au goût

Préparation :

• Enlever une mince tranche à l'extrémité de la racine des endives.

• Si quelques-unes des feuilles supérieures sont flétries, les retirer.

• Laver chaque tête d'endive à l'eau froide courante, sans écarter les feuilles intérieures.

• Les envelopper dans un essuie-tout pour bien essorer les feuilles supérieures.

• Dans un plat en long pour micro-ondes (Micro-Dur), faire fondre le beurre 3 minutes à «HIGH».

• Mettre les têtes complètes dans le plat, roulant chacune dans le beurre doré fondu.

• Placer les endives les unes à côté des autres en alternant le bout épais et le bout pointu.

• Saupoudrer le tout de sucre et y placer les tranches de citron.

• Ne pas couvrir. Faire cuire à «HIGH» 3 minutes.

• Retourner chaque endive.

• Faire cuire à «HIGH» 3 minutes de plus. Assaisonner au goût.

• Servir aussitôt prêtes en les arrosant avec le jus de cuisson.

Petit truc : Il est important de toujours s'assurer de la propreté du four à micro-ondes. Pour nettoyer des taches collantes, faire chauffer dans le four une tasse (250 mL) d'eau 5 minutes à «HIGH». En essuyant ensuite avec un chiffon propre, les taches disparaîtront.

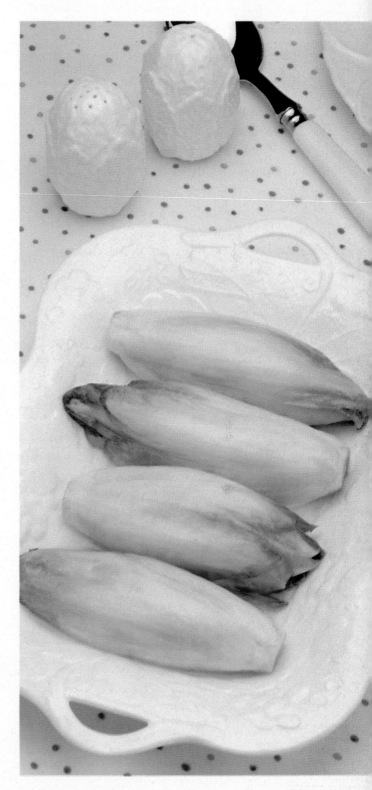

Endives en crème

> **Petit conseil :** Ces endives sont préparées de la même manière que les endives braisées, mais le jus de cuisson est apprêté en sauce crémeuse. Elles sont parfaites pour accompagner la caille ou le jeune poulet rôti.

Préparation : . . . . **5 min**
Cuisson : . . . .**de 10 à 11 min**
Attente : . . . .**aucune**

Ingrédients :

4 à 6 têtes d'endives
2 c. à soupe (30 mL) de beurre
1/2 c. à thé (2 mL) de sucre
1 c. à thé (5 mL) de jus de citron frais
2 c. à thé (10 mL) de farine
1 c. à soupe (15 mL) de beurre
une pincée de muscade
1/2 tasse (125 mL) de crème de votre choix
sel et poivre au goût

Préparation :

• Procéder pour la cuisson comme pour les endives braisées, en remplaçant les tranches de citron par le jus de citron. Le temps de cuisson est le même.

• Disposer les endives cuites sur un plat chaud.

• Mélanger la farine, le beurre et la muscade.

• Ajouter au jus de cuisson dans le plat, bien remuer, ajouter la crème, sel et poivre au goût.

• Faire cuire 3 minutes à «MEDIUM-HIGH», bien remuer et faire cuire une minute ou deux de plus, ou jusqu'à ce que la sauce soit crémeuse.

• Assaisonner au goût et verser la sauce crémeuse sur les endives.

• Ces endives peuvent être réchauffées, si nécessaire, de 2 à 4 minutes à «MEDIUM».

Les épinards

• Les épinards se prêtent à plusieurs variantes. Ils ont une saveur délicate et subtile et sont d'une très belle couleur. Ce qui contribue à leur popularité. En été, lorsqu'il y a abondance d'herbes fraîches, le basilic, l'aneth ou l'estragon frais rehaussent agréablement la saveur des épinards. Chacun est un délice!

Épinards nature

L'achat

• En été, je préfère acheter les épinards frais à la livre (500 g). En hiver, j'utilise les épinards en sacs de 10 onces (284 g).

La conservation

• Les épinards ne se conservent pas longtemps, mais les épinards d'hiver entassés dans les sacs de matière plastique peuvent être gardés plus longtemps.

Les épinards frais d'été doivent être réfrigérés dans un sac sans les tasser.

• Ils se conservent de 3 à 4 jours au plus en bon état.

Les épinards frais d'hiver sont entassés dans des sacs de matière plastique.

• Il faut s'assurer de leur fraîcheur à l'achat.

• Ils se conservent de 8 à 9 jours au réfrigérateur, sur une tablette, plutôt que dans le bac à légumes.

• Aucun poids ne doit être placé sur le sac.

• Les épinards frais, d'été ou d'hiver, doivent toujours être lavés à l'eau froide.

La cuisson

• Selon la recette choisie, les tiges des feuilles vertes peuvent être coupées ; les feuilles entières, avec ou sans les tiges, peuvent être cuites aux micro-ondes.

• C'est une question de choix de faire cuire les épinards entiers ou hachés.

• Ce qui importe, c'est de bien les laver à l'eau froide.

• Les mettre dans le plat sans les essorer, mais en laissant simplement l'eau s'écouler entre vos doigts, puis les faire cuire aux micro-ondes selon la recette, ou simplement 2 à 3 minutes à «HIGH», couverts.

• Je les passe ensuite au tamis en pressant dessus avec le dos d'une cuiller.

• Je conserve l'eau verte pour l'utiliser dans la sauce ou la soupe, ou pour faire une sauce crémeuse en utilisant moitié lait, moitié eau de cuisson des épinards.

Épinards au fromage cottage

Préparation : . . . . **12 min**
Cuisson : . . . . **de 7 à 9 min**
Attente : . . . . **aucune**

Petit conseil : Le fromage cottage ajouté aux légumes fait toujours un repas intéressant. Celui-ci, tout en étant très attrayant, est aussi très savoureux.

Ingrédients :

un sac d'épinards frais de 10 oz (284 g), hachés
1 tasse (250 mL) de fromage cottage
2 oeufs légèrement battus
3 c. à soupe (50 mL) de fromage cheddar râpé
3 oignons verts hachés fin
1/2 c. à thé (2 mL) d'aneth ou de sarriette
2 c. à soupe (30 mL) de beurre
1/4 de tasse (60 mL) de chapelure
1/2 c. à thé (2 mL) dé sel
1/4 de c. à thé (1 mL) de poivre
paprika

Préparation :

• Mélanger dans un bol, les épinards, le fromage cottage, les oeufs, 2 c. à soupe (30 mL) du fromage râpé, les oignons verts, l'aneth ou la sarriette, remuer pour bien mélanger.

• Verser dans une assiette à tarte de 9 pouces (22,5 cm), recouvrir d'une feuille de matière plastique ou d'un couvercle.

• Faire cuire 4 à 5 minutes à «MEDIUM».

• Découvrir.

• Faire fondre le beurre 1 minute à «HIGH».

• Ajouter la chapelure, le reste du fromage râpé, le sel et le poivre.

• Mélanger et saupoudrer sur les épinards.

• Saupoudrer également de paprika.

• Faire cuire 3 à 4 minutes à «MEDIUM-HIGH» et servir.

vins

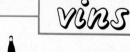
Graves, Château Archambeau
Sylvaner, Dopff & Irion

Épinards
aux croûtons

Préparation : . . . .**10 min**
Cuisson : le mets . . . .**de 8 à 9 min**
             la sauce . . . .**de 8 à 11 min**
Attente : . . . .**aucune**

Petit conseil : Ce plat d'épinards vite fait peut être préparé une heure ou plus avant la cuisson, mais ne doit pas être réfrigéré.

Préparation :

- Nettoyer et faire cuire les épinards tel qu'indiqué pour épinards nature, 3 minutes à «HIGH».

- Bien égoutter, réservant 3 c. à soupe (50 mL) de l'eau de cuisson des épinards.

- Mettre dans une assiette à tarte les cubes de pain et 1 c. à soupe (15 mL) du beurre, bien mélanger, faire cuire 5 à 6 minutes à «HIGH», ou jusqu'à ce que les cubes de pain soient dorés, en remuant deux fois durant la cuisson. Mettre de côté.

Ingrédients :

2 sacs de 10 oz (284 g) d'épinards frais

1 tasse (250 mL) de cubes de pain

3 c. à soupe (50 mL) de beurre

2 c. à soupe (30 mL) de farine

1 tasse (250 mL) de lait

1/2 c. à thé (2 mL) de moutarde sèche

1/4 de tasse (60 mL) de fromage râpé

3 c. à soupe (50 mL) d'eau de cuisson des épinards

sel et poivre au goût

Pour faire la sauce

- Faire fondre le reste du beurre dans un bol 2 minutes à «HIGH».

- Ajouter le reste des ingrédients, bien mélanger.

- Faire cuire, à découvert, 3 à 4 minutes à «HIGH», en remuant une fois, et faire cuire encore 2 à 3 minutes à «HIGH» ou jusqu'à ce que la sauce soit crémeuse.

- Mettre les épinards dans un plat de service, verser la sauce sur le dessus, recouvrir de croûtons.

- Au moment de servir, réchauffer 3 à 4 minutes à «MEDIUM-HIGH».

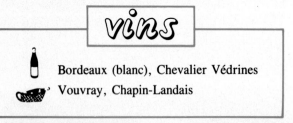

vins

Bordeaux (blanc), Chevalier Védrines
Vouvray, Chapin-Landais

Épinards en crème à la française

Préparation : . . . . **8 min**
Cuisson : . . . . **7 min**
Attente : . . . .**aucune**

Petit conseil : Il suffit d'ajouter **2 tasses (500 mL) de sauce blanche légère faite avec du lait, ou de préférence du bouillon de poulet,** pour transformer ces épinards en crème en une délicieuse soupe. En France, on y ajoute souvent **une tasse de petites crevettes (genre Matane), ou une quantité égale de petites huîtres fraîches.**

Bien mélanger le tout et faire cuire 5 minutes à «HIGH». N'est-il pas intéressant qu'une recette vous permette d'apprêter soit un plat très savoureux, soit une soupe élégante ?

Ingrédients :

Un sac d'épinards frais de 10 oz (284 g)
1 c. à soupe (15 mL) de farine
2 c. à soupe (30 mL) de beurre
2 c. à soupe (30 mL) de lait ou de crème légère
sel et poivre au goût
1/4 de c. à thé (1 mL) de muscade
une pincée de poudre d'ail (facultatif)

Préparation :

• Nettoyer et faire cuire les épinards tel qu'indiqué pour les épinards nature.

• Ne pas égoutter les épinards, les hacher à l'aide de deux couteaux et ajouter le reste des ingrédients, brasser pour bien mélanger, et faire cuire 4 minutes à «HIGH», en remuant deux fois durant la cuisson

• Le mélange doit être d'un beau vert foncé et très crémeux.

• Au goût, juste au moment de servir, ajouter **1 c. à thé (5 mL) de zeste de citron râpé ou 1/2 c. à thé (2 mL) de jus de citron frais.**

Épinards
à l'orientale

Préparation : . . . . **5 min**
Cuisson : . . . . **6 min**
Attente : . . . . **aucune**

Petit conseil : Je les sers avec des oeufs cuits dur chauds. Le tout se prépare très rapidement lorsque vous disposez de peu de temps et que vous désirez servir un repas bien équilibré.

Préparation :

• Nettoyer et faire cuire les épinards tel qu'indiqué pour les épinards nature.

• Mettre le reste des ingrédients dans un bol ou dans un plat de 8 sur 8 pouces (20 cm sur 20 cm).

• Mélanger le tout avec soin et faire cuire 2 minutes à «MEDIUM-HIGH».

• Remuer de nouveau avec soin et faire cuire 1 minute à «MEDIUM», servir.

Ingrédients :

Un sac d'épinards frais de 10 oz (284 g)

2 c. à soupe (30 mL) d'huile végétale

1 gousse d'ail hachée fin

1/4 de c. à thé (1 mL) de sel

1 c. à thé (5 mL) de sucre

1/2 c. à thé (2 mL) de sauce de soja

un carré de tofu brisé en quatre morceaux

 Muscat d'Alsace,
Cuvée de l'Ours Noir, Théo Cattin

Gewurztraminer, Cave vinicole Obernal

Crêpe finlandaise aux épinards

cuisson par convexion

Préparation :	. . . .	**10 min**
Cuisson :	. . . .	**45 min**
Attente :	. . . .	**aucune**

Petit conseil : Il est essentiel pour la préparation de ce plat que votre four à micro-ondes ait la partie convexion. Cette crêpe peut remplacer les pommes de terre, les nouilles, etc., ou elle peut être recouverte d'oeufs en crème, ou d'un reste de dés de viande ou de poulet en sauce. Elle se sert du côté doré ou du côté vert et blanc, selon la présentation que vous choisissez.

Ingrédients :

Un sac d'épinards frais de 10 oz (284 g) *ou*
1 lb (500 g) d'épinards d'été frais

2 c. à soupe (30 mL) de beurre

1¹/₂ tasse (375 mL) de lait

2 oeufs

1 c. à thé (5 mL) de sel

1/4 de c. à thé (1 mL) de muscade

3/4 de tasse (190 mL) de farine

1 c. à thé (5 mL) de poudre à pâte

1/2 c. à thé (2 mL) de sucre

Préparation :

• Laver les épinards à l'eau froide, enlever la portion dure des queues, mettre les feuilles dans un plat.

• Couvrir et faire cuire 3 minutes à «HIGH».

• Verser dans une passoire pour égoutter l'excédent d'eau. Mettre de côté.

• Faire fondre le beurre dans un plat de 4 tasses (1 L) 2 minutes à «HIGH».

• Ajouter le lait, les oeufs battus.

• Mélanger dans un autre bol le sel, la muscade, la farine, la poudre à pâte et le sucre.

• Au moment de faire cuire, préchauffer la partie convexion du four à micro-ondes à 400°F (200°C).

• Mélanger les deux, la farine et le liquide, ajouter les épinards, bien mélanger.

• Beurrer un plat à quiche ou à pizza de 8 pouces (20 cm) ou une assiette ronde en verre ou en céramique de 9 pouces (23 cm). Y verser le mélange des épinards.

• Mettre sur une grille de 4 ou 5 pouces (10 ou 13 cm) de hauteur.

• Régler la chaleur du four à 375°F (190°C) et faire cuire la crêpe 40 minutes, ou jusqu'à ce qu'elle soit bien dorée.

• Elle est alors prête à servir, en pointes ou à votre goût.

Les haricots

• Les haricots frais sont de diverses couleurs : jaunes, verts, violets et leur grosseur varie. Lorsque les haricots peuvent être cueillis au jardin de la grosseur de la moitié du petit doigt, et qu'ils sont cuits au four à micro-ondes, c'est un véritable régal.

• Ils sont délicieux lorsqu'ils sont cueillis trop jeunes, mais ils ne se conservent pas. S'ils sont cueillis trop mûrs, ils sont coriaces et sans saveur ; c'est donc un légume qu'il faut acheter avec soin.

Haricots jaunes et verts nature

La préparation pour la cuisson

• Enlever les deux bouts des haricots en tirant les petits fils, généralement le long de la courbe intérieure.

• Les laver et les égoutter. Ne pas les laisser tremper.

• Ils peuvent être cuits entiers ou taillés en filets ou en diagonale en morceaux d'un pouce (2,5 cm).

• De même que pour les autres légumes, le degré de maturité et la grosseur des haricots influeront sur le temps de cuisson.

• Autant que possible, les haricots doivent être de grosseur à peu près égale.

• Les haricots entiers, selon la grosseur, cuiront en 8 à 12 minutes par livre (500 g) à «HIGH.

• Lorsqu'ils sont taillés en julienne ou à la française, la durée de cuisson variera de 5 à 7 minutes par livre (500 g), à «HIGH».

• Dans les deux cas, ajouter 1/4 de tasse (60 mL) d'eau par livre (500 g) de haricots. Couvrir.

• Laisser reposer les haricots cuits 5 minutes. Les égoutter, ajouter sel et beurre au goût, ou selon la recette.

• Si votre four à micro-ondes a la méthode de cuisson «auto-senseur» (consulter votre manuel d'instructions), préparer les haricots tel que précité. Vous assurer que le plat de cuisson a un couvercle bien ajusté qui retienne la vapeur; sinon, recouvrir d'une feuille de matière plastique. La cuisson s'effectuera automatiquement, et lorsque le four s'arrête, les haricots sont cuits, prêts à être égouttés, beurrés et servis.

Germes de haricot nature

Préparation :	**5 min**
Cuisson :	**3 min**
Attente :	**aucune**

Petit conseil : Un légume croquant très populaire pour accompagner tout plat de porc, côtelettes ou rôti, ou à ajouter aux épinards ou à tout autre légume vert léger. Un mets non engraissant et léger.

Ingrédients :

4 tasses (1 L) de germes de haricot

2 c. à soupe (30 mL) d'huile végétale

1/2 c. à thé (2 mL) de sel

1 c. à thé (5 mL) de sauce de soja Kikkoman

3 oignons verts hachés fin

Préparation :

• Rincer les germes de haricot à l'eau froide. Les égoutter et les mettre dans un plat.

• Laisser reposer 2 minutes et égoutter de nouveau, en plaçant simplement votre main sur les germes de haricot et en renversant le plat.

• Les mettre dans un plat de 6 à 8 tasses (1,5 à 2 L).

• Faire cuire 2 minutes à «HIGH».

• Ajouter le reste des ingrédients, bien remuer.

• Vérifier l'assaisonnement. Servir.

• Si nécessaire, faire réchauffer 1 minute à «HIGH».

Haricots verts ou jaunes, en crème

Préparation :	**10 min**
Cuisson :	**7 min**
Attente :	**aucune**

Petit conseil : Le légume tout désigné pour accompagner le poulet ou le porc rôti.

Ingrédients :

1 lb (500 g) de haricots verts ou jaunes

2 c. à soupe (30 mL) de beurre

3 c. à soupe (50 mL) d'eau

1/2 c. à thé (2 mL) de basilic

1/4 de c. à thé (1 mL) de sucre

1/4 de tasse (60 mL) de crème légère

Préparation :

• Nettoyer les haricots tel qu'indiqué pour les haricots nature.

• Les couper en morceaux de 1 pouce (2,5 cm).

• Faire fondre le beurre 1 minute à «HIGH» dans un plat de céramique (Corning).

• Y ajouter les haricots coupés, l'eau, le basilic et le sucre.

• Remuer, couvrir et faire cuire 6 minutes à «HIGH», ou faire cuire à l'auto-senseur.

• Lorsque les haricots sont cuits, les égoutter à fond et ajouter la crème, le sel et le poivre au goût, faire cuire couverts 1 minute à «HIGH». Servir.

Haricots verts à la française

Préparation :	**10 min**
Cuisson :	**10 min**
Attente :	**aucune**

• Des haricots verts cuits, garnis de champignons et d'amandes. Une recette classique de la cuisine française.

Ingrédients :

4 tasses (1 L) de haricots verts taillés en diagonale*

2 c. à soupe (30 mL) de beurre

1/4 de tasse (60 mL) d'amandes tranchées mince

1/2 tasse (125 mL) de champignons en boîte, tranchés et égouttés

1/4 de c. à thé (1 mL) de sarriette

1 c. à thé (5 mL) de jus de citron

* 4 tasses (1 L) sont l'équivalent d'environ 1 livre (500 g).

Préparation :

• Faire cuire les haricots verts tel qu'indiqué pour les haricots nature.

• Faire fondre le beurre dans le plat de service (pour cuisson aux micro-ondes) 40 secondes à «HIGH».

• Ajouter les amandes.

• Faire cuire 2 minutes à «HIGH», remuer.

• Ajouter les champignons, remuer et faire cuire 2 minutes à «HIGH».

• Ajouter les haricots cuits, sel et poivre au goût, ajouter la sarriette et le jus de citron.

• Bien mélanger et faire réchauffer 30 secondes à «HIGH».

Haricots verts à la lyonnaise

Préparation : ....10 min
Cuisson : ....11 min
Attente : ....aucune

• La cuisine lyonnaise doit sa réputation à cette combinaison d'oignons fondus et de croûtons croustillants.

Ingrédients :

1 lb (500 g) de haricots verts ou jaunes

1/4 de tasse (60 mL) de consommé de poulet ou d'eau

1/4 de c. à thé (1 mL) de thym

1/2 c. à thé (2 mL) de sel

1/4 de c. à thé (1 mL) de poivre

2 c. à soupe (30 mL) de beurre

1 tasse (250 mL) d'oignons tranchés mince

1 c. à soupe (15 mL) de beurre

1 tasse (250 mL) de cubes de pain frais

Préparation :

• Tailler les haricots verts en filets.

• Les mettre dans un plat de cuisson de 4 tasses (1 L) avec le consommé de poulet ou l'eau et le thym.

• Faire cuire 8 minutes à «HIGH», couvert. Égoutter.

• Laisser les haricots couverts.

• Faire fondre les 2 c. à soupe de beurre 1 minute à «HIGH».

• Ajouter les oignons. Remuer et faire cuire 2 minutes à «HIGH».

• Ajouter sel et poivre. Remuer et verser sur les haricots.

• Faire fondre 1 c. à soupe (15 mL) de beurre dans une assiette à tarte 1 minute à «HIGH».

• Ajouter les cubes de pain. Remuer pour les bien enrober de beurre.

• Faire cuire à découvert 1 minute à «HIGH».

• Bien mélanger et faire cuire 30 à 40 secondes ou jusqu'à ce qu'ils soient dorés à l'intérieur (en briser un pour vérifier car ils demeurent pâles à l'extérieur).

• Ils seront croustillants, bien beurrés, et savoureux.

• Verser sur les oignons.

• Si nécessaire, faire réchauffer le plat entier recouvert d'un papier ciré, 1 minute à «HIGH». Servir.

Haricots jaunes à la russe

Préparation : . . . . **10 min**
Cuisson : . . . . **de 13 à 14 min**
Attente : . . . . **aucune**

Petit conseil : Je sers ces haricots froids durant l'été et tièdes durant l'hiver. Ils représentent l'accompagnement par excellence pour servir avec de minces tranches de rôti froid.

Ingrédients :

1 lb (500 g) de haricots jaunes ou verts

1/4 de tasse (60 mL) d'eau ou de consommé

1/2 tasse (125 mL) de bouillon de poulet ou de consommé

1/4 de tasse (60 mL) d'oignons verts émincés

une petite gousse d'ail finement hachée

1/2 c. à thé (2 mL) de paprika

1/2 c. à thé (2 mL) de sel

1/2 c. à thé (2 mL) de sucre

2 c. à soupe (30 mL) de vinaigre de cidre ou de vin rouge

1/2 tasse (125 mL) de noix de Grenoble finement hachées

2 c. à soupe (30 mL) de persil frais émincé

Préparation :

• Laisser les haricots entiers.

• Ne retirer que les deux bouts, tel qu'indiqué pour les haricots nature.

• Les mettre dans un plat, y ajouter l'eau ou le consommé.

• Couvrir, faire cuire 8 à 9 minutes à «HIGH».

• Vérifier la cuisson et, si nécessaire, faire cuire 1 à 2 minutes de plus.

• Lorsqu'ils sont cuits, les laisser reposer couverts.

• Pour faire la sauce, mettre le bouillon de poulet ou le consommé dans une grande tasse à mesurer ou un bol, y ajouter les oignons verts, l'ail, le paprika, le sel, le sucre, le vinaigre de cidre ou de vin rouge.

• Bien mélanger, faire cuire 3 minutes à «MEDIUM-HIGH».

• Ajouter les noix et le persil, remuer et verser sur les haricots cuits.

• Servir chauds ou les laisser refroidir mais ne pas les réfrigérer.

Plat végétarien pour le déjeuner

Préparation : . . . . **10 min**
Cuisson : . . . . **de 20 à 22 min**
Attente : . . . .**aucune**

> **Petit conseil :** Un savoureux mets estival, au moment où les haricots verts ou jaunes et les petites pommes de terre rouges sont en abondance sur nos marchés. Ce plat peut être apprêté d'avance et réchauffé au moment du repas.

Anjou (blanc), Rémy Pannier

Muscadet de Sèvre-et-Maine, Château de La Villarnoult

Ingrédients :

1 lb (500 g) de haricots verts, coupés en morceaux d'un demi-pouce (1,5 cm)

1/2 tasse (125 mL) de consommé de poulet ou d'eau

1 lb (500 g) de petites pommes de terre rouges, pelées et en petits dés

La sauce

2 c. à soupe (30 mL) de beurre

2 c. à soupe (30 mL) de farine

1 tasse (250 mL) de liquide (le liquide de la cuisson, plus lait ou crème)

sel et poivre au goût

Préparation :

• Tailler les haricots verts, les mettre dans un plat de cuisson aux micro-ondes, ajouter le consommé de poulet ou l'eau, couvrir et faire cuire à «HIGH» 8 à 9 minutes, ou jusqu'à ce qu'ils soient tendres. Les mettre de côté.

• Peler, laver et tailler les pommes de terre en dés, les mettre dans un plat.

• Égoutter l'eau des haricots, lorsqu'ils sont cuits, sur les pommes de terre.

• Bien mélanger, couvrir et faire cuire à «HIGH» 6 à 8 minutes ou jusqu'à ce qu'elles soient tendres.

• Les remuer et vérifier la cuisson avec une fourchette ; elles ne doivent pas être trop molles.

• Égoutter leur liquide de cuisson dans une mesure d'une tasse (250 mL), la remplissant de lait ou de crème.

• Faire fondre le beurre 1 minute à «HIGH».

• Ajouter la farine, bien mélanger, ajouter le liquide, mélanger et faire cuire 2 minutes à «HIGH», bien mélanger, faire cuire encore 2 minutes à «MEDIUM». Saler et poivrer au goût.

• Mélanger les haricots et les pommes de terre, les recouvrir de la sauce, vérifier l'assaisonnement. Servir.

Le maïs

• Le maïs en épis est le seul maïs que l'on puisse acheter frais. Vous ne connaîtrez la véritable saveur du maïs que lorsque vous l'aurez fait cuire aux micro-ondes, ce qui est un plaisir de fin d'été. Le reste de l'année, le maïs surgelé est à notre disposition et se prête à d'intéressantes préparations. Il y a aussi le maïs en crème, en boîte, utilisé dans les soupes, le pâté chinois et quantité d'autres plats.

Maïs en épis nature

L'achat

• Choisir des épis d'égale grosseur, autant que possible.

• En général, le maïs à gros grains, d'un jaune soutenu, a atteint sa pleine maturité et il est de plus forte teneur en féculent.

• Les meilleurs épis sont ceux dont les grains sont plus petits et d'un jaune pâle.

• Le maïs frais avec ses feuilles peut être conservé de 4 à 5 jours au réfrigérateur, mais il est toujours plus sucré et plus savoureux lorsque consommé le plus tôt possible après la cueillette.

• J'ai un préféré, nouvellement arrivé sur le marché, appelé «Peaches and Cream». Un nom plutôt curieux pour le maïs, ce qui ne l'empêche pas d'être tout à fait délicieux!

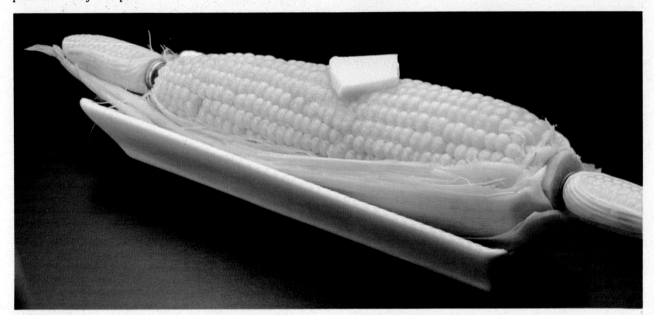

La cuisson

• Il existe deux méthodes de cuisson aux micro-ondes pour le maïs en épis.

La première méthode

• Le maïs est cuit dans ses feuilles.

• Écarter les feuilles avec soin et enlever les barbes, puis remettre les feuilles en place.

• Enlever les 5 ou 6 premières feuilles et couper le bout dur au bas de l'épi.

La deuxième méthode

• Enlever les feuilles et aussi les barbes.

• Envelopper chaque épi dans une feuille de matière plastique.

La cuisson par l'une ou l'autre méthode

• Mettre de 6 à 8 épis de maïs, préparés tels que ci-haut, en cercle sur le plateau rotatif, la petite pointe vers le milieu.

• Compter pour la cuisson 2 minutes à «HIGH» pour le premier épi et 1 minute pour chacun des autres épis.

• Donc, si vous avez 6 épis de maïs, la durée de cuisson sera de 7 minutes à «HIGH».

• Si votre four n'a pas de plateau rotatif, il vous faut remuer les épis après les 3 premières minutes de cuisson.

• Pour faire cuire une grande quantité de maïs, procéder comme suit: faire cuire 8 épis de maïs enveloppés de feuilles de matière plastique.

• Lorsqu'ils sont cuits, les disposer dans un panier sur une serviette pliée.

• Recouvrir le panier d'une serviette de tissu éponge.

• Mettre le prochain lot de maïs sur le premier, couvrir, et ainsi de suite.

• Les épis cuits conserveront leur chaleur de 25 à 35 minutes.

Quel délice!

Casserole de maïs au gruyère

Cuisson par convexion ou aux micro-ondes

• C'est lors d'un voyage en Suisse que l'on m'a servi cette casserole. Elle m'a plu et j'en ai demandé la recette. Et maintenant, avec la cuisson des épis de maïs frais aux micro-ondes, ce plat est deux fois meilleur.

Préparation :	12 min
Cuisson :	15 min
Attente :	8 min

Petit conseil : C'est un repas complet. Il peut aussi être accompagné de boulettes de viande ou de cuisses de poulet.

Ingrédients :

6 épis de maïs

1/2 tasse (125 mL) de crème légère ou de lait

1 oeuf battu

4 oignons verts finement hachés

1/2 c. à thé (2 mL) de sel

1/4 de c. à thé (1 mL) de poivre

1 tasse (250 mL) de fromage gruyère râpé

1/2 tasse (125 mL) de chapelure de biscuits soda

1 c. à soupe (15 mL) de beurre

Préparation :

• Faire cuire les épis tel qu'indiqué pour la cuisson des épis de maïs nature.

• Les développer ou enlever les feuilles, laisser refroidir 10 minutes, puis enlever le maïs des épis.

• Ajouter la crème ou le lait, l'oeuf battu, les oignons verts, le sel et le poivre et le fromage râpé. Bien remuer le tout.

• Beurrer un plat de cuisson de 8 sur 7 pouces (20 sur 18 cm) et y verser le mélange du maïs.

• Mélanger le beurre et la chapelure et en saupoudrer le maïs.

• Faire cuire à «MEDIUM-HIGH» de 6 à 8 minutes.

• Laisser reposer 8 minutes avant de servir.

• Si votre four a le cycle de cuisson par convexion, vous pouvez, à votre choix, faire cuire la casserole à 350°F (180°C) 30 à 35 minutes.

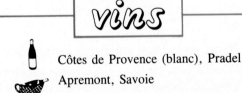

vins

Côtes de Provence (blanc), Pradel
Apremont, Savoie

Relish de maïs frais vite fait

Préparation : . . . . **10 min**
Cuisson : . . . . **7 min**
Attente : . . . . **2 h**

Petit conseil : Délicieux accompagnement de tout rôti. J'aime parfois en ajouter une cuillerée à soupe ou deux (15 ou 30 mL) à une salade verte. Il se conserve de 3 à 4 mois au réfrigérateur.

Ingrédients :

1 piment vert, en dés

4 à 5 branches de céleri, en dés

3 c. à soupe (50 mL) d'eau

2 gros oignons finement hachés

3 à 4 tasses (750 mL à 1 L) de maïs retiré des épis cuits ou non cuits

1/4 de tasse (60 mL) de sucre

1 c. à soupe (15 mL) de sel

1 c. à soupe (15 mL) de graines de moutarde

1/2 tasse (125 mL) de vinaigre blanc ou de cidre

1/2 tasse (125 mL) d'eau

Préparation :

• Mettre dans un plat de cuisson aux micro-ondes de 8 tasses (2 L) le piment vert, le céleri et les 3 c. à soupe (50 mL) d'eau. Remuer.

• Couvrir et faire cuire 2 minutes à «HIGH».

• Ajouter les oignons et le maïs.

• Faire cuire 2 minutes à «MEDIUM».

• Ajouter le reste des ingrédients, remuer pour bien mélanger.

• Faire cuire 3 minutes à «MEDIUM».

• Bien remuer. Verser dans un bocal.

• Conserver au réfrigérateur. Le servir froid.

Maïs et chou

Préparation : . . . . **7 min**
Cuisson : . . . . **11 min**
Attente : . . . . **aucune**

Petit conseil : Une recette traditionnelle d'automne au Québec, pour accompagner les saucisses ou le rôti de porc servi froid.

Ingrédients :

5 à 6 tranches de bacon

2 c. à soupe (30 mL) de margarine

1/4 de tasse (60 mL) d'eau

2¹/₂ tasses (625 mL) de maïs enlevé de l'épi ou de maïs surgelé

2 tasses (500 mL) de chou haché

1/2 c. à thé (2 mL) de sarriette

1/2 c. à thé (2 mL) de sel

1/4 de c. à thé (1 mL) de poivre

1 c. à soupe (15 mL) de sucre

Préparation :

- Mettre le bacon sur une grille pour cuisson aux micro-ondes ou sur 2 feuilles d'essuie-tout.

- Faire cuire à «HIGH» 3 ou 4 minutes ou jusqu'à ce qu'il soit croustillant. L'émietter et le mettre de côté.

- Faire fondre la margarine dans un plat de 4 tasses (1 L), 2 minutes à «HIGH».

- Ajouter l'eau, le maïs, le chou, la sarriette, le sel, le poivre et le sucre.

- Remuer pour bien mélanger.

- Couvrir et faire cuire 4 minutes à «HIGH».

- Remuer et laisser reposer 5 minutes.

- Le maïs et le chou seront un peu croquants ici et là.

- Saupoudrer du bacon.

- Faire chauffer 1 minute à «HIGH».

Le navet

• De tout temps l'homme a consommé le navet. L'apparition de la pomme de terre lui a fait perdre sa priorité. Je vous assure que le navet cuit au four à micro-ondes vous réserve des surprises par sa saveur délicate et l'absence d'odeur de cuisson dans la cuisine.

Navets nature

La conservation

• Mettre les navets dans le bac à légumes ou sur une tablette dans le réfrigérateur, dans un sac de matière plastique fermé sans serrer.

• Ils se conservent ainsi de cinq à six semaines.

La manière de les peler

• La pelure des navets étant amère, il faut enlever toute pelure épaisse.

• Il y a une ligne visible entre la pelure et la pulpe du navet, qu'il faut enlever.

• Il faut ensuite le couper ou le préparer selon les données de la recette.

La cuisson

• Le navet peut être cuit entier.

• Il est excellent lorsque cuit au four à micro-ondes enveloppé d'un papier de matière plastique (voir la recette), ou bien taillé en dés, tranché ou même râpé.

• Aromatiser d'une pincée de sucre, de beaucoup de poivre, de graines d'aneth ou d'aneth frais, de zeste d'orange ou de citron, de feuilles de laurier et de quatre-épices, après la cuisson.

Petit conseil : Il est important lorsqu'il est coupé ou tranché de remuer le navet une fois durant la période de cuisson.

Navet enveloppé

Préparation :	. . . .	**5 min**
Cuisson :	. . . .	**12 min**
Attente :	. . . .	**aucune**

Petit conseil : Une manière facile et savoureuse de faire cuire le navet au four à micro-ondes. En été, je remplace le persil par de la ciboulette fraîche hachée ou de l'aneth frais.

Ingrédients :

Un navet de 1 à 2 lb (500 g à 1 kg)

1/4 de c. à thé (1 mL) de sucre

1 c. à thé (5 mL) de margarine ou de beurre mou

sel et poivre au goût

Préparation :

• Au moment de l'achat, faites peser le navet si vous ne pouvez le faire chez vous.

• Couper le navet d'une livre (500 g) en deux, et celui de deux livres (1 kg) en quatre portions.

• Peler chaque partie tel qu'indiqué pour les navets nature.

• Si vous utilisez le persil et le beurre, mettre le persil sur une feuille de matière plastique.

• Y déposer le navet.

• Étendre le beurre mou sur le côté coupé.

• Saupoudrer de sucre.

• Envelopper chaque morceau de navet séparément, en vous assurant qu'il est bien recouvert.

• Le mettre sur une claie pour four à micro-ondes.

• Faire cuire 3 minutes par quartier à «HIGH», c'est-à-dire 3 minutes pour un quartier de navet, 6 minutes pour deux, et ainsi de suite; donc, quatre quartiers, cuiront en 12 minutes.

• Au moment de servir, développer, trancher ou mettre en purée. Assaisonner au goût.

• Le réchauffer, si nécessaire, 2 minutes à «MEDIUM-HIGH».

Purée de navet

Préparation : . . . . **9 min**
Cuisson : . . . .**de 15 à 18 min**
Attente : . . . .**aucune**

Petit conseil: En France, on ajoute toujours des pommes de terre à la purée de navet, ce qui lui donne une texture et une saveur distinctes.

Ingrédients :

Un navet de 1¹/₂ à 2 lb (750 g à 1 kg)

4 pommes de terre moyennes, pelées et tranchées

1/2 tasse (125 mL) de consommé ou d'eau

1/2 c. à thé (2 mL) de sucre

1/4 de c. à thé (1 mL) de poivre

1 c. à thé (5 mL) de sarriette

2 à 3 c. à soupe (30 à 50 mL) de beurre

Préparation :

• Peler le navet et le trancher mince, tel qu'indiqué pour les navets nature.

• Ajouter les pommes de terre.

• Verser le consommé ou l'eau sur le dessus.

• Ajouter le sucre, le poivre et la sarriette.

• Remuer pour mélanger. Couvrir.

• Faire cuire à «HIGH» de 12 à 14 minutes.

• Remuer après 10 minutes et vérifier la cuisson des légumes.

• Lorsqu'ils sont cuits, les égoutter en réservant le liquide de cuisson.

• Ajouter le beurre et piler les légumes. Vérifier l'assaisonnement.

• S'il faut un peu de liquide, utiliser l'eau de cuisson réservée, en l'ajoutant par cuillerées au besoin.

• Tout cela peut se faire d'avance et être conservé à la température de la pièce pour être réchauffé 3 à 4 minutes à «MEDIUM-HIGH», sans couvrir.

Petit truc: Les croûtons ou la chapelure: Passer aux micro-ondes 2 tasses (500 mL) de croûtons ou de chapelure dans un bol peu profond, de 2 à 3 minutes à «HIGH», en remuant quelques fois.

Ma purée de navet

Préparation : . . . . **8 min**
Cuisson : . . . .**de 15 à 17 min**
Attente : . . . .**aucune**

Petit conseil: J'aime bien la crème sure avec les légumes. Cette recette est ma manière d'apprêter le navet. Pour le servir comme plat principal d'un repas végétarien, j'ajoute à la purée de navet un petit ou un gros contenant de fromage cottage.

Ingrédients :

1 navet moyen

1/2 c. à thé (2 mL) de sucre

1/2 tasse (125 mL) d'eau

2 c. à soupe (30 mL) de beurre

1/4 de c. à thé (1 mL) de poivre

3 c. à soupe (50 mL) de crème sure

sel au goût

3 c. à soupe (50 mL) de persil émincé

Préparation :

• Peler le navet, le trancher mince, tel qu'indiqué pour les navets nature. Le placer dans un plat avec le sucre et l'eau.

• Couvrir et faire cuire 12 à 14 minutes à «HIGH».

• Remuer après 10 minutes et vérifier la cuisson. Lorsque cuit, l'égoutter.

• Ajouter le reste des ingrédients au navet. Piler et battre pour mettre en crème. Vérifier l'assaisonnement.

• Le navet aime beaucoup le poivre.

• Pour le réchauffer, passer aux micro-ondes 3 minutes à «MEDIUM».

Navet au miel de Frank

Préparation : . . . . 7 min
Cuisson : . . . . de 15 à 20 min
Attente : . . . . aucune

• C'est la recette d'un ami qui est très bon cuisinier, en plus d'être producteur du meilleur miel que j'aie jamais goûté et des bleuets les plus gros et les plus parfaits.

Ingrédients :

Un navet de 1 à 1¹/₂ lb (500 à 750 g)

1/2 tasse (125 mL) d'eau

3 c. à soupe (50 mL) de miel

le zeste râpé d'un demi-citron

1 c. à soupe (15 mL) de jus de citron frais

1 c. à soupe (15 mL) de beurre

sel et poivre au goût

Préparation :

• Peler et trancher le navet en tranches minces, tel qu'indiqué pour les navets nature.

• Le mettre dans un plat avec tous les ingrédients, sauf le sel et le poivre.

• Bien remuer, couvrir, faire cuire à «HIGH» de 10 à 14 minutes, selon la grosseur du navet.

• Remuer deux fois durant la période de cuisson, et vérifier la cuisson.

• Égoutter le liquide de cuisson dans un bol.

• Faire cuire à «HIGH» jusqu'à ce que le liquide soit réduit à environ 1/4 de tasse (60 mL).

• Verser sur le navet. Assaisonner au goût.

L'oignon

• On utilise l'oignon dans toutes les cuisines du monde. C'est sans contredit le légume universel. Si l'on remonte très loin dans l'antiquité, au berceau même de la civilisation, l'oignon était à l'honneur. Il fait aussi partie intégrante des traditions médicinales, et rares sont ceux qui ne l'ont jamais employé.

• La famille de l'oignon ne se compose pas d'une seule sorte d'oignon. Les oignons à saveur plus prononcée sont de type globulaire, rouges, jaunes ou blancs. Les jaunes et les blancs, les plus forts, sont utilisés en cuisine. Les oignons rouges à saveur plus douce s'emploient surtout dans les salades ou les plats qui demandent des oignons crus pour un léger assaisonnement. Les oignons verts, petits, doux et très savoureux viennent en second lieu. Ils sont utilisés crus dans les salades, ou dans les mets chinois. L'échalote française, un petit oignon à pelure jaune foncé, est plus difficile à obtenir et coûte généralement plus cher. Il ne faut pas confondre l'échalote avec les petits oignons à mariner. Elle est douce, à saveur d'ail. On l'utilise crue ou cuite.

• Une livre (500 g) d'oignons entiers équivaut à 2 tasses (500 mL) d'oignons hachés.

Oignons nature

La conservation

• Les oignons de tout genre doivent être placés dans un endroit sombre, frais et sec pour éviter l'excès d'humidité qui les fait germer.

• Dans ces conditions, ils se conservent en parfait état jusqu'à trois mois.

• Ce sont les oignons jaunes qui se conservent le plus longtemps : voilà pourquoi ils sont toujours disponibles en hiver. Il ne faut pas réfrigérer ces oignons.

• Les oignons verts pourront être conservés 2 semaines dans un sac de matière plastique dans le bac à légumes du réfrigérateur. Il faut les détacher s'ils ont été achetés en paquets.

La préparation

• Il y a tellement de façons de couper un oignon que l'on peut tout simplement suivre les instructions de la recette choisie. Cependant, il importe de savoir peler l'oignon selon son utilisation.

• Couper le bout du col de l'oignon pour que le dessus soit lisse.

• Couper ensuite une tranche dessous, faire une incision d'un côté de l'oignon et enlever la pelure.

• Et puis, le hacher, le trancher ou suivre les indications de la recette choisie.

• Si l'oignon doit être cuit entier, procéder comme suit : enlever le dessus tel que ci-haut, puis enlever le coeur à l'extrémité de la racine ; l'oignon peut alors être cuit entier sans se défaire.

La façon de faire cuire l'oignon entier

• Soit qu'il doive être cuit entier avec de la viande, être ajouté à un plat ou servir de garniture, le peler tel que décrit ci-haut.

• Placer les oignons les uns à côté des autres dans une assiette à tarte ou un plat, recouvrir chacun d'une pincée de sucre et d'un petit morceau de beurre.

• Si vous désirez aromatiser l'oignon avec une herbe, y ajouter une pincée de sarriette ou d'aneth sur le beurre.

2 oignons cuiront en 3 à 4 minutes environ à « HIGH » ; il faut toutefois vérifier la cuisson après 2 minutes.

4 oignons cuiront en 5 à 8 minutes environ à « HIGH » ; la cuisson doit être vérifiée comme ci-dessus.

6 oignons cuiront en 9 à 11 minutes environ à « HIGH » ; la cuisson doit être vérifiée comme ci-dessus.

• Pour la cuison d'oignons *tranchés,* selon l'une ou l'autre des quantités précitées, faire cuire à « HIGH » pour environ la même période que celle indiquée ci-dessus pour 2 - 4 - 6 oignons, mais ils doivent être remués deux fois durant la cuisson.

Les oignons bouillis

• Pour faire bouilir des oignons entiers, petits ou moyens (1 livre ou 500 g), les recouvrir d'eau chaude à moitié, couvrir le plat, faire cuire 7 à 9 minutes à « HIGH ».

• Vérifier la cuisson lorsqu'il ne reste que 2 minutes du temps requis. Cela est facile avec la pointe d'un petit couteau.

Oignons fondus

Préparation : . . . . **10 min**
Cuisson : . . . . **de 6 à 8 min**
Attente : . . . .**aucune**

Petit conseil : Ils sont délicieux, servis tels quels, ou ajoutés à une sauce blanche, à la sauce d'une dinde ou d'un poulet rôti, ou encore aux carottes ou navets cuits, ou aux nouilles. C'est donc une recette qui se prête à plusieurs variantes.

Ingrédients :

6 oignons moyens jaunes ou rouges*

1/4 de tasse (60 mL) de beurre ou de margarine

1/2 c. à thé (2 mL) de sucre

1/4 de c. à thé (1 mL) de poivre

sel au goût

Les oignons jaunes ont une saveur plus forte que les oignons rouges. À vous de choisir selon votre goût.

Préparation :

• Peler les oignons, tel qu'indiqué pour les oignons nature et les trancher en rondelles minces ou épaisses, à votre choix.

• Faire fondre le beurre ou la margarine dans un plat de 8 tasses (2 L) 3 minutes à «HIGH». Le beurre sera alors doré.

• Ne faire cuire qu'une minute si vous préférez un beurre de couleur naturelle.

• Ajouter les oignons, le sucre et le poivre.

• Bien remuer, couvrir et faire cuire 6 à 8 minutes à «HIGH», en remuant une fois après 5 minutes.

• Les oignons doivent être ramollis en évitant la surcuisson.

• Lorsqu'ils sont cuits, les assaisonner au goût.

• Servir ou apprêter selon une des suggestions précitées.

Oignons à l'italienne

Cuisson par convexion ou aux micro-ondes

Préparation : . . . . **8 min**
Cuisson : aux micro-ondes . . . . **10 min**
par convexion . . . . **20 min**
Attente : . . . . **aucune**

Petit conseil : Si possible, utiliser les oignons rouges qui sont doux et contrastent joliment avec le blanc de la crème. Les oignons jaunes sont savoureux, mais moins attrayants.

Ingrédients :

1/4 de tasse (60 mL) de beurre

4 tasses (1 L) d'oignons tranchés mince

2 oeufs battus

1 tasse (250 mL) de crème sure

sel et poivre au goût

2/3 de tasse (160 mL) de fromage parmesan râpé

Préparation :

• Faire fondre le beurre dans une assiette à tarte de céramique de 9 pouces (23 cm), 3 minutes à «HIGH».

• Le beurre doit être légèrement doré ici et là.

• Ajouter les oignons, bien remuer.

• Faire cuire à découvert 5 minutes à «HIGH», en remuant une fois durant la période de cuisson.

• Battre ensemble les oeufs, la crème sure, le sel et le poivre.

• Ajouter aux oignons. Remuer pour bien mélanger.

• Vérifier l'aissaisonnement. Recouvrir du fromage râpé.

• Faire cuire 5 minutes à «MEDIUM».

• Pour faire cuire dans la partie convexion de votre four à micro-ondes préchauffée à 425°F (215°C), mettre l'assiette à tarte sur la grille du four et faire cuire 20 minutes.

Pâté allemand à l'oignon

cuisson par convexion

• Ce délicieux pâté m'a été servi en Allemagne, au Cercle militaire des Officiers de l'Armée canadienne. Le cuisinier m'a gentiment remis la recette. Ce fut servi comme repas léger avec un plat de bacon chaud et des petits pains ultra-bons.

Ingrédients :

Pâte au choix pour une assiette à tarte de 10 pouces (25 cm)

3 c. à soupe (50 mL) de beurre

3 tasses (750 mL) d'oignons pelés, tranchés mince

1/2 tasse (125 mL) de lait ou moitié crème moitié lait

1¹/₂ tasse (375 mL) de crème sure

2 oeufs bien battus

3 c. à soupe (50 mL) de farine

1 c. à thé (5 mL) de graines d'aneth ou de thym

7 ou 8 tranches de bacon

Préparation :

• Tapisser le fond de l'assiette à tarte de la pâte de votre choix.

• Faire cuire dans la partie convexion du four à micro-ondes préchauffée à 400°F (200°C) 10 à 15 minutes ou jusqu'à ce que vous obteniez un beau doré.

• La pâte peut aussi être cuite aux micro-ondes 3 minutes à «HIGH», mais elle ne sera pas dorée ; c'est pourquoi je recommande la méthode convexion.

• Mettre le beurre dans un plat pour micro-ondes de 8 tasses (2 L).

• Faire cuire à «HIGH» 3 minutes ; le beurre brunira ici et là. Ajouter les tranches d'oignon.

• Bien mélanger et faire cuire 8 à 9 minutes à «HIGH», en remuant une fois.

• Verser les oignons dans la pâte cuite.

• Mélanger le reste des ingrédients, sauf le bacon. Verser le tout sur les oignons.

• Faire cuire au four à micro-ondes à «MEDIUM» jusqu'à ce que le centre soit ferme, ce qui prendra de 12 à 15 minutes.

Préparation : . . . . **12 min**
Cuisson : . . . . **de 40 à 50 min**
Attente : . . . . **aucune**

vins

Pinot Blanc, Pierre Sparr
Gewurztraminer, Cave vinicole Obernal

• Disposer les tranches de bacon sur une assiette, les unes à côté des autres. Faire cuire à «HIGH» 7 à 9 minutes, ou jusqu'à ce que le bacon soit croustillant.

• Les disposer sur le pâté cuit et servir.

Oignons amandine

Préparation : . . . . **7 min**
Cuisson : . . . . **de 18 à 24 min**
Attente : . . . . **aucune**

Petit conseil : Oignons fondus nappés d'une sauce blanche et garnis d'amandes grillées. Accompagnent parfaitement tout plat de poisson ou le poulet rôti.

Ingrédients :

4 gros oignons jaunes pelés et coupés en deux

4 c. à soupe (60 mL) de beurre

La sauce

2 c. à soupe (30 mL) de beurre

2 c. à soupe (30 mL) de farine

1 tasse (250 mL) de lait

1/2 tasse (125 mL) de fromage cheddar râpé

**2 c. à soupe (30 mL) de vermouth ou
de madère**

sel et poivre au goût

1/4 à 1/2 tasse (60 à 125 mL) d'amandes effilées

Préparation :

• Mettre les oignons dans un plat de 4 tasses (1 L) avec les 4 c. à soupe (60 mL) de beurre.

• Couvrir et faire cuire à «HIGH» de 6 à 8 minutes en remuant une fois.

• Faire fondre les 2 c. à soupe (30 mL) de beurre dans un bol 1 minute à «HIGH», ajouter la farine, bien mélanger.

• Ajouter le lait, remuer et faire cuire 3 à 4 minutes à «MEDIUM-HIGH», jusqu'à ce que le mélange soit crémeux, en remuant une fois.

• Ajouter à la sauce le fromage, le vermouth ou le madère, sel et poivre au goût.

• Faire cuire à «HIGH» 3 minutes, en remuant deux fois.

• Verser la sauce crémeuse sur les oignons, ne pas mélanger.

• Mettre les amandes dans un plat et faire griller à «HIGH» 3 à 4 minutes, en remuant deux fois.

• Verser les amandes dorées sur la sauce.

• Faire cuire à «MEDIUM-HIGH» 3 à 4 minutes, au moment de servir.

Oignons bouillis, sauce aux raisins de Corinthe

Préparation : . . . . **10 min**
Cuisson : . . . . **de 15 à 17 min**
Attente : . . . . **aucune**

Petit conseil : Une présentation inusitée et très savoureuse pour accompagner le poisson frit, le rôti de veau ou les saucisses.

Ingrédients :

6 à 8 oignons moyens

1/2 tasse (125 mL) de raisins de Corinthe

1 1/2 tasse (375 mL) d'eau

2 c. à soupe (30 mL) de beurre

1 1/2 c. à soupe (22 mL) de farine

le jus et le zeste râpé d'un citron

Préparation :

• Peler les oignons, les trancher et les défaire en anneaux.

• Mettre dans un plat, sans ajouter de liquide.

• Couvrir et faire cuire 2 minutes à «HIGH».

• Préparer la sauce aux raisins, en mettant les raisins et l'eau dans un plat; faire cuire 7 minutes à «HIGH».

• Dans l'intervalle, mélanger le beurre et la farine, ajouter le zeste et le jus de citron aux raisins, y ajouter le mélange de la farine et du beurre en brassant. Bien mélanger.

• Faire cuire à «MEDIUM-HIGH» 4 à 5 minutes, en remuant deux fois.

• Lorsque la sauce est crémeuse et cuite, la verser sur les oignons.

• Saler au goût.

• Ces oignons peuvent être préparés d'avance et conservés à la température ambiante, couverts.

• Réchauffer 2 à 3 minutes à «MEDIUM-HIGH» au moment de servir. Remuer et servir.

Oignons glacés au miel

Préparation : . . . . **6 min**
Cuisson : . . . .**de 19 à 21 min**
Attente : . . . .**aucune**

Petit conseil : À servir avec rôti de porc ou de jambon. Ils sont excellents avec les volailles, et ils ont une affinité particulière pour le canard et l'oie.

Ingrédients :

6 à 8 oignons moyens

2 c. à soupe (30 mL) d'eau

1/4 de tasse (60 mL) de miel

2 c. à soupe (30 mL) de beurre

le zeste râpé d'un demi-citron

1 c. à soupe (15 mL) de jus de citron

1 c. à thé (5 mL) de vinaigre de cidre

sel et poivre au goût

Préparation :

• Peler les oignons, les laissant entiers, tel qu'indiqué pour les oignons nature.

• Les mettre dans un plat pour micro-ondes de 10 tasses (2,5 L).

• Ajouter l'eau, couvrir et faire cuire 10 à 12 minutes à «HIGH».

• Remuer après 8 minutes de cuisson.

• Vérifier la cuisson des oignons avec la pointe d'un petit couteau.

• Les égoutter dans une passoire, conservant l'eau de cuisson.

• Mettre le reste des ingrédients, sauf le sel et le poivre, dans le plat de cuisson des oignons.

• Y ajouter l'eau de cuisson conservée. Faire cuire 3 minutes à «HIGH».

• Bien remuer, ajouter les oignons bien égouttés, remuer. Ne pas couvrir.

• Faire cuire 3 minutes à «HIGH», bien remuer après chaque minute de cuisson.

• Les oignons doivent être ramollis et glacés.

• Saler et poivrer au goût. Ils se réchauffent facilement.

• Les conserver à la température de la pièce.

• Au moment de servir, les passer aux micro-ondes 3 minutes à «MEDIUM», en remuant une fois.

Oignons étuvés

Préparation :	. . . .	**9 min**
Cuisson :	. . . .	**de 6 à 8 min**
Attente :	. . . .	**aucune**

Petit conseil : Lorsque vous pouvez obtenir des petits oignons blancs, de préférence à l'automne, servez-les à la belge, avec des pâtés de boeuf et des tomates grillées à la française.

Ingrédients :

2 lb (1 kg) de petits oignons blancs

4 c. à soupe (60 mL) d'huile végétale

4 c. à soupe (60 mL) de gras de bacon

1/4 de c. à thé (1 mL) de sel de céleri

sel et poivre au goût

1/4 de tasse (60 mL) de persil frais haché fin (facultatif)

Préparation :

• Nettoyer et peler les petits oignons.

• Cela se fait rapidement en les recouvrant d'eau bouillante et en les laissant reposer 5 minutes.

• Égoutter et peler, en coupant d'abord le dessus et très peu de la partie inférieure, afin que les oignons ne se défassent pas à la cuisson.

• Mettre les oignons préparés dans un plat de 4 tasses (1 L) pour micro-ondes.

• Verser l'huile et le gras de bacon sur les oignons.

• Couvrir et faire cuire 6 à 8 minutes à «HIGH», en remuant deux fois.

• Il est important que les oignons demeurent un peu croquants.

• Ajouter le reste des ingrédients, remuer pour bien mélanger. Servir chauds ou tièdes.

Oignons gratinés
cuisson par convexion

Préparation :	. . . .	**8 min**
Cuisson :	. . . .	**de 28 à 33 min**
Attente :	. . . .	**aucune**

Petit conseil : Si votre four à micro-ondes comporte la partie convexion, essayez cette recette, un des plats renommés de la cuisine française. Servir pour accompagner toute viande de votre choix.

Ingrédients :

6 à 8 oignons moyens

2 c. à soupe (30 mL) de beurre

2 c. à soupe (30 mL) d'huile végétale

sel, poivre et muscade

3 c. à soupe (50 mL) de crème à fouetter

4 c. à soupe (60 mL) de fromage gruyère râpé

1 c. à soupe (15 mL) de beurre

Préparation :

• Peler les oignons, tel qu'indiqué pour les oignons nature et les hacher finement.

• Mettre le beurre dans un plat de 4 tasses (1 L), ajouter l'huile et faire chauffer 3 minutes à «HIGH».

• Ajouter les oignons, remuer pour les bien mélanger à l'huile chaude.

• Couvrir et faire cuire 3 minutes à «HIGH».

• Remuer, ajouter sel, poivre et muscade au goût.

• Remuer et verser le tout dans une assiette à tarte de pyrex ou de Corning.

• Recouvrir du fromage râpé mélangé à la crème et mettre le beurre en dés sur le tout.

• Placer sur la grille de la partie convexion de votre four à micro-ondes préchauffée à 400°F (200°C).

• Faire cuire 25 à 30 minutes ou jusqu'à ce que le fromage soit doré sur le dessus.

Oignons entiers à la vinaigrette

Préparation : . . . . **12 min**
Cuisson : . . . . **de 10 à 11 min**
Attente : . . . . **de 10 à 15 min**

Petit conseil : Je sers souvent ces oignons avec des épinards au beurre, comme légume d'accompagnement pour un rôti de porc ou de jambon, ou je les sers chauds ou à la température ambiante comme salade cuite.

Ingrédients :

6 oignons moyens
1 piment vert, coupé en languettes
1/2 tasse (125 mL) d'eau chaude
1 gousse d'ail entière pelée
2 feuilles de laurier

La vinaigrette

1/2 tasse (125 mL) d'huile végétale
le jus d'un demi-citron
1/2 c. à thé (2 mL) de moutarde sèche
1/4 de c. à thé (1 mL) de sel et autant de poivre

Préparation :

• Peler les oignons tel qu'indiqué pour les oignons nature.

• Faire une incision de chaque côté avec la pointe d'un couteau de haut en bas.

• Les placer les uns à côté des autres dans un plat, les recouvrir d'un couvercle ou d'une feuille de matière plastique et faire cuire à «HIGH» 8 à 9 minutes.

• Laisser reposer 10 minutes.

• Mettre dans un autre plat le piment vert, l'eau, l'ail et les feuilles de laurier.

• Faire cuire 2 minutes à «HIGH».

• Égoutter et ajouter aux oignons.

• Mélanger les ingrédients de la vinaigrette, verser sur les oignons et le piment vert.

• Remuer avec soin et laisser reposer 10 à 15 minutes à la température ambiante.

Oignons verts sur pain grillé

Préparation : . . . . **7 min**
Cuisson : . . . . **6 min**
Attente : . . . . **aucune**

Petit conseil : C'est un régal quatre-saisons, car les oignons verts sont toujours disponibles. Servir comme entrée ou avec des viandes froides.

Ingrédients :

2 à 3 paquets d'oignons verts
2 c. à soupe (30 mL) de beurre
2 c. à soupe (30 mL) d'eau
sel et poivre au goût
3 c. à soupe (50 mL) de persil frais haché
4 tranches de pain grillé

Préparation :

• Couper la partie verte des oignons, pour qu'ils soient de la longueur des tranches de pain. Les nettoyer.

• Faire fondre le beurre 3 minutes à «HIGH» dans un plat assez long pour y placer les oignons sans les couper (j'utilise un moule à pain en pyrex de 8 pouces (20 cm).

• Ajouter l'eau, remuer et recouvrir des oignons préparés, les têtes blanches ensemble.

• Saler et poivrer au goût, saupoudrer du persil.

• Couvrir et faire cuire 6 minutes à «MEDIUM-HIGH».

• Diviser les oignons également sur les tranches de pain grillé.

Variante

• Verser une cuillerée ou deux de fromage râpé sur chaque tranche de pain.

• Mettre sur une claie pour four à micro-ondes.

• Faire chauffer 1 minute 30 secondes à «MEDIUM-HIGH». Servir.

Ma quiche
à l'oignon préférée

cuisson par convexion

Préparation : .... **15 min**
Cuisson : .... **de 35 à 40 min**
Attente : .... **aucune**

vins

Edelzwicker, Heim
Riesling, Trimbach

Petit conseil : Le plat tout désigné pour un buffet chaud. Je vous recommande d'en faire deux plutôt qu'une seule.

Ingrédients :

Pâte au choix pour une assiette à tarte de 9 à 10 po (22,5 à 25 cm)

4 c. à soupe (60 mL) de beurre

6 oignons moyens

1 c. à thé (5 mL) de sel

1/2 c. à thé (2 mL) de poivre

1/4 de c. à thé (1 mL) de thym

1 tasse (250 mL) de fromage gruyère râpé

3/4 de tasse (190 mL) de lait

3/4 de tasse (190 mL) de crème

6 oeufs

Préparation :

• Préchauffer la partie convexion de votre four à micro-ondes à 400°F (200°C).

• Recouvrir le fond de l'assiette à tarte de la pâte abaissée.

• La faire cuire environ 10 minutes ou jusqu'à ce qu'elle soit dorée.

• Faire fondre le beurre dans un plat de 4 tasses (1 L) 1 minute à «HIGH», en remuant une fois.

• S'il y a de l'eau dans les oignons, les égoutter.

• Ajouter sel, poivre et thym. Remuer.

• Mettre la moitié du fromage sur le fond de tarte cuit, recouvrir avec la moitié des oignons, y mettre le reste du fromage et placer le reste des oignons sur le tout.

• Battre ensemble le lait, la crème et les oeufs, verser sur les oignons. Faire cuire à 400°F (200°C) 25 à 30 minutes, ou jusqu'à ce que le mélange soit ferme.

• Servir chaude ou tiédie, mais non réfrigérée.

Le panais

• Le panais appartient à la famille des carottes. Il lui ressemble par la forme, mais il est de couleur crème.

Panais nature

L'achat

- L'automne est la saison du panais.
- Cependant, ce n'est qu'après la première gelée que l'amidon qu'il contient se change en sucre, ce qui le rend doux et savoureux.
- Choisir le panais ferme, d'un blanc crème et sans taches brunes.

La conservation

- Si les panais sont achetés en botte, les détacher, leur laisser un pouce (2,5 cm) de tige verte, les mettre dans un sac sans les tasser, ne pas attacher.
- Ils se conservent au réfrigérateur de 3 à 6 semaines.

La préparation

- Couper une tranche épaisse sur le dessus pour qu'il ne reste que la partie blanche et faire de même à l'autre extrémité, puis peler.

La cuisson de panais entiers

- Utiliser un plat en long, y placer les panais en alternant à chaque extrémité du plat les bouts larges et les bouts épais.
- Ajouter **1/4 de tasse (60 mL) d'eau**.
- Couvrir de papier ciré ou de matière plastique.
- Une livre (500 g) de panais entiers cuira en 9 à 10 minutes à «HIGH». Vérifier la cuisson avec la pointe d'un petit couteau.

La cuisson en tranches minces ou en bâtonnets

- Mettre les panais dans un plat, y ajouter 1/4 de tasse (60 mL) d'eau pour chaque quantité de 2 à 3 tasses (500 à 750 mL) de panais.
- Faire cuire 6 à 7 minutes à «HIGH». Remuer une fois durant la cuisson.

Panais
à l'espagnole

Préparation : .... **10 min**
Cuisson : .... **de 12 à 15 min**
Attente : .... **aucune**

Petit conseil : Une préparation intéressante pour servir les panais. En Espagne, on utilise les oranges amères de Séville. Elles ne sont sur nos marchés que durant une courte période ; j'utilise donc les oranges disponibles en tout temps.

Ingrédients :

6 à 8 panais moyens

1/4 de tasse (60 mL) d'eau

2 c. à soupe (30 mL) de beurre

1 c. à thé (5 mL) de fécule de maïs

1/4 de tasse (60 mL) de cassonade

1/2 c. à thé (2 mL) de sel

1/4 de c. à thé (1 mL) de poivre

1/4 de tasse (60 mL) de jus d'orange frais

le zeste râpé d'une demi-orange

Préparation :

• Laver les panais et les peler, tel qu'indiqué pour les panais nature.

• Les tailler en longs bâtonnets.

• Les mettre dans un plat, ajouter l'eau. Bien remuer.

• Faire cuire 6 à 8 minutes à «HIGH», en remuant après 5 minutes de cuisson.

• Vérifier la cuisson avec la pointe d'un couteau.

• Lorsqu'ils sont cuits, les retirer du four à micro-ondes et les laisser reposer de 5 à 8 minutes.

• Faire fondre le beurre dans un bol 1 minute à «HIGH».

• Ajouter les ingrédients qui restent, bien remuer.

• Faire cuire 3 minutes à «HIGH», en remuant deux fois.

• Égoutter les panais cuits, verser la sauce à l'orange dessus. Bien remuer.

• Au moment de servir, faire cuire 3 à 4 minutes à «MEDIUM-HIGH», en remuant une fois.

Panais en purée

Préparation : . . . . **8 min**
Cuisson : . . . . **de 12 à 14 min**
Attente : . . . . **aucune**

Petit conseil : Lorsque j'ai des panais moyens d'égale grosseur, j'aime les apprêter ainsi. J'ajoute quelquefois 1 ou 2 pommes de terre moyennes, cuites et pilées avec les panais.

Ingrédients :

1 lb (500 g) de panais moyens

2 pommes de terre moyennes (facultatif)

6 oignons verts hachés fin *ou*
   1 petit oignon haché

1/4 de tasse (60 mL) d'eau ou de bouillon de poulet

1 c. à soupe (15 mL) de farine

1/4 de c. à thé (1 mL) de sarriette ou d'aneth

sel et poivre au goût

2 c. à soupe (30 mL) de beurre

2 c. à soupe (30 mL) de crème ou de lait

Préparation :

• Peler, laver et trancher les panais, tel qu'indiqué pour le panais nature.

• Peler et trancher les pommes de terre, si elles sont utilisées.

• Mettre dans un plat les panais, les pommes de terre, les oignons verts ou l'oignon haché, l'eau ou le bouillon de poulet.

• Faire cuire 7 à 8 minutes à «HIGH», en remuant une fois.

• Égoutter, en réservant le liquide. Piler les légumes.

• Mesurer l'eau de cuisson, et la faire réduire à «HIGH» à 1 c. à soupe (15 mL).

• Vérifier souvent durant la cuisson, car elle réduit parfois très rapidement.

• Saupoudrer la farine sur les panais et les pommes de terre, ajouter la sarriette ou l'aneth, le sel et le poivre.

• Ajouter le beurre et le lait ou la crème.

• Battre le tout pour obtenir une belle purée crémeuse.

• Vérifier l'assaisonnement.

• Mettre dans un plat pour micro-ondes, couvrir.

• Faire cuire 5 à 6 minutes à «MEDIUM» ou jusqu'à ce que ce soit bien chaud.

• Cette purée peut être préparée tôt le matin et conservée à la température de la pièce jusqu'au moment de servir.

• La réchauffer, couverte, à «MEDIUM» de 6 à 9 minutes, ou jusqu'à ce qu'elle soit bien chaude.

La patate (douce)

- Dans le Nouveau Monde, on connaissait la patate bien avant qu'elle ne parvienne en Europe. Elle atteint sa plus grande popularité dans la période de Noël et du Nouvel An. Elle est meilleure cuite aux micro-ondes que bouillie.

Patates natures

L'achat

• Il faut choisir les patates d'égale grosseur. Cela est important pour obtenir une cuisson parfaite lorsque plusieurs sont cuites à la fois.

• Il faut toujours les choisir uniformes et à pelure lisse.

• Il faut éviter celles qui ont amolli ou qui ont des taches.

La préparation et la cuisson des patates

• Les laver à l'eau froide courante.

• Les piquer 3 ou 4 fois chacune avec la pointe d'un couteau.

• Comme elles ont tendance à s'oxyder une fois pelées, il vaut mieux les faire cuire entières, puis les évider pour faire une purée ou pour les apprêter selon la recette choisie.

• Lorsque seulement deux patates sont cuites, les placer chacune dans une moitié du four à micro-ondes.

• Si 3, 6 ou 8 sont cuites, les disposer en cercle autour du plateau rotatif.

• Les retourner à la mi-cuisson. 4 à 6 patates moyennes cuiront à «HIGH» en 10 à 14 minutes, selon la grosseur.

• Piquer chacune avec la pointe d'un couteau après 5 à 6 minutes pour vérifier la cuisson, les retourner et achever la cuisson.

Patates hawaïennes

Préparation : . . . . **7 min**
Cuisson : . . . . **de 15 à 19 min**
Attente : . . . . **aucune**

Petit conseil : Ces patates, avec l'ananas en purée et les noix hachées, sont pour moi presque une nécessité pour accompagner la tranche de jambon cuite aux micro-ondes. Je fais d'abord cuire les patates, puis le jambon. Au moment de servir, je réchauffe les patates, couvertes, 4 minutes à « MEDIUM ».

Ingrédients :

5 à 6 patates moyennes

1/2 tasse (125 mL) d'ananas en purée

3 c. à soupe (50 mL) de noix hachées au goût

3 c. à soupe (50 mL) de beurre ou de margarine

3/4 de tasse (190 mL) de guimauves miniatures

Préparation :

• Laver et faire cuire les patates, tel qu'indiqué dans la préparation et la cuisson des patates.

• Lorsqu'elles sont cuites, les couper en deux et les évider avec une cuiller.

• Mettre en purée et ajouter le reste des ingrédients, sauf les guimauves.

• Assaisonner au goût.

• Mettre le mélange dans une assiette à tarte beurrée.

• Couvrir le dessus avec les guimauves.

• Faire cuire, à découvert, 5 minutes à « HIGH ». Servir.

Plaisir d'automne

Préparation : . . . . **10 min**
Cuisson : . . . . **de 30 à 34 min**
Attente : . . . . **5 min**

Petit conseil : Les patates et les pommes sont toutes deux à leur meilleur, du point de vue saveur, après avoir supporté quelques nuits très fraîches. Je sers généralement ces patates avec le canard rôti ou les cuisses de poulet.

Ingrédients :

6 patates moyennes

2 à 3 pommes pelées, le coeur enlevé, tranchées

1/4 de tasse (60 mL) de cassonade ou
de sucre d'érable

1/2 c. à thé (2 mL) de sel

1/3 de tasse (80 mL) de beurre fondu

1/4 de c. à thé (1 mL) de muscade

Préparation :

• Laver et faire cuire les patates, tel qu'indiqué dans la préparation et la cuisson des patates.

• Les laisser refroidir durant 20 minutes environ.

• Les peler et les couper en tranches épaisses.

• En mettre la moitié dans un plat de 4 tasses (1 L) copieusement beurré, recouvrir de la moitié des pommes et de la moitié du reste des ingrédients.

• Répéter le procédé en alternant les patates, les pommes et le reste des ingrédients.

• Couvrir et faire cuire 20 minutes à « MEDIUM-HIGH ».

• Laisser reposer 5 minutes et servir.

Patates au cognac

Préparation : . . . . 11 min
Cuisson : . . . . 6 min
Attente : . . . . aucune

Petit conseil : Il n'y en a pas de plus parfaites pour accompagner la dinde rôtie, ou un gros poulet, ou la caille rôtie. Elles peuvent être servies dans les écorces d'orange ou dans un joli plat, ce qui est peut-être plus facile.

Ingrédients :

3 oranges

6 patates moyennes

1/3 de tasse (80 mL) de beurre

4 c. à soupe (60 mL) de cassonade foncée

1/2 c. à thé (2 mL) de sel

1 c. à soupe (15 mL) de cognac*

1/4 de c. à thé (1 mL) de muscade ou
   de quatre-épices

* J'utilise le brandy blanc Mont blanc, un produit canadien et économique pour la cuisine.

Préparation :

• Laver les oranges et les couper en deux.

• En extraire le jus et le mettre de côté.

• Nettoyer l'intérieur des écorces et frotter l'intérieur avec du beurre mou, si elles doivent être utilisées.

• Faire cuire les patates, tel qu'indiqué dans la préparation et la cuisson des patates nature.

• Lorsqu'elles sont cuites, les couper en deux, les évider à l'aide d'une cuiller.

• Ajouter le reste des ingrédients et le jus d'orange qu'il faut pour obtenir un mélange crémeux.

• Remuer pour bien mélanger.

• Mettre le tout dans un plat ou dans les écorces d'orange beurrées.

• Au moment de servir, disposer les écorces d'orange en cercle sur le plateau du four à micro-ondes ou y mettre le plat.

• Faire cuire 6 minutes à «MEDIUM».

Les piments doux

• Les piments sont de diverses grosseurs, formes et couleurs (verts, rouges, jaunes, etc.) Certains piments ont une saveur piquante et poivrée, d'autres sont très doux. Ceux dont il s'agit ici sont les plus utilisés ; ce sont les piments doux verts, rouges ou jaunes, mais attention si vous ne connaissez pas bien les piments. Informez-vous de la saveur douce ou piquante. En général, les plus gros piments sont les plus doux.

Piments doux nature

L'achat

• Il faut rechercher les piments doux verts ou rouges de couleur soutenue, sans taches brunes et de préférence bien formés.

• La différence entre le vert et le rouge est le degré de maturité; on a laissé mûrir les rouges plus longtemps.

• Ne pas acheter un piment ratatiné, il aura été trop longtemps à l'étalage et aura perdu sa fraîcheur. *Les piments doux hachés :* 1 livre (500 g) équivaut à 2 piments doux ou 1 tasse (250 mL) de piments hachés.

La conservation

• Mettre les piments doux verts ou rouges dans un sac de matière plastique sans les laver, les placer dans le bac à légumes du réfrigérateur.

• Ils se conserveront en excellent état de 8 à 12 jours.

La congélation

• Si vous avez des piments doux en quantité et que vous désirez les congeler, c'est facile car ils ne demandent aucun blanchiment.

• Les laver, les nettoyer, les couper en dés ou en languettes, ou en deux, prêts à être farcis.

• Les mettre dans des sacs de matière plastique, 1 ou 2 tasses (250 ou 500 mL) au plus.

• Même 1/4 de tasse (60 mL) peut être congelé lorsqu'une petite quantité est requise.

• Au moment d'être utilisés, ils n'ont pas à être décongelés, sauf les moitiés pour être farcies.

La cuisson

• Si votre recette demande que les piments doux verts ou rouges soient cuits à demi avant d'être farcis, il est important de le faire car ils ne cuisent pas toujours aussi rapidement que la farce.

• À l'aide d'un couteau bien aiguisé, couper un grand cercle autour de la tige du piment et enlever le dessus.

• Le conserver si la recette demande de couvrir le piment après l'avoir rempli.

• Enlever et jeter les graines et les fibres molles à l'intérieur.

• Rappelez-vous qu'il n'est pas toujours nécessaire de faire cuire à demi les piments doux avant de les farcir bien que le résultat obtenu soit meilleur.

• Voici la façon de procéder : mettre les piments doux verts ou rouges les uns à côté des autres dans un plat assez profond pour permettre de les recouvrir d'eau.

• Ajouter 2 tasses (500 mL) d'eau ou une quantité suffisante pour recouvrir au moins la moitié du piment, couvrir et faire cuire 3 minutes à «HIGH».

• Laisser reposer 5 minutes, égoutter dans une passoire, laisser refroidir assez pour les manipuler.

Piments doux verts ou rouges fondus

• Une façon rapide et facile d'apprêter les piments, soit pour les ajouter à une sauce ou à un légume cuit (tel que petits pois ou carottes tranchées) ou encore, coupés en dés, on peut les ajouter aux pommes de terre en purée ou à la sauce d'un rôti, ou même à la soupe.

• Nettoyer et couper en languettes ou en dés les piments doux verts ou rouges requis.

• Les mettre dans un plat avec 2 c. à soupe (30 L) d'eau pour chaque tasse (250 mL) de piments.

• Faire cuire 2 minutes à «HIGH» pour chaque piment utilisé. Lorsque cuits, les ajouter au plat choisi.

• Lorsqu'on les ajoute à une sauce, inclure l'eau de cuisson avec le piment.

Piments doux farcis

Préparation : . . . . **10 min**
Cuisson : . . . . **20 min**
Attente : . . . . **aucune**

Petit conseil : Si vous n'avez à la main qu'une demi-livre (250 g) de viande hachée, soit boeuf, porc ou agneau, ou encore 2 tasses (500 mL) d'une viande cuite, la passer au hachoir et l'utiliser pour farcir les piments doux.

Petit conseil : Les moitiés farcies peuvent être apprêtées d'avance, couvertes et gardées à la température de la pièce. Faire cuire au moment de servir.

Ingrédients :

1/2 lb (250 g) de viande hachée au choix

1 oignon haché fin

1/2 tasse (125 mL) de chapelure de biscuits soda

1/2 c. à thé (2 mL) de sel

1/4 de c. à thé (1 mL) de poivre

1/4 de tasse (60 mL) de riz à cuisson rapide

1/4 de tasse (60 mL) d'eau ou de consommé

1/2 c. à thé (2 mL) de sarriette

3 à 4 piments doux verts

1 boîte de 7 1/2 oz (213 mL) de sauce tomate

1 gousse d'ail hachée fin

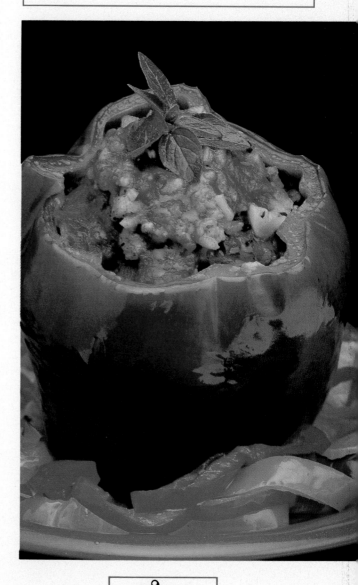

Préparation :

• Mettre la viande dans un bol.

• Si elle est crue, la séparer avec une fourchette.

• Faire cuire 2 minutes à «HIGH».

• Égoutter le gras clair, écraser la viande avec la fourchette.

• Omettre ce qui précède si un reste de viande cuite est utilisé.

• Ajouter l'oignon, la chapelure, le sel, le poivre, le riz à cuisson rapide, l'eau ou le consommé et la sarriette. Bien mélanger.

• Nettoyer les piments prêts à farcir, tel qu'indiqué pour les piments doux nature.

• Couper chaque piment en deux sur la longueur, et le mettre dans une assiette à tarte beurrée, l'extrémité vers le milieu de l'assiette.

• Mélanger la sauce tomate et l'ail et verser également sur les piments, en vous assurant que la farce dans chaque moitié est couverte de sauce tomate.

• Recouvrir de papier ciré ou de matière plastique.

• Faire cuire 20 minutes à «MEDIUM-HIGH». Servir.

🍾 Saumur (rouge), Rémy Pannier

🥘 Côtes du Ventoux, Pasquier Desvignes

Piments doux à l'italienne

Préparation : . . . . **8 min**
Cuisson : . . . . **7 min**
Attente : . . . .**aucune**

Petit conseil : J'aime servir ces piments verts ou rouges comme légume avec le poulet rôti ou le porc. Ils font aussi une intéressante combinaison avec des saucisses et une purée de pommes de terre.

1/2 c. à thé (2 mL) de sucre
sel et poivre au goût

Ingrédients :

3 c. à soupe (50 mL) d'huile d'olive ou végétale

3 piments doux verts ou rouges coupés en languettes

2 oignons tranchés mince

2 gousses d'ail hachées fin

1 c. à thé (5 mL) de basilic

Préparation :

- Faire chauffer l'huile dans un plat de 6 tasses (1,5 L) 2 minutes à «HIGH».

- Ajouter les piments doux, les oignons et l'ail. Bien remuer.

- Faire cuire 5 minutes à «HIGH».

- Remuer de nouveau et ajouter le reste des ingrédients.

- Remuer et servir.

Le poireau

- Le poireau est le membre de la famille des oignons dont la saveur est la plus délicate, et il s'emploie de multiples façons. Le poireau est un beau légume, long, mince, moitié blanc, moitié vert.

- Le poireau est en saison du début de septembre à la fin de novembre ; il est cependant sur le marché presque toute l'année.

- Pour le congeler et le conserver, il est préférable de l'acheter à la fin de l'automne.

Poireaux nature

L'achat

• Choisir des poireaux à long col blanc et dont le vert foncé a une apparence très fraîche.

La conservation

• Séparer le vert du blanc en coupant, mais sans séparer les feuilles.

• Mettre le vert séparément dans un sac de matière plastique et les bouts blancs dans un autre sac. Ne pas laver.

• Fermer le sac en laissant un petit espace libre sur le dessus.

• Ainsi préparés et réfrigérés, les poireaux pourront être conservés de 8 à 10 semaines.

La congélation

• Il faut aussi séparer le blanc du vert.

• Remplir un bol d'eau froide et y laver le vert, en écartant les feuilles.

• Les laisser égoutter quelques minutes, puis les bien secouer pour enlever le plus d'eau possible.

• Mettre dans le contenant autant de feuilles que possible en les rangeant également ensemble.

• Faire fondre **1 c. à thé (5 mL) de beurre ou de margarine** 30 secondes à «HIGH».

• Le faire directement dans le contenant, s'il se prête à la cuisson aux micro-ondes, et y mettre autant du vert tranché qu'il peut contenir.

• Remuer, ajouter une bonne pincée de sucre — PAS DE SEL.

• Faire cuire 2 minutes à «HIGH».

• Remuer, couvrir et faire congeler.

Utilisation

• En ajouter à la soupe, aux carottes, aux choux de Bruxelles ou au chou avant la cuisson aux micro-ondes.

• On peut aussi en ajouter à la farce pour poulet ou dinde, au riz ou aux nouilles.

• Quant à la quantité, c'est selon votre goût.

• Le blanc du poireau peut être préparé et congelé de la même manière que le vert.

• J'aime en ajouter à la purée de pommes de terre pour remplacer les oignons.

Poireaux et tomates de ma mère

Préparation : . . . . **10 min**
Cuisson : . . . . **7 min**
Attente : . . . . **aucune**

Petit conseil : Maman aimait beaucoup les poireaux, et voici une de ses créations, très appréciée de la famille et des amis. Elle servait ce plat chaud avec du riz ou des nouilles ou du poulet rôti.

Ingrédients :

4 à 6 poireaux, selon la grosseur
3 c. à soupe (50 mL) d'huile d'olive
1 gros oignon haché fin
1/2 tasse (125 mL) de carottes pelées, râpées
1 tasse (250 mL) de tomates fraîches, en dés
1 c. à thé (5 mL) de sucre
1/2 c. à thé (2 mL) de basilic ou d'estragon
sel et poivre au goût

Préparation :

• Nettoyer les poireaux et séparer le blanc et le vert, tel qu'indiqué pour les poireaux nature.

• Couper le blanc et la partie verte **d'un seul poireau** en morceaux d'un pouce (2,5 cm).

• Verser l'huile dans un plat pour cuisson aux micro-ondes de 4 tasses (1 L) et faire chauffer 1 minute à «HIGH».

• Ajouter l'oignon et la carotte râpée, remuer pour bien enrober d'huile

• Faire cuire 3 minutes à «HIGH».

• Ajouter le reste des ingrédients.

• Couvrir et faire cuire 4 minutes à «MEDIUM-HIGH», en remuant après 2 minutes de cuisson. Servir.

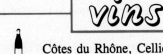

 Côtes du Rhône, Cellier des Dauphins
Côtes du Rhône, Château du Trignon, Cuvée Charles Roux

Poireaux braisés à la française

Préparation : . . . . **10 min**
Cuisson : . . . . **7 min**
Attente : . . . . **aucune**

Petit conseil : Pour la préparation de ce plat élégant, n'utiliser que le blanc de poireaux petits ou moyens. Le servir chaud comme légume, ou froid avec une vinaigrette de votre choix.

Ingrédients :

6 poireaux moyens, le blanc seulement
1/4 de tasse (60 mL) de consommé de poulet
2 feuilles de laurier
3 c. à soupe (50 mL) de persil émincé
1/4 de c. à thé (1 mL) de sel
poivre au goût

Préparation :

• Couper chaque poireau à la ligne du vert, car le blanc seulement est utilisé ici.

• Sur la façon d'utiliser le vert, faire tel qu'indiqué pour les poireaux nature.

• Couper chaque poireau en quatre sur la longueur.

• Les laver avec soin à l'eau froide courante et les bien disposer dans un plat en long pour la cuisson aux micro-ondes (il y a un plat Micro-Dur qui convient très bien).

• Ajouter le consommé de poulet et les feuilles de laurier. Couvrir, faire cuire 6 minutes à «HIGH». Bien égoutter.*

• Ajouter le persil, le sel et le poivre aux poireaux égouttés.

Pour les servir chauds :

• Ajouter un morceau de beurre aux poireaux assaisonnés, faire réchauffer 1 minute à «HIGH».

Pour les servir froids :

• Omettre le beurre; les remuer simplement, lorsqu'ils auront refroidi, avec une vinaigrette de votre choix.

Ajouter cette «eau savoureuse» à une soupe ou conserver pour une sauce ou pour faire cuire un autre légume aux micro-ondes.

Poireaux
San Antonio

Préparation : . . . . **10 min**
Cuisson : . . . . **de 12 à 14 min**
Attente : . . . .**aucune**

Petit conseil : Une façon sicilienne d'apprêter les poireaux pour les servir avec le poulet ou le veau, ou sur le riz à grain long cuit aux micro-ondes.

Ingrédients :

4 poireaux moyens
1/4 de tasse (60 mL) d'eau chaude
1 c. à soupe (15 mL) de fécule de maïs
2 c. à soupe (15 mL) de beurre ramolli
le jus et le zeste d'une lime ou d'un petit citron
1/2 c. à thé (2 mL) de sel
une bonne pincée de sucre

Préparation :

• Nettoyer les poireaux, enlever les feuilles extérieures et enlever la moitié du vert (l'utiliser dans une soupe ou un ragoût).

• Faire une incision dans la partie verte qui reste à partir du blanc.

• Laver à l'eau courante en laissant l'eau couler entre les feuilles où le sable a tendance à s'accumuler.

• Bien égoutter (voir les poireaux nature).

• Mettre les poireaux préparés entiers dans un plat en céramique carré de 8 pouces (20 cm) ou ovale, en faisant une incision avec la pointe d'un couteau dans la partie verte seulement pour la séparer en deux.

• Verser l'eau chaude sur les poireaux.

• Recouvrir le plat de papier ciré, faire cuire à «HIGH» 7 ou 8 minutes. Laisser reposer 2 minutes.

• Mettre les poireaux cuits sur un plat.

• Mélanger la fécule de maïs, le beurre, le jus et le zeste de lime ou de citron, le sel et le sucre.

• Ajouter ce mélange à l'eau de cuisson des poireaux qui reste dans le plat. Bien mélanger.

• Faire cuire à «HIGH» 3 minutes.

• Bien mélanger, ajouter un peu d'eau si le mélange est trop épais. Remuer.

• Faire cuire 1 ou 2 minutes de plus à «HIGH», remuer et verser sur les poireaux cuits.

• Réchauffer, si nécessaire, environ 1 minute à «MEDIUM».

Quiche du pays de Galles

Préparation : . . . . **12 min**
Cuisson : . . . . **de 23 à 24 min**
Attente : . . . .**aucune**

Petit conseil : Au pays de Galles, c'est un très bon plat de famille. C'est un genre de quiche sans pâte. C'est aussi un plat des Fêtes, servi avec la dinde ou le poulet rôti, froid.

Ingrédients :

6 poireaux moyens

1/2 tasse (125 mL) de consommé de poulet

le jus et le zeste râpé d'un demi-citron

2 c. à soupe (30 mL) de beurre

4 oeufs

1/4 de tasse (60 mL) de crème au choix

2 tasses (500 g) de fromage cottage

sel et poivre au goût

3 c. à soupe (50 mL) de chapelure fine de biscuits soda

Préparation :

• Nettoyer les poireaux, tel qu'indiqué pour les poireaux nature.

• Couper les deux parties, la verte et la blanche, en bouts d'un pouce (2,5 cm).

• Mettre dans un plat pour cuisson aux micro-ondes avec le consommé de poulet, le jus et le zeste de citron et le beurre.

• Faire cuire à « HIGH » 8 ou 9 minutes, en remuant une fois.

• Égoutter, réservant le jus de cuisson.

• Battre ensemble les oeufs, la crème et le fromage cottage jusqu'à ce que le tout soit bien mélangé et crémeux.

• Ajouter 1/4 de tasse (60 mL) du jus de cuisson réservé. Remuer pour bien mélanger.

• Saler et poivrer au goût, ajouter la chapelure en remuant.

• Verser le tout dans une assiette à tarte de 9 ou 10 pouces (23 ou 25 cm). Saupoudrer de paprika.

• Faire cuire 15 minutes à « MEDIUM ». Servir aussitôt prêt.

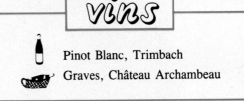

vins

Pinot Blanc, Trimbach
Graves, Château Archambeau

• Tous sont d'accord que les petits pois frais du jardin appartiennent à la royauté du monde des légumes. Le problème est qu'ils doivent être préparés, cuits et consommés le plus tôt possible après la cueillette au jardin, ce qui est un rare délice. Je vous souhaite, si possible, d'en jouir à leur meilleur.

Petits pois nature

L'achat

• Les marchés présentent d'excellents petits pois en juillet et en août.

• Il faut acheter ceux qui sont d'un vert foncé, sans taches jaunes, et choisir de préférence les petites cosses car les pois sont plus tendres.

• Il faut aussi les faire cuire le plus tôt possible après l'achat.

• Une livre (500 g) de pois en cosses est l'équivalent de 1 à 2 tasses (250 à 500 mL) de pois écossés.

La conservation

• Les petits pois se détériorent très rapidement après la récolte.

• Les pois en cosses ont tendance à durcir; c'est pourquoi ils doivent être utilisés le plus tôt possible.

• S'ils doivent être conservés, les placer sans les écosser dans un sac de matière plastique et les réfrigérer.

• Ils ne doivent pas être conservés plus de 24 heures avant la cuisson.

La cuisson

• N'écosser les pois qu'au moment de la cuisson.

• Laver 6 à 8 cosses et les mettre au fond du plat.

• Recouvrir des pois et saupoudrer d'une bonne pincée de sucre et de 3 c. à soupe (50 mL) d'eau.

• Couvrir, faire cuire à «HIGH» 6 à 8 minutes pour 1 livre (500 g).

• Remuer et vérifier la cuisson après 5 minutes, car les petits pois cueillis au jardin cuisent plus vite que ceux qui sont achetés.

• Égoutter, saler au goût, ne pas poivrer. Servir.

Cuisson des petits pois surgelés

• Un des meilleurs légumes surgelés.

• Simplement mettre la quantité requise, surgelée, dans un plat, et ne pas ajouter d'eau.

• Couvrir, faire cuire à «HIGH»; 4 à 5 minutes suffiront pour 1 1/2 tasse (375 mL).

• L'été, je cueille quelques feuilles de basilic, de menthe, ou un peu de ciboulette, que je hache pour ajouter aux petits pois cuits avec un morceau de beurre.

• Remuer et servir. Ne pas saler ni poivrer.

Cuisson par «auto-senseur» de petits pois frais ou surgelés

• Écosser les petits pois frais, ajouter une pincée de sucre et **2 c. à soupe (30 mL) de beurre** pour chaque quantité de 2 à 3 tasses (500 à 750 mL) de pois frais ou surgelés.

• Mettre dans un plat Micro-Dur, couvrir. À défaut d'un tel plat, couvrir d'une feuille de matière plastique.

• Programmer le senseur à «VEGETABLE HARD». Mettre le four en marche.

• Lorsque le timbre sonore se fera entendre, retirer le plat du four, laisser reposer couvert de 4 à 5 minutes.

• J'ajoute toujours le jus des pois à la sauce d'une viande, ce qui la rend savoureuse.

Petits pois à la française

Préparation :	**14 min**
Cuisson :	**6 min**
Attente :	**5 min**

• Un des grands plats du répertoire de la cuisine française. C'est aussi le premier légume que j'ai fait cuire aux micro-ondes, il y a dix ans, en utilisant les pois frais de mon jardin. La couleur, la saveur et la texture étaient si parfaites que depuis je ne les ai jamais mangés que cuits au four à micro-ondes.

Ingrédients :

3 c. à soupe (50 mL) de beurre

2 tasses (500 mL) de laitue déchiquetée grossièrement

1 c. à soupe (15 mL) de persil frais, haché fin

1 c. à soupe (15 mL) de sucre

2 à 3 tasses (500 à 750 mL) de petits pois écossés*

12 petits oignons blancs à marinade, pelés, *ou*
   6 oignons verts hachés fin

* Si vous désirez remplacer les petits pois frais par des pois surgelés, utilisez la même quantité ; il n'est pas nécessaire de les décongeler. Les ajouter au tout et faire cuire tel que ci-haut.

Préparation :

• Faire fondre le beurre dans un plat de 10 tasses (2,5 L) 1 minute à «HIGH».

• Ajouter la laitue, le persil et le sucre, bien mélanger.

• Mélanger les petits pois et les oignons blancs ou les oignons verts, les mettre sur la laitue.

• Couvrir et faire cuire 6 minutes à «HIGH».

• Laisser reposer 5 minutes. Saler et poivrer au goût. Servir.

Petit truc : Pour faire cuire plus d'un aliment à la fois dans le four à micro-ondes :
S'il y en a deux : les disposer un à côté de l'autre avec un pouce (2,5 cm) de distance entre les deux ;
s'il y en a trois : les disposer en triangle avec un pouce (2,5 cm) de distance entre chacun ;
s'il y en a plus de trois : les disposer en cercle, en laissant le milieu libre.

Petits pois à la menthe

Préparation :	**12 min**
Cuisson :	**de 8 à 9 min**
Attente :	**5 min**

• Une de mes recettes préférées pour la cuisson des petits pois frais cueillis. L'hiver, j'utilise les petits pois surgelés.

Ingrédients :

2 c. à soupe (30 mL) de beurre

6 oignons verts, en dés

2 tasses (500 mL) de petits pois frais ou surgelés

2 c. à soupe (30 mL) d'eau*

2 c. à soupe (30 mL) de menthe fraîche, hachée fin

1 c. à thé (5 mL) de sucre

1 c. à thé (5 mL) de jus de citron

* Si des pois surgelés sont utilisés, omettre l'eau.

Préparation :

• Faire fondre le beurre dans un plat de 4 tasses (1 L) 1 minute à «HIGH».

• Ajouter les oignons verts, remuer jusqu'à ce qu'ils soient enrobés de beurre.

• Faire cuire 3 minutes à «HIGH».

• Ajouter le reste des ingrédients, couvrir et faire cuire 5 à 6 minutes.

Mes petits pois surgelés avec champignons

Préparation :	....	**13 min**
Cuisson :	....	**7 min**
Attente :	....	**aucune**

• Lorsque la saison des petits pois frais est passée, j'utilise les pois surgelés. Je les fais cuire selon la recette suivante.

Ingrédients :

2 c. à soupe (30 mL) de beurre

3 oignons verts, hachés fin *ou*
1 poireau, petit ou moyen, tranché mince

1 boîte de champignons tranchés à votre choix

2 à 3 tasses (500 à 750 mL) de petits pois surgelés

1 c. à thé (5 mL) de sucre

1/2 c. à thé (2 mL) de basilic

sel au goût

Préparation :

• Faire fondre le beurre dans un plat de 8 tasses (2 L) 1 minute à «HIGH».

• Ajouter les oignons verts ou le poireau.

• Bien mélanger, couvrir et faire cuire 2 minutes à «HIGH».

• Remuer et ajouter le reste des ingrédients. Bien remuer.

• Couvrir et faire cuire 5 minutes à «HIGH». Saler au goût et servir.

Petit truc : Après décongélation d'une volaille, si l'intérieur est encore surgelé, faire couler de l'eau froide à l'intérieur.

Trucs de cuisson avec les petits pois surgelés

• J'ai toujours dans ma cuisine un carnet où j'inscris au fur et à mesure des idées de cuisson aux micro-ondes, le temps de cuisson requis et le résultat, bon ou très bon.

• Voici mes notes sur les petits pois surgelés. J'ai pris l'habitude d'indiquer mes préférences en y dessinant un astérisque. Vous pourriez en faire autant.

Ingrédients :

2 c. à soupe (30 mL) de beurre ou de margarine
4 tasses (1 L) de petits pois surgelés
1/2 c. à thé (2 mL) de sucre

Préparation :

• Faire fondre le beurre 1 minute à «HIGH» dans un plat de 4 tasses (1 L).

• Ajouter les pois et le sucre.

• Choisissez ci-dessous la variante que vous préférez.

• Remuer, couvrir et faire cuire 6 minutes à «HIGH». Remuer et servir.

Délice estival :

• Omettre le beurre ou la margarine.

• Ajouter **2 à 3 c. à soupe (30 à 50 mL) de ciboulette émincée** aux pois et au sucre avant la cuisson.

• Faire cuire tel que requis dans la recette de base.

• Ajouter en remuant **1/3 de tasse (80 mL) de crème sure.**

• Remuer. Faire cuire 1 minute à «HIGH». Servir.

Délice automnal :

• Brosser ou peler **10 à 12 petites pommes de terre nouvelles.**

• Les mettre dans un plat de 4 tasses (1 L).

• Ajouter **1/4 de tasse (60 mL) d'eau.**

• Couvrir et faire cuire 6 minutes à «HIGH».

• Je ne pèle pas les pommes de terre, même après la cuisson.

• Ajouter 4 tasses (1 L) de petits pois surgelés et le sucre. Remuer.

• Couvrir et faire cuire 3 minutes à «HIGH».

• Ajouter du beurre au goût.

À l'année longue :

• Couper en dés **8 à 12 oignons verts,** utiliser le blanc et le vert.

• Faire fondre **2 c. à soupe (30 mL) de beurre** 1 minute à «HIGH».

• Ajouter les oignons verts, bien remuer, ajouter les 4 tasses (1 L) de petits pois surgelés et le sucre. Remuer.

• Faire cuire 6 minutes à «HIGH».

• Assaisonner au goût. Personnellement, je n'utilise ni sel ni poivre. Servir.

À l'anglaise :

• Disposer **6 tranches de bacon** sur un essuie-tout, le mettre sur une assiette.

• Faire cuire à «HIGH» 3 minutes ou jusqu'à ce qu'il soit croustillant.

• Refroidir et briser en petits morceaux.

• Faire cuire les 4 tasses (1 L) de petits pois surgelés tel qu'indiqué dans la recette de base.

• Saupoudrer le bacon sur le dessus au moment de servir.

Plaisir d'automne :

• Faire 4 incisions dans **une courge verte moyenne** avec la pointe d'un couteau.

• Faire cuire 4 minutes à «MEDIUM».

• Disposer sur une assiette et laisser refroidir 10 minutes. Séparer la courge en deux, enlever les graines* avec une cuillère.

• Ajouter un morceau de beurre dans chaque moitié et mettre en purée dans la pelure même.

• Remplir chaque moitié de petits pois surgelés.

• Saupoudrer les pois de quelques pincées de sucre. Mettre sur une assiette.

• Faire cuire 6 minutes à «HIGH».

• La courge peut être apprêtée d'avance et conservée à la température ambiante.

• Au moment de servir, ajouter les pois et faire cuire tel qu'indiqué ci-haut.

Je donne les graines aux petits oiseaux, ils en raffolent. Les mettre simplement dans un petit plat sur l'herbe ou sur la neige.

La pomme de terre

- La pomme de terre est de consommation universelle et se classe au huitième rang par ordre d'importance dans les récoltes alimentaires du monde.

- La pomme de terre est un aliment important et doit occuper une place de choix sur notre table. Ce n'est pas la pomme de terre qui contribue à l'embonpoint, mais plutôt les garnitures (crème, beurre, etc.) qu'on y ajoute. Toute personne au régime apprécie la saveur exquise d'une pomme de terre aux micro-ondes. J'aime beaucoup une pièce de viande grillée, accompagnée d'une pomme de terre cuite aux micro-ondes. Je n'ajoute pas de beurre, ni à l'une ni à l'autre, et cependant le tout est savoureux et pas du tout sec. Rappelons-nous que la pomme de terre est riche en vitamines A et C, et de haute teneur en fer et en calcium ; elle constitue, de ce fait, une portion essentielle de notre régime.

Pommes de terre nature

L'achat

• Il faut choisir des pommes de terre uniformes.

• Il est parfois utile d'avoir un mélange de petites et de grosses pommes de terre.

• Il faut éviter de choisir les pommes de terre qui commencent à germer ou celles qui ont des taches.

• Si elles ont des «yeux» ou des taches, ne couper que la portion nécessaire pour les enlever.

La conservation

• Il faut enlever les pommes de terre du sac et les mettre dans un panier ou un grand bol.

• Les conserver dans un endroit frais, sombre et humide.

• Trop de clarté ou de soleil peut être la cause de taches vertes qu'il faut enlever lorsqu'on pèle les pommes de terre.

Il ne faut pas faire cuire avec la pelure une pomme de terre qui a de ces taches vertes; lorsqu'elles ont été enlevées, elle peut être bouillie.

• Lorsque les pommes de terre sont entreposées dans un endroit propice, elle se conservent de 2 à 3 mois.

La cuisson

Voici pour vous aider un tableau de durée de cuisson approximative.

Tableau de durée de cuisson approximative	
Grosse ou moyenne	**à «HIGH»**
1 pomme de terre	4 à 5 min
2 pommes de terre	7 à 8 min
3 pommes de terre	10 à 12 min
4 pommes de terre	14 à 16 min
6 pommes de terre	17 à 19 min

Petit conseil: Les pommes de terre sont cuites lorsqu'elles sont légèrement tendres au toucher, mais encore fermes. Ne pas oublier qu'elles amollissent beaucoup pendant la durée d'attente.

• Les pommes de terre font exception à la règle de cuisson prolongée pour les légumes plus vieux. Bien entendu, il existe une différence entre les pommes de terre nouvelles et les vieilles pommes de terre. Les cellules de la surface des pommes de terre nouvelles sont mûres, mais elles ont encore une texture très dure et ferme. L'ébullition rapide permet à la chaleur de pénétrer l'amidon intérieur. Dans les vieilles pommes de terre, les cellules de surface se sont élargies pour accommoder les granules d'amidon qui grossissent. Alors, si on les fait bouillir trop vite, la cellulose se brise, le féculent éclate et la pomme de terre se défait en morceaux. Ces quelques notions vous permettront de servir de belles et bonnes pommes de terre.

• Vous comprendrez alors pourquoi les pommes de terre d'hiver peuvent être cuites aux micro-ondes sans ajouter d'eau, mais qu'il faut ajouter 1/4 de tasse (60 mL) d'eau pour faire cuire les pommes de terre nouvelles.

• Les pommes de terre cuites aux micro-ondes retiennent plus d'humidité. Si vous préférez des pommes de terre plus sèches, il faut piquer chacune à 4 ou 5 endroits avec une fourchette à longs fourchons, pour laisser échapper l'excédent d'humidité; 2 à 3 incisions dans chaque pomme de terre peuvent suffire, mais elles seront moins sèches.

• Pour la cuisson de grosses pommes de terre aux micro-ondes, assurez-vous qu'elles sont d'égal volume.

• Il faut disposer les pommes de terre dans le four à micro-ondes comme les rayons d'une roue, avec l'extrémité plus grosse vers l'extérieur et la plus petite vers le centre.

• Il ne faut pas non plus oublier qu'il faut allouer une durée d'attente de 4 à 5 minutes après la cuisson, afin de permettre à la chaleur résiduelle d'achever la cuisson des pommes de terre. C'est pourquoi il est important de bien déterminer la durée de cuisson, car la pomme de terre amollit considérablement durant la période d'attente.

• Une pomme de terre trop cuite est gommeuse à l'intérieur et prend une apparence ratatinée.

• Pour les pommes de terre pelées, puis coupées en deux ou en dés, ou tranchées, il faut ajouter 1/4 de tasse (60 mL) d'eau pour la cuisson de 6 à 8 pommes de terre moyennes. Les couvrir et les faire cuire à «HIGH» tel qu'indiqué plus haut.

• Si votre four à micro-ondes a l'auto-senseur, préparer les pommes de terre de la même manière, les couvrir avec un couvercle, si vous possédez un plat de plastique, ou recouvrir tout plat de votre choix d'une feuille de matière plastique, en pressant tout autour du plat pour qu'elle adhère bien. Faire cuire à «SENSOR A6» ou selon les données de votre four. Laisser reposer 5 minutes, couvertes, après la période de cuisson.

• Quelle que soit la cuisson choisie pour les pommes de terre, si elles deviennent gommeuses ou très ratatinées, elles auront trop cuit.

Les pommes de terre frites

• Ne peuvent être faites aux micro-ondes; toutefois, elles peuvent très bien y être réchauffées lorsque fraîchement frites ou surgelées.

• Étendre les frites, fraîches ou surgelées, dans un plat pour cuisson aux micro-ondes assez grand pour les contenir toutes en une seule couche.

• Pour les frites surgelées, les passer au cycle «DEFROST» 2 ou 3 minutes pour 3 à 4 tasses (750 mL à 1 L), bien remuer; ensuite, les faire chauffer aux micro-ondes de 2 à 3 minutes à «HIGH», pour les rendre croustillantes.

• Pour réchauffer les frites fraîchement cuites, les étendre sur un plat et les réchauffer 2 à 3 minutes à «HIGH», pour chaque quantité de 3 à 4 tasses (750 mL à 1 L) de pommes de terres frites.

Pommes de terre grêlées

Préparation:	**10 min**
Cuisson:	**de 17 à 19 min**
Attente:	**aucune**

Petit conseil: Apprenez à les faire. C'est rapide, facile, et le résultat est toujours parfait. Selon la grosseur et la variété des pommes de terre, la durée de cuisson peut varier plus ou moins. Vérifier avec la pointe d'un couteau (voir pommes de terre nature).

Ingrédients:

6 pommes de terre moyennes

1 c. à thé (5 mL) de gros sel

1 c. à soupe (15 mL) de beurre mou
  ou de margarine

Préparation:

• Choisir les pommes de terre d'égale grosseur.

• Les brosser à l'eau froide courante.

• Les essuyer avec un essuie-tout.

• Faire 4 à 5 incisions dans chaque pomme de terre avec la pointe d'un couteau.

• Mettre le sel sur une assiette ou un essuie-tout.

• Déposer le beurre ou la margarine au milieu de votre main gauche.

• Rouler chaque pomme de terre entre vos mains pour l'enrober du gras.

• La rouler ensuite dans le gros sel.

• La quantité de beurre (ou de margarine) et de sel qu'indique la recette est suffisante pour 6 pommes de terre.

• Disposer les pommes de terre en cercle sur le plateau du four à micro-ondes.

• Faire cuire d'après les données du tableau pour les pommes de terre nature.

Petit truc: Pour une saveur plus riche, incorporer une cuillerée de miel à la crème fouettée.

Pommes de terre persillées

Préparation:	**8 min**
Cuisson:	**de 12 à 18 min**
Attente:	**aucune**

Petit conseil: Pour cette recette, choisir de petites pommes de terre. Lorsque j'achète un gros sac de pommes de terre, je retire toutes les petites qui sont mêlées aux grosses. (J'utilise aussi les premières petites pommes de terre de mon jardin).

Ingrédients:

6 à 9 petites pommes de terres pelées

1/4 de tasse (60 mL) d'eau

2 c. à soupe (30 mL) de beurre

1/4 de tasse (60 mL) de persil émincé

3 oignons verts hachés fin

sel et poivre au goût

Préparation:

• Laver et peler les pommes de terre.

• Les mettre dans un plat de 4 tasses (1 L), ajouter l'eau.

• Couvrir et faire cuire à «HIGH» 6 à 9 minutes, ou jusqu'à ce qu'elles soient tendres, en remuant deux fois durant la période de cuisson.

• Les égoutter en réservant l'eau de cuisson.

• Mettre l'eau de cuisson réservée dans un bol.

• Ajouter le reste des ingrédients.

• Faire cuire 4 à 6 minutes à «HIGH», ou jusqu'à ce que le liquide épaississe.

• Remuer pour bien mélanger.

• Ajouter les pommes de terre cuites et remuer avec soin jusqu'à ce qu'elles soient enrobées du mélange persillé, couvrir.

• Au moment de servir, faire réchauffer 2 à 3 minutes à «MEDIUM-HIGH».

Petit truc: 1/4 de c. à thé (1 mL) d'une herbe séchée est l'équivalent de 1 c. à thé (5 mL) d'herbe fraîche.

Pommes de terre escalopées

Préparation : . . . . **7 min**
Cuisson : . . . . **de 28 à 35 min**
Attente : . . . . **aucune**

• La cuisson aux micro-ondes les rend crémeuses et savoureuses. C'est si rapide en comparaison de la cuisson habituelle.

Ingrédients :

3 c. à soupe (50 mL) de beurre

1 oignon pelé et haché fin

1 c. à thé (5 mL) de sel

1/4 de c. à thé (2 mL) de poivre

1 c. à thé (5 mL) de sarriette ou d'aneth

3 c. à soupe (50 mL) de farine ou d'arrow-root

2 tasses (500 mL) de lait*

4 tasses (1 L) de pommes de terre pelées et tranchées mince

* Vous pouvez aussi utiliser 1 tasse (250 mL) de lait et 1 tasse (250 mL) de bouillon de poulet.

Préparation :

• Mettre dans un bol, le beurre, l'oignon, le sel, le poivre et la sarriette ou l'aneth.

• Faire cuire 2 minutes à «HIGH».

• Ajouter la farine ou l'arrow-root en remuant pour bien mélanger, ajouter le lait.

• Bien remuer, faire cuire 6 à 8 minutes à «MEDIUM», en remuant deux fois.

• Lorsque le mélange est crémeux, vérifier l'assaisonnement.

• Disposer les pommes de terre tranchées mince en couches superposées dans une grande assiette à tarte ou dans un plat de 4 tasses (1 L). Verser la sauce sur le tout.

• Remuer les pommes de terre ici et là avec la pointe d'un couteau afin que la sauce se répande également dans les pommes de terre.

• Saupoudrer le dessus de paprika.

• Faire cuire à «MEDIUM» 20 à 25 minutes, en vérifiant la cuisson des pommes de terre avec la pointe d'un couteau.

• Cette recette donnera six bonnes portions, elle peut facilement être divisée en deux.

• Pour une plus petite quantité, réduire la durée de cuisson de 10 minutes environ.

Manière de réchauffer un reste

Mettre tout reste dans un petit plat, en prenant soin de ne pas mélanger les couches alternées.

• Couvrir et conserver au réfrigérateur.

• Au moment de servir, faire réchauffer, couvert à «MEDIUM» jusqu'à ce que le tout soit chaud.

• Le temps varie selon la quantité ; il faut vérifier toutes les 3 minutes.

Pommes de terre farcies

Préparation : . . . . **15 min**
Cuisson : . . . . **de 18 à 23 min**
Attente : . . . .**aucune**

• Je les prépare le matin, pour simplement les réchauffer à l'heure du déjeuner ou du dîner. Leur succès est toujours assuré.

Ingrédients :

6 pommes de terre moyennes d'égale grosseur

3 c. à soupe (50 mL) de beurre

1/3 de tasse (80 mL) de crème sure ou de yaourt nature

1/2 c. à thé (2 mL) de sel

1/4 de c. à thé (1 mL) de poivre

1/2 c. à thé (2 mL) de sarriette (facultatif)

2 oignons verts hachés fin

paprika au goût

Préparation :

• Brosser les pommes de terre à l'eau froide courante.

• Les mettre en cercle dans le four à micro-ondes.

• Faire cuire 14 à 16 minutes à «HIGH».

• Vérifier la cuisson avec la pointe d'un couteau après 14 minutes.

• Laisser refroidir 5 minutes, puis couper une tranche ovale sur le dessus de chaque pomme de terre.

• Retirer la pulpe à l'aide d'une cuiller ou couper chaque pomme de terre en deux et l'évider.

• Ajouter le reste des ingrédients à la pomme de terre, excepté le paprika.

• Piler pour obtenir un mélange lisse et crémeux.

• Remplir de purée chaque coquille de pomme de terre. Saupoudrer de paprika.

• Les disposer en cercle dans le four à micro-ondes.

• Faire cuire à «MEDIUM-HIGH» de 4 à 7 minutes, ou jusqu'à ce que les pommes de terre soient très chaudes.

Petit conseil : Ces pommes de terre farcies peuvent être apprêtées d'avance, prêtes à être réchauffées, en les laissant sur le comptoir de la cuisine recouvertes d'un bol. Ne pas les réfrigérer.

 Bordeaux (blanc), Château Lascombes

Bordeaux (blanc), La Cour Pavillon

Pommes de terre «rosties»

cuisson par convexion et aux micro-ondes

> **Petit conseil:** Cette délicieuse façon de faire rôtir les pommes de terre se fait à la perfection dans la partie convexion de votre four à micro-ondes. Elles peuvent aussi être cuites aux micro-ondes, mais n'auront pas cette belle croûte dorée. Pour accompagner le poulet, je préfère les faire cuire aux micro-ondes.

Ingrédients:

6 à 8 pommes de terre moyennes

4 c. à soupe (60 mL) de beurre

1/2 c. à thé (2 mL) de sel

Préparation:

- Brosser les pommes de terre à l'eau froide courante.

- Percer chacune trois fois avec la pointe d'un couteau.

- Les mettre en cercle sur une claie allant aux micro-ondes.

- Faire cuire à «HIGH» 9 à 12 minutes, en vérifiant la cuisson avec la pointe d'un couteau. Laisser reposer de 20 à 30 minutes.

- Au moment de les utiliser, peler les pommes de terre, les hacher ou les râper grossièrement.

- Faire fondre le beurre dans un plat de 4 tasses (1 L) 4 minutes à «HIGH». Le beurre sera doré.

- Ajouter les pommes de terre et le sel. Bien remuer.

- Presser fortement dans le plat avec le dos d'une fourchette.

- Le mettre sur une grille dans la partie convexion de votre four à micro-ondes, préchauffée à 400°F (200°C).

- Faire cuire de 15 à 20 minutes, ou jusqu'à ce que les pommes de terre soient dorées.

- Saupoudrer de paprika ici et là. Servir.

> **Petit truc:** Le poulet est cuit lorsque le jus qui en sort est jaune et clair et que le pilon se déplace facilement.

Préparation: . . . . **30 min**

Cuisson: . . . . **de 24 à 32 min**

Attente: . . . .**aucune**

Pommes de terre en sauce brune

Préparation : . . . . **5 min**
Cuisson : . . . . **9 min**
Attente : . . . .**aucune**

Petit conseil : Ce sont les pommes de terre parfaites à servir avec tout rôti. Je fais cuire mes pommes de terre aux micro-ondes et je les ajoute à la sauce brune du rôti. Je les prépare aussi avec un reste de sauce, pour les servir avec des tranches froides du rôti.

Ingrédients :

1/4 à 1/2 tasse (60 à 125 mL) du reste de sauce d'un rôti (le gras et le jus)

1 c. à thé (5 mL) de «Kitchen Bouquet»

1/4 de c. à thé (1 mL) de paprika et autant de sarriette

4 à 6 pommes de terre moyennes pelées

Préparation :

• Mettre le reste de sauce dans un plat de 10 tasses (2,5 L).

• Faire chauffer 1 minute à «HIGH».

• Ajouter le reste des ingrédients, y rouler les pommes de terre pour les bien enrober.

• Couvrir et faire cuire à «HIGH» 4 minutes.

• Bien remuer et faire cuire 4 minutes de plus à «HIGH», ou jusqu'à ce que les pommes de terre soient tendres.

• Saler et poivrer au goût. Servir.

Petit truc : Pour réchauffer des viandes tranchées, disposer à plat sur une assiette et couvrir d'un papier ciré. On peut ajouter de la sauce ou du jus de cuisson afin de prévenir tout dessèchement.

Purée de pommes de terre parisienne

Préparation :	**12 min**
Cuisson :	**de 10 à 15 min**
Attente :	**aucune**

> **Petit conseil :** L'addition de crème sure, de sarriette, d'oignons verts en hiver, de ciboulette en été et de persil, donne une délicieuse purée crémeuse. Si votre four à micro-ondes a l'auto-senseur, il faut l'utiliser pour la cuisson des pommes de terre.

Ingrédients :

6 pommes de terre moyennes d'égale grosseur, pelées et coupées en quartiers

1 c. à thé (5 mL) de sel

1/4 de tasse (60 mL) d'eau

1/2 tasse (125 mL) de crème sure

1/4 de tasse (60 mL) de beurre ou de margarine

1 c. à thé (5 mL) de sarriette

4 oignons verts hachés fin *ou*
3 c. à soupe (50 mL) de ciboulette fraîche hachée

1/4 de tasse (60 mL) de persil frais haché fin

Préparation :

• Laver les pommes de terre à l'eau froide courante, les peler et les couper en quartiers.

• Les mettre dans un plat avec le sel et l'eau. Bien remuer.

• Couvrir et faire cuire 8 à 10 minutes.

• Égoutter, piler, et ajouter le reste des ingrédients.

• Battre jusqu'à ce que le tout soit lisse et bien mélangé. Vérifier l'assaisonnement.

• Mettre dans un plat pour la cuisson aux micro-ondes. Couvrir.

• Conserver à la température de la pièce et faire réchauffer au moment de servir, 2 à 5 minutes à «MEDIUM», si nécessaire.

Pommes de terre à l'orientale

Préparation :	**7 min**
Cuisson :	**de 15 à 16 min**
Attente :	**aucune**

• Ces pommes de terre sont très savoureuses. C'est en cherchant une bonne recette pour accompagner les petites côtes de porc à l'orientale que je les ai apprêtées ainsi pour la première fois.

Ingrédients :

1 c. à soupe (15 mL) de Bovril aux légumes

1 c. à soupe (15 mL) de sauce de soja

2 oignons verts hachés fin

2 c. à soupe (30 mL) de beurre

6 pommes de terre moyennes pelées

sel et poivre au goût

Préparation :

• Mettre dans un plat de 8 tasses (2 L) le Bovril aux légumes, la sauce de soja, les oignons verts et le beurre.

• Faire cuire, sans couvrir, 3 minutes à «HIGH», en remuant après 2 minutes de cuisson.

• Ajouter les pommes de terre pelées, en vous assurant qu'elles sont toutes d'égale grosseur.

• Remuer pour les bien enrober du mélange chaud.

• Faire cuire, à découvert, 10 minutes à «HIGH».

• Remuer, vérifier la cuisson avec la pointe d'un couteau.

• Si nécessaire, faire cuire de 2 à 3 minutes de plus. Servir très chaudes.

431

Pelures de pommes de terre

Préparation : . . . . **20 min**	
Cuisson : . . . . **de 22 à 26 min**	
Attente : . . . . **aucune**	

Petit conseil : Un hors-d'oeuvre intéressant qui remonte très loin dans notre histoire culinaire canadienne, et qui est subitement devenu populaire en tous lieux. Six pommes de terre donneront 12 moitiés pour servir comme entrée, ou 24 quarts comme amuse-gueule.

Ingrédients :

5 à 6 pommes de terre moyennes

3 c. à soupe (50 mL) de beurre fondu

1/2 c. à thé (2 mL) de sel de céleri

1/2 c. à thé (2 mL) de sarriette

1/2 tasse (125 mL) de fromage râpé
de votre choix

Préparation :

• Laver les pommes de terre, faire 3 ou 4 incisions dans chacune avec la pointe d'un couteau.

• Les disposer en cercle sur une claie pour cuisson aux micro-ondes.

• Faire cuire à «HIGH» 10 à 12 minutes, en retournant chaque pomme de terre après 5 minutes de cuisson.

• Laisser reposer 10 minutes après la cuisson.

• Couper chaque pomme de terre en deux en longueur.

• Pour faire des morceaux plus petits, couper chaque demie en longueur.

• Évider les pommes de terre au-dessus d'un bol.*

• Disposer les pelures dans une assiette à tarte (pyrex ou Corning) de 9 pouces (22,5 cm).

• Faire fondre le beurre dans un petit bol 2 minutes à «HIGH».

• Ajouter le reste des ingrédients, sauf le fromage.

• Remuer pour bien mélanger.

• Brosser l'intérieur de chaque pomme de terre avec le mélange.

• Saupoudrer délicatement chaque morceau avec le fromage.

• Saupoudrer le tout d'un peu de paprika.

• Faire cuire, à découvert, 10 à 12 minutes à «HIGH». Les pelures seront croustillantes.

• Servir aussitôt prêtes.

La pomme de terre évidée peut être mise en purée, couverte et réfrigérée, si elle n'est pas utilisée le jour même. Pour la réchauffer, il suffit de 8 à 9 minutes, couverte, à «MEDIUM-HIGH».

• C'est connu de tous que la tomate est le légume préféré dans le monde entier. Vous serez peut-être étonné d'apprendre qu'elle appartient à la famille botanique qui comprend également la pomme de terre, le piment et l'aubergine. Elle est originaire du Pérou et, de là, s'est répandue à travers le monde.

Tomates nature

L'achat

• Ce n'est pas une tâche facile, à moins que vous ne soyez un acheteur avisé, car la plupart des tomates de nos marchés d'alimentation sont vendues pré-emballées sur des plateaux en matière plastique, et il est difficile d'en bien juger la qualité.

• Cependant, les tomates plutôt fermes, de couleur brillante, exemptes de taches brunes ou de portions vertes, sont les meilleures. Je juge leur poids à leur grosseur.

• Les tomates ne doivent pas être achetées ni trop mûres ni pas assez mûres, car la saveur laisse à désirer; les premières sont aqueuses, les secondes acides.

• Les tomates atteignent la perfection à la fin du printemps et durant l'été.

La conservation

• Lorsque les tomates ne sont pas assez mûres, les conserver à la température ambiante, les unes à côté des autres. Lorsqu'elles sont mûres, les disposer de la même manière, mais les conserver au réfrigérateur.

• Lorsqu'elles doivent être servies crues, les retirer du réfrigérateur une heure ou deux avant la consommation.

La préparation des tomates pour divers usages

Pour les peler :

• Laver les tomates à l'eau froide courante, les tremper quelques secondes dans l'eau bouillante, puis dans l'eau froide.

• Enlever le coeur sur le dessus avec un petit couteau pointu bien tranchant, la pelure s'enlèvera alors avec facilité.

• Si les tomates doivent être cuites, coupées en deux ou en quarts, telles quelles ou avec une garniture sur chaque morceau, on ne doit pas les peler.

• Il ne faut pas non plus peler les tomates farcies entières.

Une note sur la cuisson :

• Il est difficile de juger de la maturité et de la teneur en liquide d'une tomate, la période de cuisson peut donc varier plus ou moins; il faut vérifier à la mi-cuisson.

• Lorsqu'elles doivent être cuites en moitiés, non pelées, les disposer, le côté coupé vers le bas, sur un essuie-tout, pendant 20 à 30 minutes, les apprêter ensuite selon la recette choisie.

Tomates et zucchini étuvés à l'orientale

Préparation : . . . . **8 min**
Cuisson : . . . . **7 min**
Attente : . . . .**aucune**

Petit conseil : Un plat de basse teneur en calories, facile à préparer et à faire cuire, excellent à servir avec une viande grillée.

Ingrédients :

2 zucchini moyens non pelés et tranchés

2 tomates moyennes non pelées

1 c. à soupe (15 mL) d'huile végétale ou de beurre

4 oignons verts, en dés

1 feuille de laurier

1 c. à thé (5 mL) de basilic ou de sarriette

1 c. à thé (5 mL) de sauce de soja

1/4 de c. à thé (1 mL) de sucre

1 grosse gousse d'ail finement hachée

Préparation :

• Enlever les deux extrémités des zucchini, les trancher mince.

• Couper chaque tomate en six.

• Faire chauffer l'huile ou le beurre dans un plat de 4 tasses (1 L) 2 minutes à «HIGH», ajouter les oignons verts.

• Bien mélanger, faire cuire 1 minute à «HIGH».

• Ajouter les zucchini, remuer, faire cuire 2 minutes à «HIGH».

• Ajouter les tomates, la feuille de laurier, le basilic ou la sarriette, bien remuer, couvrir et faire cuire 2 minutes à «HIGH». Bien remuer.

• Ajouter le sucre, la sauce de soja et l'ail.

• Saler et poivrer au goût.

• Au moment de servir, faire cuire 2 minutes à «HIGH».

• Également bon servi chaud, tiède ou à la température ambiante.

Tomates fondues au beurre

Préparation : . . . . **10 min**
Cuisson : . . . . **de 5 à 6 min**
Attente : . . . . **aucune**

Petit conseil : Un bifteck grillé, une pomme de terre au four et ces tomates constituent un fameux repas. Et maintenant, même les fours à micro-ondes sont munis d'un grilleur, qui leur transmet une «quatrième dimension».

Ingrédients :

2 lb (1 kg) de tomates fermes*

4 c. à soupe (60 mL) de beurre

1 c. à soupe (15 mL) de sucre

1/2 c. à thé (2 mL) de poivre

1/2 c. à thé (2 mL) de thym ou de marjolaine

* 2 livres (1 kg) de tomates = 4 à 6 tomates moyennes.

Préparation :

• Verser de l'eau bouillante sur les tomates et laisser reposer 2 minutes.

• Les mettre dans un bol d'eau froide, puis les peler et les couper en quatre.

• Mettre le beurre dans un plat de 4 tasses (1 L), faire cuire 3 minutes à «HIGH», ajouter les tomates, les plaçant les unes à côté des autres.

• Mélanger le reste des ingrédients dans un bol, et saupoudrer sur les tomates.

• Cela peut être préparé une heure ou plus d'avance et conservé à la température de la pièce.

• Au moment de servir, réchauffer 2 à 3 minutes à «MEDIUM-HIGH». Servir.

Tomates escalopées

Préparation : . . . . **7 min**
Cuisson : . . . . **13 min**
Attente : . . . . **aucune**

• Une manière populaire de servir les tomates en conserve comme plat de légumes. Facile et rapide.

Ingrédients :

Une boîte de 19 oz (540 mL) de tomates

1 oignon moyen finement haché

1 c. à soupe (15 mL) de sucre

1/2 c. à thé (2 mL) de sel

1/2 c. à thé (2 mL) de sarriette

1/4 de c. à thé (1 mL) de romarin

2 c. à soupe (30 mL) de beurre

1 tasse (250 mL) de pain, taillé en cubes d'un demi-pouce (2 cm)

Préparation :

• Mettre dans un plat de 4 tasses (1 L), les tomates, l'oignon, le sucre, le sel, la sarriette et le romarin.

• Bien mélanger, faire cuire 10 minutes à «MEDIUM-HIGH», remuer.

• Faire fondre le beurre dans une assiette à tarte en pyrex ou Corning, 3 minutes à «HIGH».

• Ajouter les cubes de pain, remuer et faire cuire 3 minutes à «HIGH», en remuant deux fois.

• Les cubes de pain doivent être dorés ici et là. Les verser très chauds dans la sauce tomate.

• Bien remuer. Saler et poivrer au goût.

Tomates grillées

Petit conseil: Maintenant qu'il existe sur le marché un four à micro-ondes avec un grilleur parfait, pourquoi ne pas essayer la recette préférée d'un grand nombre, les tomates grillées?

Préparation :	**5 min**
Cuisson :	**5 min**
Attente :	**aucune**

Ingrédients :

4 tomates moyennes
1/2 c. à thé (2 mL) de sucre
1/4 de c. à thé (1 mL) de sel
poivre au goût
1/2 c. à thé (2 mL) de thym
1/3 de tasse (80 mL) de crème sure

Variante :

1/2 tasse (125 mL) de chapelure fine
3 c. à soupe (50 mL) de beurre mou
1/4 de c. à thé (1 mL) de poudre de cari *ou*
  1 c. à soupe (15 mL) de sauce chili

Préparation :

• Laver les tomates, enlever le coeur mais ne pas les peler.

• Les couper en deux sur la longueur.

• Mélanger le sucre, le sel, le poivre et le thym.

• Ajouter la crème sure. Bien mélanger.

• Répartir ce mélange sur les moitiées de tomates.

Variante :

• Mélanger la chapelure, le beurre mou, le cari ou la sauce chili.

• Étendre sur chaque moitié de tomates.

• Dans les deux cas, préchauffer le grilleur tel qu'indiqué dans le manuel de votre four.

• Lorsqu'il est chaud, y placer les tomates sur le plateau du four les unes à côté des autres.

• Faire griller 5 minutes. Servir.

Salade cuite de tomates fraîches

Préparation : . . . . **12 min**
Cuisson : . . . . **16 min**
Attente : . . . . **aucune**

Petit conseil : La servir chaude ou à la température de la pièce. Si possible, utiliser les petits champignons. Il est parfois difficile de les trouver frais, mais ils sont disponibles en conserve.

Ingrédients :

1/2 lb (250 g) de petits champignons frais

4 c. à soupe (60 mL) d'huile végétale ou de margarine

1 gros oignon émincé

2 gousses d'ail hachées fin

2 c. à soupe (30 mL) de vinaigre de cidre ou de vin

1 c. à thé (5 mL) de sucre

4 à 6 tomates pelées hachées

1/4 de c. à thé (1 mL) de thym

2 feuilles de laurier

2 c. à soupe (30 mL) de persil frais haché

Préparation :

• Couper les queues des champignons, les essuyer avec un linge.

• Lorsque de gros champignons sont utilisés, couper les queues, les essuyer et trancher les têtes en quatre.

• Faire chauffer l'huile ou la margarine dans un plat de 4 tasses (1 L), 3 minutes à «HIGH», ajouter les champignons, bien remuer et faire cuire 2 minutes à «HIGH».

• Ajouter l'oignon et l'ail, remuer et faire cuire 3 minutes à «HIGH». Bien remuer.

• Remuer ensemble le vinaigre et le sucre.

• Ajouter ce mélange aux tomates. Faire cuire 4 minutes à «HIGH».

• Ajouter le reste des ingrédients et les champignons. Remuer pour bien mélanger, faire cuire 4 minutes à «HIGH».

• Servir chaude ou à la température de la pièce.

Tomates Saint-Raphaël

Préparation :	**10 min**
Cuisson :	**de 7 à 9 min**
Attente :	**aucune**

Petit conseil : Ces tomates m'ont été servies chaudes avec un plat d'oeufs cuits durs tranchés, simplement saupoudrées de ciboulette émincée (les oignons verts peuvent être utilisés), et un panier de pain croûté chaud.

Ingrédients :

4 tomates moyennes

1/4 de tasse (60 mL) de beurre

1 petit oignon haché fin

1/2 c. à thé (2 mL) de basilic ou d'estragon

1/2 tasse (125 mL) de chapelure

3 c. à soupe (50 mL) de fromage râpé

2 c. à thé (10 mL) de sucre

sel et poivre au goût

2 oignons verts hachés fin

Préparation :

• Essayer de choisir des tomates d'égale grosseur.

• Les laver, les couper en deux, les disposer sur des essuie-tout, le côté tranché vers le bas, laisser reposer 10 minutes.

• Faire fondre le beurre dans un bol, 2 minutes à «HIGH».

• Ajouter l'oignon, le basilic ou l'estragon. Bien remuer.

• Faire cuire 2 minutes à «HIGH», en remuant une fois.

• Ajouter la chapelure, remuer et faire dorer 2 à 3 minutes à «HIGH», en remuant une fois. La chapelure brunira légèrement.

• Mettre les tomates, le côté tranché vers le haut, dans un plat de pyrex ou de plastique de 12 sur 8 pouces (30 sur 20 cm).

• Saupoudrer chaque moitié de 1/4 de c. à thé (1 mL) de sucre. Sel et poivre au goût.

• Mélanger la chapelure dorée et le fromage râpé et diviser également sur les tomates.

• Faire cuire à découvert, 3 à 4 minutes à «MEDIUM-HIGH».

• Elles peuvent être préparées d'avance et conservées à la température de la pièce, les recouvrant de la garniture au fromage au moment de les servir.

Tomates cerises sautées

Préparation : . . . . **8 min**
Cuisson : . . . . **5 min**
Attente : . . . . **aucune**

• En été, lorsque ces élégantes petites tomates sont en abondance sur nos marchés, peut-être même dans votre jardin, essayez une de mes recettes préférées. Elle est facile et vite faite.

Ingrédients :

8 à 12 tomates cerises

**1/4 de tasse (60 mL) de beurre ou
de margarine**

1/2 c. à thé (2 mL) de sel

1/4 de c. à thé (1 mL) de poivre

1 c. à thé (5 mL) de sucre

Préparation :

• Laver les tomates rapidement dans l'eau froide, les bien essuyer.

• Enlever le petit coeur sur le dessus.

• Choisir une assiette à tarte ou un plat capable de contenir toutes les tomates les unes à côté des autres, la partie du coeur sur le dessus.

• Mélanger le reste des ingrédients.

• Répartir le mélange également sur chaque tomate.

• Faire cuire 5 minutes à «MEDIUM-HIGH». Servir très chaudes.

Tomates gratinées

cuisson par convexion
ou aux micro-ondes

Préparation :		15 min
Cuisson :	micro-ondes :	de 8 à 10 min
	convexion :	20 min
Attente :		aucune

Petit conseil : À Florence, en Italie, elles sont servies comme hors-d'oeuvre avec des pâtes fines. On utilise les pâtes vertes, qui sont placées cuites au milieu d'un plateau blanc, et entourées des tomates. Un bol de fromage râpé est servi en même temps.

Ingrédients :

6 tomates moyennes

2 c. à soupe (30 mL) d'huile d'olive ou végétale

1 c. à thé (5 mL) de basilic

1/2 c. à thé (2 mL) d'origan

2 gousses d'ail hachées fin

sel et poivre au goût

1/4 de tasse (60 mL) de fromage parmesan râpé

2/3 de tasse (160 mL) de chapelure

Préparation :

• Trancher les tomates en deux sur la largeur et en retirer la pulpe avec une cuiller à thé.

• Enlever les graines de la pulpe de tomate, hacher la pulpe grossièrement et la mettre dans un bol avec tout le liquide des tomates.

• Ajouter l'huile, le basilic, l'origan, l'ail, le sel, le poivre, le parmesan et la chapelure.

• Remuer pour bien mélanger.

• Saupoudrer **1/4 de c. à thé (1 mL) de sucre** dans chaque tomate. Saler et poivrer délicatement.

• Remplir chaque moitié également de la farce.

• Mettre dans un plat pour cuisson aux micro-ondes, assez grand pour contenir toutes les tomates les unes à côté des autres.

• Faire cuire à «MEDIUM-HIGH» de 8 à 10 minutes.

• La période de cuisson varie selon la grosseur des tomates.

Pour les faire cuire par convexion.

• Préchauffer la partie convexion du four à micro-ondes à 350°F (180°C).

• Faire cuire 20 minutes. Servir chaudes.

vins

Saumur (rouge), Château Saint-Florent
Saumur-Champigny, Prince Alexandre

Mousse aux tomates superbe

Petit conseil : Je la sers comme une salade, sur un nid de cresson, ou comme légume avec le saumon poché froid.

Ingrédients :

6 tomates moyennes

3 c. à soupe (50 mL) de beurre

1 c. à soupe (15 mL) de sucre

1/2 c. à thé (2 mL) de basilic

Sauce blanche :

2 c. à soupe (30 mL) de beurre

2 c. à soupe (30 mL) de farine

1 tasse (250 mL) de lait

1 enveloppe de gélatine non aromatisée

2 c. à soupe (30 mL) d'eau froide

1 tasse (250 mL) de crème à fouetter

Préparation :

• Verser de l'eau bouillante sur les tomates et les laisser reposer quelques minutes, puis les peler tel qu'indiqué pour les tomates nature.

• Faire fondre les 3 c. à soupe (50 mL) de beurre 2 minutes à «HIGH», dans un plat de 4 tasses (1 L). Ajouter les tomates pelées, coupées en quatre, le sucre et le basilic. Bien remuer.

• Faire cuire 10 minutes à «MEDIUM», en remuant une fois.

• Faire une sauce blanche comme suit dans une tasse ou un bol de 4 tasses (1L).

• Faire fondre les 2 c. à soupe (30 mL) de beurre dans la tasse ou le bol 2 minutes à «HIGH».

• Y ajouter la farine en remuant et ajouter le lait.

• Faire cuire 2 minutes à «MEDIUM-HIGH», bien remuer et faire cuire 1 minute de plus à «MEDIUM-HIGH», si la sauce n'est pas assez crémeuse.

• Assaisonner au goût.

• Ajouter les tomates, bien mélanger.

• Passer le tout dans une passoire fine ou au robot culinaire.

• Délayer la gélatine dans l'eau froide. Faire cuire 1 minute à «MEDIUM».

Préparation à l'avance :	12 h
Cuisson :	16 min
Attente :	aucune

• Remuer ; si la gélatine est claire, elle est prête à ajouter au mélange des tomates.

• Bien remuer tout en ajoutant la gélatine.

• Fouetter la crème et l'incorporer au mélange des tomates. Saler, si nécessaire.

• Verser dans un joli moule ou dans des coupes individuelles.

• Couvrir et réfrigérer 12 heures avant de servir.

Sauce aux tomates facile

Préparation :	**9 min**
Cuisson :	**15 min**
Attente :	**aucune**

Petit conseil : Cette sauce peut être cuite et congelée en petites quantités pour être ajoutée à une sauce, ou comme garniture pour napper le chou-fleur, le chou ou le céleri. Mélangée à 2 tasses (500 mL) de lait tiède, c'est une soupe ; versée sur le spaghetti cuit et servie avec un bol de fromage râpé, vous avez une sauce à spaghetti ; elle peut aussi être servie pour remplacer la sauce avec le rôti de porc ou de veau.

Ingrédients :

3 c. à soupe (50 mL) de beurre ou
de margarine
1 petit oignon haché finement
1 ou 2 gousses d'ail hachées fin
2 branches de céleri, en dés
1 c. à thé (5 mL) de sucre
1/2 c. à thé (2 mL) de thym et autant de basilic
1 feuille de laurier
une boîte de tomates de 28 oz (796 mL)
sel et poivre au goût

Préparation :

• Faire fondre le beurre ou la margarine dans un plat de 6 tasses (1,5 L) 3 minutes à «HIGH».

• Ajouter l'oignon, l'ail et le céleri.

• Bien remuer, faire cuire 4 minutes à «HIGH».

• Remuer de nouveau.

• Ajouter le reste des ingrédients, bien remuer.

• Faire cuire 8 à 9 minutes à «MEDIUM-HIGH».

• Bien remuer et utiliser.

Petit truc : Il faut tenir compte de la chaleur résiduelle au moment de faire décongeler la viande hachée. Calculer 1 minute par livre (500 g).

Sauce aux tomates vertes

Préparation : . . . . 12 min
Cuisson : . . . . de 25 à 30 min
Attente : . . . . aucune

• Une des préférées du Québec. Si vous avez des tomates dans votre jardin, cette recette vous plaira ; il semble que les tomates vertes sont toujours trop en abondance. Cette sauce se congèle très bien. Il est facile de la décongeler au four à micro-ondes.

Ingrédients :

6 à 8 tomates vertes

4 c. à soupe (60 mL) de beurre

4 oignons moyens, en tranches épaisses

3 pommes pelées et tranchées

1 c. à thé (5 mL) de sel

1/2 c. à thé (2 mL) de poivre

2 clous de girofle entiers

1/2 c. à thé (2 mL) de cannelle

1/2 c. à thé (2 mL) de moutarde sèche

1 c. à soupe (15 mL) de sucre

Préparation :

• Peler les tomates tel qu'indiqué pour les tomates nature, et les couper en tranches épaisses.

• Faire fondre le beurre dans un plat de 10 à 12 tasses (2,5 à 3 L) 2 minutes à « HIGH ».

• Ajouter les tomates, les oignons et les pommes.

• Bien mélanger au beurre, ajouter le reste des ingrédients.

• Bien mélanger. Couvrir.

• Faire cuire 15 minutes à « HIGH ».

• Bien mélanger et faire cuire 10 minutes à « MEDIUM ».

• La sauce devrait être crémeuse et d'une belle texture.

• Si les tomates sont encore un peu dures, les faire cuire 5 minutes de plus à « MEDIUM ».

• Servir.

Petit truc : Pour la cuisson aux micro-ondes d'un plat cuisiné, ne pas oublier de remuer des bords vers le centre à la mi-cuisson.

Bouillon garni au jus de tomate

Préparation : . . . . **7 min**
Cuisson : . . . . **20 min**
Attente : . . . . **aucune**

Petit conseil : Simple et vite fait. On peut, au gré, ajouter une demi-tasse de vermicelle fin.

Ingrédients :

2 c. à thé (10 mL) de beurre ou de gras de bacon

1 gros oignon, haché fin

1/2 tasse (125 mL) de céleri, en dés

4 tasses (1 L) de jus de tomate

1 feuille de laurier

1/2 c. à thé (2 mL) de basilic

1 c. à thé (5 mL) de sucre

1 c. à thé (5 mL) de sel

1/4 de c. à thé (1 mL) de poivre

Préparation :

• Faire fondre le beurre ou le gras de bacon dans un bol de 8 tasses (2 L), 40 secondes à «HIGH»

• Ajouter l'oignon et le céleri.

• Faire cuire 5 minutes à «HIGH», bien brasser et ajouter le reste des ingrédients.

Faire cuire 15 minutes à «HIGH».

• Vérifier l'assaisonnement. Se sert chaud ou froid.

• On peut mettre le bouillon en gelée en ajoutant 2 enveloppes de gélatine non aromatisée, trempée 5 minutes dans 1 tasse (250 mL) de jus de tomate froid.

• Brasser et ajouter à la soupe cuite chaude.

• Bien brasser le tout et faire cuire 2 minutes à «HIGH».

• Laisser refroidir et réfrigérer.

Bouillon aux tomates fraîches

Préparation :	. . . .	**8 min**
Cuisson :	. . . .	**10 min**
Attente :	. . . .	**aucune**

Petit conseil : Pour un brunch léger, servir ce bouillon bien chaud avec petits pains chauds, et accompagné d'un bon fromage coupé en morceaux individuels et faire suivre d'un café cognac. Un délice, et combien facile pour l'hôtesse !

Ingrédients :

2 tasses (500 mL) de tomates fraîches, pelées, en dés

2 tasses (500 mL) de consommé de boeuf

1/2 c. à thé (2 mL) de sucre

1 c. à soupe (15 mL) de jus de citron frais

1 c. à thé (5 mL) de sauce A-1

sel et poivre au goût

1 c. à thé (5 mL) d'aneth ou de basilic*

Préparation :

• Mettre tous les ingrédients dans une soupière** allant au four à micro-ondes.

• Faire chauffer 10 minutes à «HIGH».

 * *Si possible, utiliser du basilic frais, finement émincé.*
** *Vous servir d'une soupière si vous servez à table. Toute casserole pour four à micro-ondes peut être utilisée si vous servez à la cuisine.*

Consommé de tomates fraîches

Préparation : . . . . **15 min**
Cuisson : . . . . **20 min**
Attente : . . . . **20 min**

Petit conseil : Lorsque les tomates fraîches ne sont plus en saison, y substituer des tomates en boîte de 19 onces (540 mL).

Ingrédients :

2 c. à soupe (30 mL) de beurre

4 oignons verts ou 1 petit oignon, hachés

1 grosse gousse d'ail, hachée

4 tasses (1 L) de tomates fraîches, tranchées

3 c. à thé (15 mL) de sucre

1/4 de c. à thé (1 mL) de poivre frais moulu

1 branche de céleri, tranchée

1 tasse (250 mL) d'eau ou de bouillon de boeuf

1 c. à thé (5 mL) de sel

1/2 c. à thé (2 mL) d'origan

1 c. à thé (5 mL) de basilic

Préparation :

• Faire fondre le beurre dans un bol de 8 tasses (2 L), 1 minute à «HIGH».

• Ajouter les oignons et l'ail, mélanger et faire cuire à «HIGH» 4 minutes.

• Bien brasser, il y aura ici et là des particules dorées.

• Ajouter le reste des ingrédients. Couvrir, faire cuire à «HIGH» 15 minutes.

• Laisser reposer 20 minutes et passer au tamis fin, en pressant sur les tomates.

• Des cubes d'avocat et quelques dés de bacon croustillant font une jolie garniture pour le bouillon chaud.

• Ce bouillon se sert chaud ou froid.

Potage à la tomate

Préparation :	. . . .	**12 min**
Cuisson :	. . . .	**26 min**
Attente :	. . . .	**aucune**

• Mon potage favori, rosé, crémeux, simple et savoureux, et si facile à préparer.

Ingrédients :

1/4 de tasse (60 mL) de beurre

2 oignons moyens, tranchés mince

4 tomates mûres, non pelées et tranchées

4 tasses (1 L) d'eau bouillante

1/4 de c. à thé (1 mL) de poivre

1 c. à thé (5 mL) de sel

1/2 c. à thé (2 mL) de sucre

3 tasses (750 mL) de pommes de terre, pelées et tranchées

1/2 tasse (125 mL) de crème

Préparation :

• Faire fondre le beurre dans un bol de 12 tasses (3 L), 1 minute à «HIGH».

• Ajouter les oignons, faire cuire 5 minutes à «HIGH», bien brasser.

• Ajouter les tomates et brasser pour bien mélanger aux oignons.

• Ajouter le reste des ingrédients, moins la crème. Faire cuire 20 minutes à «HIGH».

• Passer le tout à la moulinette à légumes ou au robot culinaire.

• Au moment de servir, ajouter la crème et réchauffer 1 minute à «HIGH».

Crème de tomates à l'aneth

Préparation :	10 min
Cuisson :	28 min
Attente :	aucune

Petit conseil : Le macaroni cuit lui donne sa texture crémeuse, et l'aneth frais, son caractère. Parfaite lorsqu'elle est servie froide. Également très intéressante si servie chaude.

Ingrédients :

3 tomates fraîches, pelées et tranchées

1 oignon moyen, pelé et tranché

1 gousse d'ail, écrasée

1 c. à thé (5 mL) de sel et autant de sucre

1/4 de c. à thé (1 mL) de poivre

1 c. à soupe (15 mL) de purée de tomate

1/4 de tasse (60 mL) d'eau

1/2 tasse (125 mL) de macaroni

2 tasses (500 mL) d'eau bouillante

4 tasses (1 L) de consommé de poulet

3/4 de tasse (200 mL) de crème légère

2 branches d'aneth frais *ou*
   1 c. à thé (5 mL) d'aneth séché

Préparation :

• Mettre les tomates dans un bol de 12 tasses (3 L).

• Ajouter l'oignon, l'ail, le sel, le sucre, le poivre, la purée de tomate et l'eau.

• Faire cuire 3 minutes à «HIGH».

• Dans un second bol, placer le macaroni, recouvrir avec les 2 tasses (500 mL) d'eau bouillante salée.

• Faire cuire à «MEDIUM-HIGH» 15 minutes.

• Égoutter et ajouter aux tomates. Mélanger.

• Verser le tout dans un robot culinaire ou un malaxeur électrique.

• Mettre l'appareil en marche et ajouter graduellement le consommé de poulet, la crème et l'aneth, jusqu'à l'obtention d'une crème.

• Remettre au four à micro-ondes et faire cuire 10 minutes à «HIGH», pour bien réchauffer.

Crème de tomates fraîches

Préparation : . . . . **9 min**
Cuisson : . . . . **17 min**
Attente : . . . . **aucune**

Petit conseil : Ne pas remplacer les tomates fraîches par des tomates de conserve. Je prépare cette crème lorsque j'ai beaucoup de tomates dans mon jardin ; elle est délicate et onctueuse.

Ingrédients :

6 à 8 tomates

2 tasses (500 mL) d'eau bouillante

1 c. à soupe (15 mL) de basilic frais, émincé

1/2 c. à thé (2 mL) de sel

1 c. à thé (5 mL) de sucre

1/2 tasse (125 mL) de beurre doux

1 tasse (250 mL) de crème riche

1/2 tasse (125 mL) de lait

ciboulette, hachée

Préparation :

• Couper les tomates en 5 ou 6 morceaux.

• Mettre dans un bol de 10 tasses (2,5 L) avec l'eau bouillante, le basilic, le sel et le sucre.

• Faire cuire à «HIGH» 15 minutes, en brassant bien à mi-cuisson.

• Passer au tamis en pressant fortement sur les tomates pour en extraire le plus de jus possible.

• Verser le jus dans le plat de cuisson.

• Ajouter le beurre, par petits morceaux, en brassant bien à chaque addition.

• Ajouter la crème et le lait graduellement, en brassant avec un fouet métallique.

• Faire chauffer 2 minutes à «HIGH».

• Garnir chaque assiette de ciboulette finement hachée.

• Au goût, cette crème peut être servie bien rafraîchie.

451

Crème rosée aux tomates

Préparation :	. . . . **14 min**
Cuisson :	. . . . **de 29 à 34 min**
Attente :	. . . . **aucune**

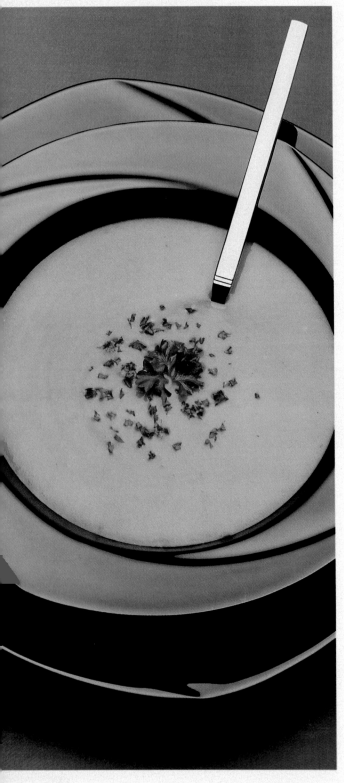

Petit conseil : Ma crème de tomates préférée. À la fin de l'été, lorsque les tomates sont à leur meilleur, j'en fais environ 40 contenants de 2 tasses (500 mL) en omettant la crème et le persil, et je la fais congeler. Pour la servir, j'en décongèle un contenant au four à micro-ondes, j'ajoute la crème et le persil, je la réchauffe et je la sers.

Ingrédients :

3 tomates moyennes, non pelées

2 poireaux

2 pommes de terre moyennes

3 c. à soupe (50 mL) de beurre

sel et poivre au goût

2 c. à thé (10 mL) de sucre

3 tasses (750 mL) de consommé de poulet ou d'eau

2 tasses (500 mL) de crème légère ou riche

2 c. à soupe (30 mL) de persil, haché fin

Préparation :

• Tailler les tomates en dés. Laver les poireaux et les trancher mince (le blanc et le vert). Peler les pommes de terre et les tailler en dés.

• Mettre le beurre dans un bol de 12 tasses (3 L).

• Faire chauffer 1 minute à «HIGH».

• Ajouter les poireaux.

• Bien remuer et faire cuire 3 minutes à «HIGH».

• Ajouter les tomates et faire cuire 3 minutes de plus à «HIGH».

• Remuer, ajouter les pommes de terre, le sel et le poivre au goût.

• Ajouter le sucre, remuer pour bien mélanger.

• Ajouter le consommé de poulet ou l'eau.

• Couvrir, faire cuire 10 à 14 minutes à «HIGH»; à ce point, les pommes de terre doivent être ramollies.

• Passer le tout au robot culinaire ou au presse-purée.

• Réchauffer 8 à 9 minutes à «MEDIUM-HIGH».

• Ajouter la crème et faire cuire 5 minutes à «MEDIUM».

• Bien remuer et servir, saupoudrée de persil.

Légumes de mer japonais

- Il me semble approprié de dire un mot sur les légumes de mer du Japon, car ils deviennent de mieux en mieux connus.

- Il y a par exemple, le nori ou le wakame ou le kombu qui sont disponibles dans les boutiques orientales d'alimentation. Ils peuvent être sautés avec les légumes ou saupoudrés dessus pour remplacer le sel, ou utilisés comme garniture sur une casserole de votre choix, ou mélangés à une sauce comme suppléant nutritif avec tout légume cuit aux micro-ondes.

- Il y a de plus la délicate saveur inaccoutumée et le supplément nutritif ajouté aux légumes. Vous pourriez croire qu'il en résultera une saveur étrangère, mais bien vite vous constaterez que la saveur naturelle des légumes en est simplement relevée.

Les sauces pour légumes

- Faire une sauce pour légumes au four à micro-ondes élimine les difficultés, les soins particuliers, et diminue le travail de préparation requis par la méthode conventionnelle ; il n'y a plus de grumeaux ni de risque de brûler. En plus, il est intéressant de noter qu'une sauce peut être apprêtée tôt le matin pour être réchauffée à l'heure du repas, ce qui ne demande qu'une à trois minutes, selon la quantité.

- Lorsque vous aurez fait quelques-unes des sauces qui suivent, il vous sera facile d'adapter vos propres recettes de sauces préférées à la cuisson aux micro-ondes.

- N'hésitez pas à ouvrir la porte du four à micro-ondes aussi souvent qu'il vous faut pour vérifier la cuisson ou remuer la sauce ; le temps de cuisson varie légèrement selon les ingrédients utilisés, et aux micro-ondes, les secondes et les minutes comptent pour beaucoup.

- La sauce joue souvent un rôle important dans la présentation d'un légume ; elle garnit, augmente la quantité ou lie entre eux les aliments qu'elle accompagne.

Beurre
aux herbes

Préparation : . . . . **10 min**
Cuisson : . . . . **aucune**
Attente : . . . . **aucune**

Petit conseil : Comme ce beurre se conserve 6 mois au réfrigérateur et un an au congélateur, je vous conseille de le faire à l'été lorsque les herbes aromatiques sont en abondance.

Ingrédients :

1 tasse (250 mL) de beurre non salé*

1 c. à thé (5 mL) d'aneth

1/2 c. à thé (2 mL) d'estragon

1/2 c. à thé (2 mL) de sarriette

1/4 de tasse (60 mL) de persil haché

4 oignons verts hachés fin (le blanc et le vert)

1 c. à thé (5 mL) de coriandre en poudre

1 c. à thé (5 mL) de sel

1/4 de c. à thé (1 mL) de poivre frais moulu

la râpure d'un demi-citron

Préparation :

• Mettre le tout en crème, refroidir une heure au réfrigérateur.

• Former en boulettes et réfrigérer ou congeler, au choix.

* Si vous désirez utiliser un beurre salé, réduisez la quantité de sel de la recette à 1/4 de c. à thé (1 mL).

Sauce blanche de base

Préparation : . . . . **2 min**
Cuisson : . . . . **de 4 à 5 min**
Attente : . . . .**aucune**

Sauce légère :

Sauce moyenne :

Ingrédients :

1 c. à soupe (15 mL) de beurre ou
  d'un autre corps gras

1 c. à soupe (15 mL) de farine

1 tasse (250 mL) de liquide

Ingrédients :

2 c. à soupe (30 mL) de beurre ou
  d'un autre corps gras

2 c. à soupe (30 mL) de farine

1 tasse (250 mL) de liquide

Sauce épaisse:

Roux blond ou brun:

Ingrédients:

**3 c. à soupe (50 mL) de beurre ou
d'un autre corps gras**

4 c. à soupe (60 mL) de farine

1 tasse (250 mL) de liquide

Préparation:

• Faire fondre le beurre ou tout autre corps gras dans
un plat pour four à micro-ondes de 4 tasses (1 L) 1 minute
à «HIGH».

• Ajouter la farine, bien mélanger, ajouter le liquide, bien
remuer, faire cuire 3 minutes à «MEDIUM-HIGH».

• Remuer pour vérifier la cuisson, saler et poivrer au goût
et faire cuire encore de 30 secondes à 1 minute ou jusqu'à
l'obtention d'une sauce crémeuse et bien cuite.

• Pour obtenir un roux blond ou un roux brun, faire cuire
le beurre et la farine ensemble aux micro-ondes et laisser
dorer à la couleur désirée.

457

Sauce Mornay

Préparation :	**5 min**
Cuisson :	**de 5 à 6 min**
Attente :	**aucune**

Petit conseil : Une sauce française au fromage, excellente avec les légumes à racines. Elle semble, en hiver, donner un fini particulier très apprécié. Elle est également bonne avec les légumes verts ou de couleur.

Ingrédients :

2 jaunes d'oeufs

1/2 tasse (125 mL) de crème légère

1 tasse (250 mL) de sauce blanche moyenne

1/2 tasse (125 mL) de fromage râpé au choix

Préparation :

• Battre ensemble les jaunes d'oeufs et la crème.

• Faire cuire la sauce blanche suivant la recette de base.

• Ajouter, en battant, le mélange d'oeufs-crème à la sauce chaude.

• Incorporer le fromage, battre encore.

• Faire cuire à découvert 1 minute à «HIGH», remuer et servir.

Sauce soubise

Préparation :	**7 min**
Cuisson :	**8 min**
Attente :	**aucune**

Petit conseil : C'est une sauce à l'oignon. Elle accompagne très bien le chou-fleur ou le chou, ou elle peut être versée sur des carottes cuites tranchées.

Ingrédients :

1 c. à soupe (15 mL) de beurre

3 oignons moyens tranchés mince

1 à 2 tasses (250 à 500 mL) de sauce blanche moyenne

une pincée de muscade

sel et poivre au goût

Préparation :

• Faire fondre le beurre dans un bol moyen, 2 minutes à «HIGH».

• Ajouter les oignons, bien mélanger, couvrir et faire cuire 4 minutes à «HIGH», en remuant une fois.

• Ajouter le tout à 1 ou 2 tasses (250 ou 500 mL) de sauce blanche moyenne, parfumer avec la muscade, assaisonner.

• Au moment de servir, chauffer à «HIGH» 2 minutes ou jusqu'à ce que la sauce soit très chaude.

Sauce au persil

Préparation :	**5 min**
Cuisson :	**de 4 à 5 min**
Attente :	**aucune**

Petit conseil : La sauce au persil accompagne très bien tous les légumes d'été, de même que les carottes cuites.

Ingrédients :

1 tasse de sauce blanche moyenne

2 c. soupe (30 mL) de persil haché

1 oignon vert haché fin

1 c. à thé (5 mL) de beurre

Préparation :

• Préparer la sauce blanche.

• Ajouter le reste des ingrédients et remuer jusqu'à ce que le beurre soit fondu.

• Assaisonner et servir.

Sauce béarnaise

Préparation :	**8 min**
Cuisson :	**4 min**
Attente :	**aucune**

Petit conseil : Une béarnaise est une hollandaise assaisonnée d'estragon et de vinaigre de vin blanc, pour accompagner les légumes fins tels que haricots verts, chou-fleur nouveau, artichauts, poireaux fondus.

Ingrédients :

3 c. à soupe (50 mL) de vinaigre de vin blanc ou de cidre

1 oignon vert haché

1 c. à thé (5 mL) d'estragon

4 grains de poivre moulus

1/3 de tasse (80 mL) de beurre

2 jaunes d'oeufs battus

Préparation :

• Mettre le vinaigre, l'oignon et l'estragon dans une mesure de 2 tasses (500 mL).

• Faire chauffer à découvert 2 minutes à «HIGH».

• Passer au tamis en pressant sur l'oignon et mettre dans un joli plat allant au four à micro-ondes.

• Ajouter le poivre moulu et le beurre.

• Faire fondre 1 minute à «HIGH».

• Ajouter les jaunes d'oeufs battus.

• Faire cuire à découvert 30 secondes à «HIGH», battre et faire cuire encore 20 secondes, ou jusqu'à l'obtention d'une sauce légère.

Véritable hollandaise

Préparation :	**5 min**
Cuisson :	**2 min**
Attente :	**aucune**

Petit conseil : Une sauce délicieuse qui se fait sans problème ! Toujours parfaite avec les légumes plus délicats.

Ingrédients :

1/3 à 1/2 tasse (80 à 125 mL) de beurre doux ou salé

2 jaunes d'oeufs

le jus d'un petit citron

Préparation :

• Mettre le beurre dans une petite casserole ou une mesure de 2 tasses (500 mL).

• Chauffer 1 minute à «MEDIUM-HIGH».

• Ajouter les jaunes d'oeufs et le jus de citron.

• Bien battre avec un fouet.

• Faire cuire 20 secondes à «MEDIUM-HIGH», bien battre et si nécessaire faire cuire encore 20 secondes à «MEDIUM-HIGH», pour obtenir une consistance crémeuse.

• Battre, saler au goût et servir.

Sauce mousseline

Préparation :	**5 min**
Cuisson :	**2 min**
Attente :	**aucune**

Préparation :

• Ajouter à la hollandaise **2 blancs d'oeufs** battus ferme.

• Pour une sauce légère et mousseuse, n'incorporer les blancs en neige qu'au moment de servir.

Sauce maltaise à l'orange

Préparation :	**5 min**
Cuisson :	**2 min**
Attente :	**aucune**

Préparation :

• Remplacer le jus de citron de la hollandaise de votre choix par **4 c. à soupe (60 mL) de jus d'orange et le zeste râpé d'une orange.**

Sauce à la crème sure

Préparation : . . . . **5 min**
Cuisson : . . . . **3 min**
Attente : . . . . **aucune**

Petit conseil : Crémeuse, savoureuse et facile à préparer, cette sauce accompagne parfaitement tous les légumes.

Ingrédients :

1 tasse (250 mL) de crème sure

1/2 c. à thé (2 mL) de sel

1/2 c. à thé (2 mL) de cari

1/8 de c. à thé (,05 mL) de poivre

1 c. à soupe (15 mL) de jus de citron

le zeste d'un citron

Préparation :

• Mélanger tous les ingrédients dans une mesure de 2 tasses (500 mL).

• Faire cuire à découvert 2 minutes à «MEDIUM-HIGH», en remuant 2 fois durant la cuisson.

• Si nécessaire, faire cuire encore 1 minute à «MEDIUM».

Sauce aux champignons

Préparation : . . . . **5 min**
Cuisson : . . . . **7 min**
Attente : . . . .**aucune**

Petit conseil : Une sauce à utiliser avec légumes d'été ou d'hiver lorsque vous désirez un plat plus élégant que familial.

Ingrédients :

3 c. à soupe (50 mL) de beurre ou
  de margarine

2 c. à soupe (30 mL) de farine

1 c. à thé (5 mL) de sauce de soja *ou*
  1 c. à soupe (15 mL) de madère sec

1/4 de c. à thé (1 mL) de sel

3/4 de tasse (190 mL) de crème légère ou de lait

1 boîte de 4 oz (112 g) de champignons hachés
  et non égouttés

1/4 de c. à thé (1 mL) d'estragon ou de cari

Préparation :

• Mettre le beurre ou la margarine dans un plat pour four à micro-ondes de 4 tasses (1 L).

• Faire chauffer 1 minute à «HIGH».

• Ajouter la farine, la sauce de soja ou le madère au beurre pour obtenir une pâte lisse.

• Verser la crème ou le lait et remuer.

• Ajouter le sel, les champignons, l'estragon ou le cari.

• Faire cuire à découvert 2 minutes à «HIGH». Bien remuer.

• Faire cuire encore 4 minutes à «HIGH». Bien remuer.

• À ce moment-là, la sauce doit être épaisse et crémeuse.

• Si elle refroidit avant d'être servie, la remuer et la réchauffer 1 minute à découvert à «HIGH».

Sauce aux champignons au vin blanc

Préparation : . . . . **10 min**
Cuisson : . . . . **5 min**
Attente : . . . . **aucune**

• Elle a sa place partout lorsque vous désirez une sauce fine et élégante avec les légumes.

Ingrédients :

1 c. à soupe (15 mL) de beurre

1 tasse (250 mL) comble de champignons
   tranchés mince

2 échalotes françaises *ou*
   4 oignons verts

1 c. à soupe (15 mL) de fécule de maïs

1/2 tasse (125 mL) de vin blanc sec *ou*
   le jus d'un demi-citron

1 c. à soupe (15 mL) de crème

sel et poivre au goût

Préparation :

• Faire fondre le beurre dans une mesure de 4 tasses (1 L) 1 minute à «HIGH».

• Ajouter les champignons nettoyés et tranchés mince.

• Hacher finement les échalotes ou les oignons verts.

• Ajouter aux champignons en même temps que la fécule de maïs, bien mélanger le tout.

• Faire cuire 2 minutes à «HIGH». Brasser.

• Ajouter le vin blanc ou le jus de citron, la crème, le sel et le poivre au goût, et faire cuire encore 2 minutes à «HIGH», en brassant à mi-cuisson.

• Cette sauce se réchauffe bien : 2 minutes à «MEDIUM» suffisent.

Sauce aux raisins

Petit conseil : Je la recommande pour les légumes à saveur un peu forte, tels que chou, navet et panais.

Préparation : . . . . **5 min**
Cuisson : . . . . **5 min**
Attente : . . . . **aucune**

Ingrédients :

1/2 tasse (125 mL) de cassonade

1 c. à soupe (15 mL) de fécule de maïs

1 c. à thé (5 mL) de moutarde sèche

2 c. à soupe (30 mL) de vinaigre de cidre

2 c. à soupe (30 mL) de jus de citron

le zeste d'un demi-citron, en lanières

1¹/₂ tasse (375 mL) d'eau

1/3 de tasse (80 mL) de raisins sans pépins

1 c. à soupe (15 mL) de beurre

Préparation :

• Bien mélanger les ingrédients dans une mesure de 4 tasses (1 L) et faire cuire 4 minutes à «HIGH».

• Brasser et faire cuire 1 ou 2 minutes de plus, si nécessaire.

464

Dans plusieurs pays, la soupe c'est encore l'appétissante soupière remplie de viande, de légumes, de pâtes et de bien d'autres bonnes choses et toujours, depuis des siècles, elle réunit les membres de la famille autour de la table. Ajoutez une miche de pain, un fromage du pays, quelquefois un plat de fruits, et nous avons là le tableau que tant de peintres célèbres ont reproduit sur leur toile à différentes époques pour le plaisir de nos yeux ; ou peut-être, était-ce la faim qui les inspirait....

Je crois que nous devons revenir à ces bons repas où la soupe était à l'honneur, le midi ou le soir. Si le budget est restreint, c'est une excellente manière de l'équilibrer.

Il y eut dans l'histoire de la table des restaurants dont le menu consistait uniquement en soupe, pain et fromage. Le premier du genre fut celui de Paris, en 1765. On n'y servait que de la soupe et du pain de ménage bien chaud. Pas de beurre. Aujourd'hui, le célèbre fromager Androuet sert une succulente soupe à l'oignon et un plateau de fromages assortis. Je me souviens de ses menus à bon marché pour étudiants, mais c'était dans les années 20 ; les temps ont changé et les prix aussi !

À ma grande surprise, j'ai retrouvé au Japon cette vieille coutume dans des restaurants spécialisés où l'on servait le *nabemono* (Nabe veut dire un pot), c'est donc une soupe de viandes ou poissons et légumes variés dans un pot de fer suspendu au-dessus d'un feu central, appelé *irori*. Tous sont assis autour du feu qui répand la chaleur, et chacun se sert à son gré. On m'a dit que cette soupe était déjà populaire il y a plus de deux siècles.

Il y a aussi le *shabu-shabu*, plus moderne et très en demande : une jolie marmite de terre, posée sur un support de fer et remplie d'un délicieux bouillon tout chaud, grâce à une petite lampe placée dessous. On présente avec le bouillon un attrayant plateau rempli de très minces languettes de viande et de beaux légumes assortis, et un bol de fines nouilles japonaises. Chacun fait sa soupe à son goût et un bol de riz termine le repas. Il existe également, dans le nord de la Chine, une vieille coutume où chacun prend place autour du pot mongolien, une grande marmite ronde avec, au milieu, une cheminée où brûle du charbon de bois pour garder chaude la soupe qui mijote dans le pot.

La bonne soupe fumante fait partie de l'héritage de toutes les civilisations. Malheureusement, en Amérique du Nord, on l'a quelque peu délaissée pour les soupes commerciales, qui ont leur place, bien sûr, mais qui ne devraient pas nous faire négliger les vraies soupes.

L'avènement du four à micro-ondes nous permet de revenir aux bonnes soupes nourrissantes. La cuisson se fait en un rien de temps : vingt ou trente minutes suffisent à la cuisson d'un excellent consommé ou bouillon, meilleur que s'il était cuit selon la méthode conventionnelle. Sans aucun doute, la soupe est le plat qui offre le plus de variantes de tout le répertoire culinaire moderne. Servie chaude, elle nourrit et réconforte ; servie froide pendant les grandes chaleurs, elle rafraîchit ; de plus, chacun peut expérimenter à son gré dans le choix des ingrédients et des arômes, surtout des fines herbes.

Soupe au poulet familiale

Préparation :	. . . .	8 min
Cuisson :	. . . .	20 min
Attente :	. . . .	aucune

Petit conseil : Un repas dans un seul plat, qui fait les délices de tous les enfants que je connais. Une façon idéale de mettre à profit un reste de poulet. Lorsque je fais griller un poulet, je retire des petits morceaux ici et là, puis je fais un bouillon au four à micro-ondes avec les os. Quelques minutes suffisent alors pour préparer cette soupe, lorsque j'ai le poulet cuit et le bouillon dans mon réfrigérateur.

Ingrédients :

1/2 tasse (125 mL) de beurre ou de margarine

1/2 tasse (125 mL) de farine

1 tasse (250 mL) de lait

6 tasses (1,5 L) de bouillon de poulet

1/2 tasse (125 mL) de crème de votre choix

1 à 2 tasses (250 à 500 mL) de poulet cuit, en dés

sel et poivre au goût

6 oignons verts, en dés (facultatif)

Préparation :

• Mettre en crème le beurre ou la margarine et la farine.

• Verser dans un bol de 10 tasses (2,5 L), le lait et le bouillon de poulet.

• Faire chauffer 10 minutes à «HIGH».

• Ajouter la boule de beurre-farine à la crème.

• Battre avec un fouet. Ajouter au liquide chaud. Bien remuer.

• Faire cuire 10 minutes à «HIGH», en brassant 3 fois.

• Lorsque le mélange est crémeux, y ajouter le poulet et les oignons verts, sel et poivre au goût. Servir.

• Quelquefois, je divise en portions égales dans chaque assiette le poulet et les oignons verts, sur lesquels je verse la crème de poulet.

Soupe bulgare aux boulettes de viande

Préparation : . . . . **15 min**
Cuisson : . . . . **34 min**
Attente : . . . . **aucune**

Petit conseil : Une soupe de la cuisine bulgare. On la sert comme repas complet avec un pain maison tout chaud et du beurre.

Ingrédients :

1 lb (500 g) de boeuf haché

6 c. à soupe (90 mL) de riz à grain long

1 c. à thé (5 mL) de paprika

1 c. à thé (5 mL) de sarriette

2 c. à thé (10 mL) de sel

1/2 c. à thé (2 mL) de poivre

6 tasses (1,5 L) d'eau bouillante

2 cubes de bouillon de boeuf *ou*
2 c. à soupe (30 mL) de bouillon liquide concentré

6 à 8 oignons verts, en dés

1 gros piment vert, en dés

2 carottes moyennes, pelées et tranchées mince

3 tomates, pelées et tranchées

1/2 tasse (125 mL) de persil frais, émincé

1 oeuf

le jus de 1 citron

Préparation :

• Mélanger le boeuf haché, le riz, le paprika, la sarriette, le sel et le poivre.

• Former de petites boulettes d'un pouce (2,5 cm) et rouler chacune dans la farine.

• Mettre dans un bol de 12 tasses (3 L), l'eau bouillante, le concentré de boeuf ou le bouillon liquide concentré, les oignons verts, le piment vert, les carottes et les tomates.

• Faire cuire 25 minutes à «HIGH».

• Ajouter les boulettes. Faire cuire 8 minutes à «HIGH».

• Ajouter le persil et faire cuire encore 1 minute à «HIGH».

• Au moment de servir, battre l'oeuf et le jus de citron, ajouter à la soupe chaude, tout en brassant. Servir.

Soupe au jambon d'Andrea

Préparation : . . . . **10 min**
Cuisson : . . . . **30 min**
Attente : . . . .**aucune**

Petit conseil : Excellente recette pour utiliser un reste de jambon cuit, ou préparée avec une mince tranche de jambon cru.

Ingrédients :

6 tasses (1,5 L) d'eau bouillante

1 c. à thé (5 mL) de gros sel

2 c. à soupe (30 mL) de purée de tomate

1 c. à thé (5 mL) d'estragon

3/4 de tasse (200 mL) de vermicelle, en petits morceaux

2 jaunes d'oeufs

2 c. à soupe (30 mL) de crème

1 tasse (250 mL) de jambon, cuit ou cru, en fines lamelles

Préparation :

• Mettre l'eau dans un bol de 10 tasses (2,5 L) et amener à ébullition 10 minutes à «HIGH».

• Ajouter le gros sel, la purée de tomate, l'estragon et le vermicelle.

• Couvrir et faire cuire 15 minutes à «HIGH».

• Brasser deux fois pendant la cuisson.

• Ajouter les lamelles de jambon au bouillon. Faire cuire 5 minutes à «HIGH».

• Battre les jaunes d'oeufs et la crème dans le fond d'une soupière, et verser la soupe cuite sur les oeufs et la crème, en brassant sans arrêt. Servir aussitôt.

Soupe à l'orge et à l'agneau haché

Préparation : . . . . **10 min**
Cuisson : . . . . **55 min**
Attente : . . . . **aucune**

Petit conseil : L'agneau haché peut être remplacé par du boeuf haché. L'été, je saupoudre ma soupe de cerfeuil émincé frais cueilli du jardin, au moment de servir. Une soupe qui constitue un repas léger.

Ingrédients :

3 c. à soupe (50 mL) de beurre ou de gras de bacon

1¼ tasse (300 mL) de petits dés de carottes

1/2 tasse (125 mL) de petits dés de navet

8 tasses (2 L) d'eau chaude

1/2 lb (250 g) d'agneau haché

3/4 de tasse (200 mL) d'orge perlé

persil, cerfeuil ou ciboulette, haché

sel et poivre au goût

Préparation :

• Faire fondre le gras dans un grand bol 1 minute à «HIGH».

• Ajouter les dés de carottes et de navet, bien brasser.

• Ajouter l'eau chaude, l'orge et l'agneau haché.

• Bien brasser le tout. Saler et poivrer.

• Couvrir et faire cuire 10 minutes à «HIGH», puis réduire la chaleur à «MEDIUM-HIGH» et faire cuire 45 minutes.

• Brasser deux fois durant la cuisson.

• Servir avec un bol de cerfeuil, ou de ciboulette, ou de persil, haché, que chaque convive utilisera à son gré.

Soupe indonésienne

Préparation : . . . . 10 min

Cuisson : . . . . .50 min

Attente : . . . . .de 30 à 40 min

Petit conseil : Une soupe au riz avec de petites boulettes de viande hachée et des ailes de poulet ; elle se sert épaisse comme plat principal. Elle est différente et intéressante.

Ingrédients :

1/2 tasse (125 mL) de riz à grain long

1/2 lb (250 g) de boeuf ou d'agneau haché

1/4 de c. à thé (1 mL) de coriandre moulue

une bonne pincée de muscade

1 c. à thé (5 mL) de sel

1 jaune d'oeuf

6 ailes de poulet

4 tasses (1 L) de bouillon de poulet

2 tasses (500 mL) d'eau bouillante

Préparation :

• Mettre la moitié du riz dans un bol de 10 tasses (2,5 L).

• Mélanger la viande hachée, la coriandre, la muscade, le sel et le jaune d'oeuf.

• Former de petites boulettes et placer sur le riz.

• Mettre les ailes de poulet sur les boulettes.

• Verser le reste du riz sur le tout.

• Recouvrir du bouillon de poulet et de l'eau. Couvrir. Faire cuire 20 minutes à « HIGH » et 30 minutes à « MEDIUM-HIGH ».

• Laisser reposer sans découvrir, de 30 à 40 minutes.

• La viande et le riz forment un genre de pâté de viande en cuisant.

• Le couper en portions et en ajouter à chaque assiette avec une aile de poulet.

Soupe à l'orientale

Préparation : . . . . **6 min**
Cuisson : . . . . **de 30 à 38 min**
Attente : . . . . **aucune**

> **Petit conseil :** Si vous désirez faire un repas léger dans un seul plat, voici la recette toute désignée. C'est une manière orientale de servir la soupe.

Ingrédients :

1 tasse (250 mL) de vermicelle

4 tasses (1 L) de bouillon de votre choix

1/4 c. à thé (1 mL) de gingembre en poudre

1/2 c. à thé (2 mL) de sel

4 minces tranches de citron

1/2 lb (250 g) de boeuf haché

paprika

2 c. à soupe (30 mL) d'huile végétale

Préparation :

• Amener 3 tasses (750 mL) d'eau à ébullition dans un bol de verre de 4 tasses (1 L).

• Au four à micro-ondes, il faut 10 à 15 minutes à «HIGH».

• Ajouter le vermicelle. Faire cuire 6 minutes à «HIGH». Égoutter.

• Verser le bouillon dans un bol de verre de 6 tasses (1,5 mL), ajouter le gingembre, le sel et le citron.

• Faire chauffer 6 minutes à «HIGH».

• Faire une galette mince avec la viande hachée. Saupoudrer de paprika sur une surface.

• Préchauffer un plat à griller pour micro-ondes, 6 minutes à «HIGH».

• Sans le retirer du four, y verser l'huile végétale, placer la galette de viande, côté paprika touchant le fond du plat.

• Faire cuire 3 minutes à «HIGH».

• Retirer du four, couper en 4 ou 6 pointes ou en carrés, en placer un morceau dans chaque assiette et recouvrir d'une portion de vermicelle.

• Verser du bouillon très chaud sur le tout.

• Viande et vermicelle peuvent être cuits d'avance (ne pas réfrigérer).

• Au moment de servir, faire chauffer le bouillon et verser très chaud sur la viande et le vermicelle.

• Si nécessaire, faire chauffer 2 minutes à «HIGH».

Soupe à l'oignon au vin blanc

Préparation : . . . . **11 min**
Cuisson : . . . . **16 min**
Attente : . . . .**aucune**

Petit conseil : Délicieuse, différente, légère, sa garniture classique est une petite tige de cresson bien croustillant.

Ingrédients :

4 c. à soupe (60 mL) de beurre

4 à 6 oignons pelés et tranchés mince, en rondelles

1/4 de c. à thé (1 mL) de thym

3 tasses (750 mL) de consommé de poulet

1 tasse (250 mL) de vin blanc sec

1/2 c. à thé (2 mL) de sucre

1 c. à thé (5 mL) de sel

1/4 de c. à thé (1 mL) de poivre frais moulu

2 tasses (500 mL) de crème légère

1¹/₂ tasse (375 mL) de fromage suisse, râpé

Préparation :

• Faire fondre le beurre dans un bol de 10 tasses (2,5 L), 2 minutes à «HIGH».

• Ajouter les oignons et le thym, bien brasser, faire cuire à découvert 5 minutes à «HIGH».

• Brasser, ajouter le consommé de poulet, le vin, le sucre, le sel et le poivre.

• Faire chauffer 8 minutes à «HIGH».

• Ajouter la crème, faire chauffer 3 minutes à «HIGH».

• Servir bien chaude accompagnée d'un bol de fromage râpé ; chacun en utilise à son goût.

Petit truc : Pour les grillades, faire cuire partiellement le poulet, les côtelettes, etc. Assaisonner et compléter la cuisson sur le gril barbecue.

Soupe à l'oignon au porto

Préparation : . . . . **8 min**
Cuisson : . . . . **15 min**
Attente : . . . . **de 1 à 2 min**

Petit conseil : Très différente de la soupe à l'oignon gratinée. On verse la soupe chaude sur des «lichettes» ou minces tranches de pain saupoudrées de gruyère ou de parmesan râpé, dans une soupière ou au fond de l'assiette.

Ingrédients :

3 c. à soupe (50 mL) de beurre

2 gros oignons, hachés fin

1 c. à soupe (15 mL) de farine

4 tasses (1 L) d'eau bouillante

sel et poivre au goût

1/2 tasse (125 mL) de porto sec

4 à 5 tranches de pain, coupées en fines languettes

1 tasse (250 mL) de gruyère ou de parmesan râpé

Préparation :

• Faire fondre le beurre dans un bol de 8 tasses (2 L), 2 minutes à «HIGH».

• Ajouter les oignons, brasser, faire chauffer 5 minutes à «HIGH».

• Ajouter la farine, bien mélanger.

• Ajouter l'eau bouillante, bien mélanger, ajouter le sel et le poivre.

• Faire cuire 10 minutes à «HIGH». Ajouter le porto.

• Mettre la moitié des «lichettes» de pain dans une soupière ou un grand bol, recouvrir de fromage râpé et placer le reste du pain sur le fromage.

• Verser la soupe bouillante sur le tout.

• Laisser reposer une ou deux minutes et servir.

Soupe à l'oignon des bergers

Préparation :	. . . .	**7 min**
Cuisson :	. . . .	**16 min**
Attente :	. . . .	**aucune**

• Un genre de soupe à l'oignon, à base d'eau. Très nourrissante et savoureuse. Cette recette me vient d'un jeune berger qui gardait ses moutons tout l'été dans les Pyrénées. Le soir, c'était son souper. Je l'ai adaptée au four à micro-ondes.

Ingrédients :

2 c. à soupe (30 mL) de beurre

4 oignons, pelés et tranchés

2 gousses d'ail, tranchées

3 à 4 tasses (750 mL à 1 L) d'eau

sel et poivre

6 minces tranches de pain de blé entier ou de seigle

1 tasse comble (250 mL) de fromage cheddar râpé

Préparation :

• Faire fondre le beurre dans un bol de 6 tasses (1,5 L), 2 minutes à «HIGH».

• Ajouter les oignons et l'ail. Brasser.

• Faire cuire 3 minutes à «HIGH».

• Brasser, faire cuire encore 2 minutes à «MEDIUM-HIGH».

• Ajouter l'eau, le sel et le poivre. Brasser.

• Faire cuire 10 minutes à «MEDIUM-HIGH».

• Mettre une tranche de pain dans chaque assiette.

• Répartir le fromage râpé également sur le pain.

• Une plus grande quantité peut être utilisée au goût.

• Deux rangs de pain et de fromage peuvent être utilisés, si l'on préfère une soupe plus nourrissante.

• Verser le bouillon à l'oignon sur le pain.

• Réchauffer chaque assiettée 1 minute à «HIGH».

Soupe au poivre

Préparation : . . . . 15 min
Cuisson : . . . . 34 min
Attente : . . . . aucune

Petit conseil : Si je coupe un poulet en morceaux, je réserve les deux pattes pour faire cette soupe, ou j'achète un plateau d'ailes ou de pattes de poulet. Cette soupe donne un repas complet.

Ingrédients :

2 c. à soupe (30 mL) de beurre ou de margarine

1 branche de céleri, en petits dés

1/2 piment vert, en petits dés

1 oignon moyen, émincé

1 c. à soupe (15 mL) de farine

4 tasses (1 L) d'eau chaude

2 à 4 pattes de poulet*

sel au goût

1/2 c. à thé (2 mL) de sarriette

1/4 de c. à thé (1 mL) de grains de poivre, écrasés

2 pommes de terre moyennes, en petits dés

1 c. à soupe (15 mL) de beurre

persil, haché fin

* On peut couper les pattes de poulet en dés et les ajouter à la soupe, ou mettre un morceau de poulet dans chaque assiette.

Préparation :

• Faire fondre le beurre ou la margarine dans un bol de 10 tasses (2,5 L), 2 minutes à «HIGH».

• Ajouter le céleri, le piment vert et l'oignon.

• Remettre au four à micro-ondes à «HIGH» durant 4 minutes. Brasser à mi-cuisson.

• Ajouter la farine, brasser pour bien mélanger aux légumes.

• Ajouter le reste des ingrédients, excepté le beurre et le persil.

• Bien mélanger, remettre au four et faire cuire à «HIGH» 30 minutes.

• Au moment de servir, ajouter le beurre et le persil.

Soupe finlandaise aux primeurs

Préparation : . . . . **12 min**
Cuisson : . . . . **13 min**
Attente : . . . . **aucune**

• Chaque année, à la mi-juillet, je prépare cette soupe avec les légumes de mon jardin, ou encore, avec ceux de nos grands marchés fermiers.

Ingrédients :

4 petites carottes, tranchées minces

1/2 tasse (125 mL) de petits dés de concombre

1 tasse (250 mL) de dés de zucchini

1/2 tasse (125 mL) de dés de céleri

1/4 de tasse (60 mL) de persil, émincé

2 c. à soupe (30 mL) d'aneth, émincé

2 c. à soupe (30 mL) de beurre

4 à 5 tasses (1 L à 1,25 L) de bouillon de poulet

Préparation :

• Mettre tous les ingrédients dans un bol de 10 tasses (2,5 L), excepté le bouillon de poulet. Mélanger.

• Couvrir et faire cuire à «HIGH» 5 minutes, en brassant 2 fois.

• Ajouter le bouillon de poulet, saler et poivrer le tout au goût.

• Faire cuire sans couvrir, 8 minutes à «HIGH». Brasser 1 fois pendant la cuisson.

• Au goût, mettre **1/2 c. à thé (2 mL) de beurre doux** au fond de l'assiette avant d'y verser la soupe.

Soupe de Picardie

Préparation :	. . . .	15 min
Cuisson :	. . . .	de 32 à 36 min
Attente :	. . . .	aucune

> **Petit conseil :** Il suffit d'ajouter à cette soupe au fromage et aux légumes un sandwich ou une salade pour obtenir un repas léger et nourrissant.

Ingrédients :

2 tasses (500 mL) de pommes de terres crues, pelées et en dés

1/4 de tasse (60 mL) d'oignons émincés

1/2 tasse (125 mL) de céleri, en dés

2¹/₂ tasses (625 mL) d'eau

1 c. à thé (5 mL) de sel

2 c. à soupe (30 mL) de beurre

2 c. à soupe (30 mL) de farine

2 tasses (500 mL) de lait

3/4 de tasse (200 mL) de fromage doux râpé

1/2 c. à thé (2 mL) de moutarde sèche

1 c. à thé (5 mL) de sarriette

le zeste râpé de 1/2 citron

sel et poivre au goût

une boîte de tomates de 19 oz (540 mL)

1/2 c. à thé (2 mL) de sucre

Préparation :

- Mettre dans un bol de 10 tasses (2,5 L), les pommes de terre, les oignons, le céleri, l'eau et le sel.

- Couvrir et faire cuire à «HIGH» 15 à 18 minutes ou jusqu'à ce que les légumes soient tendres. Brasser deux fois.

- Faire fondre le beurre 1 minute à «HIGH» dans une tasse à mesurer de 4 tasses (1 L); y ajouter la farine en brassant.

- Bien mélanger et ajouter le lait.

- Faire cuire 6 à 8 minutes à «HIGH», en brassant deux fois.

- Lorsque le mélange est crémeux, ajouter le fromage râpé, la moutarde sèche, la sarriette et le zeste de citron râpé.

- Bien mélanger et ajouter aux légumes cuits (ne pas couler, l'eau fait partie de la soupe).

- Assaisonner au goût, ajouter les tomates et le sucre.

- Faire cuire 10 minutes à «HIGH», en remuant deux fois.

- Garnir de persil haché au moment de servir.

Soupe au chou

Préparation :	**10 min**
Cuisson :	**35 min**
Attente :	**aucune**

Petit conseil : On peut faire cette soupe avec des poireaux ou des oignons. Je fais la mienne avec mes poireaux fondus et congelés, que je prépare à la fin de l'été quand ils sont à leur meilleur quant à la qualité et au prix.

Ingrédients :

4 pommes de terre, pelées et râpées

4 tasses (1 L) de chou vert, émincé

1 gros poireau ou 2 oignons, émincés

6 tasses (1,5 L) d'eau bouillante

2 c. à thé (10 mL) de sel

1 c. à thé (5 mL) d'aneth

1/4 de c. à thé (1 mL) de poivre

1/2 tasse (125 mL) de crème

2 c. à soupe (30 mL) de beurre

Préparation :

• Mettre dans un bol de 12 tasses (3 L) tous les ingrédients, excepté la crème et le beurre.

• Faire cuire à «MEDIUM-HIGH» 30 minutes. Brasser à mi-cuisson.

• Ajouter la crème et le beurre.

• Faire cuire à «MEDIUM-HIGH» 5 minutes.

• Vérifier l'assaisonnement et servir.

Soupe au céleri et au riz

Préparation :	**5 min**
Cuisson :	**de 12 à 14 min**
Attente :	**aucune**

Petit conseil : Si vous avez du consommé de boeuf ou du bouillon de poulet, voici la soupe à choisir. Elle est légère, élégante et ne requiert presque pas de travail.

Ingrédients :

2 c. à soupe (30 mL) de beurre

4 c. à soupe (60 mL) de céleri, en petits dés

4 c. à soupe (60 mL) de riz instantané

4 tasses (1 L) de consommé de boeuf ou de bouillon de poulet

2 c. à soupe (30 mL) de persil ou de ciboulette, émincé

Préparation :

• Faire fondre le beurre dans un bol de 6 tasses (1,5 L) 1 minute à «HIGH».

• Ajouter le reste des ingrédients.

• Faire cuire 12 à 14 minutes à «HIGH».

Soupe de Prague, aux champignons

Préparation : . . . . 17 min
Cuisson : . . . . de 37 à 38 min
Attente : . . . . aucune

Petit conseil : Délicieuse soupe traditionnelle de l'Europe centrale. On la fait généralement avec des champignons sauvages, frais ou séchés. Ils donnent à la soupe une saveur distincte. Même 3 à 6 champignons séchés ajoutés aux champignons frais changeront la saveur.

Ingrédients :

1/2 tasse (125 mL) de beurre

1 gros oignon, haché fin

1 tasse (250 mL) de dés de céleri

1 tasse (250 mL) de dés de carottes

2 tomates moyennes, non pelées, en dés

1 tasse (250 mL) de pommes de terre, en petits dés

3 tasses (750 mL) de champignons, tranchés mince

6 tasses (1,5 L) de consommé de votre choix

1/2 c. à thé (2 mL) de thym

1/2 c. à thé (2 mL) d'estragon *ou*
   1 c. à thé (5 mL) d'aneth frais

sel et poivre

Préparation :

• Faire fondre le beurre dans un plat de cuisson de 12 tasses (3 L), 2 minutes à «HIGH».

• Ajouter tous les légumes, excepté les champignons.

• Bien mélanger dans le beurre.

• Faire cuire, couvert, 10 minutes à «MEDIUM-HIGH», en brassant bien à mi-cuisson.

• Ajouter les champignons, brasser.

• Ajouter le reste des ingrédients.

• Couvrir et faire cuire 25 minutes à «MEDIUM-HIGH».

• Bien mélanger.

• Elle peut être conservée de 4 à 5 jours au réfrigérateur.

• Elle se conserve au congélateur de 6 à 9 semaines sans perdre de sa saveur.

Soupe montagnarde

Préparation :	. . . .	**8 min**
Cuisson :	. . . .	**12 min**
Attente :	. . . .	aucune

Petit conseil : En Suisse, on fait cette soupe avec les champignons sauvages, ce qui lui donne une saveur bien spéciale. Elle est aussi intéressante lorsque préparée avec les champignons cultivés. En Suisse également, on la garnit de ciboulette et de persil hachés fin.

Ingrédients :

2 c. à soupe (30 mL) de beurre

4 oignons verts, émincés

2 c. à soupe de farine

1/2 c. à thé (2 mL) de poudre de cari

1 tasse (250 mL) de bouillon de poulet

2 tasses (500 mL) de lait

sel et poivre au goût

1/2 lb (250 g) de champignons, émincés

1 jaune d'oeuf

1/4 de tasse (60 mL) de crème

ciboulette et persil au goût

Préparation :

• Mettre le beurre dans un bol de 6 tasses (1,5 L) et faire fondre 1 minute à «HIGH».

• Ajouter les oignons verts, la farine et la poudre de cari. Bien mélanger.

• Ajouter le bouillon de poulet, le lait, le sel et le poivre au goût.

• Ajouter les champignons.

• Faire cuire 8 minutes à «HIGH», en brassant une fois à mi-cuisson.

• Battre ensemble le jaune d'oeuf, la crème et 2 c. à soupe (30 mL) de la soupe chaude, puis verser le tout dans la soupe, en brassant sans arrêt.

• Faire cuire à «MEDIUM» 4 minutes.

• Garnir de ciboulette et de persil.

Soupe aux concombres

Préparation : . . . . 14 min
Cuisson : . . . . 20 min
Attente : . . . . aucune

Petit conseil : Pour servir chaude, préparer la soupe avec du lait ; pour le service froid, remplacer le lait par du bouillon de poulet.

Ingrédients :

3 tasses (750 mL) de concombre pelé et tranché

1 oignon moyen, haché fin

2 c. à soupe (30 mL) de beurre

3 c. à soupe (50 mL) de farine

1 c. à thé (5 mL) de sel

2 tasses (500 mL) de lait ou de bouillon de poulet

le jus de 1/2 citron

1/4 de c. à thé (1 mL) d'aneth (dill) séché *ou*
   1 c. à thé (5 mL) d'aneth frais

1 tasse (250 mL) de crème sure

1 petit concombre pelé râpé (graines enlevées)

Préparation :

• Mettre dans un plat de cuisson de 8 tasses (2 L) le concombre, l'oignon et le beurre.

• Saupoudrer la farine sur le tout.

• Bien mélanger et faire cuire à « HIGH » 10 minutes, en brassant bien à mi-cuisson.

• Ajouter le sel, le lait ou le bouillon de poulet et faire cuire 10 minutes à « HIGH ».

• Ajouter le jus de citron et l'aneth.

• Mettre en purée en passant au robot culinaire ou à la moulinette à légumes.

• Pour servir chaude ou froide, ajouter la crème sure, bien battre le tout. Pour servir chaude, bien mélanger et chauffer à « MEDIUM » 5 à 6 minutes. Vérifier pendant la cuisson, car la soupe ne doit pas bouillir après y avoir ajouté la crème sure.

• Pour servir froide, garnir chaque assiette de concombre râpé.

Soupe au chou rouge

Préparation :	**10 min**
Cuisson :	**18 min**
Attente :	**aucune**

Petit conseil : Cette soupe se sert chaude ou froide. Garnir la soupe chaude d'une cuillerée de crème sure et la soupe froide de ciboulette finement hachée et de noix.

Ingrédients :

1/4 de tasse (60 mL) de beurre ou de gras de bacon
1 poireau, nettoyé et tranché mince
1/4 de c. à thé (1 mL) de quatre-épices
1/4 de c. à thé (1 mL) de clou de girofle moulu
2 gousses d'ail, hachées fin
2 c. à soupe (30 mL) de cassonade
1/4 de tasse (60 mL) de vinaigre de cidre ou japonais
3 tasses (750 mL) de chou rouge, finement haché
une boîte de tomates de 19 oz (540 mL)
2 tasses (500 mL) de bouillon de poulet
sel et poivre au goût

Préparation :

• Faire fondre le beurre ou le gras de bacon dans un bol de 8 tasses (2 L), 1 minute à «HIGH».

• Ajouter le poireau en brassant.

• Faire cuire 4 minutes à «HIGH».

• Ajouter le quatre-épices, le clou de girofle moulu et l'ail. Bien brasser et faire cuire 1 minute à «HIGH».

• Ajouter la cassonade et le vinaigre et remuer jusqu'à ce que le sucre soit ramolli.

• Ajouter le chou haché, les tomates.

• Couvrir et faire cuire 5 minutes à «HIGH».

• Bien brasser, ajouter le bouillon de poulet.

• Saler et poivrer au goût. Faire cuire à «HIGH» 8 minutes.

• Brasser et servir.

Soupe aux panais

Préparation : . . . . **12 min**
Cuisson : . . . . **25 min**
Attente : . . . . **5 min**

• Ancienne recette du Québec, presque oubliée et pourtant si bonne. Tout aussi oubliés sont les panais quelquefois appelés carottes blanches, en France.

Ingrédients :

5 tranches de bacon

1 tasse (250 mL) d'oignons, émincés

2 tasses (500 mL) de dés de panais

2 tasses (500 mL) de dés de pommes de terre

1 tasse (250 mL) d'eau bouillante

3 tasses (750 mL) de lait

3 c. à soupe (50 mL) de beurre

1 c. à thé (5 mL) de sel

1/4 de c. à thé (1 mL) de poivre

1/2 tasse (125 mL) de crème

persil, finement haché

Préparation :

• Tailler le bacon en petits morceaux, le mettre dans un bol de 10 tasses (2,5 L).

• Faire cuire 3 minutes à «HIGH», en brassant à mi-cuisson.

• Retirer les «grillons» de bacon avec une écumoire, laisser refroidir sur papier absorbant.

• Au gras qui reste dans le plat, ajouter les oignons, bien mélanger et faire cuire 2 minutes à «HIGH».

• Ajouter les panais et les pommes de terre. Bien mélanger aux oignons.

• Verser l'eau bouillante sur le tout. Faire cuire 10 minutes à «HIGH».

• Ajouter le lait, le beurre, le sel, le poivre et la crème.

• Bien mélanger et faire cuire 10 minutes à «MEDIUM-HIGH».

• Laisser reposer 5 minutes.

• Saupoudrer de persil finement haché. Servir.

Soupe aux pois traditionnelle

Préparation : . . . . **30 min**
Cuisson : . . . . **1 h**
Attente : . . . . **1 h**

Petit conseil : Lorsque vous avez un four à micro-ondes, il n'est pas nécessaire de faire tremper les pois la veille. Mettre la quantité requise de pois jaunes secs, généralement une tasse ou deux (250 ou 500 mL), dans un grand bol, ajouter 8 tasses (2 L) d'eau chaude du robinet. Couvrir et faire cuire 15 minutes à «HIGH». Laisser reposer, couvert, pendant une heure ou deux. Égoutter s'il reste de l'eau, puis terminer la recette comme suit.

Ingrédients :

1 à 1 1/2 tasse (250 à 375 mL) de pois jaunes*

8 tasses (2 L) d'eau tiède ou chaude

2 oignons, émincés

2 gousses d'ail, finement hachées

1/2 lb (250 g) de lard salé, en un seul morceau *ou*
   8 tranches de bacon, en dés**

1 c. à thé (5 mL) de sarriette

1/2 c. à thé (2 mL) de poivre

1/2 tasse (125 mL) de feuilles de céleri émincées
sel au goût

Préparation :

• Mettre tous les ingrédients dans un bol de 16 tasses (4 L), couvrir.

• Faire cuire 30 minutes à «HIGH», brasser et faire cuire encore 30 minutes à «MEDIUM».

• Brasser. Laisser reposer 1 heure, couvert.

• Faire réchauffer au moment de servir.

  * *Utiliser les pois jaunes secs qui ont trempé selon les instructions données ci-haut.*
** *Le lard salé donne la saveur reconnue dans l'est du Canada, mais le bacon peut être utilisé ; la soupe est alors désignée comme «soupe aux pois de la Nouvelle-Angleterre».*

Soupe aux lentilles

Préparation : . . . . **50 min**
Cuisson : . . . . **1 h 30**
Attente : . . . . **1 h**

Petit conseil : Soupe sans viande, très nourrissante. La durée de cuisson selon la méthode conventionnelle est de trois heures. Au four à micro-ondes, la soupe cuit en une heure et demie. Utiliser les lentilles brunes entières.

Ingrédients :

1 tasse (250 mL) de lentilles

5 tasses (1,25 L) d'eau bouillante

1 c. à soupe (15 mL) de gros sel

1/4 de c. à thé (1 mL) de poivre

1/2 tasse (125 mL) de beurre ou de margarine

1 boîte de 28 onces (796 mL) de tomates

1 gros oignon, émincé

1 c. à soupe (15 mL) de graines d'aneth

2 gousses d'ail, écrasées

2 feuilles de laurier

Préparation :

• Rincer les lentilles à l'eau courante.

• Les déposer dans un bol, recouvrir d'eau chaude et laisser tremper 40 minutes.

• Égoutter, mettre dans un plat de cuisson de 8 tasses (2 L) et ajouter les autres ingrédients.

• Couvrir, faire cuire 15 minutes à «HIGH», brasser et faire cuire encore 1 heure à «MEDIUM-HIGH» à découvert.

• Brasser et continuer de faire cuire si nécessaire.

• Laisser reposer 1 heure.

• Pour servir, faire chauffer la quantité désirée dans le bol ou dans des assiettes individuelles, 1 minute par assiette.

• On peut faire réchauffer 3 à 4 assiettes à la fois.

Soupe aux pois mange-tout

Préparation :	**1 h**
Cuisson :	**20 min**
Attente :	**aucune**

Petit conseil : Champignons secs et pois mange-tout donnent à cette soupe une saveur toute particulière. Elle n'est pas économique à préparer, car les champignons secs et les pois mange-tout sont des aliments chers, mais si vous désirez servir une soupe spéciale, je vous la recommande.

Ingrédients :

1/3 de tasse (80 mL) de champignons séchés, en petits morceaux

4 tasses (1 L) de bouillon de poulet ou de consommé

le zeste de 1/2 citron

4 oignons verts, émincés (le vert et le blanc)

1/4 de tasse (60 mL) de vermouth sec

1/2 lb (250 g) de pois mange-tout

sel au goût

Préparation :

• Faire tremper les champignons une heure dans le bouillon de poulet, puis les couper en lamelles avec des ciseaux et les remettre dans le bouillon.

• Couper les pois mange-tout en deux sur la longueur, après avoir enlevé les deux petits bouts.

• Ajouter au bouillon ainsi que le reste des ingrédients.

• Faire cuire 20 minutes à «HIGH». Servir.

Soupe chinoise au cresson

Préparation :	**6 min**
Cuisson :	**10 min**
Attente :	**aucune**

Petit conseil : Pour bien réussir cette soupe délicate et savoureuse, il est important d'avoir un bon bouillon de poulet maison.

Ingrédients :

4 oignons verts, coupés en dés (le vert et le blanc)

4 tasses (1 L) de bouillon de poulet

2 oeufs, légèrement battus

1 c. à thé (5 mL) de sauce de soja

1 tasse (250 mL) de feuilles de cresson

sel au goût

Préparation :

• Ajouter les oignons verts au bouillon de poulet dans un bol de 6 tasses (1,5 L).

• Couvrir et faire cuire à «HIGH» 10 minutes.

• Battre les oeufs avec la sauce de soja.

• Verser ce mélange lentement dans le bouillon chaud tout en brassant.

• Les oeufs vont faire de longs filaments et cuire très vite, simplement par la chaleur du bouillon.

• Ajouter les feuilles de cresson. Servir aussitôt cuite.

• Le bouillon ressemble à des oeufs brouillés.

Soupe soleil

• Intéressante combinaison de carottes et d'arachides, aromatisée de muscade et de sarriette.

Préparation : . . . . **9 min**
Cuisson : . . . . **25 min**
Attente : . . . . **aucune**

Ingrédients :

2 tasses (500 mL) d'eau chaude

2 tasses (500 mL) de lait

2 c. à soupe (30 mL) de beurre

1 gros oignon, haché fin

4 carottes moyennes, tranchées mince

2 c. à soupe (30 mL) de beurre d'arachide

1/4 de c. à thé (1 mL) de muscade

1 c. à thé (5 mL) de sarriette

1 gousse d'ail, hachée fin

1 c. à thé (5 mL) de sel

1/2 c. à thé (2 mL) de poivre

Préparation :

• Mettre tous les ingrédients dans un plat de cuisson de 8 tasses (2 L).

• Couvrir et faire cuire 25 minutes à «MEDIUM-HIGH».

• Servir telle quelle ou passer au robot culinaire ou à la moulinette à légumes, pour en faire un potage.

Soupe au pain
des montagnards

Préparation : . . . . **5 min**
Cuisson : . . . . **10 min**
Attente : . . . .**aucune**

Petit conseil : Les bergers italiens des hautes montagnes font cette soupe intéressante et nourrissante sur un feu de bois. Lorsque j'ai un bouillon de poulet préparé avec les os d'un poulet rôti, j'aime faire cette soupe.

Ingrédients :

5 tranches de pain
une grosse gousse d'ail, pelée
4 tasses (1 L) de bouillon de poulet
persil ou cerfeuil frais, haché

Préparation :

• Mettre les tranches de pain sur le plateau du four.

• À votre goût, le pain peut être beurré d'un côté.

• Utiliser du pain sec ou du pain frais et le faire sécher 1 minute à «HIGH» (parfois 1 1/2 minute est requise pour certains pains).

• En sortant le pain du four, frotter un côté avec la gousse d'ail coupée. Une partie de l'ail pénètre dans le pain.

• Mettre de côté jusqu'au moment de l'utiliser.

• Faire chauffer le bouillon de poulet à «HIGH» jusqu'à ce qu'il soit bouillant.

• Mettre une tranche de pain dans un bol ou dans une assiette à soupe. Remplir le bol ou l'assiette doucement de bouillon bouillant.

• Faire chauffer à «HIGH» 30 secondes par assiette.

• Si vous désirez ajouter du fromage, placez une mince tranche de fromage de votre choix sur le pain sec.

• Procéder ensuite de la même façon.

• Au moment de servir, saupoudrer la soupe de persil ou de cerfeuil haché.

Petit truc : Pour réchauffer les biberons, enlever la tétine. Faire réchauffer à «MEDIUM» de 1/2 à 1 1/2 minute, jusqu'à ce que le liquide soit tiède.

Soupe Avgolemono

Préparation : . . . . **7 min**
Cuisson : . . . . **23 min**
Attente : . . . . **aucune**

Petit conseil : Cuisine grecque… difficile à réussir à moins d'avoir un malaxeur électrique ou un robot culinaire. La soupe parfaite à servir avant un poulet ou un gigot d'agneau rôti.

Ingrédients :

8 tasses (2 L) de bouillon de poulet

1/2 tasse (125 mL) de riz à grain court

4 oeufs battus

jus de 2 citrons

1/4 de tasse (60 mL) de persil émincé

Préparation :

• Mettre le bouillon de poulet et le riz dans un grand bol.

• Faire cuire à «HIGH» 10 minutes, en brassant une fois.

• Faire cuire encore 10 minutes à «MEDIUM-HIGH». Brasser.

• Battre ensemble les oeufs et le jus de citron.

• Ajouter graduellement au mélange des oeufs 2 tasses (500 mL) de la soupe chaude en battant sans arrêt, ou, si vous avez un malaxeur ou un robot culinaire, mettre les oeufs et le jus de citron dans l'appareil, battre à grande vitesse 1 minute, ajouter graduellement 1 tasse (250 mL) du bouillon chaud.

• Battre et ajouter le reste de la soupe chaude, en battant sans arrêt.

• Faire chauffer 3 minutes à «MEDIUM».

• Ajouter le persil et servir.

Soupe d'autrefois au céleri

Préparation : . . . . **12 min**
Cuisson : . . . . **28 min**
Attente : . . . . **aucune**

• Autrefois, le céleri était un régal d'automne, car après novembre il était impossible de s'en procurer. Les graines de céleri le remplaçaient pour aromatiser les soupes et les ragoûts durant l'hiver. Cette soupe était l'une des préférées à l'automne.

Ingrédients :

3 c. à soupe (50 mL) de beurre

2 tasses (500 mL) combles de dés de céleri

1 gros oignon, en dés

3 tasses (750 mL) de lait

un brin de macis

1 feuille de laurier

3 c. à soupe (50 mL) de beurre

3 c. à soupe (50 mL) de farine

sel et poivre au goût

2 jaunes d'oeufs

1/4 de tasse (60 mL) de crème

1/2 tasse (125 mL) de jambon cuit émincé (facultatif)

ciboulette ou persil haché (facultatif)

Préparation :

• Faire fondre les 3 premières c. à soupe (50 mL) de beurre 2 minutes à «HIGH».

• Ajouter le céleri et l'oignon.

• Bien remuer, faire cuire 15 minutes à «MEDIUM», en remuant deux fois.

• Passer au malaxeur ou au robot culinaire.

• Faire chauffer le lait avec le macis, la feuille de laurier, 3 minutes à «HIGH». Laisser refroidir.

• Faire fondre les 3 autres c. à soupe (50 mL) de beurre 1 minute à «HIGH».

• Ajouter la farine en remuant, ajouter le lait refroidi.

• Remuer et faire cuire 5 minutes à «HIGH», en remuant bien après 3 minutes.

• Lorsque la sauce est crémeuse, ajouter la purée de céleri et d'oignon. Saler, poivrer au goût.

• Faire cuire 2 minutes à «HIGH».

• Battre les jaunes d'oeufs avec la crème, ajouter le jambon émincé et verser dans la soupe chaude.

• Au moment de servir, faire chauffer 1 minute à «HIGH». Bien remuer et servir.

• Au goût, saupoudrer la soupe de ciboulette ou de persil émincé.

Soupe au chou des vieux pays

Préparation : . . . . **15 min**
Cuisson : . . . . **27 min**
Attente : . . . . **aucune**

• Une simple soupe de famille, économique et savoureuse. La cuisson au four à micro-ondes rehausse la saveur de cette soupe.

Ingrédients :

4 à 5 tasses (1 à 1,25 L) de chou, finement haché

3 c. à soupe (50 mL) de beurre ou de margarine

2 c. à soupe (30 mL) de farine

4 tasses (1 L) de consommé de poulet ou de boeuf

sel et poivre au goût

1 c. à thé (5 mL) d'aneth ou de persil

3 à 4 saucisses de Francfort, tranchées mince

Préparation :

• Faire fondre le beurre dans un bol de 12 tasses (3 L) 2 minutes à «HIGH».

• Ajouter le chou, remuer, couvrir et faire cuire 5 minutes à «HIGH», en remuant une fois durant la cuisson.

• Ajouter la farine en remuant, et lorsque le tout est bien mélangé, ajouter le reste des ingrédients, excepté les saucisses.

• Faire cuire 20 minutes à «HIGH». Remuer après 10 minutes de cuisson.

• La cuisson terminée, ajouter les saucisses de Francfort.

• Faire cuire 1 minute à «HIGH» et servir.

Soupe classique à la queue de boeuf

Petit conseil: Cette soupe superbe et délicate demande beaucoup de travail, mais elle en vaut bien la peine. Au four à micro-ondes, on peut la faire cuire en 2 heures, alors que 4 à 6 heures sont requises pour la méthode conventionnelle.

Préparation à l'avance : . . . . **de 6 à 12 h**
Cuisson : . . . . **1 h 50**
Attente : . . . . **aucune**

Ingrédients :

1 queue de boeuf, taillée en tronçons

2 c. à soupe (30 mL) de beurre

1 gros oignon, tranché

3 carottes, pelées et tranchées

2 branches de céleri, en dés

8 à 9 tasses (2 à 2,25 L) de consommé de boeuf ou d'eau

6 grains de poivre entiers

1 c. à thé (5 mL) de sel

2 feuilles de laurier

1/2 c. à thé (2 mL) de thym

1 c. à thé (5 mL) d'aneth ou de marjolaine

3 à 4 tranches d'écorce de citron

1/4 de tasse (60 mL) de sherry sec

Préparation :

• Faire fondre le beurre 1 minute à «HIGH» dans un grand bol.

• Ajouter l'oignon, les carottes et le céleri.

• Bien mélanger, faire cuire 3 minutes à «HIGH».

• Bien remuer et faire cuire 3 minutes de plus à «HIGH».

• Ajouter la queue de boeuf. Remuer pour mélanger.

• Ajouter le consommé de boeuf ou l'eau.

• Ajouter le sel, les grains de poivre, les feuilles de laurier, le thym, l'aneth ou la marjolaine, et l'écorce de citron.

• Bien mélanger, couvrir, faire cuire 1 heure à «MEDIUM-HIGH».

• Remuer et faire cuire à «HIGH» 25 à 35 minutes ou jusqu'à ce que la viande de la queue de boeuf soit tendre.

• Verser dans un bol, couvrir et réfrigérer de 6 à 12 heures.

• Faire réchauffer 20 minutes à «HIGH».

• Retirer la queue de boeuf et couler dans une passoire fine.

• Ajouter la queue de boeuf et le sherry.

• Faire réchauffer à «HIGH» au moment de servir.

• Mettre un tronçon de la queue de boeuf dans chaque assiette.

Soupe au poisson Roquebrune

Préparation : . . . . 15 min
Cuisson : . . . . 20 min
Attente : . . . . aucune

• Roquebrune est un joli coin du sud de la France. Les poissons de tout genre y abondent et varient presque chaque fois que cette soupe est préparée. Libre à vous aussi de varier le poisson.

Ingrédients :

3 c. à soupe (50 mL) d'huile d'olive

1 gousse d'ail, hachée fin

1 oignon moyen, émincé

1/2 c. à thé (2 mL) de thym

une pincée de safran (au goût)

1¹/₂ lb (750 g) de filets de poisson, de votre choix

1/2 c. à thé (2 mL) de sel

1/4 de c. à thé (1 mL) de poivre

1 tasse (250 mL) de vin blanc sec

3 tasses (750 mL) d'eau bouillante

1/3 de tasse (80 mL) de purée de tomate

1/2 c. à thé (2 mL) de graines de fenouil

3 c. à soupe (50 mL) de brandy

2 tasses (500 mL) de crème

Préparation :

• Faire chauffer l'huile d'olive dans un bol de 10 tasses (2,5 L), 2 minutes à «HIGH».

• Ajouter l'ail, l'oignon, le thym et le safran.

• Bien mélanger.

• Ajouter le poisson coupé en morceaux de 1 pouce (2,5 cm).

• Mélanger et ajouter le sel et le poivre, le vin blanc, l'eau bouillante, la purée de tomate et les graines de fenouil.

• Couvrir, faire cuire à «HIGH» 15 minutes. Ajouter le brandy et la crème.

• Couvrir, faire cuire à «HIGH» 15 minutes.

• Ajouter le brandy et la crème.

• Faire cuire à «HIGH» 5 minutes.

Soupe au poisson Rijeka

Préparation : . . . . **10 min**
Cuisson : . . . . **de 12 à 16 min**
Attente : . . . . **aucune**

Petit conseil : Une soupe au poisson facile à faire, particulièrement savoureuse lorsqu'elle est cuite au four à micro-ondes. Un vin blanc hongrois est le vin idéal pour cette soupe.

Ingrédients :

1/4 de tasse (60 mL) d'huile d'olive

1 oignon moyen, haché fin

1/2 tasse (125 mL) de tomates fraîches,
   pelées et en dés

1¹/₂ tasse (375 mL) de jus de palourde*

1/2 lb (250 g) de filets de poisson,
   de votre choix

2 tasses (500 mL) de vin blanc sec

1/4 de tasse (60 mL) de riz à grain long

1/4 de c. à thé (1 mL) de poudre de cari

sel au goût

* *On peut utiliser le jus de palourde en bouteille.*

Préparation :

• Mettre l'huile d'olive dans un bol de 8 tasses (2 L).

• Faire chauffer à «HIGH» 3 minutes.

• Ajouter l'oignon et les tomates. Bien mélanger.

• Faire cuire à «HIGH» 4 minutes.

• Ajouter le reste des ingrédients.

• Bien mélanger et faire cuire à «HIGH» 8 à 12 minutes. Saler au goût.

494

Soupe yougoslave au poisson

Préparation : . . . . **10 min**
Cuisson : . . . . **de 14 à 16 min**
Attente : . . . . **aucune**

Petit conseil : Soupe délicate et savoureuse. Deux points importants à observer pour réussir parfaitement cette recette : l'usage d'huile d'olive au lieu d'huile végétale et un vin blanc fruité assez sec. Si possible, utiliser du poisson frais, bien que le poisson surgelé puisse très bien convenir.

1/4 de tasse (60 mL) de riz instantané

1/4 de c. à thé (1 mL) de poudre de cari

sel au goût

Ingrédients :

1/4 de tasse (60 mL) d'huile d'olive

1/2 tasse (125 mL) d'oignon, haché fin

1/2 tasse (125 mL) de tomates, pelées en dés

1 bouteille de 8 oz (250 mL) de jus de palourde

1/2 lb (250 g) de filets de poisson frais

2 tasses (500 mL) de vin blanc *ou*
   1 tasse (250 mL) de vin blanc *et*
   1 tasse (250 mL) d'eau

Préparation :

• Mettre l'huile d'olive, l'oignon et les tomates dans un bol de 8 tasses (2 L), bien brasser.

• Faire cuire 4 minutes à «HIGH».

• Ajouter le reste des ingrédients.

• Faire cuire 10 à 12 minutes à «HIGH», brasser à mi-cuisson.

• Servir avec de petits biscuits soda beurrés et saupoudrés copieusement de graines de sésame.

• Disposer en cercle sur une serviette de papier, faire dorer 1 minutes à «HIGH» pour chaque lot de 6 biscuits, laisser refroidir sur une grille.

Soupe vénitienne

Préparation : . . . . **6 min**
Cuisson : . . . . **10 min**
Attente : . . . . **aucune**

Petit conseil : Une soupe italienne rapide à préparer. On peut en faire un léger et intéressant repas, en l'accompagnant d'une salade verte.

Ingrédients :

1 c. à soupe (15 mL) de beurre ou
d'huile d'olive

1 c. à soupe (15 mL) de farine

1/2 tasse (125 mL) d'eau

1 tasse (250 mL) de tomates en boîte

1/2 c. à thé (2 mL) de basilic ou de thym

1/2 c. à thé (2 mL) de sel de céleri

1 c. à thé (5 mL) de sucre

1/4 de c. à thé (1 mL) de poivre

1 boîte de 10 oz (284 mL) de consommé

1 tasse (250 mL) d'eau

1 oeuf cuit dur

croûtons au goût

Préparation :

• Faire fondre le beurre ou chauffer l'huile d'olive 1 minute à «HIGH» dans un plat de 6 tasses (1,5 L).

• Ajouter la farine et mélanger.

• Ajouter l'eau, les tomates, le basilic ou le thym, le sel de céleri, le sucre et le poivre.

• Faire cuire 10 minutes à «HIGH», en remuant après 5 minutes.

• Ajouter le consommé, l'eau et l'oeuf dur, tranché ou taillé en cubes, chauffer 2 minutes à «HIGH».

• Les croûtons sont facultatifs et ils sont servis à part dans un bol.

Petit truc : Pour obtenir plus de jus d'orange, citron ou lime, passer les fruits aux micro-ondes, un à la fois, 30 secondes à «MEDIUM». Les fruits se presseront plus aisément et donneront plus de jus.

Consommé à la carcasse de poulet ou de dinde

Préparation à l'avance : . . . . 2 h
Cuisson : . . . . 50 min
Attente : . . . . aucune

Petit conseil : Vous serez étonné du délicieux bouillon qu'on peut préparer avec les os et la peau d'une volaille qui sont généralement jetés. C'est la cuisson aux micro-ondes qui fait toute la différence, car elle fait ressortir toute la saveur qui se trouve dans les os.

Ingrédients :

une carcasse de poulet ou de dinde ou de la volaille cuite

tout reste de farce ou de sauce, s'il y a lieu

8 tasses (2 L) d'eau

1 tasse (250 mL) de feuilles de céleri *ou* 4 branches de céleri

2 oignons moyens, coupés en quatre

1 grosse carotte, coupée en quatre

1 c. à soupe (15 mL) de gros sel

10 grains de poivre entiers

1 c. à thé (5 mL) de thym

2 feuilles de laurier

3 minces tranches d'écorce de citron (facultatif)

Préparation :

• Mettre tous les ingrédients dans un bol rond profond de 12 tasses (3 L), avec couvercle. Couvrir.

• Faire cuire 20 minutes à «HIGH».

• Remuer et faire cuire encore 30 minutes à «MEDIUM». Laisser reposer 2 heures.

• Couler dans une passoire fine ou dont le fond est recouvert d'un «Chiffon-J».

• Conserver au réfrigérateur, bien couvert.

• Ce bouillon peut être conservé au congélateur de 3 à 5 mois sans perdre de sa saveur.

• Le faire décongeler, à découvert, au cycle «DEFROST» de votre four.*

• La durée varie selon la quantité à décongeler. Programmer à 15 minutes pour commencer, et prolonger au besoin.

* Pour une décongélation plus rapide, retirer le couvercle du contenant et faire chauffer 10 à 15 minutes à «HIGH», selon la quantité, plutôt que d'utiliser le cycle «DEFROST».

Consommé lié à la carcasse de dinde

Préparation à l'avance : . . .**de 12 à 24 h**
Cuisson : . . . .**30 min**
Attente : . . . .**4 h**

Petit conseil : Une soupe à faire lorsqu'il reste une carcasse de dinde rôtie, de la farce et de la sauce.

Ingrédients :

une carcasse de dinde rôtie

un reste de farce et de sauce

8 tasses (2 L) d'eau bouillante

1/2 c. à thé (2 mL) de sarriette

2 c. à soupe (30 mL) de farine

4 c. à soupe (60 mL) de bouillon froid

Préparation :

• Mettre dans un plat à cuisson de 12 tasses (3 L), la carcasse, le reste de farce et la sauce.

• Verser l'eau bouillante sur le tout et ajouter la sarriette.

• Faire cuire à «HIGH» 30 minutes.

• Couvrir et laisser reposer 4 heures.

• Couler et réfrigérer de 12 à 24 heures.

Pour faire une crème de dinde ou une crème garnie

• Enlever la couche de gras coagulé sur le dessus du consommé.

• Mélanger la farine aux 4 cuillerées de bouillon froid. Ajouter au reste du bouillon.

• Faire cuire 20 minutes à «MEDIUM-HIGH». Bien brasser et servir.

• On peut aussi ajouter **1 tasse (250 mL) de petites pâtes ou de riz instantané** au bouillon en même temps que la farine.

• Faire cuire le même temps que ci-haut mentionné.

Consommé de boeuf

Préparation à l'avance : . . . . . **de 4 à 5 h**
Cuisson : . . . . **35 min**
Attente : . . . . **aucune**

Petit conseil : Une ou deux livres (500 g ou 1 kg) d'os de boeuf, non cuits ou cuits, ou moitié os de boeuf et de veau mélangés donnent un savoureux consommé prêt à servir tel quel ou garni. Les pelures d'oignons donnent une couleur dorée au consommé.

Ingrédients :

2 lb (1 kg) d'os de boeuf, ou boeuf et veau

6 tasses (1,5 L) d'eau chaude

3 clous de girofle entiers

2 c. à thé (10 mL) de gros sel

3 oignons moyens, non pelés, coupés en quatre

1 branche de céleri, coupée en quatre

2 carottes moyennes, non pelées, coupées en trois

1/2 c. à thé (2 mL) de moutarde sèche et autant de thym

1/2 c. à thé (2 mL) de graines de céleri

Préparation :

• Placer le tout dans une casserole à cuisson de 12 tasses (3 L).

• Couvrir. Faire cuire 35 minutes à «HIGH».

• Laisser refroidir de 4 à 5 heures. Passer au tamis fin.

• Conserver au réfrigérateur, ou congeler.

Consommé de boeuf du chef

Préparation à l'avance : . . . . . **de 3 à 4 h**
Cuisson : . . . . **1 h 30 min**
Attente : . . . . **aucune**

Petit conseil : Voici la façon classique de faire un savoureux consommé qui peut être servi tel quel ou utilisé chaque fois qu'un consommé est requis.

Ingrédients :

2 c. à soupe (30 mL) de gras de boeuf en dés ou de beurre

2 lb (1 kg) de pointe de poitrine ou d'épaule de boeuf (d'une seule pièce)

1 lb (500 g) de jarret de veau ou d'os de boeuf

8 tasses (2 L) d'eau tiède (l'eau du robinet suffit)

3 oignons moyens, non pelés, coupés en quatre

2 carottes, pelées et tranchées en quatre

3 clous de girofle

1 c. à soupe (15 mL) de gros sel

1/2 c. à thé (2 m L) de thym et autant de moutarde sèche

1 tasse (250 mL) de feuilles de céleri, grossièrement hachées

Préparation :

• Mettre le gras de boeuf ou le beurre dans un grand bol.

• Faire fondre 3 minutes à « HIGH ».

• Ajouter le boeuf, le jarret de veau ou les os de boeuf. Brasser le tout.

• Faire cuire 10 minutes à « HIGH ».

• Ajouter le reste des ingrédients.

• Couvrir et faire cuire 20 minutes à « HIGH ».

• Brasser et faire cuire 1 heure à « MEDIUM ».

• Laisser refroidir 3 à 4 heures à la température de la pièce, puis couler dans une passoire fine ou recouverte d'un linge (j'utilise un Chiffon-J) : ce qui donne un consommé clair.

• Verser dans un bocal, couvrir et réfrigérer.

• Le gras monte à la surface du consommé, ce qui le conserve frais et clair jusqu'à un mois.

• Pour l'utiliser, percer le gras et prendre la quantité requise.

• Il peut aussi être congelé lorsque le gras a été retiré.

• Le gras, qui est clair et très savoureux, peut servir dans toute recette où l'on demande du « gras au choix ».

Consommé de poulet au cari

Préparation : . . . . **8 min**
Cuisson : . . . . **20 min**
Attente : . . . . **aucune**

Petit conseil : Voici un de mes déjeuners préférés : consommé de poulet préparé comme ci-dessous, salade de poulet, bol de cresson, et pomme au sirop d'érable cuite au four.

Ingrédients :

2 tranches de bacon

2 c. à soupe (30 mL) de beurre

1 oignon moyen, émincé

1 c. à soupe (15 mL) de farine

1 c. à thé (5 mL) de poudre de cari

6 tasses (1,5 L) de consommé de poulet

1/3 de tasse (80 mL) de riz à grain long

persil

Préparation :

• Mettre le bacon dans une assiette, le faire cuire 2 minutes à «HIGH».

• Placer le bacon sur un essuie-tout, verser le gras dans un bol de 8 tasses (2 L).

• Ajouter le beurre. Faire fondre 1 minute à «HIGH».

• Ajouter l'oignon, bien brasser, faire cuire 2 minutes à «HIGH».

• Ajouter la poudre de cari et la farine, bien mélanger, ajouter le consommé de poulet et le riz.

• Brasser et faire cuire 15 minutes à «HIGH».

• Tailler le bacon en dés, y ajouter une égale quantité de persil émincé.

• Ajouter à la soupe. Vérifier l'assaisonnement et servir.

Consommé Messin

Préparation :	**10 min**
Cuisson :	**24 min**
Attente :	**aucune**

• Délicieux consommé avec garniture surprise au fromage suisse au fond de l'assiette. Un de mes favoris.

Ingrédients :

4 tasses (1 L) de consommé de boeuf

2 oignons, coupés en rondelles

3 tomates moyennes, tranchées mince

2 branches de céleri, en dés

1 gousse d'ail, hachée fin

1/2 tasse (125 mL) de vermicelle

1 tasse (250 mL) de fromage râpé

Préparation :

• Ajouter au bouillon, les oignons, les tomates, le céleri, l'ail.

• Faire chauffer 15 minutes à «HIGH». Brasser.

• Ajouter le vermicelle. Faire cuire 5 minutes à «HIGH».

• Diviser le fromage râpé en parts égales dans les assiettes ou bols à soupe.

• Pour servir, verser du bouillon chaud sur le fromage.

• Faire chauffer 3 assiettes à la fois durant 4 minutes à «HIGH».

Consommé Madrilène

Préparation : . . . . **9 min**
Cuisson : . . . . **55 min**
Attente : . . . . **aucune**

Petit conseil : Un élégant consommé à servir chaud ou froid. De petites nouilles vertes, cuites à part, sont la garniture classique du Madrilène chaud ; elles sont ajoutées au goût au moment de servir. Le Madrilène froid est garni de concombre pelé et râpé, ou de crème fouettée, ou d'un peu de caviar.

Ingrédients :

4 tasses (1 L) d'eau chaude

une boîte de tomates de 28 onces (796 mL)

2 lbs (1 kg) de jarret de veau, coupé en morceaux

1 gros oignon, coupé en quatre

1 carotte, coupée en deux sur la longueur

1 feuille de laurier

1 c. à soupe (15 mL) de sucre

1/2 c. à thé (2 mL) de thym

1 gousse d'ail, écrasée

1/2 lb (250 g) de boeuf haché

1 c. à thé (5 mL) de sel

10 grains de poivre

Préparation :

• Mettre tous les ingrédients dans un bol de 12 tasses (3 L).

• Couvrir et faire cuire 25 minutes à «HIGH».

• Brasser et faire cuire 30 minutes à «MEDIUM».

• Laisser refroidir une heure. Couler dans une passoire fine.

• Servir chaud garni au goût, ou servir froid.

Pour faire un Madrilène en gelée

• Faire chauffer 2 tasses (500 mL) du Madrilène cuit durant 10 minutes à «HIGH».

• Faire tremper 1 enveloppe de gélatine non aromatisée dans 1/2 tasse (125 mL) du Madrilène froid pendant 1 minute.

• Ajouter au bouillon chaud.

• Bien brasser, faire cuire 2 minutes à «HIGH».

• Verser dans des tasses.

• Réfrigérer de 6 à 12 heures. Garnir au goût.

Consommé Quimper

Préparation : . . . . **8 min**
Cuisson : . . . . **15 min**
Attente : . . . .**aucune**

Petit conseil : Utiliser du bouillon de poulet ou du consommé de boeuf. Consommé léger, garniture colorée. Excellent pour servir avant le rôti de viande.

Ingrédients :

2 c. à soupe (30 mL) de beurre

1/4 de tasse (60 mL) de champignons, tranchés minces

1/2 tasse (125 mL) de céleri, en petits dés

1/4 de tasse (60 mL) de petites carottes, taillées en minces rondelles

1/4 de tasse (60 mL) d'oignons verts, hachés fin

1 petite gousse d'ail, émincée

4 tasses (1 L) de consommé de poulet

Préparation :

• Faire fondre le beurre 1 minute à « HIGH » dans un bol de 8 tasses (2 L).

• Ajouter tous les légumes, couvrir, et faire cuire à « HIGH » 3 minutes.

• Bien brasser, faire cuire encore 2 minutes à « HIGH ».

• Ajouter le consommé, couvrir et faire chauffer 10 minutes à « HIGH ».

• Se réchauffe très bien.

Consommé de boeuf éclair

Préparation : . . . . **5 min**
Cuisson : . . . . **25 min**
Attente : . . . . **aucune**

> **Petit conseil :** Un consommé double qui se prépare en 30 minutes. On le sert nature ou avec une garniture au goût, ou encore comme base pour sauces.

Ingrédients :

1/2 lb (250 g) de boeuf haché

1 blanc d'oeuf

1 poireau, haché mince

1 carotte moyenne, râpée

1 boîte de 10 oz (284 mL) de consommé de boeuf

6 boîtes d'eau chaude

1 c. à thé (5 mL) de thym

Préparation :

• Mélanger le boeuf haché avec le blanc d'oeuf, le poireau et la carotte.

• Verser dans le plat de cuisson et ajouter le reste des ingrédients.

• Couvrir et faire cuire à «HIGH» 25 minutes.

• Laisser refroidir et couler à travers un tamis très fin ou recouvert d'un linge. Réfrigérer.

• Servir ce consommé chaud avec une garniture de votre choix, ou utiliser dans une recette qui requiert du consommé.

> **Petit conseil :** Avec la viande et les légumes qui restent dans le tamis, on peut faire un pâté chinois.

Consommé Pavase

Préparation : . . . . **5 min**
Cuisson : . . . . **15 min**
Attente : . . . . **aucune**

• En Italie, tous les restaurants servent cette soupe. Il n'y a qu'à la demander.

Petit conseil : Il est important d'utiliser un bon consommé de poulet ou de boeuf.

Ingrédients :

4 tranches de pain croûté

4 c. à soupe (60 mL) de fromage parmesan

4 oeufs

4 tasses (1 L) de consommé de votre choix

Préparation :

• Faire griller les tranches de pain au grille-pain. Recouvrir de fromage.

• Déposer sur une grille pour micro-ondes et faire griller 40 secondes à «HIGH».

• Retirer du four.

• Casser un oeuf dans chaque assiette.

• Faire chauffer le consommé 10 minutes à «HIGH».

• Verser en quantité égale sur chaque oeuf.

• Percer le jaune avec la pointe d'un couteau.

• Mettre une tranche de pain sur chaque oeuf.

• Disposer les assiettes en cercle dans le four à micro-ondes.

• Faire cuire 4 minutes à «MEDIUM-HIGH».

Consommé rouge en gelée

Préparation à l'avance : . . . .**12 h**
Cuisson : . . . .**17 min**
Attente : . . . .**aucune**

Petit conseil : Mon bouillon en gelée préféré... facile à faire et économique. Le garnir d'une cuillerée de crème sure ; pour les grandes occasions, recouvrir la crème d'un peu de caviar.

Ingrédients :

4 tasses (1 L) de consommé de boeuf *ou*
   1 boîte de 10 oz (284 mL) de bouillon *et*
   2 tasses (500 mL) d'eau

4 betteraves fraîches, non cuites

2 enveloppes de gélatine

1/3 de tasse (80 mL) de sherry ou de porto

1 c. à soupe (15 mL) de jus de citron frais

muscade au goût

sel et poivre au goût

Préparation :

• Verser le consommé de boeuf ou le bouillon et l'eau dans un bol de 8 tasses (2 L).

• Peler les betteraves et les trancher mince, les ajouter au liquide.

• Faire cuire à «HIGH» 15 minutes.

• Laisser reposer 10 minutes, et passer au tamis fin. Mettre les betteraves de côté.

• Ajouter la gélatine au sherry ou au porto.

• Laisser reposer 2 minutes, ajouter au consommé coulé.

• Faire cuire à «HIGH» 2 minutes. Bien brasser.

• Ajouter le jus de citron, le sel et le poivre au goût.

• Verser dans des tasses ou des bols individuels.

• Saupoudrer d'un peu de muscade. Réfrigérer 12 heures.

• Pour servir, défaire la gelée en morceaux et garnir.

Consommé de la Guadeloupe

Préparation :	. . . .	**5 min**
Cuisson :	. . . .	**18 min**
Attente :	. . . .	**aucune**

• J'ai appris à faire ce consommé lors d'un voyage à la Guadeloupe. Malgré sa simplicité, il vous réserve une agréable surprise.

Ingrédients :

Une recette de consommé Madrilène

le jus et le zeste râpé de 2 oranges

2 c. à soupe (30 mL) de liqueur à l'orange, à votre choix

Préparation :

• Faire réchauffer le consommé Madrilène 15 minutes à «HIGH».

• Au moment de servir, y ajouter le jus et le zeste d'orange et la liqueur.

• Faire chauffer 3 minutes à «HIGH».

• Servir froid l'été, chaud l'hiver.

Crème de cari

Préparation : . . . . **5 min**
Cuisson : . . . . **13 min**
Attente : . . . . **aucune**

Petit conseil : En Inde, on sert cette crème froide ou chaude. Souvent elle est garnie de petites crevettes fraîches.

Ingrédients :

1¹/₂ **tasse (375 mL) de consommé de poulet ou de boeuf**

1 **tasse (250 mL) de crème légère**

1/2 **c. à thé (2 mL) de poudre de cari**

1 **c. à soupe (15 mL) de persil, émincé**

1/4 **de c. à thé (1 mL) de sel**

2 **oeufs battus**

1/2 **tasse (125 mL) de vin blanc**

amandes grillées (facultatif)

Préparation :

• Mettre le consommé de poulet ou de boeuf et la crème dans un bol de 4 tasses (1 L).

• Délayer la poudre de cari dans quelques cuillerées du mélange liquide et ajouter au consommé ainsi que le persil et le sel.

• Faire cuire 10 minutes à «HIGH».

• Ajouter le vin blanc aux oeufs battus et bien remuer.

• Verser dans le bouillon chaud, en brassant sans arrêt avec un fouet métallique. Remettre au four à micro-ondes.

• Faire cuire 3 minutes à «MEDIUM».

• Brasser avec le fouet métallique après 2 minutes de cuisson. Faire cuire une autre minute et servir.

• Au goût, ajouter quelques amandes grillées dans chaque bol de soupe.

509

Crème verte

Préparation : . . . . **10 min**
Cuisson : . . . . **7 min**
Attente : . . . .**aucune**

Petit conseil : On peut faire cette crème avec des épinards frais ou congelés ; toutefois, elle a plus fine saveur si préparée avec les épinards frais. Le jus de palourde en bouteille se trouve facilement là où l'on vend des produits importés.

Ingrédients :

1 lb (500 g) d'épinards frais *ou*
   2 boîtes de 12 oz (340 g) d'épinards congelés
1 tasse (250 mL) de crème riche
1 tasse (250 mL) de crème légère
1 bouteille de 8 onces (250 mL) de jus de palourde
1/4 de c. à thé (1 mL) de muscade
sel et poivre au goût

Préparation :

• Laver les épinards frais, mettre dans un bol de verre de 8 tasses (2 L), couvrir, faire cuire à «HIGH» 3 minutes.

• Mettre en purée (le jus inclus) au robot culinaire ou au malaxeur électrique.

• Remettre la purée verte dans le plat de cuisson.

• Ajouter le reste des ingrédients. Saler et poivrer au goût.

• Faire cuire 4 minutes à «HIGH».

• Bien brasser et servir.

Crème des montagnards

Préparation : . . . . **12 min**
Cuisson : . . . . **de 20 à 22 min**
Attente : . . . .**aucune**

Petit conseil : La meilleure crème au fromage de la cuisine suisse. Elle se sert très chaude accompagnée de pain croûté, qu'on a fait chauffer pour le rendre croustillant. La première fois que j'ai mangé cette soupe en Suisse, elle était servie bouillante sur un croûton de pain, accompagnée d'un verre de vin blanc bien rafraîchi.

Ingrédients :

2 tasses (500 mL) de bouillon de poulet

1 oignon moyen, haché fin

1 branche de céleri, coupée en petits dés

1 carotte moyenne, pelée et coupée en petits dés

2 c. à soupe (30 mL) de beurre

3 c. à soupe (50 mL) de farine

2 tasses (500 mL) de crème de votre choix

1/2 tasse (125 mL) de fromage parmesan, râpé

1/2 tasse (125 mL) de fromage gruyère, râpé

sel et poivre au goût

Préparation :

• Mettre dans un bol de 8 tasses (2 L) le bouillon de poulet, l'oignon, le céleri et la carotte.

• Faire chauffer 15 minutes à «HIGH».

• Passer les légumes au tamis fin et mettre de côté ainsi que le bouillon.

• Faire fondre le beurre dans le plat de cuisson 1 minute à «HIGH», ajouter la farine, bien mélanger, ajouter la crème et le bouillon mis de côté.

• Brasser et faire cuire 5 à 7 minutes à «HIGH», en brassant à mi-cuisson.

• Ajouter les fromages tout en brassant, ainsi que les légumes mis de côté.

• La soupe est généralement assez chaude pour fondre le fromage.

• Si nécessaire, faire chauffer 1 minute à «MEDIUM».

• Au goût, garnir chaque assiette de quelques croûtons au beurre.

Crème vichyssoise aux carottes

Préparation : . . . . 10 min
Cuisson : . . . . 15 min
Attente : . . . . aucune

Petit conseil : Une crème intéressante, aussi bonne chaude que froide. Elle suit les saisons. L'été, je la préfère avec les carottes et la ciboulette du jardin. L'hiver, je remplace la ciboulette par du persil.

Ingrédients :

2 c. à soupe (30 mL) de beurre

6 à 8 oignons verts, émincés

2 tasses (500 mL) de carottes, en rondelles

2 tasses (500 mL) de consommé de poulet

1 1/2 tasse (375 mL) d'eau bouillante

1/2 c. à thé (2 mL) de sel

1 c. à thé (5 mL) de basilic ou d'estragon

6 grains de poivre, écrasés

1/2 tasse (125 mL) de crème légère ou de lait

Préparation :

• Faire fondre le beurre 1 minute à «HIGH» dans un bol de 8 tasses (2 L), ajouter les oignons verts et les carottes. Bien brasser.

• Faire cuire 5 minutes à «HIGH».

• Ajouter le consommé de poulet, l'eau bouillante, le sel, le poivre, le basilic ou l'estragon.

• Couvrir et faire cuire 10 minutes à «HIGH».

• Mettre en purée dans le robot culinaire ou le malaxeur électrique.

• Ajouter la crème ou le lait.

• Bien mélanger, chauffer et servir, ou réfrigérer.

• Très facile à réchauffer.

Crème d'épinards

Préparation : . . . . **9 min**
Cuisson : . . . . **13 min**
Attente : . . . . **aucune**

Petit conseil : Ce potage d'un beau vert, c'est un peu le printemps dans votre assiette. L'été, j'ai de l'oseille dans mon jardin ; alors j'ajoute une tasse d'oseille aux épinards et j'omets le vermouth sec ou le vin blanc.

Ingrédients :

1 sac d'épinards frais

1/2 c. à thé (2 mL) de sucre

2 c. à soupe (30 mL) de concentré de poulet (Bovril)

1 tasse (250 mL) de lait

1 tasse (250 mL) de crème de votre choix

1/4 de tasse (60 mL) de vermouth sec ou de vin blanc

1 c. à thé (5 mL) de zeste de citron

1/2 c. à thé (2 mL) de macis ou de muscade

sel et poivre au goût

Préparation :

• Laver les épinards à l'eau froide et les mettre dans un bol de 8 tasses (2 L). Saupoudrer de sucre.

• Couvrir, faire cuire à «HIGH» 3 minutes, brasser une fois pendant la cuisson.

• Mettre en purée l'épinard cuit et son eau, à l'aide d'un robot culinaire ou d'un malaxeur électrique.

• Ajouter le concentré de poulet, le lait, la crème, le vermouth ou le vin blanc et le zeste de citron.

• Bien mélanger, ajouter le macis ou la muscade.

• Couvrir, faire cuire à «HIGH» 10 minutes.

• Au moment de servir, assaisonner de sel et de poivre, au goût.

La sénégalaise

Petit conseil: Une des belles soupes classiques. Ce qui la rend différente, c'est la combinaison du bouillon de poulet, des pommes et de la poudre de cari. Délicieuse avant le rôti de boeuf, la perdrix, le canard ou la caille. Elle se sert chaude ou froide.

Préparation : . . . . **14 min**
Cuisson : . . . . **de 20 à 22 min**
Attente : . . . . **aucune**

Ingrédients :

4 c. à soupe (60 mL) de beurre

2 oignons moyens, hachés

3 branches de céleri, en dés

2 c. à thé (10 mL) de poudre de cari

6 tasses (1,5 L) de bouillon de poulet

1 feuille de laurier

2 pommes, pelées et en dés

1 tasse (250 mL) de crème légère

1 tasse (250 mL) de blanc de poulet cuit*

* On peut faire cuire une demi-poitrine de poulet dans la soupe. L'ajouter en même temps que l'oignon et le céleri.

Préparation :

• Faire fondre le beurre dans un bol de 12 tasses (3 L), 1 minute à «HIGH».

• Ajouter les oignons et le céleri.

• Bien brasser et ajouter la poudre de cari. Brasser encore une fois.

• Faire cuire 5 minutes à «HIGH.

• Ajouter le bouillon de poulet, la feuille de laurier et les pommes.

• Faire cuire 10 minutes à «HIGH».

• Passer au tamis fin.

• Au moment de servir, ajouter la crème et le blanc de poulet, taillé en minces languettes.

• Faire chauffer 5 à 7 minutes à «HIGH». Servir.

Crème de concombre glacée

Préparation : . . . . **10 min**
Cuisson : . . . . **18 min**
Attente : . . . . **aucune**

Petit conseil : La crème froide parfaite pour les chaudes soirées d'été. J'aime la servir avant un barbecue. On peut la préparer trois à quatre jours d'avance et la garder au réfrigérateur, bien couverte.

Ingrédients :

3 concombres moyens

1 poireau

2 c. à soupe (30 mL) de beurre

2 feuilles de laurier

1 c. à soupe (15 mL) de farine

3 tasses (750 mL) de bouillon de poulet

1 c. à thé (5 mL) de sel

1 tasse (250 mL) de crème à fouetter

1 c. à soupe (15 mL) de jus de citron

1 c. à soupe (15 mL) d'aneth frais

crème sure, au goût

Préparation :

• Peler 2 concombres et les couper en tranches minces. Réserver l'autre concombre.

• Nettoyer le poireau et le trancher mince, le vert et le blanc.

• Faire fondre le beurre 1 minute à «HIGH», dans un bol de 8 tasses (2 L).

• Ajouter les 2 concombres et le poireau, bien mélanger, et ajouter les feuilles de laurier.

• Faire cuire 3 minutes à «HIGH». Bien brasser.

• Ajouter la farine, mélanger et ajouter le bouillon de poulet et le sel.

• Faire cuire 15 minutes à «HIGH», en brassant à mi-cuisson.

• Enlever les feuilles de laurier.

• Passer le tout au robot culinaire ou au malaxeur électrique.

• Réfrigérer jusqu'au moment de servir.

• Ajouter alors le troisième concombre, pelé et râpé, la crème, le jus de citron et l'aneth haché. Saler au goût.

• Servir dans des tasses à bouillon avec une petite cuillerée de crème sure dans chaque tasse.

Crème créole à l'oignon

Préparation : . . . . **8 min**
Cuisson : . . . . **de 22 à 24 min**
Attente : . . . . **aucune**

Petit conseil : Une crème bien distincte et délicieuse. Elle se sert avant une salade légère ou à un déjeuner comprenant soupe et dessert.

Ingrédients :

1 tasse (250 mL) de crème riche

2 tasses (500 mL) de crème légère ou de lait

1¹/₂ tasse (375 mL) de bouillon de poulet

3 c. à soupe (50 mL) de beurre

2 gros oignons, tranchés minces

1 c. à soupe (15 mL) de farine

1 c. à thé (5 mL) de poudre de cari

sel au goût

Préparation :

• Mettre dans un bol de 8 tasses (2 L) la crème riche, la crème légère ou le lait et le bouillon de poulet.

• Remuer pour mélanger et faire cuire 10 minutes à «HIGH».

• Faire fondre le beurre dans un plat de 8 sur 8 po (20 sur 20 cm) 2 minutes à «HIGH».

• Ajouter les oignons, bien brasser, faire cuire à «HIGH» 4 minutes, en brassant une fois.

• Retirer les oignons du beurre avec une écumoire. Mettre de côté.

• Ajouter la farine au beurre qui reste, brasser, ajouter la poudre de cari, bien brasser.

• Ajouter au mélange de crème chaud.

• Mélanger et faire cuire 8 à 10 minutes à «MEDIUM-HIGH», en remuant deux fois.

• La soupe devrait avoir l'apparence d'une sauce légère crémeuse.

• Ajouter l'oignon. Bien mélanger, saler et poivrer au goût. Servir.

Crème de zucchini

Préparation : . . . . **13 min**
Cuisson : . . . . **40 min**
Attente : . . . . **aucune**

Petit conseil : À la fin de l'été, lorsque les zucchini sont en abondance, je prépare une grande quantité de cette crème et je la congèle pour l'hiver. Libre à vous de ne faire que la moitié de la recette, si vous préférez.

Ingrédients :

4 lb (2 kg) de zucchini

8 tasses (2 L) de consommé de poulet

1 c. à soupe (15 mL) de marjolaine

1 c. à soupe (15 mL) d'aneth

4 c. à soupe (60 mL) de beurre

1/2 tasse (125 mL) de farine

4 tasses (1 L) de lait

1 tasse (250 mL) de crème

sel et poivre au goût

1/2 tasse (125 mL) de persil haché

Préparation :

• Peler les zucchini et les tailler en dés.

• Mettre dans un grand bol avec le consommé de poulet, la marjolaine et l'aneth.

• Faire cuire 20 minutes à « HIGH ».

• Mettre en purée dans un malaxeur (ce qui est plus rapide qu'un robot culinaire pour une grande quantité) ou utiliser un robot culinaire, à votre gré.

• Faire fondre le beurre dans un autre bol, 2 minutes à « HIGH ».

• Ajouter la farine. Bien mélanger.

• Ajouter le lait et la crème.

• Brasser, faire cuire 20 minutes à « HIGH », en remuant 3 fois durant la cuisson.

• Ajouter la purée de zucchini. Bien mélanger. Saler et poivrer.

• Ajouter le persil.

• Il n'est pas nécessaire de réchauffer la soupe après avoir ajouté la purée de zucchini.

• Bien remuer. Vérifier l'assaisonnement.

• Verser dans un contenant. Congeler.

• Lorsque vous désirez en servir, vous n'avez qu'à réchauffer la quantité requise à « HIGH ».

Crème de brocoli

Préparation : . . . . **9 min**
Cuisson : . . . . **12 min**
Attente : . . . . **aucune**

Petit conseil : J'aime beaucoup cette crème de brocoli. Je la sers chaude, l'hiver et froide, l'été. Un de mes déjeuners favoris au jardin : cette crème de brocoli, servie froide, des tomates fraîchement cueillies toutes chaudes de soleil, un panier dans lequel sont disposés des tiges de cerfeuil, quelques feuilles de basilic, un bouquet de ciboulette. J'y dépose une paire de ciseaux. Chacun choisit et coupe ses fines herbes à son gré.

Ingrédients :

1 grosse tige (ou 3 petites tiges) de brocoli

4 c. à soupe (60 mL) d'eau froide

3 c. à soupe (50 mL) de beurre

1 oignon moyen, haché fin

3 c. à soupe (50 mL) de farine

1/2 c. à thé (2 mL) de sel

1/4 de c. à thé (1 mL) de poivre

3 tasses (750 mL) de lait

1/2 tasse (125 mL) de crème

2 c. à thé (10 mL) de bouillon de poulet concentré (Bovril)

Préparation :

• Nettoyer le brocoli, couper la tige et la tête en bouts de 2 po (5 cm).

• Mettre dans un plat pour four à micro-ondes avec l'eau froide.

• Couvrir et faire cuire 4 minutes à «HIGH».

• Verser le tout dans un malaxeur électrique ou un robot culinaire. Mettre en purée.

• Faire fondre le beurre 1 minute à «HIGH» dans un bol de 6 tasses (1,5 L).

• Ajouter l'oignon, bien mélanger et faire cuire 2 minutes à «HIGH».

• Ajouter la farine, le sel et le poivre, bien mélanger.

• Ajouter le lait, la purée de brocoli et la crème, bien mélanger.

• Ajouter le bouillon de poulet concentré.

• Faire chauffer le tout 5 minutes à «HIGH», brasser.

• Saler et poivrer au goût. Servir chaude ou froide.

Petit truc : Depuis des milliers d'années, le miel est considéré comme un aliment naturel et un agent de sucrage. Il se digère plus facilement que le sucre et redonne de l'énergie en cas de fatigue.

Crème vichyssoise glacée

Préparation : . . . . **14 min**
Cuisson : . . . . **18 min**
Attente : . . . . **aucune**

Petit conseil : Recette de Louis Diat, chef français qui fit la réputation du Ritz-Carlton à New York. À cette époque, la cuisine française était peu connue aux États-Unis. Louis Diat servait froid le potage parmentier, le désignant comme «vichyssoise glacée». C'était la soupe aux pommes de terre préparée en France et servie chaude.

Ingrédients :

4 c. à soupe (60 mL) de beurre

4 poireaux moyens, tranchés minces

1 gros oignon, tranché

5 pommes de terre moyennes, pelées et tranchées mince

4 tasses (1 L) de bouillon de poulet

1 c. à thé (5 mL) de sel

1 tasse (250 mL) de lait

1 tasse (250 mL) de crème

ciboulette ou persil, émincé

Préparation :

• Faire fondre le beurre 1 minute à «HIGH» dans un bol de 12 tasses (3 L).

• Ajouter les poireaux et l'oignon, brasser.

• Faire cuire 3 minutes à «HIGH».

• Brasser et ajouter les pommes de terre, le bouillon de poulet et le sel.

• Faire cuire 15 minutes à «HIGH».

• Passer le tout à la moulinette à légumes ou au robot culinaire, pour mettre en purée. Couvrir et réfrigérer.

• Au moment de servir, ajouter 1 tasse (250 mL) de lait, la crème, et sel au goût.

• Vous pouvez ajouter plus de lait pour une consistance plus légère.

• Battre avec un fouet et servir, saupoudrée de ciboulette ou de persil.

Crème Saint-Germain

Préparation :	. . . .	**8 min**
Cuisson :	. . . .	**22 min**
Attente :	. . . .	**aucune**

• Une crème attrayante, d'un beau vert foncé. Une soupe classique du répertoire français.

Ingrédients :

2 tasses (500 mL) de petits pois surgelés

1 poireau moyen, tranché (le blanc et le vert)

10 à 12 feuilles de laitue, hachées

10 à 12 feuilles d'épinard, hachées

1 c. à thé (5 mL) de sel

1/2 c. à thé (2 mL) de sucre

1 tasse (250 mL) d'eau

4 tasses (1 L) de consommé de poulet

1/2 tasse (125 mL) de crème

Préparation :

• Mettre les sept premiers ingrédients dans un bol de 8 tasses (2 L).

• Couvrir, faire cuire 12 minutes à «HIGH».

• Mettre en purée dans un robot culinaire ou un malaxeur électrique.

• Ajouter le consommé de poulet et la crème.

• Bien mélanger le tout.

• Faire cuire 10 minutes à «HIGH». Servir.

Crème de chou-fleur Magnani

Préparation : . . . . **10 min**
Cuisson : . . . . **33 min**
Attente : . . . . **aucune**

• Une excellente amie, très bonne cuisinière et originaire de Bologne, m'a appris à faire cette délicieuse crème à saveur unique.

Ingrédients :

1 chou-fleur moyen

2 c. à soupe (30 mL) de beurre

4 tomates moyennes, en dés

1 gros oignon, tranché mince

1 c. à soupe (15 mL) de jus de citron

le zeste râpé de 1/2 citron

4 tasses (1 L) de consommé de poulet

1 c. à thé (5 mL) de sucre

sel et poivre au goût

2 c. à soupe (30 mL) de crème

Préparation :

• Laver le chou-fleur et le séparer en bouquets. Hacher quelques petites feuilles vertes.

• Mettre dans un bol, ajouter 2 c. à soupe (30 mL) d'eau, faire cuire 10 minutes à «HIGH».

• Pour la cuisson au «SENSOR», préparer de la même façon et couvrir avec une feuille de plastique ; ou si un plat «micro-dur» est utilisé pour la cuisson aux micro-ondes, se servir de son couvercle au lieu de la feuille de plastique et faire cuire à «A8» ou selon les données de votre four.

• Lorsque cuit, l'écraser ou le passer au malaxeur pour obtenir un mélange lisse. Le mettre de côté.

• Faire fondre le beurre 1 minute à «HIGH», ajouter l'oignon, faire cuire 3 minutes à «HIGH», en remuant une fois.

• Ajouter les tomates. Bien mélanger et faire cuire 3 minutes de plus à «HIGH».

• Ajouter le reste des ingrédients, excepté la crème, puis ajouter le chou-fleur.

• Bien mélanger, faire cuire 15 minutes à «HIGH», en remuant deux fois.

• Vérifier l'assaisonnement. Ajouter la crème.

• Faire chauffer 2 minutes à «HIGH».

Crème Vert-Pré

Préparation :	. . . .	**7 min**
Cuisson :	. . . .	**8 min**
Attente :	. . . .	**aucune**

• Une spécialité du restaurant Pré-Catalan, à Paris, elle fut créée dans les années quarante lorsque la France commença la mise en conserve de ses fameux petits pois.

Ingrédients :

2 c. à soupe (30 mL) de beurre

1/2 lb (250 g) de champignons frais, tranchés mince

2 tasses (500 mL) de lait

1 boîte de petits pois no 4

sel et poivre au goût

Préparation :

• Faire fondre le beurre 1 minute à «HIGH».

• Ajouter les champignons, remuer.

• Faire cuire 4 minutes à «HIGH», en remuant une fois après 2 minutes de cuisson.

• Ajouter le lait.

• Passer les petits pois égouttés au malaxeur ou au robot culinaire pour les mettre en purée.

• Ajouter au lait, bien remuer.

• Saler et poivrer au goût.

• Faire cuire 4 minutes à «HIGH», en remuant une fois.

• Si la crème est trop épaisse, lui ajouter un peu du liquide des petits pois.

Crème aux nouilles Ali-Bab

• Un ingénieur devenu chef célèbre, et qui par la suite écrivit, dans les années vingt, un livre de recettes toujours très populaires.

Préparation :	**10 min**
Cuisson :	**30 min**
Attente :	**aucune**

Ingrédients :

4 tasses (1 L) de consommé de poulet

1 tasse (250 mL) de nouilles fines

2 c. à soupe (30 mL) de beurre

1 c. à soupe (15 mL) de farine

2 c. à soupe (30 mL) de fromage suisse ou cheddar râpé

2 jaunes d'oeufs, battus

1 tasse (250 mL) de crème légère

sel et poivre au goût

un bol de fromage râpé

Préparation :

• Amener le consommé à ébullition, dans un bol de 6 tasses (1,5 L), 10 minutes à «HIGH».

• Ajouter les nouilles brisées en bouts de 1 po (2,5 cm).

• Faire cuire 10 minutes à «HIGH».

• Mélanger le beurre, la farine et le fromage râpé.

• Ajouter aux nouilles cuites, tout en remuant sans arrêt.

• Faire cuire 6 minutes à «HIGH», en remuant une fois.

• Battre les jaunes d'oeufs avec la crème.

• Ajouter au consommé chaud, remuer, assaisonner au goût.

• Faire cuire 4 minutes à «MEDIUM», en remuant une fois.

• Servir avec un bol de fromage râpé.

Crème de laitue

Préparation : . . . . **8 min**
Cuisson : . . . . **17 min**
Attente : . . . . **aucune**

• Spécialité de plusieurs restaurants parisiens. L'essayer c'est l'adopter. Utiliser la laitue de votre choix.

Ingrédients :

1/4 de tasse (60 mL) de beurre ou de margarine

4 tasses (1 L) de laitue, émincée

1 gros oignon, haché fin

4 tasses (1 L) de bouillon de poulet

3 jaunes d'oeufs

1/2 à 1 tasse (125 à 250 mL) de parmesan ou de gruyère, râpé

Préparation :

• Mettre le beurre ou la margarine dans un bol de 10 tasses (2,5 L).

• Faire fondre à «HIGH» 1 minute.

• Ajouter la laitue et l'oignon, bien mélanger.

• Ajouter le bouillon de poulet. Faire chauffer 12 minutes à «HIGH».

• Mélanger les jaunes d'oeufs et le fromage râpé, ajouter au bouillon chaud en brassant sans arrêt, de préférence avec un fouet métallique.

• Faire chauffer 5 minutes à «MEDIUM-LOW».

• Bien battre avec le fouet avant de servir.

Ma crème de champignons préférée

Préparation : . . . . **25 min**
Cuisson : . . . . **30 min**
Attente : . . . . **aucune**

• De préparation rapide et facile, ce qui distingue cette crème, c'est le consommé fait avec les queues et les pelures des champignons. Je la déguste depuis des années, et pourtant je la trouve encore meilleure lorsqu'elle est cuite au four à micro-ondes, ce qui lui confère une saveur bien spéciale.

Ingrédients :

1/2 lb (250 g) de champignons frais

3 tasses (750 mL) d'eau

1/2 c. à thé (2 mL) de sel

2 c. à soupe (30 mL) de beurre

1 oignon moyen, haché fin

3 c. à soupe (50 mL) de beurre

3 c. à soupe (50 mL) de farine

1 tasse (250 mL) de crème légère

sel et poivre au goût

Préparation :

• Peler les champignons, enlever les queues et les trancher mince.

• Mettre les pelures et les queues dans un bol avec l'eau et le sel.

• Couvrir, faire cuire 20 minutes à «HIGH».

• Laisser reposer 15 minutes. Couler et réserver le liquide.

• Faire fondre les 2 premières c. à soupe (30 mL) de beurre 1 minute à «HIGH».

• Ajouter les champignons pelés, tranchés mince, et l'oignon.

• Remuer et faire cuire 5 minutes à «HIGH». Remuer une fois en court de cuisson.

• Faire fondre les 3 c. à soupe (50 mL) de beurre dans un autre bol, 1 minute à «HIGH».

• Ajouter la farine et la crème en remuant.

• Faire cuire 4 minutes à «HIGH», en remuant deux fois.

• Ajouter cette sauce au consommé avec les champignons et l'oignon fondus.

• Bien remuer. Assaisonner au goût.

• Au moment de servir, faire chauffer 4 minutes à «HIGH». Remuer et servir.

525

Crème de crabe

Préparation : . . . . **12 min**
Cuisson : . . . . **18 min**
Attente : . . . . **aucune**

Petit conseil : Une crème élégante et savoureuse, meilleure si préparée avec le crabe en boîte. J'en garde toujours une boîte à portée de la main pour utiliser en cas d'urgence, lorsque je désire servir une soupe «gourmet» au début d'un repas.

Ingrédients :

4 c. à soupe (60 mL) de beurre

2 tranches épaisses de racine de gingembre

3 oignons verts, en dés (le vert et le blanc)

1/2 tasse (125 mL) de chair de crabe

1/4 de c. à thé (1 mL) de sel

2 c. à soupe (30 mL) de sherry

4 tasses (1 L) de consommé de poulet

2 blancs d'oeufs, battus

4 c. à soupe (60 mL) de crème légère

2 c. à soupe (30 mL) de consommé de poulet

1½ c. à thé (8 mL) de fécule de maïs

Préparation :

• Faire fondre le beurre 1 minute à «HIGH», dans un bol de 8 tasses (2 L), y ajouter le gingembre et les oignons verts.

• Bien remuer et faire cuire 1 minute à «HIGH».

• Ajouter la chair de crabe, le sel et le sherry. Faire cuire 2 minutes à «MEDIUM».

• Ajouter le consommé de poulet, brasser et faire cuire 10 minutes à «HIGH». Retirer le gingembre.

• Mélanger les blancs d'oeufs, légèrement battus, la crème, les 2 c. à soupe (30 mL) de consommé de poulet et la fécule de maïs.

• Ajouter graduellement à la crème de crabe chaude. Bien mélanger.

• Faire cuire 5 minutes à «HIGH», en brassant deux fois.

Petit truc : Pour accompagner votre soupe de craquelins chauds et croustillants, les passer aux micro-ondes de 45 à 60 secondes à «HIGH», au moment de les servir.

Crème de poisson scandinave

Préparation : . . . . **10 min**
Cuisson : . . . . **30 min**
Attente : . . . . **aucune**

Petit conseil : Une crème très élégante à servir avant un plat de crustacés ou de veau rôti.

Ingrédients :

3 tasses (750 mL) d'eau bouillante

3 pommes de terre moyennes, en petits dés

3 oignons verts, en bouts de 1/2 po (1 cm)

1 feuille de laurier

3/4 de tasse (200 mL) de crème

2 c. à soupe (30 mL) de farine

1 lb (500 g) de saumon ou de truite

1 c. à soupe (15 mL) de beurre

1 c. à thé (5 mL) de sel

1/4 de c. à thé (1 mL) de poivre

1/8 de c. à thé (0,5 mL) de quatre-épices

Préparation :

• Mettre dans un bol de 8 tasses (2 L), l'eau bouillante, les pommes de terre, les oignons et la feuille de laurier.

• Faire cuire 20 minutes à «HIGH».

• Enlever la feuille de laurier. Mélanger la farine et la crème.

• Ajouter à la soupe en brassant sans arrêt.

• Ajouter le poisson, coupé en morceaux d'un pouce (2,5 cm).

• Faire cuire 10 minutes à «HIGH», en brassant à mi-cuisson.

• Ajouter le beurre, le sel, le poivre et le quatre-épices. Servir.

Crème de poisson à la vénitienne

Préparation : . . . . **14 min**
Cuisson : . . . . **15 min**
Attente : . . . . **aucune**

Petit conseil : Le secret de cette crème est la combinaison de deux poissons de votre choix (flétan et sole ou aiglefin et morue, etc.) et le safran — il n'y en a qu'une pincée, mais elle compte. Vous trouverez le safran dans les épiceries d'importation.

Ingrédients :

2 lb (1 kg) de poissons de votre choix

2 tomates, non pelées, en dés

2 oignons moyens, hachés fin

3 branches de céleri, coupées en dés

1 panais moyen, pelé et en dés

une pincée de safran

sel et poivre au goût

6 tasses (1,5 L) d'eau chaude

Préparation :

• Mettre dans un bol de 10 tasses (2,5 L), le poisson laissé entier, même avec la peau (si ce ne sont des filets), les tomates, les oignons, le céleri, le panais, le safran, le sel et le poivre.

• Verser l'eau sur le tout. Couvrir et faire cuire à «HIGH» 15 minutes.

• Enlever les arêtes et la peau du poisson utilisé, s'il y a lieu.

• Retirer le poisson et les légumes du bouillon avec une cuillère perforée, les passer au robot culinaire ou au malaxeur électrique pour mettre en purée.

• Ajouter au bouillon. Vérifier l'assaisonnement.

• Cette crème se prépare d'avance. Réchauffer de 5 à 6 minutes à «HIGH», sans couvrir.

Bouillon de poulet

Préparation à l'avance : . . . . . **de 2 à 3 h**
Cuisson : . . . . **50 min**
Attente : . . . . **aucune**

Petit conseil : J'aime faire mijoter aux micro-ondes un poulet de 3 à 4 livres (1,5 à 2 kg), ce qui me permet de préparer un pâté de poulet ou une salade ou de belles tranches de poulet, chaudes ou froides. En plus, la cuisson est rapide, la saveur du poulet et du bouillon est supérieure à celle obtenue par la cuisson ordinaire, les chairs sont juteuses et blanches. Pour servir en gelée, couler le bouillon, faire bouillir 10 minutes à «HIGH», et verser chaud sur le poulet entier ou coupé en quatre ou tranché mince. Réfrigérer de 6 à 12 heures.

Ingrédients :

1 poulet de 3 à 4 lb (1,5 à 2 kg)

6 tasses (1,5 L) d'eau chaude

1 carotte moyenne, pelée et tranchée

2 branches de céleri, en dés

1 gousse d'ail, émincée

2 feuilles de laurier

20 grains de poivre

1 c. à soupe (15 mL) de gros sel

1 gros oignon, haché fin

1 c. à thé (5 mL) de thym

Préparation :

• Faire cuire le poulet entier ou coupé en morceaux.

• Mettre dans un bol rond et profond de 12 tasses (3 L) avec couvercle.

• Ajouter le reste des ingrédients.

• Couvrir et faire cuire le poulet 25 minutes à «HIGH», remuer et faire cuire 25 minutes à «MEDIUM».

• Lorsque le poulet est cuit entier, il est préférable de le retourner à mi-cuisson.

• Laisser refroidir 2 à 3 heures dans son jus. Retirer le poulet, couler le bouillon.

• Pour mettre en gelée, verser le bouillon sur la volaille et réfrigérer.

• Un peu de gras montera à la surface, mais il est facile de l'enlever lorsque le bouillon sera pris en gelée car le gras reste sur le dessus.

Bouillon blanc

Préparation : . . . . 12 min
Cuisson : . . . . 50 min
Attente : . . . . 1 h

Petit conseil : Un bouillon pâle et délicatement parfumé, tout désigné pour utiliser un reste de sauce de poulet ou de veau, ou pour faire une sauce blanche légère moitié bouillon, moitié lait, ou comme base d'une soupe aux légumes, tels que asperges, petits pois, etc.

Ingrédients :

2 lb (1 kg) de jarret de veau ou d'os de veau bien en viande

2 oignons pelés, coupés en quatre

2 branches de céleri *ou*
3/4 de tasse (200 mL) de feuilles de céleri émincées

6 grains de poivre *ou*
1/2 c. à thé (2 mL) de poivre

1 c. à thé (5 mL) de gros sel

2 feuilles de laurier

1/2 c. à thé (2 mL) de thym

un bouquet de tiges de persil, si disponibles

8 tasses (2 L) d'eau froide

Préparation :

• Demander au boucher de couper la viande ou les os, si possible; sinon utiliser tels quels.

• Mettre tous les ingrédients dans un bol de 20 tasses (5 L).

• Couvrir et faire cuire 20 minutes à HIGH».

• Brasser et faire cuire 30 minutes à «MEDIUM». Laisser reposer 1 heure.

• Couler à travers une passoire fine.

• Conserver au réfrigérateur.

Bouillon aux «quénafes»

Préparation : .... **8 min**
Cuisson : .... **20 min**
Attente : .... **aucune**

• Les «quénafes» sont de petites boulettes de pâte cuites dans le bouillon; une spécialité du nord de la France et de l'Alsace.

Ingrédients :

6 tasses (1,5 L) de bouillon de boeuf

1 oeuf entier

2 jaunes d'oeufs

2/3 de tasse (160 mL) de farine

muscade râpée au goût

sel et poivre au goût

Préparation :

• Amener le bouillon de boeuf à ébullition dans un bol de 10 tasses (2,5 L), 15 minutes à «HIGH».

• Délayer dans un bol l'oeuf entier, les deux jaunes, la farine.

• Battre avec un fouet métallique jusqu'à parfait mélange.

• Ajouter muscade, sel et poivre.

• Verser cette pâte, par petites cuillerées à thé, dans le bouillon chaud. Pour faire vite, tremper la cuillère dans le bouillon chaud avant de la tremper dans la pâte.

• Couvrir et faire chauffer 5 minutes à «HIGH».

• Saupoudrer de persil haché fin avant de servir.

Bouillon japonais «suimono»

Préparation : . . . . **10 min**
Cuisson : . . . . **25 min**
Attente : . . . . **15 min**

• Délicat, savoureux, élégant!

Ingrédients :

1 lb (500 g) d'ailes de poulet

3 c. à soupe (50 mL) de saké*

2 oignons verts, coupés en quatre

1 po (2,5 cm) de racine de gingembre frais

1 c. à thé (5 mL) de sel

4 tasses (1 L) d'eau chaude

6 minces tranches de lime

* *Un sherry sec peut remplacer le saké (vin japonais).*

Préparation :

• Tremper les ailes de poulet dans le saké durant 40 minutes.

• Mettre tous les ingrédients dans un bol de 8 tasses (2 L)

• Couvrir et faire cuire à «HIGH» 25 minutes.

• Laisser reposer 15 minutes, enlever la chair des ailes, la hacher finement et la mettre dans le bouillon.

• Servir dans de petites tasses.

• J'aime garnir ce bouillon de 2 à 4 petits dés de tofu.

Bouillon aux légumes

Préparation : . . . . **15 min**
Cuisson : . . . . **30 min**
Attente : . . . . **aucune**

Petit conseil : Un bouillon très nourrissant. Le couler et le garnir à votre goût. J'aime y ajouter des nouilles fines. Il peut remplacer le bouillon à la viande dans toute recette.

Ingrédients :

2 c. à soupe (30 mL) de beurre

2 oignons moyens, en dés

1 poireau, tranché (parties vertes et blanches)

2 à 3 carottes, tranchées mince

1 ou 2 panais, pelés et tranchés

1 petit céleri-rave, pelé, en dés (facultatif)

1 c. à thé (5 mL) de thym

2 feuilles de laurier

1 c. à thé (5 mL) de gros sel

8 grains de poivre

12 tasses (3 L) d'eau chaude

Préparation :

• Faire fondre le beurre dans une grande casserole 2 minutes à «HIGH».

• Ajouter les légumes préparés.

• Bien brasser et faire cuire 15 minutes à «HIGH». Remuer.

• Ajouter le reste des ingrédients, couvrir et faire cuire 15 minutes à «HIGH». Laisser refroidir.

• Tamiser dans une passoire fine doublée d'un coton à fromage.*

• Il peut être conservé au réfrigérateur de 3 à 4 semaines, ou au congélateur, de 6 à 8 mois.

Les légumes égouttés et mélangés à 1 tasse (250 mL) de sauce blanche crémeuse peuvent accompagner les viandes ; on peut également ajouter les légumes, sans la sauce, à un ragoût.

Bortsch à la polonaise

Préparation :	15 min
Cuisson :	25 min
Attente :	aucune

• Il y a plusieurs manières de préparer le bortsch qui se sert chaud ou froid. Celui-ci est un bouillon de couleur rose vif, léger et savoureux, parfait lorsque servi avant une viande rôtie.

Ingrédients :

4 tasses (1 L) de betteraves crues, pelées et râpées*

1 gros oignon, émincé

1 c. à thé (5 mL) de sel

1/4 de c. à thé (1 mL) de poivre

4 tasses (1 L) d'eau bouillante

1/4 de c. à thé (1 mL) de marjolaine

2 c. à thé (10 mL) de sucre

2 c. à thé (10 mL) de vinaigre de cidre ou de vin

1 tasse (250 mL) de crème sure

* Cela se fait facilement dans un robot culinaire et c'est moins salissant qu'à la râpe.

Préparation :

• Mettre tous les ingrédients, excepté la crème sure, dans un bol de 6 tasses (1,5 L).

• Faire cuire 15 minutes à «HIGH» et 10 minutes à «MEDIUM-HIGH».

• Laisser reposer 10 minutes. Passer au tamis fin.

• Ajouter la crème sure au bouillon, battre avec un fouet métallique ou un batteur électrique, jusqu'à parfait mélange.

Pour servir froid :

• Simplement vérifier l'assaisonnement.

• Réfrigérer jusqu'au moment de servir.

Pour servir chaud :

• Avant d'ajouter la crème, si le bortsch est froid, le faire chauffer 8 minutes à «MEDIUM» ou jusqu'à ce que la soupe soit bien chaude. On doit éviter l'ébullition, c'est pourquoi on la réchauffe à «MEDIUM».

Potage aux champignons

Préparation : . . . . **12 min**
Cuisson : . . . . **12 min**
Attente : . . . . **aucune**

• Un potage peu coûteux, de présentation élégante et d'un goût très fin.

Ingrédients :

4 c. à soupe (60 mL) de beurre

2 oignons moyens, hachés fin

1/2 c. à thé (2 mL) de sauge

1 c. à thé (5 mL) de basilic

1 c. à soupe (15 mL) de purée de tomate

2 c. à soupe (30 mL) de persil, émincé

1 gousse d'ail, émincée

sel et poivre au goût

1/2 lb (250 g) de champignons, tranchés mince

4 tasses (1 L) d'eau bouillante

2 jaunes d'oeufs

1/2 tasse (125 mL) de crème légère ou riche

1 c. à soupe (15 mL) de farine

Préparation :

• Faire fondre le beurre dans un bol de 8 tasses (2 L), 1 minute à «HIGH».

• Ajouter les oignons, la sauge, le basilic, la purée de tomate, le persil, l'ail, le sel et le poivre au goût.

• Bien mélanger le tout dans le beurre fondu. Faire cuire 3 minutes à «HIGH».

• Ajouter les champignons, bien brasser le tout.

• Ajouter l'eau bouillante. Faire cuire 6 minutes à «HIGH».

• Battre les jaunes d'oeufs, la crème et la farine dans un bol.

• Ajouter au bouillon de champignons en brassant sans arrêt, de préférence avec un fouet métallique.

• Remettre au four, faire chauffer 3 minutes à «MEDIUM-HIGH». Brasser et servir.

Potage de chou-fleur aux «diablotins»

Préparation : . . . . **10 min**
Cuisson : . . . . **24 min**
Attente : . . . . **aucune**

Petit conseil : On nomme «diablotins» de petits cubes de pain qu'on fait dorer au beurre juste avant de les ajouter au potage. Pour ma part, je sers d'abord le potage dans les assiettes et j'ajoute à chacune quelques «diablotins».

Ingrédients :

4 tasses (1 L) d'eau bouillante

1 c. à thé (5 mL) de gros sel

1/4 de c. à thé (1 mL) de muscade

1 chou-fleur moyen

4 c. à soupe (60 mL) de lait froid

3 c. à soupe (50 mL) de fécule de maïs

2/3 de tasse (160 mL) de crème

«Diablotins» :

2 c. à soupe (30 mL) de beurre

1 tasse (250 mL) de croûtons

Préparation :

• Mettre dans un bol de 6 tasses (1,5 L), l'eau bouillante, le gros sel, la muscade et le chou-fleur coupé en bouquets.

• Faire cuire 15 minutes à «HIGH».

• Enlever le chou-fleur avec une écumoire et passer au robot culinaire ou mettre en purée dans un malaxeur électrique.

• Délayer la fécule de maïs dans le lait froid.

• Ajouter au bouillon ainsi que le chou-fleur et la crème, bien remuer.

• Remettre au four et faire cuire 5 minutes à «HIGH», en brassant deux fois durant la cuisson.

• On obtient ainsi un potage crémeux et léger.

• Garnir avec les «diablotins», que vous préparez de la façon suivante : faire fondre le beurre, 2 minutes à «HIGH».

• Ajouter les croûtons, bien mélanger, remettre au four 1 à 2 minutes à «HIGH» pour les faire dorer.

• Brasser une fois pendant la cuisson.

• Ajouter au potage.

Potage parisien

Préparation : . . . . **14 min**
Cuisson : . . . . **35 min**
Attente : . . . . **15 min**

• Évidemment, c'est le potage aux poireaux et pommes de terre. Je n'ai jamais pu le faire aussi bon que lorsqu'il est cuit au four à micro-ondes. Ici, le beurre remplace le bouillon.

Ingrédients :

4 tasses (1 L) de poireaux, tranchés mince

3 à 4 tasses (750 mL à 1 L) de pommes de terre

1/4 de tasse (60 mL) de beurre

2 c. à thé (10 mL) de sel

1 c. à thé (5 mL) de poivre

**6 tasses (1,5 L) d'eau bouillante ou
    de consommé de poulet**

Préparation :

• Éplucher les poireaux, laisser une portion du vert.

• Faire une incision dans la partie verte, et laver à l'eau froide courante, de manière à enlever le sable.

• Trancher ensuite le blanc et le vert.

• Peler les pommes de terre, les couper en fines languettes, mais ne pas les mélanger aux poireaux.

• Faire fondre le beurre 1 minute à « HIGH » dans un bol de 16 tasses (4 L).

• Y ajouter les poireaux, bien mélanger, couvrir et faire cuire 5 minutes à « HIGH », en brassant à mi-cuisson.

• Ajouter les pommes de terre, sel et poivre, brasser le tout.

• Ajouter l'eau bouillante ou le consommé de poulet.

• Faire cuire 30 minutes à « HIGH », en brassant à mi-cuisson.

• Laisser reposer 15 minutes avant de servir.

• Passer à la moulinette à légumes ou au robot culinaire pour mettre en purée, ou servir à la parisienne, en ajoutant 1 tasse (250 mL) de crème au potage au moment de servir.

• Si nécessaire, réchauffer avant de servir.

Potage «Bologna»

• La gloire de la cuisine bolonaise, en Italie, n'est pas à faire. Je vous recommande ce potage; malgré sa simplicité, il est savoureux et différent.

Préparation : . . . . 15 min
Cuisson : . . . . 30 min
Attente : . . . . 15 min

Ingrédients :

2 c. à soupe (30 mL) d'huile d'olive ou végétale

4 tomates, pelées et coupées en quatre

2 tasses (500 mL) de dés de pommes de terre

2 branches de céleri avec feuilles, taillées en dés

1 c. à thé (5 mL) d'estragon ou d'origan

1/2 c. à thé (2 mL) de cerfeuil (si possible)

4 oignons verts, hachés fin (le vert et le blanc)

1 c. à thé (5 mL) de sucre et autant de sel

1/2 c. à thé (2 mL) de poivre

6 tasses (1,5 L) d'eau bouillante ou de bouillon de poulet

1/4 à 1/2 tasse (60 à 125 mL) de crème de votre choix

Préparation :

• Faire chauffer l'huile dans un bol de 12 tasses (3 L), 2 minutes à «HIGH».

• Ajouter les tomates et les pommes de terre, bien brasser le tout, faire cuire 10 minutes à «HIGH».

• Brasser et ajouter le reste des ingrédients, moins la crème.

• Couvrir et faire cuire 20 minutes à «HIGH». Brasser à mi-cuisson.

• Ajouter la crème.

• Bien mélanger, couvrir et laisser reposer 15 minutes avant de servir.

• Si nécessaire, réchauffer 5 minutes à «HIGH».

Potage à l'oseille

Préparation :	**11 min**
Cuisson :	**de 20 à 25 min**
Attente :	**aucune**

• Je sais qu'il n'est pas facile de trouver de l'oseille, mais si vous avez un jardin, il est facile d'en cultiver, surtout que c'est une plante vivace qui dure longtemps, malgré nos hivers rigoureux. Les feuilles parvenues à maturité n'ont peut-être pas un bel aspect, mais elles n'en demeurent pas moins délicieuses. L'oseille donne un goût de citron prononcé. À la cuisson, le vert des feuilles devient couleur bronze.

Ingrédients :

1 gros oignon, coupé en quatre

2 poignées de feuilles d'oseille, émincées

3 c. à soupe (50 mL) de beurre

3 grosses pommes de terre, pelées et tranchées

4 tasses (1 L) d'eau bouillante

1 c. à thé (5 mL) de gros sel

1/2 tasse (125 mL) de crème

Préparation :

• Mettre dans un bol de 6 tasses (1,5 L) l'oignon, l'oseille et le beurre. Faire cuire 3 minutes à «HIGH».

• Brasser une fois pendant la cuisson.

• Ajouter les pommes de terre, le sel et l'eau bouillante, bien mélanger. Faire cuire 15 minutes à «HIGH».

• Vérifier la cuisson des pommes de terre ; si nécessaire, faire cuire de 3 à 4 minutes de plus à «HIGH».

• Passer au tamis ou au robot culinaire pour mettre en purée.

• Ajouter la crème au moment de servir et réchauffer au four à micro-ondes de 3 à 5 minutes à «MEDIUM».

Potage à la laitue

Préparation :	**6 min**
Cuisson :	**11 min**
Attente :	**aucune**

Petit conseil : À Paris, c'est le potage du printemps. Je le fais en toute saison en remplaçant les pois frais par des petits pois surgelés.

Ingrédients :

1/2 tasse (125 mL) de beurre

1 tête de laitue Boston, défaite en morceaux

1¹/₂ tasse (375 mL) de petits pois surgelés

1 c. à thé (5 mL) de sel

1 c. à soupe (15 mL) de sucre

3 tasses (750 mL) d'eau bouillante

1 tasse (250 mL) de cresson (facultatif)

Préparation :

• Faire fondre le beurre dans un bol de 4 tasses (1 L), 1 minute à «HIGH».

• Ajouter la laitue et les petits pois, faire chauffer à «HIGH» 3 minutes. Ajouter le reste des ingrédients. Faire cuire 8 minutes à «HIGH».

• Passer le tout au robot culinaire ou au malaxeur électrique. Saler au goût et servir.

• On peut, au goût, ajouter **1/2 tasse (125 mL) de crème riche.**

Potage Saint-Germain

Préparation : . . . . **1 h**
Cuisson : . . . . **50 min**
Attente : . . . . **aucune**

• Potage aux pois cassés. Excellente soupe de famille, nourrissante et «goûteuse», comme disait une amie française.

Ingrédients :

2 tasses (500 mL) de pois verts secs, cassés

6 tasses (1,5 L) de bouillon de votre choix

1 poireau, tranché mince, ou 6 oignons verts

1 tasse (250 mL) d'oignon, haché fin

1 carotte, tranchée mince

4 à 5 tranches de bacon, en dés

3 c. à soupe (50 mL) de beurre

2 feuilles de laurier

1/4 de c. à thé (1 mL) de thym

1/4 de c. à thé (1 mL) de marjolaine ou de sarriette

sel et poivre au goût

1/4 de tasse (60 mL) de crème riche ou de lait

Préparation :

• Faire tremper les pois verts secs 1 heure, recouverts d'eau tiède.

• Les égoutter et les mettre dans un bol de 12 tasses (3 L).

• Ajouter le bouillon. Faire cuire 15 minutes à «HIGH».

• Écumer, si nécessaire.

• Dans un autre bol, faire fondre 1 c. à soupe (15 mL) du beurre, 1 minute à «HIGH».

• Ajouter le poireau ou les oignons verts, les oignons, la carotte et le bacon.

• Bien mélanger. Faire cuire 3 minutes à «HIGH», en brassant à mi-cuisson.

• Ajouter les pois verts égouttés et le bouillon, ainsi que les feuilles de laurier, le thym et la marjolaine ou la sarriette, sel et poivre. Bien mélanger.

• Faire cuire 30 minutes à «MEDIUM-HIGH».

• Passer au robot culinaire ou au presse-purée.

• Ajouter la crème ou le lait et les 2 c. à soupe (30 mL) de beurre qui restent.

• Vérifier l'assaisonnement et servir.

Potage polonais aux lentilles

Préparation à l'avance : . . . . **1 h**
Cuisson : . . . . **28 min**
Attente : . . . .**aucune**

> **Petit conseil :** Pour un souper léger, servir ce potage avec une salade et un morceau de fromage. Se congèle bien.

Ingrédients :

1/2 tasse (125 mL) de lentilles vertes

4 tasses (1 L) d'eau

1 carotte, en dés

1 pomme de terre moyenne, pelée et en dés

1 gros oignon, émincé

1 branche de céleri, coupée en dés

1 c. à soupe (15 mL) d'aneth frais, si possible*

2 gousses d'ail, hachées fin

4 saucisses fumées, tranchées mince

1 c. à thé (5 mL) de sel

6 tranches de citron

2 c. à soupe (30 m L) de beurre

Préparation :

• Rincer les lentilles à l'eau froide.

• Mettre dans un bol de 8 tasses (2 L).

• Ajouter 2 tasses (500 mL) d'eau.

• Couvrir et faire cuire à «HIGH» 10 minutes.

• Retirer du four et laisser reposer 1 heure.

• Ajouter les 2 autres tasses (500 mL) d'eau ainsi que la carotte, la pomme de terre, l'oignon, le céleri, l'aneth et l'ail. Bien mélanger.

• Couvrir et faire cuire à «HIGH» 15 minutes, en brassant à mi-cuisson.

• Ajouter le reste des ingrédients, couvrir et faire cuire à «HIGH» 3 minutes.

* En hiver, remplacer l'aneth frais par 1 c. à thé (5 mL) de graines d'aneth.

Potage au potiron

Préparation :	**16 min**
Cuisson :	**37 min**
Attente :	**aucune**

Petit conseil : Ce potage crémeux, lisse et délicat, est peu connu, malgré la popularité dont il jouit en France durant toute l'année. La citrouille de conserve peut remplacer la fraîche, mais le potage y perd de sa délicate saveur.

Ingrédients :

3 tasses (750 mL) de citrouille pelée, en dés

1 gros oignon, tranché

3 tasses (750 mL) d'eau chaude

3 tasses (750 mL) de lait

2 c. à soupe (30 mL) de crème épaisse

1/4 de c. à thé (1 mL) de muscade

sel et poivre au goût

2 oeufs, légèrement battus

1 c. à soupe (15 mL) de beurre

Préparation :

• Mettre dans un bol de 8 tasses (2 L) la citrouille, l'oignon et l'eau chaude.

• Faire cuire 20 minutes à «HIGH», égoutter mais réserver l'eau.

• Passer au presse-purée ou au robot culinaire pour réduire en purée.

• Mettre la purée dans la casserole, ajouter le lait, la crème, la muscade, le sel et le poivre au goût. Bien mélanger.

• La consistance sera alors crémeuse ; si trop épaisse, ajouter un peu de l'eau réservée.

• Faire cuire 15 minutes à «MEDIUM», en brassant deux fois durant ce temps.

• Battre les oeufs avec 2 c. à soupe (30 mL) du potage. Les ajouter à la soupe en battant, ajouter le beurre.*

• Au moment de servir, faire chauffer 2 minutes à «HIGH», brasser après 1 minute. Servir.

* Ce potage peut être préparé jusqu'à l'addition des oeufs ; le mélange peut être conservé deux jours au réfrigérateur, couvert. Au moment de servir, faire chauffer 4 à 6 minutes à «HIGH», et y ajouter les oeufs et le beurre en battant.

Potage au maïs

Petit conseil : Cuisine traditionnelle du Sud américain. Je préfère préparer ce potage avec le maïs surgelé, bien que le maïs entier en boîte soit aussi très bien. En été, on peut utiliser le maïs en épis, enlevé de l'épi avant la cuisson.

Préparation : . . . . **10 min**
Cuisson : . . . . **16 min**
Attente : . . . . **aucune**

Ingrédients :

2 tasses (500 mL) d'eau

3 cubes de bouillon de poulet

1 tasse (250 mL) de maïs de votre choix

1/2 c. à thé (2 mL) de sel

1/4 de c. à thé (1 mL) de poivre

1/4 de c. à thé (1 mL) de poudre de cari

1 oignon moyen, haché fin

1 c. à soupe (15 mL) de farine

1 tasse (250 mL) de lait

1/2 tasse (125 mL) de crème

2 jaunes d'oeufs battus

Préparation :

• Mettre l'eau dans un bol de 10 tasses (2,5 L).

• Couvrir et faire chauffer à «HIGH» 5 minutes. Ajouter les cubes de bouillon, faire chauffer 1 minute à «HIGH», bien brasser.

• Ajouter le maïs, le sel, le poivre, la poudre de cari et l'oignon.

• Faire chauffer à «HIGH» 5 minutes.

• Mélanger la farine avec le lait et la crème.

• Battre les jaunes d'oeufs avec 1/4 de tasse (60 mL) du mélange lait-crème. Incorporer le tout à la crème de maïs.

• Faire chauffer à «MEDIUM-HIGH», 5 minutes, en brassant 3 fois pendant la cuisson ; le tout doit être crémeux et onctueux.

• Vérifier l'assaisonnement et servir.

Chowder aux champignons

Préparation : . . . . **15 min**
Cuisson : . . . . **de 18 à 20 min**
Attente : . . . .**aucune**

Petit conseil : Tout à fait différent du potage aux champignons. C'est une soupe qui peut servir de repas léger, avec un bon croûton de pain et du fromage.

Ingrédients :

1/3 de tasse (80 mL) de beurre ou de margarine

1 gros oignon, haché fin

1 tasse (250 mL) de céleri, en dés

1 tasse (250 mL) de carottes, tranchées mince

1/2 à 1 lb (250 à 500 g) de champignons

2 tomates moyennes, en dés

4 tasses (1 L) de bouillon de votre choix

2 tasses (500 mL) d'eau chaude

1/2 c. à thé (2 mL) de thym

1 c. à thé (5 mL) d'estragon

3 c. à soupe (50 mL) de persil, émincé

sel et poivre au goût

Préparation :

• Faire fondre le beurre ou la margarine dans un bol de 12 tasses (3 L), 1 minute à «HIGH».

• Ajouter l'oignon, bien mélanger avec le beurre, faire fondre 2 minutes à «HIGH».

• Bien brasser et ajouter le reste des ingrédients. Couvrir.

• Faire cuire à «HIGH», 15 à 18 minutes.

• Garnir au goût de persil émincé et servir.

Chowder de la Nouvelle-Angleterre

Préparation : .... **8 min**
Cuisson : .... **15 min**
Attente : .... **aucune**

• Savoureux et nourrissant.

Ingrédients :

4 tranches de bacon, en dés

1 oignon moyen, en dés

1 tasse (250 mL) d'eau chaude

1 tasse (250 mL) de carottes râpées

2 boîtes de 10 oz (284 mL) de crème de poulet

2 tasses (500 mL) de lait

1 tasse (250 mL) de maïs en grains

sel et poivre au goût

1 c. à thé (5 mL) de sauce de soja

un bol de chapelure de biscuits soda

Préparation :

• Faire fondre les dés de bacon, 3 minutes à «HIGH», dans un bol de 12 tasses (3 L).

• Ajouter l'oignon, faire cuire 2 minutes à «HIGH». Bien mélanger.

• Ajouter l'eau chaude et les carottes.

• Faire cuire 5 minutes à «HIGH».

• Ajouter le reste des ingrédients, sauf la chapelure.

• Faire cuire 5 minutes à «HIGH», en brassant deux fois.

• Au moment de servir, verser une cuillerée de chapelure dans chaque assiette et remplir de soupe.

Chowder au maïs et aux pommes de terre

Préparation : . . . . .14 min
Cuisson : . . . . .30 min
Attente : . . . . .15 min

Petit conseil : Ce chowder gagne en saveur lorsqu'il est cuit, réfrigéré de 6 à 12 heures et réchauffé au moment de servir.

Ingrédients :

4 pommes de terre moyennes, pelées, tranchées mince

3 tasses (750 mL) d'eau bouillante

1 c. à thé (5 mL) de gros sel

2 c. à soupe (30 mL) de concentré de poulet

1 c. à soupe (15 mL) de beurre

1 gros oignon, haché fin

4 à 6 tranches de bacon

3 tasses (750 mL) de lait

1 1/2 tasse (375 mL) de maïs surgelé

1/2 c. à thé (2 mL) de poudre de cari *ou*
1/2 c. à thé (2 mL) de sauge

Préparation :

• Mettre les pommes de terre et l'eau bouillante dans un bol de 8 tasses (2 L), ajouter le gros sel et le concentré de poulet, couvrir et faire cuire 10 minutes à «HIGH».

• Laisser reposer 5 minutes, égoutter, tout en réservant 2 tasses (500 mL) de l'eau de cuisson.

• Mettre les pommes de terre en purée.

• Faire fondre le beurre dans un bol, 2 minutes à «HIGH».

• Ajouter l'oignon, brasser et faire cuire 3 minutes à «HIGH».

• Mettre les tranches de bacon sur une feuille de papier absorbant, recouvrir avec une autre feuille de papier, mettre au four à micro-ondes et faire cuire 4 minutes à «HIGH».

• Retirer du papier et laisser refroidir, couper en petits morceaux, ajouter aux oignons et verser sur les pommes de terre en purée.

• Bien mélanger, ajouter les 2 tasses (500 mL) d'eau réservée, le lait, le maïs congelé, la poudre de cari ou la sauge.

• Bien mélanger, couvrir et faire cuire 10 minutes à «HIGH».

• Laisser reposer 15 minutes avant de servir.

Potée aux saucisses fumées (chowder)

Préparation : . . . . 16 min
Cuisson : . . . . 30 min
Attente : . . . . aucune

Petit conseil : Soupe de famille, qui constitue un repas. Servir avec des biscuits soda et finir avec un bon cheddar moyen ou doux.

Ingrédients :

1/2 lb (250 g) de saucisses fumées (hot-dog)

2 c. à soupe (30 mL) de beurre ou de margarine

1 tasse (250 mL) d'oignon haché

2 pommes de terre moyennes, pelées et en dés

2 grosses carottes, tranchées minces

3 tasses (750 mL) d'eau bouillante

1 c. à thé (5 mL) de sel

1 c. à thé (5 mL) de thym ou de sauge

1 c. à soupe (15 mL) de sauce H.P. ou Worcestershire

1¹/₂ tasse (375 mL) de lait ou de crème légère

1 tasse (250 mL) de maïs surgelé ou en conserve

3 c. à soupe (50 mL) de persil, haché fin

Préparation :

• Trancher les saucisses en petites tranches minces.

• Faire fondre le beurre ou la margarine dans un bol de 12 tasses (3 L), 1 minute à «HIGH».

• Ajouter l'oignon, les pommes de terre, les carottes, l'eau bouillante, le sel, le thym ou la sauge et la sauce H.P. ou Worcestershire. Bien mélanger.

• Faire cuire 20 minutes à «HIGH».

• Ajouter le lait ou la crème, le maïs surgelé ou en conserve (ne pas égoutter le maïs en conserve).

• Faire chauffer 10 minutes à «HIGH».

• Ajouter le persil et servir.

• Cette soupe se réchauffe très bien, 15 minutes à «HIGH».

Billi-Bi

• Une soupe délicieuse à servir lors d'un dîner très spécial.

Ingrédients :

2 lb (1 kg) de moules fraîches

2 échalotes françaises, pelées et hachées

1 petit oignon, coupé en quatre

2 branches de persil

1 c. à thé (5 mL) de sel

1/2 c. à thé (2 mL) de poivre

1 tasse (250 mL) de vin blanc sec

2 c. à soupe (30 mL) de beurre

1/2 feuille de laurier

1/4 de c. à thé (1 mL) de thym

2 tasses (500 mL) de crème riche

1 jaune d'oeuf, légèrement battu

Préparation :	15 min
Cuisson :	16 min
Attente :	aucune

Préparation :

• Bien laver les moules plusieurs fois à l'eau froide. Les mettre dans un bol de 10 tasses (2,5 L).

• Ajouter les échalotes, l'oignon, le persil, le sel, le poivre, le vin blanc, le beurre, la feuille de laurier et le thym.

• Couvrir et faire cuire 5 minutes à «HIGH».

• Retirer du four, enlever les moules de leurs coquilles ouvertes.

• Jeter celles qui sont restées fermées.

• Mettre un linge sur un tamis et passer le jus de cuisson.

• Rincer le plat de cuisson, y mettre le liquide égoutté et ajouter la crème.

• Faire cuire 10 minutes à «HIGH».

• Hacher les moules, ajouter à l'oeuf battu.

• Verser le tout dans le bouillon cuit, en brassant sans arrêt.

• Faire cuire 1 minute à «HIGH» et servir.

Garnitures rapides pour les soupes

- Un bouillon, une crème, une soupe aux légumes peuvent être servis tels quels ou garnis à votre gré.
- Voici quelques suggestions qui susciteront d'autres idées pour ajouter couleur, saveur et texture à la soupe de votre choix. La garniture est ajoutée au moment de servir.
- Grains de maïs grillés.
- Petites touches de beurre d'arachide.
- Très minces tranches de carottes ou de radis.
- Ciboulette, aneth ou basilic, émincés
- Oignons verts, hachés (le vert et le blanc).
- Feuilles de céleri émincées.
- Petits cubes de tomate fraîche.
- Petits cubes de fromage (votre fromage préféré).
- Tranches d'olives farcies ou d'olives noires.
- Bacon croustillant émietté.
- Une mince tranche de citron, de limette ou d'orange.
- Une cuillerée de minces filets de pommes de terres frites.
- Une grosse croustille sur la soupe.
- Une cuillerée de crème sure ou de yogourt.
- Une cuillerée de crème fouettée légèrement salée.

Le vin dans la soupe

- Dans les potages et crèmes de champignons, de poulet et de poisson, ajouter au moment de servir **2 à 3 c. à soupe (30 à 50 mL) de sherry ou de madère sec.**
- Ajouter **1 c. à soupe (15 mL) de vin de Chablis ou du Rhin** à chaque assiette de soupe aux huîtres, au moment de servir.
- **Le sherry sec, le madère sec, les vins rouges** légers sont tous bons avec les diverses soupes.

Fils d'or

- Création de la cuisine chinoise, qui date de plusieurs centaines d'années. La garniture parfaite pour consommé ou soupe claire.

Ingrédients :

2 oeufs
3 c. à soupe (50 mL) de farine
1/2 c. à thé (2 mL) de sel

Préparation :

- Battre les oeufs, ajouter la farine et le sel. Battre le tout jusqu'à parfait mélange. Passer au tamis.
- Cette préparation peut se faire quelques heures à l'avance.
- Pour servir, amener le bouillon ou le consommé ou la soupe à ébullition, au four à micro-ondes réglé à «HIGH», selon le temps nécessaire.
- Retirer du four et, sans tarder, verser le mélange des oeufs dans le bouillon chaud, à l'aide d'une écumoire : les filaments cuisent à mesure qu'ils tombent dans le consommé chaud.
- Lorsque le tout est passé, faire chauffer le consommé de 1 à 2 minutes à «HIGH», si nécessaire.

Boule de neige

- Quelques cuillerées de crème sure mélangée avec du persil, de la ciboulette ou du cerfeuil frais haché très fin.
- Déposer une boule au centre de la soupe au moment de servir.
- Particulièrement bon avec les soupes aux tomates et les soupes crèmes.

Les soupes en boîte

• Les soupes en boîte ou déshydratées ont sûrement leur place dans notre vie mouvementée. Elles sont bonnes et, avec un peu d'imagination et de savoir-faire, elles se prêtent facilement à de nombreuses variantes.

• Les quelques notions de base qui suivent vous aideront à créer de nouvelles recettes, et votre four à micro-ondes vous permettra de les réussir en un tour de main.

Manière de préparer les soupes en boîte dans votre four à micro-ondes

• Verser la soupe de votre choix dans un bol avec couvercle.

• Ajouter une égale quantité d'eau ou de lait. Bien mélanger.

À l'eau :

• Faire cuire de 3 à 4 minutes à «HIGH», à découvert, pour une boîte de 10 oz (284 mL).

• Brasser à mi-cuisson.

Au lait :

• Faire cuire de 6 à 8 minutes à «MEDIUM», couverte.

• Brasser à mi-cuisson.

Manière de préparer les soupes déshydratées

• Certaines boîtes contiennent 2 sachets (84 g) de mélange. Pour les deux sachets, il faut 8 tasses (2 L) d'eau dans un bol de 10 tasses (2,5 L).

• Pour un sachet, utiliser 4 tasses (1 L) d'eau dans un bol de 6 tasses (1,5 L).

> **Petit conseil:** Toujours commencer avec de l'eau chaude, ce qui donne une meilleure saveur à la soupe.

• Faire cuire de 4 à 8 minutes à «HIGH», selon qu'un ou deux sachets sont utilisés. Brasser une fois pendant la cuisson.

Quelques variantes et garnitures pour soupes en boîte

• Remplacer l'eau par du bouillon de poulet, ou du consommé, ou du jus de tomate.

• Ajouter un peu de muscade à la crème de poulet ou de champignons ; une pincée de poudre de cari à la soupe de poulet et riz ; de la marjolaine ou de l'origan à la soupe aux tomates.

• Au goût, ajouter à n'importe quelle soupe de la ciboulette ou du persil frais, ou une herbe de votre choix : basilic, thym, marjolaine, estragon, sarriette, etc. (1/4 de c. à thé (1 mL) est suffisant).

• Saupoudrer la soupe de fromage râpé ou mélanger le fromage à la soupe avant de la chauffer.

• Garnir les soupes crèmes d'une cuillerée de crème fouettée légèrement salée, juste au moment de servir.

• Petites languettes de jambon ou de poulet.

• Petites boulettes de pâte, préparées comme suit :

• Mettre en crème **2 c. à soupe (30 mL)** de beurre.

• Ajouter **2 oeufs, 1/4 de c. à thé (1 mL)** de sel et **6 c. à soupe (90 mL)** de farine. Bien mélanger.

• Verser par petites cuillerées dans la soupe très chaude.

• Faire cuire 3 minutes à «HIGH», couverte.

• Il est préférable de mettre la soupe dans un plat de 8 tasses (2 L) pour que les boulettes soient bien séparées.

Soupe à la queue de boeuf

Préparation : . . . . **5 min**
Cuisson : . . . . **13 min**
Attente : . . . .**aucune**

Petit conseil : Soupe nourrissante, qui prend une certaine élégance lorsqu'elle est servie avec une mince tranche de citron saupoudrée de persil émincé et déposée dans chaque assiette.

3 tasses (750 mL) d'eau

4 oignons verts ou 1 petit oignon, hachés fin

1/4 de tasse (60 mL) de sherry

Ingrédients :

2 boîtes de 10 oz (284 mL) de soupe à la queue de boeuf

1 boîte de 10 oz (284 mL) de consommé

Préparation :

• Mettre dans le plat de cuisson la soupe, le consommé, l'eau et les oignons.

• Faire chauffer 12 minutes à «HIGH».

• Ajouter le sherry et faire chauffer 1 minute à «HIGH». Servir.

Crème de céleri

Préparation : . . . . **5 min**
Cuisson : . . . . **10 min**
Attente : . . . . **aucune**

Ingrédients :

1 boîte de 10 oz (284 mL) de crème de céleri

1 boîte de 10 oz (284 mL) de consommé de poulet

1/2 tasse (125 mL) de crème riche

1/2 tasse (125 mL) de lait

1/3 de tasse (80 mL) de céleri (avec feuilles) haché fin

1 tasse (250 mL) d'eau

Préparation :

• Mélanger le tout dans un bol avec couvercle.

• Couvrir, faire cuire 10 minutes à « MEDIUM-HIGH », en brassant 3 fois durant la cuisson.

552

Crème Madras

Préparation :	**8 min**
Cuisson :	**10 min**
Attente :	**aucune**

Ingrédients :

1 boîte de 10 oz (284 mL) de crème de petits pois

1 boîte de 10 oz (284 mL) de crème de tomate

1 boîte de lait

1/2 boîte d'eau

1/2 tasse (125 mL) de crème riche ou légère

1 c. à thé (5 mL) de poudre de cari

1/4 de tasse (60 mL) de crème fouettée (facultatif)

1/2 tasse (125 mL) de croûtons au beurre

Préparation :

• Mettre dans le bol de cuisson les deux soupes, le lait, l'eau, la crème et la poudre de cari.

• Faire chauffer à «HIGH» 10 minutes, en brassant deux fois durant la cuisson.

• Servir chaque assiette garnie d'un peu de crème fouettée et de quelques croûtons.

Crème de céleri au concombre

Préparation :	**10 min**
Cuisson :	**5 min**
Attente :	**aucune**

• Soupe d'été qui se prépare en 10 minutes. Elle est très bonne, chaude et excellente, froide.

Ingrédients :

2 boîtes de 10 oz (284 mL) de crème de céleri

1 petit concombre, pelé et coupé en dés

2 branches de cresson *ou* 1/4 tasse (60 mL) de persil

6 oignons verts, hachés fin

2 tasses (500 mL) de lait

1 tasse (250 mL) d'eau

Préparation :

• Mettre dans un plat de cuisson la crème de céleri, le concombre, le cresson ou le persil, et les oignons verts.

• Ajouter le lait et l'eau, bien mélanger.

• Faire chauffer 5 minutes à «HIGH».

• Passer au malaxeur électrique ou au robot culinaire. Réfrigérer.

• Servir garnie d'une cuillerée de crème sure.

Soupe verte au concombre

Préparation :	**7 min**
Cuisson :	**5 min**
Attente :	**aucune**

Ingrédients :

1 petit concombre

1 boîte de 10 oz (284 mL) de crème de petits pois

1 boîte de lait

1/2 boîte d'eau

1/2 tasse (125 mL) de petits croûtons grillés

Préparation :

• Peler le concombre, le couper en deux sur la longueur, enlever les graines et passer à la râpe fine.

• Mettre dans le bol de cuisson et ajouter le reste des ingrédients, excepté les croûtons.

• Faire chauffer 5 minutes à «HIGH», bien brasser, garnir de croûtons et servir.

Consommé éclair au porto

Préparation : . . . . **5 min**
Cuisson : . . . . **5 min**
Attente : . . . . **aucune**

• Facile, vite fait, on ne saurait reconnaître que le consommé en boîte en est la base. On le sert chaud ou en gelée.

Ingrédients :

2 boîtes de 10 oz (284 mL) de consommé

2 tasses (500 mL) d'eau

1/2 tasse (125 mL) de porto sec

1/4 de c. à thé (1 mL) de poudre de cari

1 tasse (250 mL) de champignons, tranchés mince

Préparation :

• Placer dans un bol de 6 tasses (1,5 L) le consommé non dilué, l'eau, le porto et la poudre de cari.

• Faire chauffer 4 minutes à «HIGH».

• Ajouter les champignons.

• Faire cuire 1 minute à «HIGH». Servir.

Pour servir en gelée :

• Ajouter 2 sachets de gélatine non aromatisée à 1 tasse (250 mL) de l'eau froide. Laisser reposer 2 minutes.

• Ajouter aux autres ingrédients, faire cuire 4 minutes à «HIGH», bien brasser.

• Ajouter les champignons.

• Faire cuire 3 minutes à «HIGH» (le dernier temps de cuisson est plus long que ci-contre, car la gélatine doit fondre). Remuer.

• Verser dans des bols ou dans un seul plat.

• Couvrir et réfrigérer de 6 à 12 heures.

Soupe à l'oignon gratinée

Préparation :	. . . .	**14 min**
Cuisson :	. . . .	**18 min**
Attente :	. . . .	**aucune**

Petit conseil : Pour bien réussir cette soupe dans le four à micro-ondes, il est nécessaire de posséder un plat à griller en céramique.

Ingrédients :

4 à 5 oignons, pelés et tranchés en minces rondelles

1/4 de tasse (60 mL) de beurre

1/2 c. à thé (2 mL) de thym

1 boîte de 10 oz (284 mL) de bouillon de poulet

1 boîte de 10 oz (284 mL) de consommé

2 tasses (500 mL) d'eau bouillante

4 tranches de pain grillé

1 tasse (250 mL) de fromage suisse ou cheddar, râpé

1/4 de tasse (60 mL) de fromage parmesan râpé

Préparation :

• Faire chauffer le plat à griller 6 minutes à «HIGH».

• Sans le retirer du four, ajouter les oignons et le beurre.

• Faire cuire à «HIGH» 5 minutes, brasser et verser dans un bol de 6 tasses (1,5 L).

• Ajouter le bouillon de poulet, le consommé et le thym.

• Bien mélanger et ajouter l'eau bouillante.

• Couvrir et faire cuire de 9 à 10 minutes à «HIGH».

• Faire griller le pain au grille-pain.

• Verser la soupe dans 4 bols.

• Placer une tranche de pain dans chaque bol.

• Saupoudrer le dessus de chaque bol du mélange des deux fromages en parties égales.

• Faire gratiner 3 minutes à «MEDIUM».

• Si la soupe doit être réchauffée, placer les 4 bols (sans le pain) en cercle sur le plat du four, et faire chauffer 5 minutes à «HIGH». Recouvrir du pain et du fromage et gratiner tel que mentionné ci-dessus.

Manière de gratiner la soupe dans le four combiné micro-ondes et convexion

• Faire cuire la soupe au four en suivant la recette précédente jusqu'au moment d'y ajouter le pain.

• Placer les bols garnis du pain grillé et du fromage sur la grille basse, et faire dorer au four à 425°F (220°C), ce qui devrait prendre de 2 à 4 minutes.

• Servir bien chaude.

Soupe aux boulettes de viande

Préparation :	. . . .	15 min
Cuisson :	. . . .	30 min
Attente :	. . . .	10 min

Petit conseil : Une soupe de famille populaire. Elle est servie chaude en hiver, et froide durant l'été. L'hiver, j'accompagne cette soupe de panier de pain grillé. L'été, je préfère les biscuits au sésame tartinés de beurre au persil ou à la ciboulette.

Ingrédients :

Les boulettes

1 lb (500 g) de boeuf haché

1/4 de tasse (60 mL) de chapelure

1 oeuf légèrement battu

1 c. à thé (5 mL) de sel

1 grosse gousse d'ail, finement hachée

1/4 de c. à thé (1 mL) de thym

2 c. à soupe (30 mL) de beurre

La soupe

2 boîtes de 10 oz (284 mL) de consommé de boeuf

2 tasses (500 mL) d'eau

2 boîtes de 7 1/2 oz (213 mL) de sauce tomate

2 branches de céleri (avec feuilles), finement hachées

1 grosse carotte, pelée et râpée

1 c. à thé (5 mL) d'origan ou de basilic

1 c. à thé (5 mL) de sucre

sel et poivre au goût

1/2 tasse (125 mL) de macaroni en spirales

Préparation :

• Mélanger dans un bol tous les ingrédients pour les boulettes de viande, excepté le beurre.

• Former des boulettes.

• Faire fondre le beurre dans un bol de céramique de 8 sur 8 po (20 sur 20 cm), 3 minutes à «HIGH».

• Ajouter les boulettes, brasser pour les enrober de beurre chaud.

• Faire cuire 10 minutes à «HIGH», en brassant une fois.

• Verser dans un bol de 12 tasses (3 L), ajouter le reste des ingrédients. Bien mélanger.

• Faire cuire 20 minutes à «HIGH». Laisser reposer 10 minutes et servir.

Soupe éclair aux légumes

Préparation : . . . . **3 min**
Cuisson : . . . . **5 min**
Attente : . . . .**aucune**

• Trois minutes de préparation, cinq minutes de cuisson, et le tout est prêt à servir.

Ingrédients :

4 tasses (1 L) d'eau bouillante

1 sachet, 2¹/₂ oz (68 g) de soupe poulet-nouilles, déshydratée

1 oignon, pelé, en dés

1 c. à soupe (15 mL) de beurre

1 boîte de 19 oz (540 mL) de macédoine de légumes

1/2 c. à thé (2 mL) de basilic

1/4 de c. à thé (1 mL) de sarriette

bol de fromage râpé

Préparation :

• Verser le contenu du sachet de soupe poulet-nouilles dans l'eau bouillante.

• Ajouter l'oignon et le beurre.

• Égoutter les légumes et ajouter à la soupe ainsi que le basilic et la sarriette.

• Faire cuire à «HIGH» 5 minutes, bien brasser et servir accompagnée du bol de fromage râpé que chacun utilise à son gré.

Boula

Préparation : . . . . **3 min**
Cuisson : . . . . **de 6 à 7 min**
Attente : . . . .**aucune**

Petit conseil : Une soupe toute simple que l'on sert souvent dans les restaurants chics. Le consommé à la tortue se vend dans les épiceries de produits fins. Une soupe idéale pour grand dîner.

Ingrédients :

1 boîte de 10 oz (284 mL) de crème de petits pois

1 boîte de 12¹/₂ oz (380 mL) de consommé à la tortue

1 c. à soupe (15 mL) de sherry sec

1/4 de tasse (60 mL) de crème à fouetter

Préparation :

• Mettre dans un plat de cuisson la crème de petits pois, le consommé à la tortue et le sherry.

• Mélanger et faire chauffer 6 minutes à «HIGH», brasser.

• La Boula doit être chaude, mais il faut éviter l'ébullition.

• Si nécessaire, faire chauffer une minute de plus.

• Fouetter la crème. En mettre une cuillerée sur chaque assiette de soupe chaude.

Croûtons

Préparation :	**3 min**
Cuisson :	**de 4 à 5 min**
Attente :	**aucune**

• Ces petits cubes dorés, croquants, avec un bon goût de beurre, sont toujours une garniture intéressante pour toutes sortes de soupes.

Ingrédients :

2 tasses (500 mL) de dés de pain

1 c. à soupe (15 mL) de beurre

1 c. à soupe (15 mL) d'huile végétale

1/2 c. à thé (2 mL) de paprika

Préparation :

• Enlever la croûte du pain.

• Couper chaque tranche 1/2 po (1 cm) d'épaisseur, en bâtonnets, et chaque bâtonnet en petits cubes.

• Mettre l'huile et le beurre dans un plat de verre ou de céramique à cuisson, de 8 sur 8 po (20 sur 20 cm).

• Faire chauffer 2 minutes à «HIGH».

• Mélanger le pain et le paprika. Ajouter au gras chaud sans retirer le plat du four, bien brasser le tout, et faire dorer 2 à 3 minutes à «MEDIUM-HIGH», en brassant après 2 minutes.

• Ces croûtons se conservent bien lorsqu'ils sont réfrigérés dans une boîte de plastique couverte.

• Il n'est pas nécessaire de les réchauffer avant de les utiliser.

Croûtons au fromage

Préparation :	**2 min**
Cuisson :	**1 min**
Attente :	**aucune**

Petit conseil : Préparer ses croûtons avec des rondelles de baguette de pain croûté ou des cubes de pain blanc.

Croûtons à l'italienne

Préparation :	**6 min**
Cuisson :	**1 m 40 s**
Attente :	**aucune**

Petit conseil : De préférence, les préparer avec une baguette de pain croûté, ce qui vous donnera de petites tranches rondes. Sinon, utiliser des cubes de pain.

Ingrédients :

12 à 24 petites rondelles de pain

2 gousses d'ail, non pelées

huile d'olive ou huile végétale

Préparation :

• Mettre 6 à 8 tranches de pain sur une grille pour four à micro-ondes.

• Faire chauffer à «HIGH» 1 minute.

• Enlever une petite tranche de chaque gousse d'ail non pelée et frotter les deux côtés de chaque tranche de pain séché avec l'ail : vous le verrez fondre sur le pain.

• Ensuite, badigeonner chaque tranche avec un peu d'huile d'olive ou végétale.

• Remettre sur la grille et chauffer 40 secondes à «HIGH». Refroidir.

• Conserver dans un contenant bien fermé, mais ne pas réfrigérer.

Ingrédients :

tranches de pain de 1/4 de po (6 mm) d'épaisseur

beurre mou

fromage cheddar ou autre, râpé

Préparation :

• Beurrer chaque tranche de pain, recouvrir de fromage au goût. Différents fromages donnent différentes saveurs.

• Mettre sur une grille pour four à micro-ondes.

• Faire chauffer 1 minute à «MEDIUM-HIGH».

• Ils se conservent frais une dizaine de jours.

Boulettes au beurre

Préparation : . . . . 4 min
Cuisson : . . . . 5 min
Attente : . . . . aucune

• De toutes petites boulettes de pâte qui cuisent dans un bouillon chaud. Légères et savoureuses, elles plaisent aux gourmets.

Ingrédients :

2 c. à soupe (30 mL) de beurre
2 oeufs
1/4 de c. à thé (1 mL) de sel
6 c. à soupe (90 mL) de farine
une pincée de graines d'anis ou de carvi, au goût

Préparation :

• Mettre le beurre en crème, ajouter le reste des ingrédients et bien mélanger.

• Laisser tomber par petites cuillerées dans le bouillon très chaud.

• Faire cuire 5 minutes à «HIGH».

• Cette quantité de boulettes est suffisante pour 4 à 8 tasses (1 à 2 L) de bouillon ou de consommé.

Boulettes de pain

Préparation : . . . . 8 min
Cuisson : . . . . 13 min
Attente : . . . . aucune

Petit conseil : Il y a bien des façons de faire ces boulettes. Celle que je préfère est la méthode hongroise. Tout bouillon ou consommé clair peut être utilisé. Pour en faire un repas complet, ajouter les boulettes à une soupe aux légumes épaisse.

Ingrédients :

2 tranches épaisses de pain brun, en dés
1 c. à soupe (15 mL) de gras de poulet ou de bacon
1 gousse d'ail, hachée fin
1 petit oignon, haché fin
2 c. à thé (10 mL) de persil finement haché
le zeste râpé de 1/2 citron
sel et poivre au goût
1/2 c. à thé (2 mL) de sarriette ou d'aneth frais
1 oeuf, légèrement battu
chapelure fine

Préparation :

• Mettre le pain dans un bol, le recouvrir d'eau froide et le laisser tremper 10 minutes.

• Le presser pour en extraire le plus d'eau possible et l'écraser dans un bol à l'aide d'une fourchette.

• Faire chauffer le gras de poulet ou de bacon, 2 minutes à «HIGH». Ajouter l'oignon et l'ail. Bien mélanger.

• Faire cuire 3 minutes à «HIGH», en brassant après 2 minutes de cuisson.

• Ajouter le pain trempé, le zeste de citron, le sel et le poivre, la sarriette ou l'aneth. Bien mélanger.

• Ajouter l'oeuf battu, bien mélanger. Si le mélange est trop mouillé pour former des boulettes, ajouter suffisamment de chapelure pour lui donner la texture désirée.

• Façonner de petites boulettes et disposer sur une assiette. Les réfrigérer jusqu'au moment de les utiliser.

• Amener le consommé ou le bouillon à ébullition. Ajouter, une par une, autant de boulettes que vous le désirez.

• Couvrir et faire cuire 10 minutes à «MEDIUM-HIGH».

Les volailles

La chair des volailles est excellente, elle est une source de protéines de haute qualité, de niacine et de fer, et ce qui est intéressant, c'est que 3 ½ onces (100 g) de viande blanche de poulet, la peau enlevée, ne contient que 166 calories.

En plus, c'est un très bon achat quant au prix, et il est très facile de faire cuire le poulet au four à micro-ondes ; rôti, bouilli ou poché, le succès est assuré.

Il existe au Canada des fermes qui produisent, durant toute l'année, canards, cailles, faisans, etc., vendus frais ou surgelés.

Voici donc l'occasion d'apprécier les délices que vous réservent les volailles avec la cuisson aux micro-ondes.

Décongélation de la volaille

• Il est très important qu'un poulet soit complètement décongelé pour obtenir une cuisson parfaite.

• Pour ma part, je préfère la décongélation lente, c'est-à-dire sortir la volaille congelée, 12 à 24 heures avant de la faire cuire, la placer dans un plat et la mettre au réfrigérateur sans la développer. Les chairs ont alors le temps de se détendre et l'excès d'humidité est facile à assécher.

• J'admets qu'il y a parfois des urgences qui nous empêchent d'utiliser la méthode de décongélation lente. Le four à micro-ondes est là pour nous dépanner!

1. Développer le poulet ou les morceaux de poulet.

2. Mettre une grille pour micro-ondes dans le fond d'un plat. Y placer le poulet ou les morceaux, ne pas couvrir.

3. Sélectionner l'intensité «DEFROST». Un poulet entier de 4 livres (2 kg) prendra 12 à 14 minutes par livre (24 à 28 minutes par kg). Un poulet coupé en morceaux, 8 à 10 minutes par livre (16 à 20 minutes par kg). Une poitrine de poulet désossée, 10 à 12 minutes par livre (20 à 24 minutes par kg).

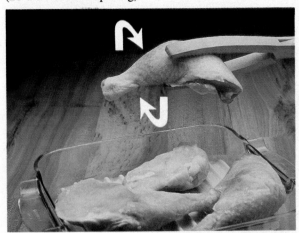

4. IMPORTANT: Il faut retourner les morceaux ou le poulet entier, 3 à 4 fois, pendant la période de décongélation.

5. Aussitôt que possible, séparer les morceaux de poulet avant que le cycle décongélation ne soit complété.

6. Rincer le poulet ou les morceaux à l'eau froide dès la sortie du four à micro-ondes.

• Ma méthode favorite est de laver le poulet ou les morceaux décongelés avec un linge imbibé soit de jus de citron frais, de vin blanc, de sherry ou de cognac. Quel que soit le liquide utilisé, ne pas essuyer après l'arrosage. Étendre les morceaux ou placer le poulet sur une feuille de papier absorbant et laisser sécher de 20 à 30 minutes avant de procéder à la cuisson.

Auto-décongélation au poids

• L'auto-décongélation au poids est une autre caractéristique avantageuse du four à micro-ondes que l'on retrouve sur certains modèles. La décongélation se fait automatiquement. Lire attentivement le manuel d'instructions de votre four se rapportant à «Auto Weight Defrost».

• Ce type de décongélation est utilisé pour plusieurs coupes de viande, pour le poisson et les volailles, en entier ou en portions, etc.

• Ce qui suit s'applique à tous les fours munis de l'«Auto Weight Defrost».

• Toujours développer l'aliment avant de le faire décongeler, afin d'éviter qu'une vapeur ne s'accumule entre l'emballage et la surface, ce qui pourrait amorcer la cuisson.

• J'aime placer la viande à décongeler sur une claie à micro-ondes dans un plat. Placer la poitrine vers le bas sur la claie. Il ne reste plus qu'à programmer.

Après la décongélation

• Lire les instructions dans le manuel de votre four. Exemple: il peut arriver que l'intérieur d'un poulet entier ne soit pas entièrement décongelé. Alors, faire couler de l'eau froide dans la cavité. Il sera facile à ce moment de retirer les abats, s'ils n'ont pas été enlevés.

• Les petites portions, telles que côtelettes, crevettes, cailles, etc., peuvent reposer de 10 à 20 minutes après la décongélation.

Manière de vérifier la cuisson du poulet

• La poitrine d'un poulet cuit à point est blanche de part en part, sans points brillants lorsqu'il est tranché. La chair brune sera facile à trancher sans trace de rose.

• Le poulet doit toujours être bien cuit. Par contre, s'il est trop cuit, sa chair sera sèche et sans saveur.

• Chacune des recettes suivantes détermine une durée de cuisson, mais la puisssance en watts varie selon les fours, ce qui peut faire changer le temps de cuisson. Voici la manière de vérifier si la volaille est cuite à point.

A. Avec un thermomètre

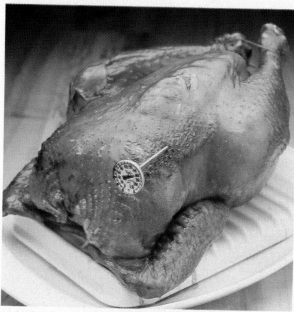

• Arrêter la cuisson, insérer le bout du thermomètre dans la partie de la viande blanche la plus charnue, en vous assurant qu'il ne touche pas à un os, ce qui indiquerait une température plus élevée au thermomètre. La volaille est cuite à point à 180°-185°F (82°-85°C).

B. Au toucher

• Presser légèrement avec le pouce et l'index. La cuisson achevée, la chair sera légèrement flexible mais quelque peu résistante à laisser une impression.

C. Essayer de remuer l'os de la cuisse

• Lorsque la volaille est bien cuite, il est même possible de le retirer complètement.

Catégories de volailles

• Ce n'est pas sans raison que le poulet demeure le grand favori d'un bout à l'autre de l'année. Sa préparation est facile ; il ne grève pas le budget ; il s'apprête à toutes les sauces, pour une présentation simple, élégante et digne du gourmet.

• Pour les personnes qui aiment cuisiner, l'unique problème est la catégorie de poulet à acheter.

• La solution est facile lorsque vous savez quelle préparation vous lui réservez et combien de personnes vous désirez servir.

• En général, je compte une demi-livre (250 g) par portion. La catégorie de poulet que vous choisissez vous indique l'âge et le poids approximatif. Il est donc important de choisir la catégorie qui répond à vos exigences.

Les poulets à griller

• Ce sont des poulets tout usage qui se prêtent très bien au grillage, au rôtissage, au mijotage.

• Ce sont des poulets d'environ neuf semaines, qui pèsent de 2 à 4 livres (1 à 2 kg).

Les poulets à rôtir

• Ce sont les meilleurs pour faire rôtir ou pour farcir.

• Plus gros que les poulets à griller, ils ont douze semaines environ et pèsent de 3¹/₂ à 5 livres (1,75 à 2,5 kg).

Les chapons

• Ce sont des poulets de luxe. Ils contiennent plus de viande blanche que tout autre poulet et sont très tendres.

• On fait généralement rôtir ces jeunes poulets châtrés. Ils pèsent environ de 4 à 7 livres (2 à 3,5 kg).

• Ce sont les meilleurs à utiliser pour faire une grosse salade de poulet pour un buffet ou une réception, car ils donnent plus de viande pour le même prix qu'un poulet de choix.

L'oie

• Elle doit peser de 10 à 14 livres (5 à 7 kg) pour atteindre la perfection.

• De poids plus élevé, l'oie est très grasse.

• Le plus souvent l'oie est mise en vente congelée.

• Si possible l'acheter non congelée.

• Elle est à son meilleur servie rôtie, farcie ou non.

La dinde

• La meilleure, quant à la saveur et à la texture, est la jeune femelle de 10 à 13 livres (5 à 6,5 kg).

• Le poids par excellence pour une dinde rôtie au four à micro-ondes est de 8 à 13 livres (4 à 6,5 kg).

Les cailles

• Ce sont les plus petites de la famille des volailles.

• Elles sont délicates, savoureuses et élégantes.

• Leur poids varie de 1 à 2 livres (500 g à 1 kg).

• La caille d'une livre (500 g) sert généralement une personne, celle de 2 livres (1 kg) est coupée en deux.

• Elles sont au mieux farcies et rôties.

• Elles sont souvent apprêtées ou servies avec des fruits frais.

Le poulet

Poulet poché

Préparation : . . . . **17 min**
Cuisson : . . . . **de 35 à 40 min**
Attente : . . . . **aucune**

Petit conseil: Une recette du répertoire classique de la cuisine française que j'ai adaptée à la cuisson aux micro-ondes, avec beaucoup de succès. Le poulet cuit peut être servi avec une sauce de son choix, ou en pâté ou salade, ou en belles tranches. Le bouillon très concentré fait une excellente soupe.

Ingrédients :

2 carottes moyennes en fines rondelles

1 oignon moyen tranché

1 poireau moyen émincé

2 branches de céleri, en dés

3 c. à soupe (50 mL) de beurre

2 feuilles de laurier

1 c. à thé (5 mL) d'estragon

1/2 c. à thé (2 mL) de thym

6 branches de persil émincé

1 c. à soupe (15 mL) de gros sel

1/2 c. à thé (2 mL) de poivre frais moulu

3 lb (1,5 kg) de poulet en morceaux *ou*
   1 poulet de 3 à 4 lb (1,5 à 2 kg)

1 tasse (250 mL) de vin blanc (facultatif)

2 tasses (500 mL) de bouillon de poulet

Préparation :

• Mettre dans un caquelon de 14 tasses (3,5 L), les carottes, l'oignon, le poireau, le céleri, le beurre, les feuilles de laurier, l'estragon, le thym, le persil, le sel et le poivre. Remuer le tout.

• Couvrir et faire cuire à «HIGH» 10 minutes.

• Remuer pour bien mélanger. Les légumes sont brillants et ont perdu leur fermeté.

• Ajouter les morceaux de poulet ou le poulet entier en prenant soin de les recouvrir ici et là avec les légumes.

• Ajouter 1/4 de tasse (60 mL) de vin.

• Couvrir et faire cuire à «HIGH» 20 à 25 minutes ou jusqu'à ce que le poulet soit tendre.

• Remuer le tout 2 fois pendant la cuisson, ce qui permet au poulet d'absorber la saveur des légumes et des herbes.

• Ajouter le reste du vin et le bouillon de poulet.

• Faire cuire 5 minutes de plus à «HIGH».

• Servir directement du caquelon ou refroidir dans son jus, couler et utiliser selon votre choix.

 Bordeaux (blanc), Château Lascombes

Bordeaux (blanc), Château Tanesse

Poulet Teriyaki

Préparation à l'avance : . . . . . **de 2 à 8 h**
Cuisson : . . . . **26 min**
Attente : . . . . **5 min**

Arbois (blanc), Domaine de Grange Grillard
Sancerre (rouge) Clos de Chatellenie

• Il faut une longue expérience pour réussir la cuisine japonaise dans toute sa perfection. La recette suivante est une adaptation, très bien réussie et très facile à apprêter.

Ingrédients :

**3 lb (1,5 kg) de cuisses de poulet ou
de poitrines de poulet**

1/2 tasse (125 mL) de sauce de soja*

1 c. à thé (5 mL) d'huile de sésame

1/4 de tasse (60 mL) de saké ou de sherry sec

1 grosse gousse d'ail finement hachée

1 c. à soupe (15 mL) de cassonade foncée

1 c. à soupe (15 mL) de gingembre frais râpé

Préparation :

• Laver le poulet et le mettre dans un sac de plastique.

• Mélanger le reste des ingrédients et verser sur le poulet.

• Si le sac est placé dans un bol, il est facile d'y verser le liquide.

• Ficeler le sac et l'agiter pour bien enrober le poulet de la marinade.

• Mettre au réfrigérateur de 2 à 8 heures.

• Au moment de la cuisson, retirer le poulet du sac, en réservant la marinade.

• Mettre le poulet dans un plat ovale.

• Recouvrir le bout des cuisses de petites feuilles d'aluminium.

• Faire cuire 15 minutes à «HIGH», arroser copieusement de la marinade.

• Faire cuire 10 minutes de plus à «MEDIUM». Laisser reposer 5 minutes.

• Accompagner de riz bouilli nature.

• Ajouter le reste de la marinade à la sauce, faire chauffer 1 minute à «HIGH».

• Servir comme sauce, à verser sur le poulet et le riz.

* Si possible, utiliser la sauce de soja japonaise Kikkoman, elle est plus douce que la sauce chinoise.

567

Poulet à griller, sauce ivoire

Préparation :	**20 min**
Cuisson :	**de 22 à 26 min**
Attente :	**aucune**

Petit conseil : La recette par excellence pour faire cuire un petit poulet à griller de 2½ à 3 livres (1,2 à 1,5 kg). C'est la recette à suivre pour faire étuver des petits oiseaux. Une excellente méthode également pour une personne au régime, car le beurre peut être diminué et la crème omise. Je la recommande aussi pour la cuisson d'un poulet à servir en crème dans un pâté ou un vol-au-vent.

 Touraine, Château de l'Aulée
Graves (blanc), Château Archambeau.

Ingrédients :

Un poulet de 2½ à 3 lb (1,2 à 1,5 kg)

1 c. à thé (5 mL) de sel

1/2 c. à thé (2 mL) de poivre

2 c. à soupe (30 mL) de beurre

1 poireau ou 1 gros oignon, tranché

1 carotte moyenne, tranchée

1/2 tasse (125 mL) de céleri en dés

1/2 tasse (125 mL) d'eau

1/4 de c. à thé (1 mL) de thym

1/2 c. à thé (2 mL) d'estragon

Préparation :

• Saler et poivrer l'intérieur du poulet, replier les ailes dessous le poulet et ficeler les pattes ensemble.

• Faire fondre les 2 c. à soupe (30 mL) de beurre dans un plat assez grand pour contenir le poulet.

• Y ajouter le poireau ou l'oignon, la carotte et le céleri.

• Faire cuire 4 minutes à «HIGH», bien remuer, ajouter l'eau, le thym et l'estragon.

• Bien brasser et placer le poulet préparé, la poitrine touchant le fond du plat.

• Couvrir. Faire cuire 10 minutes à «HIGH».

• Badigeonner le poulet, puis le faire cuire 3 minutes par livre (500 g) à «MEDIUM-HIGH».

• Retourner le poulet, sur le dos, après les 3 premières minutes de cuisson.

La sauce ivoire :

Ingrédients :

3 c. à soupe (50 mL) de beurre

1/4 de tasse (60 mL) de farine*

le bouillon de cuisson du poulet

1/3 de tasse (80 mL) de crème légère

du lait en quantité suffisante pour obtenir
    2 tasses (500 mL) de liquide

Préparation :

• Faire fondre 3 c. à soupe (50 mL) de beurre dans une tasse à mesurer de 4 tasses (1 L) 1 minute à «HIGH».

• Ajouter la farine, brasser, et ajouter le bouillon de cuisson coulé.

• Remuer, ajouter la crème et assez de lait pour obtenir 2 tasses (500 mL) de liquide.

• Remuer et faire cuire 2 minutes à «HIGH», bien remuer et remettre au four si nécessaire le temps requis pour terminer la cuisson.

• Saler et poivrer au goût.

• Verser sur le poulet et les légumes.

• Brasser le tout et servir.

* J'aime utiliser la farine instantanée, qui rend la sauce plus crémeuse et plus légère, mais toute farine peut convenir.

Poulet au citron de Barcelone

Préparation :	**10 min**
Cuisson :	**de 24 à 30 min**
Attente :	**aucune**

Petit conseil : Poulet étuvé avec une délicieuse sauce légère. Le servir avec des boulettes de pâte cuites dans le bouillon de poulet avec du riz au persil et aux amandes grillées.

Ingrédients :

Un poulet à griller de 3 lb (1,5 kg)
1 c. à thé (5 mL) de sel
1/2 c. à thé (2 mL) de poivre
1/2 c. à thé (2 mL) de paprika
1 citron non pelé, tranché mince
3 c. à soupe (50 mL) de beurre

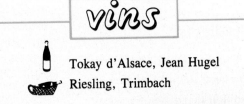

Tokay d'Alsace, Jean Hugel
Riesling, Trimbach

Préparation :

- Laver le poulet, l'assécher le plus possible.
- Mélanger le sel, le poivre et le paprika. Frotter ce mélange sur tout le poulet.
- Remplir la cavité des tranches de citron.
- Attacher les pattes ensemble. Fermer la cavité.
- Mettre le beurre dans un plat de cuisson de 8 sur 8 po (20 sur 20 cm).
- Faire chauffer à «HIGH» 3 à 4 minutes ou jusqu'à ce que le beurre brunisse.
- Mettre le poulet dans le beurre bruni, la poitrine touchant le fond du plat.
- Faire cuire 10 minutes à «HIGH».
- Retourner le poulet, et l'arroser avec le jus de cuisson.
- Faire cuire 10 minutes à «MEDIUM», vérifier la cuisson; s'il y a lieu, faire cuire 5 minutes de plus.
- Déposer le poulet sur un plat chaud.
- Ajouter quelques cuillerées d'eau chaude ou de bouillon de poulet au jus de cuisson.
- Faire chauffer 1 minute à «HIGH». Bien remuer.
- Verser sur le poulet ou servir dans une saucière.

Poulet norvégien au citron

Préparation à l'avance : . . . . . **de 4 à 5 h**
Cuisson : . . . . **de 42 à 55 min**
Attente : . . . . **aucune**

Petit conseil : Une intéressante recette de poulet froid, le plat idéal pour un buffet. En Norvège, le poulet est entouré de grosses crevettes ou de homard bouilli ; toutefois, le poulet est par lui-même savoureux et intéressant.

Ingrédients :

6 tasses (1,5 L) d'eau chaude

un poulet de 3 lb (1,5 kg)

1 c. à thé (5 mL) de gros sel

15 grains de poivre

6 à 8 feuilles de céleri, attachées ensemble

8 à 10 tiges de persil, attachées ensemble

1/2 c. à thé (2 mL) de thym

3 jaunes d'oeufs

3 c. à soupe (50 mL) de farine

1 tasse (250 mL) de crème légère

2 c. à soupe (30 mL) de sherry sec

sel et poivre au goût

2 c. à soupe (30 mL) de zeste de citron râpé

2 tasses (500 mL) de laitue coupée ou de cresson

1 lb (500 g) de crevettes cuites ou
   de chair de homard (facultatif)

Préparation :

• Mettre les 7 premiers ingrédients dans une casserole de 12 tasses (3 L).

• Couvrir et faire cuire à «HIGH» 30 à 40 minutes ou jusqu'à ce que le poulet soit tendre.

• Retirer du four et laisser refroidir de 4 à 5 heures.

• Retirer le poulet du bouillon.

• Enlever la peau et en disposer. Trancher la viande, la placer sur un joli plat de service.

• Battre les jaunes d'oeufs avec la farine, la crème et le sherry.

• Ajouter le zeste de citron.

• Faire cuire 10 minutes à «MEDIUM», battre avec un fouet, faire cuire 2 à 5 minutes à «MEDIUM-HIGH» ou jusqu'à ce que le mélange soit crémeux.

• Saler et poivrer au goût. Bien remuer.

• Verser aussitôt sur le poulet dans le plat de service.

• Placer au réfrigérateur jusqu'au lendemain.

• Au moment de servir, garnir le tour du plat de la laitue ou du cresson.

• Au goût, parsemer la laitue ou le cresson de crevettes ou de homard.

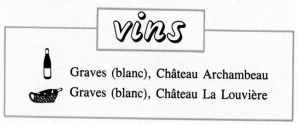

vins

Graves (blanc), Château Archambeau
Graves (blanc), Château La Louvière

Poulet montagnard

• Un vieux berger des Alpes françaises m'a enseigné cette recette. Elle est simple et intéressante mais peu commune.

Ingrédients :

Un poulet de 2 à 4 lb (1 à 2 kg)

3 tranches de pain sec

une grosse gousse d'ail non pelée

1/4 de tasse (60 mL) de persil émincé

le zeste râpé d'un citron

1/2 c. à thé (2 mL) de sel

1/4 de c. à thé (1 mL) de poivre

1 c. à soupe (15 mL) de beurre mou

2 c. à thé (10 mL) d'huile végétale

1 c. à thé (5 mL) de paprika

Préparation :

• Envelopper 2 tranches de pain d'une serviette de papier.

• Mettre au four à micro-ondes sur une grille, faire cuire 1 minute à «HIGH», toucher le pain pour constater s'il est sec.

• S'il y a lieu, faire cuire de 30 secondes à 1 minute de plus. Laisser refroidir 1 minute.

• Couper une petite tranche du bout de la gousse d'ail et la frotter fortement sur le pain. L'ail fondra dans le pain.

• Tailler le pain en dés.

• Mélanger le persil, le zeste de citron, le sel et le poivre.

• Y mélanger les dés de pain et en farcir le poulet.

• Fermer l'ouverture avec des pics de bois.

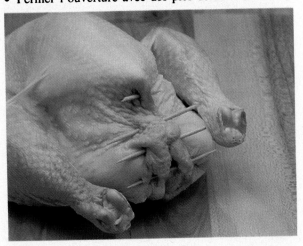

Préparation : . . . . **15 min**
Cuisson : le mets : . . . .**10 min par lb**
      la sauce : . . . . **6 min**
Attente : . . . .**aucune**

• Mélanger le beurre, l'huile et le paprika.

• Frotter ce mélange sur le poulet avec les doigts, et s'il en reste, le mettre sur le poulet.

• Placer le poulet, la poitrine dessous, dans un plat, sur une claie.

• Faire cuire 10 minutes par livre (500 g) à «MEDIUM-HIGH».

• Le tourner sur le dos après 15 minutes et terminer la cuisson selon la durée requise par le poids du poulet.

• Lorsque cuit, le retirer sur un plat chaud, le couvrir et le garder au chaud.

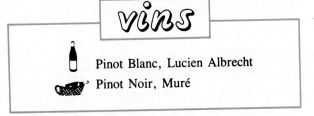

vins

Pinot Blanc, Lucien Albrecht
Pinot Noir, Muré

La sauce :

Ingrédients :

2 c. à soupe (30 mL) de beurre

2 c. à soupe (30 mL) de farine

1 petit oignon finement haché

1 gousse d'ail finement hachée

1/2 tasse (125 mL) de bouillon de poulet

1/2 tasse (125 mL) de vin blanc ou de crème

1/4 de c. à thé (1 mL) d'estragon

Préparation :

• Mélanger le beurre et la farine, l'ajouter au jus de cuisson, bien remuer, ajouter le reste des ingrédients.

• Mélanger et faire cuire 3 minutes à «HIGH», bien remuer et faire cuire 3 minutes de plus.

• Vérifier l'assaisonnement et servir dans une saucière.

• J'aime verser quelques cuillerées de cette sauce crémeuse sur le poulet avant de le servir.

Poulet frit au lait

• Un des délices de ma jeunesse, une ancienne méthode de faire dorer le poulet pour achever la cuisson dans une sauce au lait. Maman l'accompagnait de pain croûté chaud beurré et d'un bol de ciboulette ou de persil émincé à utiliser à son gré.

• Cette recette prouve qu'une ancienne recette traditionnelle peut fort bien s'adapter à la cuisson aux micro-ondes.

Ingrédients :

Un poulet de 3 lb (1,5 kg)

1/4 de tasse (60 mL) de farine

2 c. à thé (10 mL) de sel

1/4 de c. à thé (1 mL) de poivre

1/4 de c. à thé (1 mL) de curcuma

2 c. à soupe (30 mL) de beurre ou de gras de bacon

3 c. à soupe (50 mL) de farine

2 tasses (500 mL) de lait

vins

Côtes de Duras, Chauvenet

Sylvaner, Léon Beyer

Préparation :

• Couper le poulet en morceaux individuels. L'éponger avec une serviette de papier.

• Mélanger la farine, le sel, le poivre et le curcuma.

Préparation :	. . . .	**15 min**
Cuisson : le mets :	. . . .	**de 21 à 25 min**
la sauce :	. . . .	**de 4 à 6 min**
Attente :	. . . .	**aucune**

• Rouler chaque morceau de poulet dans ce mélange pour l'en bien enrober.

• Faire fondre le beurre ou le gras de bacon dans un plat de 8 sur 8 pouces (20 sur 20 cm), 5 minutes à «HIGH» (le beurre brunira mais le gras de bacon sera très chaud) ; y placer les morceaux de poulet, la peau touchant le fond.

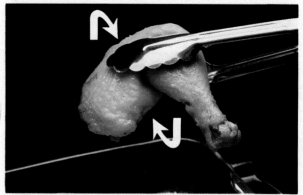

• Faire dorer à «HIGH» 8 à 10 minutes, retourner les morceaux, faire cuire à «MEDIUM-HIGH» 8 à 10 minutes.

• Retirer les morceaux de poulet sur un plat chaud.

• Couvrir et laisser reposer pendant que vous faites la sauce.

La sauce:

• Ajouter la farine au gras dans le plat, bien mélanger en grattant pour déloger les particules brunes du fond.

• Ajouter le lait, bien mélanger.

• Faire cuire à «HIGH» 4 à 6 minutes, en brassant deux fois.

• Lorsque la sauce est crémeuse, saler et poivrer au goût, verser sur le poulet et servir.

Poulet rôti à la dorure liquide

Préparation : . . . . **18 min**
Cuisson : . . . . **7 min par lb**
Attente : . . . . **de 8 à 10 min**

La dorure :

3 c. à soupe (50 mL) de beurre

1¹/₂ c. à thé (7 mL) de paprika

1 c. à thé (5 mL) de «Kitchen Bouquet»

1/4 de c. à thé (1 mL) de thym ou d'estragon

La sauce :

2 c. à soupe (30 mL) de madère, porto ou thé froid

sel et poivre au goût

Préparation :

• Ficeler les pattes et les ailes du poulet comme à l'ordinaire.

• Mettre la grille à micro-ondes dans le fond d'un plat de cuisson de 8 sur 10 po (20 sur 25 cm).

• Préparer la dorure.

• Mettre dans une tasse à mesurer le beurre, le paprika, le Kitchen Bouquet et le thym ou l'estragon.

• Chauffer à «HIGH» 1 minute.

• Mettre dans la cavité du poulet l'oignon, les tranches de citron, le céleri et le thym.

• Bien remuer la dorure chaude et en badigeonner le poulet de tous les côtés.

• Placer alors le poulet sur la grille, sur sa poitrine.

• Rôtir 7 minutes par livre (14 minutes par kg) à «HIGH», retournant le poulet à mi-cuisson.

• Bien badigeonner avec le jus accumulé dans le plat et finir la cuisson.

• Laisser reposer de 8 à 10 minutes.

• Mettre sur un plat chaud.

• Au jus accumulé au fond du plat, ajouter le madère, porto ou thé froid.

• Bien remuer et chauffer à «HIGH» 1 minute.

• Servir dans une saucière.

• La «dorure» badigeonnée sur le poulet avant la cuisson donne à la peau une saveur délicieuse. C'est une vieille méthode française que j'ai adaptée à la cuisson aux micro-ondes.

Ingrédients :

Un poulet de 3 à 4 lb (1,5 à 2 kg)

1 oignon haché

3 tranches de citron non pelé

1 branche de céleri

1 c. à thé (2 mL) de thym

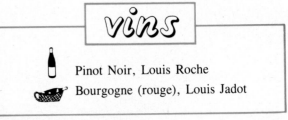

vins

Pinot Noir, Louis Roche

Bourgogne (rouge), Louis Jadot

Farce tout usage

Préparation : . . . . **17 min**
Cuisson : . . . . **18 min**
Attente : . . . . **1 h**

Petit conseil : Une des meilleures recettes de farce que je connaisse. Elle peut être diminuée ou doublée sans que la saveur ni la qualité n'en souffre. Je préfère la faire cuire dans un plat de cuisson plutôt qu'à l'intérieur de la volaille. Libre à vous de l'utiliser en guise de farce ou de la servir comme casserole.

Ingrédients :

4 tasses (1 L) de pain de son ou de seigle grillé

2 tasses (500 mL) d'oignon haché fin

2 tasses (500 mL) de céleri avec feuilles, en dés

1 c. à thé (5 mL) de thym

1 c. à thé (5 mL) de sarriette

1 c. à thé (5 mL) de sel

1/2 c. à thé (2 mL) de poivre

1/2 tasse (125 mL) de margarine ou de beurre fondu

1/3 de tasse (80 mL) de sherry, de cognac ou de consommé de poulet

Préparation :

• Mélanger le pain de son ou de seigle grillé taillé en petits dés, l'oignon, le céleri, le thym, la sarriette, le sel et le poivre.

• Faire fondre le beurre ou la margarine 1 minute à «HIGH», ajouter le liquide de votre choix et faire chauffer 2 minutes à «HIGH».

• Mettre la moitié du pain dans la volaille, pour la farcir, verser la moitié du liquide chaud sur le pain.

• Répéter le procédé avec les ingrédients qui restent.

• Coudre l'ouverture avec un bon fil.

Pour faire cuire en casserole :

• Utiliser les mêmes ingrédients.

• Mettre la moitié du mélange du pain dans le fond d'un moule à pain qui va au four à micro-ondes, verser la moitié du liquide sur le dessus, et répéter le procéder.

• Couvrir avec un papier ciré ou un couvercle.

• Laisser reposer 1 heure à la température de la pièce.

• Au moment de servir, faire cuire 18 minutes à «MEDIUM».

Variante :

• Si vous aimez une farce à la viande, passer les abats au hache-viande, ajouter **1/2 livre (250 g) de porc haché.**

• Faire fondre **2 c. à soupe (30 mL) de beurre** 1 minute à «HIGH».

• Ajouter les viandes. Bien mélanger, couvrir et faire cuire 3 minutes à «MEDIUM-HIGH», ajouter au mélange de pain.

• Procéder tel que ci-haut, soit pour farcir la volaille ou pour faire une casserole.

Farce aux pommes de terre du Québec

Préparation :	**10 min**
Cuisson :	**de 34 à 36 min**
Attente :	**aucune**

• Cette farce est une des plus traditionnelles du Québec, remplie de «bons goûts» comme disaient nos ancêtres.

Ingrédients :

Coeur, gésier et foie de la volaille*

1 c. à soupe (15 mL) de gras de volaille ou graisse

3 oignons moyens hachés fin

1 gousse d'ail émincée

4 tasses de pommes de terre cuites et pelées

2 c. à thé (10 mL) de sarriette

1 c. à soupe (15 mL) de sel

1/2 c. à thé (2 mL) de poivre

1 c. à soupe (15 mL) de beurre

Préparation :

• Passer au tamis le coeur, le gésier et le foie.

• Fondre le gras haché au four à micro-ondes 5 minutes à «HIGH».

• Remuer à mi-cuisson.

• Ajouter les abats hachés, bien remuer.

• Faire cuire 3 minutes à «MEDIUM-HIGH».

• Ajouter les oignons, l'ail, la sarriette, le sel et le poivre. Bien mélanger.

• Faire cuire 2 minutes à «HIGH».

• Pour cuire les pommes de terre, ajouter 1/4 de tasse (60 mL) d'eau, couvrir et cuire à «HIGH» de 14 à 16 minutes. Les écraser et mélanger avec les abats cuits.

• Ajouter le beurre. Bien remuer le tout. Verser dans le plat.

• Couvrir avec couvercle ou papier ciré.

• Faire cuire 10 minutes à «MEDIUM-HIGH».

* Si préféré, remplacer les abats hachés par 1 livre (500 g) de porc haché ou même utiliser les deux viandes, ce qui fait une farce plus riche.

Quarts de poulet croustillants

Préparation : . . . . 10 min
Cuisson : le mets : . . . . .15 min
         la sauce : . . . . 30 s
Attente : .10 min

Petit conseil : Je fais cuire ce poulet aux micro-ondes, coupé en quartiers. Mais il m'arrive de le remplacer par quelques livres d'ailes de poulet ou 6 à 8 cuisses de poulet.
Je recommande d'utiliser la chapelure aromatisée maison, qui est économique et très savoureuse.

Ingrédients :

1 tasse (250 mL) de chapelure maison*

un poulet de 3 lb (1,5 kg) coupé en quatre

1 blanc d'oeuf légèrement battu

1 c. à thé (5 mL) d'eau froide ou de vin blanc

3 c. à soupe (50 mL) de beurre

Préparation :

• Mettre la chapelure de votre choix sur une feuille de papier ciré.

• Dans une grande assiette, battre ensemble à la fourchette, le blanc d'oeuf, l'eau froide ou le vin.

• Passer les morceaux de poulet dans le mélange de blanc d'oeuf et d'eau, puis les enrober de la chapelure, pour que chaque morceau en soit bien recouvert.

• Disposer les morceaux de poulet les uns à côté des autres dans un plat à cuisson en verre ou en céramique.

• Faire fondre le beurre 1 minute à «HIGH».

• Arroser le poulet du beurre fondu.

• Faire rôtir 10 minutes à «HIGH» et 5 minutes à «MEDIUM».

• Laisser reposer 10 minutes et servir, tel quel ou avec la sauce au citron et câpres.

* Une chapelure commerciale peut être utilisée.

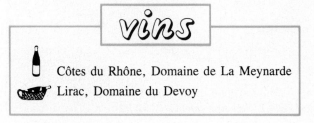

Côtes du Rhône, Domaine de La Meynarde
Lirac, Domaine du Devoy

Pour faire la sauce :

Ingrédients :

2 c. à soupe (30 mL) de beurre

le zeste râpé d'un demi-citron

1 c. à soupe (15 mL) de câpres

Préparation :

• Faire fondre le beurre 2 minutes à «HIGH», ajouter le reste des ingrédients.

• Faire cuire 30 secondes à «HIGH». Ajouter à la sauce de poulet. Bien remuer.

Poulet au madère

Préparation : . . . . **15 min**
Cuisson : . . . . **de 25 à 27 min**
Attente : . . . . **aucune**

Petit conseil : Une recette classique de la cuisine portugaise. De préférence, utiliser le madère portugais qui donne au plat une agréable saveur et une belle couleur.

Ingrédients :

3 c. à soupe (50 mL) de beurre

3 échalotes françaises émincées *ou*
   6 oignons verts finement hachés

1/2 lb (500 g) de champignons frais tranchés

1 c. à thé (5 mL) d'estragon

sel et poivre au goût

1/4 de tasse (60 mL) de madère sec

6 à 8 demi-poitrines de poulet désossées

Premières Côtes de Bordeaux,
Château Haut Brignon
Côtes de Bourg, Clos du Notaire

Préparation :

• Faire fondre le beurre à «HIGH» 1 minute, dans un plat assez grand pour contenir les demi-poitrines en une seule couche.

• Ajouter les échalotes ou les oignons verts.

• Faire chauffer 3 minutes à «MEDIUM».

• Remuer, ajouter les champignons et l'estragon.

• Bien remuer, faire chauffer 2 minutes à «HIGH».

• Remuer, ajouter sel et poivre au goût et le madère. Faire chauffer 2 minutes à «HIGH».

• Placer les poitrines sur une planche de bois ou entre deux feuilles de papier ciré.

• Les marteler avec un maillet pour les aplatir.

• Rouler chaque poitrine, l'attacher avec un fil et la mettre dans la sauce chaude du plat.

• Faire cuire 15 minutes à «MEDIUM-HIGH». Vérifier la cuisson avec une fourchette.

• S'il y a lieu, faire chauffer 3 à 5 minutes de plus. Retirer du four.

• Disposer sur un plat de service et garder au chaud.

• Arroser le poulet de la sauce qui reste dans le plat.

Poitrines de poulet soubise

Préparation : . . . . **10 min**
Cuisson : . . . . **25 min**
Attente : . . . . **aucune**

Petit conseil : Soubise veut dire oignons. En effet, les poitrines de poulet cuisent sur un lit d'oignons parfumé au vermouth blanc. Servir avec nouilles persillées ou riz au beurre.

Ingrédients :

2 gros oignons, tranchés en rondelles

1/2 c. à thé (2 mL) de sel

4 demi-poitrines de poulet

3 c. à soupe (50 mL) de beurre mou

1/4 de c. à thé (1 mL) de poivre et autant de thym

1 c. à thé (5 mL) de paprika

1/4 de tasse (60 mL) de vermouth blanc

2 c. à soupe (30 mL) de crème de votre choix

Préparation :

• Recouvrir le fond d'un plat de céramique ou « Micro-Dur » de 8 sur 8 po (20 sur 20 cm) des rondelles d'oignons.

• Donner une jolie forme à chaque poitrine de poulet et en placer une à chaque coin du plat.

• Mélanger le beurre mou avec le sel, le poivre, le thym et le paprika.

• De préférence avec les doigts, badigeonner copieusement de ce beurre le dessus de chaque poitrine.

• Cuire sans couvrir 10 minutes à « HIGH ».

• Enlever les poitrines du plat, sans les retourner.

• Ajouter le vermouth blanc et bien brasser. Faire chauffer 3 minutes à « HIGH ».

• Remettre les poitrines en place. Couvrir et faire cuire à « HIGH » 10 minutes.

• Disposer les poitrines sur un plat de service réchauffé.

• Retirer les oignons.

• Ajouter la crème à la sauce.

• Battre au fouet métallique ou électrique. Remettre les oignons. Vérifier l'assaisonnement.

• Faire chauffer à « HIGH » 2 minutes.

• Verser sur les poitrines de poulet ou tout autour.

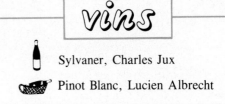

vins

Sylvaner, Charles Jux

Pinot Blanc, Lucien Albrecht

Poitrines de poulet feuilles d'automne

- La farce de noix et de pommes donne un air d'automne à ce plat de poulet.

Ingrédients:

4 poitrines de poulet désossées, coupées en deux

2 tasses (500 mL) de pain sans croûte, en dés

1 c. à thé (5 mL) d'estragon ou de thym

1 c. à thé (5 mL) de sel

1/4 de c. à thé (1 mL) de poivre

1/2 c. à thé (2 mL) d'ail pressé

1/3 de tasse (80 mL) de noix de Grenoble ou de pacanes, hachées

1/2 tasse (125 mL) de raisins de Smyrne

3 c. à soupe (50 mL) de beurre fondu

2 pommes pelées et râpées

1/2 tasse (125 mL) de jus de pomme

le zeste râpé d'un citron

3 c. à soupe (50 mL) de beurre ramolli

Préparation:

- Essuyer les poitrines de poulet désossées avec un chiffon imbibé de porto ou de jus d'orange.

- Mélanger le reste des ingrédients sauf les 3 c. à soupe (50 mL) de beurre, en une sorte de pâte.

- La répartir également sur les demi-poitrines, en forme de petit rouleau sur le milieu de chaque morceau de poulet.

- Rouler chaque morceau de poulet et le fixer avec des pics de bois.

- Enrober légèrement de **farine (1 c. à soupe - 15 mL)**, mélangée à **1 c. à thé (5 mL) de paprika.**

Préparation: . . . . **18 min**
Cuisson: le mets: . . . . **de 14 à 15 min**
          la sauce: . . . . **de 6 à 7 min**
Attente: . . . . **5 min**

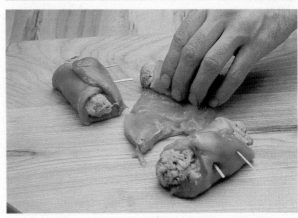

- Réchauffer un plat à griller 6 minutes à «HIGH».

- Badigeonner chaque morceau de poulet avec les 3 c. à soupe (50 mL) de beurre ramolli.

- Disposer les rouleaux dans le plat à griller, sans retirer le plat du four.

- Faire cuire 8 minutes à «HIGH».

- Retourner les rouleaux, faire cuire à «MEDIUM-HIGH» 6 à 7 minutes.

- Laisser reposer 5 minutes.

- Placer les rouleaux sur un plat chaud.

Pour faire la sauce

- Ajouter **1 petit oignon**, haché fin, au gras dans le plat de cuisson.

- Ajouter **1 c. à thé (5 mL) de beurre, 1 tasse (250 mL) de champignons** finement tranchés. Bien remuer.

- Faire cuire 3 minutes à «HIGH».

- Ajouter **1 c. à soupe (15 mL) de farine.** Bien mélanger.

- Ajouter **3 c. à soupe (50 mL) de cognac** ou **de madère, 2/3 de tasse (160 mL) de crème** à votre choix. Remuer.

- Faire chauffer 3 à 4 minutes à «HIGH».

- Bien mélanger et verser sur le poulet.

Bourgogne (blanc), Cuvée Alexis Chanson
Bourgogne (blanc), Leroy d'Auvenay

Poitrines de poulet à la milanaise

Préparation :	20 min
Cuisson : le mets :	25 min
la sauce :	de 6 à 7 min
Attente :	10 min

Petit conseil : Une spécialité de la cuisine milanaise qui, à mon avis, est encore meilleure cuite au four à micro-ondes. Pour la servir chaude, j'arrose d'une sauce aux champignons. Froide, j'omets la sauce, je tranche la poitrine farcie refroidie et je l'entoure d'une salade de riz. Le vert des épinards est très attrayant.

Ingrédients :

4 poitrines de poulet entières, désossées

La farce :

sel et poivre au goût

un paquet d'épinards frais

1/2 tasse (125 mL) de chapelure fine

1/2 c. à thé (2 mL) de sarriette

1 c. à thé (5 mL) de basilic

1 oeuf

1/4 de tasse (60 mL) de beurre ramolli

6 oignons verts hachés fin

1 grosse gousse d'ail hachée fin

Sherry assaisonné :

1/4 de c. à thé (1 mL) de sel

1/4 de tasse (60 mL) de sherry

1/4 de tasse (60 mL) de beurre fondu

1 c. à thé (5 mL) de paprika

Préparation :

• Saler et poivrer l'intérieur des poitrines de poulet.

• Verser de l'eau bouillante sur les épinards (enlever les queues dures en les lavant).

• Laisser reposer 10 minutes, bien égoutter, hacher.

• Ajouter les 7 ingrédients suivants. Bien mélanger.

• Étaler le mélange également à l'intérieur de chaque poitrine.

• Les rouler et les retenir avec un pic de bois.

• Les mettre dans une assiette à tarte Corning, le dessus de la poitrine vers le haut.

• Mélanger les ingrédients du sherry assaisonné.

• Faire cuire les poitrines 15 minutes à «HIGH».

• Verser 1 c. à thé (5 mL) du sherry assaisonné sur chaque poitrine, faire cuire à «MEDIUM-HIGH» 10 minutes.

• Laisser reposer, couvertes 10 minutes.

Pour faire la sauce :

Ingrédients :

2 c. à soupe (30 mL) de beurre

2 c. à thé (10 mL) de fécule de maïs

1/4 de tasse (60 mL) de crème ou de lait

1/2 lb (250 g) de champignons frais tranchés

Préparation :

• Faire fondre le beurre 1 minute à «HIGH».

• Y délayer la fécule de maïs et y ajouter la crème ou le lait.

• Faire cuire 3 minutes à «HIGH», en brassant une fois durant la cuisson.

• Ajouter les champignons et le jus de la cuisson.

• Faire cuire 3 à 4 minutes à «MEDIUM-HIGH».

• Bien remuer et servir à part.

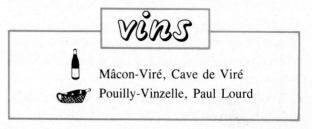

vins

Mâcon-Viré, Cave de Viré
Pouilly-Vinzelle, Paul Lourd

Poitrines de poulet fermier, glacées au vinaigre

Préparation :	.................20 min
Cuisson :	...........de 23 à 24 min
Attente :	....................aucune

Petit conseil : Alain Chapel, chef trois-étoiles, est le créateur de cette recette. Lors d'une rencontre, bien amusé de voir que j'avais adapté sa recette au four à micro-ondes, il me recommanda de l'ajouter aux autres recettes. Son coulis de tomates est superbe. On peut le servir avec un rôti de veau ou un filet de sole pochée.

Pinot Blanc, Pierre Sparr
Gewurztraminer, Réserve particulière, Muré

Ingrédients :

Coulis de tomates

4 tomates bien rouges

3 c. à soupe (50 mL) d'huile d'olive

1 gousse d'ail non pelée, coupée en deux

2 c. à thé (10 mL) de sucre

Poulet

2 poitrines de poulet, coupées en deux

sel, poivre et paprika au goût

2 c. à thé (10 mL) de vinaigre de vin rouge

1 c. à soupe (15 mL) de vinaigre japonais ou de vinaigre de vin blanc

2 c. à thé (10 mL) de moutarde de Dijon

1/4 de tasse (60 mL) de vin blanc ou de vermouth blanc

3 c. à soupe (50 mL) de coulis de tomates

1 c. à thé (5 mL) de beurre

Préparation :

• Couper les tomates en quatre.

• Verser l'huile dans le plat de cuisson. Chauffer 1 minute à «HIGH».

• Ajouter l'ail. Remuer dans l'huile et faire légèrement dorer à «HIGH» 2 minutes.

• Remuer, ajouter les tomates et le sucre, puis faire cuire 5 minutes à «HIGH».

• Bien remuer et remettre à «HIGH» pendant 4 à 5 minutes ou jusqu'à ce que les tomates aient perdu leur surplus de jus et aient une certaine texture crémeuse.

• Passer le tout dans un tamis fin.

• Couper chaque poitrine de poulet en deux, ce qui donnera 4 morceaux.

• Préchauffer un plat à griller, 6 minutes à «HIGH».

• Saler, poivrer et saupoudrer de paprika chaque morceau de poitrine de poulet.

• Sans retirer le plat chaud du four, y placer les morceaux de poulet, la peau touchant le fond du plat.

• Faire dorer 5 minutes à «HIGH».

• Retourner les morceaux, verser dessus les vinaigres.

• Faire cuire 4 minutes à «HIGH».

• Pendant ce temps, mélanger la moutarde de Dijon, le vin blanc ou le vermouth et le coulis de tomates.

• Retirer le poulet sur un plat de service chaud.

• Au jus dans le plat de cuisson, ajouter le mélange de moutarde précité.

• Bien remuer. Faire cuire 3 minutes à «HIGH».

• Remuer, ajouter le beurre et bien mélanger le tout. Verser sur le poulet.

• Si le plat a refroidi, il est facile de réchauffer le tout en plaçant le plat de service dans le four à micro-ondes à «MEDIUM», 3 à 5 minutes.

• Servir avec un plat de riz.

587

Poitrines de poulet glacées au porto

Préparation :	. . . .	**15 min**
Cuisson :	. . . .	**29 min**
Attente :	. . . .	**aucune**

Petit conseil : Poulet nouvelle cuisine, très long à préparer sur la cuisinière, facile et rapide au four à micro-ondes. Parfait pour un dîner élégant accompagné de fines nouilles vertes ou d'asperges.

Ingrédients :

2 c. à soupe (30 mL) de beurre

4 moitiés de poitrine de poulet

1 tasse (250 mL) de poireaux tranchés mince

2 échalotes françaises émincées

1 bouquet de cresson ou persil entier

1/3 de tasse (80 mL) de porto

2/3 de tasse (160 mL) de bouillon de poulet

2 jaunes d'oeufs

3 c. à soupe (50 mL) d'eau froide

sel et poivre

Préparation :

• Faire fondre le beurre dans le plat de cuisson 1 minute à «HIGH».

• Ajouter les poireaux et les échalotes. Bien remuer.

• Faire cuire 4 minutes à «MEDIUM-HIGH», remuant à mi-cuisson.

• Ajouter le cresson ou le persil, le porto et le bouillon de poulet.

• Faire chauffer à «HIGH», non couvert, 3 minutes. Bien remuer.

• Rouler chaque demi-poitrine comme une saucisse.

• Saler et poivrer au goût.

• Placer dans la sauce porto. Arroser avec le jus du plat.

• Couvrir avec couvercle ou feuille de plastique.

• Faire cuire 18 minutes à «MEDIUM». Laisser reposer 10 minutes.

• Retirer les poitrines sur un plat de service chaud.

• Verser le mélange de la sauce chaude dans le bol d'un robot culinaire ou d'un mélangeur électrique.

• Ajouter les jaunes d'oeufs légèrement battus avec l'eau froide.

• Couvrir et battre jusqu'à l'obtention d'une sauce crémeuse.

• Verser dans un plat et faire cuire 2 minutes à «HIGH», remuant bien après 1 minute de cuisson, ce qui vous donne une belle sauce verte.

• Verser sur le poulet.

• Réchauffer 2 minutes à «MEDIUM». Servir.

Cahors, Domaine de Souleillou

Côtes du Rhône, Château du Trignon, Cuvée Charles Roux

Poitrines ou cuisses de poulet de la Californie

Préparation : . . . . **12 min**
Cuisson : . . . . **de 27 à 35 min**
Attente : . . . . **aucune**

Petit conseil : Poitrines de poulet, cuites sur un lit d'oignons fondus, servies avec une sauce crémeuse et du riz persillé. Je remplace quelquefois les poitrines par des cuisses de poulet ; c'est plus économique et tout aussi facile à préparer.

Ingrédients :

2 poitrines de poulet désossées d'un bon poids *ou* 6 à 8 cuisses de poulet

1/2 à 3/4 de tasse (125 à 190 mL) d'oignons tranchés mince

1/4 de tasse (60 mL) de beurre ou de margarine

1/2 c. à thé (2 mL) de thym ou d'estragon

3 minces tranches de citron non pelées

1/3 de tasse (80 mL) de crème légère ou épaisse

sel et poivre au goût

1 c. à soupe (15 mL) de farine

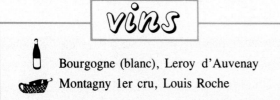

Bourgogne (blanc), Leroy d'Auvenay
Montagny 1er cru, Louis Roche

Préparation :

• Je préfère couper en deux chaque moitié de poitrine. Lorsque j'en ai le temps, je désosse les cuisses de poulet et je les roule, mais elles peuvent aussi être cuites entières.

• Faire fondre le beurre ou la margarine 3 minutes à «HIGH» dans un plat assez grand pour contenir, les uns à côté des autres, les morceaux de poulet choisis.

• Ajouter les oignons, le thym ou l'estragon et les tranches de citron au beurre fondu. Bien remuer.

• Faire cuire 3 minutes à «HIGH», en remuant une fois. Les oignons seront ramollis.

• Bien mélanger et disposer les morceaux de poulet sur les oignons.

• Verser la crème sur le tout. Saler, poivrer au goût.

• Mettre le couvercle ou recouvrir d'une feuille de plastique.

• Faire cuire les poitrines de poulet 20 minutes à «MEDIUM-HIGH», et les cuisses, de 25 à 28 minutes.

• Retirer le plat du four et disposer le poulet sur un plat chaud.

• Égoutter les oignons du liquide à l'aide d'une écumoire. Les mettre sur le poulet.

• Ajouter la farine au liquide qui reste dans le plat, bien mélanger et ajouter la crème.

• Remuer et faire cuire 4 minutes à «MEDIUM-HIGH», en remuant après 2 minutes. Saler et poivrer au goût.

• Verser sur le poulet et les oignons.

Dorure pour volailles

- Pour donner un beau lustre à votre poulet, petit ou gros, et rehausser sa saveur, vous pouvez l'enduire de dorure avant la cuisson.

- Certaines recettes indiquent de retourner le poulet pendant la cuisson ; il est conseillé d'appliquer alors un peu de dorure sur la partie retournée.

- Si vous n'avez jamais utilisé de dorure, essayez l'une des recettes suivantes sur des cuisses ou des ailes de poulet. Comme ces morceaux sont plus économiques que les poitrines, vous pourrez faire l'expérience et goûter le résultat à peu de frais.

- La dorure convient également très bien au canard, aux cailles et à la dinde.

- Chaque fois que j'utilise de la dorure, j'aime bien en appliquer sur la volaille lorsqu'elle est cuite, juste avant de la servir.

- J'y ajoute aussi une cuiller à soupe (15 mL) de brandy, de scotch, de rye ou de rhum pour la touche finale.

Dorure à l'orientale

Préparation :	**2 min**
Cuisson :	**2 min**
Attente :	**aucune**

Petit conseil : Cette dorure convient à toutes les volailles, sauf à la dinde.

Ingrédients :

2 c. à thé (10 mL) de fécule de maïs

1/4 de tasse (60 mL) de sauce de soja

1 c. à soupe (15 mL) d'huile de sésame

2/3 de tasse (160 mL) d'eau

Préparation :

- Dans un bol, mélanger la fécule de maïs et la sauce de soja.

- Ajouter l'huile de sésame et l'eau, en brassant.

- Faire cuire 2 minutes à «HIGH», en brassant deux fois.

- Utiliser cette sauce de la même façon que la dorure à la française avant, pendant et après la cuisson de la volaille.

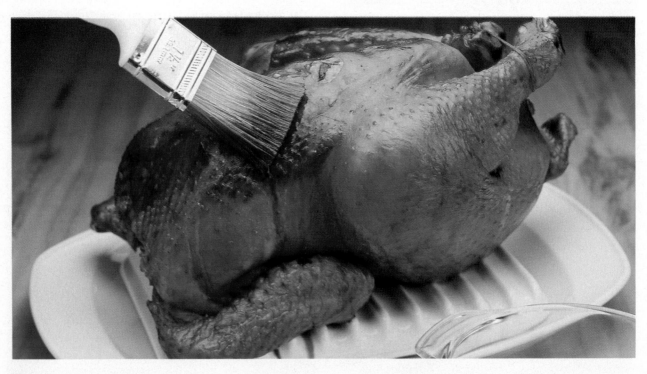

Mayonnaise chaud-froid

Préparation à l'avance : . . . . .35 min
Cuisson : . . . . .de 1 à 2 min
Attente : . . . . .aucune

Petit conseil : Le chaud-froid sert à napper des tranches froides de poulet ou de toute autre volaille cuite. Une élégante façon de les servir durant l'été ou de présenter un reste froid en tout temps.

Ingrédients :

1 c. à soupe (15 mL) de gélatine non aromatisée

2 c. à soupe (30 mL) d'eau froide ou de vin blanc

2 tasses (500 mL) de mayonnaise au choix

Préparation :

• Mesurer l'eau froide dans une tasse, y ajouter la gélatine, laisser reposer 1 minute.

• Faire cuire à «MEDIUM» 1 ou 2 minutes ou jusqu'à ce que le mélange soit comme de l'eau claire.

• Verser lentement dans la mayonnaise froide, en battant fortement avec un fouet.

• Disposer les tranches de poulet cuit sur une feuille de papier ciré, napper de la mayonnaise en l'étalant avec une spatule. Soulever la viande et la placer sur le plat.

• Réfrigérer le tout pour faire prendre, 30 minutes environ.

• Entourer le poulet de cresson ou de feuilles de laitue croustillantes ou de persil.

• L'été, lorsque j'ai des feuilles d'estragon ou de l'aneth frais, je mets environ une cuillerée à soupe (15 mL) de l'une ou l'autre herbe au moment d'ajouter la gélatine.

Sauce aux abats

Préparation : . . . . **5 min**
Cuisson : . . . . **de 6 à 8 min**
Attente : . . . . **aucune**

Ingrédients :

1/2 tasse (125 mL) de gras du jus de cuisson de la volaille

1/3 de tasse (80 mL) de farine tout usage ou instantanée

1 gousse d'ail écrasée ou finement hachée

1¹/₂ tasse (375 mL) de bouillon aux abats coulé

1/4 de tasse (60 mL) de sherry, de madère ou de vin rouge

Préparation :

- Lorsque la volaille est rôtie, la mettre sur un plat chaud.
- Verser le jus de cuisson dans un bol.
- Laisser le gras monter à la surface, ce qui devrait prendre 3 ou 4 minutes.

- Retirer 1/2 tasse (125 mL) du gras en surface, ajouter la farine, bien remuer et ajouter l'ail, le bouillon aux abats.
- Après avoir retiré tout le gras, ajouter le jus de cuisson au mélange de la farine.
- Faire chauffer 6 à 8 minutes à «HIGH», en remuant deux fois.
- Vous aurez une sauce légère et crémeuse. Vérifier l'assaisonnement.

Variantes — Ajouter, au choix :

- **1 tasse (250 mL) de champignons tranchés mince** à la sauce, lorsqu'il reste 4 minutes de cuisson *ou*
- **1 tasse (250 mL) d'oignons tranchés mince.** Faire cuire tel que ci-haut *ou*
- **1 tasse (250 mL) de marrons non sucrés hachés grossièrement** *ou*
- **1/2 tasse (125 mL) de sauce aux canneberges ou d'orange coupée en dés.**

Ailes de poulet au bacon

Préparation :	. . . .	**8 min**
Cuisson :	. . . .	**20 min**
Attente :	. . . .	**aucune**

Petit conseil : Ces ailes sont également savoureuses, chaudes ou froides, et toujours populaires. Les servir froides pour un pique-nique ou aux spectateurs d'une partie de baseball ou de hockey à la télé. Les servir chaudes accompagnées de pain croûté chaud beurré.

Ingrédients :

6 tranches de bacon

6 ailes de poulet

2 c. à soupe (30 mL) de farine

1/2 c. à thé (2 mL) de paprika

1/2 c. à thé (2 mL) de sarriette ou de thym

sel et poivre au goût

1 c. à soupe (15 mL) de farine

1/2 tasse (125 mL) de jus de pomme, d'eau, de crème ou de vin blanc

Préparation :

- Tailler le bacon en dés et le mettre dans un plat de cuisson aux micro-ondes de 8 sur 8 po (20 sur 20 cm).

- Faire cuire 2 minutes à «HIGH».

- Mélanger la farine et les assaisonnements. Enrober les ailes du mélange, les disposer, la partie arrondie sur les dés de bacon chauds.

- Faire cuire 10 minutes à «HIGH».

- Retourner les ailes et remuer le bacon qui colle au plat.

- Poursuivre la cuisson 5 minutes à «MEDIUM» ou jusqu'à ce que le poulet soit tendre. Retirer les ailes.

- Ajouter la cuillerée à soupe (15 mL) de farine au gras du plat et remuer.

- Ajouter l'eau ou le jus de pomme ou le liquide de votre choix et bien remuer.

- Faire cuire 3 minutes à «MEDIUM-HIGH».

- Verser sur les ailes du poulet.

 Saumur (blanc), Château Saint-Florent
Touraine, Château de l'Aulée

Ailes de poulet à la marmelade d'oranges

Préparation :	....	**10 min**
Cuisson :	....	**18 min**
Attente :	....	**5 min**

Petit conseil : Je remplace parfois la marmelade par de la gelée de pommes aromatisée au zeste d'orange. Servir les ailes chaudes accompagnées de fines nouilles persillées, ou froides avec une salade verte.

Ingrédients :

8 à 10 ailes de poulet

2 c. à soupe (30 mL) de beurre

1/2 c. à thé (2 mL) d'estragon ou de basilic

1 c. à thé (5 mL) de sel

1/4 de c. à thé (1 mL) de poivre

1/4 de c. à thé (1 mL) de paprika

1/2 tasse (125 mL) de marmelade d'oranges

le zeste râpé d'une orange

Préparation :

• Laver les ailes et les assécher avec des essuie-tout, replier le bout en dessous pour former un triangle.

• Faire fondre le beurre dans un plat de 8 sur 12 po (20 sur 30 cm) 2 minutes à «HIGH».

• Assaisonner les ailes avec l'estragon ou le basilic, le sel, le poivre et le paprika mélangés.

• Mettre dans le beurre chaud, la petite pointe des ailes sur le dessus.

• Faire cuire 10 minutes à «HIGH», retourner les ailes et faire cuire 6 minutes de plus à «HIGH».

• Étaler sur les ailes la marmelade d'oranges ou la gelée de pommes mélangée au zeste d'orange.

• Faire cuire 2 minutes à «HIGH». Laisser reposer 5 minutes.

• Arroser 3 fois durant l'attente avec le jus accumulé au fond du plat.

• Ce plat est également savoureux servi chaud ou froid.

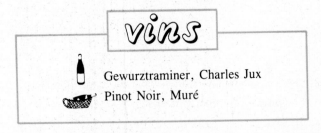

vins

Gewurztraminer, Charles Jux
Pinot Noir, Muré

Ailes de poulet Dijon

Préparation : . . . . **10 min**
Cuisson : . . . . **10 min**
Attente : . . . . **10 min**

Petit conseil : Le mélange miel-cari-moutarde donne un beau doré et une saveur distincte aux ailes de poulet. Les servir avec du riz à grain long bouilli et mélangé avec beaucoup d'oignons verts hachés.

Ingrédients :

2 à 3 lb (1 à 1,5 kg) d'ailes de poulet

1 c. à soupe (30 mL) de moutarde de Dijon

le jus d'un citron ou de 2 limes

1/2 c. à thé (2 mL) de poudre de cari

1/4 de c. à thé (1 mL) de sel

3 c. à soupe (50 mL) de miel

Préparation :

• Mettre dans un plat assez grand pour contenir les ailes de poulet en une seule couche, la moutarde, le jus de citron ou de lime, la poudre de cari, le sel et le miel.

• Faire cuire 2 minutes à «HIGH».

• Rouler chaque aile de poulet, repliée en triangle, dans le mélange chaud.

• Placer les ailes les unes à côté des autres.

• Couvrir et faire cuire à «MEDIUM-HIGH» 10 minutes.

• Couvrir et laisser reposer 10 minutes avant de servir.

• Il y aura assez de sauce pour en verser sur chaque portion.

 Côtes de Duras, Louis Max

Côtes de Luberon (blanc), Paul Lourd

Poulet La Jolla

• J'ai dégusté ce poulet en Californie, et j'ai cru bon de l'adapter à la cuisson aux micro-ondes.

Ingrédients :

Un poulet de 2½ à 3 lb (1 à 1,5 kg), en morceaux

1 c. à thé (5 mL) de basilic

le zeste râpé d'un demi-citron

1/2 c. à thé (2 mL) de poivre frais moulu

6 oignons verts hachés fin

le jus d'un demi-citron et d'une demi-orange

1/2 c. à thé (2 mL) de graines de coriandre écrasées ou moulues (facultatif)

1/2 c. à thé (2 mL) de paprika

Mâcon-Villages, Laforêt, Drouhin
Gewurztraminer, Pierre Sparr

Préparation :	. . . . **12 min**
Cuisson :	. . . . **de 22 à 25 min**
Attente :	. . . . **de 5 à 8 min**

Préparation :

• Éponger les morceaux de poulet avec des essuie-tout, les asséchant le mieux possible.

• Mettre le basilic, le poivre et le zeste de citron sur un morceau de papier ciré.

• Frotter les morceaux de poulet de ce mélange.

• Les disposer dans un plat rond de 10 pouces (25 cm) à cuisson aux micro-ondes, en plaçant les parties plus petites comme le bout des pattes vers le milieu du plat.

• Saupoudrer les oignons verts hachés sur le dessus.

• Mélanger le jus d'orange et de citron, les graines de coriandre et le paprika, et en arroser le poulet.

• Couvrir et faire cuire 10 minutes à «HIGH».

• Arroser le poulet avec le jus du plat.

• Faire cuire de 12 à 15 minutes à «MEDIUM-HIGH».

• Laisser reposer 5 à 8 minutes, en badigeonnant le poulet avec le jus de cuisson après 4 minutes.

• Servir accompagné de riz persillé ou de nouilles vertes.

Ailes de poulet Teriyaki

Préparation : . . . . .8 min
Cuisson : le mets : . . . . .de 12 à 15 min
la sauce : . . . . .de 5 à 6 min
Attente : .aucune

• Dans la cuisine japonaise, Teriyaki implique une sauce, légèrement sucrée, à base de soja, qui s'ajoute lorsque la viande a été légèrement grillée. La sauce Teriyaki toute prête est disponible dans les magasins spécialisés et là où l'on vend des aliments d'importation.

• La recette qui suit, que j'ai adaptée pour le four à micro-ondes, est très facile à faire et délicieuse. Si vous désirez préparer vous-même la sauce Teriyaki, en voici une formule intéressante qui me fut donnée à Hawaï par une jeune Japonaise.

Sauce Teriyaki :

Ingrédients :

7 c. à soupe (105 mL) de saké

7 c. à soupe (105 mL) de mirin (vin doux)

7 c. à soupe (105 mL) de sauce de soja

1 c. à soupe (15 mL) de sucre

Préparation :

• Mettre le tout dans une grande tasse à mesurer.

• Faire chauffer 5 à 6 minutes à «HIGH». Bien remuer.

• Verser dans une bouteille de verre.

• Refroidir et conserver au réfrigérateur.

• Utiliser à votre gré.

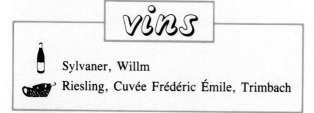

Sylvaner, Willm

Riesling, Cuvée Frédéric Émile, Trimbach

Ailes de poulet :

Ingrédients :

10 à 12 ailes de poulet

paprika

2 c. à soupe (30 mL) d'huile d'arachide

1 oignon moyen, tranché mince

1 branche de céleri, en petits dés

1/4 de tasse (60 mL) de sauce chili

1/3 de tasse (80 mL) de sauce Teriyaki

Préparation :

• Plier les ailes. Saupoudrer légèrement de paprika.

• Faire chauffer l'huile d'arachide dans le plat de cuisson 2 minutes à «HIGH».

• Ajouter les ailes de poulet, sans sortir le plat du four, les disposant les unes à côté des autres, autant que possible.

• Remuer pour les enrober d'huile.

• Faire cuire 6 à 7 minutes à «HIGH».

• Remuer pour déplacer les morceaux d'ailes.

• Ajouter le reste des ingrédients. Bien remuer le tout.

• Faire cuire 6 à 8 minutes à «HIGH». Bien remuer.

• Servir avec du riz.

Poulet bouilli avec boulettes de pâte

Préparation :	. . . .	**20 min**
Cuisson :	. . . .	**35 min**
Attente :	. . . .	**aucune**

Petit conseil : On peut faire le poulet quelques heures avant le repas. Le réchauffer 15 minutes à «MEDIUM» avant de le servir, retirer les morceaux de poulet avec une écumoire et faire cuire les boulettes dans le jus chaud, puis servir.

Ingrédients :

Le poulet :

1 poulet de 3 lb (1,5 kg), coupé en morceaux *ou* 3 lb (1,5 kg) de cuisses ou d'ailes de poulet

2 tasses (500 mL) de bouillon de poulet

1 gros oignon haché

2 branches de céleri avec feuilles, en dés

4 carottes moyennes tranchées

2 c. à thé (10 mL) de sel

1/2 c. à thé (2 mL) de poivre

1/2 c. à thé (2 mL) d'estragon ou de sarriette

1/4 de c. à thé (1 mL) de thym

1 gousse d'ail finement hachée

1/2 tasse (125 mL) d'eau froide

Boulettes de pâte :

1 1/2 tasse (375 mL) de farine

1 c. à thé (5 mL) de persil séché (facultatif)

1/4 de c. à thé (1 mL) de sarriette

2 c. à thé (10 mL) de poudre à pâte

1/2 c. à thé (2 mL) de sel

2/3 de tasse (160 mL) de lait

1 oeuf

2 c. à soupe (30 mL) d'huile végétale

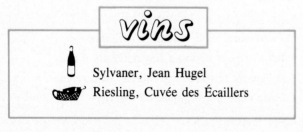

Sylvaner, Jean Hugel

Riesling, Cuvée des Écaillers

Préparation :

Le poulet :

• Mettre tous les ingrédients dans un grand plat de 16 tasses (4 L), couvrir et faire cuire 30 minutes à «MEDIUM-HIGH», ou jusqu'à ce que le poulet soit tendre. Bien remuer.

• Retirer le poulet du bouillon avec une écumoire.

• Le couvrir pour éviter qu'il refroidisse.

Les boulettes de pâte :

• Dans un bol, mélanger la farine, le persil, la sarriette, la poudre à pâte et le sel.

• Battre ensemble le reste des ingrédients, ajouter au mélange de la farine et battre juste assez pour mélanger au moment de la cuisson.

• Verser à la cuillère dans le bouillon.

• Couvrir et faire cuire 5 minutes à «HIGH» ou jusqu'à ce que les boulettes soient bien gonflées et que la pâte soit cuite.

• Placer les boulettes autour du poulet et l'arroser de quelques cuillerées de bouillon.

Poulet en crème Napa

Préparation : . . . . **14 min**
Cuisson : le mets : . . . .**de 16 à 18 min**
la sauce : . . . . **8 min**
Attente : . . . .**aucune**

Petit conseil : Délicieux poulet cuit, servi dans une sauce crémeuse sur du riz ou accompagné d'un panier de biscuits chauds. Il peut aussi être cuit en pâté.

Ingrédients :

2 c. à soupe (30 mL) de beurre

1/4 de tasse (60 mL) d'eau ou de consommé de poulet

1 oignon moyen haché

2 carottes tranchées mince

2 pommes de terre moyennes, coupées en bâtonnets

2 branches de céleri hachées fin

2 à 3 tasses (500 à 750 mL) de poulet cuit, en dés

1/2 c. à thé (2 mL) de thym séché

1/2 tasse (125 mL) de persil frais émincé *ou* 3 c. à soupe (50 mL) de persil séché

1/4 de c. à thé (1 mL) de muscade

La sauce :

3 c. à soupe (50 mL) de beurre

4 c. à soupe (60 m L) de farine

2¹/₂ à 3 tasses (625 à 750 mL) de consommé de poulet

Préparation :

• Mettre dans un bol les 2 c. à soupe (30 mL) de beurre et le 1/4 de tasse (60 mL) de consommé de poulet, ajouter l'oignon, les carottes, les pommes de terre et le céleri.

• Bien mélanger, couvrir et faire cuire 10 minutes à «MEDIUM-HIGH».

• Bien remuer, ajouter les dés de poulet cuit, bien mélanger, ajouter le thym, le persil et la muscade moulue.

• Bien remuer le tout, saler et poivrer au goût.

Pour faire la sauce :

• Préparer la sauce en faisant fondre les 3 c. à soupe (50 mL) de beurre 2 minutes à «HIGH».

• Ajouter la farine, bien remuer et ajouter le consommé de poulet, faire cuire 4 minutes à «HIGH», remuer, faire cuire 2 minutes de plus à «HIGH» ou jusqu'à consistance crémeuse.

• Remuer. Vérifier l'assaisonnement et verser sur le poulet.

• Bien mélanger et servir, ou s'il a été préparé d'avance le couvrir et le laisser sur le comptoir de la cuisine.

• Au moment de servir, le réchauffer de 6 à 8 minutes à «MEDIUM-HIGH».

Bordeaux (blanc), La Cour Pavillon
Bordeaux (blanc), Rieussec

Poulet à la king

Préparation :	. . . . **15 min**
Cuisson :	. . . . **de 16 à 20 min**
Attente :	. . . . **aucune**

• Une vieille recette toujours en vogue pour apprêter un reste de poulet ou de dinde. Au cours des années, j'ai expérimenté bien des façons de faire le poulet à la king. Voici ma préférée, et elle est encore meilleure au four à micro-ondes.

Ingrédients :

2 c. à soupe (30 mL) de beurre

1/2 tasse (125 mL) de piment vert, en dés

1 tasse (250 mL) de champignons tranchés

3 c. à soupe (50 mL) de farine

2 tasses (500 mL) de crème légère ou de lait

1/4 de c. à thé (1 mL) de sel

1/2 c. à thé (2 mL) d'estragon *ou*
   1/4 de c. à thé (1 mL) de thym

3 tasses (750 mL) de poulet cuit, en dés*

3 jaunes d'oeufs

1/4 de c. à thé (1 mL) de paprika

3 c. à soupe (50 mL) de beurre mou

1 petit oignon haché fin

1 c. à soupe (15 mL) de jus de citron

2 c. à soupe (30 mL) de sherry

* Vous pouvez utiliser 2 ou 3 tasses (500 ou 750 mL) plus ou moins, de poulet cuit, ou bien faire mijoter un petit poulet de 3 livres (1,5 kg) 40 minutes à « MEDIUM », le couper, et l'apprêter à la king.

Préparation :

• Faire fondre les 2 c. à soupe (30 mL) de beurre 1 minute à « HIGH » dans un bol de 4 tasses (1 L).

• Ajouter le piment vert et les champignons, bien remuer.

• Faire cuire 3 minutes à « HIGH ».

• Pousser les légumes de côté en pressant pour en extraire le beurre.

• Bien délayer la farine dans le beurre, ajouter alors la crème ou le lait. Remuer pour bien mélanger aux légumes.

• Faire cuire 3 minutes à « HIGH », remuer et faire cuire 3 à 6 minutes de plus ou jusqu'à ce que le tout soit crémeux.

• Saler au goût, ajouter l'estragon ou le thym et le poulet. Bien mélanger, faire cuire 1 minute à « HIGH », remuer de nouveau.

• Mélanger les jaunes d'oeufs, le paprika, le beurre mou, l'oignon, le jus de citron et le sherry.

• Ajouter au mélange du poulet, bien mélanger le tout.

• Faire cuire à « MEDIUM » de 6 à 7 minutes, en remuant après 3 minutes.

• Le mélange doit être crémeux et cuit.

• Servir dans un vol-au-vent ou dans un nid de riz cuit, ou en faire un pâté.

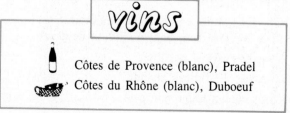

vins

Côtes de Provence (blanc), Pradel
Côtes du Rhône (blanc), Duboeuf

Bouillon de poulet

Préparation à l'avance : . . . . . **de 3 à 6 h**
Cuisson : . . . . **30 min**
Attente : . . . . **aucune**

Petit conseil : Lorsqu'un liquide est requis pour faire bouillir un poulet ou le faire cuire à l'étuvée, un bouillon en conserve peut être utilisé, mais un bouillon de poulet maison rehaussera de beaucoup la qualité et la saveur de la sauce ou du poulet bouilli. Il se congèle très bien. Pour la commodité, j'aime le faire congeler en contenants de 2 tasses (500 mL) que je fais décongeler à découvert, 5 à 7 minutes à «HIGH» lorsque je désire l'utiliser. Pour faire environ 10 tasses (2,5 L), il faut 3 livres (1,5 kg) de morceaux de poulet, tels que ailes, dos, cou et tout morceau de peau disponible, que vous pouvez obtenir dans les marchés si vous demandez au boucher de vous les réserver.

J'ai dans mon congélateur une boîte dans laquelle je dépose ces morceaux à mesure que je fais cuire un poulet ou une dinde. Je les mets en sacs de 3 livres (1,5 kg), que je conserve dans la boîte. Au besoin, je mets un paquet de 3 livres (1,5 kg) dans un plat, j'ajoute les autres ingrédients et je les fais cuire, en prolongeant la cuisson de 20 minutes.

Ingrédients :

**3 lb (1,5 kg) de morceaux de poulet avec os,
tels que dos, cou, bout d'ailes, et de gras***
un os de veau, si possible
12 tasses (3 L) d'eau chaude
1 gros oignon jaune non pelé

4 clous de girofle entiers
2 branches de céleri avec feuilles, coupées en deux
2 carottes pelées et coupées en quatre
12 grains de poivre écrasés
une poignée de persil frais avec les tiges
1 feuille de laurier
1 c. à soupe (15 mL) de thym
1/2 c. à thé (2 mL) de sarriette
1 c. à thé (5 mL) d'estragon

Préparation :

- Mettre tous les ingrédients dans un bol de 16 tasses (4 L).

- Couvrir et faire chauffer 30 minutes à «HIGH».

- Laisser refroidir dans le bol, ce qui peut prendre de 3 à 6 heures.

- Couler le bouillon dans une passoire fine. Saler au goût, de préférence avec du gros sel.

- Conserver au réfrigérateur ou au congélateur.

- Rendement : 12 tasses (3 L).

* On peut remplacer les morceaux de poulet par une carcasse de volaille cuite, avec la sauce ou les légumes qui sont ajoutés au bouillon. Faire cuire le même temps. Laisser refroidir dans le plat de cuisson. Couler et conserver au réfrigérateur ou au congélateur.

602

Bouillon aux abats

Préparation : . . . . **8 min**
Cuisson : . . . . **30 min**
Attente : . . . . **aucune**

Petit conseil : Pour faire une sauce savoureuse lorsque vous faites rôtir un poulet ou une dinde, utilisez pour une portion de liquide ce bouillon cuit aux abats. L'effort que demande la préparation de ce bouillon fait la différence entre une sauce ordinaire et une sauce savoureuse.

Ingrédients :

les abats et le cou du poulet ou de la dinde
1 c. à thé (5 mL) de sel
8 grains de poivre
2 clous de girofle entiers
1 feuille de laurier
1/2 c. à thé (2 mL) de thym
1 oignon moyen coupé en quatre
1/2 tasse (125 mL) de céleri haché avec feuilles
1 petite carotte tranchée
3 tasses (750 mL) d'eau bouillante

Préparation :

• Retirer de la dinde ou du poulet le coeur, le foie, le gésier et le cou.

• Les passer à l'eau froide et les frotter avec un demi-citron.

• Les mettre avec le reste des ingrédients dans un plat de 8 tasses (2 L) et faire cuire 10 minutes à «HIGH». Retirer le foie et le mettre de côté.

• Couvrir le plat et faire cuire 20 minutes à «HIGH». Laisser reposer une heure.

• Couler le bouillon dans une passoire fine.

• Hacher les abats qui sont tendres, les ajouter au foie, et au bouillon.

• Le bouillon peut être cuit, coulé, les abats hachés, etc., et le tout réfrigéré couvert jusqu'au lendemain.

Le canard

Canard à la chinoise

cuisson par convexion

Préparation à l'avance : . . . . **12 h**
Cuisson : . . . . **de 35 à 60 min**
Attente : . . . . **aucune**

> **Petit conseil :** La recette qui suit est une adaptation du canard laqué. Celui-ci est coupé en morceaux ; à la chinoise, il est rôti entier. Il est important de le faire mariner 12 heures.

Ingrédients :

un canard domestique de 4 à 4¹/₂ lb (2 à 2,2 kg)

La marinade :

4 c. à soupe (60 mL) de sucre

1 c. à soupe (15 mL) de sel

4 c. à soupe (60 mL) de miel

3 c. à soupe (50 mL) de sauce de soja

1/3 de tasse (80 mL) de consommé

4 c. à soupe (60 mL) d'eau froide

Préparation :

• Couper le canard en quatre.

• Mettre dans un grand bol, le sucre, le sel, le miel, la sauce de soja et le consommé. Bien mélanger.

• Nettoyer les morceaux de canard avec du jus de citron. Ajouter à la marinade.

• Bien remuer pour enrober de sauce les morceaux de canard.

• Couvrir et mariner 12 heures, réfrigéré.

• Pour faire rôtir le canard, le retirer de la marinade.

• Mettre les morceaux dans le plat de cuisson.

• Ajouter l'eau froide. Ne pas couvrir.

• Préchauffer le four à convexion à 350°F (180°C), 15 minutes.

• Placer la grille anti-éclaboussures dans le plat en céramique.

• Mettre la grille à rissoler dessus. Y placer le plat de canard.

• Faire cuire 35 minutes à 1 heure, retournant les morceaux de canard à mi-cuisson.

Pour faire la sauce :

• Au jus accumulé dans le plat, ajouter quelques cuillerées **de porto et de crème**.

• Dégraisser la sauce, la chauffer 1 minute au four à micro-ondes à «HIGH» et servir.

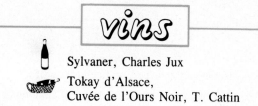

vins

Sylvaner, Charles Jux

Tokay d'Alsace,
Cuvée de l'Ours Noir, T. Cattin

Canard à l'orange

Préparation : . . . . **40 min**
Cuisson : le mets : . . . . **de 40 à 45 min**
          la sauce : . . . . **4 min**
Attente : . . . . **15 min**

Petit conseil : Cette recette s'applique aux canards sauvages aussi bien qu'aux canards domestiques. La seule différence est que la cuisson du canard sauvage doit être souvent vérifiée, car selon l'âge ou le type de canard, il cuira plus ou moins vite.

Ingrédients :

1 canard domestique de 4 à 5 lb (2 à 2,5 kg)

le jus d'un citron

1 c. à thé (5 mL) de sel

1 c. à soupe (15 mL) de cassonade

le zeste d'une orange

2 pommes moyennes non pelées

1 gousse d'ail

8 à 10 grains de poivre

1 tranche de pain

Préparation :

• Laver le canard à l'intérieur et à l'extérieur avec le jus de citron.

• Mettre le sel dans la cavité.

• Mélanger la cassonade, les pommes coupées en huit quartiers, le zeste d'orange, l'ail et les grains de poivre. En farcir la cavité et la fermer avec la tranche de pain.

• Attacher les pattes avec une ficelle mouillée.

• Recouvrir de minces bandes de papier d'aluminium les bouts des pattes et des ailes.

• Placer le canard, la poitrine en dessous, sur une soucoupe renversée ou une grille pour four à micro-ondes, l'une ou l'autre placée dans le plat à cuisson.

• Faire cuire à «HIGH» 20 minutes.

• Retourner le canard sur le dos.

• Couvrir de papier ciré et rôtir à «MEDIUM-HIGH» encore 20 minutes. Vérifier la cuisson.

• Il est quelquefois nécessaire de prolonger la cuisson de 5 minutes.

• Mettre le canard sur un plat de service, le recouvrir d'un plat ou d'un papier ciré et le laisser reposer 15 minutes.

• Pendant ce temps, préparer la sauce à l'orange.

Pour faire la sauce :

Ingrédients :

2 c. à soupe (30 mL) de cassonade

1 c. à soupe (15 mL) de fécule de maïs

le zeste d'une orange

2/3 de tasse (160 mL) de jus d'orange

3 c. à soupe (50 mL) de la partie brune de la sauce

3 c. à soupe (50 mL) de cognac

Préparation :

• Dans une grande tasse à mesurer ou un bol, mélanger la cassonade et la fécule de maïs, y verser le jus et le zeste d'orange.

• Couler le jus de cuisson du canard.

• Enlever le gras du dessus et ajouter le jus brun au mélange de jus d'orange.

• Bien mélanger le tout et faire cuire à «HIGH» 2 minutes. Remuer et faire cuire à «MEDIUM» 2 minutes.

• Ajouter le cognac et servir.

 Médoc, Château Patache d'Aux
Saint-Julien, Clos du Marquis

Canard rôti à la cantonaise

Petit conseil: Un plat à griller est essentiel pour cette façon de faire rôtir le canard à la chinoise. L'accompagner de riz ou de boulettes de pâte.

Pinot Blanc, Trimbach

Gewurztraminer, Réserve particulière, Muré

Ingrédients:

Un canard domestique de 3 à 4 lb (1,5 à 2 kg)

2 gousses d'ail finement hachées

1/2 tasse (125 mL) d'oignons verts hachés

2 c. à soupe (30 mL) de sherry sec

2 c. à soupe (30 mL) de sauce de soja

1 c. à thé (5 mL) de cardamome moulue

2 c. à soupe (30 mL) de gingembre frais, tranché mince

1 c. à thé (5 mL) de cassonade

1 c. à thé (5 mL) d'huile végétale

Sauce d'arrosage:

1 c. à soupe (15 mL) de miel

1 c. à soupe (15 mL) d'eau

1 c. à thé (5 mL) de vinaigre de riz*

* Le vinaigre de riz japonais est disponible dans les boutiques d'alimentation orientale. Il est doux et légèrement sucré. Le vinaigre de cidre peut le remplacer.

Préparation:

• Mettre tous les ingrédients de la sauce d'arrosage dans une tasse à mesurer en verre.

• Faire cuire 1 minute à «HIGH». Bien remuer.

• Laver le canard à l'eau froide courante.

• L'essuyer avec des serviettes de papier en dedans et en dehors.

• Le placer sur une serviette sèche, le laisser reposer 2 heures, à découvert, pour laisser sécher la peau.

Préparation à l'avance :	2 h
Cuisson : le mets :	25 min
la sauce :	2 min
Attente :	10 min

• Mélanger dans un petit bol, l'ail, l'oignon, la sauce de soja, le sherry, la cardamome, le gingembre et la cassonade.

• Préchauffer le plat à griller 7 minutes à «HIGH», sans retirer le plat du four, y ajouter l'huile végétale et faire chauffer 40 secondes à «HIGH».

• Ajouter le mélange ail-oignon à l'huile chaude et remuer au moins 30 à 40 secondes, verser alors la sauce dans le canard.

• Coudre l'ouverture pour conserver la meilleure partie de la sauce à l'intérieur.

• Essuyer le plat à griller, le faire chauffer une seconde fois 7 minutes et y placer le canard, la poitrine touchant le fond du plat.

• Badigeonner le canard de la sauce d'arrosage. Faire cuire 10 minutes à «HIGH». Retourner le canard sur le dos.

• Retirer le jus de cuisson du plat et mettre le canard sur une grille à micro-ondes ou sur une assiette renversée dans le plat.

• Le badigeonner de nouveau et continuer la cuisson à «MEDIUM» 15 minutes de plus.

• Laisser reposer le canard 10 minutes avant de servir.

• Ajouter **1 c. à soupe (15 mL) de fécule de maïs** à la sauce dans le plat, bien remuer, ajouter **2 c. à soupe (30 mL) d'eau.**

• Bien mélanger et faire cuire 2 minutes à «HIGH». Bien brasser. Servir avec le canard.

Canard à la sauce aux prunes

cuisson par convexion

Préparation : . . . . **35 min**
Cuisson : le mets : . . . . . . de **1 h à 1 h 15 min**
            la sauce : . . . . **2 min**
Attente : . . . . **15 min**

vins

Côtes du Rhone, Ch. du Trignon, Sablet
Crozes-Hermitage, Domaine des Entrefaux

Petit conseil : Le mode de cuisson le plus facile pour le canard sauvage ou domestique. Le servir avec riz bouilli auquel sont ajoutés des dés de betteraves cuites, des oignons verts et du persil finement haché. La couleur rosée du riz est d'un bel effet. La combinaison des saveurs est intéressante avec le canard.

Ingrédients :

un canard de 3 à 4 lb (1,5 à 2 kg)

1 oignon moyen coupé en quatre

1 orange non pelée coupée en quatre

1/2 tasse (125 mL) de sauce orientale
   aux prunes

1 gousse d'ail finement hachée

sel et poivre au goût

le zeste râpé et le jus d'une orange

1 c. à thé (5 mL) de sucre

1 c. à thé (5 mL) de fécule de maïs

3 c. à soupe (50 mL) de vin rouge ou de porto

Préparation :

• Rincer le canard à l'eau froide courante.

• Éponger l'intérieur et l'extérieur du canard avec une serviette de papier.

• Mettre les quartiers d'oignon et d'orange dans la cavité du canard.

• Ficeler les pattes au-dessus de la cavité.

• Préchauffer le secteur convexion de votre four à micro-ondes à 375°F (190°C).

• Placer la grille basse dans le four, et mettre dessous une assiette en pyrex ou en céramique pour recueillir le jus de cuisson.

• Mélanger la sauce aux prunes et le reste des ingrédients.

• Rouler le canard dans le mélange, en verser quelques cuillerées dans la cavité.

• Placer le canard sur la grille du four préchauffé.

• Faire rôtir une heure ou une heure et 15 minutes, l'arrosant deux fois avec le jus de cuisson dans l'assiette.

• Le laisser reposer 15 minutes avant de servir.

Pour faire la sauce :

• Délayer **1 c. à thé (5 mL) de fécule de maïs** dans **3 c. à soupe (50 mL) de vin rouge ou de porto**.

• Ajouter à la sauce dans l'assiette. Bien remuer.

• Faire cuire 2 minutes à «HIGH», remuer jusqu'à consistance crémeuse. Servir.

Canard Hymettus

Ingrédients:

un canard domestique

La farce:

1 c. à soupe (15 mL) de beurre

1/2 tasse (125 mL) d'oignon finement haché

3/4 de tasse (190 mL) de noix de Grenoble hachées

le zeste râpé d'un citron

1 tasse (250 mL) de pain frais, en dés

3 c. à soupe (50 mL) de persil haché

1 c. à thé (5 mL) de sauge

1/2 c. à thé (2 mL) de thym

1/2 c. à thé (2 mL) de cannelle ou de quatre-épices

1/2 c. à thé (2 mL) de cardamome moulue (si disponible)

sel et poivre au goût

1 oeuf légèrement battu

2 c. à soupe (30 mL) de beurre

4 c. à soupe (60 mL) de miel

paprika

le jus d'un citron *ou* 1/4 de tasse (60 mL) de cognac, rhum ou liqueur à l'orange

La sauce:

1 c. à soupe (15 mL) de farine

3/4 de tasse (190 mL) de consommé de poulet

Préparation:

- Faire fondre le beurre dans un bol 1 minute à «HIGH», ajouter l'oignon et faire cuire 2 minutes à «HIGH».
- Bien remuer, ajouter les noix, mélanger et faire cuire 3 minutes à «HIGH».
- Ajouter le reste des ingrédients de la farce.
- Vérifier l'assaisonnement et lorsque le tout est bien homogène, en farcir le canard.

Préparation: . . . . **20 min**
Cuisson: le mets: . . . . de 35 à 40 min
　　　　　la sauce: . . . . de 4 à 7 min
Attente: . . . . **15 min**

- Coudre l'ouverture avec un fil épais, ficeler les pattes, mettre en crème le beurre et le miel et en recouvrir la poitrine et les cuisses du canard.
- Mettre le canard sur une claie dans un plat de céramique (Corning) de 12 sur 12 pouces (30 sur 30 cm) ou tout autre plat allant au four à micro-ondes et assez grand pour contenir la claie et le canard.
- Saupoudrer la poitrine du canard de paprika.
- Faire cuire 15 minutes à «HIGH».
- Ajouter le jus de citron ou le cognac, ou le rhum ou la liqueur d'orange.
- Faire cuire à «MEDIUM» 15 à 25 minutes ou jusqu'à ce que la poitrine soit tendre et que les os des cuisses bougent aisément lorsque tournés.
- Disposer le canard sur un plat chaud, le recouvrir de papier d'aluminium.
- Laisser reposer 15 minutes.

Pour faire la sauce:

- Ajouter la farine au jus de cuisson.
- Bien remuer et ajouter le consommé de poulet.
- Remuer et faire cuire de 3 à 5 minutes à «MEDIUM».
- Bien remuer, faire cuire 1 minute ou 2 de plus, si nécessaire, car la sauce doit être lisse et légère. Bien remuer.

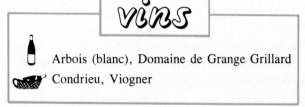

vins

Arbois (blanc), Domaine de Grange Grillard
Condrieu, Viogner

Ballottine de canard

> **Petit conseil :** Il est parfois difficile, pour qui n'en a pas l'expérience, de désosser un canard. Votre boucher peut le faire, ou vous devez couper le long du milieu du dos, presser avec les mains pour l'aplatir, retirer d'abord les os intérieurs qui sont très flexibles et couper ici et là. Cela se fait rapidement.

Ingrédients :

un canard désossé de 4 à 5 lb (2 à 2,5 kg)

La farce :

2 c. à soupe (30 mL) de beurre

1 oignon, pelé et finement haché

3/4 de lb (375 g) de porc haché

3/4 de tasse (190 mL) de mie de pain

1 c. à thé (5 mL) de sauge

6 à 8 tiges de persil émincées

3 c. à soupe (50 mL) de sherry sec

1 oeuf battu

2 minces tranches de jambon cuit, en juliennes

**2 c. à soupe (30 mL) de noix de Grenoble,
hachées grossièrement**

sel

poivre frais moulu

La sauce :

**1/2 tasse (125 mL) de bouillon de poulet
maison ou en conserve et non dilué**

1/2 carotte tranchée mince

1/2 petit oignon pelé et tranché

1 c. à thé (5 mL) de fécule de maïs

1/4 de tasse (60 mL) de madère

1/3 de lb (160 g) de champignons tranchés

sel

poivre frais moulu

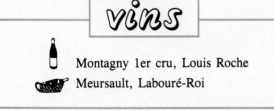

Montagny 1er cru, Louis Roche

Meursault, Labouré-Roi

Préparation :	**45 min**
Cuisson : le mets :	**de 24 à 28 min**
la sauce :	**de 7 à 8 min**
Attente :	**aucune**

Préparation :

- Mélanger le beurre et l'oignon dans un bol et faire chauffer 1 minute à «HIGH».

- Mélanger à la viande hachée, la mie de pain, la sauge, le persil et le sherry, y ajouter l'oeuf battu et mélanger. Saler et poivrer au goût.

- Farcir le canard, en alternant le jambon et les noix (cela fait un joli dessin lorsque le canard est tranché), avec la farce.

- Former un cylindre aussi long et mince que possible.

- Le coudre avec une aiguille à bridage et du fil blanc fort, l'enfilant et le fixant à intervalles pour bien lui conserver sa forme.

- Le placer dans un plat en verre ou en céramique long et étroit.

- Faire cuire 14 à 18 minutes à «MEDIUM-HIGH» et 10 minutes à «LOW».

- Laisser refroidir et réfrigérer. Le trancher froid.

- Pour le servir chaud, le réchauffer couvert d'un couvercle ou d'un papier ciré 5 minutes à «MEDIUM».

- Si vous avez une sonde thermométrique : lorsque la ballottine est dans le plat, y insérer la sonde et régler à 160°F (68°C). Le four fait le travail. Lorsqu'il s'arrête, la cuisson est terminée. (Consulter votre manuel d'instructions).

Pour faire la sauce :

- Mélanger le bouillon, la carotte et l'oignon et faire cuire 5 minutes à «MEDIUM-HIGH», en remuant une fois.

- Passer au tamis, en pressant à l'aide d'une spatule de caoutchouc pour extraire le jus.

- Délayer la fécule de maïs dans le madère et brasser jusqu'à ce que le mélange soit lisse, l'ajouter à la sauce, remuer, ajouter les champignons et faire cuire 2 minutes à «HIGH», remuer.

- La consistance doit être crémeuse ; sinon, faire cuire 1 minute de plus à «HIGH».

- La sauce peut être versée sur les tranches de canard avant de les réfrigérer, couvertes ; elles seront glacées.

- Pour servir le canard chaud, verser la sauce chaude sur la ballottine tranchée ou non.

Farce au riz sauvage

Préparation : . . . . **15 min**
Cuisson : . . . . **50 min**
Attente : . . . . **10 min**

Petit conseil : Pour le canard ou les cailles. Il faut doubler la recette pour le poulet rôti.

Ingrédients :

le foie de la volaille *ou*
  1/2 lb (250 g) de foies de poulet
3 c. à soupe (50 mL) de beurre
6 oignons verts, hachés
4 c. à soupe (60 mL) de consommé de poulet
1 tasse (250 mL) de riz sauvage
1/4 de c. à thé (1 mL) de poudre de cari

Préparation :

• Hacher le foie en petits morceaux avec un couteau bien tranchant.

• Faire fondre le beurre dans un plat 2 minutes à «HIGH».

• Ajouter le foie et couvrir. Faire cuire 3 minutes à «HIGH».

• Ajouter les oignons verts, bien remuer.

• Ajouter le consommé de poulet.

• Faire cuire 3 minutes à «HIGH».

• Saler, poivrer au goût.

• Mettre de côté.

• Amener 4 tasses (1 L) d'eau à ébullition, 12 minutes à «HIGH».

• Ajouter le riz sauvage et le cari. Bien mélanger.

• Couvrir et faire cuire 30 minutes à «MEDIUM».

• Laisser reposer 10 minutes.

• Lorsque le riz est prêt, y ajouter le mélange des oignons verts.

• Bien mélanger. Saler au goût. Utiliser.

Sauce au porto pour le canard

Préparation : . . . . **8 min**
Cuisson : . . . . **de 26 à 27 min**
Attente : . . . . **aucune**

Petit conseil : Utiliser cette sauce pour réchauffer un reste ou pour accompagner votre recette de canard préférée.

Ingrédients :

1/2 tasse (125 mL) de porto

4 oignons verts hachés

1/4 de c. à thé (1 mL) de thym

1/2 tasse (125 mL) de jus d'orange frais

1 tasse (250 mL) de consommé de poulet

sel et poivre au goût

2 c. à thé (10 mL) de fécule de maïs

le zeste râpé d'une orange

1 orange coupée en sections

Préparation :

• Mettre dans un bol le porto, les oignons verts, le thym et le jus d'orange.

• Remuer pour bien mélanger.

• Faire bouillir 20 minutes à «HIGH» ou pour réduire de moitié.

• Remuer 2 ou 3 fois durant la cuisson.

• Ajouter 1/2 tasse (125 mL) du consommé de poulet.

• Faire bouillir 3 minutes à «HIGH». Saler, poivrer au goût.

• Délayer la fécule de maïs dans le reste du consommé de poulet, y mélanger le zeste et les sections d'orange et ajouter le tout au mélange du porto.

• Faire cuire 3 à 4 minutes à «HIGH», en remuant une fois.

• Cette sauce doit avoir la consistance d'une crème légère.

Sauce pour arroser le canard

Préparation :	**5 min**
Cuisson :	**aucune**
Attente :	**aucune**

Petit conseil : Simplement mettre le canard nettoyé, coupé en deux ou les pattes ficelées, dans un plat de céramique (Corning) et le faire cuire aux micro-ondes ou par convexion. J'utilise parfois cette recette pour des poitrines de poulet.

Ingrédients :

1/2 tasse (125 mL) de jus d'orange frais

1/2 tasse (125 mL) de sauce chili

1/4 de tasse (60 mL) de miel et autant de sauce Worcestershire

3 gousses d'ail finement hachées

un petit oignon finement haché

1/4 de c. à thé (1 mL) de poivre

Préparation :

• Mélanger tous les ingrédients.

• Badigeonner copieusement de ce mélange l'intérieur et l'extérieur de la volaille (poulet, caille ou canard).

• Faire cuire selon les directives données pour la volaille choisie, soit aux micro-ondes ou par convexion.

• Chacun des oiseaux, caille, poulet, faisan, etc., aura une saveur particulière, bien que la même sauce soit utilisée pour les arroser tous.

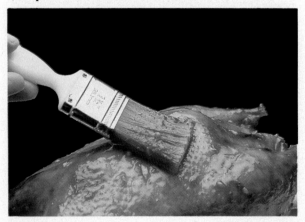

Sauce à l'orange pour le canard

Préparation :	**4 min**
Cuisson :	**5 min**
Attente :	**aucune**

Petit conseil : Je sers cette sauce avec le canard. Je l'utilise souvent aussi pour réchauffer de minces tranches d'un reste de canard.

Ingrédients :

1 tasse (250 mL) de jus d'orange frais

1 c. à soupe (15 mL) de fécule de maïs

3 c. à soupe (50 mL) de sucre

2 c. à soupe (30 mL) de Grand Marnier ou d'une liqueur à l'orange

le zeste râpé d'une demi-orange

Préparation :

• Délayer la fécule de maïs dans le jus d'orange.

• Ajouter le sucre, bien remuer.

• Faire cuire 3 minutes à «MEDIUM», en remuant après 2 minutes ; ajouter le zeste d'orange et la liqueur. Bien remuer.

Faire chauffer 1 minute à «HIGH». Servir.

Cailles à la mode d'Aberdeen

Préparation : . . . . **15 min**
Cuisson : . . . . **de 27 à 29 min**
Attente : . . . .**aucune**

• Les Écossais aiment beaucoup les oiseaux sauvages, et ils sont passés maîtres dans leur cuisson. Nous avons ici des fermes d'élevage de cailles où on réussit à leur conserver une certaine saveur «sauvage». Rôties au four à micro-ondes suivant la méthode d'Aberdeen, elles sont délicieuses.

Ingrédients :

3 à 4 cailles

La farce :

1 tasse (250 mL) de pain de blé entier en dés

1 ou 2 champignons sauvages hachés fin

1/2 tasse (125 mL) de crème légère chaude

2 c. à soupe (30 mL) de whisky à votre choix

1 c. à thé (5 mL) d'estragon ou de romarin

1/2 c. à thé (2 mL) de sel

1/4 de c. à thé (1 mL) de poivre

L'enrobage :

1 c. à thé (5 mL) de cassonade foncée

1 c. à thé (5 mL) de «Kitchen Bouquet»

1/2 c. à thé (2 mL) de paprika

1 c. à thé (5 mL) de moutarde sèche

1 c. à soupe (15 mL) de beurre mou

Préparation :

• Laver les cailles à l'eau froide. Les bien égoutter.

• Éponger l'intérieur et l'extérieur avec des essuie-tout.

Pour faire la farce :

• Mettre tous les ingrédients dans un bol.

• Écraser et brasser le tout pour obtenir un mélange épais.

• Diviser en 3 ou 4 portions. Farcir chaque caille avec une portion.

• Ficeler l'oiseau, replier les ailes dessous.

vins

Gigondas, Meffre
Cornas, Delas

L'enrobage :

• Mélanger tous les ingrédients de l'enrobage, et en frotter chacune des cailles, avec les mains.

• Préchauffer un plat à griller 5 ou 6 minutes à «HIGH».

• Sans retirer le plat du four, y mettre les cailles sur le côté, la poitrine au fond du plat. Faire cuire 5 minutes à «HIGH».

• Retourner les cailles sur l'autre côté. Faire cuire 5 minutes à «HIGH».

• Mettre les oiseaux sur le dos et faire cuire 10 minutes à «MEDIUM-HIGH».

• Vérifier la cuisson, car il arrive que 5 ou 6 minutes de plus soient requises, selon le poids des cailles.

• Retirer les cailles sur un plat de service chaud.

• Au jus de cuisson dans le plat, ajouter le foie des cailles finement haché, et **3 c. à soupe (50 mL) de vin blanc ou de whisky.** Gratter le plat.

• Ajouter **1 c. à thé (5 mL) de farine instantanée.** Bien remuer.

• Faire cuire 2 à 3 minutes à «HIGH», en remuant une fois.

• Retirer du four. Bien remuer. Servir avec les cailles.

Cailles Comice

Petit conseil: Dans le sud de la France lorsque la saison des poires bat son plein, ces délicieuses cailles sont apprêtées avec des poires fraîches et de la liqueur de poire. Traditionnellement, elles sont accompagnées de deux légumes de choix et d'un bon pain croûté croustillant et chaud.

Préparation: .... **18 min**
Cuisson: .... **32 min**
Attente: .... **aucune**

Ingrédients:

6 cailles moyennes

6 petites gousses d'ail

4 tranches de bacon, en dés

2 c. à soupe (30 mL) de sauce de soja*

1/2 c. à thé (2 mL) de paprika

2 c. à soupe (30 mL) de beurre mou

3 c. à soupe (50 mL) de cognac ou de vin blanc

1 tasse (250 mL) de poires pelées, tranchées mince

1 c. à soupe (15 mL) de farine

3 c. à soupe (50 mL) de crème

3 c. à soupe (50 mL) de cognac

* Si possible, utiliser la sauce de soja japonaise Kikko-man; elle est plus douce que la sauce chinoise.

Préparation:

• Nettoyer les cailles à l'intérieur et à l'extérieur avec un peu de cognac.

• Farcir chacune d'une gousse d'ail et de dés de bacon.

• Mélanger la sauce de soja et le paprika.

• Frotter les cailles de ce mélange et étendre également les 2 c. à soupe (30 mL) de beurre mou sur chaque poitrine.

• Disposer les cailles dans un plat de cuisson assez grand pour les contenir toutes les unes à côté des autres.

• Verser les 3 c. à soupe (50 mL) de cognac ou de vin blanc dans le fond du plat, y ajouter les poires. Faire cuire 10 minutes à «HIGH».

• Badigeonner du jus de cuisson. Faire cuire 20 minutes de plus à «MEDIUM» ou jusqu'à ce que la viande soit tendre.

• Vérifier la cuisson avec la pointe d'un couteau ou remuer le petit os de la patte qui devrait être flexible.

• Disposer les cailles sur un plat chaud. Les couvrir.

• Mélanger la crème, la farine, et le cognac.

• Ajouter au jus et aux poires dans le plat de cuisson. Bien mélanger. Faire cuire 2 minutes à «HIGH».

• Remuer jusqu'à consistance crémeuse et verser dans une saucière.

• Cette recette ne requiert ni sel ni poivre.

vins

Gewurztraminer, Charles Jux

Gewurztraminer, Clos Gaensbroenel, Willm

Cailles à la bruxelloise

Préparation à l'avance : . . . . **12 h**
Cuisson : . . . . **48 min**
Attente : . . . .**aucune**

• Du poivre noir concassé, du thym frais ou séché et des raisins verts frais s'allient pour rehausser la saveur de ces délicats oiseaux.

Ingrédients :

6 petites cailles coupées en deux

1 c. à thé (5 mL) de sel

1 c. à thé (5 mL) de thym

1/3 de tasse (80 mL) de beurre

1 tasse (250 mL) de vin blanc ou de jus de raisin blanc

30 à 40 raisins verts frais

La marinade :

1/2 tasse (125 mL) d'huile d'olive ou d'arachide

12 grains de poivre noir concassés

6 tiges de thym *ou*

  1 c. à thé (5 mL) de thym séché

1/4 de tasse (60 mL) de persil haché grossièrement

Préparation :

• Mélanger les ingrédients de la marinade dans un bol de pyrex.

• Rouler chaque demi-caille dans le mélange.

• Couvrir et réfrigérer jusqu'au lendemain pour mariner.

• Retirer les cailles de la marinade. Les éponger avec des serviettes de papier.

• Assaisonner de sel et de thym.

• Faire fondre le beurre dans un plat carré de 12 po (30 cm) de céramique (Corning), 5 minutes à «HIGH». Le beurre sera doré.

• Placer chaque demi-caille dans le beurre chaud, sur la poitrine.

• Faire cuire à découvert 15 minutes à «HIGH».

• Retourner les cailles, faire cuire 20 minutes à «MEDIUM-LOW».

• Les retourner une fois de plus. Faire cuire 5 minutes à «HIGH».

• Retirer les cailles du plat. Les garder au chaud.

• Ajouter le jus de raisin ou le vin blanc au jus et au gras dans le plat. Faire cuire 5 minutes à «HIGH».

• Ajouter les raisins un par un, entiers ou coupés en deux.

• Les bien remuer dans le jus. Faire cuire 3 minutes à «HIGH».

• Remuer et verser sur les cailles.

• Servir avec de fines pâtes au choix. (J'utilise des pâtes en forme de petites étoiles que j'achète dans une boutique italienne).

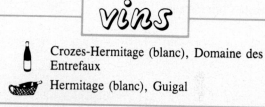

vins

Crozes-Hermitage (blanc), Domaine des Entrefaux

Hermitage (blanc), Guigal

Dorure aux prunes pour canard, caille ou faisan

Préparation : .... **3 min**
Cuisson : .... **2 min**
Attente : .... **aucune**

Ingrédients :

1 boîte de prunes bleues

3 c. à soupe (50 mL) de sirop de maïs

2 c. à soupe (30 mL) de jus de citron

le zeste d'une orange

Préparation :

- Rincer et égoutter les prunes.
- Ajouter les ingrédients.
- Faire cuire 2 minutes à «HIGH». Bien brasser.
- Utiliser cette sauce de la même façon que la dorure à la française avant, pendant et après la cuisson de la volaille.

La dinde

Dinde rôtie

Préparation : . . . . **20 min**
Cuisson : . . . . . . **de 2 h 30 à 3 h 15 min**
Attente : . . . .**20 min**

Petit conseil : Le meilleur poids pour une dinde à faire rôtir au four à micro-ondes est de 8 à 13 livres (4 à 6,5 kg). Je préfère une dinde de 10 livres (5 kg) aux cuisses courtes et dodues. Quoi qu'on en dise, IL EST POSSIBLE de faire dorer la dinde au four à micro-ondes. La différence c'est que la peau de la dinde atteint un beau doré, mais elle est moins croustillante. Du point de vue santé, c'est mieux, car le gras difficile à digérer ne pénètre pas la viande blanche. Cependant, pour obtenir une peau dorée et croustillante, il suffit de mettre la dinde cuite dans une rôtissoire et de la passer au four préchauffé à 400°F (200°C) ; après 10 à 15 minutes environ, la peau sera croustillante. Bien arroser la dinde, 5 à 6 fois avec le jus de cuisson, avant de la mettre au four. Si vous avez un four combiné micro-ondes/ convexion, mettre la dinde sur la grille du four préchauffé à 400°F (200°C) (Consulter le manuel d'instructions). Pour que la peau soit bien croustillante, cela prendra 10 minutes de plus qu'au four conventionnel.

Ingrédients :

une dinde de 10 à 13 lb (5 à 6,5 kg)

1 c. à thé (5 mL) de gros sel

1/4 de c. à thé (1 mL) de poivre

1/2 c. à thé (2 mL) de muscade

1 c. à thé (5 mL) d'estragon

1/4 de tasse (60 mL) de cognac

1 gros oignon coupé en deux

1 branche de céleri

2 gousses d'ail coupées en deux

1/4 de c. à thé (1 mL) de muscade

1/3 de tasse (80 mL) de beurre fondu

1 c. à thé (5 mL) de paprika

2 c. à thé (10 mL) de «Kitchen Bouquet»

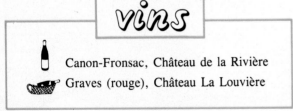

Canon-Fronsac, Château de la Rivière
Graves (rouge), Château La Louvière

Préparation :

• Laver la dinde à l'eau froide courante. L'assécher avec des essuie-tout.

• Mélanger le sel, le poivre, la muscade, l'estragon et le cognac, et verser dans la cavité.

• Y ajouter l'oignon, le céleri et l'ail.

• Replier les ailes sous la dinde. Ficeler les pattes ensemble.

• Frotter toute la peau avec le 1/4 de c. à thé (1 mL) de muscade.

• Mélanger le beurre fondu avec le paprika et le «Kitchen Bouquet» et en badigeonner la dinde.

• Placer la dinde sur la grille, la poitrine dessous, dans le plat du four s'il a des côtés pour retenir la sauce ; sinon, dans un autre plat.

• Faire rôtir à «MEDIUM-HIGH» 9 minutes par livre (500 g). Retourner la dinde.

• Couvrir le bout des pattes et le dessus de la poitrine avec une petite bande de papier d'aluminium, pour les empêcher de s'assécher.

• Faire rôtir à «MEDIUM-HIGH» 6 minutes par livre (500 g). Retirer le papier d'aluminium.

• Laisser reposer 20 minutes, couverte de papier ciré, avant de dépecer.

• La chaleur interne de la dinde devrait être de 180° à 185°F (80° et 82°C) Vérifier à l'aide d'un thermomètre à viande.

Pour faire la sauce :

• Verser le jus de cuisson dans une casserole ou un bol, y ajouter **2 c. à soupe (30 mL) de farine instantanée ou tout usage,** bien remuer avec un fouet, faire cuire 2 minutes à «HIGH».

• Remuer de nouveau avec le fouet et faire cuire à «HIGH» 1 minute de plus, en remuant une fois.

• Ajouter **1/4 de tasse (60 mL) de cognac.** Bien remuer.

• Faire cuire encore une minute ou jusqu'à ce qu'elle soit chaude.

12 49

M.HIGH

Dinde rôtie

Cuisson par convexion

Préparation : . . . .**25 min**
Cuisson : le mets : . . . . . .**15 min par lb (500 g)**
         la sauce : . . . .**4 min**
Attente : . . . .**aucune**

Petit conseil : Si votre four à micro-ondes vous offre aussi la méthode par convexion, lisez pour commencer les instructions du manuel de votre four, concernant l'opération du procédé convexion, et suivez la recette donnée ci-dessous pour faire rôtir votre dinde. Vous obtiendrez comme résultat une belle dinde croustillante et dorée.

L'avantage est qu'elle peut être rôtie une heure d'avance. Couvrir la dinde chaude d'une serviette, recouverte d'une feuille d'aluminium.

Pour la réchauffer au moment de servir, découvrir, arroser la dinde du jus de cuisson et la passer au four à micro-ondes 15 minutes à «MEDIUM-LOW».

 Bordeaux supérieur, Château de Parenchère
Moulis, Château Maucaillou

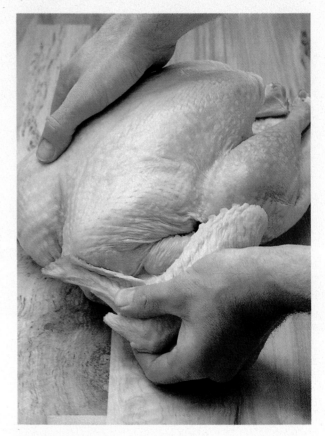

Ingrédients :

une dinde de 10 à 12 lb (5 à 6 kg)

1 c. à soupe (15 mL) de beurre

1 c. à soupe (15 mL) d'huile végétale

1 c. à thé (5 mL) de moutarde de Dijon ou de moutarde sèche

une grosse poignée de persil frais ou de feuilles de céleri

le zeste râpé d'un citron

1 c. à thé (5 mL) de sarriette

2 c. à thé (10 mL) de gros sel

1 gros oignon, coupé en quatre

Préparation :

• Laver la dinde à l'eau froide courante. L'assécher avec des essuie-tout.

• Mélanger le beurre, l'huile végétale et la moutarde. Mettre de côté.

• Remplir la cavité du reste des ingrédients.

• Ficeler les pattes ensemble.

• Replier les ailes sous la dinde.

• Recouvrir toute la dinde du mélange beurre-huile.

• Préchauffer le four à 350°F (180°C).

• Placer la dinde sur la grille inférieure.

• Mettre une assiette à tarte sous la grille pour y recueillir le jus de cuisson.

• Faire cuire 15 minutes par livre (500 g) à 350°F (180°C).

Pour faire la sauce :

• Ajouter au jus de cuisson accumulé dans le plat sous la dinde, **2 c. à soupe (30 mL) de farine diluée dans 1/4 de tasse (60 mL) de consommé de poulet.**

• Bien mélanger. Faire chauffer 2 minutes à «HIGH».

• Remuer, ajouter un autre **1/4 de tasse (60 mL) de consommé de poulet** et **1/4 de tasse (60 mL) de porto ou de madère.**

• Faire chauffer 2 minutes à «HIGH».

Dinde rôtie

Cuisson par convexion et aux micro-ondes

Petit conseil : Voici une troisième manière de bien réussir la dinde par la cuisson aux micro-ondes en alternant le procédé micro-ondes et convexion (bien entendu, si vous avez un four à micro-ondes qui a aussi la fonction convexion).

Ingrédients :

1 dinde de 8 à 14 lb (4 à 7 kg)

1 grosse gousse d'ail

un demi-citron

le gras retiré de la dinde

2 c. à soupe (30 mL) de farine

1 c. à soupe (15 mL) de moutarde sèche

1 c. à thé (5 mL) de paprika

1 c. à thé (5 mL) de gros sel

Préparation :

• Laver la dinde, puis bien l'essuyer.

• Frotter la peau avec la gousse d'ail et la moitié d'un citron.

• Couper le gras en petits morceaux. Les mettre dans un plat en verre ou en céramique. Bien les étaler.

• Faire dorer au four à micro-ondes à «HIGH» 2 à 3 minutes, remuant une fois pendant la cuisson. Retirer les grillons.

• À la graisse, ajouter la farine, la moutarde sèche et le paprika.

• Badigeonner ce mélange sur la poitrine et les cuisses de la dinde.

• Attacher les pattes et les ailes.

• Mettre le gros sel dans la cavité de la dinde.

• Placer une grille dans le plateau en céramique du four.

• Sur la grille, placer la dinde.

• Mettre une assiette à tarte sous la grille pour y recueillir le jus.

• Faire rôtir à 350°F (180°C) 15 minutes par livre (500 g). La dinde sera cuite à la perfection.

• Laisser reposer 15 minutes avant de servir.

Préparation :	18 min
Cuisson :	15 min par lb (500 g)
Attente :	15 min

vins

Côtes de Bourg, Château Les Heaumes

Graves (rouge), Château La Louvière

Pour faire la sauce :

• Retirer la dinde du four à micro-ondes. La mettre dans le plat de service et couvrir.

• Enlever la grille à rissoler et gratter le brun accumulé ici et là sur la grille anti-éclaboussures, s'il y a lieu.

• Verser dans le gras accumulé dans l'assiette à tarte.

• Bien mélanger, ajouter **2 c. à soupe (30 mL) de farine.**

• Bien mélanger au jus et ajouter **3/4 de tasse (190 mL) de bouillon de poulet ou moitié bouillon, moitié vin de son choix ou madère.**

• Bien mélanger et faire cuire au four à micro-ondes 2 minutes à «HIGH».

• Bien remuer dans une saucière.

• Si la dinde a refroidi ou plutôt tiédi la réchauffer à «MEDIUM», selon le temps nécessaire.

Dinde dans un sac de cuisson

Préparation : . . . . **16 min**
Cuisson : le mets : . . . . . . **de 7 à 8 min par lb**
la sauce : . . . . **4 min**
Attente : . . . . **15 min**

Ingrédients :

une dinde de 10 à 12 lbs (5 à 6 kg)

> **Petit conseil :** Il est nécessaire de se procurer les grands sacs de cuisson (matière plastique transparente). Assurez-vous que la dinde est parfaitement décongelée. Couvrir le bout des ailes et des pattes avec des bandes de papier d'aluminium. Mettre à l'intérieur de la dinde **1 gros oignon, coupé en quatre, 1 c. à thé (5 mL) de sel, 1/2 c. à thé (2 mL) de poivre, 2 feuilles de laurier, 1 c. à thé (5 mL) de thym ou d'estragon.**

• Beurrer poitrine, pattes, ailes avec le mélange qui suit :

1/2 tasse (125 mL) de beurre fondu

1 c. à thé (5 mL) de paprika

1/4 de c. à thé (1 mL) de poivre

1/4 de c. à thé (1 mL) d'ail en poudre

Préparation :

• Mélanger le tout. Faire chauffer 1 minute à «HIGH».

• Bien badigeonner la dinde de ce beurre.

• Mettre la dinde dans le sac, l'arroser du mélange, attacher le sac avec une ficelle de manière que la dinde puisse remuer à l'intérieur.

• Placer le sac dans un plat à cuisson en verre de 12 tasses (3 L), la poitrine dessous.

• Faire 4 ou 5 incisions sur le dessus du sac.

• Faire rôtir à «HIGH» 7 à 8 minutes par livre (500 g).

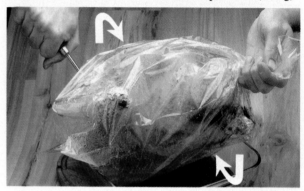

• À mi-cuisson, retourner le sac pour que la poitrine soit sur le dessus, continuer la cuisson à «MEDIUM-HIGH» 8 minutes par livre (500 g).

• La dinde est cuite lorsque le thermomètre indique 160°F (70°C).

• Retirer du sac, placer sur un plat de service chaud, couvrir avec un linge ou un papier, laisser reposer la viande qui, après 15 minutes, indiquera 170°F (75°C) au thermomètre.

Pendant ce temps, faire la sauce :

• Verser dans le plat de cuisson le jus et le gras accumulés dans le sac.

• Dégraisser, à votre gré.

• Ajouter au jus, **2 ou 3 c. à soupe (30 à 50 mL) de farine**, bien mélanger et ajouter **1/2 tasse (125 mL) de vin blanc ou de cidre ou de bouillon de poulet**, selon votre préférence.

• Bien mélanger.

• Faire cuire 4 minutes à «HIGH», bien remuer et, s'il y a lieu, faire cuire une minute de plus pour obtenir une sauce légère et onctueuse.

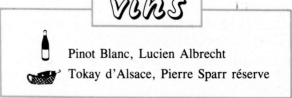

vins

Pinot Blanc, Lucien Albrecht
Tokay d'Alsace, Pierre Sparr réserve

Poitrine de dinde rôtie

Préparation :	10 min
Cuisson :	de 23 à 25 min
Attente :	10 min

Petit conseil : Des morceaux de dinde sont maintenant vendus dans nos marchés, soit une poitrine entière, ou des cuisses ou des ailes. Ils sont faciles à apprêter et très savoureux. Ils proviennent en général de petites dindes. La poitrine pèse environ 2 à 2 1/2 livres (1 à 1,25 kg) et peut servir jusqu'à 4 personnes.

Ingrédients :

une poitrine de dinde, désossée

3 c. à soupe (50 mL) de beurre ou de margarine

1 c. à thé (5 mL) de sel

1/2 c. à thé (2 mL) de poivre

1 c. à thé (5 mL) de thym ou de sauge

1 c. à soupe (15 mL) de scotch ou de cognac

1 blanc d'oeuf, légèrement battu

2 c. à soupe (30 mL) d'eau froide

2 c. à soupe (30 mL) de chapelure fine

Préparation :

• Mettre en crème le beurre ou la margarine, le sel, le thym ou la sauge et le scotch ou le cognac.

• Recouvrir l'intérieur de la poitrine désossée de ce mélange, la rouler et la ficeler légèrement.

• Mélanger dans une assiette le blanc d'oeuf et l'eau froide, déposer la chapelure sur un papier ciré.

• Rouler la poitrine dans le mélange de l'oeuf, puis l'enrober de chapelure.

• La disposer sur une grille. Mettre la grille sur une assiette à tarte de 9 pouces (23 cm).

• Faire cuire 15 minutes à « HIGH », badigeonner légèrement du jus de cuisson, faire cuire à « MEDIUM-HIGH » de 8 à 10 minutes ou jusqu'à ce que la viande soit tendre. (Vérifier la cuisson avec la pointe d'un petit couteau).

• Servir chaude ou froide.

• Pour la servir chaude, la couvrir et laisser reposer 10 minutes avant le service.

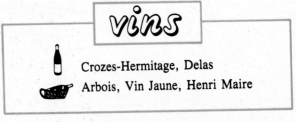

vins

Crozes-Hermitage, Delas
Arbois, Vin Jaune, Henri Maire

Ailes de dinde à l'orientale

Préparation : . . . . **10 min**
Cuisson : . . . . **22 min**
Attente : . . . . **10 min**

Sylvaner, Willm

Tokay d'Alsace, Hugel

Petit conseil : Le poids de quatre grosses ailes de dinde sera de 4 livres (2 kg) environ. Je coupe chaque aile en deux, et je mets le bout des ailes de côté pour faire du bouillon de dinde.

Ingrédients :

4 ailes complètes de dinde

paprika

1/3 de tasse (80 mL) d'huile d'arachide

La sauce :

1 tasse (250 mL) de sauce de soja

3 c. à soupe (50 mL) de saké ou de sherry

2 c. à soupe (30 mL) de racine de gingembre râpée

2 gousses d'ail hachées fin

le zeste râpé d'une orange et d'un citron

1 c. à soupe (15 mL) de cassonade

Préparation :

• Couper chaque aile en deux portions, en réservant les bouts pour faire du bouillon.

• Saupoudrer chaque morceau de paprika.

• Tremper chacun dans l'huile.

• Mettre dans un plat de 8 sur 10 po (20 sur 25 cm), la partie coupée vers le milieu.

• Faire cuire 10 minutes à «HIGH». Remuer les morceaux dans le plat.

• Mettre les ingrédients de la sauce dans une tasse à mesurer. Faire cuire 2 minutes à «HIGH».

• Verser sur les ailes de dinde, couvrir de papier ciré.

• Faire cuire 10 minutes de plus à «HIGH».

• Badigeonner de la sauce du plat.

• Couvrir et laisser reposer 10 minutes avant de servir.

• Accompagner de riz.

Escalope de dinde à l'italienne

Préparation :	....	**10 min**
Cuisson : le mets :	....	15 min
les nouilles :	....	de 5 à 6 min
Attente :	....	aucune

• Il est impossible de se rendre compte que ce plat provient d'un reste. À Vérone, en Italie, où j'y ai goûté pour la première fois, des nouilles vertes maison avaient été utilisées, mais tout genre de nouilles peut servir.

Ingrédients :

8 onces (250 g) de nouilles fines

un reste de dinde tranchée ou coupée en dés et un reste de farce

4 c. à soupe (60 mL) de beurre

4 c. à soupe (60 mL) de farine

1 tasse (250 mL) de lait

1 tasse (250 mL) de bouillon de dinde ou de poulet*

1/4 de tasse (60 mL) de persil finement haché

sel et poivre au goût

3 c. à soupe (50 mL) de beurre fondu

3 c. à soupe (50 mL) de chapelure fine

1/4 de c. à thé (1 mL) de muscade râpée

Vous pouvez faire le bouillon avec les os de la dinde et les abats.

Préparation :

• Mettre 6 tasses (1,5 mL) d'eau dans un plat de 12 tasses (3 L). Chauffer 7 à 8 minutes à «HIGH» jusqu'à ébullition.

• Cuire les nouilles 5 à 6 minutes à «HIGH» jusqu'à ce qu'elles soient tendres. Les égoutter à fond.

• Les mettre dans une casserole, recouvrir des tranches ou dés de dinde, et placer la farce, s'il y a lieu, sur le dessus.

• Faire fondre le beurre dans une tasse à mesurer de 4 tasses (1 L), 1 minute à «HIGH».

• Ajouter la farine, bien remuer et ajouter le lait et le bouillon.

• Remuer et faire cuire 2 minutes à «HIGH».

• Remuer et faire cuire encore 2 minutes ou jusqu'à ce que le mélange soit crémeux. Le temps varie selon la température du lait.

• Ajouter le persil, sel et poivre au goût.

• Verser sur les nouilles et la dinde pour les bien recouvrir.

• Faire fondre le beurre 1 minute à «HIGH».

• Ajouter la chapelure et la muscade. Bien mélanger et étaler sur la sauce.

• Faire cuire 10 minutes à «MEDIUM». Servir chaud.

vins

Saint-Véran, Louis Roche

Savigny-Les-Beaumes, Pierre Ponelle

Casserole de dinde

Préparation : . . . . **10 min**
Cuisson : . . . . **14 min**
Attente : . . . . **aucune**

• Il est préférable d'avoir de bonnes recettes pour apprêter les restes de dinde; parfois, on ne sait qu'en faire. Cette casserole est un plat de famille savoureux.

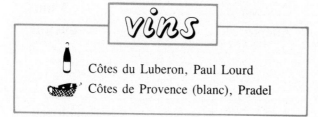

vins

Côtes du Luberon, Paul Lourd
Côtes de Provence (blanc), Pradel

Ingrédients :

environ **3 tasses (750 mL) de restes de dinde tranchée ou coupée en dés**

2 c. à soupe (30 mL) de beurre

2 c. à soupe (30 mL) de farine

1 tasse (250 mL) de bouillon de dinde ou de poulet

1 tasse (250 mL) de crème

2 c. à soupe (30 mL) de sherry

2 jaunes d'oeufs, battus

chapelure beurrée

Préparation :

• Faire fondre le beurre dans un plat de cuisson de 4 tasses (1 L), 1 minute à «HIGH». Y délayer la farine.

• Ajouter le bouillon de poulet ou de dinde. Bien mélanger.

• Faire cuire 2 minutes à «HIGH».

• Bien remuer et faire cuire encore 1 minute ou jusqu'à ce que le mélange soit crémeux.

• Ajouter la crème et le sherry. Bien mélanger.

• Y ajouter les jaunes d'oeufs et remuer avec un fouet pour bien lier le tout.

• Faire cuire 1 minute à «MEDIUM». Remuer et assaisonner au goût.

• Couvrir le fond d'un plat à cuisson de restes de dinde, arroser de la moitié de la sauce, faire une autre couche de dinde et arroser le tout du reste de la sauce.

• Saupoudrer le dessus de la chapelure. Couvrir.

• Faire cuire 8 minutes à «MEDIUM». Cela peut être préparé d'avance pour être cuit au moment de servir, en ajoutant simplement 2 minutes de cuisson.

Variante de la garniture :

• Écraser **6 biscuits soda**, y ajouter **2 c. à soupe (30 mL) de margarine ou de beurre fondu**, **1/2 c. à thé (2 mL) de paprika** ou **1 c. à thé (5 mL) de graines de sésame**, saupoudrer la casserole de ce mélange et faire cuire tel qu'indiqué.

Farce anglaise au pain

Préparation : . . . . 12 min
Cuisson : . . . . 6 min
Attente : . . . . aucune

Petit conseil : Cette quantité suffit pour une dinde de 10 à 12 livres (5 à 6 kg).

Ingrédients :

1 tasse (250 mL) de beurre ou de gras de dinde, en dés

1 c. à soupe (15 mL) de sarriette d'été ou de sauge

1¹/₂ c. à thé (7 mL) de sel

1/4 de c. à thé (1 mL) de poivre

1/2 tasse (125 mL) de persil frais, émincé

3/4 de tasse (190 mL) de céleri haché avec feuilles

3 tasses (750 mL) d'oignons, hachés

10 à 11 tasses (2,5 à 2,75 L) de pain sec, en dés

Préparation :

• Faire fondre dans un grand bol le beurre ou les dés de gras de dinde, 2 minutes à «HIGH» pour le beurre, 4 minutes à «HIGH» pour le gras en dés, en remuant une fois.

• Ajouter la sarriette ou la sauge, le sel, le poivre, le persil, le céleri et les oignons. Bien mélanger.

• Faire cuire 6 minutes à «MEDIUM-HIGH», en remuant une fois.

• Verser sur les dés de pain. Bien mélanger.

• Vérifier l'assaisonnement.

Farce hollandaise au pain et aux pommes de terre

Préparation : . . . . 15 min
Cuisson : . . . . 3 min
Attente : . . . . aucune

Petit conseil : Cette farce peut servir pour le poulet, la dinde, le canard, le faisan. Essuyer l'intérieur et l'extérieur de l'oiseau à farcir avec du gin hollandais (de genièvre).

Ingrédients :

2 oeufs

2 tasses (500 mL) de lait

4 tasses (1 L) de chapelure grossière

1/4 de c. à thé (1 mL) de poivre

1 c. à thé (5 mL) de sel

2 tasses (500 mL) de pommes de terre cuites, en purée

1/2 tasse (125 mL) de céleri, haché fin

1/4 de tasse (60 mL) de beurre

1 gros oignon haché *ou*
    10 oignons verts hachés fin

Préparation :

• Battre les oeufs jusqu'à consistance légère, ajouter le lait et verser sur la chapelure.

• Ajouter le sel, le poivre, la purée de pommes de terre et le céleri. Mélanger le tout.

• Faire fondre le beurre 2 minutes à «HIGH», ajouter l'oignon ou les oignons verts, remuer pour bien enrober de beurre, faire cuire 3 minutes à «HIGH», en remuant une fois.

• Verser sur le premier mélange.

• Brasser et utiliser pour farcir la dinde, le poulet, le canard ou le faisan.

Farce française pour la dinde

Préparation : . . . . **3 min**
Cuisson : . . . . **aucune**
Attente : . . . . **aucune**

Petit conseil : Une façon d'aromatiser l'intérieur de la dinde, qui à la cuisson transmet son arôme à la volaille toute entière. Recommandée surtout pour une dinde de 9 à 12 livres (4,5 à 6 kg). Cette farce est simple et vite faite ; elle peut très bien servir pour un poulet de 5 livres (2,5 kg) et plus ou un canard de 4 livres (2 kg).

Ingrédients :

2 gousses d'ail finement hachées

10 grains de poivre écrasés

1 c. à thé (5 mL) de sauge

3 c. à soupe (50 mL) de margarine

un bout de pain croûté de 6 po (15 cm)

Préparation :

• Mélanger l'ail, les grains de poivre et la sauge avec la margarine.

• Couvrir le pain croûté de ce mélange.

• Le mettre dans la cavité de la dinde et la faire rôtir selon la recette choisie.

Farce aux huîtres fumées

Préparation : . . . . **8 min**
Cuisson : . . . . **aucune**
Attente : . . . . **aucune**

Petit conseil : Une façon scandinave de farcir la dinde : les huîtres fumées mélangées avec les raisins secs et les noix. Il m'arrive de l'utiliser pour farcir la caille ou le faisan.

Ingrédients :

1¹/₂ tasse (375 mL) de croûtons

1 tasse (250 mL) de lait

1 tasse (250 mL) de céleri grossièrement haché

1 gros oignon finement haché

1/2 tasse (125 mL) de raisins secs

1/2 tasse (125 mL) de noix de Grenoble hachées

une boîte de 3,62 oz (104 g) d'huîtres fumées

1/2 tasse (125 mL) de margarine ou de beurre fondu

Préparation :

• Mettre tous les ingrédients dans un grand bol, remuer pour bien mélanger. Ajouter le sel au goût.

• Remplir légèrement la cavité, car la farce gonfle à la cuisson.

• Cette quantité est suffisante pour une dinde de 7 à 12 livres (3,5 à 6 kg).

L'oie

L'oie rôtie classique

• J'ai adapté ce rôtissage classique de l'oie à la cuisson aux micro-ondes. À cause de sa teneur en gras, la peau après la cuisson est croustillante et sans gras, la viande est juteuse et tendre.

> **Petit conseil:** Au goût, l'oie peut être farcie de la farce aux pommes et aux raisins, ou simplement assaisonnée à l'intérieur de la cavité.

Préparation: . . . . **45 min**
Cuisson: le mets: . . . . **5 min par lb**
        la sauce: . . . . **de 8 à 11 min**
Attente: . . . . **aucune**

Ingrédients:

une jeune oie de 10 à 12 lb (5 à 6 kg)

le jus de 2 citrons

1 oignon tranché mince

1 grosse gousse d'ail coupée en deux

6 clous de girofle entiers

1/2 c. à thé (2 mL) de thym

1 c. à thé (5 mL) de basilic

1/3 de tasse (80 mL) de tiges de persil haché

Préparation:

• Essuyer l'oie en dedans et en dehors avec un linge imbibé de vinaigre (j'utilise de préférence le vinaigre de cidre).

• Mélanger le reste des ingrédients dans un bol et y rouler l'oie pour bien l'enrober.

• Recouvrir le bol d'un linge ou d'une feuille de plastique et laisser mariner 24 heures, au réfrigérateur ou dans un endroit frais.

• Farcir alors la volaille à votre gré, ou simplement mettre dans la cavité 4 pommes non pelées coupées en tranches épaisses et les ingrédients de la marinade.

• Fixer les pattes avec des pics de bois, placer les ailes sous la peau du cou.

• Placer l'oie sur une claie dans un plat allant au four à micro-ondes et assez grand pour contenir l'oie.

• Recouvrir le bout des pattes de petites bandes de papier d'aluminium.

• Arroser la volaille de **2 tasses (500 mL) d'eau ou de jus de pomme.**

• Saupoudrer copieusement de **paprika**, puis frotter la poitrine de **2 c. à soupe (30 mL) de margarine ou de** beurre fondu mélangé à 1 c. à soupe (15 mL) de «Kitchen Bouquet».

• Recouvrir l'oie d'un papier ciré beurré.

• Faire rôtir 5 minutes par livre (500 g) à «HIGH».

• Badigeonner du jus de cuisson à toutes les 20 minutes.

• Piquer les ailes et les pattes après 40 minutes avec la pointe d'un couteau pour laisser échapper la graisse.

• Poursuivre le rôtissage à «MEDIUM-HIGH». Vérifier la cuisson avec une fourchette.

Pour faire la sauce:

• Retirer l'oie sur un plat chaud.

• Enlever l'excédent de graisse du plat de cuisson. C'est facile, car le gras se maintient en surface.

• Mettre dans un petit bol, **3 c. à soupe (50 mL) de la graisse claire demeurée sur le dessus,** y ajouter **3 à 4 c. à soupe (50 à 60 mL) de farine.**

• Bien mélanger et faire cuire à «MEDIUM-HIGH» de 3 à 6 minutes, en remuant à chaque minute, jusqu'à ce que le mélange soit d'un beau doré.

• Retirer du plat de cuisson toute graisse qui demeure en surface.

• Ajouter la farine grillée à ce qui reste de sauce.

• Bien remuer, ajouter **1 tasse (250 mL) de porto, de jus d'orange ou de thé fort.** Remuer.

• Faire cuire 5 minutes à «MEDIUM», en remuant une fois; la sauce devrait alors être bouillonnante et crémeuse. Servir dans une saucière.

• L'oie est délicieuse accompagnée de gelée au porto ou de compote de pommes à l'anglaise.

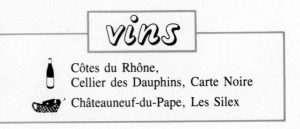

vins

Côtes du Rhône,
Cellier des Dauphins, Carte Noire

Châteauneuf-du-Pape, Les Silex

Farce aux pommes pour l'oie

Préparation : . . . . **7 min**
Cuisson : . . . . **2 min**
Attente : . . . . **aucune**

Petit conseil : En réduisant la recette de moitié, elle servira à farcir un canard ou un faisan. C'est une de mes préférées. J'y ajoute parfois **1/2 tasse (125 mL) de poires hachées**.

Ingrédients :

2 tasses (500 mL) de mie de pain

4 c. à soupe (60 mL) de beurre

1 petit oignon finement haché

1 tasse (250 mL) de noix de Grenoble ou
   de pacanes, hachées

1 c. à thé (5 mL) de basilic ou d'origan

2 c. à soupe (30 mL) de lait

2 pommes non pelées, râpées

sel au goût

Préparation :

- Retirer la mie du centre d'un pain.

- Faire fondre le beurre 2 minutes à «HIGH», ajouter l'oignon et les noix hachées, bien remuer, faire cuire 2 minutes à «HIGH».

- Ajouter le basilic ou l'origan, le lait, le pain et les pommes.

- Farcir la volaille légèrement, car cette farce gonfle à la cuisson.

Petit truc : **Pour blanchir les amandes ou autres noix,** les mettre dans un bol, recouvrir d'eau bouillante, chauffer de 30 secondes à 1 minute à «HIGH». Laisser refroidir, égoutter et enlever la pelure en frottant entre deux essuie-tout.

Farce aux pommes et raisins pour l'oie

Préparation : . . . . 10 min
Cuisson : . . . . 4 min
Attente : . . . . aucune

Petit conseil : Si vous aimez une farce au pain avec pommes et raisins, essayez celle-ci. C'est pour moi la meilleure.

Ingrédients :

1/4 de tasse (60 mL) de beurre mou

1 tasse (250 mL) d'oignon haché

1 tasse (250 mL) de céleri, en petits dés

1 c. à thé (5 mL) de sel

1/2 c. à thé (2 mL) de poivre

3 tasses (750 mL) de dés de pain grillé

2 c. à thé (10 mL) de graines d'anis

2 tasses (500 mL) de pommes non pelées, râpées

4 c. à soupe (60 mL) de madère ou de porto

2/3 de tasse (160 mL) de raisins secs

Préparation :

- Faire fondre le beurre dans un bol de 4 tasses (1 L), 2 minutes à «HIGH».
- Ajouter l'oignon et le céleri, bien mélanger.
- Faire cuire 4 minutes à «HIGH», en remuant deux fois.
- Ajouter le reste des ingrédients. Remuer.
- Farcir l'oie, la coudre avec un fil.

Petit truc : Faire chauffer aux micro-ondes, 2 minutes à «HIGH», les raisins ou fruits confits d'une recette de biscuits avec quelques cuillerées de jus de pomme ou de rhum ou de sherry, avant de les incorporer aux ingrédients de la recette. Ils n'en seront que meilleurs !

Compote de pommes à l'anglaise, non sucrée

Préparation : . . . . 8 min
Cuisson : . . . . de 13 à 19 min
Attente : . . . . aucune

Petit conseil : Cette recette me fut donnée par un entraîneur de chevaux à Lambourn, Angleterre. C'est la sauce aux fruits idéale pour accompagner l'oie.

Ingrédients :

6 à 8 pommes

2 c. à soupe (30 mL) de beurre

1/2 c. à thé (2 mL) de poudre de cari

2 c. à soupe (30 mL) de farine

1 tasse (250 mL) de lait

1 c. à thé (5 mL) de vinaigre de cidre ou de vin

2 c. à soupe (30 mL) de menthe fraîche hachée

Préparation :

• Peler les pommes, enlever les coeurs et les trancher.

• Faire fondre le beurre 1 minute à «HIGH».

• Ajouter le cari et bien mélanger.

• Ajouter la farine en remuant et ajouter le lait. Bien remuer le tout.

• Faire cuire à «MEDIUM-HIGH» 3 à 4 minutes ou jusqu'à ce que le mélange soit lisse et crémeux, en remuant deux fois durant la cuisson.

• Ajouter les pommes, bien mélanger, couvrir et faire cuire de 10 à 15 minutes à «MEDIUM-LOW», en remuant deux fois.

• Battre pour réduire les pommes en purée.

• Vérifier l'assaisonnement et ajouter le vinaigre de cidre ou de vin et la menthe hachée. Servir chaude.

• Cette sauce peut être préparée 4 à 5 jours d'avance et conservée au réfrigérateur.

• La réchauffer de 2 à 4 minutes à «MEDIUM-HIGH» avant de la servir. Remuer et servir.

Dorure à la française pour dinde ou gros poulet

Préparation :	7 min
Cuisson :	2 min
Attente :	aucune

Ingrédients :

1/2 tasse (125 mL) de beurre

2 c. à thé (10 mL) de sariette

2 c. à thé (10 mL) d'estragon

1 c. à thé (5 mL) de «Kitchen Bouquet»

1 c. à soupe (15 mL) de Bovril au poulet

Préparation :

• Placer tous les ingrédients dans un bol.

• Faire cuire 2 minutes à «HIGH». Bien brasser.

• À l'aide d'un pinceau, enduire la dinde ou le poulet de dorure juste avant de le placer dans le four à micro-ondes.

• Faire rôtir selon les indications de la recette.

• Arroser une fois à mi-cuisson et une autre fois lorsque la volaille est cuite.

Gelée au porto

Préparation :	6 min
Cuisson :	5 min
Attente :	le temps de prendre

Petit conseil : Je trouve que l'oie rôtie et cette gelée vont de pair.
Elle peut être préparée d'avance et se conserve de 10 à 15 jours au réfrigérateur. Je recommande d'utiliser un porto portugais, mais un porto canadien de bonne qualité fera l'affaire.

Ingrédients :

1/2 tasse (125 mL) de sucre

1 tasse (250 mL) d'eau

le zeste râpé et le jus d'un citron

1 enveloppe de gélatine non aromatisée

1 tasse (250 mL) de porto

Préparation :

• Mettre dans une grande tasse à mesurer, le sucre, l'eau et le zeste de citron râpé.

• Faire cuire à «HIGH» 4 minutes. Remuer.

• Dans l'intervalle, faire tremper la gélatine dans le jus de citron.

• Ajouter la gélatine trempée au mélange chaud. Remuer.

• Faire cuire 1 minute à «MEDIUM-HIGH».

• Laisser refroidir 10 minutes, ajouter ensuite le porto. Bien remuer.

• Verser dans un joli plat de service.

• Couvrir et réfrigérer pour faire prendre.

La perdrix

Perdrix au chou

Préparation : . . . . **18 min**
Cuisson : . . . . . . **de 1 h 20 à 1 h 40 min**
Attente : . . . . **20 min**

Petit conseil : Toujours un plat de choix. Lorsque je suis prête à servir, je fais griller au four à convexion à 400°F (200°C), sur la grille 4 à 6 tranches de pain (le pain doit être sec). Je place une ou une demi-perdrix sur chaque tranche et je l'entoure de chou. Le pain est délicieux. En France, on me servit la perdrix cuite de la même façon, mais la tranche de pain avait été imbibée de cognac avant d'y mettre la perdrix.

vins

 Châteauneuf-du-Pape (blanc), Château la Nerte

Nuits-Saint-Georges, Clos de la Maréchale, Faiveley

Ingrédients :

4 à 5 perdrix

1/2 lb (250 g) de lard salé gras

paprika

ail au goût

4 tasses (1 L) de chou vert haché

4 à 6 gros oignons tranchés

1 c. à thé (5 mL) de gros sel

1/2 c. à thé (2 mL) de poivre frais moulu

1 c. à thé (5 mL) de thym

1 tasse (250 mL) de vin blanc ou de bourgogne rouge, de cidre ou de jus de pommes

Préparation :

• Nettoyer les perdrix avec le jus d'un citron. Mettre de côté.

• Couper le lard salé en tout petits lardons, les placer dans un caquelon, les faire dorer d'un côté 10 minutes à «HIGH», en remuant une fois, les retourner.

• Saupoudrer les perdrix de paprika, les placer sur les lardons.

• Faire cuire 15 minutes à «HIGH», retournant les perdrix une fois pendant la cuisson. Retirer du caquelon.

• Ajouter au jus les oignons, l'ail et le chou.

• Bien remuer, couvrir et faire cuire 15 minutes à «HIGH», remuant le tout à mi-cuisson.

• Recouvrir les perdrix du chou, ajouter sel, poivre, thym et liquide au choix.

• Couvrir et faire cuire à «MEDIUM-LOW» 40 à 60 minutes.

• Vérifier la cuisson des perdrix dans les 20 dernières minutes de cuisson. Comme pour tous les oiseaux sauvages, la cuisson peut varier.

• Laisser reposer le tout 20 minutes.

• Mettre les perdrix sur les tranches de pain grillé. Entourer de chou.

Perdrix en casserole

> **Petit conseil:** Si vous avez des doutes sur la tendreté de la perdrix, voici la recette idéale. En Italie, les perdrix ainsi apprêtées sont servies avec une crème sabayon légèrement sucrée. Une recette peu commune, mais délicieuse.

Ingrédients :

2 perdrix badigeonnées de jus d'orange

4 tranches de bacon, en dés

1 tasse (250 mL) de petits oignons blancs

1 tasse (250 mL) de champignons tranchés mince

1/4 de tasse (60 mL) de madère

1/2 tasse (125 mL) de consommé de poulet

le jus d'un demi-citron

Préparation :	14 min
Cuisson :	44 min
Attente :	aucune

Préparation :

- Nettoyer les perdrix et les frotter de jus d'orange à l'intérieur et à l'extérieur. Ficeler les pattes.

- Couvrir le fond d'un plat de cuisson de 8 sur 8 po (20 sur 20 cm), Corning ou pyrex, des dés de bacon.

- Mettre les perdrix sur le bacon.

- Mélanger les petits oignons et les champignons tranchés et en farcir les perdrix.

- Arroser les perdrix du madère et du consommé. Saler et poivrer au goût.

- Recouvrir d'une feuille de plastique. Faire cuire 20 minutes à «HIGH», découvrir, arroser les perdrix avec le jus de cuisson.

- Retourner les perdrix sur la poitrine et faire cuire 20 minutes à «MEDIUM».

- Vérifier la cuisson après 15 minutes, car selon la tendreté des oiseaux la durée de cuisson peut varier de quelques minutes de plus ou de moins.

- Ajouter le jus de citron à la sauce.

- Ajouter les champignons et les oignons qui sont à l'intérieur des perdrix.

- Faire chauffer 2 minutes à «HIGH».

- Accompagner de riz sauvage.

Pour servir avec le sabayon :

- Battre **3 jaunes d'oeufs avec 2 c. à soupe (30 mL) de sucre** dans un verre gradué de 4 tasses (1 L), ajouter **un plein verre à vin de madère ou de marsala**. Battre de nouveau pour bien mélanger.

- Faire cuire 2 minutes à «HIGH», battre au fouet, faire cuire 1 minute à «MEDIUM-HIGH», battre de nouveau et faire cuire encore 1 minute à «MEDIUM-HIGH».

- Si la sauce n'est pas crémeuse, répéter l'opération une fois de plus ; le temps de cuisson varie suivant que les oeufs sont plus ou moins froids.

- Elle doit être légèrement crémeuse. La servir chaude.

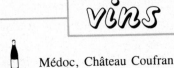

Médoc, Château Coufran
Haut-Médoc, Château Sociando-Mallet

Le faisan

Faisan à la normande

cuisson par convexion

Préparation : . . . . **12 min**
Cuisson : . . . . **1 h**
Attente : . . . . **aucune**

Petit conseil : En cuisine, si l'on dit «à la normande» cela implique les pommes et le cidre très alcoolisé. Ce faisan ne fait pas exception. Rôti dans la partie convexion du four à micro-ondes, c'est un succès.

🍾 Saint-Péray (blanc), Delas

🍲 Châteauneuf-du-Pape (blanc), Domaine de la Vialle

Ingrédients :

1 faisan

1 c. à thé (5 mL) de paprika

2 c. à thé (10 mL) de beurre

6 à 8 pommes pelées et tranchées mince

3 c. à soupe (50 mL) de beurre fondu

1/2 tasse (125 mL) de crème

sel et poivre au goût

3 c. à soupe (50 mL) de cognac

2 jaunes d'oeufs battus

Préparation :

• Nettoyer le faisan et lui ficeler les pattes avec une ficelle mouillée.

• Mélanger le paprika et les 2 c. à thé (10 mL) de beurre. Badigeonner la poitrine et les ailes du faisan avec ce beurre.

• Préchauffer le four convexion à 375°F (190°C), 15 minutes.

• Tapisser le plat de cuisson avec la moitié des pommes. Verser dessus le beurre fondu.

• Placer le faisan sur le lit de pommes. Saler et poivrer au goût, et l'entourer du reste des pommes.

• Mettre le plat sur la grille à rissoler.

• Faire rôtir au four à 375°F (190°C) 1 heure ou jusqu'à ce que le dessus du faisan soit bien doré et les chairs tendres.

• Lorsque cuit, mettre le faisan sur un plat de service chaud.

• Ajouter aux pommes la crème et le cognac.

• Bien mélanger, ajouter les jaunes d'oeufs battus.

• Faire cuire au four à micro-ondes environ 3 minutes à «MEDIUM», remuant à mi-cuisson pour obtenir une sauce onctueuse.

• Saler au goût. Servir dans une saucière.

Faisan fines herbes

Préparation : . . . . **10 min**
Cuisson : . . . . **de 20 à 30 min**
Attente : . . . .**aucune**

Petit conseil : La combinaison romarin, thym et vin blanc sec donne au faisan une saveur bien distincte, à mon avis, raffinée.

Crozes-Hermitage (blanc), Mule blanche, Jaboulet

Gewurztraminer, Cuvée des Seigneurs de Ribaupierre, Trimbach

Ingrédients :

2 c. à soupe (30 mL) de beurre

6 oignons verts, finement hachés

1 c. à thé (5 mL) de thym

1/2 c. à thé (2 mL) de romarin

1/2 c. à thé (2 mL) de paprika

1/2 c. à thé (2 mL) de poivre

1/2 tasse (125 mL) de vin blanc sec ou de vermouth

un faisan de 2 lb (1 kg), coupé en quatre

2 c. à thé (10 mL) de fécule de maïs

1 tasse (250 mL) de crème sure

Préparation :

• Mettre dans une tasse à mesurer ou un bol, le beurre, les oignons verts, le thym, le romarin, le paprika, le poivre, le vin blanc ou le vermouth.

• Faire chauffer 4 minutes à «HIGH», en remuant deux fois. C'est la sauce pour badigeonner.

• Placer les morceaux de faisan, la peau touchant le fond, dans un plat de 10 pouces (25 cm) sans empiler les morceaux.

• Badigeonner légèrement de la sauce chaude.

• Faire cuire 10 minutes à «MEDIUM-HIGH». Retourner le faisan.

• Badigeonner de nouveau avec la sauce. Faire cuire 7 minutes à «HIGH».

• Vérifier la cuisson avec une fourchette, car elle peut varier.

• S'il y a lieu, faire cuire encore 10 minutes à «MEDIUM». Retirer le faisan sur un plat chaud.

• Ajouter le reste de la sauce à badigeonner au jus de cuisson.

• Y ajouter la fécule de maïs délayée dans une cuillerée à soupe (15 mL) d'eau froide. Bien mélanger.

• Faire cuire 2 minutes à «HIGH», en remuant après une minute de cuisson.

• Y ajouter la crème sure en remuant sans arrêt. Mettre le faisan dans la sauce. Saupoudrer de sel.

• Couvrir et réchauffer 1 minute à «MEDIUM». Servir.

Simple sauce au porto

Préparation :	**4 min**
Cuisson :	**2 min**
Attente :	**aucune**

Petit conseil : Simple, mais non moins délicieuse avec toutes les espèces d'oiseaux, et tout particulièrement le faisan.

Ingrédients :

1/2 tasse (125 mL) de porto
2 gros oignons verts, finement hachés
le jus d'un demi-citron

Préparation :

• Mélanger les ingrédients dans un bol.

• Faire cuire 2 minutes à «HIGH».

• Ajouter à la sauce de tout oiseau ou verser sur un reste de viande tranchée mince.

• Recouvrir de papier ciré et faire cuire 1 ou 2 minutes à «MEDIUM-HIGH», selon la quantité.

Chapelure aromatique

Préparation :	**5 min**
Cuisson :	**30 sec**
Attente :	**10 min**

Petit conseil : Cette chapelure remplace les mélanges commerciaux. Elle se conserve plusieurs mois, réfrigérée dans un bocal ou un plat de plastique. Cette recette donne 2 tasses (500 mL).

Ingrédients :

2 tasses (500 mL) de chapelure
2 c. à soupe (30 mL) d'huile d'arachide
2 c. à thé (10 mL) de poivre
1/2 c. à thé (2 mL) de sel
1 c. à thé (5 mL) de paprika
1/4 de c. à thé (1 mL) d'ail en poudre
1/2 c. à thé (2 mL) de thym
1 c. à thé (5 mL) de sarriette
1/2 c. à thé (2 mL) de curcuma
1/2 c. à thé (2 mL) de poudre de cari

Préparation :

• Bien mélanger le tout dans un bol.

• Faire cuire 30 secondes à «HIGH».

• Bien remuer. Laisser reposer 10 minutes.

• Verser dans un contenant propre et bien sec.

• Fermer et réfrigérer.

Le lapin

Lapin à la française

• Lapin, petits lardons, oignons, vin blanc et poireaux font une joie gourmande de ce plat.

Mâcon-Viré, Cave de Viré
Graves (blanc), Château Carbonnieux

Préparation à l'avance :	. . . . **de 6 à 12 h**
Cuisson :	. . . . **de 58 à 70 min**
Attente :	. . . .**15 min**

Ingrédients :

1 jeune lapin, découpé en morceaux

1 tasse (250 mL) de vin blanc ou cidre

1 oignon moyen tranché mince

2 gousses d'ail émincées

1 feuille de laurier

1/2 c. à thé (2 mL) de thym

3 clous de girofle

1/2 tasse (125 mL) de petits lardons de gras de lard

1 c. à soupe (15 mL) de beurre

1 c. à thé (5 mL) de moutarde de Dijon

20 petits oignons pelés

1/4 de tasse (60 mL) de farine grillée

1 c. à thé (5 mL) de sarriette

3 c. à soupe (50 mL) de persil émincé

3 petits poireaux tranchés mince

Préparation :

• Placer les morceaux de lapin dans un bol.

• Ajouter le vin blanc ou le cidre, l'oignon, l'ail, le laurier, le thym et les clous de girofle. Mélanger, couvrir et mariner de 6 à 12 heures, réfrigéré.

• Mettre les petits lardons et le beurre dans un caquelon.

• Faire dorer à «HIGH» 8 à 10 minutes, remuant deux fois pendant la cuisson.

• Bien égoutter le lapin de la marinade. Placer dans le caquelon. Mélanger le tout.

• Couvrir et faire cuire 10 minutes à «HIGH».

• Remuer et ajouter les petits oignons et la moutarde, saupoudrer le tout avec la farine grillée, bien mélanger.

• Couler le liquide de la marinade, le verser sur le lapin.

• Ajouter la sarriette, le persil et les poireaux. Bien mélanger le tout.

• Couvrir et faire mijoter 40 minutes à «MEDIUM», en remuant deux fois.

• Vérifier la cuisson du lapin; si nécessaire, faire cuire 10 minutes de plus à «MEDIUM».

• Laisser reposer 15 minutes avant de servir.

Lapin ou lièvre Baden-Baden

Préparation : . . . . **15 min**
Cuisson : . . . . **de 36 à 47 min**
Attente : . . . . **20 min**

• J'ai dégusté ce plat en Allemagne, lors d'un voyage en Forêt Noire. Les pruneaux en dés et la bière ont piqué ma curiosité au point que j'en ai demandé la recette. Son adaptation à la cuisson aux micro-ondes l'a même améliorée.

Petit conseil : Pour couper le lapin, retirer les quatre pattes, et les couper en deux à la jointure. Couper le dos en quatre morceaux.

vins

Gewurztraminer, Lucien Albrecht
Pinot Noir, Muré

Ingrédients :

1/2 lb (250 g) de pruneaux

le jus d'une orange

un lapin coupé en morceaux

3 c. à soupe (50 mL) de farine grillée

1/2 c. à thé (2 mL) de sel

1/4 de c. à thé (1 mL) de poivre

1 c. à thé (5 mL) de thym

2 c. à soupe (30 mL) de gras de bacon

6 petits oignons pelés, entiers

2 feuilles de laurier

1 tasse (250 mL) de bière légère au choix

1 c. à soupe (15 mL) de cassonade

Préparation :

• Faire tremper les pruneaux 10 minutes dans le jus d'orange.

• Mettre dans un sac, la farine grillée, le sel, le poivre et le thym.

• Y ajouter les morceaux de lapin et agiter le sac pour les bien enrober de la farine assaisonnée.

• Mettre le gras de bacon dans un plat de 12 sur 12 po (30 cm sur 30 cm) et faire cuire 4 minutes à «HIGH». Le gras doit être très chaud.

• Déposer les morceaux de lapin enfarinés dans le gras chaud, et les faire cuire 5 minutes à «HIGH» d'un côté, les retourner et faire cuire 3 minutes à «HIGH».

• Retourner chaque morceau de lapin de nouveau.

• Ajouter les oignons, les pruneaux non égouttés, les feuilles de laurier, sel et poivre au goût ; verser la bière tout autour.

• Saupoudrer la cassonade sur le liquide.

• Couvrir et faire cuire 5 minutes à «HIGH».

• Réduire la chaleur à «MEDIUM» et faire cuire 20 à 30 minutes ou jusqu'à ce que la viande soit tendre. Vérifier avec une fourchette.

• Laisser reposer 20 minutes.

• La sauce peut être épaissie en y ajoutant une cuillerée à soupe (15 mL) de farine tout en battant avec un fouet.

• Faire cuire 3 à 4 minutes à «MEDIUM» ou jusqu'à consistance crémeuse.

• Servir la sauce dans une saucière.

Terrine de lapin

Préparation à l'avance : ...de 2 à 3 jours
Cuisson : .... 37 min
Attente : .... 20 min

Petit conseil : Cette terrine demande un peu de travail, mais si vous désirez un pâté spécial pour un buffet, je vous la recommande car le succès en est assuré. Le grand avantage est que vous pouvez la préparer 2 à 3 jours d'avance et qu'elle se conserve au réfrigérateur jusqu'à 8 jours. Je l'entoure de cresson bien vert et croustillant et je la sers accompagnée de champignons frais marinés et de pain croûté chaud.

Moulis, Château Poujeaux
Saint-Estèphe, Château Haut-Marbuzet

Ingrédients :

un lapin de 3 à 4 lb (1,5 à 2 kg)

1/2 lb (250 g) de porc haché

1/4 de lb (125 g) de lard salé émincé

1/2 tasse (125 mL) de lait

1/2 tasse (125 mL) de chapelure

2 oeufs bien battus

1/4 de c. à thé (1 mL) de thym et autant de marjolaine et de sarriette

1/4 de c. à thé (1 mL) de muscade et autant de clou de girofle moulu

1/4 de c. à thé (1 mL) de poivre

1 c. à thé (5 mL) de sel

1/2 tasse (125 mL) de persil haché

1 feuille de laurier

2 c. à soupe (30 mL) de cognac ou de porto

Préparation :

• Retirer la viande des os et la passer au hachoir, de même que le foie et les rognons du lapin.

• Ajouter le porc haché et le lard salé émincé, brasser

ensemble pour obtenir un mélange parfait.

• Faire chauffer le lait 2 minutes à «HIGH».

• Ajouter la chapelure, mélanger pour en faire une pâte, presser fortement pour extraire le surplus de lait, s'il y a lieu.

• Ajouter la pâte de pain à la viande.

• Battre les oeufs avec le thym, la marjolaine, la sarriette, la muscade, le clou de girofle, le poivre, le sel et le persil.

• Verser dans le mélange de la viande, y ajouter la feuille de laurier et le cognac ou le porto. Bien battre le tout.

• Mettre le mélange dans un moule à pain beurré de 9 sur 5 pouces (22 sur 12,5 cm), bien le tasser.

• Au choix, le fond du moule peut être recouvert de minces tranches de lard salé. Placer un papier beurré sur le tout.

• Faire cuire 10 minutes à «HIGH» et 25 minutes à «MEDIUM».

• Laisser reposer 20 minutes dans le four, la cuisson terminée.

• Recouvrir d'un papier d'aluminium.

• Refroidir et réfrigérer de deux à trois jours avant de démouler.

Le riz

e riz est le grain cultivé le plus ancien au monde. Chez les Chinois, la première culture du riz remonte à 5 000 ans. Au quatrième siècle avant J.-C. le riz était déjà parvenu en Égypte par la Perse, comme bon nombre des aliments et coutumes que nous considérons de nos jours comme acquis.

Les années s'écoulèrent et, en 1686, un navire en provenance de Madagascar accosta dans une ville de la Caroline du Sud, pour réparations. Au départ, un sac de riz fut remis aux notables de la ville en signe de reconnaissance. Ces derniers s'empressèrent de planter le grain dans un marais, tel que recommandé. À leur grande surprise, la récolte fut assez abondante pour nourrir presque toute la colonie. Ce furent les débuts de la culture du riz aux États-Unis. De nos jours, le Texas, l'Arkansas, la Louisiane et la Californie sont les plus importants producteurs de riz aux États-Unis.

Vous constaterez, sans doute, à la lecture de ces quelques lignes, que le riz, au cours des siècles, a fait le tour du monde et a joué un rôle important, sinon essentiel, dans la vie de l'homme, rôle qu'il a continué de jouer par la suite en nourrissant des millions de personnes.

Si l'on prend comme exemple le fameux **Rissoto Milanase** italien qui, soit dit en passant, cuit à la perfection dans le four à micro-ondes, il fut cuisiné à ses débuts dans la Vallée du Pô, où la culture du riz remonte au quinzième siècle.

Au Japon, la plantation du riz est une période de réjouissance. À Osaka, le 14 juin, une douzaine de jeunes filles sont choisies pour la cérémonie qui consiste à transplanter les jeunes plants dans les rizières du temple Sumihochu. Il y a dix ans, j'avais le privilège d'assister à cette célébration.

Il est aussi intéressant de constater que le mot *goham* qui désigne le riz au Japon est également le mot employé pour repas, et qu'aucun repas n'est complet sans le bol de riz.

Variétés disponibles de riz

1. Le riz à grain court

• Pourquoi le grain court?

• C'est parce que plus le grain est court, plus le temps de croissance est court; le rendement est meilleur et le coût est réduit.

• Le riz à grain court a la plus haute teneur en humidité, il requiert moins d'eau pour la cuisson et ses grains adhèrent mieux les uns aux autres.

• C'est le meilleur riz pour les poudings, les croquettes, les anneaux de riz, etc.

2. Le riz à grain long

• Le riz à grain long est le riz dont le grain est de trois à quatre fois plus long et plus blanc que le riz à grain court.

• Lorsqu'il est cuit comme il se doit, les grains se détachent les uns des autres.

• Le riz à grain long peut être utilisé toutes les fois que vous désirez servir du riz; il convient tout spécialement aux salades; il se sert très bien mélangé aux légumes et peut remplacer les pommes de terre.

• Il coûte plus cher que le riz à grain court.

3. Le riz étuvé

• Le riz étuvé est un riz traité à la vapeur ou soumis à un procédé à l'eau chaude avant le raffinage, ce qui permet aux protéines de s'infiltrer dans l'amidon du riz et d'y demeurer. Il est légèrement doré et exige une cuisson prolongée.

• C'est le riz le plus coûteux.

• Il s'utilise tout comme le riz à grain long.

4. Le riz brun

• Les graines ne sont pas soumises au raffinage, d'où sa couleur brun pâle.

• Il convient de noter que le riz brun retient presque toutes les couches de son qui contiennent l'huile naturelle, les protéines et les vitamines.

• Il a une consistance plus ferme que le riz raffiné, il a une saveur de noisettes que j'aime beaucoup, surtout comme accompagnement d'une viande rôtie ou grillée.

• Le riz brun avec toutes ses qualités requiert une cuisson de plus longue durée que le riz raffiné.

5. Le riz instantané ou à cuisson rapide

• Le meilleur est celui qui provient du riz à grain long.

• C'est un riz à grain long étuvé au préalable, qui ne requiert qu'un réchauffage rapide à l'eau bouillante. Il est prêt à utiliser ou à servir en quelques minutes.

6. Le riz sauvage

• Le riz sauvage n'est pas, à proprement parler, du riz, mais la graine d'une herbe de marécage.

• Les grains sont longs, d'un vert foncé, plus croquants après cuisson que les autres riz.

• Le riz sauvage est récolté à la main, ce qui en augmente le coût ; il fait partie de la cuisine des gourmets, quelle qu'en soit la préparation. Il est récolté en pleine forêt dans les lacs du Minnesota, du Wisconsin et des régions avoisinantes du Canada.

• Au printemps, les jeunes pousses d'une herbe aquatique font leur apparition dans ces lacs. À la fin de l'automne, elles ont bien poussé et produisent une graine comestible, le **riz sauvage**, c'est le nom que lui donnèrent les Indiens qui dès le premier siècle avant J.-C. en faisaient déjà la récolte, le faisaient sécher et en battaient le grain. C'était dans leur régime la source principale d'hydrates de carbone.

• Nous avons tendance à oublier que la commercialisation du riz sauvage commença au début des années 1600, alors que les voyageurs, les coureurs des bois et les commerçants de fourrures commencèrent à s'initier aux coutumes alimentaires des Indiens de la région des lacs, dont le régime consistait en gibier et poisson avec riz sauvage et petits fruits sauvages. À compter du milieu des années soixante-dix, 95 % du riz sauvage provenait des rizières de riz sauvage maintenant cultivé aux États-Unis et au Canada.

• Un point important à retenir : le riz sauvage est de faible teneur en calories et en matière grasse, mais il est de haute teneur en matière fibreuse et en protéines de qualité supérieure. Il contient également une grande variété de minéraux et de vitamines.

Avantages du riz

• De légères modifications doivent être apportées à la cuisson du riz, selon la marque utilisée. Il est donc à conseiller de lire attentivement les instructions sur le paquet.

• Le riz, en plus d'être nourrissant, a le grand avantage de s'adapter facilement à tous les aliments. Il se prête à de multiples usages, dans la soupe, comme légumes, comme plat principal, comme dessert, comme nourriture pour bébés, etc. Tous les peuples de la terre en consomment.

• Un fait important mais peu connu est que le riz possède une qualité à peu près unique : il a la capacité d'absorber l'impact d'une nourriture lourde et il permet même de manger davantage sans pour autant se sentir gavé.

• Je souhaite que les recettes suivantes apprêtées avec facilité, rapidité et grand succès au four à micro-ondes, sauront vous plaire. Vous apprécierez sans doute l'adaptation facile et la valeur nutritive incontestée du riz.

La cuisson automatique du riz

• Si votre four possède le dispositif de cuisson « Automatic » ou « Instamatic », voici la façon de procéder pour la cuisson du riz. La durée de cuisson importe peu, puisque c'est le four lui-même qui en décide. Vous devez consulter le manuel d'instructions de votre four. La proportion de la quantité de riz et d'eau demeurent selon les données du Tableau de cuisson du riz.

Tableau de cuisson du riz					
Grain	Contenant	Quantité d'eau chaude	Durée approx. (en minutes) pour faire bouillir l'eau à « HIGH »	Durée approx. de cuisson (en minutes) à « MEDIUM-LOW »	Durée d'attente (en minutes)
Riz à grain long 1 tasse (250 mL)	Faitout de 8 tasses (2 L)	2 tasses (500 mL)	4 à 5	14 à 16	10
Riz à grain court 1 tasse (250 mL)	Faitout de 8 tasses (2 L)	2 tasses (500 mL)	4 à 5	10 à 12	10
Riz instantané 1 tasse (250 mL)	Faitout de 4 tasses (1 L)	1 tasse (250 mL)	2 à 3	5	5
Riz brun 1 tasse (250 mL)	Faitout de 8 tasses (2 L)	3 tasses (750 mL)	5 à 6	45 à 50	15
Riz sauvage* 1 tasse (250 mL)	Faitout de 8 tasses (2 L)	4 tasses (1 L)	6	30 à 40	15

* Selon la sorte de riz sauvage, la durée de cuisson varie de 25 à 40 minutes. Remuer une fois à la mi-cuisson. La cuisson terminée, laisser reposer 10 minutes, remuer avec une fourchette, vérifier la cuisson en goûtant quelques grains. Pour obtenir un riz cuit plus tendre, ajouter 1/2 tasse (125 mL) d'eau chaude, remuer avec une fourchette. Cuire aux micro-ondes de 8 à 10 minutes de plus à « MEDIUM-HIGH ». Laisser reposer 15 minutes. Remuer avec une fourchette et terminer la cuisson tel qu'indiqué dans la recette.

Cuisson du riz commencée en eau froide

Préparation : . . . . **2 min**
Cuisson : . . . . **de 25 à 30 min**
Attente : . . . . **de 10 à 15 min**

Petit conseil : Si la cuisson du riz est pour vous un mystère, essayez cette méthode. Elle ne vous décevra pas. Vous verrez combien c'est facile.

Ingrédients :

2 tasses (500 mL) d'eau à la température ambiante

1/2 c. à thé (2 mL) de sel

1 c. à soupe (15 mL) d'huile végétale ou d'huile d'olive

1 tasse (250 mL) de riz à grain court ou long

Préparation :

• Mettre l'eau, le sel et l'huile dans un plat de 8 tasses (2 L) avec couvercle.

• Y ajouter le riz et remuer.

• Cuire aux micro-ondes 10 minutes à «HIGH».

• Bien remuer, couvrir et cuire aux micro-ondes 15 minutes à «MEDIUM» pour le grain court, 20 minutes à «MEDIUM» pour le grain long.

• Laisser reposer, couvert, sans remuer, de 10 à 15 minutes.

• Pour y ajouter du beurre, des herbes ou des légumes cuits, ne le faire qu'après la période de repos et remuer avec une fourchette.

Quelques variantes :

• Remplacer l'eau, au goût, par un **bouillon de poulet ou de boeuf, ou du jus de tomate.**

• Ajouter à l'eau **2 c. à soupe (30 mL) de soupe aux légumes déshydratée ou 1 c. à soupe (15 mL) d'une herbe séchée de votre choix.**

• Pour faire un riz au cari, remplacer l'eau par un **bouillon de boeuf ou de poulet ou de jus de tomate ou de pomme.**

Cuisson du riz sauvage

Préparation :	3 min
Cuisson :	de 26 à 41 min
Attente :	35 min

• La méthode de cuisson du riz sauvage qui suit, appelée la «nouvelle méthode rapide de trempage», fut développée par les spécialistes en alimentation du Ontario Food Council. Je l'ai adoptée comme la meilleure méthode utilisée jusqu'à maintenant; c'est celle où les éléments de saveur et de texture du riz sauvage canadien et autres riz sauvages sont les mieux préservés.

Ingrédients :

1 tasse (250 mL) de riz sauvage
3 tasses (750 mL) d'eau
1 c. à thé (5 mL) de sel

Préparation :

• Mettre le riz dans une passoire et rincer à l'eau froide courante jusqu'à ce que l'eau qui en découle soit claire.

• Mesurer l'eau dans un contenant de 6 tasses (1,5 L). Cuire aux micro-ondes 6 minutes à «HIGH».

• Ajouter le riz et le sel. Bien remuer, couvrir et cuire aux micro-ondes de 20 à 30 minutes à «MEDIUM».

• Remuer avec une fourchette. Couvrir et laisser reposer 25 minutes. Vérifier la cuisson.

• Si elle n'est pas à point (cela peut arriver avec le riz sauvage), la prolonger de 5 minutes à «MEDIUM».

• Laisser reposer 10 minutes. Servir.

Variantes à apporter au riz bouilli

Toutes sortes de riz peuvent être utilisées.

1. Pour obtenir un riz doré, ajouter **1/4 de c. à thé (1 mL) de curcuma** à l'eau avant d'ajouter le riz.

Délicieux et attrayant avec les plats au poisson et aux oeufs.

2. Ajouter à **3 tasses (750 mL) de riz cuit, 2 c. à soupe (30 mL) de jus de citron frais, 1 c. à thé (5 mL) de zeste de citron râpé,** et sel au goût. Servir avec poulet, veau ou pain de viande.

3. Remuer le riz cuit avec du beurre au goût, ajouter de la **ciboulette ou du persil, 4 à 5 tranches de bacon cuit aux micro-ondes et taillé en dés, et 1 c. à soupe (15 mL) de crème sure.** Servir avec poulet, veau ou porc rôti.

4. Riz végétarien : il se sert seul ou pour accompagner le rôti de veau ou le poulet bouilli.

Ingrédients :

3 tasses (750 mL) de riz cuit*

1 tasse (250 mL) de champignons crus tranchés mince

1/4 de tasse (60 mL) d'olives noires tranchées

1/4 de tasse (60 mL) d'amandes en filets

1/2 tasse (125 mL) de fromage râpé au choix

1/4 de c. à thé (1 mL) de sel et poivre au goût

* 1 tasse (250 mL) de riz non cuit donne 3 tasses (750 mL) de riz cuit.

Préparation :

- Ajouter tous les ingrédients au riz cuit.

- Servir tel quel ou en faire un anneau simplement en beurrant un moule à anneau et en y entassant le mélange du riz.

- Si le riz moulé est refroidi et que vous préférez le servir chaud, couvrir de papier ciré et le réchauffer aux micro-ondes 4 minutes à « MEDIUM », dans le moule, ou le démouler sur un plat de service. Le garnir au goût.

Le réchauffage du riz cuit

- Mettre le riz cuit refroidi dans un plat.

- L'arroser d'une cuillerée à soupe (15 mL) d'eau froide pour chaque tasse de riz cuit. Ne pas brasser.

- Couvrir le plat et le réchauffer à «MEDIUM» 6 à 8 minutes.

- Remuer avec une fourchette et vérifier la température ; si le riz n'est pas assez chaud, le faire réchauffer encore 1 minute ou deux.

Une deuxième méthode

- Mettre le riz cuit refroidi dans une passoire de matière plastique et le placer au-dessus d'un plat d'eau chaude, recouvrir de papier ciré.

- Réchauffer aux micro-ondes à «MEDIUM» 2 ou 3 minutes, selon la quantité de riz. Remuer avec une fourchette.

Rendement à la cuisson des diverses sortes de riz

1 tasse de riz non cuit	=	riz cuit
grain long, moyen ou court	=	3 tasses (750 mL)
étuvé	=	4 tasses (1 L)
instantané ou précuit	=	2 tasses (500 mL)
sauvage	=	3 à 4 tasses (750 mL à 1 L)

La congélation du riz

- Le riz se congèle bien, mais il est aussi long de le décongeler et de le réchauffer que de faire cuire du riz cru.

- Cependant, ceci vous sera utile s'il vous arrive d'avoir un reste de riz cuit que vous ne pouvez utiliser avant quelques semaines.

- Du simple riz cuit placé dans un récipient bien couvert se conserve de 5 à 6 mois au congélateur.

- Pour l'utiliser, le laisser décongeler de 1 à 2 heures à la température de la pièce.

- Une autre manière de décongeler le riz cuit est d'en mettre 1 ou 2 tasses (250 à 500 mL) dans un assiette à la température de la pièce durant 20 minutes, puis de le mettre au four à micro-ondes 10 minutes à «LOW». Remuer avec une fourchette et répéter le procédé, s'il y a lieu, tout en vérifiant le riz toutes les 5 minutes.

Eau à la noix de coco

Préparation : . . . . .2 min
Cuisson : .3 min
Attente : . . . . .aucune

Petit conseil : Excellent liquide pour la cuisson du riz au cari ou du riz pour un dessert.

Ingrédients :

1 tasse (250 mL) de lait

1 tasse (250 mL) de noix de coco non sucrée*.

Vous pouvez acheter une noix de coco fraîche et la râper. Utiliser l'eau de la noix de coco comme une portion du lait demandé dans une recette.

Préparation :

• Mélanger les ingrédients dans un bol.

• Cuire aux micro-ondes 3 minutes à «MEDIUM».

• Laisser refroidir, égoutter dans un tamis fin, en pressant fortement sur la noix de coco.

• À utiliser comme une portion du liquide demandé dans une recette.

• Rendement : 1 tasse (250 mL).

Risi Pisi

Petit conseil : Une spécialité italienne, d'origine vénitienne. Je prépare ce plat pour accompagner les foies de poulet, ou les premiers petits pois dans mon jardin ou au marché, en général à la fin du mois de juin. Servir tel quel avec le poulet, les saucisses ou le foie.

Ingrédients :

3 tranches de bacon, taillées en dés

4 oignons verts pelés et taillés en dés

2 c. à soupe (30 mL) de beurre

1 c. à soupe (15 mL) d'huile végétale

1 tasse (250 mL) de riz à grain long

2 tasses (500 mL) de petits pois frais*

1/4 de tasse (60 mL) de persil frais émincé

3 tasses (750 mL) d'eau chaude ou
de consommé de poulet

Lorsque les petits pois frais ne sont pas disponibles, les remplacer par des pois surgelés non décongelés : la durée de cuisson ne change pas.

Préparation :

• Mettre le bacon dans un plat de 8 tasses (2 L) pour cuisson aux micro-ondes.

Préparation : .... **12 min**
Cuisson : .... **de 23 à 28 min**
Attente : .... **5 min**

vins

Anjou (blanc), Rémy Pannier
Sylvaner, Jean Hugel

• Cuire aux micro-ondes 1 minute à «HIGH».

• Ajouter les oignons verts et le beurre.

• Cuire aux micro-ondes 2 minutes à «MEDIUM-HIGH». Bien remuer.

• Ajouter l'huile végétale et le riz. Remuer pour bien mélanger le tout, ajouter les petits pois, remuer.

• Ajouter le persil et l'eau chaude ou le consommé de poulet. Remuer de nouveau.

• Couvrir et cuire 20 minutes à «MEDIUM».

• Remuer avec une fourchette, vérifier la cuisson des petits pois et du riz.

• Si nécessaire, cuire 5 minutes de plus à «MEDIUM».

• Laisser reposer 5 minutes et servir.

Akni pour la cuisson du riz

Préparation : . . . . 12 min
Cuisson : . . . . 15 min
Attente : . . . . aucune

• Cette recette nous vient de l'Inde. Le liquide Akni utilisé pour la cuisson du riz lui confère une saveur délicate et intéressante.

Ingrédients :

Le liquide Akni

1 oignon coupé en deux, tranché mince

2 ou 3 gousses d'ail écrasées

un morceau de racine de gingembre
   de 2 pouces (5 cm)

1 c. à soupe (15 mL) de graines de fenouil

1 c. à soupe (15 mL) de graines de coriandre

1/2 c. à thé (2 mL) de graines de cardamome

4 tasses (1 L) d'eau

Préparation :

Akni :

• Mettre dans un bol l'oignon tranché, l'ail et le gingembre frais. Puis, mettre dans un morceau de coton à fromage ou autre, les graines de fenouil, de coriandre et de cardamome et attacher sans serrer. Placer avec l'oignon.

• Verser l'eau sur le tout et cuire aux micro-ondes 5 minutes à «HIGH». Laisser refroidir et retirer le sac d'épices au moment d'utiliser, ou réfrigérer.

Ingrédients :

Pilaf à l'Akni

1 à 2 c. à soupe (15 à 30 mL) de beurre

1 oignon moyen tranché mince

1/2 c. à thé (2 mL) de cardamome

4 clous de girofle entiers

1 bâton de cannelle de 1 ou 2 po (2,5 ou 5 cm)

2 tasses (500 mL) de riz à grain long

Préparation :

Pilaf :

• Faire fondre le beurre dans un plat de 4 tasses (1 L) 1 minute à «HIGH», y ajouter l'oignon, les clous, la cardamome et le bâton de cannelle.

• Ajouter le riz non cuit en remuant pour bien enrober les grains de riz de beurre, ajouter les 4 tasses (1 L) d'Akni, couvrir et cuire aux micro-ondes 15 minutes à «MEDIUM-HIGH», en remuant après 5 minutes de cuisson. Selon le type de riz utilisé, la durée de cuisson varie, il faut vérifier la cuisson du riz.

• Lorsqu'il est cuit, ajouter un morceau de beurre au goût et servir.

• Ce pilaf de riz Akni se congèle très bien, il est donc recommandé de faire cuire les 2 tasses (500 mL) de riz, qui vous donneront 6 tasses (1,5 L) de riz cuit. N'utilisez que ce qu'il vous faut et faites congeler le reste dans un plat pour la cuisson aux micro-ondes.

• Pour le décongeler, mettre tout simplement le plat avec le riz congelé dans le four à micro-ondes 4 à 6 minutes à «HIGH», en remuant une fois.

• Le riz étant déjà cuit, il faut éviter de le faire cuire au réchauffage.

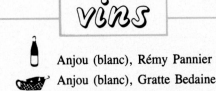

vins

Anjou (blanc), Rémy Pannier
Anjou (blanc), Gratte Bedaine

Pilaf turc

Préparation : . . . . 7 min
Cuisson : . . . . 25 min
Attente : . . . . aucune

Petit conseil : Le pilaf turc est idéal pour accompagner le rôti d'agneau ou de porc, ou un plat de poulet. Le pilaf est un plat où le riz est tout d'abord enrobé de beurre fondu au four à micro-ondes, puis assaisonné et cuit.

Ingrédients :

1/4 de tasse (60 mL) de beurre ou d'huile végétale

1 oignon moyen finement haché

1 tasse (250 mL) de riz à grain long

1/4 de c. à thé (1 mL) de cannelle

une pincée de quatre-épices ou de clous moulus

2 tasses (500 mL) de consommé de poulet chaud

1 c. à thé (5 mL) de sel et de poivre au goût

1/4 de tasse (60 mL) de raisins de Corinthe et autant de noix hachées

Préparation :

• Faire fondre le beurre ou réchauffer l'huile 2 minutes à «HIGH» dans un plat de 6 tasses (1,5 L).

• Ajouter l'oignon, bien remuer, cuire aux micro-ondes 2 minutes à «HIGH».

• Ajouter le riz, le remuer pour bien l'enrober de beurre.

• Cuire aux micro-ondes 3 minutes à «HIGH», en remuant après 2 minutes de cuisson.

• Ajouter le reste des ingrédients, sauf les noix hachées.

• Cuire aux micro-ondes 20 minutes à «MEDIUM-LOW».

• Ajouter les noix. Remuer le tout avec une fourchette. Servir.

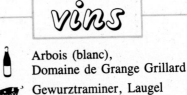

Arbois (blanc),
Domaine de Grange Grillard
Gewurztraminer, Laugel

Pilaf aux fruits secs

Préparation : . . . . **14 min**
Cuisson : . . . . **25 min**
Attente : . . . .**aucune**

Petit conseil : Si vous faites rôtir un gros poulet ou griller des viandes au barbecue durant l'été, servez ce pilaf en même temps.

Ingrédients :

3 c. à soupe (50 mL) de beurre

1 tasse (250 mL) de riz à grain long ou de riz étuvé

2 tasses (500 mL) d'eau chaude

1/2 c. à thé (2 mL) de sel

2 c. à soupe (30 mL) de beurre

1/3 de tasse (80 mL) d'abricots déshydratés, taillés en filets

1/3 de tasse (80 mL) de pruneaux, coupés en quatre

1/4 de tasse (60 mL) de raisins de Corinthe

1 c. à soupe (15 mL) de miel

2 c. à soupe (30 mL) d'eau chaude

Préparation :

• Faire fondre le beurre 2 minutes à «HIGH» dans un plat de 8 tasses (2 L) pour cuisson aux micro-ondes.

• Y ajouter le riz en remuant pour le bien beurrer.

• Ajouter l'eau chaude et le sel.

• Couvrir, cuire aux micro-ondes 20 minutes à «MEDIUM». Laisser reposer.

• Faire fondre le reste du beurre dans un autre plat, 1 minute à «HIGH».

• Ajouter les abricots, les pruneaux et les raisins de Corinthe.

• Bien remuer, ajouter le miel et l'eau chaude.

• Cuire aux micro-ondes 5 minutes à «MEDIUM-LOW», couvert.

• Remuer et verser sur le riz chaud.

• Servir pour accompagner la viande ou au dessert, avec un bol de yaourt comme garniture.

vins

Edelzwicker, Heim
Gewurztraminer, Muré

Riz à la menthe

Préparation : . . . . **10 min**
Cuisson : . . . . **de 47 à 52 min**
Attente : . . . .**aucune**

Petit conseil : Une de mes amies, très engagée dans la cuisine santé végétarienne, sert ce plat pour un déjeuner léger avec un bol de cresson croustillant. Je le sers chaud avec de minces tranches de poulet chaud ou froid, ou comme garniture avec de minces tranches de jambon cuit.

vins

Sylvaner, Jux
Bordeaux (blanc), Château Lascombes

Ingrédients :

3 c. à soupe (50 mL) de beurre ou de margarine

1 oignon pelé et tranché mince

1 tasse (250 mL) de riz brun

2 1/2 tasses (625 mL) de consommé de poulet

1/4 de tasse (60 mL) de feuilles de menthe fraîche, hachées

1/4 de tasse (60 mL) de persil haché

3/4 de tasse (190 mL) de yaourt naturel

sel et poivre au goût

Préparation :

• Faire fondre le beurre 1 minute à «HIGH» dans un plat de 8 tasses (2 L).

• Ajouter l'oignon, remuer pour bien l'enrober de beurre.

• Cuire aux micro-ondes 2 minutes à «HIGH».

• Remuer et ajouter le riz brun, le consommé de poulet, la menthe et le persil.

• Couvrir et cuire aux micro-ondes de 45 à 50 minutes à «MEDIUM-LOW».

• Lorsque cuit, ajouter le yaourt, sel et poivre au goût. Remuer avec une fourchette. Servir.

Casserole rapide de riz au fromage

Cuisson par convexion

Préparation : . . . . **10 min**
Cuisson : . . . . **de 44 à 46 min**
Attente : . . . .**aucune**

Petit conseil : Rapide et simple à préparer, cette recette peut être servie comme plat principal accompagné d'une salade, ou comme casserole avec des oeufs en sauce blanche ou de minces tranches froides de viande rôtie.

Ingrédients :

1 tasse (250 mL) de riz à grain court

2 tasses (500 mL) de fromage cheddar râpé

1/2 tasse (125 mL) de lait

1/2 tasse (125 mL) de crème légère

1/4 de tasse (60 mL) de persil haché

4 oignons verts hachés fin

1 tasse (250 mL) de chapelure grossière

3 c. à soupe (50 mL) de beurre fondu

Préparation :

• Cuire le riz aux micro-ondes selon les instructions de base au Tableau de cuisson du riz à grain court.

• Beurrer un plat pour cuisson aux micro-ondes de 8 sur 8 pouces (20 x 20 cm).

• Disposer le riz et le fromage en couches alternées jusqu'à complète utilisation.

• Mélanger le lait et la crème avec le persil et les oignons verts. Verser sur le riz et le fromage.

• Remuer la chapelure avec le beurre fondu. En recouvrir le riz et le fromage.

• Faire cuire dans la partie convexion du four à micro-ondes environ 30 minutes à 350°F (180°C), ou jusqu'à ce que le dessus soit doré. Servir chaude.

vins

Côtes du Rhône (blanc), Duboeuf
Bordeaux (blanc), Chevalier Védrines

Casserole de riz et de brocoli

Préparation : . . . . **8 min**
Cuisson : . . . . **9 min**
Attente : . . . .**aucune**

Petit conseil : C'est une recette pour l'utilisation du riz instantané. Le brocoli peut être remplacé par une égale quantité d'un autre légume cuit de votre choix.

Ingrédients :

2 tasses (500 mL) d'eau chaude

1 sachet de soupe à l'oignon

1 tasse (500 mL) de riz instantané

2 c. à soupe (30 mL) de beurre ou de margarine

1 c. à thé (5 mL) de sel

1/2 c. à thé (2 mL) de poivre

le jus et le zeste râpé d'un demi-citron

1 lb (500 g) de brocoli frais

Préparation :

• Mélanger l'eau chaude et la soupe à l'oignon.

• Ajouter le riz, le beurre ou la margarine, le sel et le poivre.

• Remuer et ajouter le zeste et le jus de citron.

• Couvrir et cuire aux micro-ondes 2 minutes à «HIGH».

• Laisser reposer 5 minutes.

• Nettoyer le brocoli, le défaire en bouquets, les mettre dans une casserole avec 1/2 tasse (125 mL) d'eau.

• Couvrir et cuire aux micro-ondes 5 minutes à «HIGH».

• Égoutter et placer dans une casserole de verre, verser le mélange de riz sur le tout, saupoudrer de fromage râpé au goût.

• Cuire aux micro-ondes 2 minutes à «HIGH».

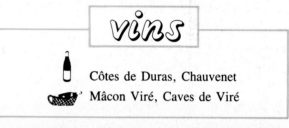

vins

Côtes de Duras, Chauvenet
Mâcon Viré, Caves de Viré

Riz, bacon et piment vert

Préparation : . . . . **11 min**
Cuisson : . . . . **de 25 à 27 min**
Attente : . . . .**aucune**

Petit conseil : Une savoureuse et intéressante casserole de riz pour un repas léger, ou pour accompagner le rôti de porc ou de veau.

Ingrédients :

4 à 6 tranches de bacon

3 c. à soupe (50 mL) de graisse de bacon*

1 oignon moyen finement haché

1 piment doux vert moyen, en dés

1 boîte de tomates de 19 oz (540 mL)

1/2 c. à thé (2 mL) de sucre

1/2 c. à thé (2 mL) de thym ou de sarriette

1/2 tasse (125 mL) de riz à grain long

1/2 tasse (125 mL) de fromage cheddar râpé

* Le beurre ou toute autre graisse peut remplacer la graisse de bacon.

Préparation :

• Disposer les tranches de bacon dans un plat de cuisson et les cuire aux micro-ondes 2 à 3 minutes à «HIGH».

• Ajouter l'oignon et le piment doux au gras du plat.

• Cuire aux micro-ondes 3 minutes à «HIGH». Bien remuer.

• Ajouter les tomates, le sucre, le thym ou la sarriette. Remuer, ajouter le riz.

• Remuer, cuire aux micro-ondes 20 minutes à «MEDIUM», en remuant après 15 minutes, et vérifier la cuisson du riz.

• Lorsque le riz est tendre, saupoudrer le dessus de la casserole du fromage cheddar râpé.

• Cuire aux micro-ondes 1 minute à «HIGH». Servir.

 Coteaux du Lyonnais, Château Bellevue

 Côtes du Rhône,
Château du Trignon, Cuvée Charles Roux

Anneau de riz au fromage

Préparation : . . . . **4 min**
Cuisson : . . . . **de 15 à 17 min**
Attente : . . . . **aucune**

vins

Côtes du Rhône (blanc), Prieuré St-Julien
St-Péray, Delas

Petit conseil : Quelle façon élégante de servir cet anneau de riz rempli d'un reste de viande, de poulet ou de poisson, en crème, ou durant l'été de légumes cuits frais cueillis au jardin. L'anneau peut aussi être servi tel quel, simplement nappé d'une sauce au fromage.

Ingrédients :

2 tasses (500 mL) de riz à grain court non cuit
1/2 tasse (125 mL) de fromage râpé au choix
1/4 de tasse (60 mL) de beurre fondu
sel au goût

Préparation :

• Cuire le riz aux micro-ondes selon les instructions de base au Tableau de cuisson du riz.

• Ajouter au riz chaud le fromage râpé, le beurre fondu et le sel.

• Remuer avec une fourchette pour bien mélanger le tout.

• Beurrer un moule à anneau, y mettre le riz en le remplissant jusqu'au bord du moule. Cela est important pour empêcher l'anneau de se briser en le démoulant.

• Au moment de démouler, mettre le moule dans une casserole, ajouter de l'eau chaude autour du moule en le tenant en place.

• Cuire aux micro-ondes 5 minutes à «MEDIUM» pour réchauffer le riz.

• Dégager le riz autour du moule et le démouler en renversant le moule RAPIDEMENT sur un plateau réchauffé.

• Garnir l'anneau au goût. Servir.

Riz moulé

Préparation : . . . . **20 min**
Cuisson : . . . . **de 28 à 30 min**
Attente : . . . .**5 min**

Petit conseil : Une manière facile de faire un anneau de riz dont la forme varie selon le moule utilisé. Il peut être garni de poulet en crème, de fruits de mer étuvés, de légumes cuits, ou comme dessert rempli de fruits pochés ou d'une crème au citron ou à l'orange.

Ingrédients :

2 tasses (500 mL) d'eau froide

1/2 c. à thé (2 mL) de sel

2 c. à thé (10 mL) de beurre ou de margarine

1 tasse (250 mL) de riz à grain court

1/4 de c. à thé (1 mL) de muscade râpée *ou*
le zeste râpé d'un citron

1/4 de tasse (60 mL) de beurre fondu

Préparation :

• Mettre l'eau froide, le sel et les 2 c. à thé (10 mL) de beurre ou de margarine dans un bol de 8 tasses (2 L).

• Cuire aux micro-ondes 10 minutes à «HIGH».

• Ajouter le riz, la muscade râpée ou le zeste de citron râpé.

• Cuire aux micro-ondes de 10 à 12 minutes à «MEDIUM-LOW», couvert.

• Remuer délicatement avec une fourchette, l'eau sera entièrement absorbée et le riz tendre.

• Couvrir, laisser reposer 15 minutes.

• Beurrer un moule au choix, un moule à anneau ou un moule rond. Y entasser le riz cuit.

• Faire fondre le reste du beurre 2 minutes à «HIGH». Verser sur le riz moulé.

• Recouvrir d'une assiette ou d'un carré de papier ciré.

• Cuire aux micro-ondes de 8 à 9 minutes à «MEDIUM». Laisser reposer 5 minutes.

• Dégager les bords et renverser sur un plateau.

• Remplir le centre au choix.

Variantes :

• Ajouter **1 cuillerée ou 2 de piments ou de ciboulette ou d'estragon frais émincé,** au goût, ou **1/2 à 3/4 de tasse (125 à 190 mL) de petits pois surgelés cuits.**

Salade de riz brun

Petit conseil : Cette salade est bien différente de la salade de riz estivale. Elle est délicieuse avec la viande ou les hamburgers grillés ou les shish-kébabs.

Préparation : . . . . **14 min**
Cuisson : . . . . **de 51 à 56 min**
Attente : . . . . **aucune**

Ingrédients :

1 tasse (250 mL) de riz brun non cuit

2 c. à soupe (30 mL) d'huile de votre choix

1 petit oignon pelé et tranché mince

1 piment vert doux, moyen, coupé
   en minces filets

1 petit piment rouge doux, coupé
   en minces filets

1 c. à soupe (15 mL) de vinaigre de vin rouge
   ou d'estragon

sel et poivre au goût

1/4 de c. à thé (1 mL) de marjolaine ou
   de basilic

Préparation :

• Cuire le riz brun aux micro-ondes selon les instructions de base au Tableau de cuisson du riz.

• Dans un plat de 4 tasses (1 L) pour cuisson aux micro-ondes, faire chauffer l'huile 2 minutes à «HIGH», ajouter l'oignon et les piments vert et rouge.

• Remuer pour les bien enrober d'huile, cuire aux micro-ondes, 4 minutes à «MEDIUM-HIGH».

• Bien remuer, ajouter le riz brun cuit et le reste des ingrédients.

• Remuer de nouveau, toujours avec une fourchette, cuire aux micro-ondes 2 minutes à «MEDIUM».

• Remuer avec une fourchette, vérifier l'assaisonnement.

• Servir chaude ou à la température de la pièce, mais non pas réfrigérée car le riz serait moins tendre.

Salade de riz estivale

Préparation : . . . . **16 min**
Cuisson : . . . . **de 14 à 16 min**
Attente : . . . .**aucune**

Petit conseil : Cette salade fait mes délices tout au long de l'été ; elle a une affinité avec tous les aliments servis durant les jours chauds. Elle est l'accompagnement idéal du saumon bouilli servi froid.

Ingrédients :

1 tasse (250 mL) de riz à grain long* non cuit

2 carottes crues pelées et râpées

4 à 6 oignons verts tranchés mince

1/4 de tasse (60 mL) de persil haché

1/2 tasse (125 mL) de céleri coupé en dés avec feuilles

1 tasse (250 mL) de petits pois cuits

Vinaigrette :

1/2 c. à thé (2 mL) de sel

1/4 de c. à thé (1 mL) de poivre et autant de moutarde sèche

une bonne pincée de sucre

2 c. à soupe (30 mL) de vinaigre de cidre ou de vin

4 c. à soupe (60 mL) d'huile de votre choix

Préparation :

• Faire cuire le riz aux micro-ondes selon les instructions de base au Tableau de cuisson du riz.

• Laisser refroidir et y ajouter les carottes râpées, les oignons verts, le persil, le céleri et les feuilles, et les petits pois cuits et refroidis.

• Mélanger les ingrédients de la vinaigrette. Verser sur le riz, remuer le tout légèrement avec une fourchette. Mettre dans un bol.

• Au goût, verser sur le dessus **1 c. à soupe (15 mL) de câpres ou 2 c. à soupe (30 mL) de graines de capucine hachées** (provenant des fleurs)**, ou recouvrir la salade de **fleurs de capucine** qui sont comestibles et ont une agréable saveur poivrée, ou d'une bonne poignée de **feuilles de livèche hachées,** ou d'une poignée de **noix hachées.**

• Ces garnitures sont toutes délicieuses avec cette salade ; ce n'est qu'une question de choix parmi les ingrédients dont on peut disposer.

* Le riz à grain court remplace très bien le riz à grain long.

** Les graines de capucines apparaissent lorsque les fleurs tombent. Elles sont conservées dans le vinaigre comme les cornichons.

Petit truc : Pour réhydrater les fruits secs pour gâteaux : quand il faut pour une recette (même cuite au four conventionnel) faire tremper les fruits secs ou les noix de 12 à 24 heures dans le rhum ou le cognac, utiliser les mêmes quantités de fruits, de noix, de rhum et de cognac, et mélanger dans un grand bol. Chauffer aux micro-ondes 5 minutes à «MEDIUM», couvert. Rien ne les rend aussi moelleux et savoureux. C'est cette méthode que j'emploie pour mes gâteaux aux fruits du temps des Fêtes.

Kedgeree

• Durant le séjour des Anglais aux Indes, ce Kedgeree fut l'un de leurs plats favoris. Le meilleur était préparé avec le riz à grain long, mais le riz à grain court était utilisé dans la cuisine indienne. À vous le choix. Cette recette me fut donnée par une amie canadienne-anglaise qui faisait le meilleur Kedgeree que j'aie jamais mangé.

Préparation :	. . . . **40 min**
Cuisson :	. . . . **de 22 à 24 min**
Attente :	. . . . **aucune**

Ingrédients :

1 tasse (250 mL) de riz à grain long

6 oeufs cuits dur

1 tasse (250 mL) de lait

1 tasse (250 mL) d'eau

1/2 à 1 lb (250 à 500 g) de saumon fumé

4 c. à soupe (60 mL) de beurre

Préparation :

• Cuire le riz aux micro-ondes selon les instructions de base au Tableau de cuisson du riz.

• Faire cuire les oeufs dur par la cuisson conventionnelle.

• Chauffer ensemble le lait et l'eau 4 minutes à «HIGH». Verser sur le poisson fumé, couvrir et laisser reposer 15 minutes.

• Égoutter le poisson dans une passoire, 15 minutes. Le défaire en morceaux et y ajouter le riz.

• Hacher les oeufs cuits dur en petits morceaux et les ajouter au riz et au poisson.

• Faire fondre le beurre aux micro-ondes 2 minutes à «HIGH» dans un petit plat. Le verser sur le riz et bien mélanger avec une fourchette. Poivrer au goût.

• Cette préparation doit se faire la veille et être réfrigérée.

• Au moment de servir, beurrer légèrement un plat pour cuisson aux micro-ondes, y verser le mélange du riz et du poisson. Recouvrir d'un papier ciré.

• Chauffer aux micro-ondes 8 minutes à «MEDIUM», remuer légèrement avec une fourchette, vérifier l'assaisonnement.

• Si le riz n'est pas suffisamment chaud, prolonger la cuisson de 2 minutes à la fois à «MEDIUM».

Petit conseil : On peut ajouter **1 c. à soupe (15 mL) de bouillon de poulet en poudre et 2 c. à soupe (30 mL) de beurre** au riz avant la cuisson.

vins

 Bourgogne Aligoté, Louis Roche
 Montagny, Premier Cru, Louis Roche

Riz frit à la chinoise

Préparation : . . . . **8 min**
Cuisson : . . . . **de 3 à 4 min**
Attente : . . . . **aucune**

Petit conseil : Un déjeuner rapide, facile à préparer avec un reste de riz cuit ou de riz cuit surgelé qu'on a fait décongeler, et un reste de viande cuite.

Ingrédients :

4 c. à soupe (60 mL) d'huile végétale ou de graisse de bacon

1 tasse (250 mL) de riz cuit

4 oignons verts hachés

1/2 c. à thé (2 mL) de sel

1/2 à 1 tasse (125 à 250 mL) de porc, veau ou boeuf cuit, tranché mince

1 ou 2 oeufs

2 c. à soupe (30 mL) de sauce de soja

Préparation :

• J'aime utiliser un plat à griller pour faire ce mets aux micro-ondes.

• Faire chauffer le plat à griller (Corning) 6 minutes à «HIGH».

• Ajouter l'huile ou la graisse de bacon faire chauffer 2 minutes à «HIGH».

• Ajouter le riz, remuer pour bien l'enrober d'huile.

• Ajouter les oignons verts, le sel et la viande de votre choix. Bien remuer.

• Faire un creux au centre, y briser un oeuf ou deux.

• Cuire aux micro-ondes 1 ou 2 minutes à «MEDIUM»*, remuer pour mélanger le tout.

• Ajouter la sauce de soja, remuer encore.

• Cuire aux micro-ondes 2 minutes à «MEDIUM». Remuer et servir.

* *Cuire 1 minute pour 1 oeuf et 2 minutes pour 2 oeufs.*

 Côtes de Provence (blanc), Pradel
Sylvaner, Jean Hugel

Riz confetti

Ingrédients :

2 tasses (500 mL) d'eau bouillante

1 c. à thé (5 mL) de sel

1 tasse (250 mL) de riz à grain long

2 carottes pelées et râpées

1/2 tasse (125 mL) de céleri, en petits dés

4 oignons verts hachés fin

1 tasse (250 mL) ou 1/2 boîte de petits pois surgelés *ou* 1/4 de tasse (60 mL) de piment doux, en dés

1 c. à soupe (15 mL) de beurre ou de margarine

persil, ciboulette ou aneth frais au goût

Préparation : . . . . **10 min**
Cuisson : . . . . **10 min**
Attente : . . . . **10 min**

Préparation :

• Mettre tous les ingrédients dans un plat de cuisson de 8 tasses (2 L). Bien mélanger.

• Couvrir et cuire aux micro-ondes 10 minutes à «HIGH», en remuant une fois.

• Vérifier la cuisson et si nécessaire, cuire 1 ou 2 minutes de plus.

• Laisser reposer 10 minutes. Remuer, vérifier l'assaisonnement et servir.

Muscadet de Sèvre-et-Maine, La Sablette

 Touraine (blanc), Château de l'Aulée

Mon riz
sauvage chasseur

Préparation :	7 min
Cuisson :	de 35 à 45 min
Attente :	aucune

Petit conseil : Maman faisait cette casserole avec le riz brun, elle la servait avec le canard sauvage rôti ou le steak de chevreuil. Je sers le riz sauvage avec le canard rôti ou le boeuf ou le porc. Au goût, on peut utiliser moitié riz sauvage, moitié riz brun, en suivant les mêmes instructions.

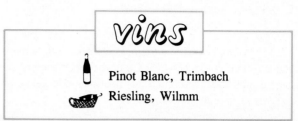

vins

Pinot Blanc, Trimbach
Riesling, Wilmm

Ingrédients :

1¹/₂ tasse (375 mL) de riz sauvage cuit

2 c. à soupe (30 mL) de brandy

1 c. à thé (5 mL) de poudre de cari

4 c. à soupe (60 mL) de chutney au choix

1/4 de tasse (60 mL) de beurre

sel et poivre au goût

Préparation :

• Cuire aux micro-ondes 3/4 de tasse (190 mL) de riz sauvage ou moitié riz sauvage moitié riz brun, selon les instructions pour le riz sauvage au Tableau de cuisson du riz.

• Mettre le brandy, la poudre de cari et le chutney dans un plat et cuire aux micro-ondes 1 minute à «MEDIUM».

• Ajouter au riz sauvage cuit. Bien remuer avec une fourchette.

• Ajouter le beurre, sel et poivre au goût.

• Remuer, couvrir et cuire aux micro-ondes 4 minutes à «MEDIUM», au moment de servir.

Riz sauvage à la Ferguson

Cuisson par convexion

• Cette recette m'a été donnée par une bonne amie, il y a vingt-cinq ans. Elle a toujours été pour moi la meilleure recette de riz sauvage. Ce fut un cadeau appréciable; à mon tour je vous en fais profiter. Elle gagne en saveur au four à micro-ondes.

Ingrédients :

1 tasse (250 mL) de riz sauvage

3 c. à soupe (50 mL) de beurre

1 oignon moyen haché fin

2 branches de céleri, en dés

1/2 tasse (125 mL) de persil émincé

1/4 de c. à thé (1 mL) de thym

3 carottes moyennes râpées

1¹/2 tasse (375 mL) de consommé de poulet

1¹/2 tasse (375 mL) de fromage cheddar râpé

2 c. à soupe (30 mL) de beurre, en dés

Préparation à l'avance : . . . . **2 h**

Cuisson : . . . . . . **de 1 h 35 à 1 h 45 min**

Attente : . . . .**aucune**

Préparation :

• Laver le riz sauvage à l'eau froide courante. L'étaler sur une serviette et le laisser sécher 2 heures.

• Cuire le riz aux micro-ondes selon les instructions au Tableau de cuisson du riz.

• Mettre le beurre dans un plat de 6 tasses (1,5 L), le faire fondre 2 minutes à «HIGH».

• Ajouter l'oignon, bien remuer, cuire aux micro-ondes 3 minutes à «HIGH», en remuant après 2 minutes.

• Ajouter le céleri, le persil, le thym et les carottes. Remuer pour bien mélanger le tout.

• Beurrer un plat de 8 sur 8 pouces (20 sur 20 cm) ou de 6 tasses (1,5 L), le remplir de rangs alternés du riz sauvage cuit, du mélange de légumes et du fromage râpé.

• Mouiller le tout avec le consommé de poulet. Couvrir.

• Si le plat choisi n'a pas de couvercle, recouvrir d'un papier d'aluminium.

• Préchauffer la partie convexion du four à micro-ondes à 350°F (180°C) 10 minutes.

• Placer la casserole sur la grille du four et faire cuire 1 heure. Servir.

Petit conseil : Si vous devez vous servir de votre four pour la cuisson d'autres plats pour le repas, faites cuire la casserole de riz sauvage d'abord. Lorsque cuite, la tenir couverte, sur une planche de bois. Elle conservera sa chaleur de 35 à 45 minutes. Ou encore, la faire cuire et la laisser reposer sur le comptoir de la cuisine durant une heure ou deux, s'il y a lieu, et la réchauffer aux micro-ondes 8 minutes à «MEDIUM-HIGH» au moment de servir, en ayant soin de remplacer le papier d'aluminium (si le plat en est couvert) par une feuille de matière plastique.

Pinot Blanc, Cuvée de l'ours noir, Théo Cattin

Bordeaux (blanc), Château Lascombes

Casserole de riz sauvage aux légumes

Préparation : . . . . **15 min**
Cuisson : . . . . **46 min**
Attente : . . . . **aucune**

Petit conseil : Excellente casserole à servir pour le déjeuner, et pour terminer le repas il ne faut plus qu'un intéressant dessert aux fruits.

vins

Bordeaux (blanc), Chevalier Védrines

Graves (blanc), Château Archambeau

Ingrédients :

1 tasse (250 mL) de riz sauvage

3 tasses (750 mL) d'eau

1 c. à thé (5 mL) de sel

1/4 de tasse (60 mL) de beurre

1 gros oignon haché fin

1/2 lb (250 g) de champignons tranchés mince

1 tasse (250 g) de carottes pelées et râpées

1/4 de c. à thé (1 mL) de poivre

1 c. à thé (5 mL) de sel

1/2 tasse (125 mL) de crème légère

1 oeuf légèrement battu

2 c. à soupe (30 mL) de brandy

1/4 de tasse (60 mL) de persil émincé

Préparation :

• Bien laver le riz sauvage.

• Mettre l'eau dans un plat de 8 tasses (2 L). Ajouter le sel.

• Chauffer aux micro-ondes 5 minutes à «HIGH».

• Ajouter le riz sauvage. Cuire 20 minutes à «MEDIUM».

• Faire fondre le beurre 2 minutes à «HIGH», ajouter l'oignon haché.

• Remuer et cuire 2 minutes à «HIGH».

• Ajouter les champignons, cuire 2 minutes à «HIGH», remuer.

• Ajouter l'oignon et les champignons au riz sauvage cuit, bien remuer avec une fourchette, ajouter les carottes râpées, le sel et le poivre.

• Mélanger le reste des ingrédients, les ajouter au riz sauvage cuit tout en remuant.

• Couvrir et cuire aux micro-ondes 20 minutes à «MEDIUM».

• Vérifier l'assaisonnement et servir.

Ma crème de riz avec garnitures

Préparation : . . . . **5 min**
Cuisson : . . . . **13 min**
Attente : . . . . **aucune**

• Ce dessert sur la table d'un buffet produit toujours son effet. Les quatre bols avec les garnitures ne passent pas inaperçus et excitent l'intérêt. Chacun choisit la garniture de son goût ou prend un peu de chacune.

Ingrédients :

1/4 de tasse (60 mL) de riz à grain court
2 tasses (500 mL) de crème légère
2 jaunes d'oeufs
4 c. à soupe (60 mL) de sucre
1 c. à thé (5 mL) de vanille
2 blancs d'oeufs
2 c. à soupe (30 mL) de sucre

Préparation :

• Le riz à grain court donne un pouding plus crémeux; le grain long donne un pouding léger.

• Mettre le riz et la crème dans un grand bol.

• Cuire aux micro-ondes 10 minutes à «MEDIUM-HIGH», en remuant une fois.

• Battre les jaunes d'oeufs avec les 4 c. à soupe (60 mL) de sucre et la vanille jusqu'à ce que le tout soit léger et mousseux.

• Ajouter au riz cuit, remuer pour bien mélanger.

• Cuire aux micro-ondes 2 minutes à «MEDIUM», bien mélanger.

• Battre les blancs d'oeufs avec les 2 c. à soupe (30 mL) de sucre, les incorporer à la crème de riz cuite.

• Cuire aux micro-ondes 1 minute à «MEDIUM».

• Verser dans un plat de service attrayant et entourer de quatre jolis petits bols remplis comme suit :

vins

Anjou (blanc), Rémy Pannier
Coteaux du Layon, Château Bellevue

Bol no I

• De **minces tranches de pêches en boîte,** égouttées et aromatisées de **quelques cuillerées de sherry ou de brandy.**

Bol no II

• Amandes grillées en filets, préparées comme suit : **1/2 tasse (125 mL) (ou plus au goût) d'amandes en filets** placées dans un bol avec **2 c. à soupe (30 mL) de beurre,** passées aux micro-ondes 1 à 2 minutes à «HIGH».

• Bien mélanger ; elles devraient être dorées.

Bol no III

• **Noix de coco râpée** saupoudrée d'un peu de **muscade.**

Bol no IV

• **Confiture de fraises** ou de **framboises.**

Riz sucré

Petit conseil : Une délicieuse céréale pour le petit déjeuner, de cuisson rapide et à peu près sans effort. La préparer la veille et la réchauffer simplement de 1 à 3 minutes à «MEDIUM», dans votre assiette. Comme dessert, la servir à la température de la pièce avec crème ou sirop d'érable. Pour varier, saupoudrer le dessus de noix au goût, ou de fruits frais pelés et coupés en dés, tels que pêches, poires, pommes, oranges ou cerises dénoyautées, selon votre choix.

Préparation : .... **6 min**
Cuisson : .... **de 27 à 30 min**
Attente : .... **aucune**

 Coteaux du Layon, Château Bellevue
Muscat d'Alsace, P. Sparr

Ingrédients :

1/2 tasse (125 mL) de riz à grain court

1¹/₂ tasse (375 mL) de lait

3 c. à soupe (50 mL) de beurre

4 c. à soupe (60 mL) de sucre ou de cassonade ou de sucre d'érable

1/4 de c. à thé (1 mL) de muscade ou de cannelle *ou* le zeste râpé d'une orange

Préparation :

• Mettre le riz et le lait dans un bol de 4 tasses (1 L), couvrir et cuire aux micro-ondes 20 minutes à «MEDIUM».

• Ajouter le beurre, le sucre ou la cassonade ou le sucre d'érable, l'épice de votre choix ou le zeste d'orange.

• Bien mélanger avec une fourchette. Couvrir et cuire aux micro-ondes 5 à 8 minutes à «MEDIUM».

• Remuer avec une fourchette au moment de servir. Également bon chaud ou froid.

• Pour réchauffer, ajouter une cuillerée ou deux de lait ou de crème simplement versée sur le riz. Ne pas remuer, couvrir et cuire aux micro-ondes 2 ou 3 minutes à «MEDIUM» selon la quantité.

Les pâtes alimentaires

• L'Italie et les pâtes alimentaires nous semblent presque synonymes, car il y a des siècles que les Italiens cultivent la semoule nécessaire à la fabrication des pâtes.

• Les Chinois les avaient fabriquées bien des siècles avant qu'elles ne soient connues des Italiens. C'est Marco Polo qui en rapporta différentes sortes lors de son premier voyage en Égypte. Un fait amusant relatif aux pâtes nous signale l'importance pour les habitants du nord de la Chine de faire des nouilles très longues; elles seraient un signe de longévité. Ils font aussi des nouilles avec le riz aux crevettes, les pois, le maïs et les fèves mung. Un autre fait intéressant est que l'on consommait des raviolis à Rome dès 1284.

• Les Japonais sont eux aussi des consommateurs enthousiastes de nouilles; ils font les leurs avec le blé, le riz et le sarrasin. Les nouilles japonaises sont de deux catégories: a) les nouilles **udon,** b) les nouilles «**Hiyamugi**» dont les **soba** et les **somen**. Les nouilles japonaises sont délicates, à saveur douce. Elles sont toutes désignées pour les régimes à cause de leur faible teneur en calories.

• Les Japonais ont aussi les nouilles **aux feuilles de thé vert** et les nouilles **vertes aux épinards**. Leur texture et leur saveur bien distinctes valent bien l'effort de les chercher.

L'achat des pâtes alimentaires

• Le choix est grand. À la base, elles sont toutes fabriquées de façon identique. Bien qu'il soit difficile de l'expliquer, chaque type de pâte est différent et se prête à de multiples variations

• Se rappeler que toute variété de pâte peut remplacer celle indiquée dans la recette, en quantité égale.

• Disons, par exemple, que vous avez l'intention de faire une lasagne; vous pouvez alors utiliser les longues lasagnes ou les lasagnes en carrés petits ou moyens, en quantité égale aux longues.

• Les pâtes sont vendues le plus souvent en paquet de 500 g. Ce sont les plus économiques à l'achat, car elles se conservent très longtemps et sont alors disponibles en tout temps pour un repas vite fait et au goût de tous.

La manière de peler les tomates et d'en extraire les graines

• Dans plusieurs des recettes aux tomates à servir sur les pâtes, les tomates doivent être pelées. Voici une manière facile de le faire.

• Amener l'eau à ébullition dans un bol pour four à micro-ondes: 4 tasses (1 L), prendront 5 minutes à «HIGH».

• Déposer deux tomates à la fois dans l'eau bouillante, laisser reposer 10 secondes.

• Couper la queue avec un couteau à légumes pointu et bien aiguisé, et enlever la pelure.

• Retirer de l'eau bouillante et refroidir à l'eau froide courante pour arrêter la cuisson et faciliter la manutention.

• Couper les tomates pelées en deux et en faire sortir les graines délicatement avec les doigts. (Les graines donnent une saveur acide aux tomates).

• Les tomates sont alors prêtes à être utilisées selon les données de la recette.

Tableau de cuisson des pâtes

Pâte	Contenant	Quantité d'eau chaude	Durée approx. (en minutes) pour faire bouillir l'eau à «HIGH»	Durée approx. de cuisson pour faire cuire les pâtes à «HIGH»	Durée d'attente (en minutes)
Vermicelles 8 oz (250 g)	Faitout de 12 tasses (3 L)	6 tasses (1,5 L)	7 à 8	4 à 5	3
Nouilles aux oeufs moyennes 8 oz (250 g)	Faitout de 12 tasses (3 L)	6 tasses (1,5 L)	7 à 8	5 à 6	3
Macaroni en coudes 8 oz (250 g)	Faitout de 12 tasses (3 L)	6 tasses (1,5 L)	7 à 8	7 à 8	3
Pâte à lasagne 8 oz (250 g)	Plat de cuisson de 12 sur 8 po (30 sur 20 cm)	6 tasses (1,5 L)	7 à 8	13 à 15	3
Spaghetti 8 oz (250 g)	Faitout de 12 tasses (3 L)	8 tasses (2 L)	8 à 9	7 à 8	3
Autres nouilles boucles coquillettes, etc. 8 oz (250 g)	Faitout de 12 tasses (3 L)	6 tasses (1,5 L)	7 à 8	10½ à 11	3

Principes de base pour la cuisson des pâtes :

• Suivre les instructions du tableau ci-dessus quant aux dimensions du plat, à la quantité d'eau et à la durée de cuisson.

• Ajouter les pâtes à l'eau bouillante, avec 1 c. à thé (5 mL) de sel et 1 c. à soupe (15 mL) d'huile.

• Couvrir et cuire aux micro-ondes à «HIGH» selon le temps indiqué.

• Remuer une fois.

• Vérifier le degré de cuisson, et si nécessaire, poursuivre la cuisson.

• Remuer et laisser reposer, couvert, 3 minutes. Égoutter, si nécessaire.

• Pour réchauffer les pâtes, si nécessaire après la période d'attente, couvrir et passer aux micro-ondes de 1 à 2 minutes à «MEDIUM-HIGH».

Pâtes « quinze-ans » de Monique

Cuisson par convexion

Préparation :	20 min
Cuisson :	de 50 à 60 min
Attente :	aucune

Ingrédients :

8 oz (227 g) de macaronis en coude ou autres

1 c. à soupe (15 mL) d'huile végétale

1 boîte de tomates de 19 oz (540 mL)

1 c. à soupe (15 mL) de basilic

1 c. à thé (5 mL) de sucre

sel et poivre au goût

1 à 2 tasses (250 à 500 g) de fromage cheddar fort, en dés*

1 tasse (250 mL) de lait

2 oeufs battus

* Utiliser plus ou moins de fromage, au goût.

Préparation :

- Faire cuire les macaronis selon les instructions de base au Tableau de cuisson des pâtes.

- Égoutter les macaronis cuits, ajouter l'huile, remuer avec une fourchette pour bien mélanger.

- Mettre dans un plat beurré de 8 sur 8 pouces (20 sur 20 cm) ou de 6 tasses (1,5 L) pour cuisson aux micro-ondes.

- Ajouter les tomates, le basilic, le sucre, le sel et le poivre. Mélanger le tout avec une fourchette.

- Ajouter le fromage en remuant.

- Mélanger les oeufs battus et le lait, et verser sur les macaronis et le fromage.

- Préchauffer la partie convexion du four à micro-ondes 15 minutes à 350°F (180°C).

- Mettre le plat préparé sur la grille du four.

- Faire cuire 40 à 50 minutes, ou jusqu'à ce que le dessus soit doré.

Côtes du Ventoux, Delas

Côtes du Rhône, Cellier des Dauphins

Macaroni au fromage

Cuisson par convexion ou aux micro-ondes

Petit conseil : Verser cette délicieuse sauce sur les macaronis cuits ou autres pâtes de votre choix. Cette recette peut servir pour 1/2 livre (250 g) de pâtes cuites. Bon appétit !

Ingrédients :

1 boîte de tomates de 28 oz (796 mL)

1 c. à thé (5 mL) de sucre

1 c. à soupe (15 mL) de moutarde sèche

1/2 c. à thé (2 mL) de poivre

1/2 c. à thé (2 mL) de sarriette et
autant de thym

1 c. à thé (5 mL) de paprika

1/2 tasse (125 mL) de feuilles de céleri émincées

1/2 tasse (125 mL) de purée de tomates

1/2 lb (250 g) de macaronis cuits

1 tasse (250 mL) de fromage râpé au choix

1/3 de tasse (80 mL) de chapelure fine

quelques cuillerées de beurre ou de margarine

Préparation :

• Beurrer une casserole de 8 tasses (2 L) ou la badigeonner d'huile.

• Mélanger les tomates, le sucre, la moutarde sèche, le poivre, le thym, la sarriette, les feuilles de céleri, le paprika et la purée de tomates.

• Disposer en couches alternées le mélange des tomates, les macaronis et le fromage râpé.

• Saupoudrer de la chapelure et parsemer de dés de beurre au goût.

• Recouvrir le plat d'une feuille de matière plastique.

• Cuire de 15 à 20 minutes à «MEDIUM», ou faire cuire dans la partie convexion de votre four à micro-ondes, préchauffée 20 minutes à 350°F (180°C). Mettre le plat préparé sur la grille du four et faire cuire 35 à 40 minutes, ou jusqu'à ce que le dessus soit doré.

Macaroni au fromage cottage

Cuisson par convexion

Préparation : . . . . **12 min**
Cuisson : . . . . **de 48 à 50 min**
Attente : . . . . **aucune**

> **Petit conseil :** J'aime faire cette casserole avec les coudes de macaroni. Cependant, toute autre pâte de votre choix, en quantité égale, convient très bien à ce plat. L'été, la ciboulette et le basilic frais cueillis dans mon jardin ajoutent à la saveur de ce macaroni.

Ingrédients :

4 tasses (1 L) d'eau

1 oignon moyen pelé et coupé en deux

1 c. à thé (5 mL) de sel

2 tasses (500 mL) de macaronis en coudes

2 oeufs

1 tasse (250 mL) de lait

1¹/₂ tasse (375 mL) de fromage cottage

1/4 de tasse (60 mL) de ciboulette ou de persil, haché finement

2 c. à soupe (30 mL) de beurre mou

1/4 de c. à thé (1 mL) de sel

1/4 de c. à thé (1 mL) de poivre

1/2 c. à thé (2 mL) de basilic ou d'origan

vins

Bordeaux (blanc), Chevalier Védrines
Sauvignon de St-Bris, Laroche

Préparation :

- Mettre dans un grand bol l'eau, l'oignon et le sel, cuire aux micro-ondes 10 minutes à «HIGH».

- Ajouter les macaronis. Remuer et cuire de 12 à 14 minutes à «HIGH».

- Égoutter dans une passoire fine. Mettre de côté.

- Bien battre les oeufs, y ajouter le lait et le fromage cottage.

- Mélanger avec une fourchette et ajouter le reste des ingrédients.

- Ajouter le tout aux macaronis, remuer pour bien mélanger.

- Verser dans un plat de cuisson beurré.

- Préchauffer la partie convexion de votre four à micro-ondes 15 minutes à 350°F (180°C).

- Disposer le plat sur la grille, faire cuire 35 minutes ou jusqu'à ce que le dessus soit doré ici et là.

- Servir chaud ou à la température de la pièce, mais non réfrigéré.

Macaroni à la milanaise

Préparation :	. . . . **10 min**
Cuisson :	. . . . **de 17 à 18 min**
Attente :	. . . . **10 min**

Petit conseil : À Milan, on sert ce macaroni avec une salade verte ou un plat de crevettes cuites, servies froides dans leur carapace. On les décortique et les déguste avec une cuillerée de macaroni chaud.

Ingrédients :

1 tasse (250 mL) de macaronis

1 tasse (250 mL) de fromage cheddar râpé

1/2 c. à thé (2 mL) de moutarde sèche

1/4 de c. à thé (1 mL) de poivre frais moulu

1 tasse (250 mL) de lait

1/2 tasse (125 mL) de crème, au choix

Préparation :

• Cuire les macaronis selon les instructions au Tableau de cuisson des pâtes.

• Mélanger le fromage, la moutarde sèche et le poivre.

• Beurrer un plat en verre de 8 sur 8 pouces (20 sur 20 cm) et y mettre les macaronis et le mélange, en couches alternées.

• Verser le lait et la crème sur le tout, bien mélanger.

• Saupoudrer soit de paprika, de ciboulette hachée fin, ou de 3 à 4 oignons verts émincés ou de persil frais émincé.

• Cuire, sans couvrir, 10 minutes à « MEDIUM-HIGH ».

• Laisser reposer 10 minutes avant de servir.

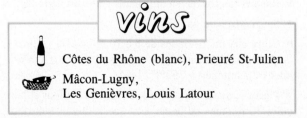

Côtes du Rhône (blanc), Prieuré St-Julien

Mâcon-Lugny,
Les Genièvres, Louis Latour

Macaroni à la crème sure

Préparation :	. . . . **12 min**
Cuisson :	. . . . **de 15 à 18 min**
Attente :	. . . . **aucune**

Petit conseil : Un repas complet par lui-même. On peut, au choix, l'accompagner d'une salade ou d'un légume cuit, servi froid avec vinaigrette.

Ingrédients :

2 tasses (500 mL) de macaronis

1 tasse (250 mL) de cheddar râpé

1 tasse (250 mL) de fromage cottage

1/2 tasse (125 mL) de crème sure*

sel et poivre

4 oignons verts émincés

2 c. à soupe (30 mL) de beurre

Préparation :

• Cuire les macaronis selon les instructions au Tableau de cuisson des pâtes.

• Mélanger le cheddar et le fromage cottage.

• Beurrer un plat de cuisson aux micro-ondes de 8 sur 8 pouces (20 sur 20 cm), y mettre la moitié des macaronis et saupoudrer avec la moitié du fromage.

• Répéter avec le reste des macaronis et du fromage.

• Mélanger la crème sure, le sel, le poivre et les oignons verts. Au goût, ajouter du persil émincé.

• Recouvrir le tout de dés de beurre. Étendre sur les macaronis.

• Cuire aux micro-ondes 8 à 10 minutes à « HIGH », sans couvrir.

* *Le yaourt peut remplacer la crème sure.*

Pinot Blanc, Trimbach

Pinot Blanc, Luicien Albrecht

Macaroni à l'ancienne

Cuisson par convexion ou aux micro-ondes

Préparation : . . . . **30 min**
Cuisson : micro-ondes : . . . . . . **de 15 à 18 min**
       convexion : . . . . **38 min**
Attente : . . . .**aucune**

vins

Edelzwicker, Heim

Gewurztraminer, Cave vinicole Obernal

Petit conseil : Ce macaroni est à son meilleur cuit par convexion. Malgré sa simplicité, n'hésitez pas à en faire l'essai ; vous apprécierez le résultat. Je le fais parfois en utilisant tous mes petits restes de fromages.

Ingrédients :

8 oz (250 g) de macaronis

1/2 lb (250 g) de fromage cheddar doux ou tout autre fromage de votre choix, râpé

3 c. à soupe (50 mL) de beurre

1 tasse (250 mL) de crème sure

paprika au goût

Préparation :

• Faire cuire les macaronis selon les instructions au Tableau de cuisson des pâtes.

• Beurrer un plat pour cuisson aux micro-ondes de 6 tasses (1,5 L), y mettre la moitié des macaronis cuits, saupoudrer de la moitié du fromage, recouvrir de la moitié de la crème sure et parsemer le dessus de la moitié du beurre, en dés.

• Répéter le procédé en utilisant le reste des ingrédients.

• Saupoudrer de paprika.

• Cuire aux micro-ondes de 8 à 10 minutes à «HIGH», ou préchauffer la partie convexion de votre four à micro-ondes 20 minutes à 350°F (180°C).

• Placer le macaroni préparé sur la grille du four et faire cuire 30 minutes ou jusqu'à ce que le dessus soit doré.

Macaroni délice de mer

Ingrédients :

2 tasses (500 mL) de macaronis en coudes

1 à 2 tasses (250 à 500 mL) de poisson cuit ou en conserve*, défait en morceaux

1 piment vert doux, en dés

1 petit piment rouge doux, en languettes (facultatif)

1/2 tasse (125 mL) de céleri, en dés

3/4 tasse (190 mL) de crème sure

2 c. à soupe (30 mL) de crème légère ou de lait

le jus d'un demi-citron

1 c. à soupe (15 mL) d'aneth frais, haché ou
  1 c. à thé (5 mL) d'aneth séché

* Utiliser soit du thon ou du homard en boîte, ou un poisson cuit au choix, ou des palourdes en boîte bien égouttées dont le jus peut servir comme une portion de l'eau de cuisson des macaronis.

Préparation :	. . . . **15 min**
Cuisson :	. . . . **de 7 à 8 min**
Attente :	. . . . **aucune**

Préparation :

- Cuire les macaronis selon les instructions de base au Tableau de cuisson des pâtes.

- Les égoutter, les laisser refroidir et les mettre dans un bol.

- Ajouter le poisson défait, les piments, et le céleri. Remuer le tout avec une fourchette.

- Mélanger le reste des ingrédients, les ajouter aux macaronis et remuer le tout délicatement.

- Servir dans un nid de laitue ou entourer de cresson.

- En été, il m'arrive de farcir des tomates fraîches avec ce mélange.

- Ne pas réfrigérer, mais conserver au frais jusqu'au moment de servir.

 Muscat d'Alsace,
Cuvée de l'ours noir, Théo Cattin

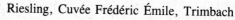 Riesling, Cuvée Frédéric Émile, Trimbach

Salade de macaronis à la vinaigrette

Préparation :	**15 min**
Cuisson :	**de 7 à 8 min**
Attente :	**aucune**

Petit conseil : Une très bonne salade d'été sans effort. La servir dans un nid de laitue ou de cresson. La garnir de tomates fraîches.

Ingrédients :

2 à 3 tasses (500 à 750 mL) de macaronis cuits

1 petit oignon jaune, en dés

1/3 de tasse (80 mL) de persil frais émincé

1 concombre pelé et coupé en dés

La vinaigrette* :

1/3 de tasse (80 mL) d'huile au choix

1/4 de tasse (60 mL) de jus de citron frais

1/4 de c. à thé (1 mL) de sucre

1/4 de c. à thé (1 mL) de poivre

1 gousse d'ail coupée en deux

1/4 de c. à thé (1 mL) de moutarde sèche

1 c. à thé (5 mL) de sel

* Cette vinaigrette peut être conservée de 2 à 3 mois à la température ambiante. Bien l'agiter avant l'usage. Rendement : 1 tasse (250 mL).

Préparation :

• Mettre tous les ingrédients de la vinaigrette dans un bocal. Bien agiter avant l'usage.

• Cuire les macaronis de votre choix selon les instructions de base au Tableau de cuisson des pâtes.

• Laisser refroidir et ajouter l'oignon en dés, le persil et le concombre. Remuer délicatement avec deux fourchettes.

• Agiter la vinaigrette préparée et en ajouter au goût aux macaronis. Bien remuer et disposer dans un nid de laitue. Ne pas la réfrigérer, elle perdrait de sa qualité.

• Lorsque remuée avec la vinaigrette, cette salade peut être conservée de 4 à 6 heures à la température de la pièce et n'en sera que meilleure.

Casserole de nouilles au fromage cottage

Préparation : . . . . **8 min**
Cuisson : . . . . **de 5 à 6 min**
Attente : . . . .**aucune**

Petit conseil : Une casserole légère, très savoureuse, qui peut être apprêtée le matin et réchauffée au dîner avec toute sa saveur. L'accompagner d'une salade verte ou d'une salade de tomates tranchées mince.

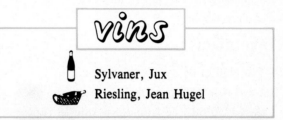

vins

Sylvaner, Jux
Riesling, Jean Hugel

Ingrédients :

2 tasses (500 mL) de nouilles au choix

3/4 de tasse (190 mL) de yaourt nature ou de crème sure

1 tasse (250 mL) de fromage cottage

3 c. à soupe (50 mL) de beurre ou de margarine

sel et poivre au goût

1/3 de tasse (80 mL) de persil éminé

3 à 4 oignons verts, hachés fin

1 oeuf légèrement battu

Préparation :

• Cuire les nouilles dans l'eau bouillante selon les instructions de base au Tableau de cuisson des pâtes.

• Égoutter les nouilles cuites et les mélanger dans un grand bol au reste des ingrédients. Les remuer avec une fourchette.

• Les verser dans un bol pour cuisson aux micro-ondes, bien beurré.

• L'été, je les sers à la température de la pièce avec une salade verte.

• Pour les servir chaudes, les réchauffer 10 minutes à «MEDIUM».

• Si elles ne sont pas suffisamment chaudes, prolonger la cuisson de 4 à 5 minutes. Selon le genre de nouilles, le temps requis pour les réchauffer peut varier.

Spécialité Alfredo

• Alfredo est un restaurant renommé en Italie. Cette façon de servir les pâtes est une de ses plus grandes spécialités. La simplicité de cette recette ne doit pas vous empêcher d'en faire l'essai.

Préparation : . . . . **5 min**
Cuisson : . . . . **de 6 à 7 min**
Attente : . . . . **aucune**

Ingrédients :

1/2 lb (250 g) de nouilles fines

3/4 de tasse (190 m L) de beurre doux

1 tasse (250 mL) de fromage parmesan râpé

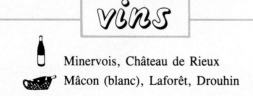

Minervois, Château de Rieux

Mâcon (blanc), Laforêt, Drouhin

Préparation :

• Cuire les nouilles selon les instructions de base au Tableau de cuisson des pâtes.

• Les égoutter et les mettre dans un plat chaud.

• Trancher le beurre sur les nouilles, passer 30 secondes aux micro-ondes à «HIGH».

• Remuer pour y mélanger le beurre, ajouter le parmesan râpé, assaisonner au goût.

• Remuer de nouveau, les nouilles seront entourées d'une sauce crémeuse. Servir aussitôt.

Nouilles Côte d'Azur

Préparation : . . . . **10 min**
Cuisson : . . . . **de 13 à 14 min**
Attente : . . . .**aucune**

• Les pâtes sont très populaires dans le sud de la France. Cette recette est une des préférées, vite préparée et servie avec toutes les pâtes. À vous de choisir.

Ingrédients :

5 tasses (1,25 L) d'eau froide

3/4 de lb (375 g) de boucles moyennes*

1 c. à thé (5 mL) de sel

3/4 de tasse (190 mL) de poulet, cuit, coupé en fines languettes

3/4 de tasse (190 mL) de champignons frais tranchés mince

1/2 tasse (125 mL) de crème à fouetter

1/2 tasse (125 mL) de fromage parmesan râpé

* *Ou autre genre de nouilles.*

vins

Pinot Blanc, Pierre Sparr
Muscat, Trimbach

Préparation :

• Mettre l'eau froide dans un grand bol de 8 tasses (2 L).

• Cuire aux micro-ondes 8 minutes à «HIGH».

• Ajouter les pâtes et le sel. Remuer et cuire 10 minutes à «MEDIUM». Égoutter.

• Ajouter le reste des ingrédients aux pâtes chaudes. Bien remuer avec une fourchette.

• Cuire aux micro-ondes 3 minutes à «MEDIUM», couvert. Remuer de nouveau et servir.

Nouilles au boeuf haché

Préparation :	. . . .	**15 min**
Cuisson :	. . . .	**de 32 à 33 min**
Attente :	. . . .	**aucune**

Petit conseil : Cette casserole sert dix portions. Comme il est tout aussi facile de faire la recette complète, je la divise en deux lorsqu'elle est cuite. J'en sers une moitié immédiatement et je place l'autre moitié dans un plat pour la congélation. J'ai alors à ma disposition une casserole toute prête, qui peut aller du congélateur au four à micro-ondes, en tout temps. Lorsque requise, la faire décongeler au cycle «DEFROST» 10 minutes, puis la réchauffer 10 minutes à «MEDIUM-HIGH».

Ingrédients :

2 c. à soupe (30 mL) de beurre ou de margarine

1 gros oignon pelé et haché

1 tasse (250 mL) de céleri, en dés

1 grosse gousse d'ail finement hachée

1 lb (500 g) de boeuf haché

1 boîte de 10 oz (284 mL) de champignons tranchés, non égouttés

1 boîte de 7 1/2 oz (213 mL) de sauce tomate

1/2 tasse (125 mL) de consommé de poulet ou d'eau

1 c. à thé (5 mL) de sel

poivre au goût

le zeste râpé d'un citron

1 c. à thé (5 mL) de jus de citron

8 oz (250 g) de nouilles aux oeufs

1 tasse (250 mL) de fromage cheddar râpé

Préparation :

• Cuire les nouilles selon les instructions de base au Tableau de cuisson des pâtes.

• Mélanger le beurre ou la margarine et l'oignon dans un grand plat pour cuisson aux micro-ondes.

• Faire cuire 1 minute à «HIGH», remuer et ajouter le céleri et l'ail, cuire aux micro-ondes 1 minute à «HIGH».

• Bien remuer, ajouter le boeuf haché émietté, bien mélanger le tout, cuire aux micro-ondes 5 minutes à «HIGH».

• Remuer et ajouter le reste des ingrédients sauf le fromage. Bien mélanger.

• Couvrir et cuire 10 minutes à «HIGH», remuer, ajouter le fromage, remuer jusqu'à ce que le tout soit bien mélangé, cuire 10 minutes à «MEDIUM». Servir.

vins

Côtes du Ventoux, Delas

Côtes de Bourg, Clos du Notaire

Pilaf au riz et aux nouilles

Petit conseil : Des nouilles fines et du riz étuvé ou à grain long, combinés et cuits ensemble, donnent une savoureuse casserole pour accompagner le poulet ou le porc rôti. Ce pilaf est aussi un plat élégant servi comme mets végétarien pour un buffet ou un déjeuner léger. C'est un plat classique de la cuisine arménienne.

Ingrédients :

4 c. à soupe (60 mL) de beurre ou de margarine

1/2 tasse (125 mL) de nouilles fines ou de coquillettes

1 tasse (250 mL) de riz à cuisson rapide

1 c. à thé (5 mL) de sel

2 tasses (500 mL) de bouillon de poulet chaud ou d'eau chaude

Préparation :

• Dans un plat de 4 tasses (1 L) pour cuisson aux micro-ondes, faire fondre le beurre ou la margarine 3 minutes à «HIGH».

• Ajouter les nouilles fines ou les coquillettes et le riz à cuisson rapide. Bien remuer le tout pour enrober de beurre.

• Ajouter le sel et le bouillon de poulet chaud ou l'eau chaude.

• Remuer, cuire aux micro-ondes 6 minutes à «HIGH», à découvert.

• Suivant le genre de pâtes utilisées, la cuisson pourrait nécessiter 1 ou 2 minutes de plus ou de moins.

• Cette recette est en quelque sorte une recette de base qui se prête à de nombreuses variantes.

Variante no 1 :

• Ajouter au pilaf, **1 tasse (250 mL) plus ou moins de petits pois en boîte.**

• J'emploie l'eau égouttée des pois comme une partie du liquide demandé pour la cuisson du pilaf.

Variante no 2 :

• Tailler **une tomate non pelée en dés,** saupoudrer **d'une bonne pincée de sucre et de basilic au goût.**

• Cuire aux micro-ondes 1 minute à «HIGH», ajouter au pilaf au moment d'ajouter le beurre.

• Remuer et poursuivre la cuisson tel qu'indiqué dans la recette.

Préparation : . . . . **3 min**
Cuisson : . . . . **de 6 à 8 min**
Attente : . . . . **aucune**

Variante no 3 :

• Trancher finement **1/2 livre (250 g) de champignons frais, 2 oignons verts.**

• Faire fondre **1 c. à soupe (15 mL) de beurre** 1 minute à «HIGH» dans un plat, ajouter les champignons et les oignons verts. Bien mélanger.

• Cuire 1 minute à «HIGH». Verser sur le pilaf juste avant la cuisson.

• Bien mélanger et cuire aux micro-ondes suivant le temps requis pour la cuisson du pilaf.

Petit conseil : Lorsque la ciboulette et le persil sont en abondance durant l'été, ajouter 1/4 de tasse (60 mL) de l'un et de l'autre au pilaf chaud. Remuer avec une fourchette pour bien mélanger.

 Muscadet de Sèvre-et-Maine, La Sablette
Touraine (blanc) Château de l'Aulée

Pilaf à l'orge

Préparation : . . . . **12 min**
Cuisson : . . . . **22 min**
Attente : . . . . **aucune**

Petit conseil : Voici une casserole des plus commodes. Elle accompagne avec succès l'oie, le poulet, le canard, l'agneau ; elle est aussi délicieuse par elle-même avec du poisson de conserve ou une salade verte. Elle peut être cuite aux micro-ondes tôt le matin, conservée couverte sur le comptoir de la cuisine, pour être réchauffée 5 minutes à «MEDIUM» au moment de servir.

Muscadet du Val de Loire, Domaine du Fief Guérin

Touraine (blanc), Château de l'Aulée

Ingrédients :

1³/₄ tasse (440 mL) d'orge

4 c. à soupe (60 mL) de beurre

2 oignons émincés

1/2 lb (250 g) de champignons, hachés

3¹/₂ tasses (875 mL) de consommé

1/2 c. à thé (2 mL) de sel

Préparation :

• Faire fondre 2 c. à soupe (30 mL) de beurre 1 minute à «HIGH».

• Ajouter les oignons et les champignons. Cuire 1 minute à «HIGH».

• Retirer les oignons et les champignons du beurre, en les égouttant le mieux possible et les mettre dans un plat de cuisson.

• Ajouter au beurre fondu les 2 c. à soupe (30 mL) de beurre qui restent et les faire fondre 1 minute à «HIGH».

• Y ajouter l'orge en remuant, et cuire aux micro-ondes 1 minute à «HIGH».

• Remuer et l'ajouter aux oignons et aux champignons en même temps que le consommé et le sel. Brasser le tout et couvrir.

• Cuire 20 minutes à «MEDIUM», en remuant après 10 minutes de cuisson, et ajouter un peu d'eau chaude si nécessaire.

Poireaux et nouilles à la parisienne

Préparation : . . . . **10 min**
Cuisson : . . . . **6 min**
Attente : . . . . **aucune**

• Dans toute la France, à la mi-été, les poireaux atteignent la plénitude de leur saveur. On en fait une sauce très simple à servir sur des nouilles chaudes avec du fromage gruyère râpé.

Ingrédients :

3 à 4 poireaux

1/3 de tasse (80 mL) de beurre

sel et poivre au goût

3 tasses (750 mL) de nouilles aux oeufs (coquillettes ou autres)*

fromage râpé de votre choix

* Les nouilles et les poireaux peuvent être cuits quelques heures à l'avance, remués ensemble, couverts et réchauffés 4 minutes à «MEDIUM-HIGH» au moment de servir. Bien remuer après 2 minutes de cuisson.

Préparation :

• Nettoyer les poireaux et les couper, le blanc et une bonne portion du vert, en bouts de 1/2 pouce (1,25 cm).

• Faire fondre le beurre 3 minutes à «HIGH» dans un plat de 6 tasses (1,5 L).

• Ajouter les poireaux, remuer pour bien les enrober de beurre. Laisser reposer.

• Pour la cuisson des nouilles, mesurer 6 tasses (1,5 L) d'eau dans un grand plat. Chauffer aux micro-ondes 6 minutes à «HIGH».

• Ajouter les nouilles. Cuire 5 minutes à «HIGH».

• Égoutter, ajouter aux poireaux fondus. Bien mélanger, saler et poivrer au goût.

• Cuire 1 minute à «HIGH».

• Servir aussitôt prêts avec un bol de fromage râpé.

Muscadet de Sèvre-et-Maine, Château Villarnoult

Sancerre, Château de Sancerre

Salade de pâtes à la Capri

Préparation à l'avance : . . . . . **de 1 à 2 h**
Cuisson : . . . . **de 4 à 5 min**
Attente : . . . . **aucune**

• La salade d'été par excellence lorsque les tomates et le basilic sont en abondance et pleins de saveur. À Capri, en Italie, on l'appelle **Penne a la Capresa**. Cette sauce froide non cuite servie sur des pâtes chaudes est un véritable délice estival. Je vous la recommande, c'est si bon !

Ingrédients :

4 grosses tomates

3 c. à soupe (50 mL) de basilic frais *ou*
  2 c. à thé (10 mL) de basilic séché

2 gousses d'ail finement hachées

1/2 c. à thé (2 mL) de sucre

sel et poivre au goût

quelques cuillerées d'huile d'olive*

une boîte de 1 lb (500 g) de vermicelle

1 tasse (250 mL) de fromage râpé**

* Ou utiliser l'huile de votre choix.

** Je préfère le fromage mozzarella râpé mais, s'il n'est pas disponible, tout fromage de votre choix peut servir. Un bon cheddar doux est mon second choix pour remplacer le mozzarella.

Préparation :

• Peler les tomates et les couper en dés de 1/2 pouce (1,25 cm).

• Les mettre dans un bol et ajouter le basilic, l'ail, le sucre, sel et poivre. Mélanger délicatement, ajouter l'huile d'olive.

• Laisser mariner sur le comptoir de la cuisine une heure ou deux, afin de combiner les saveurs et qu'il se forme du jus.

• Au moment de servir, cuire le vermicelle selon les instructions de base au Tableau de cuisson des pâtes.

• Bien égoutter, verser dans un bol à salade et ajouter le mélange des tomates, remuer pour mélanger, saupoudrer du fromage râpé. Servir aussitôt.

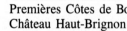
Premières Côtes de Bordeaux, Château Haut-Brignon

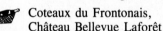
Coteaux du Frontonais, Château Bellevue Laforêt

Étoiles estivales

• Ce plat se compose de pâtes sous forme d'étoiles ou autres petites pâtes et d'une délicieuse sauce de persil frais. J'aime le servir lorsque le persil atteint sa plénitude dans mon jardin.

Préparation :	**8 min**
Cuisson :	**de 6 à 7 min**
Attente :	**aucune**

Ingrédients :

1/2 tasse (125 mL) de beurre et autant de margarine

1 grosse gousse d'ail finement hachée

1 tasse (250 mL) de persil frais haché

1/2 tasse (125 mL) de fromage parmesan râpé

2 ou 3 tasses (500 ou 750 mL) d'étoiles ou autres petites pâtes au choix.

Côtes du Rhône (blanc), Duboeuf

Arbois (blanc),
Domaine de Grange Grillard

Préparation :

• Mettre le beurre et la margarine dans un bol et faire fondre aux micro-ondes 2 minutes à «HIGH».

• Ajouter l'ail, cuire 1 minute à «HIGH».

• Ajouter le persil et le fromage. Mélanger en remuant. Mettre de côté.

• Amener à ébullition 4 tasses (1 L) d'eau, 5 minutes à «HIGH», ajouter les pâtes, couvrir et cuire aux micro-ondes 6 à 7 minutes à «HIGH», laisser reposer jusqu'au moment de servir.

• Les pâtes demeureront chaudes pendant 10 à 15 minutes.

• Les égoutter, si nécessaire, les ajouter à la sauce au persil, bien remuer et servir. Un excellent plat à servir en guise de légume.

Lasagne sans viande, de Monique

Cuisson par convexion et aux micro-ondes

Préparation :	**20 min**
Cuisson :	**de 1 h 30 à 1 h 40**
Attente :	**aucune**

vins

Coteaux du Lyonnais, J. Pellerin
Côtes du Rhône Villages, Delas

> **Petit conseil :** Une grosse recette pour servir de 10 à 12 personnes. Elle peut aussi être préparée dans deux plats, un à servir aussitôt, l'autre à mettre au congélateur. Le plat surgelé devra être utilisé dans les six à huit semaines qui suivront. Il faut un grand bol pour faire cuire toutes les nouilles à la fois, mais elles peuvent être cuites en deux lots. Pour faire cette lasagne à la viande, suivre les instructions données dans la recette.

Ingrédients :

20 tasses (5 L) d'eau

1 c. à soupe (15 mL) de sel

1 c. à soupe (15 mL) d'huile végétale

1 boîte (500 g) de lasagne

2 lb (1 kg) de fromage cottage

1 tasse (250 mL) de crème sure

2 oeufs

1/2 c. à thé (2 mL) de poivre et autant d'origan

1 lb (500 g) de fromage mozzarella tranché mince

3 c. à soupe (50 mL) d'huile végétale

2 gros oignons finement hachés

1/4 de tasse (60 mL) de céleri, en dés

1 boîte de tomates de 28 oz (796 mL)

2 boîtes de purée de tomates de 6 oz (260 mL) chacune

1/4 de c. à thé (1 mL) de poivre

1 c. à thé (5 mL) de basilic

2 c. à thé (10 mL) de sucre

2 boîtes de 10 oz (284 mL) chacune de pieds et morceaux de champignons

Pour une lasagne à la viande :

1 1/2 lb (750 g) de boeuf haché

Préparation :

- Verser l'eau dans un grand bol, ajouter le sel et l'huile végétale. Cuire de 10 à 12 minutes à «HIGH».

- Déposer les lasagnes dans l'eau une à une. Cuire aux micro-ondes 10 minutes à «HIGH», vérifier la cuisson avec une fourchette ou la pointe d'un couteau.

- Selon la marque, la cuisson pourrait nécessiter de 5 à 9 minutes de cuisson supplémentaire pour qu'elles soient tendres.

- Placer le contenant dans l'évier, faire couler l'eau froide sur les nouilles pour les refroidir. Les égoutter.

- Dans l'intervalle, mélanger le fromage cottage, la crème sure, les oeufs, le poivre et l'origan, sel au goût.

- Beurrer un grand bol de cuisson ovale ou deux plats de 8 sur 8 po (20 sur 20 cm).

- Séparer les tranches de fromage mozzarella.

- Chauffer aux micro-ondes dans un plat, 2 c. à soupe (30 mL) d'huile 4 minutes à «HIGH».

- Ajouter les oignons et le céleri*, cuire 2 minutes à «HIGH», bien remuer et cuire 2 minutes de plus à «HIGH»; les oignons seront dorés ici et là.

- Passer les tomates au tamis pour enlever les graines, les pressant pour faire passer la pulpe, y ajouter les oignons et le céleri, remuer et ajouter la purée de tomates, le poivre, le basilic et le sucre.

* Pour faire une lasagne à la viande

- Faire chauffer dans un bol la cuillerée à soupe d'huile végétale qui reste 1 minute à «HIGH», ajouter le boeuf haché à l'huile chaude.

- Saler, poivrer au goût, cuire aux micro-ondes 2 minutes à «MEDIUM-HIGH», bien remuer avec une fourchette pour défaire la viande, cuire 2 minutes de plus à «MEDIUM-HIGH».

- Ajouter au mélange des oignons et du céleri. Vérifier l'assaisonnement.

Pour faire la lasagne

• Disposer une couche des lasagnes cuites en longues bandes au fond du plat, couvrir d'une couche du mélange de fromage en crème, puis de tranches de mozzarella, et enfin de sauce.

• Répéter le procédé pour remplir le plat, en terminant avec les lasagnes, la sauce, et les tranches de fromage sur le dessus.

• Quelles que soient les dimensions du plat, faire cuire 1 heure 15 minutes pour chaque plat sans couvrir, dans la partie convexion de votre four à micro-ondes préchauffée 10 minutes à 325°F (160°C).

• Lorsque refroidie, au moment de servir, placer la lasagne couverte sur une grille et la réchauffer 10 minutes à «MEDIUM», pour chaque plat. Servir.

Lasagne italiano

• C'est d'un chef italien renommé de Florence que j'ai appris à faire cette lasagne. J'en ai fait bien d'autres depuis, sans jamais en trouver une meilleure. Elle est facile à faire aux micro-ondes selon les données ci-dessous.

Petit conseil : Pour servir 10 à 12 portions, je recommande de la faire dans deux plats, la cuisson est la même. J'aime l'apprêter le matin, faire cuire les deux plats aux micro-ondes et les laisser reposer, couverts, à la température ambiante.
Pour les réchauffer, recouvrir le premier plat de papier ciré, passer aux micro-ondes 15 minutes à « MEDIUM », puis faire réchauffer le second plat de la même manière alors que se fait le service du premier.
Pour une grande réception, je prépare de 4 à 6 lasagnes dans des plats individuels, j'en fais réchauffer une pendant que je sers l'autre. Cela se fait très bien.

Ingrédients :

1. La sauce :

1/4 de tasse (60 mL) d'huile au choix

1 gros oignon pelé et haché fin

1 à 3 gousses d'ail hachées fin

1 boîte de tomates de 28 oz (796 mL)

1/4 de tasse (60 mL) de persil frais émincé

1 c. à thé (5 mL) de basilic

1 c. à thé (5 mL) de thym

1 boîte de 5 1/2 oz (156 mL) de purée de tomates

1 c. à soupe (15 mL) de sucre

sel et poivre au goût

2. Le mélange de viandes :

1/2 lb (250 g) de boeuf haché et autant
 de porc haché

1/3 de tasse (80 mL) de persil frais émincé

1 c. à thé (5 mL) d'origan ou de sarriette

2 oeufs légèrement battus

3 c. à soupe (50 mL) de fromage râpé

sel et poivre au goût

Préparation : . . . . **40 min**
Cuisson : micro-ondes : de 1 h 13 à 1 h 23 min
 convexion : . de 1 h 23 à 1 h 33 min
Attente : . . . . **aucune**

3. Les pâtes :

1 lb (500 g) de lasagne courte ou longue

8 tasses (2 L) d'eau

2 c. à soupe (30 mL) de sel

1 c. à soupe (15 mL) d'huile végétale

4. Le fromage :

1/2 lb (250 mL) de mozzarella en minces tranches

1 lb (500 g) de fromage cottage

2 c. à soupe (30 mL) d'eau chaude

1/2 tasse (125 mL) de parmesan râpé

Préparation :

1. La cuisson de la sauce :

• Faire chauffer l'huile dans un plat de 4 tasses (1 L) 2 minutes à « HIGH ».

• Ajouter l'oignon et l'ail. Bien mélanger, cuire aux micro-ondes 3 minutes à « MEDIUM-HIGH ».

• Ajouter la boîte de tomates et le reste des ingrédients.

2. Le mélange de viandes :

• Mélanger le boeuf et le porc hachés dans un bol.

• Ajouter le persil, l'origan ou la sarriette, les oeufs légèrement battus, le fromage râpé, sel et poivre au goût.

• Verser dans la sauce aux tomates préparée comme ci-dessus. Bien mélanger.

• Couvrir, cuire aux micro-ondes 20 minutes à « MEDIUM ».

3. La cuisson des pâtes :

• Mettre l'eau dans un plat de 10 à 12 tasses (2,5 à 3 L) pour cuisson aux micro-ondes.

• Faire chauffer 20 minutes à « HIGH » car l'eau doit être portée à forte ébullition.

• Ajouter le sel et l'huile. Y mettre la lasagne.

• Lorsque la lasagne longue et large est utilisée, la déposer petit à petit dans l'eau, à mesure qu'elle ramollit, jusqu'à complète utilisation.

• Ne pas couvrir. Cuire 15 à 20 minutes à « MEDIUM-HIGH ».

- Vérifier la cuisson des pâtes après 15 minutes. Prolonger la cuisson de 5 minutes, s'il y a lieu. Bien égoutter.

4. La cuisson de la lasagne

- Huiler un plat en pyrex ou en céramique (Corning) de 10 sur 10 pouces (25 sur 25 cm).

- Mettre 6 à 7 cuillerées à soupe (90 à 105 mL) de sauce (1) au fond du plat.

- Recouvrir d'une couche de lasagne cuite, surmonter de minces tranches de mozzarella.

- Mélanger le fromage cottage et l'eau chaude, étendre une couche de ce mélange sur le mozzarella.

- Déposer à la cuiller le quart de la sauce sur le fromage cottage.

- Répéter le procédé jusqu'à l'utilisation complète des ingrédients.

- Saupoudrer le tout du fromage parmesan râpé.

- Laisser reposer jusqu'au moment de servir. Cuire 15 minutes à «MEDIUM» et servir.

- Ou bien, pour faire dorer le dessus, préchauffer la partie convexion de votre four à micro-ondes 10 minutes à 350°F (180°C).

- Disposer le plat de lasagne sur la grille du four et faire cuire de 20 à 30 minutes. Servir.

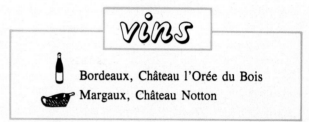

vins

Bordeaux, Château l'Orée du Bois
Margaux, Château Notton

711

Les nouilles japonaises

• Au Japon, les « Menrui » ou nouilles sont servies en été comme en hiver. Elles sont servies très chaudes, cuites dans des bouillons spéciaux, ou très froides, accompagnées de diverses sauces trempettes ou de garniture.

• Il en existe différentes sortes et sont disponibles en Occident dans les boutiques spécialisées en produits d'importation japonaise.

Les nouilles dites «Udon»

• Ce sont des nouilles de grosseur moyenne, faites de blé entier ; elles cuisent en une ou deux minutes dans un liquide bouillant, et peuvent être servies sur des légumes chauds ; elle sont délicieuses avec le poulet.

Les nouilles «Hiyamugi»

• Ce sont des nouilles minces au blé, généralement servies froides sur un lit de glace finement concassée, accompagnées d'une sauce trempette froide.

• J'aime ces nouilles, servies froides, accompagnées de crevettes à l'étuvée, chaudes ou froides. Je les aime aussi froides recouvertes d'oeufs cuits dur hachés et froids.

• Si vous désirez servir un choix de condiments avec les nouilles japonaises cuites, pourquoi ne pas essayer le gingembre frais, pelé et râpé au goût, et l'ajouter à des oignons verts hachés ? Délicieux pour accompagner le poulet froid ou les fruits de mer ;

ou l'ajouter à du cresson haché pour accompagner le bifteck ;

ou l'ajouter à du cresson haché mélangé à une cuillerée à soupe (15 mL) d'huile végétale, pour accompagner le poisson ;

ou l'ajouter à des graines de sésame grillées, pour servir avec le rôti ou le ragoût d'agneau.

• Pour accompagner tout poulet cuit, mélanger les nouilles fines cuites avec du gingembre râpé au goût et 2 cuillerées à soupe (30 mL) de saké (vin de riz). J'aime aussi employer le Mirin, un vin de riz sucré, également disponible dans les boutiques de spécialités japonaises.

• Elles sont exquises, servies avec des crevettes cuites et la sauce de soja japonaise ; la meilleure est la sauce de soja «Kikkoman».

Nouilles frites à la japonaise (Yakisoba)

Préparation : . . . . **10 min**
Cuisson : . . . . **6 min**
Attente : . . . .**aucune**

Petit conseil : Le chou et le jambon cuit ajoutés aux nouilles frites constituent un délicieux repas de famille ou de visite. Un oeuf frit peut être déposé sur chaque portion de nouilles au moment de servir.

Madiran, Château Peyros
Crozes-Hermitage, Delas

Ingrédients :

8 oz (250 g) de petites nouilles aux oeufs*

6 tasses (1,5 L) d'eau

3 c. à soupe (50 mL) d'huile végétale

sel et poivre au goût

3 tasses (750 mL) de chou râpé fin

2 minces tranches de jambon cuit

1 oignon moyen tranché mince

1 petit piment vert coupé en minces filets

La sauce :

1/4 de tasse (60 mL) de ketchup ou de sauce chili

2 c. à soupe (30 mL) de sauce H.P.

* Il y a sur le marché un choix de petites nouilles aux oeufs.

Préparation :

• Amener l'eau à l'ébullition, environ 10 minutes à «HIGH».

• Laisser tomber les nouilles dans l'eau doucement.

• Cuire 3 minutes à «HIGH».

• Bien égoutter dans une grande passoire.

• Verser l'huile dans un bol, chauffer 1 minute à «HIGH».

• Ajouter les nouilles bien égouttées et remuer pour bien les enrober d'huile, ajouter sel et poivre au goût. Verser dans un plat, couvrir pour qu'elles demeurent chaudes.

• Râper le chou finement et l'ajouter au jambon et à l'oignon tranchés minces ainsi qu'au piment vert en minces filets. Bien mélanger dans un bol.

• Chauffer une deuxième cuillerée à soupe (15 mL) d'huile 1 minute à «MEDIUM-HIGH».

• Y ajouter le mélange du jambon et des légumes.

• Cuire 2 minutes à «MEDIUM-HIGH».

• Mélanger les ingrédients de la sauce, verser sur les nouilles, remuer, chauffer aux micro-ondes 1 minute à «HIGH» et servir.

Les sauces

Sauce à spaghetti

Préparation :	**12 min**
Cuisson :	**12 min**
Attente :	**10 min**

Petit conseil : En 12 minutes, vous aurez une bonne sauce pour servir avec votre spaghetti. Quelquefois, avant de laisser reposer la sauce, j'y ajoute 1 tasse (250 mL) de dés de fromage, une seule sorte ou un mélange. La chaleur de la sauce fait fondre le fromage.

Ingrédients :

8 oz (250 g) de spaghetti

8 oz (250 g) de boeuf ou de porc haché

1 gros oignon haché

1/2 tasse (125 mL) de dés de céleri et de feuilles

1 carotte râpée (facultatif)

1 c. à thé (5 mL) de basilic

1 c. à thé (5 mL) de sarriette

1 boîte de tomates de 19 oz (540 mL)

1 c. à thé (5 mL) de sel

1 c. à thé (5 mL) de sucre

1/2 c. à thé (2 mL) de poivre frais moulu

Préparation :

• Cuire le spaghetti selon les instructions au Tableau de cuisson des pâtes.

• Mettre dans le plat de cuisson le boeuf ou le porc haché, le défaire avec une fourchette, ajouter l'oignon, le céleri, la carotte, le basilic et la sarriette.

• Mélanger et cuire aux micro-ondes, sans couvrir, 8 minutes à «HIGH», en remuant 2 à 3 fois.

• Ajouter le reste des ingrédients. Bien mélanger et faire cuire 4 minutes à «HIGH».

• Laisser reposer, couvert, pendant 10 minutes. Servir sur le spaghetti cuit.

Sauce à spaghetti au porc

Préparation :	**8 min**
Cuisson :	**12 min**
Attente :	**aucune**

Ingrédients :

2 côtelettes de porc hachées

2 oignons moyens émincés

2 branches de céleri en dés

1 carotte râpée

1/2 c. à thé (2 mL) de basilic ou d'origan

1 feuille de laurier

1 boîte de 19 oz (540 mL) de tomates

1 c. à thé (5 mL) de sel

1 c. à thé (5 mL) de sucre

1/2 c. à thé (2 mL) de poivre

Préparation :

• Mettre les 6 premiers ingrédients dans une casserole de 4 tasses (1 L).

• Faire cuire 8 minutes à «HIGH», en brassant deux fois.

• Ajouter la boîte de tomates, le sel, le sucre et le poivre. Bien mélanger et faire cuire 4 minutes à «HIGH».

Petit conseil : Cette sauce agrémente une portion de 8 onces (250 g) de spaghetti cuit.

Sauce à spaghetti aux foies de poulet

Préparation :	15 min
Cuisson :	16 min
Attente :	aucune

• Une spécialité de Vérone ; sauce italienne renommée pour accompagner les pâtes. Sauce parfaite, préparée en 20 minutes. Les tomates fraîches ne sont pas toujours disponibles et parfois elles coûtent cher, mais la qualité de cette sauce vaut bien la dépense.

Ingrédients :

2 c. à soupe (30 mL) de beurre

1 lb (500 g) de foies de poulet, en dés

2 c. à soupe (30 mL) de beurre

2 gousses d'ail finement hachées

2 gros oignons finement hachés

1/2 tasse (125 mL) de champignons frais, tranchés

1 c. à thé (5 mL) de sel

1/2 c. à thé (2 mL) de poivre

1/2 c. à thé (2 mL) de moutarde sèche

2 tomates fraîches pelées et coupées en dés

1 c. à soupe (15 mL) de farine

3 c. à soupe (50 mL) de purée de tomates

1 tasse (250 mL) de consommé en boîte non dilué

1 c. à thé (5 mL) de basilic

1/2 c. à thé (2 mL) de romarin ou de marjolaine

Préparation :

• Dans un plat de 4 tasses (1 L) pour cuisson aux micro-ondes, faire fondre les 2 premières c. à soupe (30 mL) de beurre, 2 minutes à « HIGH ».

• Ajouter les foies de poulet en dés. Bien mélanger.

• Cuire aux micro-ondes 3 minutes à « HIGH , en remuant une fois. Retirer les foies du plat.

• Faire fondre les 2 autres c. à soupe (30 mL) de beurre dans le même plat, 2 minutes à « HIGH » ;

• Ajouter l'ail et les oignons, cuire 4 minutes à « HIGH ».

• Remuer et ajouter les champignons.

• Bien mélanger et cuire 1 minute à « HIGH ».

• Ajouter le sel, le poivre et la moutarde sèche.

• Bien remuer, ajouter les tomates en dés, remuer. Cuire aux micro-ondes 4 minutes à « HIGH ».

• Remuer ensemble la purée de tomates et la farine.

• Ajouter au mélange des tomates, y ajouter le consommé, le basilic et le romarin ou la marjolaine, en remuant.

• Cuire 4 minutes à « HIGH », en remuant une fois. Remuer pour bien mélanger le tout.

• Cette sauce se conserve au réfrigérateur, couverte, de 4 à 6 jours.

• La réchauffer à « MEDIUM » au besoin. Le temps varie selon la quantité.

• Cette sauce se congèle bien jusqu'à 3 ou 4 mois.

• Il n'est pas nécessaire de la décongeler pour l'utilisation, simplement la réchauffer, couverte, à « MEDIUM-HIGH » jusqu'à ce qu'elle soit chaude.

Sauce aux légumes à l'italienne

Préparation : . . . . **14 min**
Cuisson : . . . . **15 min**
Attente : . . . . **aucune**

• Il y a peu de sauces pour spaghetti qui soient sans viande. Celle-ci est très bonne et peut être préparée avec de l'huile ou du gras de bacon fondu plutôt que tout autre gras.

Ingrédients :

8 oz (250 g) de spaghetti
1/2 tasse (125 mL) d'huile d'olive ou végétale
2 carottes moyennes râpées
2 gros oignons tranchés mince
2 poireaux moyens, coupés en rondelles
1 boîte de tomates de 28 oz (796 mL)
1 c. à soupe (15 mL) de sucre
1 c. à thé (5 mL) de sel
1 c. à soupe (15 mL) d'origan ou de sarriette

Préparation :

• Faire cuire le spaghetti selon les instructions au Tableau de cuisson des pâtes.

• Selon la marque utilisée, la cuisson peut varier légèrement. Remuer et vérifier.

• Faire chauffer l'huile 3 minutes à «HIGH» dans un plat de cuisson de 8 tasses (2 L).

• Ajouter les légumes, les tomates, le sucre, le sel et les fines herbes. Bien mélanger le tout.

• Couvrir et cuire aux micro-ondes 15 minutes à «HIGH».

• Servir comme sauce sur le spaghetti cuit.

Petit truc : Avant de réchauffer aux micro-ondes les tranches d'une viande déjà cuite, toujours les arroser de sauce pour éviter qu'elles ne s'assèchent.

Sauce aux tomates fraîches

Préparation : . . . . **7 min**
Cuisson : . . . . **de 19 à 25 min**
Attente : . . . . **aucune**

• J'ai toujours hâte de faire cette sauce avec les premières tomates fraîches de mon jardin. J'aime la servir sur de délicates pâtes cuites, telles que des nouilles fines ou des petites étoiles.

Ingrédients :

3 grosses tomates mûres non pelées
1 c. à soupe (15 mL) de beurre ou d'huile d'olive
1 c. à thé (5 mL) de sucre
1 c. à soupe (15 mL) de basilic
2 tasses (500 mL) de nouilles fines ou
  de petites étoiles
sel au goût

Préparation :

• Couper les tomates non pelées en 6 ou 8 morceaux. Les mettre dans un plat de pyrex ou Corning.

• Cuire aux micro-ondes à «HIGH» 8 à 10 minutes, ou jusqu'à ce que la sauce épaississe, en remuant deux fois durant la cuisson. La texture doit être épaisse mais crémeuse.

• Ajouter le reste des ingrédients, sauf les pâtes et le sel. Remuer jusqu'à consistance crémeuse.

• Cuire les nouilles ou les étoiles selon les instructions de base au Tableau de cuisson des pâtes.

• Ajouter la sauce aux tomates et le sel.

• Bien remuer et servir, ou réchauffer 3 ou 4 minutes à «MEDIUM».

Petit truc : Tremper la cuiller dans l'eau chaude avant de mesurer le miel, qui en glissera facilement.

Sauce aux tomates quatre-saisons

Ingrédients :

1/4 de tasse (60 mL) d'huile d'olive ou végétale

1 gros oignon finement haché

1 gousse d'ail finement hachée

1 grosse boîte de 28 oz (796 mL) de tomates *ou* 6 tomates fraîches pelées, en dés

Préparation : . . . . **10 min**

Cuisson : . . . . **de 12 à 14 min**

Attente : . . . . **aucune**

1 boîte de 5$^{1/2}$ oz (156 mL) de purée de tomates

1 feuille de laurier

1/2 c. à thé (2 mL) de thym

1 c. à thé (5 mL) de basilic ou d'origan

2 c. à thé (10 mL) de sucre

Préparation :

• Mettre l'huile de votre choix dans un grand plat de 6 tasses (1,5 mL).

• Faire chauffer 2 minutes à «HIGH».

• Ajouter l'oignon et l'ail, remuer pour bien enrober d'huile.

• Cuire aux micro-ondes 4 minutes à «MEDIUM-HIGH», en remuant une fois ; l'oignon doit être fondu mais non doré.

• Ajouter le reste des ingrédients et bien mélanger le tout.

• Cuire aux micro-ondes de 8 à 10 minutes à «MEDIUM-HIGH», en remuant après 5 minutes de cuisson.

• La quantité de sauce est suffisante pour 8 onces (250 g) de pâtes cuites de votre choix.

Sauce aux tomates fraîches toute simple

Préparation : . . . . **5 min**
Cuisson : . . . . **4 min**
Attente : . . . . **aucune**

Petit conseil : Cette sauce, la simplicité même, est la meilleure des sauces rapides. À l'occasion, je la mélange à 2 tasses (500 mL) de riz brun cuit, ou je la sers comme plat principal accompagnée d'un bol de fromage râpé. Elle peut aussi être ajoutée à la sauce d'un rôti ou servie avec le rôti de veau.

Ingrédients :

1¹/₂ à 2 tasses (375 à 500 mL) de tomates mûres non pelées, tranchées mince

1 c. à soupe (15 mL) de beurre ou d'huile d'olive

1 c. à thé (5 mL) de sucre

1/2 c. à thé (2 mL) de basilic ou d'origan ou de thym

Préparation :

• Mettre les tomates dans un plat, cuire aux micro-ondes 2 à 4 minutes à «HIGH», en remuant après 2 minutes. Les tomates cuites auront une belle consistance crémeuse.

• Ajouter le reste des ingrédients en remuant pour obtenir un mélange lisse et léger.

• Cette sauce, simple et délicieuse, est à son meilleur lorsqu'elle est servie sur de petites pâtes.

• J'ai appris à faire cette sauce dans le sud de la France, où elle est servie sur du riz, des pâtes, ou pour napper un poisson poché ou frit.

• En été, si vous avez du basilic frais dans votre jardin, en mettre quelques tiges dans un bocal, le placer sur la table avec des ciseaux.

• Chacun en coupe à son goût sur ses pâtes au moment de les déguster. C'est délicieux.

Sauce aux tomates «Bonne santé»

Cuisson par convexion

Préparation : . . . . **10 min**
Cuisson : . . . . **de 24 à 30 min**
Attente : . . . . **aucune**

• Cette sauce savoureuse et attrayante pourrait bien être appelée Délice d'été ; elle est à son meilleur lorsque les jardins regorgent de légumes frais.

Ingrédients :

un sac de 10 oz (284 g) d'épinards

sel et poivre au goût

1/4 de tasse (60 mL) de ciboulette finement hachée *ou* 4 oignons verts, en dés

2 c. à soupe (30 mL) de beurre

1/2 tasse (125 mL) de fromage cheddar râpé

1 oeuf légèrement battu

4 grosses tomates

Préparation :

• Nettoyer les épinards, les mettre dans un bol, cuire 2 minutes à «HIGH». Les mettre dans une passoire, presser avec une cuiller pour en retirer l'excédent d'eau. Lorsqu'ils sont bien égouttés, les hacher avec deux couteaux, les mettre dans un bol, saler et poivrer au goût, ajouter la ciboulette ou les oignons verts et le beurre. Bien mélanger, cuire 2 minutes à «MEDIUM».

• Battre l'oeuf avec le fromage, ajouter au mélange et bien remuer le tout.

• Tailler une tranche sur le dessus des tomates, les évider, presser chaque tomate légèrement pour enlever un peu de graines. Saupoudrer l'intérieur de chaque tomate d'une pincée de sucre. Ajouter aux épinards la pulpe retirée de l'intérieur des tomates, la couper en petits dés et remplir chacune du mélange des épinards. Recouvrir chaque tomate de la tranche enlevée.

• Préchauffer la partie convexion de votre four à micro-ondes 10 minutes à 375°F (190°C). Disposer les tomates dans une assiette, les faire cuire de 20 à 25 minutes selon leur grosseur.

• Les accompagner de pâtes de votre choix, cuites selon les instructions de base au Tableau de cuisson des pâtes, et d'un bol de fromage râpé. C'est un excellent plat végétarien, très léger.

Sauce d'aubergine de Simone

Préparation : . . . . **15 min**
Cuisson : . . . . **de 20 à 21 min**
Attente : . . . . **aucune**

Petit conseil : Mon amie Simone prétendait toujours ne pas savoir cuisiner, mais tout ce qu'elle apprêtait était délicieux et parfait, y compris cette sauce qui peut être servie sur riz ou sur nouilles, ou comme garniture pour rehausser une casserole, ou avec les petites pâtes. Elle est aussi excellente pour napper les filets de poisson frits.

Ingrédients :

1 aubergine moyenne pelée et taillée en dés

2 c. à soupe (30 mL) de graisse de bacon ou d'huile

1 grosse gousse d'ail finement hachée

1 piment vert doux, moyen ou gros, en dés

1 c. à thé (5 mL) de basilic

1 boîte de 19 oz (540 mL) de tomates

1 c. à thé (5 mL) de sel

1/4 de c. à thé (1 mL) de poivre

1 c. à thé (5 mL) de sucre

3 tasses (750 mL) de macaronis en coudes, cuits

Préparation :

• Faire dégorger l'aubergine 10 minutes dans l'eau froide, puis bien l'égoutter.

• Mettre la graisse de bacon ou l'huile dans un plat, cuire aux micro-ondes 2 minutes à «HIGH».

• Ajouter l'ail, le piment vert et le basilic.

• Cuire 3 minutes à «MEDIUM-HIGH», remuer et ajouter les tomates, le sel, le poivre et le sucre, remuer et ajouter l'aubergine bien égouttée.

• Remuer et cuire aux micro-ondes 10 minutes à «MEDIUM-HIGH».

• Ajouter les macaronis en coudes cuits selon les instructions de base au Tableau de cuisson des pâtes.

• Servir avec un bol de fromage râpé de votre choix.

Sauce à la mode de Sienne

Préparation : . . . . **10 min**
Cuisson : . . . . **15 min**
Attente : . . . . **aucune**

• Une excellente sauce végétarienne pour les pâtes. Elle se conserve au réfrigérateur de 4 à 6 jours, et de 2 à 3 mois au congélateur.*

Ingrédients :

1/2 tasse (125 mL) d'huile végétale

2 carottes moyennes râpées

2 gros oignons hachés fin

2 poireaux moyens tranchés mince

1 boîte de tomates de 28 oz (796 mL)

2 c. à thé (10 mL) de sucre

1 c. à thé (5 mL) de sel

Préparation :

• Mettre l'huile dans un plat de 6 tasses (1,5 mL) et la faire chauffer aux micro-ondes 2 minutes à «HIGH».

• Ajouter le reste des ingrédients, bien mélanger.

• Cuire 15 minutes à «MEDIUM-HIGH».

• Servir au choix sur des pâtes cuites ou du riz cuit.

Afin de pouvoir utiliser la sauce surgelée en petites quantités, la diviser dans 2 ou 3 contenants pour la congeler.

Les oeufs

Quelques notions sur les oeufs

• Est-il besoin de rappeler ici que les oeufs sont essentiels dans les crèmes, les omelettes, les mousses, la mayonnaise, qu'ils servent à lier les ingrédients du pain à la viande, qu'ils contribuent à la texture tendre et délicate des gâteaux, à faire dorer la croûte des pâtisseries, à clarifier le consommé ; bref, matin, midi et soir les oeufs sont indispensables.

• Personnellement, ce que je trouve le plus intéressant en ce qui concerne les oeufs, ce sont les mille et un plats dont les oeufs constituent l'ingrédient essentiel ; et cependant, il n'existe que quelques méthodes fondamentales de mode d'emploi ou de cuisson des oeufs.

• Certaines personnes refusent d'acheter les oeufs dont la coquille est teintée ; d'autres, les oeufs à la coquille blanche. La couleur de la coquille de l'oeuf dépend de la race de la poule et n'influence en rien la saveur ou la qualité de l'oeuf.

• L'oeuf, dans sa coquille, contient tout ce qu'il faut pour contribuer à notre santé et à notre bien-être. Il faut savoir en bien user. C'est facile quand on connaît certains principes de base.

• L'oeuf est rempli de vitamines à la portée de tous, jeunes et vieux.

• L'oeuf doit être cuit aux micro-ondes à «MEDIUM», «MEDIUM-LOW» ou «LOW».

• Dans la cuisson, la variété dans la présentation d'un oeuf est sans limite : l'oeuf poché servi sur une tranche de pain grillé constitue un délicieux repas nourrissant ; servi sur une mince tranche de jambon, c'est un mets qui plaît aux hommes ; nappé d'une hollandaise, voilà un plat élégant. J'espère que les recettes qui suivent sauront vous inspirer dans l'adaptation de vos recettes préférées à la cuisson aux micro-ondes.

• L'oeuf doit être conservé au frais, au réfrigérateur, de préférence hors de sa boîte.

• Il est facile de séparer le blanc et le jaune si l'oeuf est froid.

• L'oeuf ne doit pas être lavé avant d'être réfrigéré, car il est recouvert d'une couche protectrice qui aide à le conserver frais jusqu'à l'utilisation.

• Pour obtenir plus de volume d'un blanc d'oeuf battu, le laisser reposer de 20 à 30 minutes à la température de la pièce avant de le battre.

• Le blanc d'oeuf peut être conservé durant des semaines au réfrigérateur dans un bocal bien fermé (un bocal à confiture est idéal).

• Peu importe que la coquille soit blanche ou brune, c'est la fraîcheur qui compte.

• Rappelez-vous qu'il y a plus d'une façon de casser un oeuf et de le faire cuire.

• Puissent les recettes suivantes vous aider à bien apprendre la cuisson des oeufs aux micro-ondes.

La cuisson des oeufs aux micro-ondes

• La cuisson des oeufs aux micro-ondes requiert certaines notions de base. Si vous suivez les procédés auxquels je me suis conformée durant les trois dernières années, vous serez bientôt en mesure de faire cuire les oeufs au four à micro-ondes, et le succès vous sera assuré.

• **Il peut y avoir une différence de quelques secondes avec la durée de cuisson donnée dans la recette, suivant le genre d'oeufs utilisés, petits, moyens ou gros.** Selon que les oeufs sont réfrigérés sur des tablettes à découvert ou dans leur boîte fermée, l'intensité du froid varie, ce qui peut modifier le temps de cuisson d'une seconde ou deux.

Trois règles importantes

1. **Ne jamais cuire aux micro-ondes un oeuf entier dans sa coquille,** car l'oeuf éclatera et fera un dégât dans votre four.

2. **Ne pas essayer de réchauffer un oeuf cuit dur dans sa coquille,** pour les mêmes raisons que ci-haut. Mais, la coquille enlevée, il peut être mis dans un bol, recouvert d'eau chaude et réchauffé aux micro-ondes 30 secondes à «HIGH».

3. **Pour faire cuire aux micro-ondes un oeuf entier,** frit, poché, etc., percer le blanc et le jaune à 2 ou 3 reprises avec la pointe d'un petit couteau, pour briser la pellicule invisible recouvrant l'oeuf et l'empêcher d'éclater dans le four (ce qui n'est pas dangereux mais très salissant). Je recommande fortement d'éviter de faire cuire à «HIGH» les oeufs bouillis, pochés ou en omelette. L'intensité moyenne (50 %) est la meilleure.

• Si votre four n'a qu'une seule intensité («HIGH»), mettre un contenant de 2 tasses (500 mL) rempli d'eau dans le four à micro-ondes à côté des oeufs; une portion des micro-ondes sera ainsi absorbée par l'eau.

• Un autre point important à retenir c'est que la haute teneur en gras du jaune d'oeuf le fait cuire plus vite que le blanc, ce qui va à l'encontre de la méthode conventionnelle.

• Pour que les jaunes d'oeufs cuits aux micro-ondes demeurent mous, retirer le plat du four avant que les blancs ne soient tout à fait cuits, couvrir d'un papier ciré et laisser reposer 1 ou 2 minutes. Ils ne refroidiront pas, mais ils seront plus fermes, tels qu'ils doivent être.

Pour faire cuire le bacon avant les oeufs

• Il y a deux façons de procéder :

1. Si vous ne désirez pas conserver la graisse fondue, mettre les tranches de bacon les unes à côté des autres sur un essuie-tout blanc dans l'assiette de service.

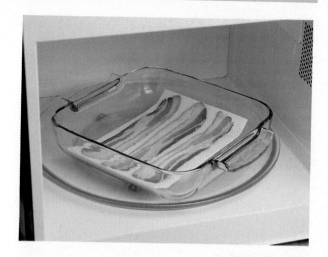

• Cuire aux micro-ondes 1 à 3 tranches de 35 à 45 secondes à «HIGH», selon la cuisson désirée. Enlever l'essuie-tout gras et laisser reposer le bacon dans l'assiette durant la cuisson des oeufs.

2. Si vous désirez conserver la graisse, cuire le bacon aux micro-ondes dans une assiette plus petite, sans papier. Aussitôt prêt, verser la graisse dans un bocal et la conserver au réfrigérateur. Lorsque l'oeuf est cuit, placer le bacon autour.

Oeufs frits

Préparation : . . . . **1 min**
Cuisson : . . . . **de 25 à 30 s**
Attente : . . . .**aucune**

Petit conseil : De préparation facile et rapide. Cuit dans une petite assiette, l'oeuf sera incolore, mais si vous possédez un merveilleux petit plat à griller (Corning), la couleur du beurre peut être contrôlée en plus de permettre la cuisson d'un ou deux oeufs frits à la perfection en même temps.

Ingrédients :

1 c. à thé (5 mL) de beurre ou de gras de bacon
1 oeuf
sel et poivre au goût

Préparation :

- Si vous utilisez le petit plat à griller, y faire fondre le beurre ou le gras de bacon 30 à 40 secondes à «HIGH».

- Casser l'oeuf dans le gras fondu.

- Percer le jaune et le blanc délicatement avec la pointe d'un couteau à 3 ou 4 endroits.

- Cuire 25 à 30 secondes à «MEDIUM-HIGH».

- La différence de la durée de cuisson dépend de la grosseur de l'oeuf.

- Pour faire frire 2 oeufs, le procédé est le même ; simplement, calculer de 10 à 20 secondes de plus pour faire fondre le gras et faire cuire les oeufs.

Oeufs sur le plat avec bacon

Préparation : . . . . **3 min**
Cuisson : . . . . **de 4 à 5 min**
Attente : . . . . **aucune**

• Le petit déjeuner par excellence pour un grand nombre d'entre nous. Seulement quelques minutes de préparation, directement dans l'assiette ou le petit plat à griller.

Ingrédients :

1, 2 ou 3 tranches de bacon
1 ou 2 oeufs
ciboulette ou persil au goût

Préparation :

• Il y a deux manières pour procéder pour la cuisson du bacon (voir ce qui a été dit précédemment : Pour faire cuire le bacon avant les oeufs.)

• Lorsque le bacon est cuit, briser l'oeuf dans l'assiette, un ou deux à votre goût.

• Percer le jaune et le blanc de l'oeuf à deux ou trois endroits avec la pointe d'un couteau (voir Oeufs frits).

• Pour 1 oeuf, cuire aux micro-ondes de 20 à 25 secondes à «MEDIUM»; pour 2 oeufs, de 25 à 35 secondes à 1 minute à «MEDIUM».

• Le temps varie selon le goût personnel, comme pour les oeufs frits.

• Ajouter le bacon cuit et servir.

Oeufs brouillés

Préparation : . . . . **2 min**
Cuisson : . . . . **de 4 à 5 min**
Attente : . . . . **aucune**

• Voici une manière facile et rapide lorsqu'on doit servir plus de deux oeufs au même repas.

Ingrédients :

4 oeufs

1/4 de c. à thé (1 mL) de sel

1/4 de tasse (60 mL) de crème légère ou de lait

2 c. à soupe (30 mL) de beurre

Préparation :

• Casser les oeufs dans un bol, y ajouter le sel, la crème ou le lait, et battre avec une fourchette juste pour mélanger.

• Faire fondre le beurre dans une assiette à tarte en verre ou en céramique 2 minutes à «HIGH»; il sera doré.

• Verser les oeufs battus dans le beurre chaud. Cuire aux micro-ondes 1 minute à «MEDIUM».

• Remuer délicatement et cuire 1 minute de plus.

• Remuer de nouveau, spécialement la partie molle.

• La manière facile de procéder est de ramener la portion molle sur la portion partiellement cuite et de remuer délicatement avec une fourchette.

• Selon la température de départ des oeufs et du liquide, la cuisson pourrait être prolongée de quelques secondes, en se rappelant toutefois que, même après 2 minutes en dehors du four à micro-ondes, les oeufs continuent de cuire.

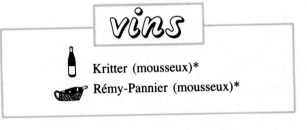

vins

Kritter (mousseux)*
Rémy-Pannier (mousseux)*

Ces vins ajoutés à 50 % de jus d'orange offrent un excellent accompagnement pour les brunchs.

Oeufs pochés

• Si vous préférez des oeufs cuits sans aucun gras, les oeufs pochés sont parfaits et faciles à faire aux micro-ondes.

Préparation : . . . . **2 min**
Cuisson : . . . . **de 30 à 40 s**
Attente : . . . . **aucune**

Ingrédients :

1/2 tasse (125 mL) d'eau

1/4 de c. à thé (1 mL) de vinaigre ou de jus de citron

1 oeuf

Préparation :

• Mettre dans un petit plat ou dans une tasse, l'eau, le vinaigre ou le jus de citron.

• Cuire 1 minute à «HIGH».

• Casser l'oeuf dans une soucoupe, percer le jaune et le blanc avec la pointe d'un couteau, et verser l'oeuf délicatement dans l'eau chaude.

• Cuire aux micro-ondes à «MEDIUM» de 30 à 40 secondes, selon la cuisson désirée.

• Retirer l'oeuf avec une cuiller trouée, le mettre sur une tranche de pain grillé ou un muffin anglais coupé en deux.

• En été, pourquoi ne pas saupoudrer l'oeuf de ciboulette émincée?

Petit conseil : Pour pocher 2 oeufs à la fois, faire chauffer 2 tasses (500 mL) d'eau 7 à 8 minutes à «HIGH». Percer le jaune et le blanc de chaque oeuf avec la pointe d'un couteau et cuire aux micro-ondes les 2 oeufs à la fois 1 minute à «MEDIUM-HIGH». Couvrir et laisser reposer 1 minute. Servir.
Je ne recommande pas de faire pocher plus de 2 oeufs à la fois, car il pourrait y avoir des portions trop cuites et d'autres pas assez.

Sauvignon de Touraine, Nicolas
Sauvignon de St-Bris, Laroche

Oeufs pochés
aux champignons

Préparation :	**5 min**
Cuisson :	**5 min**
Attente :	**aucune**

• Je garde toujours en réserve une boîte de soupe aux champignons condensée et quelques muffins anglais dans mon congélateur. Alors, quoi qu'il arrive, je puis en tout temps présenter en quelques minutes mes oeufs éclair, qui sont des oeufs pochés avec sauce aux champignons.

Ingrédients :

2 c. à soupe (30 mL) de beurre

1 boîte de soupe aux champignons en crème, condensée

1/3 de tasse (80 mL) de lait ou de vin blanc

4 oeufs

sel et poivre au goût

2 muffins anglais grillés et beurrés

Préparation :

• Faire fondre le beurre 1 minute à «HIGH» dans une assiette à tarte en pyrex ou en céramique.

• Ajouter la soupe et le lait ou le vin.

• Bien remuer.

• Cuire aux micro-ondes à «MEDIUM-HIGH» 2 minutes, ou jusqu'à ce que la sauce soit chaude, en remuant une fois pendant la cuisson.

• Casser les oeufs, un à la fois, dans une petite assiette.

• Faire une incision une fois dans le jaune, une fois dans le blanc, avec la pointe d'un couteau.

• Faire glisser les 4 oeufs avec soin, un à la fois, dans la sauce crémeuse.

• Alors, à l'aide d'une cuiller, verser de la sauce chaude avec soin ici et là sur les oeufs. Saler et poivrer.

• Recouvrir d'une feuille de papier ciré. Cuire 3 minutes à «HIGH».

• Vérifier la cuisson des oeufs.

• Au moment de servir, disposer un oeuf avec un peu de sauce sur une moitié de muffin anglais grillé et beurré.

vins

Anjou, Rémy Pannier

Touraine (blanc), Château de l'Aulée

Petit conseil : En été, je saupoudre le beurre de ciboulette émincée ; en hiver, j'utilise du persil ou de l'estragon séché.

Oeufs pochés à la sauce aux tomates

Préparation : . . . . **7 min**
Cuisson : . . . . **de 12 à 14 min**
Attente : . . . .**aucune**

• Ce sont des oeufs pochés à l'espagnole recouverts d'une sauce aux tomates vite faite.

Ingrédients :

3 c. à soupe (50 mL) d'huile d'olive ou végétale

2 petits oignons finement hachés

1 gousse d'ail émincée

une boîte de tomates de 16 oz (454 g)

1 c. à soupe (15 mL) de persil émincé

1/2 c. à thé (2 mL) de sel et autant de marjolaine

1/4 de c. à thé (1 mL) de poivre et autant de sucre

4 à 6 oeufs

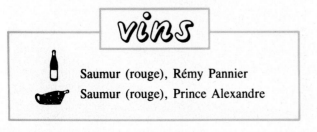

Saumur (rouge), Rémy Pannier
Saumur (rouge), Prince Alexandre

Préparation :

• Verser l'huile dans un plat à griller Corning, cuire aux micro-ondes 2 minutes à «HIGH».

• Ajouter les oignons et l'ail, bien remuer.

• Cuire 2 minutes à «HIGH», en remuant une fois.

• Ajouter les tomates, le persil, le sel, la marjolaine, le poivre et le sucre.

• Cuire 6 minutes à «HIGH», en remuant une fois après 4 minutes.

• Casser les oeufs un à un dans un petit plat, les percer avec la pointe d'un couteau, et les faire glisser un à la fois dans la sauce chaude, arroser chaque oeuf d'un peu de sauce avec une cuiller. Couvrir et cuire à «MEDIUM» 1 minute pour chaque oeuf.

• Une élégante présentation consiste à faire griller des moitiés de muffins anglais ou des tranches de pain au choix, et à l'aide d'une cuiller perforée y placer un oeuf poché recouvert d'un peu de sauce.

Oeufs moulés au fromage

Préparation : . . . . 5 min
Cuisson : . . . . 2 min
Attente : . . . . 1 min

• Une façon simple, facile et rapide de servir un bon petit déjeuner ou souper léger. Accompagner de pain grillé et d'une salade de cresson. La cuisson se fait dans quatre ramequins.

Ingrédients :

4 tranches minces de fromage au choix

4 oeufs

1/4 de tasse (60 mL) de sauce chili

1/4 de c. à thé (1 mL) de poudre de cari

2 c. à thé (10 mL) de sherry ou de madère

ciboulette ou persil émincé au goût

Préparation :

• Mettre une tranche de fromage dans chacun des ramequins.

• Casser un oeuf sur chaque tranche de fromage.

• Percer le blanc et le jaune de chaque oeuf avec la pointe d'un petit couteau.

• Mélanger la sauce chili, le cari, le sherry ou le madère.

• Verser en quantité égale sur chacun des oeufs.

• Cuire deux ramequins à la fois, de 40 à 50 secondes à «MEDIUM».

• Laisser reposer sur le comptoir de la cuisine, couverts de papier ciré, durant la cuisson des deux autres oeufs, de 40 à 45 secondes à «MEDIUM» également.

 Sauvignon de Touraine, A. Boucher
Bordeaux (blanc), Chevalier Védrines

Oeufs moulés à la française

Préparation : . . . . **3 min**
Cuisson : . . . . **de 35 à 60 s**
Attente : . . . . **aucune**

Petit conseil : Excellents pour un léger déjeuner ou souper. Ma façon préférée de servir ces oeufs est de les saupoudrer de ciboulette fraîche émincée. Pour un repas léger, les servir avec une salade et un fruit poché au dessert. Ces oeufs font une élégante présentation dans des ramequins en céramique.

Ingrédients :

2 oeufs

2 c. à thé (10 mL) de lait ou de crème

1 c. à thé (5 mL) de beurre

sel et poivre au goût

ciboulette ou persil émincé

Préparation :

• Préparer ces oeufs dans des coupes à dessert en verre ou dans des ramequins français en céramique.

• Casser les oeufs dans les coupes ou les ramequins, un dans chacun.

• Percer le jaune et le blanc délicatement avec la pointe d'un couteau.

• Verser 1 c. à thé (5 mL) de lait ou de crème sur chaque oeuf et un peu de beurre.

• Mettre les deux plats dans le four à micro-ondes et faire cuire à «MEDIUM» de 35 à 40 secondes.

• La cuisson peut être prolongée de 10 à 12 secondes de plus selon l'intensité de votre four.

• Vérifier le blanc de l'oeuf en y touchant. Saler et poivrer au goût.

• Saupoudrer de la ciboulette ou du persil émincé et servir.

Jambon, oeufs et pommes de terre

Préparation : . . . . **6 min**
Cuisson : . . . . **14 min**
Attente : . . . .**aucune**

• Un bon plat pour le déjeuner, accompagné d'une salade verte.

Ingrédients :

3 pommes de terre moyennes

1 c. à soupe (15 mL) de beurre

3 oignons verts finement hachés

poivre et poudre de cari au goût

1 tasse (250 mL) de jambon cuit, en dés

3 oeufs

1/4 de tasse (60 mL) de lait

Préparation :

• Brosser les pommes de terre et faire 2 ou 3 incisions dans la pelure de chacune avec la pointe d'un couteau.

• Cuire aux micro-ondes 7 minutes à «HIGH».

• Peler les pommes de terre, les tailler en dés et les mettre dans un plat pour cuisson aux micro-ondes.

• Faire fondre le beurre 1 minute à «HIGH», y ajouter les oignons verts et faire cuire 1 minute de plus. Saupoudrer de poivre et de poudre de cari au goût.

• Remuer, verser sur les pommes de terre, ajouter le jambon et mélanger.

• Battre les oeufs avec le lait et verser sur le tout.

• Remuer délicatement et cuire aux micro-ondes 5 minutes à «HIGH», en remuant deux fois. Servir.

vins

Sylvaner, Jean Hugel
Riesling, P. Sparr

Petit truc : Pour séparer les tranches de bacon avec facilité, ouvrir le paquet et le mettre au four à micro-ondes, 30 secondes à «HIGH». Elles se détacheront facilement.

Quiche lorraine

Cuisson par convexion ou aux micro-ondes

Préparation : . . . . **10 min**
Cuisson : convexion : . . . . **30 min**
     micro-ondes : . . . . **de 8 à 9 min**
Attente : . . . . **aucune**

> **Petit conseil :** La quiche classique se prépare avec des dés de bacon ou des petits lardons de porc frais et du fromage gruyère. Je vous donne ici ma version favorite, utilisant du bacon ou des lardons et du fromage cheddar doux ou fort. Au goût, omettre le fond de pâte, verser le mélange directement dans l'assiette. Faire cuire tel qu'indiqué.

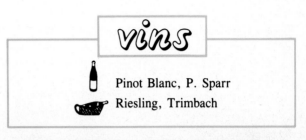

Pinot Blanc, P. Sparr
Riesling, Trimbach

Ingrédients :

pâte à tarte au saindoux
6 tranches de bacon ou des petits lardons
3 oeufs
1 tasse (250 mL) de crème riche
1/2 c. à thé (2 mL) de sel
1/4 de c. à thé (1 mL) de poivre
1/4 de c. à thé (1 mL) de muscade
1 tasse (250 mL) de fromage cheddar râpé

Préparation :

• Couper le bacon ou les lardons en morceaux de 1 pouce (2,5 cm).

• Mettre une feuille de papier absorbant sur une assiette, y étendre les dés de bacon ou les lardons et faire dorer 2 à 3 minutes à « HIGH ».

• Dans un bol, battre les oeufs, la crème, le sel, le poivre et la muscade.

• Ajouter le fromage râpé. Mélanger.

• Recouvrir l'assiette à tarte avec la pâte roulée*.

• Étendre les dés de bacon ou les lardons sur la pâte et verser le mélange du fromage sur le tout.

• Au goût, saupoudrer d'un peu de fromage râpé.

• Cuire aux micro-ondes 8 à 9 minutes à « MEDIUM » ou préchauffer la partie convexion de votre four à micro-ondes à 400°F (200°C) 20 minutes.

• Placer la quiche prête à cuire sur une grille et faire cuire 30 minutes.

• Vérifier la cuisson avec la pointe d'un couteau. Servir chaude ou tiède.

Précuire le fond de pâte 3 minutes à « HIGH ». Laisser refroidir avant d'y verser le mélange de la quiche.

Présentations variées d'une omelette

• La présentation d'une omelette peut varier à l'infini ; alors pourquoi toujours la servir de la même manière ? Je vous souhaite de vous laisser tenter par les quelques suggestions offertes ici.

Manière de faire une omelette dans un plat à griller

Préparation : .... **4 min**
Cuisson : .... **de 1 à 2 min**
Attente : .... **aucune**

Préparation :

- Mettre le plat à griller dans le four à micro-ondes et le faire chauffer 3 minutes à «HIGH».

- Mélanger dans un bol, les oeufs, le lait, la crème ou l'eau et le sel.

- Mettre le beurre dans le plat à griller chauffé sans le retirer du four; il grésillera en quelques secondes.

- Étendre le beurre pour couvrir le fond du plat sans retirer le plat du four.

- Y verser les oeufs battus avec le reste des ingrédients.

- Cuire 1 minute à «MEDIUM-HIGH».

- Si nécessaire, repousser la portion cuite de l'omelette vers le milieu du plat et cuire de 30 à 35 secondes de plus à «MEDIUM».

- Servir telle quelle ou recouverte de la garniture de votre choix.

- Si vous possédez un plat à griller (Corning), voici comment obtenir une omelette qui sera dorée dessous lorsque repliée, tout comme lorsque vous la faites cuire au poêlon.

Ingrédients :

2 oeufs légèrement battus
2 c. à soupe (30 mL) de lait, crème ou eau
1/2 c. à thé (2 mL) de sel
2 c. à thé (10 mL) de beurre

Omelette fermière

Petit conseil: Elle est facile et vite préparée. Le jambon peut être remplacé par le bacon. Pour un repas léger, servir cette omelette accompagnée de nouilles au beurre ou de pommes de terre cuites.

Préparation: . . . . **5 min**
Cuisson: . . . . **de 2 à 3 min**
Attente: . . . .**1 min**

Ingrédients:

3 oeufs

3 c. à soupe (50 mL) de lait

sel et poivre au goût

2 c. à soupe (30 mL) de persil émincé

une mince tranche de jambon

2 c. à thé (10 mL) de beurre

Muscadet de Sèvre-et-Maine,
Domaine Beau-Site

Muscadet de Sèvre-et-Maine,
Clos de la Sablette

Préparation:

• Battre ensemble les oeufs et le lait, ajouter sel et poivre au goût et le persil. Bien remuer.

• Couper le jambon en dés et enlever le gras, s'il y a lieu.

• Ajouter aux oeufs battus en remuant.

• Faire fondre le beurre 1 minute à «HIGH», dans une assiette à tarte en pyrex ou en céramique.

• Y verser le mélange des oeufs. Recouvrir d'une feuille de plastique.

• Cuire 30 secondes à «HIGH», soulever délicatement la feuille, remuer doucement la portion cuite de l'omelette, en faisant couler la portion non cuite dessous.

• Couvrir de nouveau, cuire aux micro-ondes 1 minute et 10 secondes à «MEDIUM».

• Laisser reposer 1 minute et servir.

Mon omelette préférée de trois oeufs

Préparation : . . . . **2 min**
Cuisson : . . . . **de 4 à 5 min**
Attente : . . . .**aucune**

• Cette omelette, qui se fait en un tour de main, peut être servie telle quelle ou avec une garniture de votre choix, ou l'une des garnitures des omelettes qui suivent.

Ingrédients :

3 oeufs

3 c. à soupe (50 mL) de crème sure

sel et poivre au goût

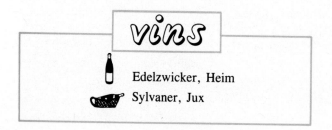

vins

Edelzwicker, Heim
Sylvaner, Jux

Préparation :

• Casser les oeufs dans un bol, ajouter la crème sure, le sel et le poivre.

• Beurrer copieusement une assiette à tarte de 9 pouces (23 cm) en céramique et y verser le mélange des oeufs. Couvrir de papier ciré.

• Cuire 2 minutes à «MEDIUM».

• Remuer délicatement, en ramenant les portions extérieures de l'omelette vers le centre de l'assiette.

• Faire cuire aux micro-ondes 2 minutes à «MEDIUM».

• Disposer au milieu la garniture ou la sauce de votre choix, replier l'omelette sur la garniture.

• Cuire 30 secondes de plus à «MEDIUM-LOW». Servir.

Omelette scandinave

Préparation : . . . . **5 min**
Cuisson : . . . . **de 3 à 4 min**
Attente : . . . . **aucune**

Petit conseil : Une légère et délicate omelette de 3 oeufs, garnie de saumon, d'oignons verts et d'aneth. Le saumon est parfois remplacé par une égale quantité de crevettes cuites hachées.

vins

Graves (blanc), Château Archambeau
Mâcon-Viré, Caves de Viré

Ingrédients :

3 oeufs séparés

2 c. à soupe (30 mL) de lait ou d'eau

1 c. à soupe (15 mL) de beurre

1/2 tasse (125 mL) de saumon cuit

4 oignons verts finement hachés

1 c. à thé (5 mL) d'aneth finement haché

Préparation :

• Battre les blancs d'oeufs jusqu'à ce qu'ils montent en pointes molles.

• Battre les jaunes d'oeufs avec le lait ou l'eau.

• Incorporer les blancs aux jaunes avec soin.

• Faire fondre le beurre dans une assiette à tarte de 9 pouces (23 cm) en pyrex ou en céramique (Corning), 1 minute à « HIGH ».

• Verser les oeufs dans le beurre chaud.

• Cuire aux micro-ondes à « MEDIUM » de 3 à 4 minutes, ou jusqu'à ce que le liquide soit pris.

• Durant la cuisson des oeufs, mélanger le saumon cuit, les oignons verts et l'aneth.

• Verser sur l'omelette cuite. Replier en deux et servir.

Omelette espagnole

Préparation : . . . . **8 min**

Cuisson : . . . . **10 min**

Attente : . . . .**5 min**

Petit conseil : L'omelette espagnole est à son meilleur lorsqu'on la prépare avec des tomates fraîches ; je ne me donnerais pas la peine de la faire sans cela. C'est un plat que je recommande pour un léger déjeuner entre amis, accompagné d'un bol de cresson ou peut-être d'une salade de riz et suivi d'un fruit poché selon la saison. Le tout est très espagnol et excellent pour la ligne.

Ingrédients :

1 c. à soupe (15 mL) d'huile d'olive ou végétale

1/2 piment vert haché fin

2 à 4 oignons verts hachés fin

1/4 de tasse (60 mL) de céleri en dés

une bonne pincée de thym

2 tomates fraîches, non pelées, coupées en dés

1 c. à thé (5 mL) de sucre

1/2 c. à thé (2 mL) de sel

3 c. à soupe (50 mL) de persil frais haché fin

une omelette de 3 oeufs (voir *Mon omelette préférée de trois oeufs*)

Préparation :

• Mettre l'huile dans une assiette à tarte en céramique ou en pyrex et chauffer 1 minute à «HIGH».

• Ajouter le piment vert, les oignons, le céleri et le thym.

• Cuire aux micro-ondes 4 minutes à «MEDIUM-HIGH», en remuant une fois.

• Ajouter les tomates, le sucre, le sel et le persil, bien mélanger, couvrir et cuire 2 minutes à «HIGH», laisser reposer 5 minutes.

• Dans l'intervalle, préparer l'omelette, verser sur les légumes et servir.

Saumur (rouge), Prince Alexandre
Bordeaux, Beau-Mayne

Omelette favorite des Albertains

Préparation : . . . . **5 min**
Cuisson : . . . . **6 min**
Attente : . . . . **aucune**

Ingrédients :

1 c. à thé (5 mL) de beurre ou
  de gras de bacon

1/2 tasse (125 mL) de jambon, en dés

un petit oignon haché fin

1/4 de tasse (60 mL) de piment doux
  rouge ou vert

une omelette de 3 oeufs (voir *Mon omelette
  préférée de trois oeufs*)

Préparation :

- Faire fondre le beurre ou le gras de bacon dans un bol
  de 1 tasse (250 mL), 1 minute à «HIGH».

- Ajouter le jambon, l'oignon et le piment vert ou rouge.

- Bien remuer, cuire aux micro-ondes 2 minutes à
  «HIGH», en remuant une fois.

- Saler et poivrer au goût, ajouter une petite pincée de
  sucre.

- Servir avec l'omelette cuite.

 Saumur (blanc), Château St-Florent
Sauvignon de St-Bris, Laroche

Omelette des montagnards suisses

Préparation : . . . . **6 min**
Cuisson : . . . . **de 6 à 7 min**
Attente : . . . .**aucune**

• Les champignons frais et le fromage suisse ou cheddar qui servent à garnir cette omelette lui confèrent un caractère particulier.

Ingrédients :

1 tasse (250 mL) de champignons frais tranchés

1/4 de tasse (60 mL) d'oignons verts hachés fin

2 c. à soupe (30 mL) de beurre

sel et poivre au goût

1/2 tasse (125 mL) de fromage suisse ou cheddar doux râpé

une omelette de 3 oeufs (voir *Mon omelette préférée de trois oeufs*)

Préparation :

• Mettre les champignons frais, les oignons verts et le beurre dans un bol, couvrir et cuire 2 minutes à «HIGH». Bien remuer.

• Cuire l'omelette, la garnir avec le mélange des champignons et des oignons verts.

• Recouvrir du fromage râpé et servir.

vins

Roussette de Savoie, Jean Perrier & Fils
Apremont, Delaunay

Omelette aux fines herbes

Préparation : . . . . **5 min**
Cuisson : . . . . **de 4 à 5 min**
Attente : . . . . **aucune**

• En été, lorsque les herbes fraîches sont disponibles dans votre jardin ou au marché, ne manquez pas de faire cette omelette. Je cultive mes propres herbes, et dès qu'elles sont à point, je me régale de ma première omelette aux fines herbes au déjeuner, servie avec du pain croûté chaud et une salade.

Ingrédients :

3 c. à soupe (50 mL) de persil haché

2 c. à soupe (30 mL) de ciboulette fraîche finement hachée

1 c. à soupe (15 mL) de basilic haché

1 c. à soupe (15 mL) d'aneth haché

une omelette de 3 oeufs

Préparation :

• Préparer l'omelette, en ajoutant au mélange des oeufs le persil, la ciboulette, le basilic et l'aneth.

• Remuer pour bien mélanger.

• Cuire aux micro-ondes selon les instructions de la recette (**voir** *Mon omelette préférée de trois oeufs*).

Touraine (blanc), Château de la Roche
Pouilly sur Loire, E. Angenault

Le beurre fouetté

• Comme ce beurre se conserve un mois au réfrigérateur, en préparer une livre à la fois. Pour faire le meilleur beurre fouetté, utiliser le beurre doux.

• Placer la livre (500 g) de beurre doux au congélateur de 12 à 24 heures.

• Le développer et le mettre dans un bol, le passer aux micro-ondes 1 minute à «HIGH»; il devrait être ramolli. Sinon, le remettre 30 secondes à «HIGH».

• Battre le beurre avec un fouet métallique ou un batteur à main jusqu'à consistance crémeuse. Mettre le beurre dans un bol en formant des spirales sur le dessus, ou dans un bocal à large ouverture, et le conserver, couvert, au réfrigérateur.

Omelette à la reine

Préparation : . . . . **5 min**
Cuisson : . . . . **de 6 à 7 min**
Attente : . . . .**aucune**

Petit conseil : Une présentation classique de l'omelette dans la cuisine française. Elle est délicieuse, même avec un reste de poulet. La servir accompagnée d'une salade verte ou d'épinards au beurre chauds.

Ingrédients :

2 c. à soupe (30 mL) de beurre

1 tasse (250 mL) d'un reste de poulet, coupé en languettes

1/2 c. à thé (2 mL) d'estragon séché

une omelette de 3 oeufs (voir *Mon omelette préférée de trois oeufs*)

Sel et poivre au goût

Préparation :

• Faire fondre le beurre 1 minute à «HIGH» dans une assiette à tarte de 9 pouces (23 cm).

• Ajouter le poulet, bien remuer.

• Ajouter l'estragon, sel et poivre au goût.

• Remuer, couvrir et cuire aux micro-ondes 2 minutes à «MEDIUM».

• Préparer l'omelette.

• Lorsque l'omelette est cuite, la remplir du mélange du poulet, la replier et la napper à votre goût d'une sauce veloutée, parfumée également d'un peu d'estragon.

 Touraine (blanc), Château de l'Aulée

Graves (blanc), Château Archambeau

Omelette aux foies de poulet

Préparation : . . . . **8 min**
Cuisson : . . . . **de 8 à 10 min**
Attente : . . . . **aucune**

• Ce plat est toujours le bienvenu. Un régal, avec un bol de cresson frais et croustillant.

Ingrédients :

2 c. à soupe (30 mL) de margarine ou de beurre

1/2 lb (250 g) de foies de poulet frais coupés en languettes

2 c. à soupe (30 mL) de sherry au choix

1 c. à thé (5 mL) de farine

sel et poivre au goût

3 oignons verts finement hachés

une omelette de 3 oeufs (voir *Mon omelette préférée de trois oeufs*)

Préparation :

• Mettre le beurre ou la margarine dans une assiette à tarte de 9 pouces (23 cm), cuire aux micro-ondes 2 minutes à « HIGH » (le beurre doit grésiller).

• Ajouter les foies de poulet. Bien remuer.

• Saupoudrer la farine, sel et poivre sur le dessus.

• Cuire 2 minutes à « MEDIUM ».

• Ajouter le sherry et les oignons verts.

• Cuire 2 minutes à « MEDIUM ».

• Faire l'omelette.

• La garnir du mélange chaud des foies de poulet.

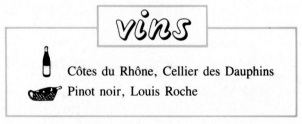

vins

Côtes du Rhône, Cellier des Dauphins
Pinot noir, Louis Roche

Omelette au fromage

Préparation :	**4 min**
Cuisson :	**de 3 à 4 min**
Attente :	**2 min**

 Roussette de Savoie, Jean Perrier & Fils
Apremont, Delaunay

Préparation :

• Cette omelette se fait dans un plat à griller (Browning Dish).

• Mettre dans un bol de grandeur moyenne, les oeufs, le lait, le sel et le poivre ; battre pour bien mélanger.

• Faire chauffer le plat à griller (Browning Dish de Corning) 3 minutes à «HIGH».

• Y placer le beurre sans retirer le plat du four.

• Lorsque le beurre est fondu, ajouter le mélange des oeufs.

• Recouvrir du couvercle ou d'un papier ciré et cuire aux micro-ondes 3 à 3 1/2 minutes à «MEDIUM» ou jusqu'à ce que l'omelette soit presque prise au centre.

• Saupoudrer de fromage, couvrir et laisser reposer 2 minutes.

• Détacher l'omelette des bords du plat avec une spatule, incliner le plat et faire glisser l'omelette sur l'assiette de service.

Ingrédients :

4 oeufs

1/4 de tasse (60 mL) de lait

1/4 de c. à thé (1 mL) de sel

un soupçon de poivre

2 c. à thé (10 mL) de beurre

1/2 tasse (125 mL) de fromage râpé

Omelette roulée (Tamago Yaki)

Préparation : . . . . **3 min**
Cuisson : . . . . **de 2 à 3 min**
Attente : . . . .**aucune**

Petit conseil : Cette omelette est facile à apprêter au four à micro-ondes. Pour les personnes au régime, c'est un plat très nourrissant, non engraissant.

Ingrédients :

2 oignons verts finement hachés

4 oeufs *(de préférence, à la température de la pièce)*

2 c. à thé (10 mL) de sauce de soja japonaise

2 c. à soupe (30 mL) d'huile végétale

Préparation :

• Battre ensemble avec une fourchette les oignons verts, les oeufs et la sauce de soja.

• Verser 1 c. à soupe (15 mL) d'huile végétale dans une assiette à tarte de 8 po (20 cm), faire chauffer 1 minute à «HIGH».

• Verser la moitié du mélange des oeufs dans l'assiette chaude, étendre rapidement le mélange pour couvrir le fond de l'assiette.

• Cuire aux micro-ondes 1 minute à «MEDIUM». À mi-cuisson, ramener délicatement la partie liquide du milieu vers les bords de l'assiette.

• Cuire encore de 40 à 60 secondes à «MEDIUM».

• Rouler l'omelette et la glisser sur une assiette chaude.

• Recommencer l'opération avec la deuxième moitié du mélange.

• À l'occasion, je coupe 6 crevettes cuites et décortiquées en minces tranches que je divise également sur les deux omelettes avant de les rouler.

vins

 Sauvignon de Touraine, A. Boucher
 Sauvignon de St-Bris, Laroche

Garniture florentine aux épinards

Préparation : . . . . **10 min**
Cuisson : . . . . **de 5 à 6 min**
Attente : . . . . **aucune**

• La présentation d'une omelette peut varier à l'infini, soit en la servant telle quelle ou avec la garniture suivante.

Ingrédients :

un sac ou 1 lb (500 g) d'épinards frais
une pincée de muscade fraîchement râpée
sel et poivre au goût
une recette de sauce veloutée

Préparation :

• Laver les épinards à l'eau froide courante. Les mettre dans un plat.

• Cuire aux micro-ondes 2 à 3 minutes à «HIGH», en remuant après 2 minutes (certains épinards cuisent en 2 minutes seulement).

• Bien les égoutter dans une passoire, en conservant le liquide.

• Y ajouter de la crème légère en quantité suffisante pour obtenir les 3/4 de tasse (190 mL) de liquide nécessaire à la préparation de la sauce veloutée.

• Cuire 3 minutes à «MEDIUM». Assaisonner au goût.

• Bien mélanger, ajouter les épinards cuits bien égouttés. Bien mélanger.

• S'il y a lieu de réchauffer, cuire 2 minutes à «MEDIUM». Verser sur l'omelette cuite.

Les sauces

Sauce veloutée pour omelettes

Préparation : . . . . **2 min**
Cuisson : . . . . **de 2 à 3 min**
Attente : . . . .**aucune**

Petit conseil : Vous pouvez ajouter à cette sauce de base, des poireaux ou des oignons verts fondus ou des épinards cuits, des herbes fraîches émincées, etc., au goût. Vous n'avez qu'à verser la garniture choisie sur l'omelette cuite.

Ingrédients :

4 c. à soupe (60 mL) de beurre

3 c. à soupe (50 mL) de farine

3/4 de tasse (190 mL) de crème légère ou de lait ou de bouillon de poulet

Préparation :

• Faire fondre le beurre 1 minute à «HIGH».

• Ajouter la farine, remuer pour bien mélanger.

• Ajouter le liquide de votre choix. Remuer pour mélanger.

• Cuire aux micro-ondes 2 minutes à «HIGH».

• Remuer et cuire 1 minute de plus à «MEDIUM», s'il y a lieu, pour obtenir une sauce crémeuse.

• Verser sur l'omelette cuite.

Sauce blanche de base

Préparation : . . . . **2 min**
Cuisson : . . . . **de 2 à 3 min**
Attente : . . . . **aucune**

Ingrédients :

2 c. à soupe (30 mL) de beurre ou
de gras de bacon

2 c. à soupe (30 mL) de farine

1 tasse (250 mL) de lait ou de consommé

sel et poivre au goût

Préparation :

- Faire fondre le beurre 40 secondes à «HIGH», ajouter la farine, remuer pour bien mélanger.
- Ajouter le lait ou le consommé.
- Remuer, cuire aux micro-ondes 2 minutes à «HIGH» en remuant de nouveau à mi-cuisson.
- Bien remuer, vérifier l'assaisonnement.
- Cuire aux micro-ondes une minute de plus à «MEDIUM».

Variantes :

Sauce à l'aneth

Ingrédients :
1 ou 2 c. à soupe (15 ou 30 mL) d'aneth frais ou séché
une pincée de muscade

Préparation :
- Ajouter les ingrédients à la sauce blanche de base.
- Bien mélanger et cuire 2 minutes à «MEDIUM».

Sauce aux champignons

Ingrédients :
1 c. à soupe (15 mL) de beurre

1 tasse (250 mL) de champignons tranchés

1 ou 2 oignons verts tranchés mince

1 tasse (250 mL) de lait ou de consommé de poulet

Préparation :
- Faire fondre le beurre 1 minute à «HIGH».
- Y ajouter les champignons, remuer pour bien les enrober de beurre fondu.
- Ajouter les oignons verts.
- Bien mélanger, ajouter le lait ou le consommé de poulet.
- Remuer et cuire 4 minutes à «MEDIUM-HIGH», en remuant une fois durant la période de cuisson. Assaisonner au goût.

Sauce aux tomates ou sauce espagnole rouge

Ingrédient :
3 c. à soupe (50 mL) de purée ou de pâte de tomates
(la purée est plus légère que la pâte, mais elle est moins disponible).

Préparation :
- Ajouter l'ingrédient à la sauce blanche de base.
- Mélanger et cuire 2 minutes à «HIGH».

Sauce au fromage

Ingrédients :

1/4 de c. à thé (1 mL) de moutarde sèche

1/2 tasse (125 mL) de fromage râpé au choix

Préparation :

• Ajouter les ingrédients à la sauce blanche de base.

Sauce au cari

Ingrédients :

1/2 à 1 c. à thé (2 à 5 mL) de poudre de cari

1 oignon vert, en dés

Préparation :

• Ajouter les ingrédients à la sauce blanche de base, bien mélanger.

• Cuire 2 minutes à «MEDIUM».

Sauce crémeuse au poireau

Préparation : . . . . **5 min**
Cuisson : . . . . **2 min**
Attente : . . . . **aucune**

Ingrédients :

1 poireau (la partie blanche et un peu du vert)

2 c. à soupe (30 mL) de beurre

sel et poivre au goût

une recette de sauce veloutée

Préparation :

• Nettoyer le poireau, enlever quelques pouces du vert, ou le laisser en entier s'il a été coupé avant l'achat. Le trancher mince.

• Faire fondre le beurre dans un bol, 1 minute à «HIGH».

• Ajouter le poireau en remuant, saler et poivrer au goût.

• Cuire 2 minutes à «MEDIUM-HIGH».

• Ajouter à la sauce veloutée. Remuer pour mélanger. Vérifier l'assaisonnement.

• Verser sur une omelette de 2 ou de 4 oeufs.

Les desserts

Au dire de certains, les desserts sont passés de mode ; d'autres les refusent catégoriquement… ils sont au régime !

S'il y a un sujet qui, aussitôt abordé, entraîne de la part des gourmets, des épicuriens, et même de la majorité des gens, un flot de paroles animées « pour ou contre » c'est bien celui des desserts. Chose curieuse, la plupart du temps, les desserts sortent vainqueurs du débat, surtout auprès des hommes.

Le nombre de ceux qui s'abstiennent sincèrement de desserts est très restreint et les autres regardent d'un oeil d'envie la gamme étendue de ces élégants et succulents plats sucrés. Lorsque je dis élégants et succulents, peut-être vous demandez-vous s'il est difficile et onéreux de produire de tels desserts? La réponse est «NON», lorsque vous faites ces desserts au four à micro-ondes.

À titre d'exemple, vous ne connaîtrez la véritable saveur d'un fruit poché que s'il est poché au four à micro-ondes. Il en est de même pour les gâteaux, muffins, crèmes, mousses, soufflés, fruits pochés, confitures, etc., depuis le plus simple au plus élaboré, et tous sont faciles et vite faits par la cuisson au four à micro-ondes.

Je dois admettre que pour certains desserts, c'est la partie convexion du four à micro-ondes qui doit être utilisée, mais… pourquoi pas?

Les desserts crèmes

Mousse au citron

Un élégant dessert estival frais et léger, qui se sert en tout temps après un repas copieux.

Préparation à l'avance : . . . .de 6 à 12 h
Cuisson : . . . . .de 3 à 4 min
Attente : .aucune

Ingrédients :

1/2 tasse (125 mL) de sucre

1 enveloppe de gélatine non aromatisée

1/4 de c. à thé (1 mL) de sel

1/2 tasse (125 mL) d'eau

1/2 tasse (125 mL) de jus de citron

le zeste râpé d'un citron

3 oeufs, (blancs et jaunes séparés)

1/3 de tasse (80 mL) de sucre

1 tasse (250 mL) de crème à fouetter

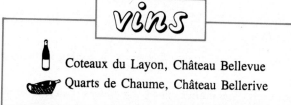

vins

Coteaux du Layon, Château Bellevue
Quarts de Chaume, Château Bellerive

Préparation :

• Mélanger le sucre, la gélatine, le sel, l'eau, le jus et le zeste de citron, dans un bol de 4 tasses (1 L).

• Battre les jaunes d'oeufs et ajouter au mélange.

• Cuire 2 minutes à découvert à «MEDIUM-HIGH», bien remuer.

• Si nécessaire, cuire 2 minutes de plus à «MEDIUM-HIGH».

• Laisser refroidir le mélange pour qu'il épaississe, 30 minutes environ.

• Battre les blancs d'oeufs en mousse, y battre le 1/3 de tasse (80 mL) de sucre et incorporer le tout au mélange de citron refroidi.

• Fouetter la crème et l'incorporer également.

• Verser dans un joli plat de service.

• Réfrigérer de 6 à 12 heures ou jusqu'au moment de servir.

Mousse au chocolat

Préparation à l'avance : . . . . de 3 à 12 h
Cuisson : .5 min
Attente : . . . . .aucune

Petit conseil : Elle peut être servie dans des petites coupes ou comme remplissage dans une croûte de tarte biscuit au chocolat.

Ingrédients :

2 carrés de 1 oz (28 g) chacun de chocolat mi-sucré

1/3 de tasse (80 mL) de sucre vanillé ou régulier

1 enveloppe de gélatine non aromatisée

3 jaunes d'oeufs

une pincée de sel

1 tasse de lait

3 c. à soupe de rhum ou de brandy

3 blancs d'oeufs

1/3 de tasse (80 mL) de sucre

1 tasse (250 mL) de crème à fouetter

Préparation :

• Faire fondre le chocolat dans un bol 2 minutes à «MEDIUM-HIGH».

• Ajouter le premier 1/3 de tasse (80 mL) de sucre et la gélatine, remuer.

• Ajouter les jaunes d'oeufs et le sel en battant, puis le lait et le rhum ou le brandy en remuant pour bien mélanger.

• Cuire 4 minutes à «HIGH», ou jusqu'à ce que le mélange épaississe légèrement, en remuant 3 fois durant la cuisson.

• Laisser refroidir de 30 à 40 minutes.

• Battre les blancs d'oeufs en mousse, ajouter graduellement l'autre 1/3 de tasse (80 mL) de sucre et battre les blancs fermes.

• Incorporer la meringue dans la crème au chocolat refroidie.

• Fouetter la crème, y incorporer le mélange de chocolat.

• Verser à la cuiller dans 6 à 8 coupes individuelles ou dans un fond de tarte biscuit.

• Réfrigérer de 3 à 12 heures.

Soufflé froid au citron

Préparation à l'avance :	..........2 h
Cuisson :	...................30 s
Attente :	...............aucune

Petit conseil : Il est formidable, accompagné de fraises ou de framboises légèrement sucrées. Vous pouvez aussi le mettre au congélateur, couvert, durant douze heures pour obtenir un soufflé glacé.

Ingrédients :

3 jaunes d'oeufs

1 tasse (250 mL) de sucre

1 enveloppe de gélatine non aromatisée

1/4 de tasse (60 mL) d'eau froide

1/3 de tasse (80 mL) de jus de citron frais

le zeste râpé d'un citron

1¹/₂ tasse (375 mL) de crème à fouetter

3 blancs d'oeufs battus

Préparation :

• Battre les jaunes d'oeufs jusqu'à ce qu'ils soient d'un jaune pâle, ajouter le sucre graduellement, en battant bien. Le mélange sera léger et crémeux.

• Faire tremper la gélatine 2 minutes dans l'eau froide.

• Ajouter le jus de citron et le zeste au mélange des jaunes d'oeufs.

• Cuire la gélatine aux micro-ondes 30 secondes à «HIGH», l'ajouter au mélange en crème tout en remuant. Bien mélanger.

• Réfrigérer jusqu'à ce que le mélange ait la consistance de blancs d'oeufs.

• Fouetter la crème, battre les blancs d'oeufs et les ajouter graduellement tous deux au mélange refroidi.

• Verser dans un plat de service.

• Réfrigérer 2 heures avant de servir. Il peut aussi être réfrigéré de 2 à 3 jours avant l'utilisation.

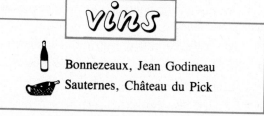

vins

Bonnezeaux, Jean Godineau
Sauternes, Château du Pick

Petit truc : Garniture de gâteau crémeuse : ramollir les abricots avec de la crème et mélanger avec une petite cuillerée de beurre. Refroidir.

Petit truc : Glaçage de gâteau crémeux : procéder comme pour la garniture. Régrigérer jusqu'au lendemain ou 1 heure au congélateur. Ajouter de la crème fouettée.

Oeufs à la neige

• Un dessert ancien que l'on fait dans le monde entier, parfois caramélisé pour une certaine élégance. Il est cependant très bon sans caramel.

Préparation : . . . . **30 min**
Cuisson : . . . . **de 8 à 10 min**
Attente : . . . . **aucune**

Vouvray (mousseux),
Château Moncontour

Coteaux du Layon, Château Bellevue

Ingrédients :

1¹/2 tasse (375 mL) de lait

1/2 tasse (125 mL) de crème légère

1/4 de tasse (60 mL) de sucre

1 c. à thé (5 mL) de vanille

2 blancs d'oeufs

1/4 de tasse (60 mL) de sucre

une pincée de sel

1/2 c. à thé (2 mL) de vanille

3 jaunes d'oeufs

Préparation :

• Mettre dans un plat en céramique (Corning) de 6 tasses (1,5 L), le lait, la crème et le premier 1/4 de tasse (60 mL) de sucre. Bien mélanger.

• Cuire 5 minutes à «MEDIUM-HIGH», ou jusqu'à ébullition.

• Ajouter la cuiller à thé (5 mL) de vanille.

• Battre les blancs d'oeufs en neige avec le reste du sucre et la pincée de sel.

• Ajouter la 1/2 c. à thé (2 mL) de vanille.

• Laisser tomber 6 à 8 cuillerées du mélange dans le lait bouillant pour former 6 à 8 boules.

• Cuire aux micro-ondes sans couvrir, 2 minutes à «MEDIUM-HIGH».

• Retourner les meringues et faire cuire 30 secondes de plus à «MEDIUM-HIGH».

• Retirer les meringues du lait et les disposer sur un plat de service à l'aide d'une cuiller perforée.

• Répéter jusqu'à ce que tout le blanc d'oeuf soit cuit.

• Ajouter les jaunes d'oeufs battus au reste du lait, cuire aux micro-ondes à «MEDIUM» 2 ou 3 minutes, en brassant à chaque minute. Vous devez obtenir une sauce dorée légère et crémeuse.

• Il faut éviter de la faire trop vite, elle tournerait.

• Bien remuer et verser sur les blancs d'oeufs cuits.

• Laisser refroidir et réfrigérer.

• Ce dessert peut être servi tiède.

Parfait au sirop d'érable

Préparation à l'avance : . . . . . **de 4 à 5 h**
Cuisson : . . . . **3 min**
Attente : . . . . **aucune**

Petit conseil : Manière facile et rapide de préparer un parfait en utilisant 2 tasses (500 mL) de crème glacée à la vanille.

Ingrédients :

2 tasses (500 mL) de crème glacée à la vanille

2 jaunes d'oeufs

1/2 tasse (125 mL) de sirop d'érable

1/4 de tasse (60 mL) de noix hachées
   (facultatif)

2 blancs d'oeufs

1/2 c. à thé (2 mL) de sel

Préparation :

• Découvrir et laisser ramollir la crème glacée à la température de la pièce.

• Battre les jaunes d'oeufs, ajouter graduellement le sirop d'érable sans cesser de battre.

• Cuire aux micro-ondes 2 minutes à «MEDIUM».

• Bien brasser et cuire 1 minute de plus à «MEDIUM». Remuer de nouveau.

• La sauce doit être lisse et crémeuse.

• Laisser tiédir, ajouter à la crème glacée ramollie ainsi que les noix.

• Bien remuer. Le mélange peut se faire avec le batteur électrique.

• Battre les blancs d'oeufs en neige avec le sel.

• Les incorporer à la crème glacée.

• Verser dans un moule.

• Couvrir et mettre au congélateur de 4 à 5 heures avant de servir.

 Sainte-Croix-du-Mont, Château Coulac

Anjou, Moulin Touchais (jeune)

Pouding au chocolat de Douvres

Préparation : . . . . .20 min
Cuisson : .6 min
Attente : . . . . .15 min

• Personne ne voudra qualifier de pouding au pain ce délicieux dessert de la cuisine anglaise.

Ingrédients :

3 c. à soupe (50 mL) de beurre

un carré de 1 oz (28 g) de chocolat non sucré

1/2 tasse (125 mL) de sucre

3 oeufs

1 tasse (250 mL) de crème légère ou de lait

1 1/2 tasse (375 mL) de mie de pain frais, en dés

1/4 de tasse (60 mL) d'amandes grillées effilées

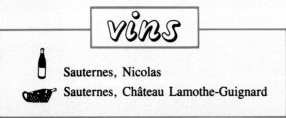

Sauternes, Nicolas

Sauternes, Château Lamothe-Guignard

Préparation :

• Faire fondre le beurre et le chocolat dans un bol, 2 minutes à «MEDIUM-HIGH», en remuant une fois.

• Y ajouter le sucre et remuer pour bien mélanger.

• Battre les oeufs en mousse, ajouter au mélange du chocolat en remuant.

• Ajouter la crème ou le lait et bien mélanger.

• Cuire aux micro-ondes 2 minutes à «HIGH», en remuant une fois.

• Si nécessaire, faire cuire 40 secondes de plus ; cette différence provient de ce que le lait ou la crème est plus ou moins froid.

• Lorsque le mélange est crémeux, laisser reposer quelques minutes, y ajouter le pain en remuant.

• Cuire à découvert 2 minutes à «HIGH».

• Laisser reposer 15 minutes avant de servir.

• Saupoudrer les amandes sur le dessus.

Pouding chocolaté à la mie de pain

Préparation : . . . . .20 min
Cuisson : . . . . .15 min
Attente : . . . . .10 min

• La mie de pain en petits morceaux donne presque une texture de soufflé à ce pouding au pain.

Ingrédients :

2 tasses (500 mL) de lait ou de crème légère

4 à 5 tranches de pain blanc frais

1/3 de tasse (80 mL) de cacao non sucré

1/2 tasse (125 mL) de cassonade

1/2 c. à thé (2 mL) de sel

1/4 de tasse (60 mL) de beurre fondu

2 oeufs bien battus

1 c. à thé (5 mL) de vanille

Préparation :

• Mettre le lait ou la crème dans un bol et cuire aux micro-ondes 5 minutes à «HIGH».

• Enlever la croûte du pain et en retirer la mie en petits morceaux.

• Verser la crème ou le lait réchauffé sur le pain et laisser tiédir.

• Mélanger le cacao, la cassonade et le sel.

• Ajouter au pain ramolli et bien mélanger.

• Faire fondre le beurre 2 minutes à «HIGH». Ajouter au mélange du pain. Bien remuer.

• Battre les oeufs et la vanille et ajouter au pain. Bien mélanger.

• Verser dans un plat pour cuisson aux micro-ondes.

• Cuire 6 minutes à «MEDIUM-HIGH».

• Laisser reposer 10 minutes dans le four à micro-ondes.

• Vérifier la cuisson avec la pointe d'un couteau.

• Si le centre n'est pas assez cuit, cuire encore 1 minute à «HIGH». Laisser tiédir.

• Servir tel quel, ou accompagné de crème ou de crème fouettée.

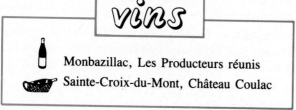

vins

Monbazillac, Les Producteurs réunis
Sainte-Croix-du-Mont, Château Coulac

Pouding
aux fraises

cuisson par convexion

Préparation : . . . . **20 min**
Cuisson : . . . . **de 25 à 30 min**
Attente : . . . .**aucune**

• Ce pouding est inspiré de la fameuse recette anglaise de pouding d'été. J'aime le servir tiède, ce qui fait ressortir la saveur des fruits.

Coteaux du Layon, Château de Plaisance Bonnezeaux, J. Godineau

Ingrédients :

4 tasses (1 L) de fraises

le jus d'un demi-citron

2/3 de tasse (160 mL) de cassonade

4 tasses (1 L) de croûtons

1/4 de tasse (60 mL) de sucre

le zeste râpé d'un citron

2 c. à soupe (30 mL) de beurre

Préparation :

• Laver, équeuter les fraises et les mélanger au jus de citron et à la cassonade.

• Mettre le mélange dans un plat de 6 tasses (1,5 L) peu profond.

• Mélanger les croûtons, le sucre et le zeste de citron. Saupoudrer sur les fraises, sans mélanger.

• Parsemer de dés de beurre, mettre le plat sur une claie, et cuire 25 à 30 minutes dans la partie convexion du four à micro-ondes préchauffée 15 minutes à 350°F (180°C).

• Servir tiède ou chaud avec de la crème riche ou de la crème sure.

Crème anglaise à la confiture

Préparation : . . . . **10 min**
Cuisson : . . . . **de 6 à 9 min**
Attente : . . . . **5 min**

Petit conseil : Si vous désirez faire un dessert éclair avec des ingrédients que vous avez la plupart du temps sous la main, le voici. La période de cuisson varie selon la température du lait et des oeufs au moment de l'usage. Vérifier la cuisson après 6 minutes.

Préparation :

- Mettre tous les ingrédients dans une tasse à mesurer ou un bol de 4 tasses (1 L). Bien mélanger le tout.
- Verser dans une assiette à tarte en pyrex ou en céramique.
- Cuire 6 à 9 minutes à «MEDIUM-HIGH».
- Laisser reposer 5 minutes, recouvrir de la confiture de votre choix et servir.

Ingrédients :

1³/₄ tasse (440 mL) de lait

1/4 de tasse (60 mL) de sucre

3 oeufs

1/4 de c. à thé (1 mL) de sel

1/2 c. à thé (2 mL) de vanille

1/3 de c. à thé (1,5 mL) de muscade

confiture au choix

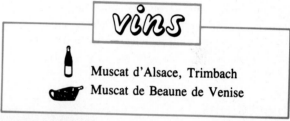

Muscat d'Alsace, Trimbach
Muscat de Beaune de Venise

Mélange de base pour pouding maison

Préparation :	. . . . **4 min**
Cuisson :	. . . . **aucune**
Attente :	. . . . **aucune**

• J'aime avoir ce mélange à la main. En tout temps, il vous permet de servir un dessert économique et savoureux en moins de cinq minutes. Vous le parfumerez à votre goût.

Ingrédients :

2¹/₂ tasses (625 mL) de poudre de lait

1 tasse (250 mL) de sucre

3/4 de tasse (190 mL) de fécule de maïs

1 c. à thé (5 mL) de sel

Pour un mélange au chocolat :

• Ajouter

3/4 de tasse (190 mL) de cacao non sucré

1 c. à thé (5 mL) de café instantané

Pour un mélange au caramel :

• Remplacer le sucre de la recette de base par une égale quantité de cassonade, soit **1 tasse (250 mL).**

• Ajouter **1/4 de c. à thé (1 mL) de cannelle.**

Préparation :

• Mettre tous les ingrédients dans un bol et bien mélanger.

• Verser dans un contenant ou un sac de matière plastique et bien fermer.

• Garder dans un endroit frais. Il n'est pas nécessaire de réfrigérer ce mélange.

• Il se conserve 3 à 4 mois.

Pouding maison

Préparation :	. . . . **10 min**
Cuisson :	. . . . **4 min**
Attente :	. . . . **30 min**

Ingrédients :

3/4 de tasse (190 mL) du mélange de base

1 tasse (250 mL) d'eau

1/4 de tasse (60 mL) de lait ou de crème

Préparation :

• Mettre tous les ingrédients dans une tasse à mesurer de 4 tasses (1 L).

• Mélanger et cuire 4 minutes à «HIGH».

• Remuer deux fois durant la cuisson.

Pour parfumer :

• Ajouter au mélange cuit, au choix :

1 c. à thé (5 mL) de vanille *ou*

le zeste d'une orange ou d'un citron *ou*

2 c. à soupe (30 mL) de rhum ou de cognac

Omelette tropicale

Préparation à l'avance : . . . . .1 h
Cuisson : . . . . .de 2 à 4 min
Attente : . . . . .aucune

Petit conseil : Voici un dessert des plus faciles à préparer. Il peut être fait avec plus ou moins d'oeufs, à votre choix. Il est facile d'augmenter ou de diminuer la quantité des autres ingrédients selon les exigences.

Ingrédients :

1 banane pelée et tranchée

2 c. à soupe (30 mL) de rhum

1 c. à soupe (15 mL) de beurre

1 c. à thé (5 mL) d'amandes effilées

3 oeufs

1 c. à soupe (15 mL) de sucre

3 c. à soupe (50 mL) d'eau froide

1 c. à soupe (15 mL) de gelée de cassis

Préparation :

• Faire tremper la banane tranchée 1 heure dans le rhum avant de préparer l'omelette.

• Faire fondre le beurre aux micro-ondes 30 secondes à «HIGH», dans une assiette à tarte.

• Ajouter les amandes, cuire aux micro-ondes à «HIGH» 30 à 60 secondes, ou jusqu'à ce qu'elles soient dorées, en remuant une fois.

• Battre les oeufs avec le sucre et l'eau froide.

• Verser sur les amandes, cuire à «MEDIUM-HIGH» 1 ou 2 minutes, selon le nombre d'oeufs utilisés ; le temps de cuisson peut varier de 30 secondes à 3 minutes.

• Placer la gelée de cassis au centre et replier l'omelette.

• Verser la banane au rhum sur le tout.

Muscat d'Alsace,
Cuvée de l'ours noir, Théo Cattin
Coteaux du Layon, Château Bellevue

Gelée au vin rouge

Préparation à l'avance : . . . . .12 h
Cuisson : .7 min
Attente : . . . . .aucune

Petit conseil : Un dessert rafraîchissant qui peut être préparé une journée ou deux d'avance. Le servir tel quel, si vous le désirez. En été, j'aime le servir accompagné de fraises sucrées et de crème, ou de crème fouettée.

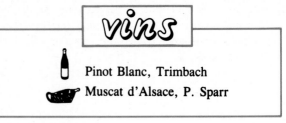

Pinot Blanc, Trimbach
Muscat d'Alsace, P. Sparr

Ingrédients :

1 enveloppe de gélatine non aromatisée

1/4 de tasse (60 mL) d'eau froide

2 morceaux de pelure de citron

1 tasse (250 mL) d'eau

1/2 tasse (125 mL) de sucre

1 tasse (250 mL) de confiture au choix

1 tasse (250 mL) de vin rouge sec

**2 c. à soupe (30 mL) de cognac ou
  de jus de citron**

Préparation :

• Faire tremper la gélatine 5 minutes dans l'eau froide.

• Mettre dans un bol la pelure de citron, l'eau, le sucre et la confiture.

• Cuire 5 minutes à «HIGH», bien remuer.

• Cuire 2 minutes à «MEDIUM». Bien remuer.

• Ajouter la gélatine et remuer jusqu'à dissolution.

• Ajouter le reste des ingrédients. Bien remuer.

• Verser dans un moule (elle peut être moulée) ou dans un plat en verre.

• Réfrigérer 12 heures.

Sabayon

Préparation :	**5 min**
Cuisson :	**1 min**
Attente :	**aucune**

• Le plus délicat et le plus formidable des desserts italiens. Pour le réussir à la perfection, il faut se conformer à la lettre aux directives. J'aime bien le faire devant mes invités; pour cela, je place le four à micro-ondes sur une table roulante dans la salle à manger.

Ingrédients :

6 jaunes d'oeufs
1/4 de tasse (60 mL) de sucre granulé fin
1/2 tasse (125 mL) de marsala ou de porto

Préparation :

• Battre les jaunes d'oeufs et le sucre avec un batteur électrique jusqu'à l'obtention d'un mélange épais et jaune.

• Ajouter le vin lentement en battant sans arrêt. J'en ajoute une cuillerée à soupe (15 mL) à la fois.

• Cuire aux micro-ondes, à découvert, 30 secondes à «MEDIUM», battre de nouveau au batteur électrique jusqu'à ce que le mélange soit lisse et mousseux.

• Répéter l'opération deux fois de plus, en battant bien à chaque fois, puis cuire encore 15 secondes à «MEDIUM».

• Cette crème mousseuse et délicate devrait alors être prête à servir; cependant, selon la température de départ des oeufs, elle pourrait nécessiter encore 15 secondes de cuisson aux micro-ondes à «MEDIUM».

• Verser dans des verres individuels.

• Servir chaud tel quel, ou accompagner de petites meringues.

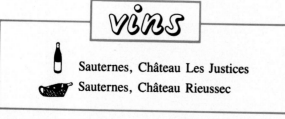

vins

🍾 Sauternes, Château Les Justices
🥄 Sauternes, Château Rieussec

Sabayon et poires florentines (p. 806) ➡

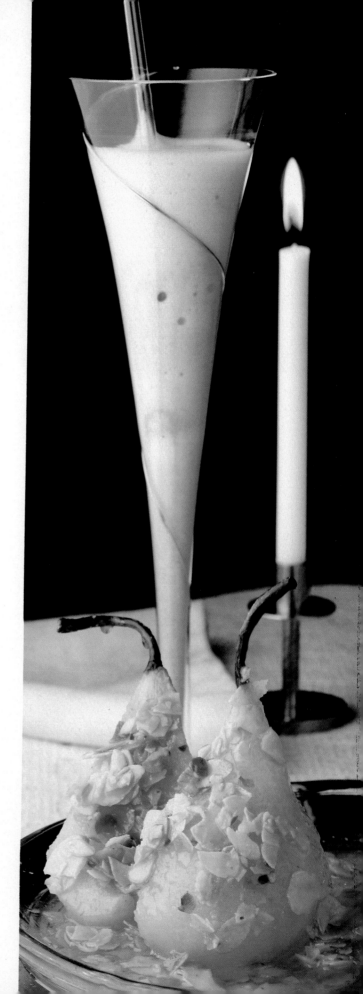

● Faire des confitures consiste à transformer le fruit et son jus naturel en un sirop. C'est la touche personnelle qui donne une saveur particulière à la confiture.

Les confitures

• Un jour, je venais tout juste de préparer des fraises pour faire des confitures, lorsque survint une affaire pressante qu'il me fallait régler sans tarder. Que faire? Les fraises ne pouvaient attendre et le temps me manquait. C'est alors qu'en apercevant mon four à micro-ondes, il me vint une idée. Je me dis: Pourquoi pas?» Et me voilà à l'oeuvre quelque peu «à tâtons». Je découvrais ainsi qu'il était possible de faire des confitures, depuis la préparation du fruit jusqu'à la mise en pots, le tout en 30 minutes. Très heureuse du résultat, j'ai décidé par la suite d'essayer d'autres fruits, et de faire des tests quant au temps de cuisson, à la durée de conservation, etc. C'était en 1982. À la fin de l'été, j'avais une tablette complète remplie de toutes sortes de confitures, étiquetées et en attente.

• En 1985, j'ai commencé à vérifier le contenu des bocaux pour en connaître la couleur, la saveur et le degré de conservation. C'était incroyable! Toutes, en commençant par celles de 1982, puis celles de 1983 et 1984, avaient conservé leur parfum, et elles avaient une texture et une saveur parfaites. Ma décision fut prises sur-le-champ de ne plus jamais faire un seul bocal de confitures autrement que par la cuisson au four à micro-ondes!

La stérilisation des bocaux à confiture

• Premièrement, les bocaux à confiture doivent être stérilisés.

• Découvrir chaque bocal, le remplir d'eau chaude ou froide.

• Mettre les couvercles dans un bol, recouvrir d'eau chaude ou froide. Placer au centre du four à micro-ondes.

• Disposer tous les bocaux autour du bol — 6 à 8 bocaux se placent bien, en général, dans tout genre de four à micro-ondes.

• Faire chauffer aux micro-ondes 20 minutes à «HIGH».

• Retirer les bocaux du four avec un linge (car ils sont très chauds), les disposer sur un plateau, retirer les couvercles de l'eau et les placer avec les bocaux. Recouvrir le tout d'un linge propre.

• Répéter cette opération pour faire stériliser tous les bocaux dont vous aurez besoin.

• Peu importe que l'eau refroidisse dans les bocaux, mais il est important de les maintenir couverts d'un linge et de ne les vider QU'AU MOMENT d'y verser la confiture chaude ou le sirop et les fruits.

• Stériliser tous les bocaux à être utilisés AVANT de commencer à faire la confiture.

Quelques conseils à retenir

• Parce que la confiture cuite aux micro-ondes compte sur la pectine naturelle du fruit avec l'aide de l'acide citrique du citron frais, elle est de teneur inférieure en calories. Exemple: pour la plupart, 16 calories par cuillerée à soupe (15 mL), par rapport à 50 calories par cuillerée à soupe (15 mL) en général dans les confitures commerciales et les confitures à l'ancienne.

• Les confitures cuites aux micro-ondes, faites d'après les recettes suivantes, se conserveront de 2 à 3 années dans un endroit frais et sombre, tel qu'une chambre froide.

• Il faut s'assurer de bien laver les fruits avant de faire la confiture.

• Lorsque les fraises, les framboises ou autres petits fruits mous doivent être lavés, cela doit se faire avant de les équeuter et avec beaucoup de soin à l'eau froide courante, les fruits placés dans une passoire. Les laisser égoutter dans la passoire, au-dessus d'un plateau. Ne les équeuter qu'au moment de faire la confiture.

• On ne doit pas doubler les recettes données pour la confiture, car elle sera moins belle. Durant le temps de cuisson, on a tout juste le temps de mesurer le sucre et de préparer les fruits pour le prochain lot.

• Il n'est pas nécessaire de laver le plat de cuisson entre chaque recette de confiture cuite, même s'il est collant.

• Les recettes qui suivent vous donneront de $5^{1/2}$ à 6 bocaux de confiture de 8 onces (250 mL).

Confiture aux fraises ou aux framboises

Préparation à l'avance : ...de 10 à 12 h
Cuisson : ....20 min
Attente : ....aucune

Petit conseil : L'une ou l'autre cuira de la même façon. Je recommande d'employer des petites fraises, telles que les «Vercor», pour faire la confiture ; elles ne se défont pas à la cuisson et les grosses fraises ont moins de parfum.

Ingrédients :

3 tasses (750 mL) de sucre

4 tasses (1 L) de fraises ou de framboises

le jus d'un demi-citron

Préparation :

- Mettre le sucre dans un grand bol pour cuisson aux micro-ondes de 12 tasses (3 L).
- Recouvrir des fraises ou des framboises.

- Arroser du jus de citron. Ne pas remuer ni couvrir.
- Cuire 10 minutes à «HIGH».
- Bien remuer, le sucre sera tout au fond du bol, il faut le bien remuer avec les fruits. Utiliser une spatule de caoutchouc ou une cuiller en matière plastique pour ne pas écraser les fruits.
- Cuire aux micro-ondes 10 minutes de plus à «HIGH».
- Enlever l'eau des bocaux stérilisés au moment de les remplir de la confiture.
- Verser la confiture dans les bocaux, les couvrir aussitôt, en serrant bien le couvercle.
- Mettre les bocaux remplis tête en bas sur un linge.
- Laisser reposer de 10 à 12 heures ou jusqu'à ce qu'ils soient bien refroidis.
- Étiqueter et, pour votre information, inscrire la date. Mettre de côté.

Marmelade en fines lamelles

Préparation à l'avance :	. . . . **12 h**
Cuisson :	. . . . **45 min**
Attente :	. . . .**aucune**

• Je fais cette marmelade depuis quatre ans au four à micro-ondes et je n'ai jamais perdu un seul bocal.

Ingrédients :

1 orange

1 pamplemousse

1 citron

de l'eau

du sucre

Préparation :

• Bien laver l'orange, le pamplemousse et le citron et peler avec un éplucheur en fines lamelles, sans aucune peau blanche.

• Recouvrir les pelures d'eau bouillante, cuire aux micro-ondes 5 minutes à «HIGH». Égoutter l'eau.

• Couper les fruits en tranches très minces, en enlevant les pépins.

• Ajouter les tranches aux pelures, mesurer.

• Mettre le tout dans un grand bol, ajouter 1/4 de tasse (60 mL) d'eau pour chaque tasse (250 mL) de fruits.

• Cuire 20 minutes à «HIGH».

• Ajouter 1 tasse (250 mL) de sucre pour chaque tasse (250 mL) du mélange de fruits.

• Cuire aux micro-ondes à «HIGH» 15 à 20 minutes ou jusqu'à ce que le mélange soit épais et ambré.

• Remuer quelques fois. Laisser refroidir 5 minutes.

• Verser dans des bocaux stérilisés.

• Couvrir, placer les bocaux tête en bas et les laisser reposer 12 heures ou plus avant de les étiqueter.

• Les conserver dans un endroit frais et sombre.

Petit truc : Les aliments contenant beaucoup de gras ou de sucre se réchauffent très rapidement aux micro-ondes.

Confiture de pêches au miel

Préparation à l'avance : . . . . **12 h**
Cuisson : . . . . **25 min**
Attente : . . . . **aucune**

Petit conseil : Elle est superbe avec des croissants chauds, mais elle est aussi délicieuse lorsqu'elle accompagne le canard rôti ou la caille.

Ingrédients :

3 lb (1,5 kg) de pêches fraîches*

2 pouces (5 cm) d'un bâton de cannelle

1 c. à thé (5 mL) de clous de girofle entiers

1/2 c. à thé (5 mL) de quatre-épices entiers ou moulus

2 tasses (500 g) de miel

3 c. à soupe (50 mL) de jus de citron frais

1/4 de tasse (60 mL) de jus d'orange frais

1/4 de tasse (60 mL) d'eau chaude

1/4 de c. à thé (1 mL) de sel

* Les pêches doivent être pesées pour cette confiture, car leur grosseur et leur texture sont très variables.

Préparation :

• Recouvrir les pêches d'eau bouillante, les peler et enlever les noyaux.

• Hacher les pêches finement ou les passer au robot culinaire 2 secondes.

• Attacher dans un coton à fromage ou un petit linge le bâton de cannelle, les clous de girofle entiers et les quatre-épices entiers, sans serrer. Mettre dans les pêches avec le reste des ingrédients.

• Cuire aux micro-ondes 10 minutes à «HIGH».

• Bien remuer et cuire 10 minutes de plus à «HIGH».

• Selon la maturité des fruits, cette confiture nécessite parfois une cuisson prolongée de 5 minutes à «HIGH».

• Embouteiller et laisser refroidir tel que pour la confiture aux fraises.

Confiture aux prunes d'automne

Préparation à l'avance : . . . . **12 h**
Cuisson : . . . . **35 min**
Attente : . . . . **aucune**

Petit conseil : Il n'est pas nécessaire d'enlever les noyaux ; ils flotteront à la surface lorsque la confiture sera cuite. Il est alors facile de les retirer. Les feuilles de menthe fraîches sont à leur meilleur au temps où ces savoureuses petite prunes sont disponibles sur nos marchés, à l'automne.

- Laver les pommes, les peler et enlever le coeur.
- Mettre le sucre dans un grand bol, y ajouter les fruits et recouvrir des feuilles de menthe.
- Cuire aux micro-ondes, à découvert, 15 minutes à «HIGH». Bien remuer.
- Cuire 10 minutes à «HIGH», remuer et cuire 10 minutes à «MEDIUM».
- Verser dans des bocaux stérilisés, tel qu'indiqué pour la confiture aux fraises.

Ingrédients :

1¹/₂ lb (750 g) de prunes bleues d'automne

1 lb (500 g) de pommes sauvages ou
  sures tranchées ou hachées

4 tasses (1 L) de sucre

1 tasse (250 mL) de feuilles de menthe fraîches

Préparation :

- Laver les prunes, les couper tout autour mais sans les peler.

Petit conseil : Servir cette belle confiture avec l'agneau ou le poulet rôti, ou dans la salade de fruits pour la sucrer ; elle est aussi délicieuse avec du fromage et des muffins anglais grillés ; en un mot, elle est presque indispensable.

Confiture aux pommes vertes

Préparation à l'avance : . . . . **2 jours**
Cuisson : . . . . **25 min**
Attente : . . . . **aucune**

• Je tiens cette recette ancienne originale de ma grand-mère, elle lui venait de sa mère. J'espère que les mamans d'aujourd'hui n'hésiteront pas à donner leurs recettes préférées à leurs filles pour qu'elles puissent les transmettre à leur tour.

• Cette confiture était faite avec les premières pommes vertes, dès leur apparition sur l'arbre ou aux marchés. La cuisson aux micro-ondes lui convient parfaitement ; sa couleur et sa saveur en sont améliorées.

Ingrédients :

4 tasses (1 L) de pommes vertes non pelées, hachées

4 tasses (1 L) de la première rhubarbe coupée en dés

1 tasse (250 mL) d'ananas en purée en conserve, égoutté

1 tasse (250 mL) de raisins secs ou de Corinthe

le zeste râpé et le jus d'une orange et d'un citron

4 tasses (1 L) de sucre

1/2 c. à thé (2 mL) de sel

1/2 c. à thé (2 mL) de muscade et autant de quatre-épices

1/4 de tasse (60 mL) du jus égoutté des ananas

Préparation :

• Mettre tous les ingrédients dans un grand bol.

• Bien mélanger et laisser reposer jusqu'au lendemain sur le comptoir de la cuisine.

• Cuire 15 minutes à «HIGH», bien remuer et cuire encore 10 minutes à «HIGH».

• Verser chaude dans les bocaux stérilisés.

• Couvrir, placer les bocaux tête en bas sur le comptoir.

• Laisser reposer 10 à 12 heures.

Confiture de groseilles à l'ancienne

Préparation à l'avance : . . . . **2 jours**

Cuisson : . . . . **20 min**

Attente : . . . . **aucune**

• Dans les années vingt, les groseilles et les pommes étaient considérées essentielles au rayon des confitures. Lorsque je peux me procurer des groseilles, je fais cette confiture, que j'ai adaptée sans difficulté à la cuisson aux micro-ondes, avec une amélioration marquée de la couleur et de la saveur. J'avais pourtant la conviction qu'aucune amélioration n'était possible !

Ingrédients :

1¼ lb (625 g) de groseilles*

3 grosses pommes

3 tasses (750 mL) de sucre

le jus d'un citron

* Les groseilles rouges ou vertes sont également bonnes.

Préparation :

• Nettoyer les groseilles en enlevant les petites queues et les passer à l'eau. Les écraser avec un presse-purée ou au robot culinaire.

• Saupoudrer de la moitié du sucre.

• Recouvrir d'un linge et laisser reposer sur le comptoir de la cuisine 12 heures.

• Peler les pommes, enlever le coeur, et les couper en dés. Les mélanger aux groseilles.

• Mettre dans un grand bol, y ajouter le sucre et le jus de citron.

• Cuire aux micro-ondes 10 minutes à «HIGH».

• Bien remuer et cuire 10 minutes de plus à «HIGH».

• Remuer, verser dans des bocaux stérilisés.

• Couvrir et laisser reposer 12 heures, tête en bas sur un plateau ou sur le comptoir de la cuisine.

Confiture hollandaise à la citrouille

Préparation à l'avance :	........**2 jours**
Cuisson :	...................**30 min**
Attente :	....................**aucune**

Petit conseil : Une confiture d'automne. Parfois maman utilisait la citrouille de l'Halloween. Pour bien réussir cette confiture, il vaut mieux peser la citrouille.

Ingrédients :

2 lb (1 kg) de citrouille pelée et coupée en dés*

3 tasses (750 mL) de sucre

1 c. à thé (5 mL) de racine de gingembre frais, râpée

1/4 de c. à thé (1 mL) de quatre-épices

le zeste râpé d'un citron

le jus d'un citron

1/2 tasse (125 mL) de gin hollandais doux**

* Peser la citrouille après l'avoir pelée et coupée en dés.
** Le meilleur gin hollandais pour cette confiture est le «De Kuyper».

Préparation :

- Peler la citrouille, enlever les graines, puis en peser 2 livres (1 kg).

- Mettre dans un grand bol à confiture pour la cuisson aux micro-ondes, le sucre et la citrouille en rangs alternés.

- Recouvrir d'un linge et laisser reposer 24 heures dans un endroit frais.

- Ajouter le reste des ingrédients, excepté le gin, cuire aux micro-ondes 10 minutes à «HIGH».

- Bien remuer et cuire encore 10 minutes à «HIGH».

- Remuer, ajouter le gin, et cuire 10 minutes à «MEDIUM».

- Bien remuer et verser dans des bocaux stérilisés. Couvrir.

- Laisser refroidir 12 heures, les bocaux tête en bas.

Chutney aux pommes et au rhum

Préparation à l'avance : . . . . 12 h
Cuisson : . . . . de 20 à 25 min
Attente : . . . . aucune

Petit conseil : Je fais ce chutney chaque année. Comme il s'améliore en vieillissant, n'oubliez pas d'y inscrire la date. J'en ai qui est vieux de sept ans.

1¹/₂ c. à thé (7 mL) de sel

1/2 c. à thé (2 mL) de piment rouge séché

1 tasse (250 mL) de vinaigre de cidre ou japonais

1/2 tasse (125 mL) de rhum foncé

Ingrédients :

5 tasses (1,25 L) de pommes pelées et hachées, le coeur enlevé

1 citron épépiné et haché

1 tasse (250 mL) de cassonade

1 tasse (250 mL) de sucre

1¹/₂ tasse (375 mL) de raisins secs

2 c. à soupe (30 mL) de gingembre confit

Préparation :

• Mélanger tous les ingrédients dans un grand bol, couvrir et cuire aux micro-ondes 10 minutes à «HIGH».

• Bien remuer, cuire 10 à 15 minutes à «HIGH», ou jusqu'à ce que le mélange ait la consistance d'un sirop épais.

• Laisser reposer 15 minutes, puis verser dans les bocaux, les couvrir et les mettre tête en bas.

• Laisser reposer 12 heures pour refroidir.

Les bonbons

Écorces au chocolat

Préparation : . . . .**10 min**
Cuisson : . . . .**4 min**
Attente : . . . .**aucune**

• Un bonbon cuit aux micro-ondes qui se fait en cinq minutes, et prêt à déguster en dix minutes.

Ingrédients :

1 paquet (350 g) de grains de chocolat mi-sucré

1 c. à soupe (15 mL) de beurre

3/4 de tasse (190 mL) de noix hachées de votre choix

1/2 tasse (125 mL) de raisins secs

Préparation :

• Mettre les grains de chocolat et le beurre dans un bol.

• Cuire 4 minutes à «MEDIUM-HIGH», en remuant une fois.

• Lorsque tout le chocolat est fondu, ajouter les noix et les raisins, remuer et étendre le mélange sur une feuille de papier ciré placée sur une plaque à biscuits.

• Laisser refroidir sur le comptoir de la cuisine.

• Pour servir, briser en morceaux.

• Ce bonbon se conserve de 2 à 3 semaines dans une boîte couverte, dans un endroit frais.

Friandises aux guimauves

Préparation :	................15 min
Cuisson :	..............de 4 à 5 min
Attente :	.....................aucune

Ingrédients :

1 sac de 8 oz (250 g) de guimauves

1/4 de tasse (60 mL) de beurre ou de margarine

5 tasses (1,25 L) de céréales «Rice Krispies»

Préparation :

• Dans un grand bol pour cuisson aux micro-ondes, faire fondre les guimauves et le beurre ou la margarine 4 à 5 minutes à «HIGH». Remuer deux fois.

• Ajouter les céréales et bien les enrober.

• Presser le mélange dans un grand plat beurré.

• Laisser refroidir et couper en carrés.

Carrés au chocolat Nanaïmo

Préparation à l'avance :	...........1 h
Cuisson :	....................2 min
Attente :	.....................aucune

• Dans les années 70, tous faisaient ces carrés au chocolat que l'on désignait comme bonbons ou biscuits. Ils sont pour moi des bonbons. Faciles, vite faits et délicieux !

Ingrédients :

1/2 tasse (125 mL) de beurre ou
  de margarine

5 c. à soupe (75 mL) de sucre

5 c. à soupe (75 mL) de cacao non sucré

1 oeuf

1 c. à thé (5 mL) de vanille

2 tasses (500 mL) de miettes de biscuits graham

1 tasse (250 mL) de noix de coco

1/2 tasse (125 mL) de noix de Grenoble hachées

1/2 tasse (125 mL) de grains de chocolat

Préparation :

• Faire fondre le beurre ou la margarine 1 minute à «HIGH».

• Ajouter le sucre, le cacao, l'oeuf et la vanille. Remuer pour bien mélanger.

• Ajouter les miettes de biscuits graham, la noix de coco et les noix. Remuer pour bien mélanger.

• Verser dans un moule carré non graissé de 8 sur 8 pouces (20 sur 20 cm).

• Étendre également dans le moule.

• Vous mouiller les mains et presser sur la pâte pour la tasser dans le moule.

• Saupoudrer le tout des grains de chocolat.

• Cuire 2 minutes à «MEDIUM». Laisser refroidir.

• Recouvrir d'une feuille de matière plastique.

• Réfrigérer au moins une heure ou jusqu'au lendemain.

• Découper en carrés et servir.

Carrés au chocolat Nanaïmo →

Granola maison

Préparation : ....30 min
Cuisson : ....10 min
Attente : ....aucune

• Le granola maison est plus économique et de saveur bien supérieure. Il peut être conservé de 6 à 8 mois dans un contenant bien fermé. Le servir comme céréale ou comme friandise.

Ingrédients :

4 tasses (1 L) de farine d'avoine

1 tasse (250 mL) de noix de coco

3/4 de tasse (190 mL) de germe de blé

1/2 tasse (125 mL) de graines de sésame

1/2 tasse (125 mL) de noix hachées
de votre choix

1/2 tasse (125 mL) de cassonade

1/2 tasse (125 mL) de miel

1/2 tasse (125 mL) de margarine ou
de beurre fondu

1/2 c. à thé (2 mL) de sel

1 c. à thé (5 mL) de vanille

1/2 tasse (125 mL) de raisins secs

Préparation :

• Mélanger tous les ingrédients, sauf les raisins, dans un grand bol en verre.

• Cuire aux micro-ondes 10 minutes à «HIGH», ou jusqu'à ce que les ingrédients soient grillés, en remuant à toutes les 4 minutes.

• Ajouter les raisins en remuant aux 2 dernières minutes de cuisson.

• Saupoudrer sur une plaque à biscuits et laisser refroidir.

• Conserver dans un contenant fermé. Rendement : 6 tasses (1,5 L).

Petit truc : Pour clarifier le miel : si le miel a tourné en sucre, retirer le couvercle du pot, chauffer aux micro-ondes de 30 secondes à 1 minute à «HIGH», suivant la quantité. Retirer aussitôt du four.

Barres de granola

Préparation à l'avance : . de **40 à 60 min**
Cuisson : . . . . **5 min**
Attente : . . . . **aucune**

Ingrédients :

1/4 de tasse (60 mL) de graines de sésame

1/2 tasse (125 mL) de miel ou de sirop de maïs

3/4 de tasse (190 mL) de beurre d'arachide croquant

3 tasses (750 mL) de granola maison

1/2 tasse (125 mL) de noix hachées de votre choix

1/3 de tasse (190 mL) d'abricots secs hachés

1/4 de tasse (60 mL) de graines de tournesol (facultatif)

1/4 de tasse (60 mL) de germe de blé

Préparation :

• Étendre les graines de sésame dans un plat de cuisson.

• Cuire aux micro-ondes 4 à 5 minutes à «HIGH», ou jusqu'à ce qu'elles soient dorées, en remuant souvent. Mettre de côté.

• Mesurer le miel dans un grand bol de verre, couvrir d'un papier ciré ou d'un couvercle, cuire 1 minute à «HIGH».

• Y incorporer le beurre d'arachide, cuire 30 secondes à «HIGH».

• Ajouter le reste des ingrédients et les graines de sésame, en remuant.

• Presser sur une plaque à biscuits de 7 sur 11 pouces (17,5 sur 27,5 cm). Couvrir.

• Réfrigérer de 40 à 60 minutes.

• Tailler en barres.

Petit truc : Pour réhydrater les abricots : pour faire des confitures ou des garnitures de tarte, il faut parfois faire tremper les abricots déshydratés pendant des heures. Avec le four à micro-ondes, il suffit de mettre la quantité nécessaire dans un bol et de les recouvrir complètement d'eau ou d'un liquide au choix. Chauffer 6 minutes à «MEDIUM», laisser reposer de 3 à 5 minutes.

Sirop pour fruits à surgeler

Préparation : . . . . **15 min**
Cuisson : . . . . **de 12 à 17 min**
Attente : . . . . **aucune**

Depuis six ans, je prépare toutes sortes de fruits pour la congélation, afin de pouvoir en jouir durant tout l'hiver.

Ingrédients :

Sirop léger :

2 tasses (500 mL) de sucre

4 tasses (1 L) d'eau

• Cuire aux micro-ondes 12 minutes à «HIGH».

Sirop moyen :

3 tasses (750 mL) de sucre

4 tasses (1 L) d'eau

• Cuire aux micro-ondes 14 minutes à «HIGH».

Sirop épais :

5 tasses (1,25 L) de sucre

4 tasses (1 L) d'eau

• Cuire aux micro-ondes 17 minutes à «HIGH».

Préparation :

• Mettre dans un grand bol (pour éviter que le sirop ne renverse à l'ébullition), le sucre et l'eau.

• Bien remuer après 6 minutes de cuisson.

• Le sirop doit être refroidi avant d'y ajouter les fruits.

• Mettre les fruits préparés, tels que pêches pelées coupées en deux, dans des bocaux, en plaçant un noyau dur dans chaque bocal.

• Recouvrir du sirop refroidi. Couvrir, étiqueter et congeler.

Petit truc : Pour faire fondre le chocolat : chauffer aux micro-ondes les carrés de chocolat d'une once (28 g) sucré ou non sucré dans l'emballage de papier ciré, le pli sur le dessus, 1 minute à «MEDIUM». Retirer le chocolat du papier avec une spatule de caoutchouc. De cette façon les mesures sont précises, car il n'y a aucune perte de chocolat.

Les desserts aux fruits

Pommes au miel

Préparation :	. . . .	**10 min**
Cuisson :	. . . .	**10 min**
Attente :	. . . .	**aucune**

• Que la simplicité de ce dessert ne vous empêche pas de le faire, même si vous désirez servir un dessert élégant.

Ingrédients :

6 pommes pour la cuisson

2/3 de tasse (160 mL) de miel

le zeste râpé d'une orange

1/2 c. à thé (2 mL) de muscade

2 c. à soupe (30 mL) de rhum

le jus d'une demi-orange

Préparation :

• Enlever le coeur des pommes, peler le tiers de chaque pomme en partant de la queue.

• Les placer dans un plat de 2 sur 8 pouces (5 sur 20 cm).

• Remplir chaque cavité avec le miel, le zeste d'orange et la muscade mélangés.

• Arroser les pommes avec le mélange du rhum et du jus d'orange.

• Cuire 6 minutes à «HIGH».

• Arroser les pommes avec le jus au fond du plat.

• Cuire 4 à 5 minutes à «MEDIUM», ou jusqu'à ce que les pommes soient tendres.

• Servir chaudes ou froides.

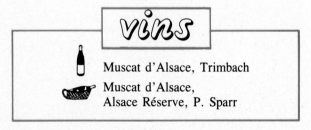

vins

Muscat d'Alsace, Trimbach
Muscat d'Alsace,
Alsace Réserve, P. Sparr

Pommes allégro

Préparation :	. . . .	**10 min**
Cuisson :	. . . .	**10 min**
Attente :	. . . .	**aucune**

Petit conseil : Ces pommes peuvent être servies de deux façons intéressantes : tièdes, avec de la crème fouettée ou sur de la crème glacée, ou froides, telles quelles sur un morceau de gâteau éponge.

Ingrédients :

6 pommes moyennes pelées

2 c. à soupe (30 mL) de beurre fondu

jus de citron

2 c. à thé (10 mL) de cognac

4 c. à soupe (60 mL) de cassonade

1/2 c. à thé (2 mL) de cannelle

Préparation :

• Couper les pommes en quartiers, enlever le coeur.

• Les disposer en une seule couche, le côté arrondi sur le dessus, dans un plat de cuisson beurré.

• Les badigeonner de beurre fondu, les arroser de jus de citron au goût, du cognac, et saupoudrer de la cassonade et de la cannelle.

• Cuire aux micro-ondes 10 minutes à «HIGH».

• Les arroser plusieurs fois avec le jus de cuisson.

• Servir à votre gré.

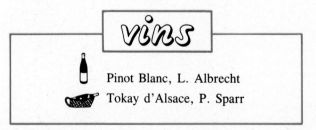

vins

Pinot Blanc, L. Albrecht
Tokay d'Alsace, P. Sparr

Pommes pochées

Préparation :	**10 min**
Cuisson :	**9 min**
Attente :	**aucune**

Petit conseil : Je prépare ainsi les pommes lorsqu'elles ne sont plus à leur meilleur (au milieu ou à la fin de l'hiver). C'est facile et rapide, et tout simplement délicieux.

Ingrédients :

5 à 6 pommes pelées et coupées en quatre

1/2 tasse (125 mL) de cassonade

1/2 tasse (125 mL) d'eau ou de jus de pomme

le zeste râpé et le jus d'un demi-citron ou d'une demi-orange

2 c. à soupe (30 mL) de confiture au choix

2 c. à soupe (30 mL) de sherry (facultatif)

Préparation :

• Mettre dans un bol la cassonade, l'eau ou le jus de pomme, le zeste râpé et le jus de citron ou d'orange.

• Cuire aux micro-ondes 3 minutes à «HIGH».

• Bien remuer, ajouter les pommes, remuer et cuire à «HIGH» 5 à 7 minutes, en remuant une fois durant la cuisson.

• Disposer les pommes dans un plat de service, en égouttant le plus possible de sirop.

• Ajouter le reste des ingrédients, au sirop. Remuer.

• Cuire 1 minute à «HIGH», verser sur les pommes.

• Laisser refroidir, couvrir et réfrigérer jusqu'au moment de servir.

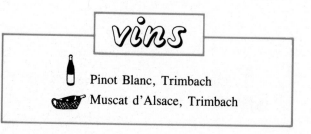

vins

🍾 Pinot Blanc, Trimbach

🥘 Muscat d'Alsace, Trimbach

Pommes pochées au sirop d'érable

Préparation :	**10 min**
Cuisson :	**7 min**
Attente :	**aucune**

• Une recette bien canadienne. Il est plutôt rare de ne trouver ni pommes ni sirop d'érable dans nos cuisines. Un bon dessert en toutes saisons.

Ingrédients :

4 à 5 pommes

1/3 de tasse (80 mL) de sirop d'érable

3 c. à soupe (50 mL) de beurre

une pincée de quatre-épices (facultatif)

Préparation :

• Mettre dans une assiette à tarte de 9 pouces (23 cm) (céramique ou pyrex), le sirop d'érable, le beurre et le quatre-épices.

• Cuire aux micro-ondes 2 minutes à «HIGH».

• Peler les pommes, enlever le coeur, les couper en quatre et les rouler dans le sirop chaud.

• Cuire 3 minutes à «HIGH».

• Retourner les quartiers de pommes et cuire 4 à 5 minutes à «HIGH».

• Servir chaudes ou froides, mais ne pas réfrigérer.

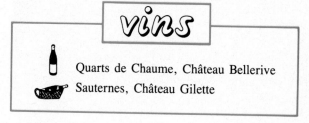

vins

🍾 Quarts de Chaume, Château Bellerive

🥘 Sauternes, Château Gilette

Pommes au caramel

Préparation : . . . .**15 min**
Cuisson : . . . . **de 9 à 12 min**
Attente : . . . .**1 h**

• Un dessert facile et vite fait, en tout temps de l'année, mais tout particulièrement dès l'apparition des premières pommes Melba sur le marché. Leur saison est de courte durée, mais lorsqu'on peut se les procurer, elles en valent la peine.

Ingrédients :

1/3 de tasse (80 mL) de beurre ou de margarine

1 tasse (250 mL) de cassonade

1/2 c. à thé (2 mL) de cannelle ou de quatre-épices

4 à 6 pommes pelées, coupées en quatre, le coeur enlevé

1 c. à thé (5 mL) d'essence de vanille

2 c. à soupe (30 mL) de crème

Préparation :

• Mettre le beurre ou la margarine dans une assiette à tarte de 9 pouces (23 cm).

• Cuire aux micro-ondes 2 minutes à «HIGH».

• Ajouter la cassonade et l'épice au choix en remuant bien. Mettre les pommes sur le mélange de cassonade.

• Cuire 6 à 7 minutes à «HIGH»; le temps de cuisson varie selon les pommes utilisées.

• Elles doivent être molles lorsque touchées de la pointe d'un couteau, mais non pas en purée.

• Mettre les pommes cuites dans un plat de service.

• Ajouter la crème et l'essence de vanille au sirop dans l'assiette à tarte.

• Cuire 3 à 5 minutes à «HIGH», en remuant deux fois.

• Lorsque le sirop a épaissi, le verser sur les pommes.

• Laisser reposer 1 heure à la température de la pièce avant de servir.

• Ces pommes peuvent être cuites tôt dans la journée, et simplement réchauffées 1 minute à «HIGH» au moment de les servir.

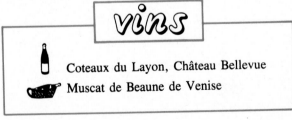

vins

Coteaux du Layon, Château Bellevue
Muscat de Beaune de Venise

Croustillant aux pommes

Préparation : . . . . **15 min**
Cuisson : . . . . **18 min**
Attente : . . . .**aucune**

vins

Muscat d'Alsace,
Cuvée de l'ours noir, T. Cattin

Tokay d'Alsace, J. Hugel

Petit conseil : Selon l'occasion, j'aime servir ce croustillant aux pommes chaud, recouvert de crème glacée très froide, ou froid avec une sauce au butterscotch ou accompagné d'une carafe de rhum chaud à utiliser au goût.

Ingrédients :

4 tasses (1 L) de pommes pelées et tranchées

1/3 de tasse (80 mL) de sucre

2 c. à soupe (30 mL) de farine

1/2 c. à thé (2 mL) de cannelle *ou*
  1/4 de c. à thé (1 mL) de cardamome moulue

1 c. à soupe (15 mL) de margarine ou de beurre

2 c. à soupe (30 mL) de jus de citron

La garniture :

3/4 de tasse (190 mL) de cassonade

3/4 de tasse (190 mL) de farine

1/3 de tasse (190 mL) de beurre

2 c. à soupe (30 mL) de noix hachées

une pincée de sel

une pincée de cannelle ou de cardamome

Préparation :

• Trancher les pommes dans un plat pour cuisson aux micro-ondes de 8 sur 8 pouces (20 sur 20 cm).

• Mélanger le sucre, la farine, la cannelle ou la cardamome et la margarine ou le beurre ; en saupoudrer les pommes. Arroser le tout du jus de citron.

• Mélanger tous les ingrédients de la garniture.

• Saupoudrer sur le dessus des pommes, presser la **pâte** avec un couteau.

• Cuire aux micro-ondes 10 minutes à «HIGH», et 8 ou 9 minutes à «MEDIUM-HIGH», jusqu'à ce que la garniture soit cuite et légèrement dorée.

Galette anglaise

Préparation : . . . .**10 min**
Cuisson : . . . .**12 min**
Attente : . . . .**10 min**

Petit conseil : Un ancien dessert anglais pour le déjeuner servi avec un bol de sucre à la cannelle (préparé avec **1 c. à thé (5 mL) de cannelle et 1 tasse (250 mL) de sucre).**

Ingrédients :

1¹/₂ tasse (375 mL) de lait

2 oeufs battus

1¹/₂ tasse (375 mL) de farine

2 c. à thé (10 mL) de poudre à pâte

2 c. à soupe (30 mL) de sucre

1/2 c. à thé (2 mL) de sel

2 c. à soupe (30 mL) de beurre fondu

4 pommes moyennes pelées et grossièrement râpées ou hachées

le jus et le zeste râpé d'un citron

Préparation :

• Battre le lait et les oeufs quelques secondes.

• Mélanger la farine, la poudre à pâte, le sucre et le sel.

• Ajouter au lait et aux oeufs, remuer.

• Faire fondre le beurre dans un petit bol 40 secondes à «HIGH». L'ajouter au mélange en brassant.

• Mélanger les pommes râpées ou hachées, le jus et le zeste de citron et ajouter à la pâte, bien mélanger et mettre dans un plat rond de 10¹/₂ pouces (26 cm) pour cuisson aux micro-ondes.

• Cuire 10 minutes à «HIGH».

• Si, au centre, un cercle de pâte d'environ un pouce est encore mou, faire cuire 2 minutes de plus à «HIGH».

• Saupoudrer le dessus d'une cuillerée ou deux de cassonade foncée, laisser reposer 10 minutes.

Sylvaner, Jux
Pinot Blanc, P. Sparr

Compote aux pommes rosée

Préparation :	**15 min**
Cuisson :	**13 min**
Attente :	**aucune**

• Un jour, j'avais environ une tasse de canneberges dans mon congélateur qui semblait destinée à y demeurer indéfiniment. J'avais aussi 6 pommes dans mon panier à fruits ; l'idée me vint de les cuire ensemble dans le four à micro-ondes. Il y a trois ans de cela, et c'est ainsi que je fais ma compote aux pommes depuis ce temps.

Ingrédients :

6 pommes pelées et tranchées, le coeur enlevé

1 tasse (250 mL) de canneberges non cuites

1 tasse (250 mL) de sucre

1 c. à soupe (15 mL) de jus de citron frais
muscade fraîchement râpée*, au goût

* Il est beaucoup plus économique d'acheter des noix de muscade et une râpe à muscade, et de la râper au besoin. La noix de muscade entière se conserve fraîche et parfumée jusqu'à deux ou trois ans.

Préparation :

• Mettre dans un plat de 4 tasses (1 L), les pommes, les canneberges, le sucre et le jus de citron.

• Cuire aux micro-ondes 10 minutes à «HIGH».

• Bien remuer et cuire 2 à 3 minutes à «MEDIUM».

• Remuer de nouveau, verser dans un plat de service.

• Saupoudrer de muscade râpée.

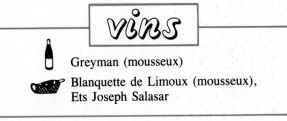

vins

Greyman (mousseux)

Blanquette de Limoux (mousseux),
Ets Joseph Salasar

Rhubarbe en gelée

Préparation à l'avance :	**de 2 à 3 h**
Cuisson :	**de 8 à 9 min**
Attente :	**aucune**

• Lorsqu'en hiver seule la rhubarbe surgelée est disponible, je fais ce délicieux dessert en un rien de temps.

Ingrédients :

1 lb (500 g) de rhubarbe surgelée*

1/3 de tasse (80 mL) d'eau

1 boîte (175 mL) de Jell-O ou autre poudre
pour gelée, aux fraises ou aux pêches

* La rhubarbe surgelée que je préfère est celle que l'on trouve en sacs de 2 livres (1 kg). J'emploie la moitié du sac pour ce dessert.

Préparation :

• Mettre la rhubarbe surgelée et l'eau dans un bol.

• Cuire aux micro-ondes 8 à 9 minutes à «HIGH», en remuant bien après 5 minutes de cuisson.

• Mettre le Jell-O ou autre poudre pour gelée dans un plat de service, y verser la rhubarbe chaude et remuer pour bien mélanger ; la chaleur de la rhubarbe fera dissoudre la gélatine.

• Réfrigérer jusqu'au moment de servir telle quelle ou accompagnée de crème, crème fouettée ou de crème glacée.

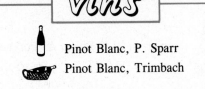

vins

Pinot Blanc, P. Sparr

Pinot Blanc, Trimbach

Rhubarbe à l'eau de rose

Préparation :	**10 min**
Cuisson :	**4 min**
Attente :	**3 min**

Petit conseil : Sans doute, comme moi, vous adopterez cette recette. Parfois j'utilise 10 à 12 pétales de roses sauvages finement hachés avec l'eau de rose, ou des roses sauvages fraîches hachées (2 ou 3 suffisent).

Ingrédients :

2 tasses (500 mL) de rhubarbe

2 c. à soupe (30 mL) d'eau

une pincée de sel

1/2 tasse (125 mL) de sucre

1/8 de c. à thé (,05 mL) d'eau de rose*

* On vend l'eau de rose dans les pharmacies ou dans des boutiques d'alimentation spécialisées.

Préparation :

• Laver et couper la rhubarbe en morceaux d'un demi-pouce (1 cm). La mettre dans un plat de 8 tasses (2 L) pour cuisson aux micro-ondes, ajouter l'eau et le sel.

• Cuire 4 minutes à «HIGH», en remuant une fois.

• Ajouter le sucre, l'eau de rose ou les roses sauvages.

• Laisser reposer 3 minutes. Bien remuer.

Variante :

• Le sucre peut être remplacé par une égale quantité de miel.

• Saupoudrer le dessus du zeste râpé d'une orange et d'un peu de muscade.

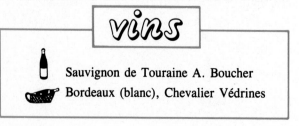

Sauvignon de Touraine A. Boucher
Bordeaux (blanc), Chevalier Védrines

Croustillant à la rhubarbe

Préparation :	**10 min**
Cuisson :	**15 min**
Attente :	**aucune**

• Une bonne vieille recette canadienne. Dans ma famille, cette recette faite avec la rhubarbe fraîche cueillie au jardin signale l'arrivée du printemps.

Ingrédients :

2 tasses (500 mL) de rhubarbe

2 c. à soupe (30 mL) de jus de citron

1/2 tasse (125 mL) de sucre

le zeste râpé d'un demi-citron

1 tasse (250 mL) de cassonade

3/4 de tasse (190 mL) de farine

1/4 de tasse (60 mL) de flocons d'avoine

1/2 tasse (125 mL) de beurre mou

Préparation :

• Laver la rhubarbe et la couper en bouts d'un demi-pouce (1 cm).

• Ajouter le jus de citron et le sucre. Bien mélanger.

• Mettre dans un plat de cuisson de 8 sur 8 po (20 sur 20 cm), saupoudrer du zeste de citron.

• Mélanger la cassonade, la farine, les flocons d'avoine et le beurre en un mélange granuleux. Saupoudrer sur la rhubarbe.

• Cuire 10 minutes à «HIGH» et 5 minutes à «MEDIUM».

• Servir chaud ou à la température de la pièce.

Muscat d'Alsace, Trimbach
Tokay d'Alsace,
Coopérative Vinicole de Hunawir

Compote de rhubarbe et de fraises

Préparation : . . . .**10 min**
Cuisson : . . . .**5 min**
Attente : . . . .**de 2 à 3 h**

• Un dessert classique en France, en Angleterre, en Italie et bien entendu, au Canada. Il est pour moi une tradition annuelle.

Ingrédients :

4 tasses (1 L) de rhubarbe fraîche, nettoyée et coupée

1/2 tasse (125 mL) de jus d'orange frais

1 tasse (250 mL) de sucre

2 tasses (500 mL) de fraises fraîches, nettoyées et coupées en deux

Sauternes, Château du Pick
Sauternes, Château Les Justices

Préparation :

• Nettoyer la rhubarbe fraîche et la couper en morceaux d'un demi-pouce (1 cm).

• Mettre dans un plat de 8 tasses (2 L), ajouter le jus d'orange et le sucre.

• Remuer et cuire aux micro-ondes 4 à 5 minutes à HIGH», en remuant deux fois.

• Lorsque la rhubarbe est cuite et chaude, ajouter les fraises, remuer délicatement. Recouvrir d'une assiette ou d'un papier.

• Laisser reposer de 2 à 3 heures à la température de la pièce.

• Servir telle quelle ou accompagnée de crème, ou sur de la crème glacée.

• Je la préfère accompagnée d'un bol de crème sure.

Compote de fraises

Préparation à l'avance :	**de 3 à 4 h**
Cuisson :	**2 min**
Attente :	**aucune**

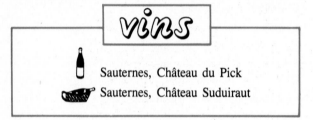

vins

Sauternes, Château du Pick
Sauternes, Château Suduiraut

• Les fraises ne cuisent pas en 40 secondes, mais elles absorberont rapidement le sirop chaud et seront imprégnées de sa saveur.

Ingrédients :

environ 4 tasses (1 L) de fraises fraîches
1/4 à 1/2 tasse (60 à 125 mL) de miel
le jus et le zeste râpé d'une demi-orange

Préparation :

• Laver et équeuter les fraises, les mettre dans un bol et cuire aux micro-ondes 40 secondes à «HIGH».

• Mettre le miel sur les fraises, ajouter le jus et le zeste d'orange.

• Cuire 1 minute à «HIGH». Remuer avec soin.

• Couvrir et réfrigérer 3 à 4 heures.

Compote de fraises éclair

Préparation :	**10 min**
Cuisson :	**2 min**
Attente :	**aucune**

• Un dessert tout simple d'une saveur délectable. J'aime le servir avec de petites meringues.

Ingrédients :

3 à 4 tasses (750 mL à 1 L) de fraises fraîches
1/2 tasse (125 mL) de sucre à fruits
le zeste râpé d'une orange
le jus d'une demi-orange
1 c. à soupe (15 mL) de liqueur à l'orange ou de sherry (facultatif)

Préparation :

• Mélanger tous les ingrédients. Mettre dans un plat de service qui va au four à micro-ondes.

• Cuire 2 minutes à «MEDIUM-HIGH».

• Remuer délicatement, en secouant le plat plutôt que de remuer avec une cuiller.

• Conserver à la température de la pièce jusqu'au moment de servir.

vins

Sauternes, Château du Pick
Sauternes, Château d'Arche

Mousse aux fraises à la française

Préparation : . . . . **15 min**
Cuisson : . . . . **3 min**
Attente : . . . . **aucune**

Petit conseil : Ce dessert est superbe et il est le préféré dans bien des pays, dont l'Italie, la France, l'Allemagne, la Suisse, pour n'en nommer que quelques-uns. Chaque pays a ses propres variantes. Il vous faut donc l'essayer et vous rendre compte si vous préférez y apporter votre touche personnelle. Pour moi, elle consiste à ajouter une cuillerée à thé (5 mL) d'eau de rose ou une demi-tasse (125 mL) de roses sauvages (elles doivent être sauvages), hachées, ou j'en ajoute une poignée que je passe aux micro-ondes 3 minutes à «HIGH», en remuant une fois.

Ingrédients :

4 tasses (1 L) de fraises fraîches

1 tasse (250 mL) de sucre à fruits

2 c. à soupe (30 mL) de jus de citron frais

2 blancs d'oeufs

1 tasse (250 mL) de crème à fouetter

1 c. à thé (5 mL) d'essence de vanille

2 enveloppes de gélatine non aromatisée

3/4 de tasse (190 mL) d'eau froide

Préparation :

• Nettoyer les fraises et les trancher, les mettre dans un bol avec le sucre à fruits et le jus de citron.

• Remuer délicatement et mettre de côté.

• Battre les blancs d'oeufs jusqu'à ce qu'ils soient fermes. Fouetter la crème et ajouter la vanille, mélanger.

• Mettre la gélatine dans une tasse à mesurer, ajouter l'eau froide.

• Cuire aux micro-ondes 2 à 3 minutes à «MEDIUM».

• La gélatine est prête lorsqu'elle est bien dissoute ; la remuer et laisser refroidir un peu.

• Maintenant que tout est prêt, il faut faire vite.

• Verser la gélatine sur les fraises et bien remuer. Y mélanger les blancs d'oeufs battus, les incorporant déli-

catement dans le mélange, puis incorporer la crème fouettée.

• Verser dans un joli plat de verre. Couvrir et réfrigérer jusqu'au moment de servir.

• Au goût, des fraises entières peuvent être disposées sur la mousse et saupoudrées légèrement de sucre à fruits.

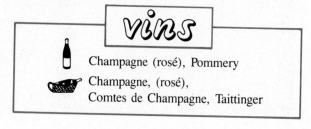

vins

Champagne (rosé), Pommery

Champagne, (rosé), Comtes de Champagne, Taittinger

Fraises à
la crème

Préparation :	. . . . .10 min
Cuisson :	. . . . .2 min
Attente :	. . . . .aucune

Petit conseil : Un sirop chaud versé sur des fraises fraîches, puis réfrigérées, c'est une expérience de gourmet, à faire en pleine saison. J'aime bien les servir accompagnées de crème fouettée sucrée ou de simple crème parfumée de quelques gouttes d'eau de rose.*

Préparation :

• Mettre dans une tasse à mesurer, le sucre, l'eau ou le jus de pomme.

• Cuire aux micro-ondes 2 minutes à «MEDIUM-HIGH», en remuant une fois.

• Ajouter au sirop chaud la liqueur de votre choix et quelques gouttes d'eau de rose, ou omettre la liqueur et n'utiliser que l'eau de rose.

• Bien mélanger et verser le sirop chaud sur les fraises.

• Remuer délicatement, de préférence avec les doigts.

• Couvrir et réfrigérer jusqu'au moment de servir.

Ingrédients :

1/4 de tasse (60 mL) d'eau ou de jus de pomme

1/4 de tasse (60 mL) de sucre

2 c. à soupe (30 mL) de la liqueur
de votre choix (facultatif)

4 à 6 tasses (1 à 1,5 L) de fraises fraîches

* L'eau de rose peut être achetée dans certaines pharmacies ou dans des boutiques d'alimentation spécialisées.

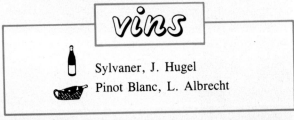

Sylvaner, J. Hugel
Pinot Blanc, L. Albrecht

Fraises Romanoff

Préparation à l'avance : . . . . . **1 h 40 min**
Cuisson : . . . . **3 min**
Attente : . . . . **aucune**

• Un dessert classique qui se fait rapidement et facilement au four à micro-ondes, sans que la délicate saveur des fraises fraîches ne soit altérée.

Ingrédients :

3 à 4 tasses (750 mL à 1 L) de fraises fraîches

1/2 tasse (125 mL) de sucre à fruits

1/4 de c. à thé (1 mL) d'eau de rose *ou*
  1/2 c. à thé (2 mL) d'essence de vanille

1 tasse (250 mL) de crème à fouetter

2 tasses (500 mL) de crème glacée aux fraises

2 c. à soupe (30 mL) de cognac ou de rhum

Préparation :

• Laver les fraises rapidement à l'eau froide courante (en utilisant une passoire).

• Bien les secouer, les étendre sur un linge pour les assécher, 30 minutes environ.

• Les mettre dans un bol avec le sucre. Secouer le bol pour répandre également le sucre sur les fraises.

• Cuire aux micro-ondes 1 minute à «MEDIUM».

• Secouer le bol délicatement et cuire 1 minute de plus à «MEDIUM-LOW».

• Réfrigérer 1 heure.

• Fouetter la crème (ne pas la sucrer), ajouter l'eau de rose ou la vanille, mélanger et réfrigérer ; elle peut être réfrigérée aussi longtemps que les fraises.

• Au moment de servir, retirer la crème glacée du congélateur, la découvrir et la chauffer 1 minute à «MEDIUM-HIGH» pour la ramollir.

• La mettre dans un bol, ajouter la crème fouettée et le cognac ou le rhum.

• Bien mélanger et y incorporer les fraises.

• Servir aussitôt.

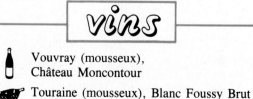

vins

Vouvray (mousseux),
Château Moncontour

Touraine (mousseux), Blanc Foussy Brut

Dessert aux fraises de Madame Cooke

Préparation à l'avance : . . . . . de 3 à 5 h
Cuisson : .3 min
Attente : . . . . .aucune

• J'ai découvert cette recette dans un livre de recettes de la Nouvelle-Écosse, intitulé «The Mixing Bowl» et je l'ai adaptée à la cuisson aux micro-ondes. Je la fais toujours avec plaisir.

Croûte :

Ingrédients :

1/4 de tasse (60 mL) de beurre fondu

1 tasse (250 mL) de biscuits graham écrasés

1 c. à soupe (125 mL) de sucre

Préparation :

• Dans un plat ou une assiette à tarte en céramique de 8 sur 8 pouces (20 sur 20 cm), faire fondre le beurre 2 minutes à «HIGH».

• Ajouter les biscuits graham et le sucre, bien mélanger.

• Mettre 1/3 de tasse (80 mL) du mélange de côté, pour la garniture.

• Étendre le reste des miettes dans l'assiette ou le plat pour en faire une croûte.

• Mettre dans une tasse à mesurer de 4 tasses (1 L) :

1/2 tasse (175 mL) de lait

1/2 lb (250 g) de guimauves

• Cuire aux micro-ondes 3 minutes à «MEDIUM».

• Bien remuer, et s'assurer que les guimauves sont bien fondues. Laisser refroidir.

• Fouetter 1 tasse (250 mL) de crème, l'incorporer dans le mélange refroidi.

• Bien mélanger et verser dans la croûte de biscuits graham.

Garniture :

Ingrédients :

1 boîte de Jell-O aux fraises, ou autre poudre pour gelée

1 tasse (250 mL) d'eau bouillante

1 tasse (250 mL) de jus de pomme froid ou d'eau froide

2 tasses (500 mL) de fraises fraîches tranchées ou
    1 boîte (245 g) de fraises surgelées décongelées

Préparation :

• Remuer le Jell-O ou autre poudre pour gelée dans l'eau bouillante pour le dissoudre complètement, ajouter le jus de pomme ou l'eau.

• Réfrigérer jusqu'à ce que le mélange soit à demi pris.

• Y incorporer les fraises.

• Verser sur le mélange de guimauves dans la croûte.

• Saupoudrer le reste des miettes sur le tout.

• Réfrigérer 2 à 4 heures avant de servir.

 Coteaux du Layon, Château Bellevue
Anjou, Moulin Touchais

«Cobbler» aux fruits

Préparation : . . . . .35 min
Cuisson : . . . . de 8 à 9 min
Attente : . . . . .aucune

Petit conseil : Ce «cobbler» aux fruits cuit aux micro-ondes peut être servi simplement comme des fruits cuits dans un sirop, en utilisant une seule sorte de fruit ou un mélange de votre choix, ou il peut être recouvert de pâte pour devenir un pouding «cobbler».

Ingrédients :

1/3 de tasse (80 mL) de sucre

1 c. à soupe (15 mL) d'eau froide

2 tasses (500 mL) de fruits frais pelés
(prunes, pêches, pommes ou poires, etc.)

1 c. à soupe (15 mL) de fécule de maïs

1/2 c. à thé (2 mL) d'essence de vanille ou d'amande

La pâte :

1 tasse (250 mL) de farine tout usage

1 c. à thé (5 mL) de poudre à pâte

1/2 c. à thé (2 mL) de sel

2 c. à soupe (30 mL) de cassonade

1/2 tasse (125 mL) de lait

1 oeuf

1 c. à soupe (15 mL) de beurre mou ou
de margarine

2 c. à thé (10 mL) de cassonade

1/4 de c. à thé (1 mL) de cannelle

Préparation :

• Mettre dans un plat de votre choix le sucre et l'eau.

• Cuire 2 minutes à «HIGH».

• Ajouter 1 tasse (250 mL) du fruit entier, ou tranché ou coupé en quatre.

• Y ajouter la fécule de maïs en remuant bien et cuire aux micro-ondes 2 minutes à «HIGH», en remuant à chaque minute.

• Certains fruits demandent une minute de plus de cuisson.

• Le sirop épaissit presque instantanément et forme comme une glace sur les fruits ; c'est pourquoi il est important de remuer à chaque minute.

• Lorsque la sauce est crémeuse et transparente, ajouter la tasse de fruits qui reste et l'essence de vanille ou d'amande.

• Cuire 1 minute à «HIGH».

• Servir tel quel pour un dessert aux fruits, ou mettre dans un plat de cuisson rond de 8 pouces (20 cm) pour faire le «cobbler».

Pâte pour le «cobbler» :

• Tamiser ensemble la farine, la poudre à pâte et le sel.

• Ajouter la cassonade en remuant.

• Battre l'oeuf et le lait ensemble.

• Ajouter au mélange, de même que le beurre mou ou la margarine et remuer.

• Lorsque la pâte se forme en boule, la laisser tomber par cuillerée sur la compote de fruits chaude (si les fruits ont refroidi, les passer aux micro-ondes 1 minute à «HIGH»).

• Mélanger la cassonade et la cannelle, en saupoudrer la pâte, recouvrir de papier ciré et cuire 4 à 5 minutes à «MEDIUM-HIGH», en retournant la casserole d'un quart de tour à mi-cuisson si votre four n'a pas de plateau rotatif.

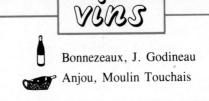

Bonnezeaux, J. Godineau
Anjou, Moulin Touchais

Grands-pères aux bleuets

Préparation : . . . . .30 min
Cuisson : . . . . .13 min
Attente : . . . . .aucune

Petit conseil : Il faut s'en régaler au moins une fois l'an ! Un dessert formidable servi chaud sur de la crème glacée à la vanille.

Ingrédients :

La sauce :

2¹/₂ tasses (625 mL) de bleuets frais

1/3 de tasse (80 mL) de sucre

une bonne pincée de sel

1 tasse (250 mL) d'eau

1 c. à soupe (15 mL) de jus de citron frais

Les grands-pères :

1 tasse (250 mL) de farine tout usage

2 c. à soupe (30 mL) de sucre

2 c. à thé (10 mL) de poudre à pâte

1/4 de c. à thé (1 mL) de sel

1 c. à soupe (15 mL) de beurre

1/2 tasse (125 mL) de lait

Préparation :

• Mettre dans un bol de 4 tasses (1 L), les bleuets, le sucre, le sel, l'eau et le jus de citron.

• Cuire aux micro-ondes 4 minutes à «HIGH». Bien remuer.

• Tamiser ensemble dans un bol, la farine, le sucre, la poudre à pâte et le sel. Y couper le beurre avec un couteau.

• Ajouter le lait, tout d'un coup, remuer juste pour humecter la farine.

• Cuire la sauce aux bleuets 3 minutes à «HIGH».

• Laisser tomber la pâte dans les bleuets chauds du bout d'une cuiller à soupe. Vous devriez avoir 6 à 7 grands-pères.

• Couvrir et cuire aux micro-ondes 6 minutes à «HIGH».

• Servir tels quels, ou avec crème ou crème glacée.

vins

Blanquette de Limoux (mousseux),
Brouette Petit Fils

Touraine (mousseux), Blanc Foussy

Croustillant aux petits fruits

Préparation :	. . . .**20 min**
Cuisson :	. . . .**de 7 à 8 min**
Attente :	. . . .**15 min**

Petit conseil : Servir chaud ou tiède. Accompagner, au goût, de crème nature ou de crème fouettée ou de yaourt. L'été, j'utilise les petits fruits frais, et l'hiver, je les remplace par des fruits surgelés.

vins

Coteaux du Layon, Château de Plaisance
Sauternes, Château du Pick

Ingrédients :

3 tasses (750 mL) de fraises, framboises ou bleuets frais *ou*

1 paquet de 15 oz (425 mL) de petits fruits surgelés au choix

2 c. à soupe (30 mL) de jus de citron

2/3 de tasse (160 mL) de cassonade

1/2 tasse (125 mL) de farine

2/3 de tasse (160 mL) de farine d'avoine

1/3 de tasse (80 mL) de margarine ou de beurre

3/4 de c. à thé (3 mL) de cannelle

1/4 de c. à thé (1 mL) de quatre-épices

1/4 de c. à thé (1 mL) de sel

Préparation :

• Verser les petits fruits dans un plat à cuisson aux micro-ondes de 8 sur 8 po (20 sur 20 cm).

• Arroser du jus de citron.

• Mélanger le reste des ingrédients, saupoudrer sur le dessus des fruits.

• Cuire 7 à 8 minutes à «HIGH».

• Laisser reposer 15 minutes avant de servir.

Pouding anglais aux framboises

Préparation : . . . . 15 min
Cuisson : . . . . 4 min
Attente : . . . . aucune

• Un véritable pouding anglais presque aussi vieux que l'Angleterre. Il a subi de nombreuses transformations, sans compter celle de la cuisson adaptée au four à micro-ondes. Je considère presque comme une nécessité de faire ce gâteau au temps des framboises, vers la fin de juin ou le début de juillet.

Ingrédients :

4 tasses (1 L) de framboises

le jus d'un demi-citron

2/3 de tasse (160 mL) de cassonade pâle

4 tasses (1 L) de croûtons

1/4 de tasse (60 mL) de sucre

le zeste râpé d'un petit citron

2 c. à soupe (30 mL) de beurre

Préparation :

• Laver les framboises et les équeuter, les mélanger avec le jus de citron et la cassonade.

• Verser dans un plat à cuisson de 8 sur 8 pouces (20 sur 20 cm). (J'aime utiliser un plat en céramique Corning pour faire ce pouding).

• Mélanger les croûtons, le sucre et le zeste de citron râpé.

• Étendre sur les framboises. Y presser le mélange délicatement, mais ne pas brasser.

• Mettre des dés de beurre ici et là.

• Cuire 4 minutes à «HIGH».

• Servir chaud ou froid, mais non pas réfrigéré.

• Servir tel quel, ou accompagné de crème glacée ou de crème.

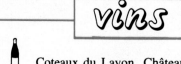

 Coteaux du Layon, Château de Plaisance
Sauternes, Nicolas

Bavaroise aux framboises fraîches

Préparation à l'avance : . . . . . **de 3 à 6 h**
Cuisson : . . . . **2 min**
Attente : . . . . **aucune**

• Un délice estival. Je prépare toujours cette bavaroise durant la saison des framboises.

Ingrédients :

1 tasse (250 mL) d'eau

1 boîte de 3 oz (74 g) de gélatine aromatisée aux framboises

2 tasses (500 mL) de crème glacée à la vanille

1 banane tranchée (facultatif)

1 tasse (250 mL) de framboises fraîches, écrasées

Préparation :

• Mettre l'eau dans un bol de 4 tasses (1 L).

• Faire chauffer à «HIGH» 2 minutes, ou jusqu'à ébullition.

• Y ajouter la gélatine et brasser jusqu'à ce qu'elle fonde.

• Ajouter la crème glacée, brasser jusqu'à ce qu'elle fonde.

• Ajouter la banane tranchée et les framboises écrasées en remuant.

• Verser dans un joli plat de verre. Réfrigérer de 3 à 6 heures.

• Démouler sur une grande assiette et entourer de framboises entières sucrées.

🍾 Saumur (mousseux),
Crémant blanc de blancs, Bouvet Ladubay

🥄 Champagne (rosé), Pol Roger

Pouding d'été

Préparation à l'avance : . . . . . **de 6 à 8 h**
Cuisson : . . . . **6 min**
Attente : . . . . **aucune**

• Une recette anglaise classique, à faire avec des framboises fraîches.

Ingrédients :

2 tasses (500 mL) de framboises fraîches

1/2 tasse (125 mL) de sucre

1 c. à thé (5 mL) de jus de citron frais

6 minces tranches de pain beurré

crème fouettée

Préparation :

• Mettre les framboises nettoyées dans un plat pour cuisson aux micro-ondes et ajouter le sucre.

• Cuire 6 minutes à «HIGH», en remuant deux fois.

• Ajouter le jus de citron, bien remuer. Ne pas couler.

• Disposer quelques tranches de pain dans le fond d'un plat de service, y verser autant de sirop aux framboises que le pain peut en absorber. Répéter jusqu'à ce que tous les ingrédients aient été utilisés.

• Couvrir et réfrigérer de 6 à 8 heures.

• Démouler ou servir dans le plat et accompagner de crème fouettée.

🍾 Vouvray (mousseux),
Château Moncontour

🥄 Champagne, Charles Lafite,
Cuvée du dessert

Sauce parisienne

Préparation : . . . . **15 min**
Cuisson : . . . . **7 min**
Attente : . . . . **aucune**

Petit conseil : Essayer d'utiliser la gousse de vanille* pour faire la sauce, ou remplacer par une cuillerée à thé (5 mL) d'essence de vanille, ajoutée lorsque la crème est cuite.

Ingrédients :

1/2 tasse (125 mL) de lait

1/2 tasse (125 mL) de crème à fouetter

2 pouces (5 cm) d'une gousse de vanille*

2 jaunes d'oeufs

1/4 de tasse (60 mL) de sucre

1 tasse (250 mL) de framboises fraîches

1 tasse (250 mL) de crème à fouetter

Préparation :

• Mettre dans un bol, le lait, la crème à fouetter et la gousse de vanille (si elle est utilisée).

• Cuire 2 minutes à «HIGH».

• Battre les jaunes d'oeufs avec le sucre et ajouter au lait chaud. Remuer pour bien mélanger.

• Cuire 5 minutes à «MEDIUM».

• Retirer la gousse de vanille. C'est ici qu'il faut ajouter l'essence de vanille à défaut de la gousse de vanille.

• Laver les framboises et les passer au tamis pour les mettre en purée, ou simplement les ajouter à la sauce.

• Fouetter la crème et l'incorporer à la sauce.

• Servir à la température de la pièce ou chaude.

* On peut acheter les gousses de vanille dans les boutiques spécialisées. Les conserver dans une boîte de sucre à fruits. Jusqu'à 2 tasses (500 mL) de sucre à fruits peuvent être utilisées avec une seule gousse de vanille et tout le sucre s'imprégnera de la saveur de vanille. Utiliser ce sucre sur des fruits frais ou dans toute sauce où vous désirez une saveur de vanille. Lorsque la gousse a été mise dans un liquide, tel que dans cette recette, la laisser sécher de 6 à 8 heures sur un essuie-tout et la remettre dans le sucre. La bien recouvrir du sucre.

Essence de vanille maison

Préparation : . . . . **1 min**
Cuisson : . . . . **aucune**
Laisser reposer : . . . . **3 à 4 sem.**

• Faire une fois son essence de vanille, c'est la faire toujours… Elle est, sans exagération, incomparable !

Ingrédients :

1 bouteille (341 mL) de rhum Bacardi (40 % alcool)
3 gousses de vanille

Préparation :

• Ajouter la vanille au rhum. Bien agiter.

• Laisser mûrir 3 à 4 semaines dans une armoire sombre.

• L'utiliser en quantité égale à l'essence de vanille, selon la recette.

• Lorsque la bouteille de rhum n'est plus qu'à moitié pleine, la remplir d'autre rhum et ajouter une autre gousse de vanille.

• Lorsque dans une recette on demande une gousse de vanille, simplement la retirer du rhum et l'ajouter tel que demandé dans la recette.

• L'enlever ensuite du mélange, la passer sous l'eau et la remettre dans le rhum.

• Cette essence de vanille est beaucoup plus économique que l'essence de vanille commerciale et elle est de beaucoup supérieure en saveur.

Poires pochées au vin

Préparation : . . . . **20 min**
Cuisson : . . . . **9 min**
Attente : . . . . **aucune**

Coteaux du Layon, Château Bellevue
Quart de Chaume, Château Bellerive

Petit conseil : Lorsque j'ai un reste de vin blanc ou de saké, et des poires, je prépare ce délicieux dessert que je sers chaud ou à la température de la pièce. En hiver, je fais décongeler **une tasse ou deux de mes petits fruits non sucrés** auxquels j'ajoute **1/3 de tasse (80 mL) de sucre,** je les mets en purée et je les sers comme sauce pour accompagner les poires pochées.

Ingrédients :

4 à 5 poires pelées et coupées en deux, le coeur enlevé

1 tasse (250 mL) de vin blanc ou de saké

1/2 tasse (125 mL) de jus de pomme ou de club soda*

1/3 à 1/2 tasse (80 à 125 mL) de sucre

* Le club soda peut être remplacé par du Seven-up, Ginger Ale ou «Tonic».

Préparation :

• Mettre tous les ingrédients dans un bol excepté les poires.

• Remuer et cuire aux micro-ondes 3 à 4 minutes à «HIGH».

• Mettre les poires préparées dans le sirop, le côté du coeur vers le bas. Arroser du sirop chaud.

• Cuire environ 5 minutes à «MEDIUM-HIGH». Arroser les fruits du sirop.

• Cuire 1 minute de plus à «MEDIUM-HIGH».

• Servir chaudes ou froides.

Poires glacées

Préparation : . . . . **20 min**
Cuisson : . . . . **de 12 à 20 min**
Attente : . . . . **aucune**

Petit conseil : Une grande recette du répertoire des chefs français, facile à préparer. Les poires sont glacées avec la confiture d'abricot au moment de servir.

Ingrédients :

1 tasse (250 mL) de sucre

1 tasse (250 mL) d'eau

le zeste râpé d'une orange

6 poires entières pelées

crème glacée à la vanille ou aux fraises (facultatif)

1/2 tasse (125 mL) de confiture d'abricots ou de fraises

2 c. à soupe (30 mL) de liqueur de votre choix

Préparation :

• Mettre dans un plat, le sucre, l'eau et le zeste d'orange.

• Cuire 10 minutes à «MEDIUM-HIGH».

• Peler les poires, les couper en deux, enlever le coeur, les placer dans le sirop chaud, les badigeonner 8 à 10 fois pour bien enrober les poires du sirop.

• Cuire 6 à 8 minutes à «HIGH». Les poires doivent être tendres, mais pas trop molles.

• Retirer les poires du sirop*. Les mettre dans un plat de service.

• Réchauffer la confiture de votre choix avec la liqueur 40 secondes à «HIGH». Badigeonner chaque poire de cette glace.

• Ajouter 1/2 tasse (125 mL) du sirop chaud au fond du plat. Servir froides.

* Conserver le reste du sirop dans un bocal de verre, au réfrigérateur. Il peut servir à pocher tous les fruits. Il se conserve de 5 à 6 mois.

Sauternes, Château d'Arche
Sauternes, Château Lafaurie-Peyraguey

Poires Melba

Préparation : . . . . **20 min**
Cuisson : . . . . **de 12 à 20 min**
Attente : . . . . **aucune**

Petit conseil : Ce dessert attrayant et délicieux fait de poires fraîches convient parfaitement au menu d'un buffet. Cette recette, à l'origine, fut préparée avec la poire Bosc, une poire d'hiver, la meilleure pour être pochée ou cuite aux micro-ondes.

Ingrédients :

une boîte de 10 oz (300 g) de framboises surgelées
1/2 tasse (125 mL) de sucre
1 c. à soupe (15 mL) de fécule de maïs
2 c. à soupe (30 mL) de jus de citron
1 c. à soupe (15 mL) de cognac (facultatif)
4 à 6 poires pelées

Préparation :

• Mettre les framboises surgelées dans un plat de 4 tasses (1 L).

• Cuire à découvert 3 minutes à «HIGH», retourner et faire cuire encore 2 à 3 minutes.

• Mélanger le sucre, la fécule de maïs, le jus de citron et le cognac.

• Cuire 2 minutes à «MEDIUM-HIGH».

• Ajouter les framboises et remuer.

• Verser sur les poires pelées coupées en deux.

• Cuire de 5 à 9 minutes à «HIGH», selon la grosseur et le degré de maturité des poires.

• Vérifier la cuisson, et si nécessaire prolonger la cuisson de 2 à 3 minutes à «HIGH».

• Servir tièdes ou froides, telles quelles ou recouvertes de crème fouettée ou de crème glacée.

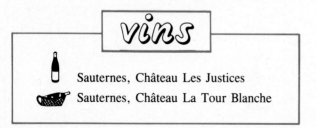

Sauternes, Château Les Justices
Sauternes, Château La Tour Blanche

Poires florentines

Préparation : . . . . **25 min**
Cuisson : . . . . **8 min**
Attente : . . . . **aucune**

Petit conseil : Un autre dessert italien rapide et succulent qui peut être servi chaud ou à la température de la pièce.

Ingrédients :

1/3 de tasse (80 mL) d'amandes effilées
1 c. à soupe (15 mL) de beurre
4 à 6 poires pelées, coupées en deux,
  le coeur enlevé
1/2 tasse (125 mL) de sucre
1/4 de c. à thé (1 mL) d'essence d'amande
1/2 tasse (125 mL) de vin blanc ou de vermouth

Préparation :

• Mettre les amandes et le beurre dans une soucoupe, cuire aux micro-ondes environ 2 minutes à «HIGH», en remuant une fois ou deux, jusqu'à ce que le tout soit d'un beau doré.

• Si les amandes sont très froides (je garde les miennes au congélateur), elles pourraient nécessiter une minute de plus ; il est facile de s'en rendre compte.

• Mettre les poires dans une assiette à tarte en céramique, le côté du coeur en haut, la portion plus large au bord de l'assiette.

• Mélanger le sucre, les amandes grillées et l'essence d'amande, placer un peu de ce sucre aux amandes dans la cavité de chaque poire.

• Verser le vin dans l'assiette à tarte.

• Cuire aux micro-ondes 6 minutes à «HIGH».

• Servir à la température de la pièce.

• Pour un dessert spectaculaire, servir avec un sabayon en guise de sauce.

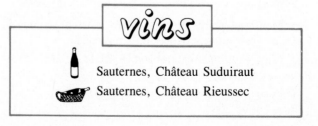

Sauternes, Château Suduiraut
Sauternes, Château Rieussec

Poires dans une crème au citron

Préparation : . . . . **35 min**
Cuisson : . . . . **de 16 à 17 min**
Attente : . . . . **aucune**

Petit conseil : Une façon savoureuse et élégante de servir des poires. Elles peuvent être présentées simplement pochées et dans leur sirop, ou nappées de la crème au citron. Pour varier, le citron peut être remplacé par des tranches de lime.

Vins

Vouvray (mousseux), Château Moncontour

Anjou, Moulin Touchais

Ingrédients :

1 tasse (250 mL) d'eau ou de jus de pomme

1/2 tasse (125 mL) de sucre

6 tranches de citron ou de lime non pelées

6 poires pelées et coupées en deux

Crème au citron

1/4 de tasse (60 mL) de sucre

1 c. à soupe (15 mL) de fécule de maïs

1 tasse (250 mL) de crème légère ou de lait

2 jaunes d'oeufs

Préparation :

• Mettre dans un plat rond en céramique de 8 ou 9 pouces (20 ou 23 cm) l'eau, le sucre, les tranches de citron ou de lime. Remuer pour mélanger.

• Cuire aux micro-ondes 10 minutes à «HIGH».

• Bien remuer, mettre les poires pelées et coupées en deux dans le sirop chaud, l'extrémité plus mince vers le centre du plat. Arroser les poires avec le sirop chaud.

• Cuire 4 à 5 minutes à «HIGH», ou jusqu'à ce que les poires soient tendres. Vérifier avec la pointe d'un couteau.

• Arroser une fois après 3 minutes de cuisson.

• Retirer les poires sur un plat de service avec une cuiller trouée.

• Mélanger le 1/4 de tasse (60 mL) de sucre, la fécule de maïs et la crème ou le lait, et les jaunes d'oeufs. Bien mélanger.

• Ajouter le mélange au sirop chaud.

• Bien remuer, cuire aux micro-ondes 1 minute à «MEDIUM», bien remuer, cuire 2 minutes de plus, en remuant une fois.

• La sauce doit être d'une texture légère et crémeuse. La verser chaude sur les poires.

• Couvrir et laisser reposer jusqu'à ce qu'elle soit refroidie, mais ne pas la réfrigérer.

Pêches fraîches à l'anglaise

Préparation : . . . . **10 min**
Cuisson : . . . . **8 min**
Attente : . . . . **5 min**

Petit conseil : Votre four à micro-ondes peut vous aider à peler les pêches rapidement et facilement. Disposer les pêches (6 à 8) en cercle dans le four et chauffer 15 secondes à «HIGH». Les laisser reposer 10 minutes et les peler.

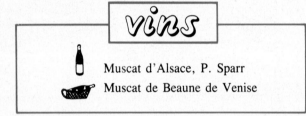

Muscat d'Alsace, P. Sparr
Muscat de Beaune de Venise

Ingrédients :

4 à 6 pêches

1 c. à soupe (15 mL) de jus de citron frais

2 c. à soupe (30 mL) de sucre

1/4 de tasse (60 mL) d'amandes tranchées mince

2 pincées de muscade

2 c. à soupe (30 mL) de brandy*

* J'utilise le brandy blanc Mont Blanc qui est économique et excellent pour la cuisine.

Préparation :

• Peler les pêches, les couper en deux et enlever les noyaux.

• Les badigeonner légèrement avec le jus de citron.

• Mettre les pêches dans un moule de 8 sur 8 po (20 sur 20 cm) pour cuisson aux micro-ondes, la partie coupée vers le haut ; saupoudrer avec le sucre.

• Mélanger les amandes et la muscade dans une assiette à tarte, faire chauffer 3 minutes à «HIGH», en remuant une fois.

• Remplir du mélange le centre des moitiés coupées, cuire 5 minutes à «HIGH».

• Arroser de brandy, laisser reposer 5 minutes.

Pêches en conserve pochées

Préparation : . . . . **10 min**
Cuisson : . . . . **5 min**
Attente : . . . . **aucune**

Petit conseil : Elles sont pochées dans une sauce crémeuse et perdent leur goût de «pêches en boîte». Parfois, je verse les pêches chaudes avec leur sauce sur un gâteau blanc léger, et je remplace l'essence de vanille dans le gâteau par une égale quantité d'essence d'amande.

Ingrédients :

1/3 de tasse (80 mL) de sucre

2 c. à soupe (30 mL) de fécule de maïs

le zeste râpé d'une orange

**1 boîte de 14 ou 26 oz (398 ou 796 mL)
de pêches en moitiés**

1/4 de tasse (60 mL) de vin blanc ou de sherry

Préparation :

• Mettre dans un bol, le sucre, la fécule de maïs et le zeste d'orange. Remuer pour bien mélanger.

• Égoutter les pêches et ajouter 1/3 de tasse (80 mL) du sirop au mélange de la fécule. Remuer de nouveau pour bien mélanger. Cuire 2 minutes à «HIGH», bien remuer.

• Ajouter le vin ou le sherry. Cuire aux micro-ondes 2 à 3 minutes à «MEDIUM-HIGH», ou jusqu'à ce que la sauce soit crémeuse et transparente.

• Ajouter les pêches au sirop chaud. Remuer pour bien mélanger. Verser dans le plat de service.

• Servir chaudes ou froides.

• Elles peuvent être réfrigérées, couvertes, et ne perdront rien de leur saveur.

Vouvray (mousseux),
Château Moncontour
Clairette de Die (mousseux),
Vins fins du Diois-Die

Pêches à la crème

Préparation : . . . .**15 min**
Cuisson : . . . .**de 8 à 10 min**
Attente : . . . .**aucune**

Petit conseil : Encore un délice de la cuisine française. Un dessert formidable de pêches à peine cuites et recouvertes d'un léger pouding. Il peut être servi à la température de la pièce ou réfrigéré.

vins

Coteaux du Layon, Château Bellevue
Sauternes, Château Lamothe Guignard

Ingrédients :

2 tasses (500 mL) de pêches fraîches

3 oeufs

1/2 tasse (125 mL) de sucre

1/2 c. à thé (2 mL) de muscade moulue

1/4 de tasse (60 mL) de farine

1 c. à thé (5 mL) de vanille

1 tasse (250 mL) de crème légère ou riche

1/2 tasse (125 mL) de vin blanc ou de vermouth

Préparation :

• Peler les pêches fraîches et les trancher dans un plat de cuisson de 8 pouces (20 cm) en céramique (Corning) ou en pyrex.

• Mettre le reste des ingrédients dans un bol.

• Bien mélanger avec un batteur, verser sur les pêches, cuire à découvert à «MEDIUM-HIGH» 6 à 8 minutes.

• Vérifier la cuisson avec la pointe d'un couteau, surtout au centre du plat.

• Si nécessaire, prolonger la cuisson de 1 ou 2 minutes.

• Lorsque refroidies, recouvrir d'environ **1/4 de tasse (60 mL) de gelée ou de confiture de votre choix,** fondue au four à micro-ondes 40 secondes à «HIGH».

Petit conseil : Je préconise l'usage de la muscade en noix finement râpée au besoin (on vend des râpes spéciales, mais toute râpe fine peut servir). Les noix de muscade peuvent être achetées au comptoir des épices et se conservent indéfiniment. C'est plus économique que la muscade moulue et la saveur est de beaucoup supérieure.

Pêches portugaises

> **Petit conseil:** Le madère, qui leur confère leur personnalité, vient du Portugal. J'en garde toujours une bouteille dans la cuisine, car il est tout aussi bon dans la sauce, surtout avec le boeuf et l'agneau, qu'il est formidable dans les desserts.

Préparation: . . . .**20 min**
Cuisson: . . . .**de 9 à 12 min**
Attente: . . . .**aucune**

Ingrédients:

4 à 5 pêches fraîches

1/3 de tasse (80 mL) de beurre

2/3 de tasse (160 mL) de sucre

1/3 de tasse (80 mL) de madère

Préparation:

• Peler les pêches, enlever les noyaux, et les couper en deux.

• Faire fondre le beurre dans une assiette à tarte de 9 pouces (23 cm) 2 minutes à «HIGH». Le beurre doit brunir légèrement ici et là.

• Y ajouter le sucre en remuant, cuire aux micro-ondes 1 minute à «HIGH», remuer et cuire 1 à 2 minutes de plus, ou jusqu'à ce que le sucre se caramélise.

• Ajouter le madère, remuer, cuire 1 minute à «MEDIUM».

• Mettre les moitiés de pêches dans le sirop, le côté arrondi sur le dessus.

• Arroser 3 à 4 fois avec le sirop, puis cuire aux micro-ondes 3 à 4 minutes à «MEDIUM-HIGH», en arrosant les pêches avec le sirop après 2 minutes de cuisson.

• Retirer les pêches du sirop.

• Cuire le sirop 2 minutes à «MEDIUM-HIGH». Verser sur les pêches.

• Servir froides, telles quelles ou sur de la crème glacée, ou arrosées de crème.

• S'assurer de bien couvrir ce dessert lorsqu'il est mis au régrigérateur.

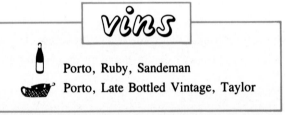

Porto, Ruby, Sandeman
Porto, Late Bottled Vintage, Taylor

Pouding
aux pêches

cuisson par convexion

> **Petit conseil :** Je fais ce dessert avec des pêches fraîches. Lorsque la saison est passée, j'utilise des pommes : les deux sont excellentes. Ce pouding est à son meilleur lorsque cuit dans la partie convexion du four à micro-ondes.

Ingrédients :

6 à 8 pêches fraîches

1 c. à soupe (15 mL) de jus de citron

1/4 de tasse (60 mL) de farine

1 tasse (250 mL) de cassonade

1/4 de tasse (60 mL) de beurre mou ou de margarine

1/2 c. à thé (2 mL) d'essence d'amande

pâte à tarte au choix pour une croûte de 9 pouces (23 cm)

1 jaune d'oeuf battu

2 c. à thé (10 mL) d'eau

1 c. à thé (5 mL) de sucre

Préparation :

• Peler et trancher les pêches, les arroser de jus de citron. Remuer délicatement pour mélanger.

• Mélanger la farine, la cassonade, et le beurre (ou la margarine) fondu 1 minute à «HIGH».

• Ajouter les pêches tranchées, remuer, ajouter l'essence d'amande.

• Mettre le mélange dans un plat de 9 pouces (23 cm) sur 2½ pouces (7 cm) de profondeur.

• Recouvrir de la croûte de votre choix.

• Badigeonner la pâte avec le jaune d'oeuf battu avec l'eau.

• Saupoudrer la cuillerée à thé (5 mL) de sucre sur le dessus.

• Préchauffer la partie convexion du four à micro-ondes à 375°F (190°C) 15 minutes.

Préparation :	45 min
Cuisson :	45 min
Attente :	aucune

• Mettre le plat sur une grille et faire cuire 45 minutes ou jusqu'à ce que la croûte soit dorée. Laisser refroidir sur la grille.

• Servir chaud ou à la température de la pièce, accompagné au goût de crème fouettée, de crème, de yaourt, de crème sure ou de crème glacée.

Variante :

• Lorsque ce pouding est fait avec des pommes, les peler et les trancher.

• Remplacer l'essence d'amande par de l'essence de vanille ou du zeste râpé d'orange ou de citron.

• On peut ajouter 1/2 c. à thé (2 mL) de cardamome ou de coriandre moulue.

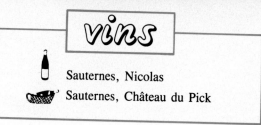

vins

Sauternes, Nicolas

Sauternes, Château du Pick

Citrouille
orientale
de Simone

Préparation : . . . . .20 min
Cuisson : .9 min
Attente : . . . . .aucune

• Simone, une bonne amie venue d'Égypte, était une cuisinière imaginative qui a créé de nombreux plats intéressants.

Ingrédients :

3 tasses (750 mL) de citrouille

1/2 tasse (125 mL) d'eau

1/2 tasse (125 mL) de cassonade

1/2 c. à thé (2 mL) de cannelle

1/4 de c. à thé (1 mL) de muscade

le zeste et le jus d'une orange

beurre

Préparation :

• Peler des morceaux de citrouille et en mesurer 3 tasses (750 mL).

• Tailler les morceaux de la citrouille en minces demi-lunes.

• Mettre dans un plat de 8 pouces (20 cm), ajouter l'eau.

• Cuire aux micro-ondes 5 minutes à «HIGH», couvert.

• Saupoudrer la citrouille de la cassonade mélangée avec la cannelle et la muscade.

• Verser le jus et le zeste d'orange sur le dessus. Parsemer de dés de beurre.

• Recouvrir de papier ciré.

• Cuire 3 minutes à «HIGH».

• Remuer. Cuire 1 minute à «HIGH».

• Servir chaude ou froide avec de la crème glacée ou à l'orientale, recouverte d'un pouce (2,5 cm) de glace concassée, que les convives enlèvent aussitôt servie.

vins

Gewurztraminer, Muré

Gewurztraminer,
Vendanges Tardives, Muré

Fruits Belle-Aurore

• Une sauce crémeuse à l'eau de fleur d'oranger **versée** chaude sur des fruits frais non cuits. Surprise et **délice**!

Préparation :	. . . . **20 min**
Cuisson :	. . . . **5 min**
Attente :	. . . . **aucune**

Sainte-Croix-du-Mont, **Château Coulac**
Sauternes, **Château Les Justices**

Ingrédients :

2 c. à soupe (30 mL) de beurre

2 c. à soupe (30 mL) de farine

1/2 tasse (125 mL) de crème

1/2 tasse (125 mL) de lait

1/2 tasse (125 mL) de sucre vanillé ou régulier

1 c. à thé (5 mL) d'eau de fleur d'oranger*

3 tasses (750 mL) de fruits frais pelés et tranchés au choix**

2 c. à soupe (30 mL) de sucre vanillé ou régulier

L'eau de fleur d'oranger se vend dans les boutiques d'alimentation spécialisées et dans les pharmacies.
*** Un mélange de fruits, tels que pêches, poires, oranges, surtout lorsqu'elles sont fraîches, est plus intéressant. Une seule variété de fruits en conserve peut être utilisée.*

Préparation :

• Faire fondre le beurre dans un plat de 4 tasses (1 L) 1 minute à «HIGH».

• Ajouter la farine en remuant, ajouter la crème, le lait et le sucre, bien mélanger.

• Cuire 1 minute à «HIGH», bien remuer, cuire 2 minutes à «HIGH», en remuant une fois.

• Si nécesaire, cuire une minute de plus à «HIGH». La sauce doit être crémeuse.

• Ajouter l'eau de fleur d'oranger.

• Peler et trancher les fruits de votre choix dans un joli plat de service.

• À défaut de fruits frais, les fruits en conserve peuvent être employés, mais la saveur et la texture seront moins délicates.

• Saupoudrer les 2 c. à soupe (30 mL) de sucre sur les fruits.

• Si possible, ajouter des feuilles de menthe fraîche émincées.

• Verser la sauce chaude sur les fruits.

• Ne pas mélanger, couvrir et réfrigérer pour servir froid.

Bananes créoles

• Un autre de mes desserts rapides et faciles. L'été, j'aime les bananes créoles accompagnées de crème glacée.

 Monbazillac, Les Producteurs réunis
Sainte-Croix-du-Mont, Château Coulac

Préparation :	. . . .	5 min
Cuisson :	. . . .	4 min
Attente :	. . . .	1 min

Ingrédients :

3 c. à soupe (50 mL) de beurre

1/3 de tasse (80 mL) de cassonade

2 c. à soupe (30 mL) de crème

1/4 de c. à thé (1 mL) de cannelle

1/4 de c. à thé (1 mL) de muscade

4 à 5 bananes

1/4 de tasse (60 mL) de rhum

Préparation :

• Faire fondre le beurre 1 minute à «HIGH».

• Ajouter la cassonade, la crème, la cannelle et la muscade. Bien mélanger.

• Trancher les bananes pelées, une fois dans le sens de la longueur et une fois en largeur.

• Les ajouter au mélange de la cassonade et du beurre. Bien remuer le tout.

• Cuire aux micro-ondes, sans couvrir, 3 minutes à «HIGH», ou jusqu'à ce que le sirop bouille.

• Ajouter le rhum et laisser reposer 1 minute avant de servir.

Manière de peler et de couper les agrumes en sections

• Que ce soit orange, pamplemousse, citron ou lime, enlever toute la pelure et la peau blanche (qui est amère). C'est facile avec un assez grand couteau bien tranchant, en coupant tout autour du fruit, placé au-dessus d'un bol pour en recueillir le jus.

• Pour couper le fruit entier en sections, couper le long de chaque quartier des deux côtés, aussi près de la membrane que possible, et pousser le quartier dans le bol.

• Il faut aussi enlever les pépins.

Pamplemousse au rhum

Préparation : ....10 min
Cuisson : ....5 min
Attente : ....aucune

Petit conseil : Une agréable surprise pour votre famille ou vos amis, il peut être servi comme entrée ou dessert. Préparer d'avance et passer au micro-ondes au moment de servir. Il est important d'utiliser du gingembre frais, car le gingembre moulu donne une saveur bien inférieure.

Ingrédients :

1 gros pamplemousse

2 c. à thé (10 mL) de cassonade

1 c. à thé (5 mL) de racine de gingembre râpé

1 c. à thé (5 mL) de beurre

rhum (facultatif)

Préparation :

• Couper le pamplemousse en deux. Enlever les pépins si nécessaire. Découper autour des sections. Disposer chaque moitié dans un plat de service.

• Mélanger la cassonade et le gingembre et en saupoudrer le pamplemousse.

• Parsemer de dés de beurre et arroser chaque moitié d'une cuillerée à thé (5 mL) de rhum, à votre gré.

• Préparer autant de pamplemousses qu'il en faut.

• Cuire aux micro-ondes 5 minutes à « HIGH », quatre moitiés à la fois disposées en cercle.

• Elles demeurent chaudes de 8 à 10 minutes.

Sauternes, Château Les Justices
Sauternes, Château Rayne-Vigneau

Oranges sucrées à l'irlandaise

Préparation : ....10 min
Cuisson : ....3 min
Attente : ....aucune

• Un dessert savoureux préparé en vitesse. Aussi bon chaud que froid.

Ingrédients :

3 à 5 oranges

3 c. à soupe (50 mL) de marmelade à l'orange

2 à 4 c. à soupe (30 à 60 mL) de whisky ou de cognac

Préparation :

• Trancher les oranges dans un plat.

• Mettre la marmelade et le whisky ou le cognac dans un plat et cuire 3 minutes à « MEDIUM-HIGH ».

• Remuer et verser sur les oranges.

• Réfrigérer pour bien refroidir ou servir tiède.

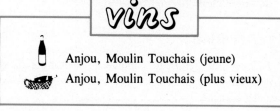

Anjou, Moulin Touchais (jeune)
Anjou, Moulin Touchais (plus vieux)

Pamplemousse ou orange pochée

Préparation à l'avance : . . . . **de 4 à 12 h**
Cuisson : . . . .**2 min**
Attente : . . . .**aucune**

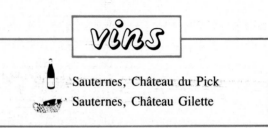

Petit conseil : Tout simplement poché dans un sirop simple ou parfumé à la liqueur. J'aime servir ce dessert dans un plat en verre, soit à la température de la pièce ou réfrigéré au préalable de 6 à 12 heures.

vins

Sauternes, Château du Pick
Sauternes, Château Gilette

Ingrédients :

6 oranges ou 2 à 3 pamplemousses
   (selon la grosseur)

3/4 de tasse (190 mL) de sucre

1/2 tasse (125 mL) d'eau

Grand Marnier, cognac ou une liqueur
   de votre choix

Préparation :

• Enlever une pelure très mince de 2 oranges ou de 1 pamplemousse. Il faut prendre soin de ne pas enlever la peau blanche.

• À l'aide d'un petit couteau bien aiguisé, couper les pelures en filets minces et longs.

• Mettre dans une tasse à mesurer, le sucre et l'eau, y ajouter la pelure d'orange ou de pamplemousse.

• Bien mélanger, cuire 2 minutes à « HIGH », en remuant une fois.

• Peler les fruits, les défaire en sections et les mettre dans un bol.

• Verser le sirop chaud sur les fruits et remuer délicatement.

• Ajouter la liqueur de votre choix.

• Couvrir et réfrigérer de 4 à 12 heures.

• Retirer du réfrigérateur une heure avant de servir.

Conseils généraux sur les gâteaux

• Les gâteaux, tout comme les tartes, peuvent être cuits aux micro-ondes en peu de temps, ou cuits dans la partie convexion du four à micro-ondes en un temps de cuisson normal. Dans les deux cas, vous serez satisfait du résultat.

Quelques points importants

• Il faut tout d'abord, quelle que soit la recette, choisir le moule demandé et le préparer tel que requis.

• Pour cuire aux micro-ondes, utiliser un moule en pyrex, en céramique (Corning) ou de matière plastique. Pour la cuisson par convexion, les moules métalliques peuvent servir pour la cuisson des gâteaux. Ce sont les meilleurs.

• Il est préférable pour la texture du gâteau que tous les ingrédients soient à la température de la pièce : le corps gras, la farine, le liquide, etc.

• Le beurre et la margarine sont les meilleurs corps gras à utiliser pour les gâteaux. Viennent ensuite les graisses végétales, telles que le Crisco, etc. Il faut s'assurer de les avoir à la température de la pièce.

• Lorsque la recette demande de la cassonade, pâle ou foncée, toujours bien la tasser en la mesurant.

• Ce qui est peut-être le plus important dans la préparation d'un gâteau, c'est l'opération qui consiste à mettre en crème le beurre ou autre corps gras avant et après l'addition du sucre. Ma façon de procéder consiste à battre le beurre ou autre corps gras à la température de la pièce (avec un batteur à main ou électrique), jusqu'à ce qu'il soit mousseux et crémeux. J'ajoute alors le sucre mesuré, quelques cuillerées à la fois, et je bats après chaque addition pour obtenir un mélange crémeux. Je continue à battre jusqu'à ce qu'en prenant un peu du mélange sur le bout de mes doigts je ne sente plus les grains de sucre. C'est un peu plus long que de mélanger tout simplement, mais c'est ce qui fait la différence entre un gâteau léger parfait et un simple gâteau.

• Lorsqu'une recette demande que les blancs d'oeufs soient incorporés à la pâte, il vaut mieux ne pas utiliser le batteur électrique mais faire le mélange à la main. C'est un peu plus long, mais la qualité du gâteau achevé est de beaucoup supérieure.

• Lorsqu'un gâteau est cuit aux micro-ondes ou par convexion, il doit toujours être placé sur une claie pour la cuisson, de même que pour refroidir, afin de permettre la circulation d'air tout autour, ce qui donne un gâteau léger et délicat.

• Ne battre les blancs d'oeufs que jusqu'au stade où ils se tiennent et sont brillants. Ils deviennent granuleux s'ils sont trop battus.

L'incorporation

• C'est un point important quand on fait un gâteau. Lorsque, selon la recette, les blancs doivent être incorporés à la pâte, voici la manière de procéder :

• Battre les blancs d'oeufs, incorporer environ un tiers des blancs battus à la pâte, en les mélangeant parfaitement, les incorporant même avec un fouet ou un batteur à oeufs.

• Puis, avec une spatule en caoutchouc, mettre le reste des blancs battus sur la pâte à gâteau. Faire passer la spatule du centre vers le fond du bol, tout le long du fond et contre les parois du bol, le faisant tourner tout en travaillant.

• Répéter le procédé jusqu'à ce que les blancs d'oeufs battus soient bien incorporés. C'est long à expliquer, mais facile à faire en suivant le procédé.

Conseils utiles pour les gâteaux

Comment battre les blancs d'oeufs et les incorporer à la pâte

1. Il faut séparer les jaunes des blancs avec soin et s'assurer qu'aucune particule de jaune ne se mélange au blanc.

2. Le volume des blancs d'oeufs battus est supérieur s'ils reposent au moins une heure à la température de la pièce avant d'être battus.

3. Lorsqu'il faut battre les blancs en neige de CONSISTANCE LÉGÈRE, l'air y pénètre alors qu'ils sont battus, ce qui les fait gonfler; ils deviennent alors mousseux et quelque peu crémeux et opaques. Si la recette demande d'ajouter du sucre aux blancs d'oeufs légèrement en neige, c'est à ce moment qu'il faut l'ajouter graduellement.

• Lorsqu'il faut battre les blancs en neige de CONSISTANCE MOYENNE, il faut alors que le mélange forme des pointes arrondies, brillantes, quand le batteur est soulevé du bol. À ce stade, les blancs d'oeufs retiennent leur forme et ils sont fermes et secs.

• Pour battre les blancs en neige FERME, il faut continuer de battre un peu plus longtemps, jusqu'à l'obtention de pointes plus fermes et plus grosses.
C'est le stade requis pour les meringues, la garniture d'une tarte, une glace à gâteau, etc.

• Il ne faut pas battre les blancs au-delà des trois stades indiqués ci-haut, car il en résulterait une meringue sèche et inutilisable.

• Pour faire une meringue ou pour battre les blancs tout simplement à un stade précis, le batteur électrique ou à main ou le fouet peuvent tous être utilisés avec un égal succès.

La farine

• Si une recette demande de la farine tamisée, mesurer la quantité requise seulement après l'avoir tamisée. Cela est important car le poids et la texture de la farine varient lorsqu'elle est tamisée.

1 tasse (250 mL) de farine tout usage non tamisée	=	4¼ onces (140 g)
1 tasse (250 mL) de farine tout usage tamisée	=	3⅞ onces (118 g)

Pour mesurer le gras à la façon des chefs

• C'est LA SEULE méthode précise pour mesurer le beurre ou autre corps gras.

• On l'appelle «le déplacement d'eau». C'est très simple. Il faut pour commencer vérifier ses exigences selon le tableau ci-après :

beurre ou autre gras	eau froide
3/4 de tasse (190 mL)	1/4 de tasse (60 mL)
2/3 de tasse (160 mL)	1/3 de tasse (80 mL)
1/2 tasse (125 mL)	1/2 tasse (125 mL)
1/3 de tasse (80 mL)	2/3 de tasse (160 mL)
1/4 de tasse (60 mL)	3/4 de tasse (190 mL)

• Mettre la quantité nécessaire d'eau froide selon le tableau ci-haut pour la quantité du gras que vous avez à mesurer, puis ajouter la quantité nécessaire du gras pour que l'eau atteigne le niveau d'une tasse (250 mL).

La préparation du moule à gâteau

• Pour certaines recettes, le moule doit être préparé d'une façon particulière ou il est simplement graissé et enfariné.

• Voici comment procéder :

• Pour graisser le moule, il faut environ **1 c. à thé (5 mL) de graisse végétale** (le meilleur corps gras à utiliser) pour un moule de 8, 9 ou 10 pouces (20, 22,5 ou 25 cm).

• Il est préférable de l'étendre avec les doigts plutôt qu'avec un papier car trop de graisse pénètre le papier et le moule n'est pas graissé uniformément.

Pour enfariner un moule à gâteau

• Saupoudrer un peu de farine dans le fond du moule choisi et secouer le moule pour distribuer la farine également.

Pour tapisser le moule de papier

• Placer le fond du moule sur un papier ciré ou un papier mat blanc ou brun, tracer au crayon le pourtour du moule et découper le papier juste en dehors de la marque de crayon. Le papier s'ajustera parfaitement au fond du moule.

• Il faut graisser le dessous du papier avant de le placer au fond du moule légèrement graissé, puis graisser le dessus.

• Ne pas oublier, au moment d'adapter une recette favorite, que la plupart des gâteaux peuvent être cuits au four à micro-ondes avec succès, de même que dans la partie convexion du four à micro-ondes.

• Il y a cependant certains gâteaux pour lesquels la cuisson aux micro-ondes ne réussit pas, comme par exemple le gâteau des anges, les gâteaux éponge, et quelques autres, mais ces gâteaux peuvent très bien être cuits dans la partie convexion du four à micro-ondes.

• Bien lire votre recette avant de commencer et vous assurer du mode de cuisson demandé.

• Toujours laisser refroidir le gâteau sur une claie. Le gâteau cuit au four à micro-ondes demeure toujours d'un jaune pâle sur le dessus.

• Le gâteau renversé, lorsque démoulé (ce qui est facile), a toujours bonne apparence en raison de sa garniture.

• Pour le gâteau ordinaire, si la pâte placée dans le moule est saupoudrée d'un mélange de 2 à 3 cuillerées de noix finement hachées et de 3 c. à soupe (50 mL) de cassonade, sa texture et sa couleur seront attrayantes lorsque cuit.

• Des exemples sont donnés dans les recettes qui suivent.

Mélange préparé pour gâteaux

Préparation : . . . . .5 min
Cuisson : . . . . .aucune
Attente : . . . . .aucune

Petit conseil : Dans cette ancienne recette, il n'y a aucun produit destiné à assurer la conservation ; ce qui ne nous empêche pas de la garder de deux à trois mois sur les tablettes de notre armoire, à la condition qu'elle soit mise dans une boîte de métal ou de matière plastique, ou même dans un bocal de verre à large ouverture, et que le contenant choisi ferme bien. Une recette de ce mélange vous donne 13 tasses (3,25 L). À vous de faire le calcul, si vous êtes intéressé à savoir quelles économies vous réaliserez par rapport aux mélanges à gâteaux commerciaux.

Ingrédients :

12 tasses (3 L) de farine tout usage

1/4 de tasse (60 mL) plus 2 c. à soupe (30 mL) de poudre à pâte

2 c. à soupe (30 mL) de sel

1¹/₃ de tasse (330 mL) de lait instantané en poudre

Préparation :

• Tamiser la farine mesurée, y ajouter la poudre à pâte et le sel, tamiser une seconde fois. Ajouter la poudre de lait et bien mélanger le tout.

• Mettre dans un contenant et fermer.

Gâteau genre commercial

• Pour préparer un gâteau, ajouter **3 c. à soupe (50 mL) d'huile végétale** pour chaque tasse (250 mL) du mélange.

• Utiliser de l'eau au lieu du lait dans les proportions demandées par la recette, aromatiser au goût.

• Utiliser des tasses et des cuillers à mesurer standard pour assurer un parfait rendement.

• Pour préparer un gâteau ou une autre recette avec ce mélange, le mettre dans une tasse à mesurer avec une cuiller, ne jamais le tamiser à l'utilisation, ni le tasser dans la tasse.

• Lorsque la recette demande des oeufs, les retirer du réfrigérateur de 5 à 10 minutes avant de faire le gâteau.

• Bien vous assurer que vous avez des moules pour la cuisson aux micro-ondes, soit des moules spéciaux ou des plats de pyrex ou de Corning.

• La grandeur idéale est 8 pouces (20 cm).

• Pour obtenir la cuisson parfaite d'un gâteau au four à micro-ondes, il est parfois préférable de placer un petit plat en pyrex renversé au milieu du moule et d'y verser la pâte tout autour.

• Comme moule spécial pour la cuisson des gâteaux dans le four à micro-ondes, choisir un moule couronne.

• Ne jamais oublier que les moules spéciaux en matière plastique pour la cuisson aux micro-ondes ne doivent jamais être employés dans un four conventionnel.

Gâteau «brasser et cuire»

Préparation : . . . . .10 min
Cuisson : . . . . .de 4 à 5 min
Attente : . . . . .4 min

Petit conseil : Ceci remplace le gâteau commercial vite fait qui peut se brasser dans le plat et y être cuit très rapidement.

Ingrédients :

2/3 de tasse (160 mL) du mélange préparé

1/2 tasse (125 mL) de sucre

2 c. à soupe (30 mL) de poudre de lait instantané

1/4 de tasse (60 mL) d'huile végétale

1 oeuf

1/4 de tasse (60 mL) plus 2 c. à soupe (30 mL) d'eau

1/2 c. à thé (2 mL) de vanille

Préparation :

• Mettre dans un bol le mélange préparé, le sucre et la poudre de lait.

• Mélanger l'huile, l'oeuf et l'eau.

• Verser sur le mélange sec, ainsi que la vanille. Battre le tout 1 minute.

• Verser dans un moule de 8 pouces (20 cm), cuire aux micro-ondes de 4 à 5 minutes à «HIGH».

• Laisser reposer 4 minutes et démouler.

Variantes :

• Pour préparer des petits gâteaux individuels, mettre des coupes de papier dans de petits moules pour cuisson aux micro-ondes, les remplir à demi du mélange.

• Cuire aux micro-ondes 1¹/₂ à 2 minutes à «HIGH».

Au chocolat :

• À la recette de gâteau, ajouter **3 c. à soupe (50 mL) de cacao avec 1 c. à soupe (15 mL) de cassonade et 1 c. à soupe (15 mL) additionnelle d'huile végétale.**

Au citron ou à l'orange :

• À la recette de gâteau, ajouter à votre choix **2 c. à soupe (30 mL) de jus de citron ou de jus d'orange** et la **râpure d'un demi-citron ou d'une demi-orange.**

• Omettre les 2 c. à soupe (30 mL) d'eau de la recette.

Aux épices :

• Dans la recette de gâteau, remplacer le sucre par de la **cassonade,** ajouter **1/4 de c. à thé (1 mL) de quatre-épices, de cannelle et de muscade.**

• Ajouter, au goût, **1/4 de tasse (60 mL) de noix hachées.**

vins

Vouvray (mousseux), Château Moncontour

Champagne, Charles Lafite, Cuvée du Dessert

Brownies au chocolat avec le mélange préparé

Préparation : . . . . .de 10 à 12 min
Cuisson : .6 min
Attente : . . . . .20 min

Ingrédients :

3/4 de tasse (190 mL) du mélange préparé

1 tasse (250 mL) de sucre

6 c. à soupe (90 mL) de cacao

1/4 de tasse (60 mL) de beurre ou
de margarine

1/4 de tasse (60 mL) d'huile végétale

2 oeufs

1/2 tasse (125 mL) de noix hachées

1 c. à thé (5 mL) de vanille

Préparation :

• Dans une tasse à mesurer de 4 tasses (1 L), brasser ensemble avec une fourchette le mélange de base, le sucre et le cacao.

• Mettre le beurre ou la margarine dans un plat de pyrex ou de céramique (Corning) de 6 sur 10 pouces (15 sur 25 cm) et passer aux micro-ondes 40 secondes à «HIGH».

• Ajouter au mélange sec dans la tasse, l'huile et les oeufs, en continuant de remuer à la fourchette.

• Ajouter les noix et la vanille.

• Verser dans le beurre fondu, mélanger quelques minutes à la fourchette, égaliser le dessus du gâteau, cuire aux micro-ondes 6 minutes à «HIGH», en retournant le plat une fois pendant la cuisson si votre four n'a pas de plateau rotatif.

• Lorsque cuit, laisser reposer 20 minutes sur une grille à gâteau et couper en carrés.

• Au goût, rouler chaque carré dans le sucre à glacer.

• Ces carrés se congèlent très bien. Pour les décongeler, passer aux micro-ondes un carré placé sur un essuie-tout blanc, 30 secondes à «HIGH».

Porto, Tawny, Delaforce
Porto, Tawny, 10 ans d'âge,
Ramos Pinto, Quinta da Ervamoira

822

Gâteau renversé à l'érable

Préparation : . . . . .20 min
Cuisson : . . . . .de 4 à 5 min
Attente : . . . . .10 min

• Un gâteau renversé, léger et savoureux, cuit au four à micro-ondes en quelques minutes. Le dessus demeure pâle, mais lorsque renversé il est très attrayant.

Ingrédients :

1 tasse (250 mL) de sirop d'érable

2 à 3 c. à soupe (30 à 50 mL) de noix hachées (facultatif)

1 c. à soupe (15 mL) de beurre mou

3 c. à soupe (50 mL) de sucre

1 oeuf

1 tasse (250 mL) de farine tout usage

2 c. à thé (10 mL) de poudre à pâte

1/4 de c. à thé (1 mL) de sel

1/4 de c. à thé (1 mL) de cannelle

1/2 tasse (125 mL) de lait

Préparation :

• Beurrer un moule pour cuisson aux micro-ondes de 8 sur 8 po (20 sur 20 cm).

• Y verser le sirop d'érable, et les noix au goût.

• Cuire aux micro-ondes 3 minutes à «HIGH».

• Battre en crème le beurre, le sucre et l'oeuf.

• Mélanger la farine, la poudre à pâte, le sel, la muscade ou la cannelle.

• Ajouter au mélange en crème, en alternant avec le lait.

• Remuer pour bien mélanger.

• Laisser tomber en quatre grosses boules dans le sirop d'érable chaud, puis étirer la pâte à l'aide de deux fourchettes pour réunir le tout. Cela se fait facilement, car la pâte ramollit au contact du sirop chaud et le tout se joint à la cuisson.

• Mettre le plat sur une claie, cuire aux micro-ondes 4 à 5 minutes à «MEDIUM-HIGH», ou jusqu'à ce que le dessus du gâteau ait une apparence sèche et que le centre soit cuit.

• Il arrive que le centre semble un peu plus mou, mais durant la période de repos sur le comptoir, la chaleur résiduelle termine la cuisson.

• Tout reste peut être conservé dans le plat de cuisson, couvert, à la température de la pièce, ou démoulé avec le sirop sur le dessus qui pénètre la pâte et en rehausse la saveur.

• Il se conserve ainsi plusieurs jours.

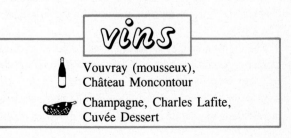

Vouvray (mousseux), Château Moncontour

Champagne, Charles Lafite, Cuvée Dessert

Gâteau parfait à un oeuf

Préparation : . . . . 15 min
Cuisson : . . . . 6 min
Attente : . . . . aucune

Petit conseil : Une vieille recette que j'ai adaptée à la cuisson au four à micro-ondes. Si vous faites le gâteau sans la garniture, vous aurez un simple gâteau au beurre à servir tel quel ou recouvert de fruits frais, tels que fraises, framboises ou bleuets. Si le gâteau est cuit aux micro-ondes avec la garniture aux noix ci-dessous ou toute autre garniture de votre choix au fond du moule, vous aurez un savoureux et attrayant gâteau renversé, lorsque démoulé.

Ingrédients :

Le gâteau :

1/2 tasse (125 mL) de beurre, de margarine ou de graisse végétale

1 tasse (250 mL) de sucre

1 oeuf

1 c. à thé (5 mL) d'essence d'amande ou de vanille

1²/₃ de tasse (410 mL) de farine

2 c. à thé (10 mL) de poudre à pâte

1/4 de c. à thé (1 mL) de sel

1/2 tasse (125 mL) de lait

La garniture aux noix :

3 c. à soupe (50 mL) de beurre ou de margarine

1/2 tasse (125 mL) de cassonade pâle

2 c. à soupe (30 mL) de farine tout usage

1/2 tasse (125 mL) de noix hachées

3 c. à soupe (50 mL) d'eau ou de cognac ou de vin blanc

Préparation :

• Battre dans un bol la demi-tasse (125 mL) de beurre, margarine ou graisse végétale bien en crème.

• Ajouter le sucre, l'oeuf et l'essence de vanille ou d'amande, battre jusqu'à ce que le mélange soit léger et mousseux.

• Mélanger la farine, la poudre à pâte et le sel avec une cuiller. Ajouter à la pâte en alternant avec le lait, et battre pour bien mélanger.

• Si vous désirez ne faire qu'un simple gâteau, verser la pâte dans un plat de cuisson de 8 sur 8 pouces (20 sur

20 cm), le mettre sur une grille et cuire aux micro-ondes 6 minutes à «MEDIUM-HIGH», en vérifiant la cuisson comme pour tout gâteau cuit au four conventionnel.

• Laisser refroidir sur la grille.

Pour faire un gâteau renversé

• Mettre en crème les 3 c. à soupe (50 mL) de beurre ou de margarine avec la cassonade et les 2 c. à soupe (30 mL) de farine.

• Ajouter les noix hachées et l'eau, le cognac ou le vin blanc. Remuer. Étendre dans le fond du plat de cuisson, bien beurré. Laisser tomber la pâte à gâteau à la cuiller sur le mélange des noix.

• Mettre le plat sur une grille et cuire aux micro-ondes 3 minutes à «MEDIUM-HIGH», tourner le moule d'un quart de tour et cuire encore 3 minutes.

• Vérifier la cuisson comme pour tout gâteau cuit au four conventionnel. Le gâteau cuit sera d'un jaune doré sur le dessus, et lorsque démoulé il sera recouvert d'une délicieuse garniture de caramel aux noix.

Variante : Garniture aux bleuets :

Ingrédients :

2 à 3 tasses (500 à 750 mL) de bleuets

1/2 tasse (125 mL) de sucre

le zeste râpé d'un demi-citron

1/4 de c. à thé (1 mL) de gingembre ou de cannelle

Préparation :

• Mélanger tous les ingrédients dans le fond du plat de cuisson et bien étendre le mélange.

• Laisser tomber la pâte à gâteau à la cuiller sur le tout et cuire aux micro-ondes selon les données «Pour faire un gâteau renversé».

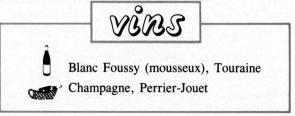

vins

Blanc Foussy (mousseux), Touraine
Champagne, Perrier-Jouet

Gâteau éclair d'Hélène

Préparation : . . . . .10 min
Cuisson : . . . . .de 8 à 9 min
Attente : . . . . .15 min

• Vite fait, vite cuit, il peut être varié à l'infini. Il se doit de figurer à votre répertoire de gâteaux. Garni de fruits en conserve ou de fruits frais, il est également savoureux.

Petit conseil : Les fruits en conserve peuvent être remplacés par des noix ou de la noix de coco au goût ou par des raisins secs, environ **3 c. à soupe (50 mL)** ou par 2 ou 3 tasses (500 ou 750 mL) de fruits frais, fraises, framboises, bleuets ou autres, saupoudrés de **1/2 à 3/4 de tasse (125 à 190 mL)** de sucre. Dans ce cas, omettre les **3 c. à soupe (50 mL)** de vin blanc ou du liquide égoutté des fruits.

Ingrédients :

La pâte :

1¹/₂ tasse (375 mL) de farine

3 c. à thé (15 mL) de poudre à pâte

1 tasse (250 mL) de sucre

2 oeufs, plus assez de lait pour obtenir
    1 tasse (250 mL) de liquide

L'arôme :

Choisir *un* des ingrédients suivants et *l'ajouter à la farine :*

1/2 c. à thé (2 mL) de muscade ou
    de quatre-épices

1 c. à thé (5 mL) de cardamome ou de cannelle

le zeste d'orange ou de citron, râpé,

OU

Choisir *un* des ingrédients suivants et *l'ajouter au lait :*

1 c. à thé (5 mL) d'essence de vanille

1/2 c. à thé (2 mL) d'essence d'amande

1/2 c. à thé (2 mL) d'eau de rose

2 c. à thé (10 mL) d'une liqueur au choix

La garniture :

2 c. à soupe (30 mL) de beurre

2/3 de tasse (160 mL) de cassonade pâle

3 c. à soupe (50 mL) de vin blanc ou du liquide
    égoutté des fruits en conserve

fruits en conserve de votre choix
    (abricots, pêches, ananas, etc.), égouttés

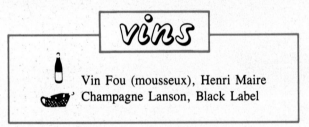

Vin Fou (mousseux), Henri Maire
Champagne Lanson, Black Label

Préparation :

Pour faire la pâte :

• Mélanger dans un bol la farine, la poudre à pâte, le sucre et l'arôme choisi, s'il est sec, tel que la muscade.

• Mettre les oeufs dans une mesure d'une tasse (250 mL) et remplir de lait.

• Ajouter l'arôme liquide, tel que la vanille.

• Verser dans le mélange de la farine et battre au batteur électrique.

Pour faire un gâteau renversé :

• Mettre un petit plat en pyrex renversé au milieu d'un plat de cuisson de 8 sur 8 pouces (20 sur 20 cm).

• Mettre les 2 c. à soupe (30 mL) de beurre dans le plat et cuire aux micro-ondes 1 minute à «HIGH».

• Saupoudrer la cassonade sur le beurre fondu, y ajouter les 3 c. à soupe (50 mL) de vin blanc ou du liquide égoutté des fruits en conserve. Mélanger.

- Recouvrir des fruits choisis.

- Verser la pâte sur le tout.

- Placer le moule à gâteau sur une grille pour cuisson aux micro-ondes et cuire 5 minutes à «HIGH». Vérifier la cuisson et cuire 2 à 3 minutes de plus à «MEDIUM».

- Laisser reposer 15 minutes sur la grille.

- Enlever le petit plat en pyrex du gâteau, afin de permettre au jus acccumulé dessous de se répandre dans les fruits.

- Pour servir, couper en portions individuelles recouvertes des fruits ou de la garniture choisie, ou encore, passer un couteau tout autour du gâteau et le démouler sur un plat de service.

Gâteau aux pommes tranchées

Préparation : . . . . 15 min
Cuisson : . . . . de 6 à 7 min
Attente : . . . . 10 min

Petit conseil : Un délicieux gâteau qui peut être conservé une semaine dans son moule, recouvert d'une feuille de matière plastique, ou même jusqu'à deux semaines au réfrigérateur, moulé ou démoulé, bien couvert. Pour le servir, je réchauffe chaque morceau dans une assiette 40 secondes à «MEDIUM-HIGH».

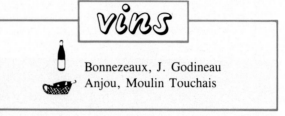

vins

Bonnezeaux, J. Godineau
Anjou, Moulin Touchais

Ingrédients :

2 oeufs

3/4 de tasse (190 mL) de cassonade

1/2 tasse (125 mL) d'huile végétale

1 c. à thé (5 mL) de vanille

3 tasses (750 mL) de pommes pelées tranchées mince

1³/4 tasse (440 mL) de farine tout usage

1/2 c. à thé (2 mL) de sel

1 c. à thé (5 mL) de soda

1/2 c. à thé (2 mL) de cannelle

1/2 c. à thé (2 mL) de muscade

1/4 de c. à thé (1 mL) de quatre-épices (facultatif)

Préparation :

• Battre ensemble les oeufs et la cassonade.

• Lorsque le mélange est léger, ajouter l'huile, la vanille et les pommes. Bien mélanger.

• Tamiser ensemble la farine, le sel, le soda et les épices.

• Ajouter au mélange des pommes, bien mélanger.

• Verser dans un plat en céramique de 8 sur 8 pouces (20 sur 20 cm).

• Cuire aux micro-ondes à «HIGH» 4 minutes.

• Laisser reposer 3 minutes, sans retirer du four.

• Cuire aux micro-ondes 2 à 3 minutes de plus à «MEDIUM-HIGH».

• Vérifier la cuisson au centre du gâteau après 2 minutes.

• Laisser reposer 10 minutes sur une grille avant de démouler.

• Ce gâteau peut être laissé dans le plat de cuisson et coupé au fur et à mesure.

• Le conserver couvert.

Gâteau au citron

cuisson par convexion ou
aux micro-ondes

Préparation : ....15 min
Cuisson : micro-ondes : ....6 min
          convexion : ....45 min
Attente : ....aucune

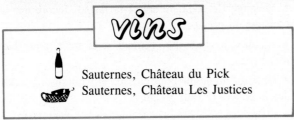

Sauternes, Château du Pick
Sauternes, Château Les Justices

Ingrédients :

2 c. à soupe (30 mL) de beurre ou de margarine

1 tasse (250 mL) de sucre

2 oeufs

1¹/₄ tasse (300 mL) de farine

1/2 c. à thé (2 mL) de sel

2 c. à thé (10 mL) de poudre à pâte

1/2 tasse (125 mL) de yaourt

le zeste râpé d'un citron

3 c. à soupe (50 mL) de sucre

le jus d'un citron

• Un simple gâteau rempli de saveur et qui se conserve très bien. C'est un de mes préférés.

Préparation :

• Battre au batteur électrique 2 minutes, le beurre ou la margarine, le sucre et les oeufs.

• Ajouter le reste des ingrédients excepté les 3 c. à soupe (50 mL) de sucre et le jus de citron. Bien mélanger.

• Préchauffer la partie convexion de votre four à micro-ondes à 325°F (160° C), mettre le gâteau sur une claie et faire cuire 45 minutes.

• Cuire aux micro-ondes le jus de citron et les 3 c. à soupe (50 mL) de sucre 1 minute à «MEDIUM», bien remuer et verser le mélange chaud sur le gâteau dans le moule en le retirant du four. Je laisse mon gâteau dans le moule, couvert, et je le coupe au besoin. Il se conserve très bien, couvert d'une feuille de matière plastique lorsque refroidi.

• Ce gâteau peut aussi être cuit aux micro-ondes, 6 minutes à «HIGH», en vérifiant la cuisson après 4 minutes. Il est très bon, mais pas aussi parfait que par convexion.

Gâteau à la rhubarbe de maman

<table>
<tr><td>Préparation :</td><td>. . . . . .15 min</td></tr>
<tr><td>Cuisson :</td><td>. . . . . .8 min</td></tr>
<tr><td>Attente :</td><td>. . . . . .aucune</td></tr>
</table>

Petit conseil : Au printemps, dès l'apparition de la première rhubarbe rose au jardin, maman faisait de la compote de rhubarbe et ce gâteau. Un régal ! Il était facile d'avoir du lait sur à cette époque. Aujourd'hui, je fais surir du lait en y ajoutant du vinaigre, ou j'utilise du babeurre ou du yaourt nature. Lorsque nous avions des invités, maman recouvrait les carrés de gâteau de crème glacée. Que c'était bon !

Ingrédients :

1¹/₂ tasse (375 mL) de cassonade foncée

1/2 tasse (125 mL) de beurre mou (doux, si possible)

2 oeufs

1 tasse (250 mL) de lait sur ou de babeurre ou de yaourt nature

1 c. à thé (5 mL) de soda

1 c. à thé (5 mL) de sel

2¹/₃ tasses (580 mL) de farine

1¹/₂ à 2 tasses (375 à 500 mL) de rhubarbe lavée, pelée et coupée en petits dés

Préparation :

• Mettre en crème la cassonade et le beurre de votre choix, à l'aide d'un batteur électrique ou à main.

• Au mélange bien en crème, ajouter les oeufs légèrement battus. Mélanger et ajouter d'un seul coup le lait sur ou le babeurre ou le yaourt.

• Mélanger le soda, le sel et la farine. Incorporer au mélange en crème.

• Ajouter la rhubarbe, remuer à la main pour bien mélanger.

• Graisser un moule pour cuisson aux micro-ondes de 9 sur 13 pouces (23 sur 33 cm).

• Cuire aux micro-ondes 5 minutes à «MEDIUM» et 3 minutes à «HIGH».

• Vérifier la cuisson. Laisser refroidir sur une claie. Démouler.

• Servir tel quel ou avec crème glacée, ou recouvrir d'une glace telle que donnée pour le gâteau suisse aux carottes et aux noix.

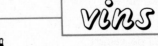

 Coteaux du Layon, Château de Plaisance
Bonnezeaux, J. Godineau

Gâteau au gingembre de Leyde

cuisson par convexion

Préparation : . . . . **10 min**
Cuisson : . . . . **de 50 à 60 min**
Attente : . . . .**aucune**

• Les Hollandaises ont un réel savoir-faire dans l'utilisation des épices qui, depuis des siècles, occupent une place de choix dans leur cuisine, en raison de l'association des Pays-Bas avec l'Indonésie.

Ingrédients :

1/3 de tasse (80 mL) de saindoux

1/2 tasse (125 mL) de cassonade

1 oeuf

2/3 de tasse (160 mL) de mélasse

le zeste râpé d'une orange

$2^{1/2}$ tasses (625 mL) de farine tout usage

2 c. à thé (10 mL) de poudre à pâte

1/2 c. à thé (2 mL) de sel

2 c. à thé (10 mL) de gingembre moulu

1 c. à thé (5 mL) de graines de coriandre écrasées (facultatif)

1 c. à thé (5 mL) de soda

1 tasse (250 mL) d'eau bouillante

Préparation :

• Mettre en crème le saindoux avec la cassonade et l'oeuf jusqu'à l'obtention d'un mélange léger et mousseux.

• Ajouter la mélasse et le zeste d'orange.

• Tamiser ensemble la farine, la poudre à pâte, le sel, le gingembre, la coriandre et le soda.

• Lorsque le mélange est crémeux et homogène, ajouter l'eau bouillante. Bien mélanger. La pâte sera claire. Verser dans un moule beurré.

• Cuire dans la partie convexion de votre four à micro-ondes préchauffée à 325°F (160°C), de 50 à 60 minutes.

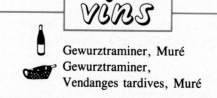

vins

Gewurztraminer, Muré
Gewurztraminer,
Vendanges tardives, Muré

Gâteau suisse aux carottes et aux noix

cuisson par convexion

Préparation à l'avance :...**de 2 à 3 jours**
Cuisson :............. **de 45 à 55 min**
Attente :...................**aucune**

Petit conseil : Le meilleur des gâteaux aux carottes! Il était déjà connu en Suisse bien avant qu'il ne fasse son apparition sur notre continent. Il peut être fait deux ou trois jours d'avance et se conserve frais et tendre ; il est même meilleur après quelques jours. Ce gâteau original ne contient pas de farine, mais de la chapelure très fine.

Ingrédients :

1 tasse (250 mL) de chapelure très fine

1/2 c. à thé (2 mL) de cannelle

1/4 de c. à thé (1 mL) de clous de girofle moulus

2/3 de tasse (160 mL) de carottes pelées, finement râpées

1¼ tasse (315 mL) d'amandes ou de noisettes avec la peau

6 jaunes d'oeufs battus

1¼ tasse (315 mL) de sucre

le zeste râpé et le jus d'un citron

6 blancs d'oeufs battus

Préparation :

Manière de faire la chapelure fine aux micro-ondes

- Briser 4 à 5 tranches de pain blanc, brun ou aux raisins et les placer sur une claie.

- Cuire aux micro-ondes 3 à 5 minutes à «HIGH». Vérifier après 3 minutes.

- Il est facile de se rendre compte si le pain est sec et de prolonger la cuisson de 1 minute de plus à la fois, si nécessaire.

- Laisser refroidir le pain sur la table ou dans une assiette. Il suffit de 3 à 5 minutes.

- Écraser le pain au rouleau à pâte, au mélangeur ou au robot culinaire.

- Mesurer une tasse (250 mL) de chapelure et en mettre de côté 3 cuillerées pour le moule.

- S'il en reste, la mettre dans un bol, couvrir et réfrigérer. Cette chapelure peut très bien se conserver jusqu'à douze mois.

- Mélanger la cannelle et les clous de girofle à la tasse de chapelure. Réserver.

- Râper les carottes pelées et les noix, les mettre de côté jusqu'au moment de les utiliser.

Préparation du moule

- Beurrer le fond et les parois d'un moule à gâteau de 8 ou 9 pouces (20 ou 23 cm).

- Saupoudrer des 3 cuillerées de chapelure réservée.

- Secouer le moule jusqu'à ce que le beurre soit recouvert de la chapelure, puis le renverser, le secouer pour enlever l'excédent de chapelure.

Préparation du gâteau

- Mélanger dans un bol, les jaunes d'oeufs, le sucre et le jus de citron.

- Battre avec un batteur électrique ou à main pour obtenir un mélange épais et crémeux.

- Ajouter le mélange chapelure, cannelle, clous de girofle et bien mélanger.

- Ajouter les carottes, les noix et le zeste de citron. Remuer.

- Battre les blancs d'oeufs en neige. En ajouter 1/3 à la pâte, bien mélanger, puis avec une spatule de caoutchouc incorporer délicatement le reste des blancs d'oeufs.

- Préchauffer la partie convexion de votre four à micro-ondes à 350°F (180°C) 15 minutes.

- Mettre la pâte avec soin, à la cuiller, dans le moule préparé, mettre le moule sur une grille et faire cuire 45 à 55 minutes, ou jusqu'à ce qu'un cure-dent inséré au centre en ressorte sec. Laisser refroidir sur une claie.

- Démouler et envelopper de papier d'aluminium. Laisser le gâteau reposer de 2 à 3 jours au réfrigérateur.

- Le servir tel quel ou le recouvrir d'une glace telle que ci-après.

Le glaçage

• Ce glaçage peut également être utilisé sur tout gâteau de votre choix, soit cuit aux micro-ondes ou par convexion.

Ingrédients :

2 tasses (500 mL) de sucre en poudre

4 c. à soupe (60 mL) d'eau froide ou de jus d'orange

1/2 c. à thé (2 mL) d'essence de citron ou de jus de citron frais

Préparation :

• Mélanger tous les ingrédients jusqu'à l'obtention d'un mélange crémeux et léger, le verser sur le gâteau refroidi, aplanir le dessus avec un couteau et laisser couler naturellement tout autour du gâteau.

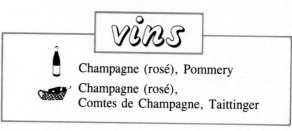

vins

Champagne (rosé), Pommery

Champagne (rosé),
Comtes de Champagne, Taittinger

Gâteau canadien aux carottes

<table>
<tr><td>Préparation :</td><td>. . . . .</td><td>20 min</td></tr>
<tr><td>Cuisson :</td><td>. . . . .</td><td>8 min</td></tr>
<tr><td>Attente :</td><td>. . . . .</td><td>aucune</td></tr>
</table>

• Il est plus facile à faire que le gâteau suisse aux carottes et aux noix. Il cuit très bien aux micro-ondes. La cassonade et les épices saupoudrées sur le dessus lui donnent un beau fini.

Ingrédients :

1 tasse (250 mL) de sucre

3/4 de tasse (190 mL) d'huile végétale*

3 oeufs

1¹/₂ tasse (375 mL) de farine

1/2 c. à thé (2 mL) de sel

1¹/₂ c. à thé (7 mL) de soda

1 c. à thé (5 mL) de canelle

1/4 de c. à thé (1 mL) de muscade

2 tasses (500 mL) de carottes pelées et râpées finement

le zeste râpé d'un demi-citron (facultatif)

L'huile végétale peut être remplacée par de la graisse végétale à la température de la pièce.

Préparation :

• Mettre le sucre et l'huile végétale dans un bol.

• Y ajouter les oeufs, un à la fois, en battant à chaque addition. À ce stade, il est important que le tout soit bien battu. (J'utilise un batteur à main électrique ou mon mélangeur.)

• Tamiser ensemble la farine, le sel, le soda, la cannelle et la muscade.

• Ajouter au mélange en crème, de même que les carottes et le zeste de citron râpé. Bien mélanger le tout.

• Verser dans un moule pour cuisson aux micro-ondes de 8 sur 8 pouces (20 sur 20 cm), bien graissé.

• Saupoudrer sur la pâte 1/2 tasse (125 mL) de cassonade foncée.

• Mettre sur une claie, cuire aux micro-ondes 5 minutes à «MEDIUM» et 3 minutes à «HIGH». Vérifier la cuisson.

• Laisser refroidir sur la claie 10 à 15 minutes. Démouler.

• Servir tel quel ou le garnir du glaçage donné pour le gâteau suisse aux carottes et aux noix.

vins

Rémy-Pannier (mousseux)

Blanquette de Limoux, Sieur d'Arques

Gâteau aux pommes des amoureux

Petit conseil : Pour la Saint-Valentin, entourer le gâteau d'un ruban rouge. Verser sur le gâteau refroidi 1/4 à 1/2 tasse (60 à 125 mL) de cognac ou de rhum chaud. Ne pas le glacer, mais déposer sur le gâteau deux roses rouges.

Ingrédients :

1/4 de tasse (60 mL) de beurre mou

1 tasse (250 mL) de sucre

1 c. à thé (5 mL) de vanille

1 oeuf

2 tasses (500 mL) de pommes pelées taillées en petits dés

1 tasse (250 mL) de farine

1/2 c. à thé (2 mL) de poudre à pâte

1/2 c. à thé (2 mL) de soda

1 c. à thé (5 mL) de cannelle

1/2 c. à thé (2 mL) de clous de girofle moulus

1/2 tasse (125 mL) de noix de Grenoble hachées (facultatif)

2 c. à thé (10 mL) de cacao non sucré ou mi-sucré

Préparation :

• Mettre dans un bol le beurre, le sucre, la vanille et l'oeuf.

• Battre jusqu'à ce que le mélange soit mousseux et crémeux.

• Y ajouter les pommes en remuant.

• Dans un autre bol, tamiser ensemble la farine, la poudre à pâte, le soda, la cannelle et les clous de girofle.

• Ajouter au mélange en crème.

• Saupoudrer les noix sur le tout et bien mélanger.

• Verser dans un moule carré de 8 pouces (20 cm) en céramique ou en plastique.

• Saupoudrer le dessus de cacao.

Préparation : . . . . .20 min
Cuisson : . . . . .de 5 à 8 min
Attente : . . . . .10 min

• Placer le gâteau sur une grille pour cuisson aux micro-ondes.

• Cuire 5 minutes à «HIGH», laisser reposer 10 minutes dans le four.

• Vérifier la cuisson du gâteau au centre. Si le milieu est un peu mou, cuire 3 minutes de plus à «MEDIUM».

• Laisser refroidir sur la grille. Démouler lorsque refroidi, ou couper en carrés.

• Pour réchauffer un morceau de gâteau, le passer aux micro-ondes, dans une assiette, de 30 à 40 secondes à «MEDIUM-HIGH».

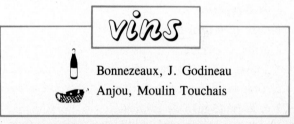

Bonnezeaux, J. Godineau
Anjou, Moulin Touchais

Gâteau à la cardamome de mon amie Marta

cuisson par convexion ou aux micro-ondes

• Un délicieux quatre-quarts (pound cake). J'aime le servir tout particulièrement l'après-midi avec une bonne tasse de café.

Ingrédients :

1/2 tasse (125 mL) de beurre dou ramolli ou de margarine

1 tasse (250 mL) de sucre

2 oeufs

1/2 tasse (125 mL) de mélasse

2¹/₂ tasses (625 mL) de farine

1 c. à thé (5 mL) de cannelle

1/4 de c. à thé (1 mL) de sel

2 c. à thé (10 mL) de cardamome moulue

2 c. à thé (10 mL) de soda

2 tasses (500 mL) de crème sure

1/2 tasse (125 mL) de noix hachées

3/4 de tasse (190 mL) de raisins secs épépinés

Préparation :	. . . .	**15 min**
Cuisson :	micro-ondes :	**de 5 à 8 min**
	convexion :	**de 40 à 50 min**
Attente :	. . . .	**aucune**

Préparation :

• Beurrer deux moules de 9 sur 5 pouces (22,5 sur 12,5 cm) ou un moule à gâteau «bundt» de 10 pouces (25 cm).

• Mettre le beurre ou la margarine en crème au batteur électrique, à grande vitesse.

• Ajouter graduellement le sucre, battre jusqu'à l'obtention d'un mélange léger et crémeux.

• Ajouter les oeufs, un à la fois, en battant à chaque addition.

• Ajouter la mélasse, battre à grande vitesse juste pour bien incorporer le tout.

• Tamiser ensemble la farine, la cannelle, le sel, la cardamome et le soda.

• Ajouter d'un seul coup au mélange en crème et y ajouter la crème sure. Battre 2 minutes à grande vitesse.

• Ajouter les noix et les raisins et battre à la main pour les incorporer à la pâte.

• Diviser la pâte également dans les deux moules ou la verser entièrement dans le moule «bundt».

La cuisson

• Cuire aux micro-ondes les deux moules, un à la fois, 3 minutes à «HIGH», 2 minutes à «MEDIUM-HIGH».

• Vérifier la cuisson car, selon le genre de four, 2 ou 3 minutes de plus à «MEDIUM-HIGH» pourraient être nécessaires.

• Laisser refroidir sur une grille avant de démouler.

Dans le moule à gâteau «bundt»

• Pour ce gros gâteau, je préfère la cuisson dans la partie convexion du four à micro-ondes préchauffée à 325°F (160°C) 10 minutes.

• Mettre le gâteau sur une grille et faire cuire 40 à 50 minutes. Vérifier la cuisson.

• Laisser refroidir sur une grille. Démouler. Envelopper.

• Ce gâteau se conserve très bien deux à trois semaines dans un endroit frais.

Vrai «shortcake» aux fraises

cuisson par convexion

Ingrédients:

2 à 3 tasses (500 à 750 mL) de fraises fraîches

2 tasses (500 mL) de farine

1/4 de tasse (60 mL) de sucre

4 c. à thé (20 mL) de poudre à pâte

1/2 c. à thé (2 mL) de sel

une bonne pincée de muscade

1/2 tasse (125 mL) de beurre

2 jaunes d'oeufs

1/3 de tasse (80 mL) de lait

1 tasse (250 mL) de crème à fouetter

3 c. à soupe (50 mL) de sucre à glacer

Préparation:

• Beurrer copieusement un moule à gâteau rond de 8 ou 9 pouces (20 ou 22,5 cm). Le mettre de côté. Laver et équeuter les fraises, les égoutter dans une passoire durant la préparation et la cuisson du «shortcake».

• Préchauffer la partie convexion du four à micro-ondes à 450°F (230°C) 15 minutes.

• Tamiser ensemble dans un bol, la farine, le sucre, la poudre à pâte, le sel et la muscade.

• Y couper le beurre, avec deux couteaux, et l'incorporer aux ingrédients secs jusqu'à ce que le mélange soit granuleux.

• Battre ensemble les jaunes d'oeufs et le lait.

• Ajouter à la farine en remuant jusqu'à ce qu'il n'y ait plus de trace de farine. Ne pas essayer de battre pour rendre le mélange lisse.

Préparation: . . . .**30 min**
Cuisson: . . . .**de 12 à 14 min**
Attente: . . . .**aucune**

• Laisser tomber la pâte à la cuiller dans le moule préparé.

• Tremper une spatule de métal dans le lait ou l'eau et égaliser le dessus de la pâte, tout en lui conservant une apparence rugueuse.

• Mettre sur une claie et faire cuire de 12 à 14 minutes ou jusqu'à ce que le dessus soit doré.

• Vérifier la cuisson avec la pointe d'un couteau; la pâte sera sèche lorsque cuite.

• Écraser délicatement les fraises et y ajouter le sucre à glacer.

• Couper le gâteau en deux avec un couteau bien aiguisé, recouvrir la partie inférieure de beurre mou, y verser les fraises sucrées, recouvrir de la partie supérieure du gâteau.

• Si le gâteau doit être mangé dans un repas, saupoudrer, au goût, de sucre à glacer le dessus du gâteau et garnir de moitiés de fraises et de crème fouettée.

• Sinon, saupoudrer le dessus et les fraises de sucre à glacer. Accompagner d'un bol de crème fouettée.

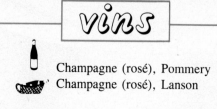

vins

Champagne (rosé), Pommery
Champagne (rosé), Lanson

Gâteau au fromage cinq-minutes

Préparation :	. . . .	10 min
Cuisson :	. . . .	de 3 à 5 min
Attente :	. . . .	aucune

Petit conseil : Un gâteau crémeux, léger. Le servir avec des fraises ou des framboises sucrées, ou l'accompagner d'une sauce aux bleuets frais, tout à fait délicieux !

Ingrédients :

Croûte :

1/4 de tasse (60 mL) de beurre ou
  de margarine

1 tasse (250 mL) de miettes de biscuits graham
  (12 biscuits environ)

2 c. à soupe (30 mL) de sucre

une bonne pincée de muscade

Gâteau :

un paquet de 8 onces (250 g) de fromage
  à la crème

1/3 de tasse (80 mL) de sucre

1 oeuf

1 c. à soupe (15 mL) de jus de citron frais

Garniture :

1 tasse (250 mL) de crème sure

3 c. à soupe (50 mL) de sucre

Préparation :

• Faire fondre le beurre ou la margarine aux micro-ondes, dans une assiette à tarte ronde de 8 pouces (20 cm) en verre ou en céramique, 1 minute à « HIGH ».

• Y ajouter les biscuits émiettés, le sucre et la muscade, en remuant.

• Bien mélanger et étendre en pressant pour couvrir le fond de l'assiette et un demi-pouce (1 cm) tout autour.

• Mettre le fromage à la crème dans un plat et le passer aux micro-ondes de 6 à 8 secondes à « MEDIUM » pour le ramollir. Bien remuer.

• Ajouter le sucre et l'oeuf en battant.

• Y mélanger le jus de citron et verser dans la croûte.

• Cuire aux micro-ondes 2 à 3 minutes à « HIGH », à découvert, ou jusqu'à ce que le mélange commence à prendre tout autour, en retournant le plat deux fois durant la cuisson si vous n'avez pas de plateau rotatif dans votre four.

• Mélanger la crème sure et le sucre pour la garniture.

• Verser à la cuiller sur le gâteau chaud, étendre avec une spatule pour recouvrir tout le dessus du gâteau au fromage.

• Cuire aux micro-ondes à « HIGH » de 1 à 1 1/2 minute, ou jusqu'à ce que la garniture soit chaude.

• Laisser refroidir. Réfrigérer jusqu'au moment de servir.

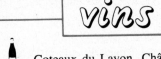

Coteaux du Layon, Château Bellevue
Quart de Chaume, Château Bellerive

Pain hawaïen aux bananes

Préparation : . . . . **15 min**
Cuisson : . . . . **7 min**
Attente : . . . . **aucune**

• Il y a quelques années, j'ai visité une plantation de bananiers à Hawaï. Je fus invitée après la visite à goûter leur pain aux bananes préféré et leur café. Combien je les ai appréciés !

Ingrédients :

1 tasse (250 mL) de bananes écrasées

1/4 de tasse (60 mL) d'huile végétale

1/4 de tasse (60 mL) de sucre

1/4 de tasse (60 mL) de cassonade bien tassée

2 oeufs

1/2 c. à thé (2 mL) de vanille et autant
   d'essence d'amande

1 1/2 tasse (375 mL) de farine

1/2 c. à thé (2 mL) de soda

1/4 de c. à thé (1 mL) de poudre à pâte

1/4 de c. à thé (1 mL) de sel

1/2 tasse (125 mL) de noix de Grenoble
   hachées

2 c. à soupe (30 mL) de cassonade foncée

1/4 de c. à thé (1 mL) de muscade

Préparation :

• Battre les 6 premiers ingrédients jusqu'à l'obtention d'un mélange léger et crémeux.

• Tamiser ensemble les 4 ingrédients suivants.

• Ajouter au mélange de banane.

• Y ajouter les noix en remuant.

• Verser la pâte dans un moule à pain pour cuisson aux micro-ondes de 8 sur 4 pouces (20 sur 10 cm). (Il n'est pas nécessaire de graisser le moule).

• Mélanger la cassonade et la muscade. Saupoudrer sur le gâteau.

• Cuire aux micro-ondes 4 minutes à «HIGH».

• Remuer le moule et cuire 3 minutes de plus à «MEDIUM».

• Laisser refroidir le gâteau sur une claie, de 20 à 30 minutes, avant de démouler.

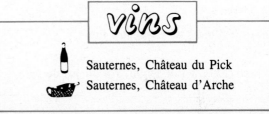

Sauternes, Château du Pick
Sauternes, Château d'Arche

Pouding de Noël

Préparation : . . . . 20 min
Cuisson : . . . . de 8 à 15 min
Attente : . . . . 15 min

• Avez-vous déjà fait cuire un plum-pudding en 15 minutes ? Enveloppé, il se conserve de 10 à 12 mois en parfait état. Essayez celui-ci...

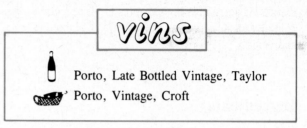

Porto, Late Bottled Vintage, Taylor
Porto, Vintage, Croft

Ingrédients :

1/2 tasse (125 mL) de fruits confits

1 tasse (250 mL) de raisins

1/2 tasse (125 mL) de raisins de Corinthe

1/2 tasse (125 mL) de rhum

1 tasse (250 mL) de suif de boeuf, haché

1 c. à soupe (15 mL) de cannelle

2 c. à thé (10 mL) de gingembre

1/2 c. à thé (2 mL) de muscade, et autant de
   quatre-épices et de sel

1 tasse (250 mL) de sucre

1 tasse (250 mL) de confiture ou de marmelade

2 tasses (500 mL) de chapelure fine

3 oeufs

1/2 tasse (125 mL) de rhum, vin ou jus de fruit

Préparation :

• Mélanger dans un bol pour cuisson aux micro-ondes, les fruits confits, les raisins, les raisins de Corinthe et le rhum.

• Faire chauffer 2 minutes à «HIGH».

• Mélanger dans un second bol, le suif, la cannelle, le gingembre, la muscade, le quatre-épices, le sel, le sucre, la confiture ou la marmelade et la chapelure. Ajouter au mélange des fruits.

• Battre ensemble les oeufs, le lait et le vin, le rhum ou le jus de fruit et incorporer au mélange des fruits.

• Bien mélanger et verser dans un moule ou deux moules pour cuisson aux micro-ondes. Recouvrir d'une feuille de matière plastique.

• Cuire aux micro-ondes, un moule à la fois, à «MEDIUM-HIGH» de 8 à 15 minutes, selon les dimensions du moule.

• Vérifier la cuisson avec un cure-dents et faire cuire une minute de plus, si nécessaire.

• Enlever la feuille de plastique et laisser reposer 15 minutes sur le comptoir de la cuisine avant de démouler.

• Vous pouvez faire des poudings individuels dans des ramequins et cuire aux micro-ondes à «HIGH» 5 minutes pour 6. Vérifier la cuisson tel que ci-haut.

Pour le glacer :

• Faire chauffer 1/2 tasse (125 mL) de confiture de votre choix 15 secondes à «HIGH».

• En badigeonner le pouding et saupoudrer de sucre à glacer.

Pour le réchauffer :

• Mettre le pouding dans un bol pour cuisson aux micro-ondes et réchauffer 4 à 10 minutes à «MEDIUM», selon la grosseur.

Pour le flamber :

• Faire chauffer aux micro-ondes 1/3 à 1/2 tasse (80 à 125 mL) de rhum, 30 secondes à «HIGH». Verser sur le pouding et flamber.

• Pour rehausser la saveur de votre pouding, l'envelopper dans un linge imbibé de rhum, de vin ou d'une boisson de votre choix, le recouvrir d'une feuille d'aluminium et le laisser reposer au frais jusqu'à Noël, ou même quelques mois.

Gâteau aux fruits des Fêtes

Préparation :	.................**35 min**
Cuisson :	.............**de 7 à 10 min**
Attente :	....................**aucune**

Petit conseil : Ce gâteau se conserve durant des mois. Lorsque refroidi, l'envelopper d'abord, au goût, dans un linge imbibé de rhum ou autre boisson de votre choix, puis le recouvrir d'une feuille de papier d'aluminium et le conserver dans un endroit frais ou au réfrigérateur. Avant de le servir, le laisser reposer de 3 à 4 heures à la température de la pièce.

Ingrédients :

1/2 lb (250 g) de cerises confites hachées

4 oz (125 g) de dattes hachées grossièrement

4 oz (125 g) de pelures confites hachées

1/2 lb (250 g) d'ananas confits hachés

4 oz (125 g) de pelure d'orange confite

4 oz (125 g) de raisins

1/2 tasse (125 mL) de rhum ou de cognac

2 tasses (500 mL) de noix de Grenoble

1 tasse (250 mL) de noix du Brésil ou autres de votre choix

1/2 tasse (125 mL) de sucre

1 tasse (250 mL) de farine tout usage

1 c. à thé (5 mL) de poudre à pâte

1/4 de c. à thé (1 mL) de sel

1 c. à thé (5 mL) de cardamome moulue

3 c. à soupe (50 mL) de cacao hollandais en poudre (facultatif)

1/2 tasse (125 mL) de beurre

4 oeufs bien battus

1 c. à thé (5 mL) d'essence de vanille pure

1 c. à thé (5 mL) d'essence d'amande

Préparation :

• Mélanger dans un grand bol pour cuisson aux micro-ondes, les cerises, les dattes, les fruits et les pelures confits, les raisins et le rhum.

• Faire chauffer 2 minutes à «HIGH» pour imprégner les fruits d'alcool.

• Ajouter les noix et mélanger.

• Tamiser ensemble le sucre, la farine, la poudre à pâte,

le sel et la cardamome, et la poudre de cacao au goût ; incorporer le tout aux fruits.

• Mélanger le beurre, les oeufs, la vanille et l'essence d'amande, et incorporer à la pâte en remuant pour bien mélanger.

• Mettre dans un moule à pain en verre de 9 sur 5 pouces (22,5 sur 12,5 cm) ou dans deux moules de 8 1/2 sur 4 1/2 (22 sur 11 cm).

• Faire cuire à «HIGH» 6 à 8 minutes pour le plus grand moule.

• Vérifier la cuisson à l'aide d'un cure-dents et si nécessaire faire cuire 1 ou 2 minutes de plus, en vérifiant après 1 minute de cuisson.

• S'il y a deux moules, en mettre un à la fois au four et faire cuire à «HIGH» de 5 à 6 minutes. Vérifier la cuisson tel qu'indiqué.

• Laisser reposer sur le comptoir de la cuisine. La cuisson se poursuit pendant que le gâteau refroidit.

• Démouler et envelopper pour conserver.

Porto, Ruby, Sandeman

Porto, Tawny, Delaforce

Substitution pour la poudre à pâte

Si au moment de l'employer, vous manquez de poudre à pâte, voici comment la remplacer :

Ingrédients :

1/2 c. à thé (2 mL) de soda

1 c. à thé (5 mL) de crème de tartre

Préparation :

• Bien mélanger les ingrédients et utiliser cette quantité pour chaque 2 tasses (500 mL) de farine de la recette.

Les glaçages

Sauce au miel et au gingembre

Petit conseil : Cette sauce originale est servie sur des grands-pères (dumplings) sucrés, mais depuis plusieurs années j'aime la servir avec le plum-pudding.

Ingrédients :

1/2 tasse (125 mL) de miel

1 tasse (250 mL) d'eau ou de vin blanc

3 c. à soupe (50 mL) de racine de gingembre râpée

2 c. à soupe (30 mL) d'arrow-root ou de fécule de maïs

le jus et le zeste râpé d'une lime

Préparation :

• Mettre tous les ingrédients dans un plat ou un bol pour cuisson aux micro-ondes, remuer et faire cuire 1 minute à «HIGH», remuer et faire cuire à «HIGH» 3 minutes de plus, en remuant une fois. La sauce est prête lorsqu'elle est crémeuse et transparente.

• Il arrive qu'une minute de plus de cuisson soit nécessaire, à «MEDIUM-HIGH» cette fois.

Sauce d'Hélène

• Hélène et moi, c'est une association de vingt-huit années. Que de travail accompli, et toujours avec le sourire, ce que j'apprécie pleinement.

• Cette sauce et la sauce au miel et au gingembre sont celles que je préfère avec le plum-pudding.

Ingrédients :

1 tasse (250 mL) de sucre

1 tasse (250 mL) de beurre doux, ramolli

4 jaunes d'oeufs battus

1 tasse (250 mL) de lait ou de crème

1/4 de tasse (60 mL) de vin blanc

1/4 de tasse (60 mL) de cognac

Préparation :

• Mélanger le sucre, le beurre, les jaunes d'oeufs battus et le lait ou la crème.

• Cuire aux micro-ondes 3 minutes à «MEDIUM», sans couvrir.

• Battre le tout et cuire 1 à 2 minutes de plus à «MEDIUM», ou jusqu'à ce que la sauce épaississe.

• Ajouter le vin et le cognac et cuire 30 secondes à «MEDIUM».

• Servir tiède ou froide avec le plum-pudding chaud.

Glaçage au rhum

Préparation :	5 min
Cuisson :	2 min
Attente :	aucune

Petit conseil : Verser sur le gâteau alors qu'il est encore chaud, que ce soit un gâteau éponge, un gâteau blanc, un gâteau au chocolat ou autre ; il sera tendre et savoureux.

Ingrédients :

1/2 tasse (125 mL) de beurre ou
   de margarine

1 tasse (250 mL) de sucre

le zeste râpé d'un demi-citron ou
   d'une demi-orange

1/4 de tasse (60 mL) de rhum de votre choix

Préparation :

• Faire fondre le beurre ou la margarine dans une mesure de 4 tasses (1 L) 2 minutes à «HIGH».

• Y ajouter le sucre, le zeste râpé et le rhum en remuant. Bien mélanger.

• Cuire aux micro-ondes 2 minutes à «HIGH».

• Remuer pour que le sucre soit bien dissous.

• Verser chaud sur le gâteau démoulé chaud.

Glaçage à la liqueur

Préparation :	5 min
Cuisson :	2 min
Attente :	de 2 à 3 h

Petit conseil : La texture de ce glaçage est distincte de celle du glaçage au rhum. C'est celui qu'il faut utiliser lorsqu'on désire une saveur de liqueur particulière.

Ingrédients :

1/2 tasse (125 mL) de beurre ou de margarine

1/2 tasse (125 mL) de sucre

1/4 de tasse (60 mL) de la liqueur
   de votre choix

1/4 de tasse (60 mL) d'eau ou de jus de pomme

Préparation :

• Faire fondre le beurre ou la margarine dans une mesure de 4 tasses (1 L) 2 minutes à «HIGH».

• Ajouter le sucre, la liqueur et l'eau ou le jus de pomme.

• Cuire aux micro-ondes 2 minutes à «HIGH», en remuant après 1 minute de cuisson.

• Faire des incisions ici et là sur le gâteau avec la pointe d'un couteau et verser le glaçage sur le gâteau.

• Laisser reposer 2 à 3 heures avant de démouler.

Superbe glaçage au chocolat et aux noix

Préparation : . . . . .5 min
Cuisson : . . . . .1 min 30
Attente : . . . . .aucune

Petit conseil : Ce glaçage est délicieux sur tout gâteau aux noix. Utiliser pour le glaçage les mêmes noix que celles qui entrent dans la confection du gâteau : pacanes, noix de Grenoble, ou autres. La quantité demeure la même.

Ingrédients :

2 carrés de 1 oz (28 g) chacun de chocolat
  mi-sucré

1/2 tasse (125 mL) de margarine molle

1 oeuf battu

1 c. à thé (5 mL) de jus de citron

1 1/2 tasse (375 mL) de sucre à glacer

1/2 tasse (125 mL) de noix hachées
  de votre choix

Préparation :

• Mettre le chocolat dans une tasse à mesurer ou un bol de 4 tasses (1 L).

• Faire fondre aux micro-ondes 1 minute 30 secondes à «HIGH», en remuant après 30 ou 40 secondes.

• Ajouter la margarine et l'oeuf au chocolat chaud. Bien mélanger.

• Ajouter le jus de citron et le sucre à glacer.

• Battre jusqu'à l'obtention d'un mélange crémeux.

• Y incorporer les noix.

• Glacer le gâteau refroidi dès que le glaçage est prêt.

Glacé aux fraises fraîches

Préparation : . . . . .10 min
Cuisson : . . . . .3 min
Attente : . . . . .aucune

• Ce glacé est la manière française de parfumer et de garnir les gâteaux, mousses, tartes aux fruits, fruits frais, etc. Le coup d'oeil est joli et la saveur des fraises très agréable.

Ingrédients :

4 tasses (1 L) de fraises fraîches

1 tasse (250 mL) de sucre

1 c. à soupe (15 mL) de fécule de maïs

1 c. à thé (5 mL) de zeste de citron râpé

1 c. à soupe (15 mL) de jus de citron

Préparation :

• Écraser 1 1/2 tasse (375 mL) des fraises avec une fourchette, y ajouter le sucre, la fécule de maïs, le jus et le zeste de citron. Remuer le tout ensemble pour bien mélanger.

• Cuire aux micro-ondes 3 minutes à «HIGH», en remuant 3 à 4 fois.

• Ajouter le reste des fraises, mélanger et verser chaud sur le dessert de votre choix, tel que précité.

Tranches d'oranges rosées

• Peler **4 à 6 oranges** et les trancher aussi minces que possible.

• Les mettre dans un plat de cristal.

• Recouvrir du glacé aux fraises fraîches.

• Couvrir et laisser reposer jusqu'au lendemain à la température de la pièce.

• Remuer juste au moment de servir.

Fruits frais glacés aux fraises

• Un dessert superbe, facile et vite fait.

• Essayez-le à la pointe de la saison du fruit de votre choix, fraises, framboises, pêches, etc.

• Mettre dans un plat environ 4 tasses (1 L) du fruit de votre choix, recouvrir du glacé aux fraises fraîches, tiédi.

• En mettre suffisamment pour que le tout soit bien recouvert et brillant.

Glaçage à la noix de coco et aux noix

Préparation :	5 min
Cuisson :	2 min
Attente :	aucune

Petit conseil : Glacer le gâteau avec cette garniture croustillante pendant que le gâteau démoulé est encore chaud.

Ingrédients :

1/2 tasse (125 mL) de noix de votre choix

1/2 tasse (125 mL) de noix de coco

1 tasse (250 mL) de cassonade

1/2 tasse (125 mL) de crème riche ou de lait évaporé

1 c. à thé (5 mL) d'essence de vanille

Préparation :

• Mettre les noix et la noix de coco dans un bol de 4 tasses (1 L).

• Cuire aux micro-ondes 2 minutes à «HIGH», en remuant une fois.

• La noix de coco sera grillée.

• Ajouter la cassonade, le lait évaporé ou la crème et la vanille.

• Bien mélanger. Étendre sur le gâteau.

Glaçage mousseux au chocolat

Préparation :	**5 min**
Cuisson :	**de 2 à 3 min**
Attente :	**aucune**

• Une garniture légère, crémeuse pour tout gâteau. Elle ne contient pas de sucre et l'on utilise le chocolat mi-sucré.

Ingrédients :

2 c. à soupe (30 mL) d'eau chaude

1 c. à soupe (15 mL) de café instantané en poudre

4 carrés de 1 oz (28 g) chacun de chocolat mi-sucré

1/4 de tasse (60 mL) de crème à fouetter

Préparation :

• Mettre l'eau dans un bol, chauffer aux micro-ondes 1 minute à «HIGH».

• Ajouter le café instantané, remuer pour bien mélanger, ajouter le chocolat.

• Cuire 2 à 3 minutes à «MEDIUM», en remuant une fois.

• Laisser refroidir, fouetter la crème et l'incorporer au mélange chocolaté refroidi.

• En glacer le gâteau de votre choix.

Substitution pour les carrés au chocolat

3 c. à soupe (50 mL) de cacao + 1 c. à soupe (15 mL) de beurre = 1 carré ou 1 once (28 g) de chocolat non sucré.

3 c. à soupe (50 mL) de cacao + 1 c. à soupe (15 mL) de beurre + 1½ c. à thé (7 mL) de sucre = 1 carré ou 1 once (28 g) de chocolat sucré.

Garniture aux poires

Préparation :	**3 min**
Cuisson :	**6 min**
Attente :	**aucune**

Petit conseil : Un beau dessert vite fait, à verser chaud sur de la crème glacée ou un carré de gâteau au citron, ou à servir tel quel dans une coupe à fruits.

Ingrédients :

2 c. à soupe (30 mL) de beurre

1/3 de tasse (80 mL) de cassonade

1/4 de c. à thé (1 mL) de cannelle

1/4 de c. à thé (1 mL) de muscade

1/4 de c. à thé (1 mL) de gingembre

1 grosse boîte de 28 oz (796 mL) de poires, en moitiés*

* Au goût, trancher les moitiés de poires.

Préparation :

• Mélanger dans une assiette à tarte pour cuisson aux micro-ondes de 9 pouces (23 cm), le beurre, la cassonade et les épices.

• Cuire aux micro-ondes, sans couvrir, 2 minutes à «MEDIUM-HIGH», en remuant une fois.

• Égoutter les poires, les mettre dans le sirop chaud, brasser et cuire aux micro-ondes, couvertes, 4 minutes à «MEDIUM-HIGH».

• Servir tel quel ou selon les suggestions ci-haut.

Les tartes

Connaissances de base pour la préparation des tartes

• Il semble qu'au restaurant, pour le dessert, la tarte soit la «favorite nationale». Et il en est ainsi presque partout dans le monde. En France, vous y trouvez la tarte à une seule croûte; en Italie, c'est souvent la pâte d'amande et aussi la pâte feuilletée, etc. Au Canada et aux États-Unis, c'est sans contredit la tarte anglaise à deux croûtes qui l'emporte, et la tarte aux pommes est la préférée de tous. Quoi qu'on en dise, pour faire une bonne pâte il faut un certain savoir-faire et posséder certaines connaissances de base qui faciliteront le travail. Lisez attentivement les directives qui suivent concernant la pâte à tarte, et si vous vous appliquez à les mettre en pratique, vous réussirez toujours d'excellentes tartes.

La farine

• Une bonne pâte doit être tendre et légère.

• Voici quelques données importantes sur la farine.

• Toute farine de blé contient du gluten, une substance élastique de cellules qui se développeront dès que les protéines du blé sont mélangées au liquide, ce qui fournit à la farine le nécessaire pour faire une pâte à tarte tendre et légère.

• La farine tout usage et la farine à pâtisserie sont utilisées pour la pâte à tarte.

• La farine à pâtisserie donne une croûte plus tendre, mais la farine tout usage de bonne qualité donne aussi de bons résultats.

• Le genre de farine, tout usage ou à pâtisserie, est toujours indiqué sur le sac. L'une ou l'autre peut être utilisée.

Le corps gras pour faire la pâte

1. L'utilisation de beurre doux ou d'un mélange de beurre doux et de graisse végétale de bonne qualité donne une pâte délicate mais qui coûte cher.

2. La pâte faite avec une graisse végétale de forte teneur en gras est bonne et tendre, mais elle a peu de saveur.

3. La pâte faite avec du saindoux pur qui consiste en gras animal à 100 %, plus un certain pourcentage d'eau, donne une pâte parfaitement tendre et feuilletée.

La cuisson de la tarte au four à micro-ondes

• Il y a deux modes de cuisson pour la tarte :
a) la cuisson aux micro-ondes;
b) la cuisson par convexion.

La cuisson aux micro-ondes

• Utiliser une assiette pour cuisson aux micro-ondes (Corning ou pyrex, ou un certain genre de matière plastique).

• La pâte ne dore pas à la cuisson par micro-ondes, mais elle cuit bien; la saveur et la texture sont satisfaisantes.

• Il faut beurrer l'assiette à tarte légèrement. Tapisser ensuite l'assiette de la pâte de votre choix, et vous assurer qu'elle adhère bien aux bords et au fond.

• Il faut piquer la pâte sur toute sa surface avec une fourchette ou la pointe d'un petit couteau.

• Il faut placer la tarte sur une claie pour cuisson aux micro-ondes. Cuire 3 à 4 minutes à «HIGH». Il arrive qu'il soit nécessaire d'ajouter 4 à 5 minutes de cuisson à «HIGH». Il est facile de se rendre compte du degré de cuisson requis.

• Même si la pâte ne dore pas en cuisant aux micro-ondes, la saveur et la texture en sont satisfaisantes. Une fois garnie, c'est la texture qui importe.

• Je préfère la tarte à une seule croûte précuite pour la tarte cuite aux micro-ondes.

La cuisson par convexion

1. Préchauffer la partie convexion de votre four à micro-ondes, suivant les données de la recette.

2. Préparer la tarte selon la recette. La faire cuire au four préchauffé selon le temps de cuisson requis dans la recette.

3. Placer la tarte sur une claie.

4. Lorsqu'elle est cuite, laisser la tarte refroidir sur une claie.

Petit truc: Dans l'adaptation d'une recette à la cuisson aux micro-ondes, réduire la quantité de liquide de la recette originale du quart [3/4 de tasse (190 mL) pour 1 tasse (250 mL)], même pour un gâteau.
Réduire le temps de cuisson à un quart du temps requis: 15 minutes aux micro-ondes... 1 heure au four conventionnel.
Augmenter graduellement la durée de cuisson à mesure que la quantité d'aliments est plus grande, mais ne pas nécessairement doubler le temps.

Pâte à tarte tout usage

Préparation à l'avance : ....**30 min**
Cuisson : ....**aucune**
Attente : ....**aucune**

Petit conseil : Pour faire cette pâte, la graisse végétale ou la margarine ou le beurre peut être mélangé au saindoux.

Ingrédients :

2 tasses (500 mL) de farine tout usage

3/4 de c. à thé (4 mL) de sel

1/3 de tasse (80 mL) de beurre

1/4 de tasse (60 mL) de saindoux

6 c. à soupe (90 mL) environ d'eau *très* froide

1 c. à soupe (15 mL) de jus de citron frais ou de vinaigre

Préparation :

• Mettre dans un bol la farine, le sel, le beurre et le saindoux. Travailler rapidement et légèrement du bout des doigts jusqu'à ce que le mélange ressemble à des grains de riz.

• Ajouter le reste des ingrédients, mélanger le tout légèrement, du bout des doigts ou avec une broche à pâtisserie. Dès que le tout se tient ensemble, en faire une boule.

• Mettre dans un bol ou envelopper de papier ciré et réfrigérer de 20 à 30 minutes ou jusqu'au lendemain.

• Faire refroidir la pâte la détend et l'empêche de rétrécir à la cuisson, soit aux micro-ondes ou par convexion.

• Pour abaisser la pâte, utiliser la plus petite quantité de farine possible sur la table pour éviter de la faire durcir.

Petit truc : Une assiette à tarte en métal peut être utilisée lorsqu'une tarte est cuite dans la partie convexion du four à micro-ondes.

Pâte à tarte au saindoux

Préparation : ....**10 min**
Cuisson : ....**aucune**
Attente : ....**aucune**

Petit conseil : Elle est ma préférée. Vite préparée, elle se conserve au réfrigérateur de 3 à 4 semaines enveloppée d'une feuille de matière plastique ; ou encore, de 4 à 6 mois au congélateur, la feuille de matière plastique recouverte d'une feuille d'aluminium. Couper la boule de pâte en quatre. Chaque paquet suffit à faire une tarte de 8 à 9 pouces (20 ou 22,5 cm) à deux croûtes.

Ingrédients :

5 tasses (1,25 L) de farine tout usage

1 c. à thé (5 mL) de sel

1 c. à soupe (15 mL) de sucre

1/4 de c. à thé (1 mL) de soda

1 lb (500 g) de saindoux

1 oeuf

3 c. à soupe (50 mL) de jus de citron frais ou de vinaigre

eau froide

Préparation :

• Mélanger dans un bol la farine, le sel, le sucre, le soda et y couper le saindoux avec deux couteaux, en morceaux de 2 pouces (5 cm).

• Battre ensemble dans une tasse à mesurer d'une tasse (250 mL), l'oeuf, le jus de citron frais ou le vinaigre, et remplir d'eau froide.

• Ajouter au mélange de farine. Pétrir le tout du bout des doigts pour obtenir une boule de pâte lisse.

• Il est parfois nécessaire d'ajouter quelques cuillerées d'eau froide. N'en ajouter qu'une à la fois.

• Renverser la boule de pâte sur une table enfarinée et pétrir durant une ou deux minutes. Vous aurez alors une boule de pâte molle.

• Cette pâte est facile à rouler, qu'elle soit fraîche et molle ou réfrigérée et dure. La seule différence est qu'il faut plus de farine sur la table et sur le rouleau pour la pâte molle.

Mon mélange de pâte à tarte maison

Préparation : . . . . **10 min**
Cuisson : . . . . **aucune**
Attente : . . . . **aucune**

Petit conseil : J'aime bien en avoir toujours à la main en cas d'urgence. Je le conserve dans un grand contenant pour graisse végétale ou tout autre contenant qui ferme bien.

Ingrédients :

6 tasses (1,5 L) de farine tout usage

1 c. à soupe (15 mL) de sel

1 lb ou 2¹/₃ tasses (500 g ou 580 mL) de graisse végétale*

* Le saindoux peut être utilisé, il donnera une pâte plus délicate.

Préparation :

• Mélanger la farine et le sel, y couper la graisse végé-tale avec deux couteaux pour obtenir un mélange granuleux.

• Verser dans un contenant. Couvrir.

Pour une tarte à une croûte

• Mesurer 1¹/₂ tasse (375 mL) du mélange, y ajouter 2 à 3 c. à soupe (30 à 50 mL) d'eau froide.

• Mélanger avec une fourchette jusqu'à ce que le mélange se tienne.

Pour une tarte à deux croûtes

• Mesurer 2¹/₄ tasses (560 mL) du mélange avec 3 à 4 c. à soupe (50 à 60 mL) d'eau froide.

• Dans les deux cas, la quantité d'eau peut varier selon la température, alors en utiliser un peu plus ou moins.

• Faire une boule de la pâte, l'envelopper dans du papier ciré et la réfrigérer 30 minutes.

• L'abaisser et l'utiliser comme toute pâte à tarte.

Pâte sucrée pour tartelettes

Préparation :	**10 min**
Cuisson :	**aucune**
Attente :	**aucune**

> **Petit conseil :** Une pâte difficile à abaisser, mais qui vaut bien l'effort. Elle est formidable pour les tartelettes qui sont toutes dorées, même cuites aux micro-ondes.

Ingrédients :

1 tasse (250 mL) de farine tout usage ou à pâtisserie, *tamisée*

1/8 de c. à thé (0,05 mL) de sel

1/4 de tasse (60 mL) comble de sucre

1 jaune d'oeuf, légèrement battu

1/4 de tasse (60 mL) de beurre mou

Préparation :

• Tamiser ensemble la farine, le sel et le sucre.

• Creuser le centre et y mettre le jaune d'oeuf et le beurre.

• Mélanger le tout avec une fourchette jusqu'à l'obtention d'un mélange lisse. À l'encontre des autres pâtes, celle-ci doit être lisse et crémeuse.

• Former une boule, l'envelopper et la réfrigérer 2 à 3 heures.

• Cette pâte est délicate à abaisser, mais elle sera appréciée.

Pâte à tarte à l'oeuf

Préparation :	**10 min**
Cuisson :	**aucune**
Attente :	**aucune**

• Une pâte à tarte intéressante qui est toute dorée lorsque cuite aux micro-ondes. Elle convient à tout genre de garniture.

Ingrédients :

3 tasses (750 mL) de farine tout usage

1 c. à thé (5 mL) de sel

1 tasse (250 mL) de beurre ou de margarine

1 oeuf légèrement battu

1/2 c. à thé (2 mL) de zeste de citron râpé

1/3 de tasse (80 mL) d'eau *glacée*

Préparation :

• Mettre la farine et le sel dans un grand bol. Remuer avec une cuiller pour que le tout soit léger et bien mélangé.

• Y couper le beurre ou la margarine pour obtenir un mélange granulé fin.

• Mélanger l'oeuf, le jus de citron et l'eau glacée, ajouter au mélange de la farine.

• Remuer le tout avec une fourchette jusqu'à ce que la pâte forme une boule.

• Réfrigérer 30 minutes avant d'abaisser.

Fond de tarte aux biscuits graham

Préparation à l'avance :	**de 1 à 3 h**
Cuisson :	**aucune**
Attente :	**aucune**

- Cette recette est pour une croûte à tarte. Elle se prête parfaitement à la cuisson aux micro-ondes.

Ingrédients :

1 tasse (250 mL) de miettes de biscuits graham

3 c. à soupe (50 mL) de cassonade

1 c. à soupe (15 mL) de miel

**3 c. à soupe (50 mL) de beurre fondu
(1 minute à «HIGH»)**

Préparation :

- Bien mélanger les biscuits graham émiettés et la cassonade.
- Y ajouter en remuant le miel et le beurre fondu.
- Presser avec les doigts dans une assiette à tarte.
- Réfrigérer de 1 à 3 heures avant de remplir.

> **Petit conseil :** Si le miel est granuleux, le découvrir et le mettre 20 à 30 secondes aux micro-ondes à «HIGH». Il pourra alors être mesuré facilement.

Fond de tarte épicé

Préparation :	**5 min**
Cuisson :	**de 1 à 1¹/₂ min**
Attente :	**aucune**

> **Petit conseil :** On ajoute aux ingrédients secs de la cannelle, du quatre-épices ou des clous de girofle moulus, pour une saveur distincte dans chacun des cas. J'aime la cannelle avec les pommes, le quatre-épices avec les poires, etc.

Ingrédients :

1/4 de tasse (60 mL) de beurre

1¹/₄ tasse (310 mL) de chapelure fine*

1/2 tasse (125 mL) de sucre

**1/2 c. à thé (2 mL) de cannelle ou
autre épice au choix**

* Vous pouvez utiliser du pain sec, écrasé avec un rouleau à pâte ou au mélangeur.

Préparation :

- Mettre le beurre dans une assiette à tarte (pyrex ou Corning). Faire fondre aux micro-ondes 1 minute à «HIGH».
- Ajouter le reste des ingrédients, bien mélanger avec une fourchette.
- Presser également sur le fond et les parois de l'assiette à tarte.
- Cuire aux micro-ondes de 1 à 1¹/₂ minute à «HIGH».
- Laisser refroidir.

Fond de tarte croustillant au mélangeur ou au robot culinaire

Préparation : . . . .**10 min**
Cuisson : . . . .**1 min**
Attente : . . . .**aucune**

Petit conseil : Il est important de faire cette recette au mélangeur, car autrement les grains de All Bran restent trop gros et durcissent à la cuisson.

Ingrédients :

1/4 de tasse (60 mL) de beurre ou de margarine

3/4 de tasse (190 mL) de flocons de son

3/4 de tasse (190 mL) de All Bran

1/4 de tasse (60 mL) de cassonade

1/4 de tasse (60 mL) de noix

Préparation :

• Faire fondre le beurre aux micro-ondes 1 minute à «HIGH» dans l'assiette à tarte.

• Passer les deux types de son au mélangeur ou au robot culinaire avec la cassonade et les noix, en opérant par mouvement de pulsation jusqu'à l'obtention d'une texture grossière.

• Ajouter au beurre fondu dans l'assiette à tarte. Bien mélanger.

• Presser pour étendre le mélange également dans le fond et sur les parois de l'assiette.

• Mettre la tarte sur une claie pour cuisson aux micro-ondes et cuire 1 minute à «HIGH».

• Mettre de côté pour refroidir et garnir au goût.

Tarte aux pommes à une croûte

cuisson par convexion ou aux micro-ondes

C'est la première tarte aux fruits à une croûte que j'ai faite dans mon four à micro-ondes, il y a dix ans. Et, jusqu'à ce jour, je ne saurais dire si je préfère la cannelle ou la cardamome avec les pommes. Je les utilise donc à tour de rôle.

Ingrédients :

Pâte à tarte de votre choix

5 à 6 tasses (1,25 à 1,5 L) de pommes pelées tranchées mince

1/2 tasse (125 mL) de sucre

1/2 tasse (125 mL) de cassonade pâle ou foncée

3 c. à soupe (50 mL) de farine

1/4 de tasse (60 mL) de beurre

1/2 c. à thé (2 mL) de sel

1/2 c. à thé (2 mL) de cannelle ou de cardamome moulue

2 c. à soupe (30 mL) de jus de citron frais ou 1/2 c. à thé (2 mL) de vanille

1/3 de tasse (80 mL) de crème légère ou de lait

Préparation :

• Tapisser de pâte une assiette à tarte et cuire aux micro-ondes selon les directives pour la cuisson de la pâte à tarte aux micro-ondes.

• Trancher les pommes dans la croûte cuite et refroidie.

• Mélanger le sucre, la cassonade, la farine, le beurre, le sel et la cannelle ou la cardamome jusqu'à ce que le mélange soit granuleux.

• Verser la moitié de ce mélange sur les pommes et remuer délicatement pour l'incorporer ici et là dans les pommes, en prenant soin de ne pas piquer le fond de pâte.

• Mélanger le jus de citron ou la vanille avec la crème ou le lait, verser sur les pommes et recouvrir du reste du mélange granuleux.

• La cuisson de cette tarte peut s'effectuer de deux façons :

Préparation : . . . . **20 min**
Cuisson : micro-ondes : . . . . **de 8 à 9 min**
         convexion : . . . . **de 40 à 50 min**
Attente : . . . . **10 min**

Aux micro-ondes

• Saupoudrer le dessus de la tarte d'une cuillerée de cacao tamisé.

• Mettre la tarte sur une claie.

• Cuire 8 à 9 minutes à «MEDIUM-HIGH».

• Laisser reposer 10 minutes dans le four.

• Servir chaude ou froide.

Par convexion

• Préparer la tarte selon la recette.

• Préchauffer la partie convexion de votre four à micro-ondes à 350°F (180°C) 10 minutes.

• Mettre la tarte sur une claie. Faire cuire 40 à 50 minutes.

• Laisser refroidir sur la claie, sur le comptoir de la cuisine.

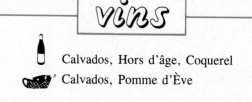

Calvados, Hors d'âge, Coquerel
Calvados, Pomme d'Ève

Tarte aux raisins et au rhum

cuisson par convexion

Petit conseil : En faisant chauffer le rhum et les raisins 3 minutes à «HIGH» au four à micro-ondes, ils seront ramollis, remplis de la saveur du rhum et délicieux. Le rhum peut être remplacé par du jus d'orange frais.

Ingrédients :

3/4 de tasse (190 mL) de raisins secs

1/4 de tasse (60 mL) de rhum ou de jus
  d'orange frais

1 oeuf

1 c. à thé (5 mL) de fécule de maïs

1/2 tasse (125 mL) de sucre

1/2 tasse (125 mL) de crème sure

1/4 de c. à thé (1 mL) de cardamome ou
  de cannelle

1 c. à soupe (15 mL) de jus de citron frais

pâte de votre choix pour un fond de tarte
  de 9 pouces (23 cm)

Préparation :

• Faire chauffer les raisins et le rhum ou le jus d'orange dans un bol ou une tasse, 3 minutes à «HIGH». Laisser tiédir.

• Mettre l'oeuf, la fécule de maïs, le sucre, la crème sure, la cardamome ou la cannelle et le jus de citron frais dans un bol, remuer pour bien mélanger.

• Cuire 2 minutes à «MEDIUM-HIGH», ou jusqu'à ce que le mélange soit crémeux.

• Bien remuer, ajouter les raisins imbibés de rhum ou de jus d'orange, bien mélanger et laisser reposer durant la cuisson de la croûte.

• Mettre une grille dans votre four à micro-ondes et préchauffer la partie convexion à 400°F (200°C), 15 minutes.

• Tapisser de pâte le fond d'une assiette à tarte de 9 pouces (23 cm). Pincer le bord tout autour.

• Recouvrir le fond d'une feuille de papier ciré, y verser une tasse (250 mL) de riz non cuit*.

• Mettre au four sur la grille et faire cuire de 5 à 8 minutes.

• Retirer du four et enlever le papier ciré et le riz avec soin.

• Remettre la croûte au four pour la faire dorer, de 5 à 10 minutes. Laisser refroidir.

• Remplir de la garniture et laisser reposer à la température de la pièce à peu près 1 heure. Servir.

Le riz empêche la pâte de rétrécir dans l'assiette.

vins

🍾	Muscat de Beaumes de Venise, Caves des Vignerons
🦪	Gewurztraminer, Vendages Tardives, Muré

Mincemeat printanier au citron

cuisson par convexion

> **Petit conseil :** Chaque année, je fais mon mincemeat printanier. Il se conserve six mois dans un endroit frais ou au réfrigérateur.

Ingrédients :

1/2 tasse (125 mL) de jus de citron frais

3 tasses (750 mL) de pommes non pelées râpées

1 tasse (250 mL) de raisins secs de votre choix

1/2 tasse (125 mL) de noix hachées de votre choix

1/4 de tasse (60 mL) de marmelade de votre choix

2 tasses (500 mL) de sucre

1/2 c. à thé (2 mL) de sel

2 c. à thé (10 mL) de cannelle

1 c. à thé (5 mL) de clous de girofle moulus

1 c. à thé (5 mL) de gingembre

1 c. à thé (5 mL) de cardamome moulue (facultatif)

le zeste râpé de deux oranges

Préparation :

• Mélanger tous les ingrédients dans l'ordre donné. Bien les remuer.

• Conserver dans un bocal de verre, couvert. Réfrigérer.

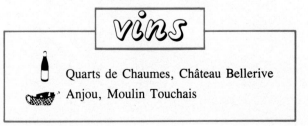

Quarts de Chaumes, Château Bellerive
Anjou, Moulin Touchais

Préparation :	20 min
Cuisson : mincemeat	aucune
tarte :	de 30 à 40 min
Attente :	aucune

Pour faire cuire une tarte au mincemeat par convexion :

• Ajouter **1/4 de tasse (60 mL) de beurre fondu** pour chaque 2 tasses (500 mL) de mincemeat utilisé.

• Tapisser une assiette à tarte de la pâte de votre choix. La remplir de mincemeat.

• Cuire la tarte sur une grille dans la partie convexion de votre four à micro-ondes préchauffée à 400°F (200°C) 10 minutes.

• Cuire 30 à 40 minutes ou jusqu'à ce qu'elle soit dorée.

• Servir chaude, garnie de crème glacée, ou refroidie mais non réfrigérée.

Mincemeat de Noël d'Élizabeth

cuisson par convexion

Préparation : . . . . **20 min**
Cuisson : mincemeat . . . . **aucune**
            tarte : . . . . **de 30 à 40 min**
Attente : . . . . **aucune**

> **Petit conseil :** Pour les personnes qui aiment un min-cemeat non épicé, celui-ci est excellent. Il se con-serve en parfait état, bien couvert et réfrigéré, jusqu'à un an.

Ingrédients :

1 lb (500 g) de raisins de Corinthe

1 lb (500 g) de raisins secs

1 lb (500 g) de pommes pelées et hachées (environ 5 pommes moyennes)

1 lb (500 g) de sucre

1/2 lb (250 g) de suif émincé

1/2 lb (250 g) de fruits confits

le zeste et le jus de 2 citrons

1/2 tasse (125 mL) d'amandes (facultatif)

Préparation :

• Mélanger tous les ingrédients bien à fond.

• Les mettre dans des contenants hermétiques et réfrigérer.

Pour faire la tarte :

• Simplement tapisser une assiette à tarte de la pâte de votre choix et la garnir d'environ 2 tasses (500 mL) de mincemeat, plus ou moins selon votre goût.

• Une pomme pelée et tranchée peut être ajoutée sur le mincemeat, de même que quelques cuillerées de rhum ou de brandy.

• Recouvrir de pâte.

• Mettre la tarte sur une claie dans la partie convexion de votre four à micro-ondes, préchauffée 10 minutes à 400°F (200°C).

• Cuire 30 à 40 minutes ou jusqu'à ce que la croûte soit bien dorée.

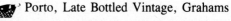

Porto, Ruby, Sandeman

Porto, Late Bottled Vintage, Grahams

Mincemeat maigre

• Autrefois, alors que dans tous les foyers on ne pouvait se passer du mincemeat maison, cette recette était très en vogue. Je le fais depuis des années et j'en ai conservé dans mon garde-manger jusqu'à un an, et au réfrigérateur jusqu'à deux ans. Je n'en ai jamais perdu, même pas une seule cuillerée.

Ingrédients :

1 grosse orange

1 gros citron

2 tasses (500 mL) de raisins secs épépinés

2 tasses (500 mL) de raisins secs dorés

1 tasse (250 mL) de dattes dénoyautées hachées

10 pommes moyennes (la pomme ferme est meilleure)

1¹/₂ tasse (375 mL) de cidre ou de jus de pomme

3 tasses (750 mL) de cassonade bien tassée

1 c. à thé (5 mL) de sel

1 c. à thé (5 mL) de quatre-épices

1 c. à thé (5 mL) de muscade

1 c. à thé (5 mL) de clous de girofle moulus

2 c. à thé (10 mL) de cardamome moulue (facultatif)

1 c. à soupe (15 mL) de vanille

1/4 de tasse (60 mL) de rhum ou de cognac (facultatif)

Préparation :

• Trancher l'orange et le citron sans les peler, enlever les pépins, couper les tranches en deux et les passer au robot culinaire ou au mélangeur pour les hacher finement.

• Les mettre dans un grand bol pour cuisson au four à micro-ondes, ajouter les raisins et les dattes. Remuer pour mélanger.

• Ne pas peler les pommes, mais enlever le coeur et les pépins, couper en petits dés. Les ajouter au mélange orange-citron.

• Ajouter le cidre ou le jus de pomme. Bien mélanger le tout.

• Cuire aux micro-ondes, à découvert, 20 minutes à «HIGH».

Préparation : . . . . .15 min
Cuisson : . . . . .35 min
Attente : . . . . .aucune

• Bien remuer et cuire 10 minutes de plus à «MEDIUM».

• Ajouter la casssonade, le sel, les épices et la vanille. Remuer pour bien mélanger.

• Cuire 5 minutes à «MEDIUM».

• Ajouter le rhum ou le cognac. Bien remuer.

• Laisser refroidir environ 15 minutes.

• Mettre dans des contenants de verre.

• Couvrir hermétiquement et laisser mûrir, ou utiliser lorsque refroidi.

Porto Tawny, Sandeman

Porto Tawny, 20 ans d'âge, Ramos Pinto, Quinta da Ervamoira

Tarte au citron meringuée

cuisson par convexion et aux micro-ondes

Petit conseil : Cette recette vous aidera dans la façon de procéder lorsque les deux fonctions de votre four, micro-ondes et convexion, sont requises dans une même recette.

Préparation :	..............20 min
Cuisson :	..........de 36 à 50 min
Attente :	...............aucune

La garniture :

Ingrédients :

1 tasse (250 mL) de sucre

1¼ de tasse (315 mL) d'eau froide

1 c. à soupe (15 mL) de beurre

1/4 de tasse (60 mL) de fécule de maïs

3 c. à soupe (50 mL) d'eau froide

le zeste râpé d'un demi-citron

le jus d'un citron

3 jaunes d'oeufs

2 c. à soupe (30 mL) de lait

pâte de votre choix pour un fond de tarte de 9 pouces (22,5 cm)

Préparation :

• Mélanger dans un bol le sucre, la tasse et quart (315 mL) d'eau froide et le beurre.

• Cuire à «HIGH» 3 à 4 minutes, jusqu'à ce que le sucre soit fondu, en remuant une fois.

• Diluer la fécule de maïs dans les 3 c. à soupe (50 mL) d'eau froide. Ajouter au mélange précédent et bien remuer.

• Lorsque bien mélangé, cuire 2 minutes à «HIGH»; remuer et cuire à «HIGH» de 2 à 4 minutes de plus pour obtenir un mélange crémeux, en remuant une ou deux fois.

• Ajouter le zeste et le jus de citron, remuer.

• Battre ensemble les jaunes d'oeufs et le lait. Ajouter au mélange.

• Faire cuire à «MEDIUM-HIGH» 3 ou 4 minutes en remuant deux fois.

• Pour obtenir une garniture crémeuse, cuire, si nécessaire, 1 ou 2 minutes de plus.

• Laisser tiédir durant la cuisson de la croûte.

• Mettre une grille dans votre four à micro-ondes et préchauffer la partie convexion à 400°F (200°C) 20 minutes.

• Tapisser de la pâte abaissée le fond d'une assiette à tarte.

• Recouvrir d'un carré de papier ciré, y verser une tasse (250 mL) de riz non cuit*.

• Mettre l'assiette préparée sur une gille dans le four préchauffé. Cuire 5 à 8 minutes à 400°F (200°C).

• Retirer l'assiette du four, soulever délicatement le papier ciré avec le riz et l'enlever, remettre l'assiette au four pour bien faire dorer la croûte, à peu près 8 à 10 minutes.

• Laisser refroidir. Verser la garniture refroidie dans la croûte refroidie.

Le riz empêche la pâte de rétrécir dans l'assiette.

La meringue :

Ingrédients :

3 blancs d'oeufs

6 c. à soupe (90 mL) de sucre

1 c. à thé (5 mL) de jus de citron frais *ou*
   1/4 de c. à thé (1 mL) de vanille

une pincée de sel

Préparation :

• Battre les blancs d'oeufs avec un fouet ou un batteur à oeufs, jusqu'à ce qu'ils montent légèrement en pointe lorsque le batteur est soulevé.

• Ajouter graduellement le reste des ingrédients, un à la fois, en battant après chaque addition.

• Étendre la meringue sur la garniture au citron, en prenant soin de bien recouvrir toute la garniture.

• Mettre la tarte sur une grille du four dans la partie convexion et la faire dorer à 400°F (200°C), de 15 à 20 minutes environ.

• Laisser refroidir et servir. Ne pas mettre au réfrigérateur.

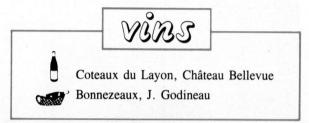

vins

Coteaux du Layon, Château Bellevue
Bonnezeaux, J. Godineau

Tarte au sucre

cuisson par convexion

Préparation : . . . .**10 min**
Cuisson : . . . .**de 30 à 35 min**
Attente : . . . .**aucune**

• Il n'est pas nécessaire de faire cuire d'avance la croûte de cette tarte. Un dessert très apprécié durant la saison froide.

Ingrédients :

une croûte de tarte de 9 pouces (23 cm)

1 tasse (250 mL) de cassonade

1/4 de tasse (60 mL) de farine tout usage

1 tasse (250 mL) de lait

1 tasse (250 mL) de crème

1 c. à thé (5 mL) d'essence d'érable

3 c. à soupe (50 mL) de beurre ou de margarine

une bonne pincée de muscade

Préparation :

• Préchauffer la partie convexion de votre four à micro-ondes à 400°F (200°C), 20 minutes.

• Tapisser de pâte le fond d'une assiette à tarte.

• Mélanger la cassonade et la farine et en recouvrir la pâte.

• Mélanger la crème, le lait et l'essence d'érable et verser sur la cassonade. Parsemer de dés de beurre ou de margarine.

• Mettre sur une grille dans le four préchauffé et cuire 30 à 35 minutes, jusqu'à ce que la croûte soit bien dorée.

Tarte favorite de Bernard

cuisson par convexion

Préparation : . . . . **20 min**
Cuisson : . . . . **35 min**
Attente : . . . . **aucune**

• Mon mari et moi aimons le fromage cottage et le yaourt. Un jour, j'ai fait l'essai d'une tarte au fromage cottage et elle est devenue une favorite. Utilisez la pâte de votre choix ou une croûte aux biscuits graham.

Ingrédients :

Un fond de tarte de votre choix

1/2 tasse (125 mL) de confiture au choix

1¹/₂ tasse (375 mL) de fromage cottage

1 c. à soupe (15 mL) de farine

1/4 de c. à thé (1 mL) de sel

1 tasse (250 mL) de crème légère ou riche

1/3 de tasse (80 mL) de sucre

3 oeufs, séparés

le zeste râpé d'un citron

2 c. à soupe (30 mL) de jus de citron frais

Préparation :

• Tapisser une assiette à tarte de la pâte de votre choix ou préparer le fond de tarte aux biscuits graham.

• Recouvrir la croûte de la confiture choisie.

• Mélanger le reste des ingrédients, excepté les blancs d'oeufs.

• Battre les blancs d'oeufs en neige et les incorporer au mélange du fromage cottage.

• Verser le tout sur la confiture.

• Préchauffer la partie convexion de votre four à micro-ondes à 400°F (200°C) 10 minutes.

• Mettre la tarte sur une claie, réduire la température à 350°F (180°C) et cuire environ 35 minutes, ou jusqu'à ce que le mélange soit ferme lorsque la lame d'un couteau y est insérée.

• Servir chaude ou à la température de la pièce.

vins

Anjou, Moulin Touchais (jeune)
Sauternes, Château Les Justices

Tarte aux noix de Grenoble et au chocolat

Préparation à l'avance : . . . . . **de 4 à 5 h**
Cuisson : . . . . **4 min**
Attente : . . . . **aucune**

• Pour un dessert formidable, mais quelque peu coûteux, qui se prépare de 6 à 12 heures d'avance.

Ingrédients :

Croûte :

1¼ de tasse (310 mL) de noix de Grenoble finement hachées

2 c. à soupe (30 mL) de cassonade

2 c. à soupe (30 mL) de beurre mou

Garniture :

6 c. à soupe (90 mL) de beurre

4 oz (112 g) de chocolat non sucré

1 tasse (250 mL) de sucre

3 oeufs légèrement battus

2 c. à soupe (30 mL) de brandy

1 c. à thé (5 mL) de vanille

une pincée de sel

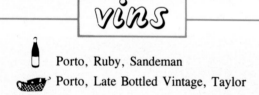

Porto, Ruby, Sandeman
Porto, Late Bottled Vintage, Taylor

Préparation :

• Si vous avez un mélangeur ou un robot culinaire, utilisez-le pour hacher les noix finement, mais non en poudre. Un couteau tranchant peut servir, mais c'est plus long.

• Mélanger les noix hachées, la cassonade et les 2 c. à soupe (30 mL) de beurre mou.

• Presser le mélange dans une assiette à tarte de 8 ou 9 pouces (20 ou 22,5 cm), recouvrant uniformément le fond et les côtés. Cuire 1 minute à «HIGH».

• Mélanger les 6 c. à soupe (90 mL) de beurre, le chocolat non sucré et le sucre.

• Cuire aux micro-ondes 2 minutes à «HIGH». Remuer.

• Si le chocolat n'est pas complètement fondu, le remettre 1 minute à «HIGH».

• Bien remuer et ajouter les oeufs légèrement battus*, le brandy, la vanille et le sel.

• Bien mélanger le tout. Verser dans le fond de tarte refroidi.

• Réfrigérer au moins 4 à 5 heures avant de servir.

Les oeufs sont ajoutés crus au mélange chaud. Bien battus dans le mélange, ils cuisent sans nécessiter de chaleur. Si possible, les laisser à la température de la pièce une heure avant l'usage.

Tarte meringuée

cuisson par convexion

Préparation : ....20 min
Cuisson : ....2 h
Attente : ....aucune

Petit conseil : Quatre blancs d'oeufs et en peu de temps, vous avez alors une belle et bonne tarte meringuée. La meringue et la garniture peuvent toutes deux être préparées le matin et assemblées à l'heure du dîner. La base meringuée de cette tarte DOIT cuire dans la partie convexion de votre four à micro-ondes. La garniture peut être cuite aux micro-ondes avant ou après la cuisson de la meringue.

Ingrédients :

Meringue :

4 blancs d'oeufs

une bonne pincée de crème de tartre

une pincée de sel

1/4 de c. à thé (1 mL) de vanille

3/4 de tasse (190 mL) de sucre

 Vouvray (mousseux), Château Moncontour

Champagne, Charles Lafite, Cuvée Dessert

Préparation :

• Si vous avez un mélangeur, utilisez-le pour vous faciliter le travail, ou utilisez un batteur à main.

• Battre les blancs d'oeufs dans un bol jusqu'à ce qu'ils moussent.

• Ajouter la crème de tartre, et battre à peu près une demi-minute.

• Ajouter le sel et la vanille et battre encore à vitesse moyenne, tout en ajoutant le sucre, une demi-cuillerée à thé (2 mL) à la fois, jusqu'à la formation de pointes brillantes et fermes. Au mélangeur, cela peut nécessiter environ 5 minutes.

• Huiler le fond, les parois et le bord d'une assiette à tarte en pyrex ou en céramique de 9 ou 10 pouces (23 ou 25 cm).

• Mettre la meringue dans l'assiette à tarte et la ramener vers les parois de l'assiette avec une spatule. Si possible, faire monter la meringue environ 1 1/2 pouce (4 cm) au-dessus du bord de l'assiette, ce qui donne une tarte plus profonde qui pourra être garnie plus copieusement lorsque cuite.

• Préchauffer la partie convexion de votre four à micro-ondes à 200°F (100°C) 10 minutes.

• Mettre la meringue sur une claie. La faire cuire 2 heures.

• La laisser refroidir sur la grille dans le four (si vous n'avez pas à vous servir de votre four), ou sur le comptoir de la cuisine.

Garniture à la crème pour la tarte meringuée

Préparation à l'avance :	.........3 h
Cuisson :	..........de 5 à 7 min
Attente :	.............aucune

De petites modifications apportées à cette crème de base donneront chaque fois une nouvelle tarte. La recette qui suit fournit quelques idées. À vous de donner libre cours à votre imagination.

Ingrédients :

4 jaunes d'oeufs

1/2 tasse (125 mL) de sucre

1 c. à soupe (15 mL) de jus de citron frais

**3 c. à soupe (50 mL) d'une liqueur
de votre choix**

1 tasse (250 mL) de crème fraîche, fouettée

des amandes tranchées mince, comme garniture

Préparation :

• Mélanger dans une tasse à mesurer de 4 tasses (1 L) les jaunes d'oeufs et le sucre. J'utilise un fouet métallique pour simplifier le travail.

• Cuire aux micro-ondes 2 minutes à «MEDIUM», en battant après 1 minute de cuisson.

• Battre de nouveau après une autre minute et cuire 1 minute de plus, si nécessaire. La consistance devrait être celle de la mayonnaise. La cuisson doit être lente et il faut beaucoup remuer, afin d'empêcher les oeufs de tourner.

• Lorsque le mélange est crémeux, retirer du four à micro-ondes, ajouter le jus de citron, mélanger, ajouter la liqueur, bien mélanger. Laisser refroidir.

• Incorporer la tasse de crème fouettée

• Verser dans la meringue refroidie, saupoudrer le dessus d'amandes grillées et réfrigérer au moins 3 heures.

Amandes grillées :

• Mettre **1/3 de tasse (80 mL) d'amandes tranchées mince,** dans une assiette.

• Cuire aux micro-ondes 3 à 4 minutes à «HIGH», en remuant deux fois, ou jusqu'à ce que les amandes soient dorées.

• Laisser refroidir 10 minutes et saupoudrer sur le dessus de la crème dans la tarte.

Variantes pour la liqueur

À la menthe :

• Un soupçon de colorant vert ajouté à la garniture ou, en été, hacher finement **1/2 tasse (125 mL) de feuilles de menthe fraîche et** l'utiliser pour remplacer la liqueur de la recette.

Aux framboises :

• Donner à la crème une teinte rosée avec un peu de colorant végétal rouge.

• Recouvrir la crème complètement de **framboises fraîches.**

• C'est une jolie garniture si les framboises sont placées en cercle sur le dessus.

Crème à l'orange :

• Ajouter **2 c. à soupe (30 mL) de Grand Marnier ou de Cointreau** à la garniture.

• Ajouter 2 gouttes de colorant rouge et autant de colorant jaune pour obtenir un jaune pâle.

Crème chocolatée :

• Faire fondre **2 à 3 onces (56 à 74 g) de chocolat semi-sucré.**

• Mettre les carrés dans une assiette, sans les développer. Faire fondre environ 2 minutes à «HIGH». Il est facile de retirer le chocolat fondu du papier et de l'ajouter à la crème.

• Au goût, garnir le dessus de la tarte de quelques filets de chocolat semi-sucré.

Crème aux raisins et au rhum :

• Mettre dans un bol **1/2 tasse (125 mL) de raisins secs** de votre choix et **4 c. à soupe (60 mL) de rhum.**

• Cuire aux micro-ondes 1 minute à «HIGH». Laisser refroidir.

• Mélanger à la crème de base.

• Verser dans le fond de tarte meringuée, garnir de tranches d'oranges disposées en petits éventails.

Tarte aux pommes à la mélasse

cuisson par convexion

Préparation : . . . .**20 min**
Cuisson : . . . .**de 35 à 40 min**
Attente : . . . .**aucune**

• Une tarte aux pommes traditionnelle reconnue dans tout le Canada.

Ingrédients :

Pâte à tarte au choix pour 2 croûtes

5 à 6 pommes pelées et tranchées ou non pelées et râpées

1/4 de tasse (60 mL) de cassonade

1/4 de tasse (60 mL) de mélasse

2 c. à soupe (30 mL) de beurre ou de margarine

1/4 de c. à thé (1 mL) de cannelle et autant de quatre-épices

Préparation :

• Préchauffer la partie convexion de votre four à micro-ondes à 400°F (200°C), 20 minutes.

• Dans l'intervalle, recouvrir d'une croûte une assiette à tarte de 9 pouces (23 cm).

• Mélanger les pommes avec le reste des ingrédients et mettre dans le fond de tarte.

• Recouvrir d'une croûte. Pincer le bord tout autour.

• Faire quelques incisions dans la croûte du dessus avec la pointe d'un couteau. Badigeonner la pâte avec un peu de lait.

• Cuire sur une grille, dans la partie convexion du four à micro-ondes préchauffée à 400°F (200°C), environ 35 à 45 minutes, pour faire dorer le dessus.

• Servir chaude ou à la température de la pièce.

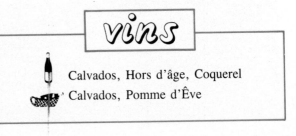

vins

Calvados, Hors d'âge, Coquerel
Calvados, Pomme d'Ève

Tarte aux pommes au miel

Préparation : . . . .**20 min**
Cuisson : . . . .**de 13 à 14 min**
Attente : . . . .**aucune**

Petit conseil : Une de mes tartes aux pommes préférées à une seule croûte ou à deux croûtes, la pâte du dessus badigeonnée de crème sure ou de yaourt et saupoudrée de cassonade. Cuite aux micro-ondes, la croûte sera bien dorée.

Ingrédients :

Pâte à tarte de votre choix

5 à 8 pommes pelées et tranchées, le coeur enlevé

1/2 tasse (125 mL) de crème sure ou de yaourt

1/4 de tasse (60 mL) de miel

1/4 de tasse (60 mL) de cassonade pâle

une pincée de sel

1 c. à thé (5 mL) de cannelle

1/2 c. à thé (2 mL) de muscade

le zeste râpé d'une demi-orange

Préparation :

• Tapisser une assiette à tarte de la pâte choisie. Y trancher les pommes.

• Mélanger le reste des ingrédients et verser sur les pommes.

• Recouvrir de pâte, faire quelques incisions sur le dessus.

• Badigeonner la pâte supérieure d'un peu de crème sure ou de yaourt et saupoudrer d'à peu près **1 c. à soupe (15 mL) de cassonade foncée.**

• Mettre la tarte sur une claie pour cuisson aux micro-ondes.

• Cuire aux micro-ondes 8 minutes à « HIGH » réduire à « MEDIUM » et cuire encore 5 à 6 minutes.

• Laisser refroidir sur une claie, sur le comptoir de la cuisine.

Petit truc : Pour ramollir la crème glacée, passer au four à micro-ondes 1 à 2 minutes à « WARM », suivant la quantité. Vérifier la consistance.

Coteaux du Layon, Château Bellevue
Sauternes, Château Lamothe-Guignard

Tarte aux pommes à l'irlandaise

cuisson par convexion

Préparation :	. . . .	20 min
Cuisson :	. . . .	de 30 à 35 min
Attente :	. . . .	aucune

vins

Quarts de Chaume, Château Bellerive
Anjou, Moulin Touchais

Petit conseil : Une tarte très populaire en Irlande, aromatisée de whisky irlandais. Je remplace souvent le whisky par du rhum, plus souvent disponible dans la cuisine. Cette tarte doit être cuite dans la partie convexion du four à micro-ondes.

Ingrédients :

6 à 8 pommes pelées et coupées en huit

1/4 de tasse (60 mL) de beurre

1 tasse (250 mL) de sucre

le zeste râpé et le jus d'une orange

1/4 de tasse (60 mL) de whisky irlandais ou de rhum

une croûte de tarte au choix pour couvrir le plat

Préparation :

• Faire fondre le beurre dans un plat de cuisson de 8 sur 8 pouces (20 sur 20 cm) par 2 pouces (5 cm) de haut, 2 minutes à «HIGH».

• Ajouter le sucre, le zeste râpé et le jus d'une orange et remuer.

• Ajouter les pommes en remuant et bien mélanger au beurre aromatisé.

• Abaisser la pâte à tarte, y faire trois trous et la placer sur les pommes. Bien presser tout autour du plat, bien l'ajuster.

• Préchauffer la partie convexion du four à micro-ondes à 450°F (230°C) 15 minutes.

• Mettre la tarte sur une grille et cuire 30 à 35 minutes, ou jusqu'à ce que la pâte soit dorée.

• Lorsque la tarte est cuite, verser l'alcool de votre choix également dans chacun des trous sur le dessus de la tarte, à l'aide d'un entonnoir.

• Servir chaude ou tiède, accompagnée de crème sure épaisse ou de yaourt.

Tarte à la rhubarbe et aux fraises

cuisson par convexion ou aux micro-ondes

Préparation :	. . . . **20 min**
Cuisson : micro-ondes :	. . . . **9 min**
convexion :	. . . . **de 20 à 25 min**
Attente :	. . . . **aucune**

> **Petit conseil :** C'est en mai et en juin qu'il faut se régaler de cette tarte ; elle est la préférée d'un grand nombre. C'est une tarte à une croûte. Pour la cuisson, vous utilisez les deux fonctions de votre four, micro-onces et convexion.

Ingrédients :

Pâte de votre choix pour une assiette à tarte de 9 pouces (22,5 cm)

2 oeufs

3/4 de tasse (190 mL) de sucre

2 c. à soupe (30 mL) de farine

1/2 tasse (125 mL) de crème riche

2 tasses (500 mL) de rhubarbe fraîche, en dés

2 tasses (500 mL) de fraises fraîches tranchées

1/4 de tasse (60 mL) de cassonade

1/4 de tasse (60 mL) de farine

le zeste râpé d'une demi-orange

2 c. à soupe (30 mL) de beurre

Préparation :

• Abaisser la pâte choisie et en tapisser l'assiette à tarte. Tout genre de pâte peut servir.

• Battre ensemble les oeufs, le sucre, les 2 c. à soupe (30 mL) de farine et la crème.

• Ajouter la rhubarbe et les fraises en remuant. Verser dans le fond de tarte.

• Mélanger dans un bol la cassonade, le 1/4 de tasse (60 mL) de farine, le zeste d'orange râpé et le beurre.

• Lorsque le mélange est granuleux, en recouvrir les fruits dans le fond de tarte. Mettre sur une claie.

• Cuire aux micro-ondes 9 minutes à «HIGH». Retirer la tarte du four.

Cuisson par convexion

• Préchauffer la partie convexion de votre four à micro-ondes à 425°F (210°C) 10 minutes.

• Mettre la tarte sur la grille, faire cuire 20 à 25 minutes ou jusqu'à ce que la croûte soit dorée et la garniture crémeuse.

Coteaux du Layon, Château Bellevue
Bonnezeaux, J. Godineau

Tarte aux bleuets

cuisson par convexion

Préparation : . . . . **20 min**
Cuisson : . . . . **de 35 à 40 min**
Attente : . . . . **aucune**

• La tarte aux bleuets a un petit air ancien, mais j'aime bien la servir quelques fois au moins en saison. C'est la recette de ma mère, la meilleure à mon avis.

Monbazillac, Sica Producta
Sainte-Croix-du-Mont, Château Coulac

Ingrédients :

Pâte à tarte de votre choix pour 2 croûtes

4 tasses (1L) combles de bleuets frais

1/2 tasse (125 mL) de sucre

1/2 tasse (125 mL) de cassonade pâle

1/3 de tasse (80 mL) de sirop ou de sucre d'érable

4 c. à soupe (60 mL) de farine

3 c. à soupe (50 mL) de fécule de maïs ou de farine de riz

1/4 de c. à thé (1 mL) de quatre-épices

1/4 de c. à thé (1 mL) de muscade

3 c. à soupe (50 mL) de beurre fondu

2 c. à soupe (30 mL) de jus de citron

Préparation :

• Tapisser une assiette à tarte de la pâte de votre choix.

• Badigeonner le fond de tarte de beurre fondu.

• Bien mélanger tous les ingrédients. Verser dans la croûte. Recouvrir de pâte.

• Saupoudrer d'une c. à soupe (15 mL) de sucre.

• Préchauffer la partie convexion de votre four à micro-ondes à 400°F (200°C) 10 minutes.

• Mettre la tarte sur une grille.

• La faire cuire 35 à 40 minutes, ou jusqu'à ce qu'elle soit dorée.

Délicieuse tarte à la citrouille

cuisson par convexion

Préparation : . . . . **20 min**
Cuisson : . . . . **de 30 à 35 min**
Attente : . . . .**aucune**

Petit conseil : Lorsque je n'ai pas de citrouille fraîche, j'emploie la citrouille en conserve. Il n'est pas nécessaire de faire cuire d'avance la croûte du dessous. De préparation facile et rapide.

vins

Gewurztraminer, Muré

Gewurztraminer, Vendages tardives, Hugel

Ingrédients :

2 tasses (500 mL) de citrouille ou de courge cuite

1/2 tasse (125 mL) de sucre

2 oeufs légèrement battus

1/4 de c. à thé (1 mL) de sel

1¹/2 tasse (375 mL) de lait

1/4 de tasse (60 mL) de mélasse

2 c. à soupe (30 mL) de beurre fondu

1 c. à thé (5 mL) de gingembre

1/2 c. à thé (2 mL) de muscade

1 c. à thé (5 mL) de cannelle

pâte à tarte de votre choix pour 2 croûtes

Préparation :

• Préchauffer la partie convexion de votre four à micro-ondes à 400°F (200°C), 20 minutes.

• Mélanger tous les ingrédients de la garniture dans un bol. Bien remuer.

• Tapisser de pâte le fond d'une assiette à tarte de 9 pouces (23 cm).

• Remplir du mélange de citrouille ou de courge.

• Recouvrir de pâte et pincer le bord tout autour.

• Faire quelques incisions dans la croûte du dessus avec la pointe d'un couteau.

• Badigeonner la pâte avec un peu de lait ou de crème.

• Mettre sur une grille dans le four préchauffé et faire cuire à 400°F (200°C) 30 à 35 minutes.

• Servir à la température de la pièce.

Les glaces

Crème glacée rapide et crémeuse

Préparation : . . . .**10 min**
Cuisson : . . . .**de 2 à 3 min**
Attente : . . . .**aucune**

• Facile à préparer en un rien de temps avec des ingrédients que l'on a généralement sous la main.

Ingrédients :

15 grosses guimauves

1 c. à soupe (15 mL) de lait

1 tasse (250 mL) de crème sure

1 boîte (425 g) de fraises surgelées

Préparation :

• Mettre les guimauves et le lait dans un plat, cuire aux micro-ondes 2 à 3 minutes à «MEDIUM», remuer. Les guimauves doivent être fondues.

• Ajouter la crème sure et les fraises décongelées, bien mélanger, verser dans un moule, couvrir et mettre au congélateur.

Crème glacée aux fraises

Préparation à l'avance : . . . . **5 h**
Cuisson : . . . . **aucune**
Attente : . . . . **aucune**

Petit conseil : Cette crème glacée est à son meilleur lorsque servie aussitôt prête. Elle peut cependant être mise au congélateur pour quelques heures. Elle peut aussi être conservée, surgelée, une semaine au congélateur.

Ingrédients :

4 tasses (1 L) de fraises fraîches, lavées et équeutées*

3/4 de tasse (190 mL) de sucre à glacer

3/4 de tasse (190 mL) de crème à fouetter

1 c. à soupe (15 mL) de liqueur d'orange (facultatif) *ou* **le zeste râpé d'une orange**

* Des fraises surgelées non sucrées peuvent remplacer les fraises fraîches, en quantité égale.

Préparation :

• Au moins cinq heures avant le service, mettre les fraises sur une plaque à cuisson en une seule couche et congeler jusqu'à ce qu'elles soient fermes.

• Juste au moment de servir, passer les fraises surgelées et le sucre à glacer au robot culinaire ou au mélangeur pour hacher finement.

• Sans arrêter l'appareil, ajouter la crème et la liqueur d'orange ou le zeste d'orange râpé, et continuer d'opérer jusqu'à l'obtention d'un mélange lisse et crémeux, en arrêtant l'appareil quelques fois pour nettoyer le tour du contenant. Servir aussitôt.

• Si la crème glacée a été conservée au congélateur, la passer une minute au robot culinaire ou au mélangeur jusqu'à ce qu'elle soit lisse et crémeuse, au moment de servir.

Petit truc : Pour réchauffer une pâtisserie, placez-la sur une assiette en carton et réchauffez pendant 10 à 40 secondes. La garniture et le glaçage sont alors plus chauds que la pâtisserie.

Glace florentine au café

Préparation : . . . .**15 min**
Cuisson : . . . .**7 min**
Attente : . . . .**de 5 à 10 min**

• À Florence, l'été, cette savoureuse glace fait les délices de tous.

Ingrédients :

4 c. à soupe (60 mL) de café instantané

2 tasses (500 mL) d'eau

1/4 à 1/2 tasse (60 à 125 mL) de sucre

1 c. à thé (5 mL) de vanille

Préparation :

• Mélanger dans un bol le café instantané, l'eau et le sucre, plus ou moins, à votre goût.

• Cuire aux micro-ondes 5 minutes à «HIGH», bien remuer.

• Cuire encore 2 minutes à «HIGH».

• Refroidir et ajouter la vanille.

• Verser le mélange dans le plat à glace ou simplement mettre au congélateur et laisser refroidir, bien remuer, et congeler.

• Pour servir, verser le café surgelé dans un bol, le briser en morceaux, laisser reposer 5 à 10 minutes et battre au batteur électrique jusqu'à ce que le mélange soit tout défait mais encore glacé. Sa consistance doit être celle du sorbet.

• Servir dans des demi-tasses ou des verres avec une petite cuiller à café pour la déguster.

• Au goût, la glace est recouverte de crème fouettée, surcrée ou non.

Granité dans un verre à champagne

Préparation : . . . . **15 min**
Cuisson : . . . . **8 min**
Attente : . . . . **aucune**

Petit conseil : Un granité est une glace à saveur de fruit semblable à un sorbet et très savoureuse. Je vous offre quelques-uns des mélanges que je préfère. Pour un dîner très élégant, servir le granité après l'entrée et avant la pièce de viande. D'une élégance européenne.

Granité à l'orange :

2 tasses (500 mL) d'eau

3/4 de tasse (190 mL) de sucre

1 tasse (250 mL) de jus d'orange frais

le zeste râpé d'une orange

Granité aux fraises :

1 tasse (250 mL) d'eau

1/2 tasse (125 mL) de sucre

2 tasses (500 mL) de fraises en purée

2 c. à soupe (30 mL) de jus de citron frais

Préparation :

- Mesurer l'eau et le sucre tel que requis dans la recette de granité choisie.

- Cuire aux micro-ondes 5 minutes à «HIGH», en remuant après 3 minutes de cuisson.

- Les 5 minutes de cuisson écoulées, bien remuer et cuire 3 minutes de plus à «HIGH».

- Laisser refroidir le sirop.

- Y ajouter le jus de fruit ou la purée de fruits, selon le granité choisi.

- Verser le mélange dans un plat à pouding et placer au congélateur.

- Durant la congélation, remuer à toutes les 30 minutes, en ramenant dans le mélange les particules glacées qui se forment autour du plat.

- Le granité est prêt lorsque la glace a une délicate texture neigeuse. Servir dans des verres ou des assiettes de votre choix.

- Lorsque la glace a été préparée la veille ou tôt dans la journée, la retirer du congélateur environ 30 minutes avant le service.

Ingrédients :

Granité au citron :

2 tasses (500 mL) d'eau

1 tasse (250 mL) de sucre

1 tasse (250 mL) de jus de citron frais

le zeste râpé de deux citrons

Petit truc : Pour faire réchauffer la liqueur utilisée pour flamber un dessert, verser dans un récipient en verre et placer dans le four pendant 30 secondes à «HIGH». Verser sur le dessert et faire flamber.

• Les muffins frais cuits sont très populaires. On les sert au petit déjeuner, pour le goûter à toute heure du jour, réchauffés ou beurrés. Leur grand avantage est la facilité de préparation et de cuisson, et le nombre de variétés est quasi illimité. Peu importe le genre, un ou deux muffins peuvent être réchauffés en six ou neuf secondes à «HIGH».

Points importants à retenir

• Les ingrédients liquides doivent être mesurés dans un bol.

• Les ingrédients secs doivent être mesurés dans un autre bol.

• Les ingrédients LIQUIDES doivent être versés d'un seul coup sur les ingrédients secs.

• Les ingrédients liquides sont alors remués avec les ingrédients secs tout juste pour les humecter; le mélange doit demeurer granuleux.

• Comme il ne faut jamais battre le mélange, le travail doit se faire rapidement. Il faut donc que tout soit prêt, même les moules.

• Il faut beurrer les moules ou les vaporiser de «PAM», ou utiliser des petits moules de papier dans un moule à muffins en matière plastique.

• Les muffins ne dorent pas au four à micro-ondes, bien qu'ils y cuisent parfaitement et très rapidement.

Quelques suggestions pour que les muffins soient dorés

• Avant la cuisson, saupoudrer chaque muffin d'un mélange de cassonade et de 1 c. à thé (5 mL) de cacao,

• ou de sucre à la cannelle ou de grains de chocolat.

• ou mettre sur le dessus un peu de confiture rouge (ce qui les rend très attrayants), de la sauce de canneberges, etc.

• Pour une meilleure présentation des muffins cuits au four à micro-ondes, les faire cuire dans des coupes de papier placées dans un moule à muffins.

• Lorsque dans la recette il y a de la mélasse ou de la cassonade, les muffins vont dorer naturellement.

Recette de base I pour muffins

Préparation : . . . . **8 min**
Cuisson : . . . . **de 2 à 3 min**
Attente : . . . .**aucune**

• J'ai deux recettes de base préférées pour muffins, qui peuvent être variées à l'infini. Mettez-y votre touche personnelle lorsque vous aurez appris à les faire.

Petit truc : Pour faire griller la noix de coco au four à micro-ondes, simplement mettre la quantité requise dans une assiette. Cuire 2 à 3 minutes à « HIGH », en remuant deux fois. Ne pas trop griller, car la noix de coco brunira davantage durant la cuisson des muffins aux micro-ondes.

Ingrédients :

La pâte à 2 oeufs :

2 tasses (500 mL) de farine

2$^{1}/_2$ c. à thé (12 mL) de poudre à pâte

1/2 c. à thé (2 mL) de sel

3 c. à soupe (50 mL) de sucre

2 oeufs

3/4 de tasse (190 mL) de lait froid

1/4 de tasse (60 mL) de margarine ou
de beurre fondu

Préparation :

• Tamiser dans un bol la farine, la poudre à pâte, le sel et le sucre.

• Battre ensemble les oeufs et le lait, verser sur le mélange de farine, remuer juste pour humecter les ingrédients secs.

• Faire fondre le beurre ou la margarine 2 minutes à « HIGH ».

• Verser sur le tout et remuer jusqu'à ce que les ingrédients secs soient bien humectés, mais sans que le mélange soit lisse, c'est-à-dire simplement pour mélanger les deux.

• Verser dans les moules à muffins pour les remplir aux deux tiers.

• Au goût, saupoudrer le dessus légèrement de noix finement hachées ou de cannelle et de sucre mélangés, ou de noix de coco grillée, ou du mélange de 1 cuillerée à thé (5 mL) de cassonade et autant de cacao.

• Pour 6 muffins, cuire aux micro-ondes de 2 à 3 minutes à « HIGH ». L'écart du temps de cuisson dépend du genre de muffins. Servir chauds.

Petit truc : Pour peler les pêches, les passer aux micro-ondes 15 à 20 secondes à « MEDIUM » selon leur grosseur, laisser reposer 10 minutes, et peler.

Recette de base II pour muffins

Préparation : . . . .**8 min**
Cuisson : . . . .**de 2 à 3 min**
Attente : . . . .**aucune**

• Les ingrédients et les quantités sont presque les mêmes que pour la recette I. Cependant, lorsque cuits, les muffins sont différents. Je ne saurais encore dire lesquels je préfère. Je fais donc les deux recettes à tour de rôle.

Ingrédients :

La pâte à un oeuf :

1²/3 de tasse (410 mL) de farine

1/2 tasse (125 mL) de sucre

2 c. à thé (10 mL) de poudre à pâte

1/2 c. à thé (2 mL) de sel

1/4 de c. à thé (1 mL) de muscade ou de cannelle ou de quatre-épices

1/3 de tasse (80 mL) d'huile végétale

3/4 de tasse (190 mL) de lait

1 oeuf

Préparation :

• Mélanger dans un bol la farine, le sucre, la poudre à pâte, le sel, la muscade ou la cannelle ou le quatre-épices. Remuer pour bien mélanger.

• Mélanger l'huile, le lait et l'oeuf.

• Verser sur les ingrédients secs et remuer juste assez pour les humecter.

• Comme garniture, faites votre choix parmi les suggestions données pour des muffins dorés.

• Six muffins cuiront aux micro-ondes en 2 ou 3 minutes à «HIGH».

> **Petit truc :** Les gâteaux sont cuits lorsqu'un cure-dent en ressort sec ou si le gâteau se décolle des parois.

Variantes pour l'une ou l'autre des recettes de base pour muffins

Muffins au fromage :

• Ajouter **1/2 tasse (125 mL) de fromage râpé** de votre choix aux ingrédients secs.

Muffins au bacon :

• Cuire aux micro-ondes **4 à 6 tranches de bacon** sur une feuille d'essuie-tout blanc, 4 minutes à «HIGH».

• Laisser refroidir et émietter.

• Omettre le sucre de la recette de base et ajouter le bacon cuit aux ingrédients secs.

Muffins santé :

• Remplacer 1 tasse (250 mL) de la farine demandée dans la recette par **1 tasse (250 mL) de farine de blé entier ou de graham ou de sarrasin.**

• Utiliser de la cassonade foncée au lieu du sucre en quantité égale à celle de la recette de base.

• Faire cuire comme les muffins simples.

Muffins aux pommes :

• Ajouter **1 tasse (250 mL) de pommes pelées et finement hachées** aux ingrédients secs.

Muffins aux fruits secs :

• Employer la cassonade dans la pâte au lieu du sucre, et ajouter de **1/4 à 1/2 tasse (60 à 125 mL) de raisins de Corinthe ou autres, ou d'abricots séchés mous coupés en dés, ou de pommes déshydratées hachées.**

Muffins à la farine d'avoine :

• Remplacer 1 tasse (250 mL) de la farine par de la **farine d'avoine à cuisson rapide.**

Muffins à la crème sure :

J'aime beaucoup ceux-ci !

• Employer de **1 à 1¹/₄ de tasse (250 à 315 mL) de crème sure** pour remplacer le lait et le beurre fondu.

• Réduire la poudre à pâte à 1/2 c. à thé (2 mL) et ajouter 1/2 c. à thé (2 mL) de soda.

Muffins à la confiture :

• Faire la pâte de votre choix.

• Cuire aux micro-ondes 2 minutes à «HIGH».

• Mettre rapidement **1 c. à thé (5 mL) de la confiture de votre choix et 2 c. à thé (10 mL) de noix finement hachées** (facultatif) sur le dessus de chaque muffin.

• Cuire 30 à 40 secondes à «HIGH».

Muffins au son

Préparation : . . . .**5 min**
Cuisson : . . . .**de 4 à 5 min**
Attente : . . . .**aucune**

Petit conseil : Parfois, j'emploie le son naturel, ou je mélange moitié flocons de son et moitié son naturel. Ces muffins se font sans beurre ; ils sont donc tout indiqués pour le régime sans gras.

Préparation :

- Mélanger dans un bol le son et la cassonade.
- Tamiser ensemble le soda et la farine.
- Ajouter au mélange du son avec le babeurre ou le lait sur. Remuer juste assez pour lier.
- Verser dans les moules à muffins.
- Cuire aux micro-ondes de 4 à 5 minutes à «HIGH».
- Servir chauds.

Ingrédients :

3 tasses (750 mL) de son entier naturel

1/2 tasse (125 mL) de cassonade foncée

1 c. à thé (5 mL) de soda

1¹/₂ tasse (375 mL) de farine

2 tasses (500 mL) de babeurre ou de lait sur

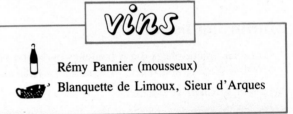

Rémy Pannier (mousseux)

Blanquette de Limoux, Sieur d'Arques

Muffins rapides aux bleuets

Préparation : . . . . **5 min**
Cuisson : . . . . .de **2 à 3¹/₂ min**
Attente : . . . . **aucune**

• Je fais ces muffins tout au long de l'année. En été, j'utilise des bleuets frais ; l'hiver, je les remplace par mes propres bleuets surgelés. C'est à peine si l'on perçoit une différence entre les deux, si vous congelez vous-même vos bleuets.

Ingrédients :

1¹/₂ tasse (375 mL) de farine

1/2 tasse (125 mL) de sucre

2¹/₂ c. à thé (12 mL) de poudre à pâte

1/4 de c. à thé (1 mL) de sel

1 oeuf

3/4 de tasse (190 mL) de lait

1/3 de tasse (80 mL) de beurre fondu

1 tasse (250 mL) de bleuets

le zeste râpé d'un demi-citron

2 c. à soupe (30 mL) de sucre

Préparation :

• Tamiser ensemble la farine, le sucre, la poudre à pâte et le sel.

• Dans un autre bol, battre l'oeuf, ajouter le lait et le beurre fondu.

• Verser sur les ingrédients secs, remuer juste assez pour humecter le tout. Y incorporer les bleuets.

• Verser la pâte à la cuiller dans un moule à muffins pour la cuisson aux micro-ondes, tapissé de petites coupes de papier.

• Mélanger le zeste de citron et le sucre. Saupoudrer légèrement sur chaque muffin.

• Pour un moule à 6 muffins, cuire de 2 à 2¹/₂ minutes à «HIGH». Vérifier la cuisson.

• Si nécessaire, cuire 1 minute de plus à «MEDIUM».

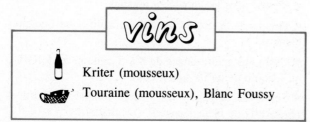

Kriter (mousseux)

Touraine (mousseux), Blanc Foussy

Petit truc : Pour congeler vous-même vos bleuets :

• Les laver et les assécher sur un linge.

• Mettre **1 c. à thé (5 mL) de sucre** dans le fond de chaque contenant ou sac à congélation. (Ne pas congeler plus de 2 tasses (500 mL) de bleuets dans un contenant).

• Mettre les bleuets préparés sur le sucre. Ne pas mélanger. Recouvrir d'un petit morceau de papier ciré froissé. Couvrir le contenant ou fermer le sac. Congeler.

• Lorsque les bleuets sont ainsi préparés, ils sont comme des bleuets frais, après décongélation.

Muffins aux bleuets quatre-saisons

Préparation :	..............**10 min**
Cuisson :	...........**de 4 à 5 min**
Attente :	..................**aucune**

vins

Vin Fou (mousseux), Henri Maire

Clairette de Die, Vins Fins du Diois-Die

Petit conseil : En hiver, je remplace les bleuets frais par des bleuets surgelés, non décongelés, ou par une égale quantité de purée d'ananas bien égouttée.

Ingrédients :

1/4 de tasse (60 mL) de beurre

3 c. à soupe (50 mL) de margarine

2/3 de tasse (160 mL) de sucre

1 oeuf légèrement battu

1 tasse (250 mL) de lait

1½ tasse (375 mL) de bleuets frais

2¼ tasses (560 mL) de farine tout usage

1 c. à thé (5 mL) de sel

4 c. à thé (20 mL) de poudre à pâte

Préparation :

• Mettre en crème le beurre, la margarine et le sucre.

• Au mélange léger et crémeux, ajouter l'oeuf et le lait, battre pour bien mélanger.

• Ajouter les bleuets.

• Tamiser ensemble la farine, le sel et la poudre à pâte.

• Ajouter d'un seul coup au mélange en crème.

• Mélanger JUSTE ASSEZ pour lier et incorporer les bleuets.

• Verser dans les moules à muffins.

• Recouvrir le dessus de chaque muffin de quelques bleuets.

• Cuire aux micro-ondes de 4 à 5 minutes à «HIGH», ou jusqu'à ce qu'ils soient cuits.

• Servir accompagnés de beurre fouetté crémeux et recouverts de bleuets sucrés, (facultatif).

Muffins
aux canneberges

Préparation :	..................10 min
Cuisson :	..............de 3 à 4 min
Attente :	....................aucune

• J'ai pris cette recette dans le «Farm Journal» que je lis régulièrement. Et je les fais toujours. Ils font penser à Noël.

Ingrédients :

1 tasse (250 mL) de canneberges fraîches

1/4 de tasse (60 mL) de sucre

1 1/2 tasse (375 mL) de farine

1/4 de tasse (60 mL) de sucre

2 c. à thé (10 mL) de poudre à pâte

1 c. à thé (5 mL) de sel

1/2 c. à thé (2 mL) de cannelle

1/4 de c. à thé (1 mL) de quatre-épices

1 oeuf battu

le zeste râpé d'une demi-orange

3/4 de tasse (190 mL) de jus d'orange

1/3 de tasse (80 mL) de beurre fondu

1/4 de tasse (60 mL) de noix hachées
de votre choix (facultatif)

Préparation :

• Hacher grossièrement les canneberges crues sur une feuille de papier ciré à l'aide d'un bon couteau.

• Mettre dans un bol et saupoudrer de 1/4 de tasse (60 mL) de sucre. Mettre de côté.

• Mettre dans un bol la farine, l'autre 1/4 de tasse (60 mL) de sucre, la poudre à pâte, le sel, la cannelle et le quatre-épices. Faire un puits au centre des ingrédients secs.

• Mélanger l'oeuf, le zeste et le jus d'orange.

• Faire fondre le beurre 1 minute à «HIGH», l'ajouter au mélange du jus d'orange.

• Verser le tout d'un seul coup sur le mélange de farine. Remuer juste pour mélanger.

• Incorporer les canneberges sucrées.

• Remplir les moules à muffins un peu plus qu'à demi.

• Cuire à «HIGH» de 3 à 4 minutes, ou jusqu'à ce que le dessus soit sec.

Petit truc : Une excellente manière d'apprendre les temps de cuisson, c'est de peser les aliments et de calculer en moyenne 6 à 7 minutes de cuisson par livre.

 Coteaux du Layon, Château Bellevue

Muscat de Beaume de Venise, Caves des Vignerons

Superbes muffins aux fraises ou aux framboises

Préparation :	**7 min**
Cuisson :	**de 2¹/₂ à 3 min**
Attente :	**aucune**

Petit conseil : En été, j'utilise environ 1½ tasse (375 mL) de fraises ou de framboises fraîches, que j'ajoute à la pâte. La durée de cuisson demeure la même.

Ingrédients :

1³/₄ tasse (440 mL) de farine

1/3 de tasse (80 mL) de sucre

2 c. à thé (10 mL) de poudre à pâte

1/2 c. à thé (2 mL) de sel

1/3 de tasse (80 mL) d'huile végétale

1 oeuf

1 boîte (425 mL) de fraises ou de framboises surgelées, décongelées

Préparation :

• Bien huiler le moule à muffins ou utiliser des petites coupes de papier.

• Mettre dans un bol la farine, le sucre, la poudre à pâte et le sel.

• Mélanger dans un autre bol l'huile, l'oeuf et 1 tasse (250 mL) des fraises ou framboises et leur jus. Ajouter aux ingrédients secs et remuer juste pour humecter le tout.

• Remplir les moules à muffins de moitié avec la pâte.

• Cuire à «HIGH» 2½ à 3 minutes ou jusqu'à cuisson complète.

• Servir accompagnés du beurre aux fraises ou aux framboises.

Beurre aux fraises ou aux framboises :

• Mélanger **1/2 tasse (125 mL) de beurre mou et de margarine et le reste des fraises ou de framboises et leur jus.**

• Réfrigérer et beurrer le dessus des muffins de ce beurre au moment de les servir.

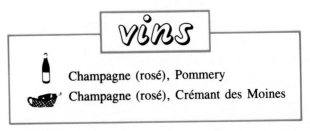

Champagne (rosé), Pommery

Champagne (rosé), Crémant des Moines

Muffins renversés

cuisson par convexion ou aux micro-ondes

Préparation :	**30 min**
Cuisson : micro-ondes :	de **2¹/₂ à 3 min**
convexion :	**20 min**
Attente :	**aucune**

Petit conseil : Ces délicieux muffins inusités doivent être cuits dans un moule à muffins pour cuisson aux micro-ondes sans perforation dessous. Ce sont des muffins renversés. Ils sont aussi excellents cuits dans la partie convexion du four à micro-ondes, ce qui permet l'utilisation de moules à muffins en métal.

 Gewurztraminer, Muré
 Gewurztraminer, Vendages tardives, Muré

Ingrédients :

2 c. à soupe (30 mL) de beure

1/2 tasse (125 mL) de sirop d'érable

1/4 de tasse (60 mL) de noix de Grenoble grossièrement hachées

2 tasses (500 mL) de farine

3 c. à thé (15 mL) de poudre à pâte

1 c. à thé (5 mL) de cannelle ou de quatre-épices

1/2 c. à thé (2 mL) de sel

3 c. à soupe (50 mL) de sirop d'érable

1 tasse (250 mL) de lait

1/4 de tasse (60 mL) d'huile végétale

1 oeuf

Préparation :

• Mettre le beurre et la demi-tasse (125 mL) de sirop d'érable dans une tasse à mesurer.

• Cuire aux micro-ondes 3 minutes à «HIGH».

• En mettre 1 c. à thé (5 mL) au fond de chaque coupe.

• Saupoudrer 1 c. à thé (5 mL) de noix hachées sur le sirop.

• Tamiser ensemble dans un grand bol la farine, la poudre à pâte, la cannelle ou le quatre-épices et le sel.

• Mélanger les 3 c. à soupe (50 mL) de sirop d'érable, le lait, l'huile et l'oeuf. Verser sur les ingrédients secs d'un seul coup et remuer juste pour humecter le tout.

• Remplir chaque coupe aux deux tiers sur le sirop.

Par convexion :

• Préchauffer la partie convexion du four à micro-ondes 5 minutes à 425°F (225°C).

• Mettre le moule à muffins sur une grille et faire cuire 20 minutes, ou jusqu'à ce que les muffins soient dorés.

Aux micro-ondes :

• Cuire aux micro-ondes à «HIGH» de 2¹/₂ à 3 minutes, pour 6 muffins.

• Aussitôt cuits, d'une façon ou de l'autre, démouler les muffins sur une feuille de papier ciré, car autrement le sirop durcira.

891

Les biscuits

Conseils pour les biscuits

Quels que soient les biscuits que vous désirez faire, prenez le temps de lire ce qui suit pour bien réussir.

1. Les biscuits peuvent être cuits aux micro-ondes ou dans la partie convexion du four.

2. Il faut lire la recette, puis placer à portée de la main les ustensiles et les ingrédients requis.

3. Vous assurer que tous les ingrédients sont à la température de la pièce.

4. Lorsque les biscuits doivent être cuits par convexion, préchauffer la partie convexion de votre four à micro-ondes 15 minutes au degré que demande la recette.

5. Biscuits roulés

• Si la pâte à biscuits doit être abaissée, il faut utiliser le moins de farine possible sur la table ou la planche, et toute farine qui reste sur les biscuits taillés doit être enlevée à l'aide d'un pinceau, avant de les placer sur la plaque de cuisson.

• Cette pâte est plus facile à abaisser lorsqu'elle a été refroidie.

6. Biscuits sur plaque

• Ils se préparent facilement et rapidement, mais pour leur donner une texture et une saveur parfaites il est bon de placer la pâte au réfrigérateur au moins une heure avant de l'abaisser.

7. Pour la cuisson de tout genre de biscuits

• Il faut accorder une attention particulière au temps de cuisson, qui peut varier d'une minute plus ou moins, selon la température de départ des ingrédients, soit tiède, ou froide, ou ambiante, ou encore selon que la farine à pâtisserie ou tout usage a été utilisée, etc.

8. Pour conserver les biscuits croustillants

• Les garder dans un contenant avec couvercle non hermétique.

• Mettre une feuille de papier ciré entre les rangs de biscuits.

• Les conserver autant que possible dans un endroit frais.

9. Pour conserver les biscuits mous

• Pour que les biscuits demeurent mous, les mettre dans un contenant avec couvercle hermétique, en plaçant une feuille de papier ciré entre les rangs de biscuits.

• Mettre sur la feuille de papier ciré supérieure trois à quatre tranches de pomme non pelée. Renouveler les tranches de pomme pour qu'elles demeurent toujours fraîches.

• Voici quelques-unes de mes recettes de biscuits préférées, faciles à faire.

Carrés à la cassonade

Préparation : . . . . .7 min
Cuisson : .4 min
Attente : .aucune

Petit truc : Si votre cassonade a durci, y ajouter quelques gouttes d'eau (environ 1/4 de c. à thé (1 mL), quelle qu'en soit la quantité), cuire aux micro-ondes de 10 à 15 secondes à «HIGH». La cassonade sera alors facile à mesurer. Répéter l'opération si elle durcit de nouveau.

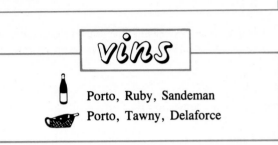

vins

Porto, Ruby, Sandeman
Porto, Tawny, Delaforce

Ingrédients :

1/2 tasse (125 mL) de beurre

1/2 tasse (125 mL) de cassonade foncée

1¼ tasse (310 mL) de farine

1/4 de c. à thé (1 mL) de sel

1/2 tasse (125 mL) de grains de chocolat

1/4 de tasse (60 mL) de noix hachées de votre choix

Préparation :

• Mettre le beurre en crème avec la cassonade.

• Ajouter la farine et le sel. Remuer pour bien mélanger.

• Étendre également dans un plat de 8 sur 8 pouces (20 sur 20 cm).

• Cuire aux micro-ondes à «HIGH» 3 minutes.

• Faire fondre les grains de chocolat dans une tasse, 30 à 40 secondes à «HIGH».

• Étendre le chocolat fondu sur les biscuits cuits.

• Saupoudrer des noix finement hachées.

• Laisser refroidir. Couper en carrés.

Biscuits épicés éclair

Préparation à l'avance : . . . . . de 1 à 2 h
Cuisson : . . . . 6 min
Attente : . . . . aucune

Petit conseil : Lorsque vous disposez de peu de temps, essayez ces biscuits. Il n'y a qu'à les mélanger, les laisser tomber sur un papier ciré, les faire refroidir et ils sont prêts !

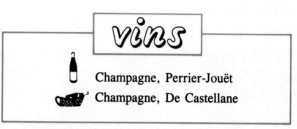

Champagne, Perrier-Jouët
Champagne, De Castellane

Ingrédients :

1/2 tasse (125 mL) de beurre ou
   de margarine

1/2 tasse (125 mL) de lait

2 tasses (500 mL) de sucre

1/4 de tasse (60 mL) de cacao non sucré

1/4 de c. à thé (1 mL) de sel

1 c. à thé (5 mL) d'essence d'amande ou
   de vanille

1/2 tasse (125 mL) de beurre d'arachide

3 tasses (750 mL) de farine d'avoine
   à cuisson rapide

Préparation :

- Mettre le beurre et le lait dans un bol.
- Cuire aux micro-ondes 1 minute à «HIGH».
- Remuer et ajouter le sucre, le cacao et le sel.
- Cuire 4 minutes à «HIGH».
- Bien remuer, cuire 1 minute de plus à «HIGH».
- Ajouter l'essence d'amande ou de vanille et le beurre d'arachide. Remuer pour bien mélanger.
- Ajouter la farine d'avoine. Bien remuer et laisser tomber à la cuiller sur une feuille de papier ciré ou sur une plaque à biscuits.
- Réfrigérer 1 à 2 heures.

Biscuits croquants

Préparation : . . . . .15 min
Cuisson : . . . . .de 4 à 5 min
Attente : .aucune

• Cette recette donne de 4 à 5 douzaines de biscuits santé, très faciles à faire.

Ingrédients :

3/4 de tasse (190 mL) de beurre ou
  de margarine

3/4 de tasse (190 mL) de sucre

1 oeuf

1 c. à thé (5 mL) d'essence d'amande

1 1/2 tasse (375 mL) de farine

1/2 c. à thé (2 mL) de poudre à pâte

1/4 de c. à thé (1 mL) de sel

1/2 tasse (125 mL) de farine d'avoine

1/2 tasse (125 mL) de céréale «Grape-Nut»

Préparation :

• Mettre le beurre ou la margarine en crème.

• Ajouter le sucre graduellement.

• Lorsque le tout est bien mélangé, ajouter l'oeuf et l'essence d'amande. Bien mélanger.

• Tamiser ensemble la farine, la poudre à pâte et le sel. Ajouter au premier mélange.

• Mélanger et ajouter la farine d'avoine et la céréale.

• Bien mélanger. Former en petites boules. Les disposer sur une feuille de papier ciré placée sur un carton rigide.

• Aplatir les biscuits en pressant sur chacun avec le fond d'un verre enfariné.

• Ne pas les mettre trop près les uns des autres, car ils ont tendance à s'étendre à la cuisson.

• Cuire de 4 à 5 minutes à «MEDIUM-HIGH».

• Vérifier la cuisson, retirer les biscuits du papier en les faisant glisser sur une assiette.

• Répéter pour faire cuire tous les biscuits.

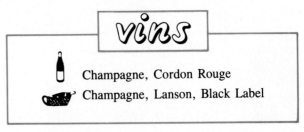

vins

Champagne, Cordon Rouge
Champagne, Lanson, Black Label

Friandises aux raisins de Corinthe

cuisson par convexion ou aux micro-ondes

Préparation : . . . . 10 min

Cuisson : micro-ondes : . . . . de 3 à 4 min

convexion : . . . . de 12 à 14 min

Attente : . . . . aucune

• Des biscuits délicats pour l'heure du thé. Lorsque cuits dans la partie convexion du four à micro-ondes, ils seront plus dorés. Quand le temps me manque, je les fais cuire aux micro-ondes.

Ingrédients :

1/2 tasse (125 mL) de beurre

1/2 tasse (125 mL) de sucre

3 oeufs

le zeste râpé d'une demi-orange

2 tasses (500 mL) de farine

1/3 de tasse (80 mL) de raisins de Corinthe

Préparation :

• Battre le beurre en crème jusqu'à ce qu'il soit très mou, y ajouter le sucre et battre de nouveau.

• Ajouter les oeufs et battre le tout 1 ou 2 minutes avec un batteur à oeufs.

• Ajouter le zeste d'orange, y incorporer la farine et les raisins de Corinthe. Battre pour bien mélanger le tout.

• Laisser tomber les biscuits à la cuiller sur la plaque préparée.*

• Cuire aux micro-ondes de 3 à 4 minutes à «MEDIUM-HIGH». Ne pas faire trop cuire, car ils durciront en refroidissant.

Un carton rigide recouvert d'une feuille de papier ciré est tout ce qu'il faut pour faire cuire les biscuits aux micro-ondes.

Par convexion :

• Préchauffer la partie convexion du four à micro-ondes 5 minutes à 350°F (180°C).

• Disposer les biscuits sur une plaque à biscuits qui ira dans le four.

• Faire cuire de 12 à 14 minutes.

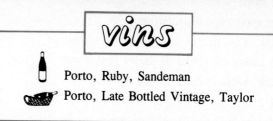

Porto, Ruby, Sandeman

Porto, Late Bottled Vintage, Taylor

Petit truc : Pour ramollir les raisins secs, lorsque votre recette le demande, verser un peu d'eau sur les raisins, chauffer à découvert 3 minutes à «MEDIUM». Laisser reposer 2 minutes et égoutter avant d'utiliser.

Biscuits aux noix et au citron

cuisson par convexion

Préparation à l'avance : . . . . **de 6 à 24 h**
Cuisson : . . . . **10 min**
Attente : . . . . **aucune**

• Un biscuit élégant pour l'heure du thé.

Ingrédients :

3/4 de tasse (190 mL) de beurre

1 tasse (250 mL) de sucre

1 oeuf

le zeste râpé d'un citron

1 c. à soupe (15 mL) de jus de citron

2 tasses (500 mL) de farine tout usage

1 c. à thé (5 mL) de poudre à pâte

1/2 c. à thé (2 mL) de sel

1/4 de c. à thé (1 mL) de macis ou de muscade

3/4 de tasse (190 mL) de noix hachées, pacanes ou de Grenoble

Préparation :

• Mettre le beurre en crème avec le sucre, ajouter l'oeuf, le jus et le zeste de citron.

• Mélanger les ingrédients secs et les ajouter au mélange en crème. Bien mélanger.

• Y ajouter les noix et remuer.

• Former la pâte en rouleaux.

• Envelopper de papier ciré et mettre au congélateur de 6 à 24 heures.

• Trancher mince et mettre sur une plaque à biscuits non graissée.

• Préchauffer la partie convexion du four à micro-ondes à 375°F (190°C) 15 minutes.

• Faire cuire 10 minutes ou jusqu'à l'obtention d'un beau doré.

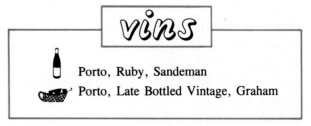

vins

Porto, Ruby, Sandeman
Porto, Late Bottled Vintage, Graham

Carrés à la confiture

Préparation : . . . . .20 min
Cuisson : . . . . .de 7 à 8 min
Attente : .10 min

Petit conseil : Si vous avez des petits restes de confiture, voici l'occasion de les utiliser ; il ne vous en faut qu'une demi-tasse (125 mL). Il m'arrive de mélanger confiture, marmelade et gelée, ou bien je n'utilise qu'une seule sorte. Peu importe le choix, les carrés sont toujours excellents.

vins

Champagne (rosé), Pommery
Champagne (rosé), Lanson

Ingrédients :

1/4 de tasse (60 mL) de margarine

1/4 de tasse (60 mL) de sucre

1 oeuf

1/2 tasse (125 mL) de farine

le zeste râpé d'un demi-citron

1/4 de tasse (60 mL) de noix hachées de votre choix

1/4 de c. à thé (1 mL) de cannelle

une bonne pincée de sel

1/2 tasse (125 mL) de confiture de fraises ou de framboises

Garniture :

1/2 tasse (125 mL) de farine

1/4 de tasse (60 mL) de cassonade

3 c. à soupe (50 mL) de beurre ou de margarine

Préparation :

• Battre en crème la margarine et le sucre.

• Ajouter l'oeuf, la farine, le zeste de citron, les noix hachées, la cannelle et le sel. Mélanger le tout.

• Verser dans un plat de cuisson de 8 sur 8 pouces (20 sur 20 cm).

• Cuire aux micro-ondes de 4 à 5 minutes à «HIGH», ou jusqu'à ce que le milieu soit assez ferme.

• Laisser reposer 10 minutes.

• Étendre la confiture sur le gâteau cuit.

• Mélanger les ingrédients de la garniture jusqu'à l'obtention d'un mélange granuleux. Saupoudrer également sur la confiture.

• Cuire aux micro-ondes 3 minutes à «HIGH».

• Laisser refroidir sur une grille. Découper en carrés. Régalez-vous !

Délices pour les jeunes

• Une recette excellente pour eux, car elle contient des carottes râpées. Rapide et facile à préparer.

Préparation :	. . . . .15 min
Cuisson :	. . . . .de 8 à 9 min
Attente :	. . . . .15 min

Ingrédients :

1/2 tasse (125 mL) de margarine

1 tasse (250 mL) de cassonade foncée bien tassée

2 oeufs

1 tasse (250 mL) de farine

1 c. à thé (5 mL) de poudre à pâte

1 c. à thé (5 mL) de cannelle

1/4 de c. à thé (1 mL) de sel

1½ tasse (375 mL) de carottes pelées et râpées

Préparation :

• Mettre la margarine dans un bol. Faire fondre 2 minutes à «HIGH».

• Ajouter la cassonade et les oeufs, remuer pour bien mélanger.

• Mélanger la farine, la poudre à pâte, la cannelle et le sel.

• Ajouter au mélange en crème, remuer pour bien mélanger.

• Ajouter les carottes râpées. Remuer pour bien mélanger la pâte.

• Graisser un plat carré de 8 sur 8 pouces (20 sur 20 cm). Y verser le mélange préparé.

• Cuire aux micro-ondes 8 minutes à «MEDIUM-HIGH».

• Vérifier la cuisson avec la pointe d'un couteau. Si nécessaire, cuire 1 minute de plus.

• Laisser reposer 15 minutes sur le comptoir de la cuisine.

• Pour servir, couper en carrés.

• Recouverts de papier d'aluminium, ils se conserveront frais de 4 à 6 jours.

Petit truc : Ne pas saler les aliments avant de les faire cuire aux micro-ondes ; le sel a tendance à déshydrater les aliments en plus de causer une distorsion des micro-ondes.

«Brownies» au chocolat

Préparation : . . . . **10 min**
Cuisson : . . . . **7 min**
Attente : . . . . **aucune**

Petit conseil : Je recouvre parfois ces «brownies» d'une mince couche de pâte d'amande. Ils sont succulents. Mais la pâte d'amande n'est pas toujours disponible, et elle est plutôt coûteuse ; de toute façon, les biscuits sont très bons, même sans elle.

Ingrédients :

1/3 de tasse (80 mL) de graisse végétale

2 onces (56 g) de chocolat non sucré

1 tasse (250 mL) de sucre

3/4 de tasse (190 mL) de farine

1/2 c. à thé (2 mL) de poudre à pâte

1/2 c. à thé (2 mL) de sel

2 oeufs

1/3 de tasse (80 mL) d'amandes tranchées mince

Préparation :

• Mettre la graisse végétale et le chocolat dans un plat de pyrex ou de céramique (Corning) de 8 sur 8 pouces (20 sur 20 cm).

• Cuire aux micro-ondes 3 minutes à «MEDIUM-HIGH», ou jusqu'à ce que le chocolat soit fondu.

• Ajouter le reste des ingrédients, bien remuer.

• Étendre la pâte également dans le plat de cuisson.

• Cuire 4 minutes à «MEDIUM». Vérifier la cuisson avec un cure-dent.

• Si nécessaire, cuire une minute de plus à «MEDIUM-HIGH».

• Laisser refroidir et couper en carrés.

Petits fours aux carottes et à l'ananas

Préparation :	. . . . .10 min
Cuisson :	. . . . .3 min
Attente :	. . . . .2 min

Petit conseil : Je fais ces petits fours dans des coupes de papier que je place dans un moule à muffins pour cuisson aux micro-ondes. Au goût, je les glace ou je les saupoudre simplement de sucre en poudre. Ils peuvent également être cuits dans de petites coupes en pyrex.

 Sauternes, Château Suduiraut
Sauternes, Château d'Arche

Ingrédients :

1¹/₃ de tasse (330 mL) de farine

1 tasse (250 mL) de sucre

1 c. à thé (5 mL) de cannelle

3/4 de c. à thé (3 mL) de soda

1/2 c. à thé (2 mL) de sel

1/4 de c. à thé (1 mL) de muscade

1 tasse (250 mL) de carottes finement râpées

1/2 tasse (125 mL) d'huile végétale

1/2 tasse (125 mL) d'ananas râpé, bien égoutté

2 oeufs

1/4 de tasse (60 mL) de noix hachées (facultatif)

Préparation :

• Mélanger la farine, le sucre, la cannelle, le soda, le sel et la muscade.

• Ajouter le reste des ingrédients. Bien mélanger le tout.

• Verser la pâte, soit dans des petites coupes de papier et mettre dans un moule à muffins ou dans des petites coupes en pyrex placées en cercle dans le four à micro-ondes.

• Cuire 2 minutes à «HIGH».

• Si votre four n'a pas de plateau rotatif, donner un demi-tour au moule ou aux coupes. Cuire 1 minute à «HIGH».

• Il arrive parfois que le dessus d'un ou deux des petits fours semble mou. Ne pas remettre au four à micro-ondes, la cuisson se poursuivra durant la période de repos.

• Laisser reposer 2 minutes sur le comptoir de la cuisine, démouler ensuite sur une grille à gâteau.

• Recouvrir d'une glace de votre choix ou saupoudrer de sucre en poudre.

Carrés au chocolat suisse

Préparation à l'avance :	. . . . .1 h
Cuisson :	. . . . .de 8 à 9 min
Attente :	. . . . .aucune

• La Suisse et le chocolat semblent inséparables, et ce chocolat est si bon! Faites ces carrés, ils vous plairont. Ils ont aussi l'avantage de bien se conserver... si vous prenez soin de les cacher.

Ingrédients :

1/2 tasse (125 mL) de beurre

3 c. à soupe (50 mL) de cacao pur

1 tasse (250 mL) de sucre

2 gros oeufs

1 c. à thé (5 mL) de vanille

3/4 de tasse (190 mL) de farine

1 c. à thé (5 mL) de poudre à pâte

1 tasse (250 mL) d'amandes en filets ou
de noix de Grenoble hachées

1 tablette de chocolat suisse de votre choix
(une tablette d'environ 3$^{1}/_{2}$ onces ou 100 g)

Préparation :

• Graisser un plat de cuisson en pyrex ou Corning de 8 sur 8 pouces (20 sur 20 cm).

• Mettre le beurre dans un bol, le faire fondre aux micro-ondes 1 minute à «HIGH».

• Au beurre fondu, ajouter le cacao, le sucre, les oeufs et la vanille. Remuer pour bien mélanger.

• Mélanger la farine et la poudre à pâte. Ajouter au premier mélange.

• Ajouter les noix de votre choix. Remuer pour bien mélanger le tout.

• Verser la pâte dans le plat préparé. L'étendre également avec un couteau.

• Cuire aux micro-ondes 8 à 9 minutes à «MEDIUM-HIGH». Vérifier la cuisson avec la pointe d'un couteau.

• Prolonger la cuisson de 30 à 40 secondes, si nécessaire.

• Briser le chocolat en morceaux et distribuer également sur les carrés cuits.

• Couvrir le plat et laisser reposer sur le comptoir de la cuisine de 8 à 12 minutes, étendre le chocolat fondu sur le dessus.

• Laisser refroidir environ une heure avant de couper en carrés.

Les sauces

Sauce anglaise légère

Préparation : . . . . **10 min**
Cuisson : . . . . **de 5 à 7 min**
Attente : . . . .**aucune**

Petit conseil : La servir sur des fruits frais pour remplacer la crème, ou sur un morceau de gâteau ou de pouding aux fruits.

Ingrédients :

2 tasses (500 mL) de lait

1/3 de tasse (80 mL) de sucre

1 c. à soupe (15 mL) de fécule de maïs

1/4 de c. à thé (1 mL) de sel

3 oeufs

1 c. à thé (5 mL) d'essence de vanille ou d'amande

Préparation :

- Mesurer le lait dans une mesure de 4 tasses (1 L).

- Ajouter le sucre, la fécule de maïs, le sel et les oeufs. Battre au batteur pour obtenir un mélange lisse.

- Cuire aux micro-ondes à «MEDIUM-HIGH» 4 à 5 minutes, ou jusqu'à ce que le mélange commence à bouillonner, en remuant deux fois après les deux premières minutes de cuisson.

- Cuire encore 1 minute ou 2 à «MEDIUM», si nécessaire.

- Ajouter l'essence de vanille ou d'amande en remuant.

- Battre au batteur jusqu'à ce que le mélange soit lisse.

- Servir tiède ou froide.

Sauce au butterscotch

Préparation : . . . .**10 min**
Cuisson : . . . .**de 5 à 7 min**
Attente : . . . .**aucune**

• Une sauce ancienne qui n'a jamais perdu sa saveur et sa finesse.

Petit conseil : Cette sauce se conserve au réfrigérateur de douze à quinze jours. Il est facile d'en réchauffer la quantité désirée, 1 à 2 minutes à «HIGH», selon les besoins.

Ingrédients :

3 c. à soupe (50 mL) de farine tout usage

1/2 tasse (125 mL) de cassonade foncée ou pâle

une pincée de sel

1 tasse (250 mL) d'eau froide ou de crème légère

2 ou 3 c. à soupe (30 ou 50 mL) de beurre

1 c. à thé (5 mL) d'essence de vanille

1/4 de c. à thé (1 mL) d'essence d'amande

Préparation :

• Mettre dans un bol la farine, la cassonade et le sel.

• Bien mélanger et ajouter l'eau ou la crème. Bien mélanger.

• Cuire aux micro-ondes 3 minutes à «HIGH».

• Bien brasser et cuire encore 2 minutes à «HIGH». Brasser.

• Si la sauce est lisse et crémeuse, elle est cuite ; il arrive parfois si les ingrédients sont très froids que la cuisson doit être prolongée de 2 minutes à «MEDIUM», pour finir la sauce.

• Ajouter le beurre, les essences de vanille et d'amande et brasser jusqu'à ce que le beurre fonde.

• Servir chaude ou à la température de la pièce.

Sauce aux grains de chocolat

Préparation :	.... **5 min**
Cuisson :	.... **de 3 à 4 min**
Attente :	.... **aucune**

Petit conseil : Cette sauce est aromatisée à la cannelle, mais une égale quantité de muscade, ou de cardamome moulue, ou de quatre-épices peut lui être ajoutée pour en varier la saveur, sans altérer la qualité. La servir chaude sur de la crème glacée.

Ingrédients :

un paquet de 6 oz (175 g) de grains de chocolat*

3 c. à soupe (50 mL) d'eau et autant de lait

1 c. à thé (5 mL) d'essence de vanille

1/2 c. à thé (2 mL) de cannelle ou de quatre-épices

* Utiliser des grains de chocolat amer ou de chocolat au lait.

Préparation :

• Mettre dans un bol les grains de chocolat, l'eau et le lait.

• Cuire 3 minutes à «MEDIUM», bien remuer.

• Si le chocolat n'est pas tout à fait fondu, le passer 1 minute de plus aux micro-ondes.

• Ajouter la vanille et la cannelle ou le quatre-épices. Remuer pour bien mélanger.

Sauce au chocolat et au rhum

Préparation :	.... **10 min**
Cuisson :	.... **de 6 à 7 min**
Attente :	.... **aucune**

Petit conseil : Elle peut être préparée quelques jours à l'avance. La verser dans un bocal ou dans un bol en verre. Au moment de servir, la réchauffer aux micro-ondes, à découvert, 3 minutes à «HIGH».

Ingrédients :

2 carrés de 1 oz (28 g) chacun de chocolat non sucré

1/2 tasse (125 mL) d'eau

3/4 de tasse (190 mL) de sucre

4 c. à soupe (60 mL) de beurre

1/4 de c. à thé (1 mL) de sel

2 c. à soupe (30 mL) de rhum *ou*
   1 c. à thé (5 mL) de vanille

Préparation :

• Mettre le chocolat et l'eau dans une tasse ou un bol de 4 tasses (1 L).

• Cuire aux micro-ondes, à découvert, 3 minutes à «HIGH».

• Si le chocolat n'est pas tout fondu, cuire 1 minute de plus.

• Ajouter le sucre, remuer pour bien mélanger au chocolat. Cuire 2 à 3 minutes à «MEDIUM».

• Ajouter le beurre, le sel, le rhum ou la vanille. Remuer et utiliser.

Sauce chaude au chocolat

Préparation :	**5 min**
Cuisson :	**de 3 à 5 min**
Attente :	**aucune**

Petit conseil : Le cacao hollandais est le meilleur, mais de nos jours le cacao coûte cher ; alors à vous de choisir, mais ne pas utiliser le cacao sucré pour cette sauce formidable.

Ingrédients :

1/2 tasse (125 mL) de cacao pur non sucré

1/2 tasse (125 mL) de sucre

1/4 de c. à thé (1 mL) de sel

1 c. à soupe (15 mL) de fécule de maïs

1/4 de tasse (60 mL) de sirop de maïs

1/4 de tasse (60 mL) de crème riche ou légère

1/4 de c. à thé (1 mL) de vanille

1/4 de c. à thé (1 mL) d'essence d'amande

Préparation :

• Mélanger le cacao, le sucre, le sel et la fécule de maïs dans un bol.

• Ajouter en remuant le sirop de maïs et la crème.

• Cuire aux micro-ondes 3 à 5 minutes* à «MEDIUM-HIGH», en remuant deux fois. La sauce devient crémeuse et brillante.

• Ajouter la vanille et l'essence d'amande à la sauce tiède. Remuer.

• Servir ou laisser refroidir.**

• Si la sauce a été réfrigérée et est trop épaisse, la laisser reposer 2 heures à la température de la pièce ou la réchauffer 30 à 40 secondes à «MEDIUM».

* Il est difficile de déterminer le temps avec précision, car tout dépend de la température des ingrédients utilisés.
** La sauce épaissit passablement en refroidissant.

Sauce chaude de choix au chocolat

Préparation :	**5 min**
Cuisson :	**8 min**
Attente :	**aucune**

Petit conseil : Une superbe sauce au chocolat, qui n'est pas économique. Je l'ai adaptée à la cuisson au four à micro-ondes il y a neuf ans. C'est bien l'une des meilleures sauces, mais elle est encore supérieure cuite aux micro-ondes. La servir chaude ou tiède.

Ingrédients :

1/2 tasse (125 mL) de crème riche

3 c. à soupe (50 mL) de beurre (doux, si possible)

1/3 de tasse (80 mL) de sucre

1/3 de tasse (80 mL) de cassonade

1/2 tasse (125 mL) de cacao

Préparation :

• Mettre la crème et le beurre dans un bol, cuire aux micro-ondes 4 minutes à «MEDIUM-HIGH».

• Ajouter le reste des ingrédients en remuant et bien mélanger le tout.

• Cuire 4 minutes à «MEDIUM-HIGH», en remuant après 2 minutes de cuisson.

• Servir chaude ou à la température de la pièce.

• Elle peut être conservée 3 à 4 semaines, bien couverte, au réfrigérateur.

• La réchauffer au moment de l'utiliser, 1 minute à «MEDIUM».

Sauce Melba

Préparation : . . . . **10 min**
Cuisson : . . . . **10 min**
Attente : . . . . **aucune**

Petit conseil : Une des plus savoureuses sauces à dessert. Elle se conserve deux semaines, couverte, au réfrigérateur.

Ingrédients :

Une boîte de framboises surgelées de 10 oz (300 g)*

1/2 tasse (125 mL) de sucre

1 c. à soupe (15 mL) de fécule de maïs

1/2 tasse (125 mL) de gelée de cassis ou de pommes

1 c. à thé (5 mL) de jus de citron

1 c. à soupe (15 mL) de cognac

* 2 à 3 tasses (500 à 750 mL) de framboises fraîches peuvent remplacer les framboises surgelées. La durée de cuisson est la même.

Préparation :

- Développer les framboises surgelées, les mettre dans un plat de 4 tasses (1 L).

- Cuire aux micro-ondes, à découvert, 4 minutes à «HIGH».

- Remuer les framboises et les défaire, les retourner et cuire 2 minutes de plus à «HIGH».

- Mélanger le sucre et la fécule de maïs. Ajouter aux framboises en remuant, de même que la gelée de cassis ou de pommes, le jus de citron et le cognac.

- Cuire 4 minutes à «HIGH», en remuant deux fois.

- Verser le mélange crémeux dans une passoire et bien tamiser pour enlever les graines, verser dans un joli plat de service.

- Servir la sauce chaude ou froide.

- La réchauffer 1 minute à «HIGH» pour la servir chaude.

Sauce aux guimauves

Préparation :	**10 min**
Cuisson :	**4 min**
Attente :	**aucune**

Petit conseil : Une sauce légère à parfumer à son goût. Elle est excellente servie sur crème glacée, gâteau éponge ou pouding crémeux.

Ingrédients :

1/4 de tasse (60 mL) d'eau ou de jus de canneberge

1/2 tasse (125 mL) de sucre

1/2 tasse (125 mL) de guimauves miniatures

1 blanc d'oeuf

**1/2 c. à thé (2 mL) d'essence de vanille ou
   1/4 de c. à thé (1 mL) d'essence d'amande**

Préparation :

• Mettre dans un bol l'eau ou le jus de canneberge et le sucre.

• Cuire aux micro-ondes 2 minutes à «HIGH».

• Remuer pour dissoudre le sucre complètement, et cuire 2 minutes à «HIGH». Le mélange aura la consistance d'un sirop léger.

• Ajouter les guimauves et remuer jusqu'à ce qu'elles soient fondues. Laisser refroidir.

• Battre le blanc d'oeuf jusqu'à ce qu'il soit mousseux. L'ajouter graduellement au mélange refroidi, en remuant sans cesse.

• Parfumer de l'essence de votre choix.

• Cette sauce se conserve 4 à 6 jours au réfrigérateur.

• Si elle se sépare durant l'attente, simplement la remuer avant de servir. Elle redeviendra crémeuse.

Petit truc : Mousse dorée : ramollir les abricots séchés dans du jus d'orange. Passer dans le robot culinaire ou le mélangeur électrique pour en faire une purée. Y incorporer 2 blancs d'oeufs battus.

Sauce à l'érable aux pacanes

Préparation :	**5 min**
Cuisson :	**3 min**
Attente :	**aucune**

Petit conseil : Une sauce superbe pour accompagner la crème glacée tout au long de l'année, sur le pouding au pain en hiver, et l'été sur des fraises fraîches.

Ingrédients :

2 c. à soupe (30 mL) de beurre

1/4 de tasse (60 mL) d'eau

3 c. à soupe (50 mL) de sirop d'érable

3/4 de tasse (190 mL) de cassonade

1/4 de tasse (60 mL) de crème

1/4 de tasse (60 mL) de pacanes ou noix de Grenoble

Préparation :

• Faire fondre le beurre 2 minutes à «HIGH», y ajouter l'eau, le sirop d'érable et la cassonade. Bien remuer.

• Cuire aux micro-ondes 3 minutes à «HIGH».

• Ajouter lentement, en battant, la crème et les noix.

• Lorsque je sers cette sauce sur des fraises fraîches, j'omets les noix, mais je l'accompagne d'un pot de crème sur la table pour que chacun se serve à son gré.

• La sauce remplace le sucre sur les fraises.

Sauce à l'orange

Préparation : . . . . .5 min
Cuisson : . . . . .2 min
Attente : . . . . .aucune

Petit conseil : L'eau de rose est plus exotique que le rhum, mais elle est aussi moins facile à trouver. Personnellement, je ne saurais m'en passer. Si vous préférez omettre le rhum ou l'eau de rose, simplement l'enlever de la recette, car le zeste et le jus des oranges et les clous de girofle entiers aromatisent très bien la sauce.

Ingrédients :

1 c. à soupe (15 mL) de beurre

1 c. à soupe (15 mL) de farine

3 clous de girofle entiers

zeste râpé et jus de deux oranges

2 c. à soupe (30 mL) de rhum *ou*
  1 c. à thé (5 mL) d'eau de rose

Préparation :

• Faire fondre le beurre 1 minute à «HIGH».

• Ajouter la farine et remuer.

• Ajouter le reste des ingrédients, remuer et cuire aux micro-ondes 2 minutes à «HIGH».

• Verser chaude sur des oranges pelées et tranchées mince.

• Mettre au réfrigérateur.

Sauce au citron

Préparation : . . . . .8 min
Cuisson : . . . . .de 4 à 5 min
Attente : . . . . .aucune

Petit conseil : J'aime cette sauce pour accompagner le plum-pudding ou tout pouding cuit à la vapeur.

Ingrédients :

1/2 tasse (125 mL) de beurre ou de margarine

1 tasse (250 mL) de sucre

1/4 de tasse (60 mL) de jus de citron frais

le zeste râpé d'un demi-citron

le zeste râpé d'une orange

1 c. à soupe (15 mL) d'eau

1 oeuf

Préparation :

• Faire fondre le beurre ou la margarine dans un bol 1 minute à «HIGH».

• Y ajouter en battant, le sucre, le jus de citron, le zeste râpé de citron et d'orange.

• Ajouter l'eau et l'oeuf, remuer pour bien mélanger.

• Cuire aux micro-ondes 3 minutes à «HIGH», en remuant à chaque minute.

• Couvrir, laisser refroidir. La sauce épaissit en refroidissant.

• La servir chaude ou froide.

• La réchauffer 1 ou 2 minutes à «MEDIUM», si nécessaire.

Excellente sauce à la rhubarbe

Préparation : . . . .**15 min**
Cuisson : . . . .**de 8 à 9 min**
Attente : . . . .**aucune**

Petit conseil : La servir froide sur un dessert crémeux ou la crème glacée, ou incorporer 1 tasse (250 mL) de fraises fraîches tranchées dans la sauce chaude.

Ingrédients :

4 tasses (1 L) de rhubarbe, en dés

3 c. à thé (15 mL) de fécule de maïs

1 c. à thé (5 mL) de zeste d'orange râpé

1/4 de c. à thé (1 mL) de muscade

1 tasse (250 mL) de sucre

1/2 tasse (125 mL) de jus d'orange frais

Préparation :

• Mélanger tous les ingrédients dans un grand bol à mélanger. Bien remuer le tout.

• Cuire à «HIGH» 8 à 9 minutes, ou jusqu'à ce que le mélange bouille et épaississe, en remuant une ou deux fois.

• Laisser refroidir et réfrigérer.

Sauce chaude aux bleuets

Préparation : . . . .**10 min**
Cuisson : . . . .**7 min**
Attente : . . . .**aucune**

Petit conseil : Chaude sur le gâteau éponge, froide sur la crème glacée. Si vous ajoutez 2 pommes pelées tranchées mince et faites cuire de la même façon, vous aurez alors une délicieuse compote de pommes d'une belle couleur.

Ingrédients :

2 tasses (500 mL) de bleuets frais

1/2 tasse (125 mL) de sucre

le zeste râpé d'un demi-citron

1 c. à soupe (15 mL) de jus de citron

1/2 tasse (125 mL) d'eau

1 c. à thé (5 mL) de fécule de maïs

2 c. à soupe (30 mL) de jus de pomme ou d'orange

Préparation :

• Mettre dans un bol, les bleuets, le sucre, le jus et le zeste de citron et l'eau. Remuer pour bien mélanger.

• Cuire aux micro-ondes 4 minutes à «HIGH».

• Remuer et ajouter la fécule de maïs délayée dans le jus de pomme ou d'orange.

• Remuer et cuire 3 minutes à «MEDIUM-HIGH».

• Remuer après 2 minutes de cuisson.

• La sauce est prête lorsqu'elle est crémeuse et brillante.

INDEX GÉNÉRAL DES RECETTES

INDEX ANALYTIQUE

LÉGUMES

OEUFS

GÉNÉRALITÉS

RECETTES

PÂTES ALIMENTAIRES

GÉNÉRALITÉS

RIZ

VIANDES

AGNEAU

BOEUF

INDEX DES PETITS TRUCS